Militaires, Élites et Modernisation
dans la Libye contemporaine

Histoire et Perspectives Méditerranéennes
Collection dirigée par Jean-Paul Chagnollaud

Dans le cadre de cette collection, créée en 1985, les éditions L'Harmattan se proposent de publier un ensemble de travaux concernant le monde méditerranéen des origines à nos jours.

Déjà parus

Ramon VERRIER, *Introduction à la pensée économique de l'Islam du XIIIe au XVe siècle*, 2009.

Mohammed MOUAQIT, *L'idéal égalitaire féminin à l'œuvre au Maroc*, 2009.

Naaman KESSOUS, Christine MARGERRISON, Andy STAFFORD, Guy DUGAS (dir.), *Algérie : vers le cinquantenaire de l'Indépendance. Regards critiques*, 2009.

Philippe GAILLARD, *L'Alliance. La guerre d'Algérie du général Bellounis (1957-1958)*, 2009.

Jean LÉVÊQUE, *Une reddition en Algérie 1845*, 2009.

Chihab Mohammed HIMEUR, *Le paradoxe de l'islamisation et de la sécularisation dans le Maroc contemporain*, 2008.

Najib MOUHTADI, *Pouvoir et communication au Maroc. Monarchie, médias et acteurs politiques (1956-1999)*, 2008.

Ahmed KHANEBOUBI, *Les institutions gouvernementales sous les Mérinides (1258-1465)*, 2008.

Yamina BENMAYOUF, *Renouvellement social, renouvellement langagier dans l'Algérie d'aujourd'hui*, 2008.

Marcel BAUDIN *Hommes voilés et femmes libres : les Touareg*, 2008.

Belaïd ABANE, *L'Algérie en guerre. Abane Ramdane et les fusils de la rébellion*, 2008.

Rabah NABLI, *Les entrepreneurs tunisiens*, 2008.

Jilali CHABIH, *Les finances de l'Etat au Maroc*, 2007.

Mustapha HOGGA, *Souveraineté, concept et conflit en Occident*, 2007.

Mimoun HILLALI, *La politique du tourisme au Maroc*, 2007.

Martin EVANS, *Mémoires de la guerre d'Algérie*, 2007.

Tarik ZAIR, *La gestion décentralisée du développement économique au Maroc*, 2007.

Lahcen ACHY et Khalid SEKKAT, *L'économie marocaine en questions : 1956-2006*, 2007.

Jacqueline SUDAKA-BENAZERAF, *D'un temps révolu : voix juives d'Algérie*, 2007.

Moncef Ouannes

Militaires, Élites et Modernisation dans la Libye contemporaine

L'HARMATTAN

© L'Harmattan, 2009
5-7, rue de l'École-Polytechnique ; 75005 Paris

http://www.librairieharmattan.com
diffusion.harmattan@wanadoo.fr
harmattan1@wanadoo.fr

ISBN : 978-2-296-09113-9
EAN : 9782296091139

A l'âme de mes deux parents.
A mon instituteur de l'école primaire Mohammed Mannoubi Es-Saïd.
A ma femme Faouzia, à mes enfants, Nouha et Mouhib.
A Adel Selmi pour son amitié.

ABREVIATIONS UTILISEES DANS L'OUVRAGE

C.P.B.	:	Comité Populaire de Base
C.P.	:	Comité Populaire
C.E.	:	Comité d'Epuration
C.G.P.	:	Congrès Général du Peuple (Parlement)
C.P.G.	:	Comité Populaire Général (Gouvernement)
C.P.S.	:	Commandements Populaires et Sociaux
C.R.	:	Comité Révolutionnaire
C.C.R.	:	Conseil du Commandement de la Révolution
F.R.F.	:	Formation Révolutionnaire Féminine
G.R.V.	:	Garde Révolutionnaire Verte
G.J.	:	Garde Jamahirienne
J.R.	:	Al-Jarida Er-Rasmiyya
O.N.U.	:	Organisation des Nations unies
R.R.	:	Religieuses Révolutionnaires
S. Q.	:	Sidjill al-qawmi : bayanat wa ahadith al- aqid Moâmmer Kadafi
U.S.A.	:	Union Socialiste Arabe

AVANT - PROPOS

Nous rassemblons, dans ce texte, le fruit de longues années d'observation directe, intensive et de longue haleine de la société libyenne. Nous avons passé beaucoup de temps à regarder de près, à en analyser les caractères prégnants. Nous avons aussi voyagé dans les régions les plus reculées du pays, sans doute pour notre curiosité scientifique, mais aussi pour collecter les matériaux de ce travail passionnant à plus d'un titre, et dont voici enfin les résultats.

Nous essayerons d'y analyser une société en pleine mutation et d'en éclairer plusieurs niveaux qui ne sont pas encore nets. Ce seront dans ce texte autant d'images, de remarques et d'observations présentées et liées les unes aux autres, comme les grains d'un chapelet d'Orient.

Pourquoi la Libye ?

C'est une expérience qui a hanté notre adolescence, animé notre jeunesse, modelé notre esprit et éveillé notre curiosité, et qui nous a encouragé pendant plus de vingt ans, à nous documenter, à voyager, à voir de très près le pays, jusque dans ses profondeurs et à accumuler les informations contenues dans ce travail.

Les jeunes de ma génération ont été profondément influencés par les changements intervenus dans le pays voisin, au point de leur consacrer de nombreuses discussions. Nous rêvions sans doute de pouvoir un jour changer le monde. La Libye qui nous offrait, à l'époque, un modèle attrayant de changement « révolutionnaire », nous incitait à méditer et à réfléchir pour trouver la solution la plus adéquate aux problèmes posés à nos sociétés. C'est pourquoi nous nous sommes intéressés à l'analyse de cette expérience pour en délimiter objectivement les degrés de réussite et d'échec. Et pour que notre travail fût scientifique, nous avons tenu à garder la distance d'objectivité nécessaire à toute démarche analytique, et nous avons opté pour une analyse qui fut véritablement transdisciplinaire.

Nous avons surtout tenu à ce que notre travail fût le plus éloigné possible du subjectif et de l'influence idéologique. Ce n'est point une nouveauté que de remarquer qu'une solide connaissance de soi passe fondamentalement par celle des autres. Or l'autre est ici le voisin le plus proche géographiquement.

Je tiens à remercier le Professeur Abdelwahab BOUHDIBA pour ses conseils avisés.

Je tiens aussi à remercier tous ceux qui m'ont aidé et qui n'ont pas ménagé leur temps ni leurs efforts pour me faciliter le travail, en l'occurrence les amis libyens qui ont pu, malgré tous les tabous et les interdictions, me parler et briser les barrières du silence. Je cite en l'occurrence Malek ABOU CHHIWA, Amel ABIDI, Ahmed BALLOU, Ridha BEN MOUSSA, Ahmed FEYTOURI, Ibrahim HMIDENE, Noureddine MEGHENNI, Omar KEKLI, Ghada ZERROUK, Rached EL-SENOUSSI et bien d'autres qui m'ont aidé dans mes longues investigations. Sans toutes ces amitiés, mon ouvrage n'aurait pu être.

Je remercie, enfin, tous mes amis tunisiens, les professeurs Ibrahim GHARBI, et Mohamed Habib BEN HAMED pour leur gentillesse, leur patience et surtout leur appui linguistique, tout en m'excusant auprès de ceux qui, par mégarde, j'ai omis de citer. J'aurais aussi des remerciements à adresser à tous ceux qui, au cours de longues années, m'ont instruit, m'ont aidé à apprendre et à compléter mes informations. Certes, ils sont nombreux, je ne saurais jamais les oublier. Toute omission n'est point un signe d'ingratitude.

INTRODUCTION

La Libye, qui est, pour ainsi dire, un don du commerce caravanier transsaharien, a toujours été une terre de passage et d'échanges commerciaux et de communication entre les civilisations musulmane et méditerranéenne d'une part, et les multiples civilisations africaines d'autre part. Terre de brassage de populations située dans un emplacement géographique exceptionnel[1], la Libye est au carrefour des routes reliant le Maghreb musulman au Moyen-Orient, et la Méditerranée à l'Afrique sub-saharienne[2].

Malgré l'activité du nomadisme agro-pastoral dans la Libye des profondeurs et l'importance de celle de la «piraterie» face au monde méditerranéo-chrétien, l'histoire de la Libye a été si profondément liée à la dynamique du commerce de long parcours, que de mini-Etats ont pu se construire grâce à la rente provenant du contrôle des routes commerciales et des services de la protection assurée aux caravaniers[3], surtout pendant les moments de tensions et de guerres.

Il a même été confirmé que certaines cités-carrefours avaient exercé une importante activité commerciale permettant d'ériger ainsi des pouvoirs locaux et de créer des structures paraétatiques, comme ce fut le cas pour les Ouled Mohammed (1550-1812) à Fezzan, et pour la Confrérie Sénoussienne en Cyrénaïque (1856-1931). Ces structures étaient, en fait, centrifuges et autonomes, totalement ou partiellement indépendantes du pouvoir central des Ottomans et des Qaramanli.

Toutefois, l'histoire de la Libye n'est pas uniquement liée au commerce. Elle remonte aussi jusqu'à l'Antiquité : *«La Libye n'a jamais été absente de l'histoire. Terre de brassage, l'espace géographique dénommé Libye a été l'objet de convoitises et de conquêtes, elle a connu des moments glorieux, d'autres difficiles et amers »*[4]. La Libye a également connu de nombreux mouvements de populations, de déplacements, d'émigrations et surtout d'invasions extérieures.

---

(1) Salvatore Bono, «La situazione attuale dell'archivio storico della Tripolitania», in *Oriente moderno*, Roma, XLXII, 1967, p. 625 ; cf. Aussi, Salvatore Bono, «Documentazione sulla Libia nell' archivio del Ministero degli Esteri, A Bruxelles, 1850-1950», in *Africa*, n°3, sett. 1983, pp. 415-421.
(2) Ali Abdellatif Ahmida, *The making of modern Libya, state formation, colonisation 1830-1932*, State University of New York Press, 1994, p.19.
(3) Lisa Anderson, *The state and social transformation in Tunisia and Libya 1830-1980*, Princeton University Press, 1986, p. 57.
(4) Robert Mantran, « La Libye des origines à 1912 », in, *La Libye nouvelle : rupture et continuité*, Paris, CNRS- CRESM, 1975, p. 15.

MECONNAISSANCE, CONFUSION THEORIQUE, ET LIMITES SCIENTIFIQUES DES APPROCHES APPLIQEES

La Libye reste une société méconnue et objet de confusion. C'est qu'elle est l'un des pays les plus mal connus des spécialistes du Maghreb.

C'est une société encore peu étudiée[1], sous analysée et souvent même perçue et présentée négativement[2]. Pourtant, c'est géographiquement l'une des régions les plus proches de l'Europe. Il est à remarquer, dans ce sens, que l'existence de la Libye a toujours été ignorée, tout au moins jusqu'en 1969, date du mouvement du 1er Septembre, c'est-à-dire de la Révolution d'El fateh et de la destitution du monarque Idriss 1er. C'est à partir de cette date qu'elle fut exposée aux feux de la rampe.

En effet, la Libye a été soumise à une vague de stéréotypes négatifs[3], ce qui pourrait expliquer, mais certes partiellement, les réactions d'animosité, d'hostilité et surtout d'incompréhension à l'encontre de ce pays en général et de l'activisme militant de son leader, «*véritable agitateur ambitieux* »[4] à l'échelle du Tiers-monde, pour reprendre l'expression du spécialiste français en stratégie, André Martel[5]. Pendant longtemps, la Libye a été, soit négativement présentée, soit tout simplement ignorée et méconnue. Comparée aux autres pays du Maghreb, elle faisait figure de pays à part, parce que les données la concernant faisaient singulièrement défaut, ou parce que le décryptage de son histoire sociale et politique constituait, en l'absence de données fiables et d'éléments éclairant l'analyse, une aventure scientifique lourde de conséquences.

Et qui plus est, il y avait trop de préjugés et d'idées reçues pour qu'une lisibilité infaillible de l'évolution de la société libyenne moderne et contemporaine fût possible. D'où la difficulté de l'expérience empirique que nous avons connue.

- Pourquoi accordons-nous tant d'intérêt à la Libye depuis 1969 ?
- Comment pourrait s'expliquer ce passage du désintérêt quasi total à l'égard de ce pays au regain d'intérêt dont il jouit depuis plus de trois décennies ?

Les raisons ne peuvent pas être uniquement imputées à la personnalité de Kadhafi, à son style de gestion de la manne pétrolière, ni à sa politique tant extérieure qu'intérieure, mais surtout aux métamorphoses

---

(1) Maria Graeff-Wassink, *La femme en armes, Kadhafi féministe*, Paris, Armand Colin, 1990, p. 13.

(2) Juliette Bessis, *La Libye contemporaine*, Paris, l'Harmattan, 1986, pp. 9-10.

(3) Christine Souriau, « La société féminine en Libye », in, *Revue de l'Occident Musulman et de la Méditerranée*, n° 6 - 1er et 2e semestres 1969, pp. 127-128; cf. aussi, « Femmes et politique en Libye », in, Revue *française d'études politiques méditerranéennes*, n°27-1977, pp. 81-82.

(4) André Martel, *La Libye 1835-1990 : essai de géopolitique historique* , Paris, P.U.F, 1991, p. 9.

(5) André Martel, ibidem pp. 9-10; cf. aussi, François Burgat et André Laronde, *La Libye*, Paris, P.U.F, 1997, pp. 71-75.

et aux ébranlements de la société libyenne dus essentiellement à la « spécificité » de l'expérience politique et à son passage précipité d'une bédouinité accentuée à une urbanisation accélérée et « *à un consumérisme à tout va* »[1].

C'est de cette constatation que procède l'intérêt d'une telle étude qui tend à analyser en profondeur la genèse de la société libyenne et à éclairer son présent par une connaissance minutieuse de son passé, aussi bien historique que politique, bien entendu.

Ce choix théorique nous permet non seulement d'envisager une analyse « en profondeur » de l'évolution de la Libye et, partant, de dégager les dynamiques de la société, mais aussi d'identifier les influences du politique sur le social et de l'idéologique sur le religieux. C'est pourquoi nous avons orienté notre recherche vers la compréhension du fonctionnement des diverses structures politiques et idéologiques qui sont en place.

Il serait assurément difficile de comprendre l'évolution récente de la Libye, à partir des seuls discours de Kadhafi, de ses « foucades politiques » et de ses « *stéréotypes de bédouin sans demi-teinte ni compromission* »[2]. Car il faudrait se dire que l'image véhiculée à son sujet est souvent diabolique, parce que délibérément liée au « *terrorisme et à la subversion*»[3].

Partant de ce point de vue, l'étude de la Libye est intéressante à plusieurs égards. Elle nous encourage à frayer de nouvelles pistes de recherche, tout en évitant la simple paraphrase des études européennes sur la question; c'est-à-dire sans reproduire mécaniquement les mêmes approches et techniques de recherches adoptées par les écoles européennes de pensée d'une manière générale, et orientalistes plus particulièrement. Pour démontrer la spécificité de la société libyenne et la particularité de son histoire, il conviendrait donc de s'imposer une distance critique par rapport aux références méthodologiques, adoptées et appliquées jusqu'à présent, en tenant essentiellement compte des différences historiques fondamentales entre les sociétés européennes et la société libyenne. Autrement dit, les approches méthodologiques sont le fruit d'une accumulation épistémologique, mais aussi le fait des circonstances et des vicissitudes historiques. En effet, cette société, souvent analysée sous l'angle du nomadisme agro-pastoral, est présentée comme étant à l'opposé de la civilisation urbaine.

Cette thèse péremptoire et peu véridique a été amplement développée surtout par François Burgat et André Laronde dans leur ouvrage commun sur la Libye[4] où ils se sont attachés à la compréhension du

---

(1) Maria Graeff-Wassink, *Les femmes en armes, Kadhafi féministe*, Paris, Armand Colin, 1990, pp. 13-14.
(2) Guy Georgy, *Kadhafi le berger des Syrtes*, Paris, édition Flammarion, 1997, p. 304.
(3) Ibidem, p. 305.
(4) François Burgat et André Laronde, *La Libye*, Paris, P.U.F. 1996, p. 60-70.

fonctionnement interne du système politique et de son interdépendance avec les circonstances régionales et mondiales.

La même thèse relative au nomadisme et à la migration pastorale a été reprise par Xavier de Planhol qui considère la Libye comme étant un « *assemblage extraordinairement hétéroclite* »[1].

La Libye est également jugée à travers la personnalité du Colonel Kadhafi qui est souvent présenté comme étant un authentique nomade, donc comme un homme imprévisible et de tempérament passionné. Elle est surtout jugée à partir de l'activisme militant de son leader assimilé au « terrorisme », parce qu'elle fait figure « *de miroir grossissant de la profonde crise du monde arabo-musulman* »[2].

La Libye est souvent analysée à partir du tribalisme de son peuple réactivé par les derniers bouleversements politiques, dont la disparition, en mars 1977, des institutions politiques et l'annulation de toutes les références antérieures : la Monarchie, la Sénoussiya et les structures maraboutiques. C'est dans ce sens que l'anthropologue anglais John Davis, de l'Université de Kent, a visité la Libye pendant 26 mois pour étudier un phénomène fort remarquable, celui de l'interférence du tribalisme et du paysage politique libyen à travers l'exemple de Zouaye, une tribu, historiquement très associée au commerce caravanier[3]. La même problématique a été différemment analysée par André Martel qui cherchait à comprendre les multiples efforts de construction identitaire dans la période ottomane ou post-coloniale[4]. Par ailleurs, Lisa Anderson[5], politologue américaine de l'Université de Columbia, a passé en tout seize mois de travail aux archives de Tunisie et de Libye, pour comprendre la formation de l'Etat en Libye, comparée avec la situation en Tunisie, en analysant le changement des structures sociales et politiques et les causes profondes de l'inexistence d'un Etat capable de pénétrer tout le tissu social.

En revanche, Ali Abdellatif Ahmida, chercheur libyen de nationalité américaine, a centré tous ses efforts sur l'analyse de l'évolution de la Libye de 1830 jusqu'en 1932, en partant de l'hypothèse relative à la formation sociale marquée du sceau de l'économie rentière. Cette hypothèse lui a permis de comprendre les rapports existant entre le pouvoir ottoman et la société libyenne profonde, les origines du polycentrisme « étatique » et les répercussions de l'absence d'un pouvoir centralisateur sur l'ensemble de la société. En focalisant son effort sur l'étude tatillonne du cheminement du

---

(1) Xavier de Planhol, *Les Nations du Prophète*, Paris, éditions Fayard, 1993, p. 461.
(2) Juliette Bessis, *La Libye contemporaine*, Paris, éditions l'Harmattan, 1986, pp. 9-10.
(3) John Davis, *Le système libyen, les tribus et la révolution*, Paris, P.U.F, 1990. pp. 112-127.
(4) André Martel, *La Libye: 1835-1990, Essai de géopolitique historique*, Paris, P.U.F, 1997, pp.109-114.
(5) Lisa Anderson, *The state and social transformation in Tunisia and Libya 1830-1980*, Princeton University Press, 1986, p. 57.

passé, marqué de lenteur, vers un présent incertain, ce chercheur a su tracer les grandes lignes de sa problématique et cerner les principaux obstacles à l'apparition d'une « *société civile en Libye* »[1]. Or il s'avère que la période historique choisie qui était très longue ne lui a pas permis d'arrêter une vision claire. Nous pouvons citer aussi l'importante oeuvre de Dirk Vandewalle[2] intitulée « *Libya since independence, oil and state building* » et dans laquelle l'auteur a essayé de démontrer les rapports étroits existant entre le Pétrole et le modèle de la construction de l'Etat en Libye.

D'après cet auteur, il ne serait point possible de comprendre la nature de la gestion politique sans intégrer la variable de la rente pétrolière. Les choix politiques et idéologiques s'expliqueraient seulement par les répercussions de la rente pétrolière. Hormis ces références, la plupart des travaux sont historiographiques. Nous citons, en l'occurrence, l'importante oeuvre d'Ahmed Sidqî Al-Dajjani[3] (historien palestinien spécialiste de la Libye) qui, malgré sa densité et sa richesse, est fondamentalement événementielle et historiographique, donc, sans grand apport analytique pour tout effort de compréhension de la Libye moderne et contemporaine[4]. L'analyse chronologique, à elle seule, est insuffisante, parce qu'elle ne permet pas de dégager « l'âme profonde » de la société et l'essence subtile de son histoire. Elle se contente uniquement de récits événementiels sans aucun support analytique.

---

(1) Ali Abdelletif Ahmida, The making of modern Libya, State University of New York Press, 1944, pp. 43-70.
(2) Dirk Vandewalle, *Libya since independence, oil and state building*, London, Ed. I.B. Tauris Publishers, 1998, 225 pages.
(3) *Haraka Sénoussiya, Nach'atouha wa noummouahha* (Le mouvement Sénoussi, sa genèse et son évolution), Dar Lobnan 1967; cf. *Wathaiq tarikh libia Hadith*, (Documents de la Libye moderne), Université de Benghazi, 1972.
(4) Il faudrait remarquer qu'une institution comme le Centre d'Etudes Historiques de Jihad Allibiyin, fondé en 1978, malgré ses ressources financières colossales, surtout avant l'embargo imposé à la Libye en 1992, s'est toujours contentée d'une méthodologie événementielle, opérant ainsi, par une production historique dense et nombreuse, un contrôle politique de la mémoire collective libyenne. D'ailleurs, toute l'histoire de la Confrérie religieuse sénoussienne a été délibérément effacée, et ses documents ont même été censurés ou tout simplement éliminés.
Dans les autres universités libyennes, la situation est encore plus dramatique. A la suite de la *Révolution Culturelle* proclamée en 1973 et à la déclaration du pouvoir des masses en 1977, tous les livres sur la Sénoussiya ont été soit détruits, soit brûlés par les responsables, en présence des professeurs et des étudiants sur le campus universitaire d'El-Fateh. La Bibliothèque nationale à Benghazi a été, comme nous avons pu le vérifier, totalement expurgée de tous les livres portant sur la Sénoussiya et sur son histoire politique.
C'était donc une « purification » par le feu, une sorte d'autodafé. Tout se passe comme si la Révolution voulait faire table rase de l'histoire du pays, brûler la mémoire commune et effacer l'imaginaire collectif.

Toutefois, il faudrait signaler l'importance pratique de cet événement. En effet, comment faire la sociologie des mutations ou l'anthropologie politique sans établir les faits historiques ? C'est vrai que le fait est la priorité tant de l'historien[1] que du sociologue et de l'anthropologue ; c'est pourquoi les études sociologiques et mêmes anthropologiques peuvent prendre leur départ dans les archives, les chronologies et les événements historiques. C'est la base de toute investigation empirique. Car la connaissance de la Libye suppose que l'on se situe par rapport aux travaux antérieurs en en soulignant la rareté.

On pourrait donc dire que la Libye est un pays toujours difficile à appréhender, sans l'éclairage nécessaire de l'histoire moderne et contemporaine.

1. Questions de départ

Pourquoi un pays maghrébin comme la Libye, qui partage avec ses voisins (en l'occurrence la Tunisie, l'Égypte et même l'Algérie) une histoire sociale, culturelle et politique presque commune, présente-t-il autant de divergences, et fait-il figure d'exception dans son style de gestion politique et ses rapports à l'Islam et à ses voisins limitrophes ?

Comment pourrait-on comprendre le fonctionnement de ses structures politiques et idéologiques, la logique de ses choix « révolutionnaires », les rapports entre les divers groupes et acteurs (idéologiques, politiques, sécuritaires, militaires, technocratiques et autres) et les élites avec ou contre le pouvoir ?

Pourrait-on parler d'une réelle alternance entre les élites ? Ou d'un véritable antagonisme qui se traduit par des conflits et des ruptures ? Et quelles en sont les vraies causes ?

Quelle est la place de l'Islam dans la société libyenne actuelle ? Et est-il possible d'opter pour des choix révolutionnaires dans une économie qui repose uniquement sur la rente pétrolière[2].

Pourquoi malgré les legs de la présence ottomane et de la colonisation italienne, et surtout malgré les efforts de « modernisation populiste et révolutionnaire » déployés après le mouvement du 1er septembre 1969, la structure tribale est-elle restée centrale dans le paysage politique ? Serait-ce la marque de l'anti-modernisation ?

Toutes ces problématiques susmentionnées démontrent l'actualité du sujet abordé, et l'impérieuse nécessité de dépasser les préjugés et les stéréotypes.

2. Hypothèses

Notre première hypothèse pour l'explication de la spécificité libyenne est d'ordre historique. Car malgré les deux moments de la présence ottomane (1551-1711) et (1835-1911), et de la dynamique de la libération nationale, la Libye n'a pu se doter d'une véritable unité politique

---

(1) Hervé Bleuchot, *Chroniques et documents libyens*, Paris, CNRS-CRESM, 1983, p. 9.
(2) John Davis, *Le système libyen, les tribus et la révolution*, Paris, P.U.F, 1990. p. 29.

et d'un centre unificateur. Partant de ce fait, nous pourrons dire que la Libye est toujours apparue comme un pays morcelé et superficiellement soudé. Compte tenu de l'absence d'unité historique, elle était souvent marquée par une désunion géographique, sociale et culturelle entre ses trois provinces : la Tripolitaine, le Fezzan et la Cyrénaïque.

Mais malgré l'unification des trois provinces, le 24 décembre 1963, beaucoup de différences sociales, culturelles et surtout anthropologiques sont restées remarquables et même influentes sur le plan politique. C'est ce qui nous oblige de recourir aux multiples outils méthodologiques de l'anthropologie politique pour disséquer ce phénomène[1].

Et voilà que cette nouvelle entité, cette fédération de provinces sans véritable histoire commune, se trouve, pour ainsi dire, sans aucune préparation projetée sur le-devant de la scène politique internationale. Cette situation était d'autant plus complexe que l'union fut dominée par la Cyrénaïque, ce véritable fief du Roi Idriss.

Notre deuxième hypothèse est que le Pétrole a renforcé la spécificité libyenne. Il a surtout permis au nouveau régime, issu de la Révolution de 1969, de construire sa propre idéologie, d'avoir « les mains libres » concernant la gestion de la rente pétrolière, et d'abolir les structures traditionnelles du pouvoir, sans éprouver la nécessité de les remplacer par d'autres structures modernes et plus conformes à l'évolution de la société libyenne.

3. Les paliers de la spécificité libyenne

a. L'instabilité institutionnelle

La spécificité libyenne semble se manifester surtout au niveau du changement politique. Ainsi, d'une année à l'autre, le paysage politique et institutionnel a été soumis à d'importants changements[2], et à des remaniements constants dont les tenants et les aboutissants n'étaient pas souvent clairs.

Il s'agissait avant tout de changements précipités et souvent imposés d'en haut. A l'encontre du reste des pays du Maghreb, le changement politique s'opère, en Libye, selon une logique de rupture avec toutes les institutions et les structures en place. Les institutions étaient, à ce titre, faites et défaites, construites et détruites selon une rapidité excessive, voire exceptionnelle. En Libye, et surtout depuis 1969, une structure en chassait une autre et une légitimité qui en phagocytait une autre. En effet, nous avons assisté, depuis 1969, à un phénomène de phagocytose des anciennes institutions du régime monarchique (Sénat, Parlement, Conseil des ministres, syndicat et Structures sécuritaires) au profit d'une organisation populaire à vocation partisane (U.S.A.) qui a été dissoute, six ans après sa

---

(1) Georges Balandier, *L'anthropologie politique*, Paris, Quadrige - P.U.F, 1976, pp. 5-12.

(2) François Burgat et André Laronde, *La Libye*, Paris, éd. P.U.F, 1997, pp. 60-96.

formation. Cette structure supprimée après la proclamation du pouvoir des masses et la création des *Comités Populaires* (C.P.), qui furent à leur tour marginalisés au profit des *Comités Révolutionnaires* (C.R.). Mais à partir de 1995, ce furent les *Commandements Populaires et Sociaux* (C.P.S.) qui sont chargés de contrôler les C.R. et même le rendement du gouvernement. Il ressort, donc, de tous ces éléments qu'il y avait, en Libye, une instabilité politique et institutionnelle notoire, d'où la difficulté théorique d'utiliser le concept d'Etat dans sa définition moderne[1].

A tout cela, il faudrait ajouter un décalage exceptionnel entre le dire et le faire, entre les déclarations politiques et leurs applications, entre les grands slogans et la gestion de la vie quotidienne. Le discours officiel libyen qualifie le changement politique du 1er septembre 1969 de Révolution. Mais ce changement en est-il vraiment une en fait ?

Certes, la prise du pouvoir en 1969 n'a été faite ni par les masses (*Al-Jamahir*) ni par les ouvriers. Car ce ne sont pas les ouvriers qui ont fait la « Révolution », mais ce sont plutôt les Jeunes Militaires. En Libye, il semble bien que la prise du pouvoir n'a pas entraîné une profonde transformation des structures politiques et économiques. Le changement politique n'a pas réussi à engager le pays sur la voie du changement radical, d'où le retour de « l'acteur » tribal et la résurrection de ses structures considérées comme trop affaiblies sous la Monarchie.

b. Le concept d'Etat : controverses et difficultés

A partir de 1970 et jusqu'en 1977, toutes les structures de l'Etat furent abolies. Même la Constitution, qui fut remplacée par une Proclamation constitutionnelle en 1969, ne fut jamais appliquée, même sous cette forme.

Par ailleurs, la Libye a connu, depuis 1973, des institutions à caractère exceptionnel qui n'avaient aucune référence constitutionnelle. D'où la grande difficulté pratique de trouver l'appareil conceptuel adéquat et d'analyser l'évolution actuelle de la société libyenne. Est-ce donc une société sans Etat, ou ayant un « Etat à part » qui ne peut être analysé avec les mêmes outils théoriques utilisés jusqu'à présent pour comprendre les mécanismes de construction de l'Etat moderne ? Il semble bien que nous sommes en face d'un modèle à part qu'il faut analyser en usant d'autres catégories analytiques. Mais faudrait-il les inventer ?

En réponse à toutes ces questions, nous pouvons affirmer que nous sommes en face d'une situation politique à part. La politique intérieure, n'étant ni consensuelle ni contractuelle, permet au leadership politique de gérer librement le pays sans rendre compte à quelque instance que ce soit. Les partenaires politiques (partis, associations, structures indépendantes, syndicats et société civile), qui pourraient le contrôler, sont presque

---

(1) Perry Anderson, *L'Etat absolutiste*, 2e vol. Paris, éditions Maspéro 1978 ; cf. également, Bertrand Badie et Paul Birnbaum, *Sociologie de l'Etat*, Paris, éditions Pluriel, 1982.

inexistants. Ces caractéristiques de gestion nous rappellent les traits fondamentaux du néo-patrimonialisme politique, que nous essayerons de développer ultérieurement.

c. Le contrôle de la Mémoire

Ce n'est un secret pour personne que la Libye connut, à partir de 1969, un contrôle systématique de sa mémoire et une relecture sélective de son histoire. C'est ainsi que des pans entiers de l'histoire commune furent passés sous-silence ou tout simplement supprimés. Dès les premiers mois du Mouvement du 1er Septembre, les *Comités Populaires* et ultérieurement les *Comités Révolutionnaires* ont expurgé bibliothèques, centres culturels, librairies, centres d'archives des documents à caractère idéologique, et ayant surtout des rapports avec la Sénoussiya.

Tous ces mécanismes de contrôle, de recomposition, voire de mutilation de la mémoire collective ont été légitimés par la volonté délibérée de rendre irréversible la dynamique du dépassement du régime sénoussi. Pour ce faire, les *Comités Révolutionnaires* ont procédé, au début de l'année 1986, à la destruction par le feu des cadastres de Tripoli et de Benghazi formés depuis 1864, en plus de l'organisation de véritables autodafés dans les universités des deux villes.

A ce titre, la logique de mutilation de la mémoire et de contrôle de l'imaginaire a été ponctuée par plusieurs stations politiques, parce qu'elle avait été initiée par la *Révolution Culturelle* de 1973 et corroborée par la déclaration du pouvoir des masses du 2 mars 1977. C'est ainsi que le contrôle entamé par le discours de Zouara (à l'Ouest du pays) déboucha, en 1973, sur la destruction d'une partie de la logistique archivistique. Il est à signaler partant que des archives, avec beaucoup de failles, risquent de ne pas faciliter le travail du chercheur dont l'unique source d'information en dérive. C'est ce qui nous impose le devoir d'en remplacer le déficit par des sources plus actualisées telles que l'étude empirique, l'observation, l'entretien, les récits de vie, la sociologie des itinéraires et des autobiographies, la circulation d'un questionnaire étant impossible en Libye.

4. La période historique de la recherche

La période des trois décennies couvertes par cette recherche s'ouvre sur le changement politique du 1er septembre 1969, présenté par les Jeunes Militaires comme une véritable « Révolution »[1]. La Libye passe, donc, du stade d'une Monarchie constitutionnelle et traditionnelle à celui d'une *Jamahiriya* (pouvoir des masses) révolutionnaire proposant des solutions ultimes aux problèmes de l'humanité, en fait d'une dépendance totale à l'égard de l'Occident à une politique socialiste et anti colonialiste. Au fil des années qui se sont écoulées entre 1969 et 1999, la Libye a connu, sur le plan intérieur, de nombreux moments de libyanisation, de nationalisation, de reconstruction identitaire, de refonte du paysage politique et

---

(1) Voir les discours de Kadhafi dans le *Sidjill al qawmi*, volume n° 1, de 1969 à 1970, p. 9.

15

idéologique, de conflits, de désordre et de « guerres » contre les anciennes élites, et surtout contre celles qui avaient été formées sous la Monarchie, et de radicalisation de la politique extérieure. Elle a aussi connu des tensions permanentes avec les voisins, et surtout une implication directe dans le conflit du Tchad. Durant les trois décennies, la Libye a ressenti surtout de fortes secousses. Elle s'est exposée à beaucoup de bouleversements surtout d'ordre social et culturel. C'est pourquoi, nous nous attacherons, à passer en revue les transformations de la société libyenne contemporaine et actuelle, afin de comprendre les sources proches ou lointaines de ce modèle de « gestion politique ».

Toutefois, il serait opportun, pour saisir la dynamique profonde de ces trois décennies, de procéder à une analyse de l'histoire proche et même lointaine de la Libye. Car l'appréhension du réel ne se fait pas sans une prise en considération de cette accumulation de données, de faits, de trajectoires et d'actions dictés par une pluralité de motivations ; ainsi la discipline de la sociologie historique serait difficile à exclure de notre champ d'investigation.

Aussi, serait-il opportun de répartir cette période historique en plusieurs tranches inégalées : entre 1969 et 1970, ce fut la consolidation de la « Révolution ». Puis entre 1972 et 1977, il y a eu la déclaration de la guerre aux élites formées sous la Monarchie. Enfin, entre 1977 et 1987, a eu lieu la confirmation du pouvoir des masses, l'affirmation de la démocratie directe, la nationalisation complète de l'économie et la destruction de l'élite économique.

PREMIERE PARTIE
LA MONARCHIE ET LA CASERNE : ORIGINES DE LA RUPTURE DANS LA NOUVELLE LIBYE

« L'histoire humaine n'est pas un long fleuve tranquille. Elle est faite de luttes de toutes sortes, dont les luttes entre populations. Celles-ci entraînent des victoires et des défaites, des absorptions et des assimilations, des démembrements et des dissolutions, des enrichissements et des destructions, souvent des massacres ».

Maxime Rodinson
Préface du livre : *Un péril islamiste ?*

1. La Libye : passage, brassage et commercium

Comment comprendre l'histoire politique et sociale de la Libye, pays au demeurant méconnu et difficile à appréhender ? Une telle œuvre scientifique serait-elle possible sans la pénétration de l'histoire profonde et sans l'éclairage du présent par des sondages systématiques du passé et de ses prolongements latents ou patents dans la phase contemporaine et actuelle ?

Il est opportun de faire remarquer que la Libye, malgré toutes les approches optimistes, est une entité récente[1]. Car, c'est l'Italie colonialiste, et plus précisément mussolinienne qui s'est chargée de l'unification militaire par la force[2] des trois provinces de la Libye, la Tripolitaine, la Cyrénaïque et le Fezzan qui n'ont presque pas d'histoire commune, et dont les destins sont séparés pour des raisons que nous expliquerons tout au long de cette recherche[3].

La Libye est, certes, une création toute récente, artificielle et improvisée, puisque les trois provinces furent institutionnellement soudées en 1951, et que l'Etat libyen représentatif géographiquement, fut proclamé en 1963. Dans le même ordre d'idées, il faudrait dire qu'à cause de son aspect désertique et aride, la Libye était appelée, pendant longtemps l'*Empire du vide*. C'est parce que l'arrière-pays étant complètement inhabité et de caractère steppique, était donc, voué à l'oubli[4] et à l'inconscience de l'homme. En effet, jusqu'en 1934, le terme de Libye désignait, essentiellement et sur le plan géographique, l'Afrique du Nord centrale[5]. Mais malgré les efforts d'unification amorcés par l'Italie colonialiste et même par les grandes puissances sous les auspices des Nations unies, la soudure des trois régions est restée précaire et fragile, comme le démontra l'histoire récente de la Libye de 1951 à 1969[6]. La soudure fut sans âme, dirions-nous, pour de multiples raisons.

---

(1) Mostapha Bu'ayyu, *Al-Mukhtar fi marâg tarikh libya*, Tome III, Tripoli – Tunis, Dar al-Arabiyya lil Kitab, 1975, 273 pages; cf. également, Mohammed Ben Osthmane El Hachaîchi, *Voyage au pays des Sénoussiya à travers la Tripolitaine et les pays touaregs*, traduction de V. Serres, Lasram, Paris, Augustin Challamel 1903, 316 pages.

(2) Il est remarquable que l'unification territoriale de la Libye fut réalisée uniquement par la voie militaire, surtout pendant les moments forts de la férocité du fascisme mussolinien. En effet, le terme Libye « *était employé concurremment à Tripoli et en Berbérie pour désigner géographiquement l'Afrique du Nord centrale* ». Cf. André Pey, *Tripoli de Barbarie sous les derniers qaramanli (1754-1835).Essai de Monographie d'une Régence à la fin de l'ère Barbaresque*, Doctorat de 3ᵉ cycle en Histoire, Aix-en-Provence, juin 1977, pp. 199-201.

(3) Hervé Gueneron, *La Libye*, Collection Que Sais-je ? Paris, éditions P.U.F, 1976, pp. 43-44.

(4) *Ibidem*, pp. 5-6.

(5) *Ibidem*, pp. 6-7.

(6) Majid Khadduri, *Modern Libya*, John Hopkinz Press, 1963, p. 70.

2. Pluralité de l'histoire et désunion de la géographie

Mis à part l'appartenance commune à la religion musulmane, les trois provinces avaient en négatif des éléments hétérogènes qui les distanciaient presque totalement. En premier lieu, il y avait la barrière géographique naturelle. Il suffit de dire qu'entre la Tripolitaine et la Cyrénaïque, par exemple, s'érige une longue barrière saharienne de plus de 1000 km, qui était de nature à décourager le contact et la communication entre ces deux régions. Pour ces considérations, les trois régions de Libye se connaissaient très peu jusqu'à tout récemment, et communiquaient encore beaucoup moins jusqu'en 1911, date de la colonisation italienne survenue après l'accord italo-turc signé en 1911, quand la Turquie eut décidé de renoncer à sa tutelle sur la Libye.

Mais en plus de cette barrière géographique, il y avait surtout des divergences anthropologiques et des spécificités culturelles et sociales dans chaque région, favorisant ainsi la désunion du pays et l'autonomie de ses trois régions qui ne pouvaient que se renforcer en l'absence d'un centre politique unificateur. C'est ce qui a contraint les trois provinces à chercher une plate-forme politique commune, un terrain d'entente et une voie pour l'union.

Et ce fut l'appel lancé au prince Idriss 1er pour qu'il initiât la dynamique de l'unification forcée qui portait la marque de sa fragilité et de sa précarité[1].

La Tripolitaine était d'habitude plus tournée vers la Tunisie, alors que la région de Benghazi était plus influencée par l'Egypte. En revanche, le Fezzan était très connecté à l'Afrique noire (le Mali, le Niger, le Tchad, le Soudan Oriental et le Nigeria), comme étant l'espace par lequel transitait tout le commerce caravanier qui a permis à des cités de passage, comme Sebha[2], de sortir des sables, de prospérer, de devenir de véritables villes et d'avoir une contribution considérable à l'histoire de la Libye[3]. Signalons aussi qu'une ville comme Sebha fut une pure production du commerce transsaharien. C'est, qu'une partie des commerçants qui étaient de passage a préféré, au cours du XIXe siècle s'installer dans cette zone[4].

---

(1) Cf. à ce propos, Xavier de Planhol, *Les Nations du Prophète*, Paris, éditions Fayard, 1993, p. 460.
(2) A l'opposé du Fezzan connu pour ses oasis, ses dattiers, son jardinage et certaines cultures maraîchères et la population y est urbanisée à plus de 80%. Pour plus de détails, cf. surtout, Taher Ahmed Al-Zawi, *Mu'agam al-buldan al-libyyah*, Tripoli 1968, p. 117.
(3) Hervé Gueneron, *ibid*. pp. 33-34.
(4) Sebha était une route obligée pour le commerce caravanier transsaharien qui permettait à la ville d'exiger des impôts et des taxes ou de récupérer une partie de la rente sous forme de petits investissements indirects, parce que certains commerçants préféraient, au retour, s'installer dans la ville. Cet accueil de «l'étranger» permit à Sebha d'accéder à certaines richesses, mais surtout de s'ouvrir

3. Conditions écologiques et géographiques

La Libye est presque complètement désertique. Elle est vide à 95% et ne dispose que de 1% de son territoire en terres cultivables, soit 1.800.000 hectares et, avec le cuisant échec de la « Révolution agraire », la moitié même de ces terres n'est plus exploitée. Il faudrait remarquer également que « *le reste est livré à la sylviculture et aux pâturages* »[1]. D'autre part, l'aridité des sols est générale, parce que la pluie est rare et irrégulière, sauf dans la région de Djebel Lakhdar où elle est abondante (entre 300 et 500 mm).

Les terres arables sont peu nombreuses, et la population, avec un pourcentage de plus de 80%, est regroupée sur l'étroite bande côtière.

A l'exception des terres arables de la Tripolitaine, de la Gioffra et de la Cyrénaïque, le sol est très difficile à exploiter avec une végétation méditerranéenne sèche et favorable au nomadisme et aux activités agropastorales. En revanche, la région du Fezzan s'est consacrée depuis toujours aux dattiers et au jardinage,[2] alors que la Tripolitaine et la Cyrénaïque ont été des zones d'activités agricoles et de pastoralisme. L'arrière-pays est parsemé de nombreuses oasis (Soukna, Oubari, Morzouk, Brak, Ghât, Augila, Tazerbow, Koufra, Fezzan, Gialo et Sebha). Le reste du pays est couvert de petites villes côtières : Zaouia, Zouara, Musorata, Khoms, El Merj, Beyda, Derna et Tobrouk[3].

---

aux idées nouvelles et ultérieurement aux courants politiques. Cette caractéristique allait se confirmer à partir des années 50.

(1) Taoufik Monastiri, *Libye* in Encyclopaedia Universalis, Corpus 11, 1988, p. 5.

(2) Nous suivons ici une étude monographique très fouillée qui a bien décrit la vie agricole et surtout les jardins et les palmiers du Fezzan ; cf. Jean Lethielleux, *Le Fezzan, ses jardins, ses palmiers : Notes d'ethnographie et d'histoire*, Tunis, Publications de l'Institut des Belles Lettres Arabes, 1948, pp. 32-44.

(3) Jusqu'en 1969, la Libye était un pays de faible tradition urbaine. C'est ainsi que le poids des villes y était insignifiant, bien qu'elle eût une ouverture sur le monde méditerranéen qui favorisa une citadinisation et une sédentarité, du reste, limitées aujourd'hui. C'est l'un des pays les plus urbanisés du Maghreb avec un pourcentage de plus de 75%, selon certaines sources.

CHAPITRE 1 : LA PREMIERE DOMINATION OTTOMANE (1551-1711)

Au XVIe siècle, l'Empire ottoman était déjà une puissance militaire qui, dans le cadre de la concurrence avec l'Espagne, dominait une grande partie de la Méditerranée et se préparait à conquérir l'Algérie et la Libye. C'est ainsi qu'invoquant une demande réelle ou fictive, le Sultan ottoman conquit la Libye, en 1551, et la transforma en une Régence qui était, en fait, une base navale contre la présence militaire espagnole dans la région.

Cette œuvre fut essentiellement réalisée par l'Amiral Dargouth Pacha qui avait rendu possible la première domination ottomane. Cette conquête pourrait s'expliquer par le fait que les Ottomans exploitèrent à fond le facteur religieux pour répandre leur pouvoir sur la Tripolitane, « Tarabouls El-Gharb », sans affronter l'Espagne, déjà aux prises avec la France, pour des raisons de domination et d'intérêts. Cette légitimation religieuse permit à Mourad Agha, représentant du Sultan, et au célèbre pirate Dargouth Pacha d'étendre le plus loin possible la présence militaire ottomane en bénéficiant de la complicité des populations locales[1]. Enracinée et consolidée, la présence ottomane fut marquée par des méthodes dures : répressions des populations locales, hautes ponctions et spoliations des richesses.

I. CARACTERISTIQUES FONDAMENTALES DE LA FORMATION SOCIALE ET ECONOMIQUE DE LA TRIPOLITAIRE AU XVIIIe SIECLE

L'observateur de l'histoire moderne et contemporaine de la Libye remarque l'existence d'un facteur permanent qui commande l'évolution politique du pays. Il s'agit de la faiblesse du pouvoir et des limites de sa représentativité géographique et de son rayonnement. A preuve, l'importante autonomie dont jouissaient la Libye profonde et certaines régions sahariennes de la part du pouvoir central[2].

Nous pouvons remarquer, de ce fait, que le concept d'Etat ne constitue pas une entrée théorique appropriée pour analyser l'histoire politique de la Libye. C'est un concept inadéquat, même si l'on peut constater l'existence de quelques institutions paraétatiques qui ne peuvent atteindre le statut d'Etat. Car la formation sociale et économique à caractère rentier, fondée sur la ponction d'impôts provenant particulièrement de la piraterie et du contrôle des voies commerciales, ne pouvait faciliter la

---

(1) Cf. surtout, Robert Mantran, *Histoire de l'Empire Ottoman*, Paris, éditions Fayard, 1989 ; Ahmed Na'ib Al-Ansari, Al-*Manhal Al-Adhb fi Tarikh Tarabulus Al-Gharb*, vol.1, Tripoli, éditions Al-Firjani sans date, p. 10, cf. aussi *Nafahat Nissrine wa rayhane fi man kana min Ayane fi Tarabuls*, présenté par Ali Mustapha Musrati, Beyrouth, Al-Maktab Tijari, 1963, 223 pages.

(2) Xavier de Planhol, *Les Nations du Prophète*, Paris, éditions Fayard, 1993, pp. 473-475.

construction d'un Etat homogène et durable. La société libyenne n'était qu'un ensemble d'entités tribales composées de « çoffs »[1] et capables de tenir tête à l'autorité centrale, compte tenu du sens de l'unité et de la solidarité qu'elles avaient. Elles constituaient, en effet, des élites politiques, économiques, sociales et culturelles caractérisées par une relative indépendance politique, et même économique, et promptes à prendre les armes pour défendre leurs prérogatives, quelle que fût la nature du régime. Elles luttèrent, en effet, contre le pouvoir ottoman (1551-1711) et contre le colonialisme italien (1911-1939). C'est ce qui pourrait expliquer l'état de faiblesse de l'autorité ottomane au cours de sa deuxième période de prépondérance (1835-1911), et particulièrement en province. Son autorité se réduisait à la collecte des impôts, prioritairement dans les régions côtières[2], même si les tentatives de noyautage des structures tribales et d'inféodation des cheikhs et des notables ne manquaient pas. Pour ce faire, les Ottomans leur offraient des postes importants au sein de l'administration et du gouvernement afin de les intégrer dans les rouages de l'autorité centrale[3], sans pour autant parvenir à émousser leurs tendances indépendantistes, même pendant les fortes périodes du pouvoir ottoman. Mais ce pouvoir était faible, bien que tous les Wâlis «*portent la titulature turque et envoient des tributs symboliques et des impôts réguliers* »[4]. La faiblesse du pouvoir ottoman dans la Tripolitaine n'était pas séparée de la faiblesse générale de la Sublime Porte.

Mais en plus de la faiblesse, il y avait la distance. La division géographique et administrative de la Libye (qui comprend trois grandes provinces : la Tripolitaine, la Cyrénaïque et le Fezzan), et la diversité anthropologique, sociale et même écologique ont facilité l'apparition d'organisations politiques et religieuses régionales, comme la formation politique d'Ouled Mohammed au Fezzan (1550-1812) et la Confrérie Sénoussienne en Cyrénaïque (1856-1931) qui évoluaient en marge du

---

(1) Amrou Said Baghni, « Les origines du mouvement des «çoffs» et son impact sur la lutte libyenne », in, *Ech-Chahid*, n°4, 1983, pp. 91-135. Cf. aussi, Massimo Colucci, « Il diritto consuetudinario della Cirenaica », in, *Rivista Guiridica del Medio e Estremo Oriente E.Guistizia coloniale*, n°1, 1932.

(2) Abdallah A. Ibrahim, *Government and society in Tripolitania and Cyrenaïca (Libya) 1835-1911, The ottoman Impact*, G.S.P.L.A.J, 1989, pp. 291-317.

(3) John Davis, *Libyan Politics: Tribe and Revolution: An Account of the Zuwayya and their Government*, London, Tauris 1987, pp. 58-61.

(4) André Martel, *La Libye: 1835-1991. Essai de géopolitique historique*, Paris, 1ère édition, P.U.F, 1991, pp. 36-37. cf. aussi, Ali Abdellatif Ahmida, *State formation, colonization and resistance*, 1830-1932, State University of New York Press, 1994, pp. 22-36. Pour de plus amples informations ; cf. Hasnâwi Habîb, « Zurûf wa ab`âd imtidad al-idâra al-utmâniyya al gadîda li gadamis sanat 1842 Kamâ tarwîhâ risâla gadâmsiyya », in, *Majâllet al-buhûth al-târikhiyya* (Libya) n° 1 avril 1980, pp. 31-52. cf. aussi, Salâh al-dine Es-Sûri, «Tahdît al-mu'assât al-ta'lîmiyya wa l-qadâiyya wa l-dîniyya fi wilâyat Tarâbuls al-garb 1835-1911» *Majâllet al-buhûth al-târikhiyya* n° 2 juillet 1983.

pouvoir central (1835-1911), en plus, évidemment, de la *République Tripolitaine* (1918-1920).

L'existence de ces structures politiques autonomes prouve la capacité qu'avait la société profonde de sécréter ses propres organisations qui lui permettaient de préserver sa singularité sociale, d'imposer son autonomie politique et d'avoir une marge de riposte, en cas d'agression extérieure ou d'excès dans le prélèvement des impôts. Cette automarginalité était bénéfique aux tribus, parce qu'elle leur permettait une marge de liberté, d'autonomie et de réplique en cas de nécessité.

1. L'Absence de l'Etat et les causes de la faiblesse du régime ottoman

Même si notre objectif n'est pas de définir le concept d'Etat ni sa concrétisation par la lecture de l'histoire politique libyenne, nous pouvons, néanmoins, démontrer la capacité qu'avait la société libyenne de s'organiser en marge des cadres officiels et de créer des pouvoirs régionaux parallèles et indépendants, et ce, du fait de l'absence d'un centre politique représentatif de l'ensemble du territoire et de la société.

La nature écologique, la diversité anthropologique et sociale de la société et le polycentrisme politique et institutionnel de la Libye ont influencé à fond l'évolution historique de la société. En effet, c'est une société qui n'est pas productrice d'Etat, du fait de son polycentrisme politique mentionné ci-dessus. C'est ce qui prouve la capacité qu'avait la société libyenne à sécréter des formations organisationnelles, locales spécifiques. Ces formations, sans la solidité structurelle d'un Etat n'avaient pas non plus de ressources propres et quasi suffisantes pour en constituer, mais reposaient néanmoins sur des structures étatiques.

Cet état de fait nous permet de formuler l'hypothèse suivante : l'absence d'un Etat central et représentatif aurait été de nature à encourager la rébellion des tribus exerçant leur hégémonie dans les périphéries et les campagnes et jouissant de la puissance des liens familiaux dans les villes et les cités.

Le caractère rentier de la formation sociale et économique, la forte ponction de taxes à l'intérieur et l'irrégularité de la piraterie ont été en outre des éléments qui ont empêché toute accumulation primitive du capital. Il est à remarquer que les bénéficiaires de la piraterie ou de la ponction étaient les parties étrangères greffées sur la société tripolitaine, donc, sans attaches réelles avec la population locale. Ce modèle hybride a favorisé l'émergence de catégories sociales supérieures nanties par le Sultan de privilèges substantiels, aux dépens de la majorité écrasante de la population appauvrie et spoliée de ses richesses. C'est ainsi que la violence excessive pourrait s'expliquer par cette lutte acharnée de part et d'autre pour la répartition des rentes [1]. Du reste, une tribu makhzénienne, comme celle des M'hamid qui fut toujours du côté du pouvoir et contre les autres tribus, et elle le demeure encore, s'est rebellée, en 1703, contre l'injuste répartition de la rente. Mais ce fut un phénomène rare dans l'histoire politique et tribale de la Libye.

Il suffit, en outre, de voir le nombre de conflits entre les tribus et le pouvoir ottoman pour se rendre compte que cette société a appris, pendant plus d'un millénaire, à vivre sans Etat, à s'organiser toute seule, à sécréter ses propres corps et à rejeter toute obéissance à un pouvoir stable et reconnu, comme fut le cas du mini-Etat saharien d'Ouled Mohammed, ce pouvoir local qui était contre toute forme de sujétion.

Les tribus étaient les véritables maîtresses du pays, surtout que l'autorité ottomane était purement nominale en dehors de la Tripolitaine [2]. C'est que les Tripolitains avaient eu une forte tradition d'autonomie et que la tribu était le cadre dans lequel étaient résolus tous les problèmes posés à la population. En l'absence d'une véritable refonte des structures sociales et culturelles et d'une modernisation fiable, les populations préféraient garder leurs propres structures traditionnelles. Car les abus des Janissaires et le despotisme des représentants du Sultan ottoman et des Deys ont imposé par force l'attachement à la tribu, signe de dignité et symbole de protection contre les agressions extérieures. C'est pour cette raison aussi que le pouvoir ottoman fut une greffe non réussie, quand on sait que l'investissement ottoman en Tripolitaine était quasi-inexistant, lors de la première présence ottomane. Car les Ottomans se sont comportés en véritables chasseurs de rentes.

C'est ainsi qu'échoua la tentative qaramanli (1711-1835) de fonder une formation étatique à caractère militaire et de régner sur toute la Libye, parce qu'elle fut repoussée par les chefs des tribus sédentaires ou nomades qui étaient jalouses de l'autonomie de l'arrière-pays. Cette incapacité de fonder un centre politique stable et puissant est expliquée par la dépendance exclusive de la piraterie et surtout de la rente qui était surcontrôlée et ne circulait qu'entre les mains des militaires, des dignitaires, des grands propriétaires et d'une infime partie de privilégiés.

L'effondrement de cette rente provoqua inéluctablement celui de toute la dynastie et le retour des Ottomans en 1835. Mais la politique, tant extérieure qu'intérieure, entraîna une pénétration étrangère progressive [3] qui fut couronnée par l'occupation italienne en 1911. En effet, la dynastie des Qaramanli et la famille d'Ouled Mohammed incarnent la fragilité typique

---

(1) Sans adopter une lecture essentialiste ou fixiste qui est fondamentalement anti-scientifique, il serait opportun de remarquer que la distribution des rentes a toujours été l'objet de conflits et de tensions permanents.

(2) Habib Hasnaoui, *Wathaïq dawlat Ouled Mohammed Fi Fezzan*, (Documents de l'Etat d'Ouled Mohammed à Fezzan), Tripoli, Merkez Dirasat Jihad Allibiyin, 1994, p. 16.

(3) Ali Abdellatif Ahmida, *The making of modern Libya*, New York, State University of New York Press, 1994, p. 50.

de l'économie rentière pré-moderne qui ne repose pas sur la production directe.

La structure rentière est celle qui reçoit des revenus sans la médiation du travail. Le caractère rentier de l'économie, l'instabilité quasi permanente, les rivalités avec les tribus nomades et bédouines et l'état de tension avec les puissances naissantes de la Méditerranée empêchèrent aussi bien les Ottomans que les Qaramanli[1] de construire un centre, d'opérer l'unification du pays, de domestiquer les tribus de l'arrière-pays, parce que tous ces éléments constituaient la véritable charpente de la modernisation et de la sécrétion de nouvelles élites. L'accumulation du capital était quasiment absente, vu l'accaparement des richesses par le pouvoir et par les dignitaires. De tels critères historiques, politiques et économiques prouvent que la société était bloquée dans tous les sens.

Mais puisque la société était fragmentée, émiettée et morcelée, toute la faiblesse du pouvoir y était compensée par l'agitation tribale caractérisée par les attaques venant de la périphérie et même par celles des tribus *makhzéniennes* alliées, comme ce fut le cas, à maintes reprises, pour celui des M'hamid. Il s'agit, en effet, d'auto blocages structurels[2].

Le paradoxe de la Libye est la faiblesse du pouvoir par rapport aux tribus, surtout nomades ou montagnardes, qui pouvaient se révolter en toute impunité et se réfugier dans des endroits très éloignés ou dans les montagnes de Berbérie.

C'est pour cette raison que l'affrontement avec ces tribus fut pénible et coûteux aux Ottomans et aux Qaramanli. Seules les tribus sédentaires de la Tripolitaine étaient soumises et contraintes à payer les impôts. Quand les tribus se révoltaient sous le pouvoir des Ottomans (1551-1711) à cause des prélèvements fiscaux excessifs d'impôts, elles atteignaient les portes de Tripoli. Du reste, les Ottomans ne gouvernaient réellement que la Tripolitaine,[3] et ce, malgré leur ferme détermination à gouverner tout le pays, les Qaramanli n'avaient, dans la pratique, dominé que la Tripolitaine, alors que de grandes parties du territoire libyen leur échappaient surtout après l'effritement de leurs alliances tribales, dus aux prétoriens et aux chefs de tribu. D'où l'absence d'une centralisation politique, véritable charpente de la stabilité du système. Il s'agit, en fait, d'une société à deux dynamiques : celle du pouvoir et celle des tribus. Ces deux dynamiques ne pouvaient pas se rejoindre, parce qu'elles représentaient deux vitesses inégales et parce que les tribus essayaient de constituer une force centrifuge.

(1) P. Costanzo Bergna, « I Caramanli », *Rivista Libia*, anno I, n°2, Aprile-Giugno, 1953, pp. 5-59.
(2) Robert Mabro, « La Libye, un Etat rentier ? », *Revue Projet*, n° 39, nov. 1969, p. 3.
(3) Informations tirées d'un entretien de l'historien libyen, spécialiste de la période, Habib Oueddâa Hassnaoui, à Tripoli, le 06-05-1998.

C'étaient de fait des forces centrifugeuses qui ne permirent pas aux Ottomans et aux Qaramanli de réussir l'unification du pays et la soudure des divergences anthropologiques et surtout politiques.

II- LA DEUXIEME DOMINATION OTTOMANE : ESSAI DE BALISAGE THEORIQUE DU CONCEPT DE MODERNISATION

La société libyenne ne connut presque jamais une organisation politique digne du nom d'Etat, ni conformément à la définition donnée par Ibn Khaldoun, ni à celle donnée par des approches sociologiques et politiques modernes.

1. La construction étatique en Libye : difficulté et conclusion

On doit insister sur la difficulté de relever l'existence d'un centre de décision politique. Cela est assez manifeste à l'époque des Qaramanli, c'est-à-dire pendant le pouvoir des Couloughli. Malgré la longueur de cette étape historique (124 ans), on remarque une réelle difficulté à fournir au pays une identité nationale, à élargir le système d'alliances aux chefs de tribu et à lutter contre celles qui sont rebelles. Le pouvoir ottoman a essayé, de 1835 à 1911, de se rapprocher des organisations tribales en créant des institutions scolaires et en initiant les chefs de tribu et les notables à l'exercice du pouvoir. Les Ottomans ont bien voulu aussi les intégrer au sein de leur administration et de leurs rouages politiques, parce que la stratégie choisie visait la consolidation et le maintien de l'autorité ottomane sur les tribus. C'est ce qui nous incite à faire les remarques suivantes :

La capacité qu'avait la « société civile » à s'organiser en dehors du cercle du commandement, qu'il fut qaramanli ou ottoman, était presque nulle. Car les tribus purent limiter, à l'intérieur du pays, le pouvoir des gouvernements successifs.

La capacité qu'avait cette société de s'insurger, vu les possibilités dont elle disposait pour former des pouvoirs locaux et régionaux, trouve dans l'insurrection de Abdeljelil Seyf En-Nassr à Fezzan (1830-1842) un parfait exemple. Ce dernier a essayé de fonder un pouvoir politique autonome qui continuât le gouvernement d'Ouled Mohammed, mais cela a donné lieu, en 1812, à une coalition avec les Sultans du Soudan et du Maroc pour des opérations de transactions commerciales.

C'est pourquoi la formation d'une centrale politique regroupant toutes les tendances et toutes les régions n'a pu voir le jour, faute de ressources nécessaires à cette fin.

Les différents pouvoirs évoqués, y compris le pouvoir sénoussi, n'étaient pas à proprement parler l'émanation d'Etats au sens propre du terme, mais de structures paraétatiques. Les Ottomans eux-mêmes encourageaient, sciemment, la création d'entités et de structures inadaptées à la réalité de ces sociétés et aux velléités indépendantistes et insurrectionnelles qui couvaient dans les tribus.

2. Pouvoir, société et modernisation sous la deuxième domination ottomane : contradictions et échecs

Tout effort d'analyse de l'évolution de la société libyenne est confronté à des handicaps théoriques et méthodologiques de taille. Car son histoire profonde reste peu connue et même très peu étudiée, du fait du manque de sources qui sont souvent écrites en des langues étrangères, de l'inexistence de travaux exhaustifs et surtout de l'absence de cadres, théorique et conceptuel appropriés. L'outillage théorique et l'appareil conceptuel utilisés jusqu'à présent reproduisent souvent des conceptions occidentales, parce qu'ils ont été historiquement fabriqués ailleurs.

Il s'agit d'un appareillage culturellement changé et historiquement inadapté. A cela s'ajoutent des modes de placage théorique sans précautions, sans rectifications et sans adaptations aux réalités des sociétés concernées. De là, certaines approches méthodologiques et théoriques restent étrangères à la société libyenne. Les travaux scientifiques et les approches sérieuses sont rares, ce qui constitue un handicap majeur pour saisir le caractère profond et complexe de la société libyenne. Malgré une apparence de fallacieuse homogénéité et d'unité géographique et humaine, la société libyenne est profondément complexe, riche et contrastée.

De par son caractère bédouin, agraire, pastoral et tribal, cette société a conservé une part exceptionnelle d'autonomie. Ce n'est ni la Tunisie ni l'Egypte. C'est une société non susceptible d'être comparée à celles du Maghreb ou du Machrek. Sa spécificité historique et structurelle découle d'un dynamisme tribal fort et permanent. Malgré les efforts de réforme et de modernisation qaramanli,[1] ottomans et «révolutionnaires», la dynamique tribale n'a pas manqué de vigueur. La grande ouverture sur la mer (plus de 1.900 km) et l'importance historique et exceptionnelle des routes caravanières n'ont pu oblitérer son originalité. Du point de vue humain, la Libye, comparée à ses voisins proches et même lointains, tranche par la centralité du fait tribal et se singularise par le poids exceptionnel et important de la tribu face au pouvoir central, au cours de ses différentes périodes historiques.

Notre souci majeur, dans cette recherche, est d'aboutir à une explication plausible des raisons de la permanence de la résistance tribale au premier et au second pouvoirs ottomans, à la dynastie qaramanli et surtout à l'occupation italienne. Comment pourrait-on expliquer ce phénomène de farouche résistance aussi bien à la présence musulmane qu'étrangère, italienne en l'occurrence.[2] Quel est, au juste, le poids de la tribu dans la société par rapport à l'histoire de la Libye moderne et contemporaine.[3] Malgré la remarquable inertie démographique, le

---

(1) Nicholay Brouchine, *Tarikh Libia fil Ásr al hadith*, Tripoli, Merkez Diraset Jihad Allibiyin, 1991, p.320 .
(2) Le volume général des pertes humaines pendant la guerre italo-libyenne s'élèvait à 250.000 personnes.
(3) Evans Pritchard, *The Sanussi of Cyrenaïca*, édition Oxford, The Clarendon Press 1949, p.73

caractère désertique du pays et l'aridité du climat [1] et en dépit des réformes entreprises sous le règne des Qaramanli et la tenace volonté ottomane d'infiltrer le tissu tribal, de contrôler les terres et les tribus et de mettre la main sur les revenus rentiers du commerce caravanier de longue distance, les tribus ont su se défendre contre tout pouvoir central.

Longtemps réputée comme l'*Empire du vide*, la Libye est, certes, un terrain propice à la rébellion tribale. Que les tribus émigrent, qu'elles affrontent la famine et la sécheresse, comme ce fut le cas des Kadhadfa entre 1916-1919[2], elles s'appuient sur la sacralité de la notion de terroir et sur les liens de consanguinité qui représentent une attitude rivale du pouvoir. Il est vrai que les tribus s'impliquent souvent, volontairement ou involontairement, dans des logiques de guerres intestines, d'attaques, de razzias et de guerres, et quelquefois dans des complicités intéressées à l'égard du pouvoir central, mais qu'elles s'unissent aussi, bon gré mal gré, contre l'intervention des autorités makhzéniennes. Elles ne se plient que lorsqu'elles y sont contraintes. Ni la modernisation administrative ottomane (1839-1876), ni la farouche répression subie par elles n'ont porté atteinte à la force de leurs structures et à leur vitalité. C'est pourquoi nous avons préféré parler d'une dynamique tribale indépendante du pouvoir central.

Les Ottomans commencèrent, à partir de 1835, par réorganiser l'administration, renforcer ses structures et doter le pouvoir des institutions nécessaires, et ce, par la généralisation de la ponction des impôts, et même pour les Couloughli, en 1896. Ils opèrent une réorganisation de la police et de l'armée essentiellement formées d'éléments autochtones et qui étaient à peu près au nombre de 12.000 soldats.

L'ordre social et économique, engendré par la modernisation, était en rupture avec la société et certainement avec l'arrière-pays, d'où la fragilisation excessive de la modernisation. L'hiatus séparant le pouvoir de la société consacra le caractère forcé, violent et belliqueux de la modernisation. Devant la constante rébellion des tribus, les Ottomans n'ont pas hésité à recourir à la guerre pour imposer leur domination. Pourtant, le pouvoir était resté fragmentaire, peu institutionnalisé et faible. Malgré la guerre, les Ottomans n'ont pas réussi l'accumulation des moyens de communication comme le monopole fiscal, ce qui leur permettait de rétribuer leurs fidèles serviteurs. Les tribus les concurrençaient, les privant ainsi du monopole de la violence.

Elles avaient aussi orienté leurs attaques contre les symboles de la présence ottomane, tant les deux monopoles étaient étroitement imbriqués et complémentaires.

En effet, le centre unificateur était absent, parce qu'il n'y avait pas de territoire aux limites bien fixées, et le pouvoir en place n'avait ni le

---

(1) Nickolay Brouchine, Tarikh libya fi âsr hadith, pp. 71-72.
(2) Amrou Saîd Baghni, *Abhâth fi tarikh libia al hadith wa Mouâsser*, Tripoli, Merkez Dirasat Jihad allibiyin, 1996, p. 66.

monopole de la violence ni les moyens de sa gestion politique. La structure établie dans la régence n'exerçait pas sa domination sur l'ensemble du territoire rassemblant « *dans son unité toutes les parcelles d'autorité et d'influence qui étaient auparavant dispersées dans une foule de pouvoirs secondaires, d'ordres, de classes, de professions, de familles et d'individus et comme éparpillées dans tout le corps social* » [1]. Le recours à la guerre avait eu lieu, sans que celle-ci fût une force motrice de l'unification du pays et de la construction d'un Etat national. Les campagnes ottomanes contre les tribus locales visaient, en fait, uniquement l'assujettissement des rebelles pour mieux garantir la ponction des impôts. Or un centre «*se construit et se renforce [...] dans la guerre* » [2]. Car il a été prouvé que les guerres et les conflits tribaux constituent un facteur déterminant dans l'affermissement des structures politiques. Mais la trajectoire ottomane fut radicalement différente, parce qu'elle n'avait pas réussi à éliminer les formations tribales et à les remplacer par une structure unifiante et capable de s'inscrire dans les corps et les esprits, selon l'expression de Michel Foucault [3].

Les résistances tribales prouvent l'absence d'un centre et d'un Etat. En revanche, en Europe, et plus précisément en Italie et en France, la « *résistance particulièrement forte des structures sociales médiévales [va] donner naissance aux processus d'étatisation les plus poussés* »[4]. En Libye, la résistance des structures traditionnelles au processus de modernisation ottomane n'a pas engendré une dynamique étatique. C'est qu'un Etat ne peut être construit comme une « épigenèse ». La présence ottomane souffrait d'une crise de légitimité, pis encore, d'une faible représentativité géographique et politique.

Malgré leur commune appartenance à la foi et à la culture musulmanes, les Ottomans et les Libyens sont restés étrangers les uns aux autres, tant et si bien qu'une identité nationale ne peut guère en émerger. En effet, quand le prince Idriss I eut accédé à la magistrature suprême du pays, il dut tout réinventer. Les Ottomans n'avaient laissé ni des traditions étatiques, ni des institutions fiables, c'est-à-dire un héritage politique suffisant sur lequel le futur Etat aurait pu se construire. Cette rupture historique et politique fut très marquante dans l'évolution du pays surtout sous la Monarchie. Comment allait évoluer la situation politique et sociale sous la Monarchie ? Est-ce qu'elle allait réussir son projet de

(1) Alexis de Tocqueville, *De l'ancien régime et la révolution*, Paris, Gallimard, collection « Folio-Histoire », 1985, p. 66.
(2) Charles Tilly, *Contraintes et capital dans la formation de l'Europe 990-1900*, éd. Aubier 1992, pp. 163-165.
(3) Michel Foucault, « La Gouvernementalité 1978 », reproduit in *Dits et Ecrits 1954-1988*, Tome 3, Gallimard 1994, p. 314.
(4) Yves Déloye, *Sociologie historique du politique*, Paris, éditions la Découverte, 1997, pp.46-47.

modernisation ? Est-ce que la Sénoussiya pouvait réussir la construction d'un centre ?

CHAPITRE 2 : LA SENOUSSIYA : ITINERAIRE, ŒUVRE ET RESULTATS

Il serait opportun de mentionner que la Sénoussiya s'inscrit dans ce moule du renouveau visant, par tous les moyens, à faire sortir le Monde musulman de sa profonde léthargie et l'Islam de son ankylose. Le déclin de l'Empire ottoman, la crise des musulmans de l'époque et surtout la campagne de Bonaparte en Egypte suscitèrent des courants de réformisme et de revitalisme islamiques pour penser le progrès européen et trouver des solutions adéquates au déclin des musulmans. La situation de faiblesse et de désordre favorisa l'émergence de structures-refuges, celles de confréries et de mouvements religieux qui appelaient au retour à la *Chariâ* et au modèle politique, économique et social proposé par le Prophète.

La Sénoussiya en fut un exemple éloquent sous la domination ottomane. La Libye a connu une Confrérie revitaliste et de renaissance religieuse qui fut transférée, entre 1854 et 1856, de la Mecque à la région saharienne du Djaraboub, aux confins de la Cyrénaïque et de l'Egypte[1]. Le moment était opportun, étant donné que le Sultan-Calife était engagé dans une guerre impitoyable contre les Russes (1854-1856), et donc obligé d'accepter un certain partage du pouvoir avec la Confrérie Sénoussienne[2] et de lui déléguer les tâches de ponction fiscale, d'établissement de la justice et surtout d'encadrement des tribus qui étaient souvent, pour des motifs divers, en rébellion contre l'autorité ottomane.

I. LA SENOUSSIYA : PARCOURS HISTORIQUE ET OFFRE SPIRITUELLE

Son fondateur, Mohammed Ibn Ali El-Sénoussi(1787-1859), qui était originaire de Mostaghenem, tout comme l'émir Abdelkader a fondé une *Zaouia* à El-Beyda qui devint la cellule-mère, et où il se fit « *reconnaître comme le grand Maître de l'ordre sénoussi* » [3].

En effet, le grand Sénoussi a été élevé dans une atmosphère de croyance, d'ascétisme, de piété et de *jihâd*, autant d'atouts religieux qui lui ont permis d'instaurer l'Ordre sénoussi, d'élaborer une théorie propre et une nouvelle conception de l'*Ijtihâd* basée sur son propre effort d'exégèse, d'interprétation du corpus religieux et surtout d'application des textes fondamentaux de l'Islam : Le *Coran* et les *hadiths* du Prophète[4].

---

(1) André Martel, *La Libye, 1835-1990, Essai de géopolitique historique*, Paris, éditions P.U.F., 1991, pp. 47-48.

(2) André Martel, « Souveraineté et autorité ottomane : La Province de Tripoli du couchant 1835-1918 », in, *Annuaire de l'Afrique du Nord, no XXIIe*, 1983, p. 73.

(3) Ahmed Sidqi Dajjani, *El haraqa al-Sannussiya*, Le Caire, 2e éd., Matba'a al fanniya, 1988, p.103-107.

(4) Tayyeb El-Ashhab, *Al-Mahdi al-Sanussi*, Tripoli, Matbaat Maji, 1952, p. 69; cf. aussi, Tayyeb El-Ashhab, *Al-Senussi al-Kabir*, Le Caire, Matbaat al-Qahira, sans date, p. 42.

La simplicité des préceptes sénoussiens et leur adaptation intelligente aux composantes humaines de l'environnement bédouin favorisèrent ainsi l'adhésion des tribus cyrénaïcaines à la recherche d'une protection contre les Ottomans[1]. Le choix de l'emplacement géographique prouve l'intelligence stratégique du grand Sénoussi qui a su exploiter à fond le malaise des tribus cyrénaïcaines qui refusaient de se soumettre au sabre ottoman et de payer les impôts au Calife d'Istanbul.

Du reste, à la mort du Sénoussi fondateur, son ordre religieux s'est répandu dans de larges parties de la Libye, en Egypte, au Soudan et au Tchad, et ce, grâce à ses adeptes et aux commerçants caravaniers[2]. Car la Sénoussiya avait eu une longue expérience de « *prosélytisme religieux* » dû essentiellement à sa stratégie d'encadrement des tribus, à son efficacité et à sa capacité de gérer ses ressources d'une manière rationnelle et parcimonieuse et de contrôler, en partie, le commerce caravanier passant par la Cyrénaïque[3]. Sa force lui venait aussi du fait qu'elle avait su initier les tribus, nomades et semi-nomades, à la vie sédentaire et à l'activité agricole et religieuse. Cette communautarisation a profondément changé la vie des tribus et consolidé la présence institutionnelle économique et religieuse sénoussienne qui a contraint le Sultan-Calife Abdelmajid I à reconnaître, dans un firman, la Confrérie et à lui donner le privilège d'exonérations d'impôts et une autorisation de collecte de la *Zakat*. Par ailleurs, cette initiative a presque arrêté les razzias et lancé un élan de solidarité. En effet, la Sénoussiya a introduit dans toute la région une nouvelle logique de stabilité surtout en sédentarisant les tribus nomades qui se livraient naguère au vandalisme[4] et en humanisant leur existence et leurs rapports sociaux.

Bénéficiant de la complicité ottomane, implicite ou explicite, d'un environnement favorable, de l'adhésion totale des tribus et de l'appui de la population locale, les Sénoussis ont pu fonder 146 centres religieux ou *zaouias* répartis comme suit : 45 à Cyrénaïque ; 6 à Tripoli ; 28 à Fezzan ; 21 à El Koufra et 46 autres répartis dans toute l'Afrique[5].

Pourtant, la Tripolitaine hésitante n'a pas été profondément pénétrée par l'Ordre sénoussi, compte tenu de l'opposition des grands propriétaires terriens et de l'ordre notabilitaire hostile, par instinct et par calcul, à toute limitation de ses intérêts. La Tripolitaine eut cette phobie de la Sénoussiya jusqu'en 1951, date de l'Indépendance, parce que, avec la découverte du Pétrole, l'unité des trois provinces allait devenir obligatoire, et ce, pour le partage équitable de la rente.

---

(1) Hervé Gueneron, *La Libye*, pp. 34-35.
(2) Ahmed Sidqi Dajjani, *El Haraka al-Sannussiya, Dar lobnane, Beyrouth 1967, p.117.*
(3) *Ibid*, p. 117.
(4) Ester Panetta, *Cirenaïca sconosciuta*, Florence, edizione Sansoni, Rome 1952.
(5) Nickolay Brouchine, *Tarikh libia fi'Alasr Hadith*, Tripoli, Merkez Dirasat Jihâd allibiyin, 1991, pp. 320-328, cf. aussi, Ibn Ġalbûn, *Tidkar fî man malaka Tarabuls*, éditions, Tripoli, Matbat an-Nûr, 1967, 209 pages.

1. Position géographique et volonté de fondation d'un centre

En arrivant en Libye, en 1843, le grand Sénoussi œuvra inlassablement pour la création de son propre centre religieux indépendant des Ottomans. Pour éviter les pistes traditionnelles de l'armée ottomane et la confrontation avec le pouvoir politique de la Tripolitaine, il installa sa capitale à El-Beyda, puis la déplaça vers le Sahara profond pour s'installer enfin à Djaraboub, près de la frontière égyptienne, « *loin des Européens et des Ottomans* »[1]. En 1894, la Confrérie se déplaça, encore une fois sous la direction de Mohammed El-Mahdi, et se fixa dans l'oasis de Koufra pour pouvoir contrôler la rente provenant du commerce transsaharien et surtout de celui reliant la Méditerranée à l'Afrique. Ce déplacement traduisait, certes, une volonté délibérée d'autonomie par rapport aux Ottomans, et surtout une stratégie politique évitant la confrontation politique et militaire avec eux.

Le choix stratégique de cet emplacement géographique visait la préservation de l'identité religieuse des sectateurs de ce centre sénoussi. Car la Sénoussiya voulait la création d'une entité politique et religieuse unificatrice de tout le pays. Le grand Sénoussi tentait alors d'achever l'œuvre libératrice avortée des Qaramanli, et c'était comme s'il voulait réussir là où ils avaient échoué. C'est pour cette raison qu'il tenait à fonder ce véritable foyer de résurrection spirituelle qui reposait essentiellement sur la prédication religieuse.

A ce titre, l'Ordre sénoussi a créé une véritable dynamique orientée vers l'union des tribus en une sorte de protection implicite de la Cyrénaïque qui avait connu, au cours du XIXe siècle, une certaine instabilité politique et sociale. C'est ainsi que tout au long de la deuxième moitié du XIXe siècle, la Confrérie s'est transformée en un véritable mouvement social qui imposa ainsi l'autonomie de la Cyrénaïque et de ses tribus par rapport au contrôle des Ottomans sans moyens [2] logistiques et financiers pour surveiller toute la zone, malgré la présence de quelques garnisons à Benghazi, à El-Merj et à Derna [3].

C'est cette situation qui contraignit les Ottomans à reconnaître l'Ordre sénoussi. Et lorsqu'un *Wâli* ottoman, téméraire et peu averti, eut essayé de lever les impôts, il en fut durement repoussé par la tribu Bra'assa qui était la principale alliée des Sénoussis et le demeura même sous le règne du Roi Idriss I (1951-1969).

Malgré la complexité de l'environnement tribal et la force des tribus dominantes, la Sénoussiya a su s'adapter à la situation, garantissant ainsi sa solidarité dans le contrôle des routes commerciales et la gestion de la rente

---

(1) Hervé Gueneron, ibid, p. 35.
(2) E.E.Evans Pritchard, *The Sanussi of Cyrenaïca*, Oxford, Clarendon Press, 1949, pp. 91-92.
(3) Ali Abdellatif Ahmida, *The making of modern Libya*, State University of New York, 1994, pp. 98-101.

provenant du commerce caravanier[1]. C'est ainsi que les Sénoussis transformèrent la région de Cyrénaïque isolée et désertique en une véritable zone retranchée dans laquelle ils fondèrent leur centre, une sorte d'hinterland politico-économique autonome[2]. Mais jusqu'en 1951, le centre sénoussien ne s'est pas transformé en Etat, malgré un certain centralisme et l'existence d'institutions paraétatiques, tout simplement parce que le grand Sénoussi ne visait pas ce but-là.

En effet, ce centre n'était qu'une confrérie, c'est-à-dire un espace politique placé sous son autorité, mais demeurant dans la mouvance de l'Empire ottoman, dans la partie de cette *Dar Al-Islam* et soumise au Sultan-Calife de Constantinople « *du moins aussi longtemps que temporairement et spirituellement son autorité a continué à exister* »[3].

2. La Sublime Porte et la Sénoussiya

Malgré sa méfiance à l'égard des Ottomans et sa volonté d'autonomie, la Sénoussiya s'est imposée comme la vassale, l'alliée, puis l'héritière de la Sublime Porte, jusqu'à la date de la proclamation de l'Indépendance, le 24 décembre 1951[4].

Affaibli par les guerres constantes avec la Russie et les convoitises des puissances de l'époque, le Sultan-Calife sentait que la Sénoussiya pouvait l'aider à en faire une barrière naturelle contre l'ambition française de s'étendre d'Alger au Caire, et de contrôler les débouchés du commerce transsaharien.

Ce mariage d'intérêts allait par la suite s'avérer très efficace. Il n'est donc, pas certain que le grand Sénoussi ait établi des contacts, en 1841, avec le Sultan avant de fonder sa *Zaouia* : par-là pourrait s'expliquer l'autonomie des Sénoussis par rapport à la Sublime Porte. Par là aussi s'expliquerait la connivence, tacite ou explicite, de la Sublime Porte avec les Sénoussis qui purent bâtir, en toute tranquillité, leur système social, économique et religieux au point de se transformer en une force locale concurrente.

C'est pour cette raison aussi que les Sénoussis osèrent accueillir les fugitifs, accorder leur hospitalité aux passagers, enrôler les personnes pour *Al jihâd*, leur fournir particulièrement des subsides et créer pour eux un climat de lutte anti-français[5]. C'était en quelque sorte un mouvement

(1) Evans Pritchard, idem, p. 72.
(2) Michel le Gall, «*The Ottoman Government and the Sanusiyya: a reppraisal* », *Inter.J.Middle East Studies* 21, 1989, pp.91-106.
(3) André Martel, « Aux origines de l'Etat libyen : La Porte et la Sénoussiya au Sahara : 1835-1922 », in *Enjeux sahariens*, table ronde du CRESM, éditions du CNRS-CRESM, 1984, p. 233.
(4) Gianluigi Rossi, « Alle origini dell indispensa libico : *la dichiarazione britannica* », in, *Africa* XXXII, n°4, dicembre 1977.
(5) André Martel, *ibidem*, p. 236.

panislamique qui a su s'organiser[1] et s'armer pour mieux affronter, tour à tour, les Français[2] et les Italiens avec Mohammed El-Mahdi (1844-1902) et Ahmed Es-Chérif[3] (1873-1933). Le Sultan-Calife s'est servi de cette structure para étatique pour contrecarrer les ambitions françaises dans la région. En effet, les convoitises françaises y provoquèrent une coordination étroite entre la Sublime Porte et la Sénoussiya, voire une répartition des tâches pour mieux contrecarrer les chrétiens envahissant *Dar Al-Islam*. Encouragés par l'appui ottoman, les Sénoussis déclarèrent la guerre aux Français au Tchad. Ils se préparèrent même à la guerre contre les Italiens qui occupèrent la Libye, de peur d'être complètement exclus du « festin colonial ».

D'ailleurs, ils se sont battus, en 1911, aux côtés des Ottomans qui ont dû quitter définitivement la scène en 1912, après avoir conclu des accords avec la partie italienne en vue d'organiser le désengagement de la Tripolitaine.

C'est pourquoi les Sénoussis et les Tripolitains, privés de toute référence politique, historique et spirituelle à la Sublime Porte, durent prendre en main leur destin et s'unir, par le pacte de Syrtes (1920), contre les Italiens et mieux préparer l'avenir politique du pays[4]. Sous le poids des pressions françaises au Tchad, la Sénoussiya s'est recentrée en Cyrénaïque et a dû arrêter son avancée en Afrique centrale. Pour des raisons géopolitiques, la confrérie fut quasi exclusivement réduite à la Cyrénaïque et ne conserva que peu d'influences au Sahara algérien et en Egypte[5]. Il faudrait mentionner que par ses engagements réels avec la Sublime Porte et sa dépendance à l'égard de l'autorité politique et religieuse ottomane, la Sénoussiya ne pouvait prétendre à la souveraineté, et encore moins à un Etat. Il fallait attendre les années soixante pour que l'Emir Mohammed Idriss El-Sénoussi, appuyé par la Ligue Arabe, fondât une structure fédérale réunissant les trois provinces (la Tripolitaine, le Fezzan et la Cyrénaïque).

Les Ottomans ont, dans une certaine mesure, encouragé et facilité l'implantation de la Sénoussiya. Mais sous l'effet de l'invasion italienne, ils durent l'abandonner à son sort, malgré l'insistance des tribus arabes à continuer la Guerre Sainte. L'Empire ottoman passait alors par une phase critique, caractérisée par son implosion et son démembrement. Aussi, ont-ils délégué leur autorité politique et religieuse au chef de la Sénoussiya, Ahmed Es-Chérif, et lui ont-ils permis de continuer la guerre en leur nom.

---

(1) Capitano Bourbon del Monte Santa Maria, *L'islamismo e la Confraternità dei Senoussi*, Città di Castello, Roma 1912, p.119-129.

(2) Mustapha Kraïem, « La question de l'annexion italienne de la Libye », in, *Revue d'Histoire Magrébine*, n° 6, Juillet 1976, pp.157-179.

(3) *Ibidem*, p. 237.

(4) Mustapha Kraïem, *ibid*, p. 238.

(5) Hervé Gueneron, *ibidem*, p. 36.
   Cf. surtout Magid Khaddouri, *Modern Libya*, Baltimore, The John Hopkins Press, 1963, p. 47.

Privées du soutien ottoman direct, des armements[1] et des financements nécessaires, les populations locales durent combattre, pendant deux longues années, avant de se replier sur leurs bases pour reprendre par la suite la guérilla (1923-1932) alors guidée par le héros Omar El-Mokhtar qui était un simple instituteur (*moueddeb*) dans une *zaouia* sénoussie.

Pendant de longues années, la Confrérie Sénoussienne fut l'âme de la résistance, mais malgré son ascendant et son triomphe, les chefs de Musorata, de la Tripolitaine, de Zouara et de Azizia, par jalousie politique ou par simple tactique, lui barrèrent en 1916 la route, refusant ainsi toute concurrence locale.

Mais il y eut des tentatives de compromis avec la colonisation italienne, sans que la situation se stabilisât. Certains chefs historiques de la Libye essayèrent de se réunir pour tenter de fonder, sous l'autorité de Ech-Chtioui la *République Tripolitaine* (1918-1922). En effet, Romdane Souihli, Souleymène Barouni, Ahmed El-Maridh et Abdelnebi Belkhir étaient aussi parmi ses fondateurs. Mais cette structure n'a pu perdurer, compte tenu des divergences qui existaient[2], de l'exiguïté de son territoire et de l'absence de ressources suffisantes.

C'était la première tentative organisée pour construire un Etat moderne dirigé par des Libyens. Mais les circonstances de la colonisation contrecarrèrent le projet. En effet, avec l'avènement du fascisme en Italie, la situation changea radicalement en Libye. Ce fut une période sombre et très difficile. La Sénoussiya perdit en 1923 la Tripolitaine et, en 1931, tout le sud. Ses chefs durent se soumettre. Seule la Cyrénaïque, conduite par Omar El-Mokhtar, résista jusqu'en 1931[3]. A partir de cette date, toute la Libye tomba entre les mains des Fascistes qui traitèrent les populations locales avec une atrocité inégalée : désarmement des tribus, pendaison des *moujahidines*, résidences surveillées, démolition des maisons, incendie des plantations, empoisonnement du cheptel, confiscation des biens des *zaouias* sénoussies[4] et déportation de quelques dizaines de milliers de Libyens vers l'Italie. Privé de la solidarité tribale locale et de sa logistique naturelle et encerclé de tous les côtés, Omar El-Mokhtar fut capturé à Ouedi Boutagha le 11 septembre 1931 et pendu, suite à un procès militaire, le 16 du même

---

(1) Cf. Habib Ouwadaà Hassnaoui, « Mulâhazât hawla al-ab'âd al-idyulugiyya lil siyassa al-isti mâriyya al-îtaliyya tugâha al-Arab al-libiyyîn » (1911-1932), *R.T.S.S,* n° 72-72, 1983, p. 123-140.

(2) Amrou Saïd Baghni, *Abhath fi tharikh Libya Al-Hadith wa Al-Mouàsser,* Tripoli-Markez Dirasat Jihâd allibiyin, 1996, p. 125.

(3) Yolande Martin, « La Libye de 1912 à 1969 », in *La Libye nouvelle, rupture et continuité,* Paris, CRESM, 1975, p. 34.

(4) Yolande Martin, ibid, p. 34. cf. aussi, Hussein Ali, « Repressione coloniale italiana in Libia», in *Islam, storia e civiltà,* n°36, septembre 1991, p. 75.
cf. également Salâh al-dine Es-Sûri, « *La colonisation italienne et le changement de la structure de la tribu dans la partie orientale de la Libye (région de Barga)* » CERDRO, ORAN, sans date.

mois, dans son village natal, Es-Sloug, selon les traditions fascistes, bien connues, c'est-à-dire en présence de la population[1]. C'est ainsi que la Libye entama une période très sombre de son histoire politique.

3. Les conséquences de la domination fasciste (1922-1939)

La fin tragique d'*Al-Jihâd* sénoussi permit aux fascistes italiens de dominer toute la Libye et de procéder à l'internement de tribus nomades toutes entières[2] dans le but de briser définitivement l'élan hérité des structures traditionnelles, de détruire les équilibres intérieurs de la société libyenne et d'étouffer toute velléité de résistance. Contrairement aux Français en Tunisie et en Algérie, les Italiens n'ont jamais cherché à transformer les tribus nomades en un prolétariat agricole totalement dépendant des structures de l'économie coloniale. Au contraire, ils ont appauvri et affamé les tribus avec des techniques primitives, telles que l'internement collectif. En conséquence, la Libye perdit, en quelques années, les $9/10^e$ de son cheptel et beaucoup de plantations, en plus de grandes pertes humaines à cause des famines, des épidémies et des déportations sauvages.

Cette politique eut pour conséquences de briser totalement l'élan de la société, de détruire de grandes parties de l'ordre tribal et d'imposer une soumission absolue au « projet » fasciste d'une partie de la population qui fut même contrainte à combattre aux côtés des Italiens fascistes. Au contraire, si la domination ottomane fut extérieure au pays, elle permit tout de même l'émergence de formations politiques et religieuses, telles que la Sénoussiya.

L'occupation italienne retarda l'émergence de l'Etat national et disloqua la cohésion interne de la société. La colonisation retardée et la violence excessive poursuivie par les Italiens empêchèrent la création d'un gouvernement local permettant à la Libye de s'autogouverner et firent que tous les moyens de production furent détruits et les forces sociales éliminées.

A partir de 1940, Mohammed Idriss El-Sénoussi se rangea du côté des Alliés et mobilisa des troupes formées de Libyens de la diaspora, et surtout de ceux d'Egypte, pour combattre la coalition germano-italienne. La Libye fut, certes, débarrassée de l'occupation fasciste, mais elle affronta le risque réel d'être partagée entre l'Italie, la Grande-Bretagne et la France.

---

(1) Aghil El-Barbar, *Omar El-Moktar*, Tripoli, Merkez Dirasat Jihâd allibiyin, 1983, p. 145.

(2) Yolande Martin, ibid. p. 34, cf. aussi, Cresti Federico, *Oasi di Italianità, la Libia della colonizzazione agriara tra fascismo, guerra e independenza 1935-1956*, Società editrice internazionale, Torino 1996, p. 36.
C'est un travail qui a été fait à partir d'archives, de documents officiels et de sources gouvernementales, ce qui lui donne une certaine crédibilité, surtout concernant la colonisation agraire, pp. 173-194, et la colonisation démographique intense, voir pp. 72-79; cf. Filesi Cesira, « La Tripolitania nella politica coloniale di Giovanni Amendola », in *Rivista Africa*, XXXIII n°4, dicembre 1977, pp. 517-524.

Mais l'Organisation des Nations unies, qui avait une autre conception de l'évolution politique ultérieure de la Libye, recommanda d'instaurer une souveraineté nationale totale, ce qui fut fait. Le 2 décembre 1950, le prince Idriss fut élu par l'Assemblée Constituante comme le premier monarque de Libye[1] et, du reste, il restera toujours fidèle à cette alliance avec les Anglais et leur offrira, avec l'Indépendance proclamée en 1951, beaucoup de privilèges économiques, politiques et même militaires[2].

Mais au-delà du compromis politique apparent auquel aboutirent les parties concernées par l'Indépendance de la Libye, le pays se présentait, entre 1940 et 1950, comme fragilisé par son histoire, extrêmement morcelé et peu soudé. Les trois provinces étaient superficiellement liées et l'idée d'une structure unificatrice n'était pas encore admise par les leaders politiques, et en premier lieu par Idriss El-Sénoussi, le futur monarque de la Libye, qui préférait se contenter de la Cyrénaïque, son fief historique, dont les tribus lui étaient très loyalement dévouées. La situation était d'autant plus fragile qu'il y avait des oppositions sérieuses provenant de la part du *Club Omar El-Mokhtar* [3] et du *Parti du Congrès National* [4] qui s'opposaient à la Constitution rudimentaire de 1949, promulguée avec l'accord des Anglais, tout en accusant le gouvernement de dépendance totale à l'égard de la Grande-Bretagne.

Ces multiples oppositions incitèrent le Roi Idriss I à être dur avec l'opposition de l'élite, à chercher à neutraliser par tous les moyens le *Club de Omar El-Mokhtar* et à empêcher toutes ses activités. Il fut, en effet, dissous en 1950.

Au demeurant, Idriss El-Sénoussi avait promulgué, en 1949, une loi interdisant les partis politiques. Mais dans la Cyrénaïque et surtout à Benghazi, à la suite de la dissolution du *Club de Omar El-Mokhtar* et la préparation d'une « *loi électorace taillée de telle sorte que le groupe d'Omar El-Mokhtar ne puisse pas avoir une place influente au Parlement* » [5], des émeutes et des troubles ont éclaté un peu partout dans le pays.

Le Roi promulgua une deuxième loi, au mois de mai 1952, pour interdire totalement les partis politiques[6], neutraliser leur influence, et voulant faire disparaître les groupes politiques capables de concurrencer sa propre conception de « l'Etat moderne » [7].

Mais la fragilité de l'histoire du pays était bien antérieure, très liée qu'elle était aux différends internes inhérents à la famille sénoussie. Dans

---

(1) Taoufik Monastiri, « Libye », in *Encyclopaedia Universalis*, 1988, p. 5.
(2) Mustapha Kraïem, « *Les rapports anglo-senussi pendant la grande guerre (selon les sources françaises)* », Revue d'*Histoire maghrébine*, n° 7-8, Janvier 1978.
(3) Entretien de Foued Kâabazi, à Tripoli le 30-07-1997.
(4) Voir l'*Annuaire de L'Afrique du Nord* de 1964 qui a présenté un document sur les deux constitutions de 1951 et 1963.
(5) Yolande Martin, *ibid.* p. 42.
(6) *Ibid*, p. 42.
(7) Majid Khaddouri, *Modern Libya*, Baltimore, 1963, p. 75.

un entretien approfondi[1], Rashed Zoubeir El-Sénoussi, le cousin d'Idriss-El Sénoussi, poète, homme de lettres et ancien responsable de la culture à Benghazi, avant d'être incarcéré pendant dix-sept ans (1971-1988) pour avoir été soupçonné d'implication dans un prétendu coup d'Etat fomenté par la famille royale, nous disait: «*Au départ, un conflit d'interprétation de la guerre sainte contre les Italiens secoua profondément les relations entre les deux cousins ; Idriss El-Sénoussi et Ahmed Es-Chérif, ce dernier étant connu pour sa dureté à l'égard de l'occupation italienne.*

« Au milieu des années vingt, il y avait aussi le problème épineux de continuer la guerre ou de l'arrêter, parce qu'elle avait profondément détruit le pays et touché la vie de la population. Idriss I voulait arrêter la guerre, et ce, à cause de la détérioration considérable des conditions de vie de la population.

« Le deuxième désaccord était relatif à l'évolution de la Confrérie. Idriss El-Sénoussi voulait dissocier le temporel du religieux et transformer la Confrérie en un Etat moderne très influencé par le modèle britannique, c'est-à-dire construire une monarchie héréditaire constitutionnelle.[2] Mais est-ce qu'on aurait pu moderniser la Confrérie et opérer une séparation entre les deux niveaux, alors que certains membres de la famille royale s'y opposaient.

Du reste, Le Roi Idriss a gouverné en chef temporel et politique et non pas en tant que chef religieux. C'était un Roi avant tout. Le système monarchique du temps du Roi ne reposait pas sur le socle de la Sénoussiya qui ne gouvernait pas. Car la Monarchie n'avait pas adopté le modèle saoudien, c'était peut-être, là la faute du Roi et les limites de son Ijtihâd. Toutefois, il faudrait dire que les Zaouias et les écoles coraniques s'étaient transformées depuis 1911 en foyers de résistance et elles n'avaient plus d'influence religieuse. Donc, il ne pouvait pas être considéré uniquement comme un chef religieux, c'était avant tout un Roi. D'ailleurs, tous ces conflits d'interprétation ont été émaillés par plusieurs drames dont celui de l'assassinat d'Ibrahim El-Shelhi, cousin personnel du Roi, par le fils d'Ahmed Es-Chérif, qui avait fait ses études à Beyrouth et qui avait été marqué par les courants Nationalistes arabes de l'époque. Il avait même catégoriquement refusé de communiquer les noms de tous ceux qui l'y ont aidé, subissant tout seul les conséquences de son acte. Malgré les efforts des médiateurs et de leurs bons offices, Mohieddine Es-Chérif fut pendu, et

---

(1) L'entretien a commencé le 5 août 1998 à Benghazi et s'est achevé à Tunis le 05 décembre 1998.
(2) Cette vocation politique n'est pas très claire dans la Constitution du 7 octobre 1951 et même dans l'amendement constitutionnel du 25 avril 1963, A.A.N. II, 1968. Il s'agit plutôt d'une Monarchie héréditaire de primogéniture. Or le paradoxe est que le Roi n'avait pas d'enfants.

l'incident a scindé la famille en deux. Déjà un hiatus séparait les deux branches »[(1)].

Pour mieux étayer sa réflexion, notre interlocuteur ajouta : « *La Sénoussiya n'avait pas eu le temps suffisant pour pouvoir réussir son oeuvre et achever sa modernisation du pays. Dix-sept ans étaient insuffisants pour qu'on évaluât précisémment le rendement de la Monarchie sénousienne. Il y avait, certes, une part d'injustice !* ». Ce témoignage prouve d'une façon indéniable que la Sénoussiya fut paralysée par ses propres conflits et dissensions internes.

II. CONFLITS DE FAMILLES, CONFLITS D'INTERET ET REPERCUSSIONS POLITIQUES

A la veille de l'Indépendance, la Libye était divisée en trois provinces séparées politiquement, et même anthropologiquement et socialement. La Tripolitaine voulait initier une certaine tradition démocratique, créer des partis politiques, surtout qu'elle a produit une élite syndicale, politique et culturelle qui a été relativement active entre 1942 et 1950[(2)]. Car la Tripolitaine avait une mosaïque de factions politiques et culturelles[(3)]. D'autre part, les engagements politiques étaient basés sur les appartenances familiales et tribales, ce qui décourageait l'unité avec la Cyrénaïque entièrement loyale à Idriss El-Sénoussi qui en faisait son quartier général en renforçant le cadre tribal. En revanche, Fezzan était soumis à l'occupation coloniale française. Les Fezzanis bénéficiaient de certaines libertés politiques et pouvaient former des partis politiques, à condition qu'ils ne fussent que deux seulement. Les Tripolitains sont venus à l'unité, parce qu'ils ont été dépourvus de toute référence au système impérial, à l'armée turque et au Sultan-Calife. En l'absence du système impérial, militaire, administratif et politique, les Tripolitains ont été contraints de s'inscrire dans la dynamique de l'unification[(4)]. Ils étaient en quête d'une identité, d'une référence, pourtant ils étaient peu convaincus de l'unité, comme le prouvent plusieurs témoignages recueillis dans le cadre de ce travail.

En revanche, les Cyrénaïcains se sont engagés dans la dynamique par calcul et par intérêt, pour dominer l'évolution politique et institutionnelle de la Libye et s'approprier l'appareil étatique. Le Roi s'est toujours montré favorable à la domination cyrénaïcaine. Du reste, l'évolution future n'allait que confirmer cette tendance à la domination.

---

(1) Voir à propos de l'assassinat d'Ibrahim El-Shelhi par le jeune Mohieddine Es-Chérif Al-Sénoussi, le 05 octobre 1954, le *Journal Tarabuls El-Gharb* (Tripolitaine), n°3395 dans sa livraison du 06 octobre 1954.
(2) Hédi El-Mechregui, *Dhikrayat* (Mémoires), Tripoli, Merkez Jihâd Allibiyin, 1989, p. 211-217.
(3) Yolande Martin, « *La Libye de 1912 à 1969* », in, *La Libye nouvelle, rupture et continuité*, éditions du CNRS, 1975, pp.48-49.
(4) André Martel, *ibidem*, p. 169.

Les Fezzanis ont intégré la dynamique de l'unification par besoin identitaire et par souci de garantir leur avenir politique. En effet, ils ne pouvaient pas se contenter d'eux-mêmes. Mais malgré leur dispersion, les distances politiques et symboliques, les barrières géographiques, les imaginaires hostiles, les diverses coutumes, les haines accumulées au fil des années, les querelles historiques et les tendances à l'isolement[1], les Libyens sont venus à l'unité ou plus précisément ont été contraints de l'accepter. En effet, avec l'effondrement de l'Empire et l'élimination du Sultanat, les Libyens se sont trouvés seuls face aux Italiens, mais ils étaient conscients de leur isolement. Aussi, s'inscrivirent-ils dans une « unité forcée » mais utile à plus d'un titre.

Le système fédéral proclamé le 7 octobre 1951 pourrait être considéré comme une solution au morcellement du pays, à la désunion des trois provinces, à l'absence de soudure entre les régions et surtout à l'animosité entre les élites locales et le leadership politique, (*Za'amat taqlidiyya*).

C'est pour cette raison que le Roi Idriss n'a pas gouverné uniquement en tant que chef spirituel, mais surtout en tant que chef temporel et politique, parce qu'il savait que sa qualité de Grand Cheikh de la Sénoussiya était, à elle seule, politiquement très insuffisante pour les Tripolitains, plus enclins à la liberté et à la démocratie, et les Fezzanis, soucieux surtout de leur avenir politique. Car sa qualité religieuse devait être complémentaire et non pas déterminante de son style de gestion politique, même s'il a certainement essayé de réunir les deux qualités, religieuse et temporelle. Mais elles étaient, en fait, inconciliables, voire contradictoires. La Libye n'était ni le modèle de l'Arabie Saoudite ni du Vatican.

Conscient de l'impossibilité de sécréter, à partir de la Confrérie sénoussienne, un « *Etat* » purement religieux, il s'attela à la création d'institutions civiles et modernes, telles que le Parlement. Il affirma sa volonté de respecter l'âme de la Constitution, séparant ainsi sa qualité de chef religieux de celle de Roi de la Libye. Il a tenu également à affirmer l'égalité des droits et des devoirs, le respect de la liberté, la garantie judiciaire, l'inviolabilité de la propriété et du domicile, les libertés de conscience, de culte et de la presse, c'est-à-dire des droits fondamentaux.

Mais la Monarchie était héréditaire selon le principe de primogéniture masculine dans la Famille Sénoussie[2]. Conscient du danger de la concurrence idéologique, le Roi réagit durement à l'activisme de l'élite politique, syndicale et associative, formée sous l'occupation militaire anglaise (1943-1951). Il interdit officiellement les partis politiques, au mois de mai 1952, et fit arrêter leurs chefs, créant ainsi un vide nuisible à la nouvelle expérience politique. En effet, il avait préféré marginaliser les élites indépendantes et opposantes, et leur interdire surtout l'accès aux

---

(1) André Martel, *La Libye 1835-1990*, Paris, éditions P.U.F, 1991, p. 144.
(2) *Ibidem*, p. 169.

Assemblées législatives et même au Parlement par la suite. Il visait surtout les membres du *Club d'Omar El-Mokhtar* et du *Parti du Congrès National* de Tripolitaine. C'est dans ce sens que le Cheikh Mahmoud Sobhi, véritable autorité religieuse en Libye, azharien de formation, ancien président de l'Université islamique et membre du Tribunal formé, le 26 octobre 1969[1], pour juger les anciens responsables de la Monarchie et ex-secrétaire général de *l'Association de l'Appel de l'Islam*, nous déclarait dans un entretien à Tripoli[2] « *que l'expérience parlementaire entre 1952 et 1969 était entachée de fraude électorale et d'irrégularités à tous les niveaux. Le Roi ne voulait pas voir ses opposants au Parlement. Il y avait même des membres de la famille royale et de son propre cabinet [3] (Diwân) qui l'incitèrent à la manipulation. C'est pourquoi le Roi écarta ses opposants traditionnels, et fit appel à l'ordre notabilitaire, aux bourgeois, aux nouveaux riches, et surtout aux chefs de tribu, c'est-à-dire à la base sociale fidèle au pouvoir et loyale à l'égard de sa personne. Ce fut le principe fondamental du recrutement du personnel politique entre 1952 et 1969. Mais la mainmise de la famille El-Shelhi, appuyée par une élite tribale et familiale d'origine cyrénaïcaine sur la vie politique, finit par verrouiller le paysage politique et contraignit les jeunes générations à chercher le changement, fût-ce par la voie militaire* »[4]. Face à ses opposants de l'extérieur et aux multiples risques de l'intérieur, le Roi essaya de réactiver la Sénoussiya, de redynamiser les *Zaouias* (les centres spirituels) et créa l'Institut des Hautes Etudes Religieuses[5] transformé ultérieurement en une Université islamique[6] et créa le corps des *Ulémas Sénoussis* en 1956. Il procéda également, en 1957, à la création de la Force de Défense de

---

(1) Voir Al-Jarida Er-Rasmiyya (*Journal Officiel Libyen*) n°49, du 19-08-1970, p. 169.

(2) Un entretien organisé à Tripoli le 23-07-1997.

(3) Le Cheikh Mahmoud Sobhi fait allusion surtout à Ibrahim El-Shelhi, conseiller du Roi, son alter ego et son véritable domestique, assassiné par le fils d'Ahmed Es-Chérif et à Omar El-Shelhi qui succéda à son père dans la direction du cabinet (*El-Nadhera khassa*). Ces deux personnages jouèrent un rôle véritablement nocif dans l'histoire contemporaine de la Libye.

(4) Il expulsa, en 1952, le militant Béchir Sa'adawi vers l'Arabie Saoudite, dissout le *Parti du Congrès national*, interdit définitivement l'activité des partis, purgea l'armée de ses éléments pronassériens, et procéda, entre 1962 et 1964, à une abrogation constitutionnelle pour préparer l'unification des trois provinces sur un fond de violence et de procès des Bâathistes en 1961 et des Nationalistes arabes en 1968 : 94 Libyens et 12 étrangers.

(5) Voir Al-Jarida Er-Rasmiyya (*Journal Officiel Libyen du Royaume Uni de Libye*), n°2, Janvier 1956, cf, aussi la loi sur les savants sénoussiens *J.O.L.* n°16, Août 1956.

(6) L'Université islamique a été créée par la loi du 29 octobre 1961, et dissoute par la loi n°144/1970, cf. *Le Journal Officiel de la République Arabe Libyenne*, n°3, Janvier 1971.

Cyrénaïque[1] appelée Les *forces mobiles,* une sorte d'unités spéciales formées de 12.000 hommes.

Malgré toutes ses mesures, la désagrégation de la famille-confrérie, accentuée par la découverte du Pétrole, ne fit que commencer, et pour cause, l'implication certaine de ses membres dans des pratiques délictueuses de corruption, et de favoritisme ayant entraîné ainsi plusieurs complications aux gouvernements successifs. La Société S.A.A.S.C.O., détenue par le prince noir Abdellah Abed El-Sénoussi, en est l'exemple le plus éloquent. Certes, l'alliance entre la famille Sénoussi (surtout Abed et Chemseddine) et la famille El-Shelhi (Ibrahim et ses deux fils Abdelaziz et Omar) a permis à ses membres de monopoliser les postes clés au sein de l'armée, de la police (corps d'élite), et de dominer le secteur de l'économie, des contrats, des offres internationales et du Pétrole ; ce fut donc la corruption à outrance. Mais le Roi se sentit obligé d'intervenir à tous les échelons de l'administration, pour en limiter les effets négatifs, redresser la situation et faire taire les critiques acerbes contre la famille royale, et surtout contre Abdellah Abed El-Sénoussi, à cause des malversations et de la corruption qui avaient entaché l'affaire de la construction de la route de Fezzan en 1960[2].

Quoiqu'il en soit, l'émergence de l'Or noir a été bénéfique pour la Libye à plusieurs égards, puisqu'elle permit l'unification des trois provinces. Mais comme le Pétrole se trouvait en grande partie en Cyrénaïque, cela ne facilita pas la répartition entre elles de ces richesses considérables. L'Or noir aida la Libye à quitter le rang de pays le plus pauvre du monde (50 dollars per capita), et à induire une véritable transformation sociale et économique, mère de tous les changements politiques ultérieurs. Mais quelles étaient les identités des acteurs politiques, après l'unification du pays en 1963 ? A quelles élites le Roi fit-il appel pour gérer la rente pétrolière et engager le pays sur la voie de l'unification totale et de la modernisation ?

---

(1) Le corps d'élite surarmé de 12.000 hommes, alors que l'armée ne dépasse pas 4.000 soldats, était dirigé par Mahmoud Bouguwaytin, un bédouin de la Cyrénaïque, connu pour sa fidélité à la couronne et sa férocité à l'égard des opposants. Après les grèves du 14 janvier 1964, déclenchées par l'appel de Nasser à l'organisation d'un Sommet Arabe, la *Cyrenaïca defense force* a tiré sur les foules de manifestants et a tué trois étudiants à Benghazi. Le président du Conseil des ministres, M. Fekini, (un Fezzani né dans la ville tunisienne de Gabès), exigea la démission du chef de ce corps considéré comme responsable de ces meurtres, ce qui fut refusé. Fekini présenta sa démission et fut remplacé par l'une des personnalités du cabinet royal Mahmoud El-Montasser. La partie fut gagnée par Bouguwaytin qui était le beau-frère de Bouçayri El-Shelhi, conseiller du Roi et l'une des personnes les plus influentes du Palais. Ce duel politique entre Fekini et Bouguwaytin fournit une preuve de plus de la faiblesse du Roi et de l'absence de complémentarité entre le gouvernement et le Cabinet royal.

(2) Sami Hakim, *Hadhihi Libya,* Beyrouth, Librairie Anglo-égyptienne, 1970, p. 103 ; Cf. aussi une biographie fouillée établie par Mohammed Al-Tayyieb El-Ashhab, *Ibrahim Ahmed Al-Shelhi,* Caire, Moukhaimir Press, 1956.

Pour pouvoir répondre à toutes ces questions, il faudrait étudier en profondeur le système politique libyen (1951-1969), les identités des élites au pouvoir ou dans l'opposition, les niveaux de blocage du paysage politique, et surtout les modes de compétition pour maîtriser le fonctionnement des articulations et des rouages du pouvoir.

CHAPITRE 3 : SYSTEME POLITIQUE, MODES D'INTEGRATION DES ELITES ET DESAGREGATION DE LA SENOUSSIYA

Quoique frêle, effacé et très diplomate[1], le Roi Idriss dominait, par les membres de sa famille et de celle d'El-Shelhi, tout le paysage politique. En avril 1963, la Libye construisait, pour la première fois dans son histoire contemporaine, un Etat unifié représenté par les pouvoirs législatif et exécutif. Mais le Roi incarnait, à lui seul, l'unité fraîchement réalisée du pays. L'Etat accusait un déficit indéniable de légitimité et de représentativité [2], dû en fait à plusieurs facteurs.

En l'absence de partis politiques et d'oppositions vouées à l'exil ou à la clandestinité, le système politique était inaccessible et verrouillé. La place prépondérante que détenaient les factions, les tribus, les grandes familles et les nouveaux riches favorisait, aussi bien en amont qu'en aval, les pratiques patrimoniales[3]. En effet, toute la vie politique reposait sur la tribu qui a été ressuscitée dans la phase post-coloniale, alors qu'elle avait failli être détruite sous l'occupation fasciste, et cet élément anthropologique est évidemment digne de toute investigation scientifique.

C'est dans ce cadre qu'il était possible à un homme « *dont la position sociale était insignifiante et dont l'instruction était presque nulle d'atteindre la législature, s'il était tenu en haute estime dans sa tribu* »[4]. La logique tribale et familiale conduisait le pays à un véritable patrimonialisme clientélistique qui domina le Parlement. A ce titre, le pouvoir législatif représentait plus les intérêts des groupes familiaux, tribaux, locaux et personnels que les intérêts nationaux. Devant le verrouillage du système politique et l'accaparement du Parlement par les factions politiques, les groupes sociaux défavorisés intégrèrent l'armée pour renverser le Roi[5], mal entouré et coupé des masses, à cause de son âge et de la fragilité de sa santé, ce qui fut fait dans la nuit du 31 août 1969.

---

(1) Cf. surtout les Mémoires écrits en arabe, de l'ancien Président du Conseil des Ministres, Mustapha Ben H'lime, quoique contestés : *Pages oubliées de l'histoire politique libyenne*, Imprimerie d'El-Ahram, Le Caire, 1992, pp. 88-94.

(2) Mohammed Zahi Mghirbi, « Modernization and the crisis of legitimacy in Pre-Revoulution Libya », in *Dirasat in economics and business*, Faculty of economia, University of Garyounis, Vol. XVII n° 2, 1981, pp. 16-17-18, cf. du même auteur, *Arab nationalism Libya*, M.A. Thesis, Kansas State University, 1973; cf. enfin, Ali Shembesh, *The problem of libyan political stability during the 1960.* M.A, Thesis University of Virginia, p. 59.

(3) Yolande Martin, « La Libye de 1962 à 1969 », in *La Libye : continuité et rupture*, CRESM-CNRS, 1988, p.46.

(4) Ibidem, pp. 46-47.

(5) Salah Al-dine Hassan Salem, The *Genesis of the political leadership of Libya 1952-1969, historical origins and development of its componet lements*, P.H.D, George Wahington University, 1973, p.336-344, cf. Ali Shembesh, *The problem of political stability*, Thesis, University of Virginia, 1972

1. Système politique et intégration des élites : trajectoires et structures

En 1950, le pouvoir avait déjà fait appel au savoir et aux compétences de l'élite religieuse traditionnelle dont la trajectoire de formation et d'accumulation était bien lointaine ; elle a été initiée sous la deuxième domination ottomane (1835-1911). Depuis cette date, l'élite traditionnelle se construisait progressivement, se distinguait du reste de la population et commençait sa mainmise, lente mais sûre, sur les structures religieuses, juridiques, caritatives et même politiques.

Cette longue marche d'auto-affirmation allait être consolidée et consacrée même au temps de l'occupation italienne en Libye. En effet, sous la colonisation italienne, les familles religieuses gardèrent leurs statuts et renforcèrent leur domination sur les secteurs religieux, juridique et caritatif et sur les structures traditionnelles : *kouttabs* et *zaouias*. S'étant distinguées par leur savoir religieux et par leur domination, celles-ci étant en fait le meilleur résultat de l'éducation religieuse, elles ont même orienté leurs fils vers les positions en rapport direct avec les fonctions religieuses.

La création, en 1935, de l'Institut Supérieur d'Etudes Islamiques par les autorités italiennes[1], renforça le statut privilégié des familles religieuses, telles que les Âlim, Messallati, Bourkhiss, Bakhir, Belkhadi, Bishti et Fakih Hassan[2], leur conférant la formation et le diplôme dont elles avaient besoin pour légitimer leur domination sur les structures religieuses.

C'est ainsi que le régime politique, dans sa structure fédérale ou unie, fit appel, en premier lieu, à ces élites familiales et religieuses. A ce titre, Abul-As'ad El-'Alim fut nommé comme président du Parlement libyen, et par la suite Mufti du Royaume-Uni de Libye, et Ali El-Dhib président du Conseil législatif. En revanche, Abdul-Rahmane El-Galhoud fut nommé à plusieurs reprises ministre de l'Education, de l'Etat, de la Justice et membre, maintes fois, du Parlement. Ces personnages notables avaient la formation théologique exigée par le pouvoir monarchique pour mieux se positionner.

Mohammed El-Hanghari fut élu membre de l'Assemblée nationale, et Mahmoud El-Montasser dirigea le Cabinet royal pendant plusieurs années avant d'être chargé de former le premier gouvernement libyen. En revanche, Mahmoud Bourkhiss, Mahmoud Messallati, Ahmed Es-Chérif, Ahmed Ben Omar, Abdelrazzak El-Bishti et Ibrahim Bakir dominèrent les tribunaux charaïques et même civils[3] à cause de leur formation théologique et juridique qui leur permettait d'être utiles au pouvoir.

La transformation de la confrérie religieuse, au début en une principauté (Emirat de Barga en 1949), puis en un Etat fédéral et ultérieurement unifié, obligea le Roi Idriss El-Sénoussi d'avoir recours aux

---

(1) Cf. Governo della Libia, *Bolletino ufficiale*, XIII, n° 3810, Octobre 1935, p. 136.
(2) Salah Al-Dine Hassen Salem, *ibid*, p. 18.
(3) *Bollettino Tripolitano*, n°15 du 12 décembre 1915, pp. 7-8, cf. aussi, « Personale Guistizia Musulmana », *in Bollettino Tripolitano*, XIII n° 27, 1 novembre 1927.

Cheikhs et Khouans sénoussis pour pallier le manque de cadres. Plusieurs Cheikhs furent appelés à prendre des postes de commandement dans les pouvoirs législatif et exécutif, tel le prince Abdellah Abed El-Sénoussi qui était auparavant responsable (*wakil*) de la *Zaouia* de Koufra au Sud.

2. L'élite religieuse : importance et mode d'intégration

L'intégration de l'élite religieuse et des Cheikhs sénoussis aux structures politiques et juridiques du nouvel Etat est la preuve d'une interférence irréfutable des structures politiques et religieuses entre elles. Le Roi fit aussi appel à l'élite tribale, formée essentiellement des chefs puissants, dans un pays rural et dominé par eux. Les tribus cyrénaïcaines étaient tellement fortes qu'elles s'opposèrent énergiquement, en 1954, à la proclamation en Libye, d'une République Unie qui était proposée par le Roi, d'une partie de la famille royale et en l'occurrence par Abed Abdallah EL-Sénoussi, pour calmer les émeutes de l'automne 1954. Le Roi ne pouvait que reconnaître leur poids et leur force et en particulier ceux des *Sa'adi*, ces bédouins qui avaient toujours gardé, historiquement, une autonomie sociale, organisationnelle et même économique par rapport aux pouvoirs centraux qui s'étaient succédé et par rapport aux autres tribus[1]. C'est ce qui pourrait nous expliquer leurs rapports privilégiés avec le Roi qui a beaucoup compté sur cette alliance pour gouverner l'Est de la Libye. Compte tenu de leurs moyens de production, de leur poids démographique et de l'importance de leur élite, ils profitaient de beaucoup de privilèges offerts par le Roi.

---

(1) Enrico de Agostini, *Popolazione della Cirenaïca*, Tripoli, Azienda Tipolitografia di Plinio Maggi, 1923. p. 42.

Tableau n° 1 : Composition interne de l'alliance tribale SA'ADI en Cyrénaïque en 1900

SA'ADI			
Jbarna		**Harrathi**	
Ouled Ali	Baraghith	Awaghir	Mgharba
	Abidet	Urfa	
	Hassa	Aylat El-Fayed	Derssa	Bra'asa

Source: Ali Abdellatif Ahmida, *The making of modern Libya*, State University of New York Press, 1994, p. 77.

Il est à remarquer que l'alliance tribale avec les *Sa'adi* a su garder son autonomie et sa force même sous l'occupation italienne.

De fait, les Italiens n'ont pas essayé, entre 1911 et 1923, de toucher aux privilèges des chefs de tribu. Au contraire, ils ont essayé de gagner leur confiance et de les rapprocher des structures administratives en les désignant dans des postes de commandement. C'est ainsi qu'ils les ont amadoués au prix de quelques concessions, et surtout d'un respect quoique hypocrite de leur religion[1] et de leurs traditions, mais ce n'était là que gain de temps[2].

En effet, avec l'avènement des Fascistes, en 1923, les rapports changèrent radicalement, parce que ces derniers réprimèrent les tribus de la manière la plus violente possible, les déportant de leurs territoires dans des camps de concentration. Les chefs de tribu furent humiliés, et même emprisonnés. Ce fut un très dur moment de l'histoire tribale en Libye[3], et il suffit de revoir quelle était la situation d'une tribu nombreuse, comme celle des Ouerfella. En revanche, le Roi Idriss ressuscita les tribus et redynamisa le rôle de leurs chefs dont la loyauté lui semblait être indéfectible[4], surtout qu'il avait sur eux un fort ascendant spirituel et politique. En plus de leur forte et ancienne loyauté, le Roi voulait se servir d'elles contre ses adversaires du *Club de Omar El-Mokhtar*, contre *le Front de défense de la*

---

(1) Salvatore Bono, « Islam et politique coloniale en Libye », in *The Maghrib Review*, vol 13 n°1-2-1988, pp. 70-76.

(2) Salah al-dine Hassen Es-Souri, « Istamar italiya wa Mouhawvalatou lihtiwa Al-Mou'assa Aldiniyya », in *Majalla Tounissiya Lilouloum ijtimaiya* (R.T.S.S), nos 72-75, 2ème année 1983, pp. 63-73.

(3) Salah al-dine Es-Souri, La colonisation italienne et le changement de la structure de la tribu dans la partie orientale de la Libye, CERDRO, Oran, 1987.

(4) Quelques jours, après le coup d'Etat du 1er septembre 1969, les tribus Sa'adi exprimèrent leur adhésion à la « Révolution », alors que le nouveau régime s'attendait à ce qu'elles adoptent une logique de résistance.

Constitution et le *parti Bâath* dont le célèbre procès a été organisé en 1961, et contre le prince noir, son propre cousin Abdallah Abed El-Sénoussi qui voulait s'emparer du pouvoir, annuler les accords ratifiés, établir une collaboration étroite avec l'Egypte[1] de Nasser et proclamer la République en Libye.

C'est ainsi que l'élite tribale cyrénaïcaine domina, entre 1951 et 1964, les structures du gouvernement de *Barga* (le Conseil législatif et exécutif), le Conseil des ministres et le Parlement au temps de l'Etat fédéral. Leur présence a continué jusqu'en 1969, malgré l'émergence d'autres catégories d'élites : familiale et bureaucratique en particulier, et ce, malgré aussi les efforts d'ouverture sur l'élite libyenne entamés par Abdelhamid El-Baccouche, ce que nous allons expliquer ultérieurement.

Tableau 2 : Origines géographiques des Présidents des Conseils de ministres et durées de leurs gouvernements

Ordre	Président du Conseil	Origine géographique	Année	Nombre de mois
1er	Mahmoud El-Montasser	Tripoli	Déc. 1951 - Fév. 1954	38
2e	Mohammed Sagazli	Cyrénaïque	Fév. 1954 - Avril 1954	3
3e	Mustapha B. Hélim	Cyrénaïque	Avril 1954 - Mai 1957	37
4e	Abdelmajid Kaâbar	Tripoli	Mai 1957 - Oct. 1960	40
5e	Mohammed Othman Es-Sid	Fezzan	Oct. 1960 – Mars 1963	30
6e	Mohieddine Fekini	Tripoli	Mars 1963 – Janv. 1964	11
7e	Mahmoud El-Montasser	Tripoli	Janv. 1964 - Mars 1965	15
8e	Hussein Mazegh	Cyrénaïque	Mars 1965 - Juil. 1967	26
9e	Abdelkader Badri	Cyrénaïque	Juil. 1967 - Oct. 1967	4
10e	Abdelhamid El-Baccouche	Tripoli	Oct. 1967 - Sept. 1968	11
11e	Winnis Kadhafi	Cyrénaïque	Sept. 1968 – Août 1969	11

Source : Malek Abou-Chhiwa, *Al-Nidham siyassi fi Libya ma beyna 1952-1969*, Mastère en sciences politiques, Le caire 1977, p. 129.

- ❑ El-Montasser et Kaâbar artiennent à deux familles traditionnelles.
- ❑ Ben Hlime et Fekini sont deux universitaires issus de riches familles de la diaspora qui vivaient respectivement en Egypte et en Tunisie (Gabès).
- ❑ Es-Sid appartient à une famille très fidèle à la Sénoussiya et qui l'a beaucoup aidé à étendre son autorité à Fezzan.

---

(1) Yolande Martin, « La Libye de 1912 à 1969 », in, *La Libye nouvelle, rupture et continuité*, édition du CNRS, 1979, pp. 33-50.

- Mazegh appartient à la puissante tribu des Bra'assa, par contre, Saghazli appartient à une petite tribu (la Derssa).
- Kadhafi est un bureaucrate professionnel issu de la tribu des Kadhadfa, installés à Benghazi.
- El-Badri appartient aux 'Awaghir.

Le Roi fit aussi appel à l'élite notabilitaire formée surtout des grandes familles puissantes économiquement, socialement et même politiquement. Il s'agissait de celles qui avaient pu amasser de grosses fortunes, provenant du commerce, des spéculations foncières, des propriétés terriennes ou des fonctions administratives, sociales et religieuses[1]. Ainsi, elles avaient pu, en effet, dominer, entre 1952 et 1969, le Conseil des ministres, le Parlement, le Cabinet royal et le Sénat.

De fait, le Roi qui les considérait comme étant le véritable appui de son pouvoir, leur a accordé une participation exceptionnelle aux structures du pouvoir, en plus de chances illimitées d'enrichissement par l'accession aux divers contrats gouvernementaux.

La découverte de grandes richesses pétrolières imposa au pouvoir libyen un certain changement, au niveau du paysage politique, et de nouveaux recrutements pour le personnel gouvernant. Pour ce faire, le régime essaya de s'adapter à la nouvelle situation en intégrant une élite qui était, pour des raisons inhérentes au système en place, jusque-là ignorée, voire marginalisée. Il s'agissait en fait de fonctionnaires, de bureaucrates, de gestionnaires et d'administrateurs qui ont collaboré avec l'Italie et auxquels on avait permis de se hisser au niveau de la hiérarchie administrative coloniale, tels que 'Ali Jerbi, 'Ali 'Anizi et Cheikh Abdelhamid Deybani. C'est ainsi qu'ils ont présenté leurs compétences au régime monarchique qui a apprécié leur savoir administratif et bureaucratique. Le régime a fait aussi appel aux jeunes universitaires formés en Egypte, en Europe et en Libye, surtout que l'Université libyenne a été fondée, en 1955, à Benghazi, dans le palais même du Roi Idriss[2] et a pu drainer une foule d'universitaires, et certains de ses diplômés ont été invités à occuper des postes de commande de l'économie et du Pétrole et à y gérer des secteurs-clés. A ce titre, certains technocrates, comme Noureddine ben Sassi, Winnis Kadhafi ou Fouad Kâabazi, firent même partie de différents gouvernements.

Il faudrait préciser dans ce sens que l'ancien président du conseil des ministres, Abdelhamid El-Baccouche,[3] joua un rôle déterminant pour convaincre un nombre d'universitaires de participer au pouvoir et de diriger les structures de l'Etat naissant, ce qui a entraîné un certain recul des élites

---

(1) Ismael Chemali, *Gli abitanti della Tripolitania*, Tripoli, Tipolitografia del Governo della Tripolitania, 1969, p. 26.
(2) Tayyeb Ahmed El-Ashhab, *Libya Elyawm*, Matba'at Assad, Baghdad, 1955, p. 33.
(3) Il est vrai qu'il a été connu pour ses idées réformatrices, et pourtant il a été impliqué dans des affaires de corruption, en approchant le clan d'Abdellah Abed et de Chemseddine El-Sénoussi.

tribales et notabilitaires au profit des technocrates et des bureaucrates formés en Libye ou ailleurs.

Mais cette ouverture limitée à l'élite indépendante ne fut autre qu'une stratégie pour l'empêcher de renforcer les rangs des partis politiques en quête de militants [1]. Elle visait surtout à marginaliser les Nationalistes, les Bâathistes et les Frères musulmans, les véritables adversaires du Roi. Le but final fut l'émiettement de l'opposition, et surtout la limitation de ses capacités de recrutement et de mobilisation.

La participation de cette élite au pouvoir fut donc un échec, et tout s'est passé comme s'il n'y avait pas assez d'espace pour elle. D'ailleurs, « *l'échec du gouvernement de Fekini pourrait s'expliquer, en partie, par ces raisons* », nous confirma (A.S), l'ancien Président du Cabinet royal pendant une décennie et ancien ministre des Finances. Notre interlocuteur ajouta aussi : « *Il y avait, derrière le gouvernement, diverses manipulations qui empêchaient la stabilité politique et surtout le plein rendement des Ministres* ».

Mis à part les exclusions provoquées et les marginalisations politiques programmées, le paysage politique libyen a fonctionné selon la logique de l'interaction entre les quatre élites dans un esprit de fidélité quasi-totale à la Monarchie. Hormis l'élite militaire qui cherchait, depuis 1964, à renverser le régime, les trois autres se sont contentées de servir la Monarchie sans contestation, et elles ne pouvaient faire autrement. En effet, le système politique monarchique avait bénéficié d'une véritable stabilité politique, malgré sa proximité de l'Egypte nassérienne, sans que le régime en fût dynamisé.

---

(1) Majid Khaddouri, *Modern Libya*, Baltimore, The John's Hopkinz Press, 1963, p. 44.

Tableau 3 : Répartition des membres des gouvernements selon l'origine tribale et le niveau universitaire (1952 - 1969)

Ministère Origine	Année	Tribale	Familiale	Bureaucratique	Universitaire	Autres	Fréquence	Total
El-Montasser	1952	-	5	1	1	1	2	8
Ben Hlime	1956	-	6	-	3	1	2	10
Ka'abar	1960	1	5	-	1	1	-	8
Es-Sid	1962	3	5	1	1	6	-	16
Fekini	1963	2	8	3	5	2	5	20
El-Montasser	1964	3	8	1	3	2	2	17
Mazegh	1967	5	8	5	5	3	3	26
Bakkouche	1968	3	8	10	9	1	8	31
Winnis Kadhafi	1969	3	7	11	9	1	8	32

Source: *Salah Hassen Salem, The genesis of political leadership in Libya (1952-1969) p. 440.*

Il faudrait noter surtout l'importance accordée aux technocrates-bureaucrates et aux universitaires dans les deux gouvernements de Baccouche (jeune universitaire) et de Winnis El-Kadhafi (jeune technocrate). En revanche, l'origine familiale est nettement présente dans les divers gouvernements qui se sont succédé de 1952 à 1969. Il ressort de ce tableau un subtil équilibre et un dosage latent entre les différentes origines, bien que le paysage politique ait été pour longtemps dominé par le système familial et tribal, et ce, malgré l'extension de l'urbanisation et la généralisation de l'enseignement. Pour mieux étayer cette analyse, nous avons jugé utile d'analyser sociologiquement l'itinéraire d'un intellectuel cyrénaïcain.

3. Trajectoire d'un intellectuel cyrénaïcain : Rajeb El-Mejri

Il est poète, homme de lettres, auteur de plusieurs ouvrages, juriste de renommée et homme politique, puisqu'il fut le dernier ministre de la Justice sous la Monarchie. Rajeb El-Mejri est le prototype de l'intellectuel cyrénaïcain. Né à Derna en 1930, il poursuivit ses études primaires dans la première école mixte de la région, et le secondaire au lycée de la même localité. Il nous déclarait dans un entretien organisé à Benghazi : [1] « *C'est au lycée de Derna que nous avions fait notre première grève. Notre lycée fut fermé jusqu'en 1954. J'ai dû suivre mes études à Benghazi. Malgré un baccalauréat scientifique, j'ai préféré m'inscrire en droit à l'Université du Caire. Nous, étudiants libyens, nous avons été dispensés de l'orientation par Taha Husseïn en personne, Ministre de l'Education de l'époque* ».

---

(1) Entretien organisé entre le 29 juillet et le 3 août 1998 à Benghazi.

Il ajouta aussi : « *La pauvre Barga dépensait généreusement pour l'enseignement, dans le but de préparer une élite pour l'avenir. La pauvre Barga payait aux étudiants de la région une bourse de 27 livres (Guimées) en plus des frais d'inscription et de logement. C'était l'équivalent du salaire d'un haut fonctionnaire égyptien. En revanche, les étudiants de Tripolitaine ne recevaient que cinq livres. Nous avons eu un enseignement fort qui nous a permis de rayonner par la suite, de retour au pays.*

Quand je suis rentré en Libye, j'ai dû évoluer progressivement dans le métier de magistrat jusqu'en 1959, année de ma nomination à la Haute Cour de Tripoli, et en 1965 j'étais conseiller-adjoint dans le même tribunal. Mais auparavant, je fus procureur général avant d'être désigné comme ministre de la Justice, le 4 septembre 1968, et j'y suis resté jusqu'à la Révolution de 1969. En 1965, j'étais chargé d'enquêter sur l'explosion de la Raffinerie de Pétrole à El-Brigha qui a coûté au Trésor public trois milliards de dollars. Et j'ai même requis la peine de mort, ce à quoi le Roi s'y était opposé. On devait appliquer la loi du Talion, selon lui, et il ne voulait pas de peine de mort, parce que l'explosion n'avait pas entraîné de morts.

Ma génération a rencontré d'énormes difficultés[1]. *Elle s'est construite pendant de longues années de souffrances et de sacrifices. Elle a produit un certain nombre d'intellectuels: Mohammed Khélifa Télissi (poète, homme de lettres, chercheur et ministre de la Culture), Slimane Tarbah (homme de lettres), Miftah Moubarek (homme de lettres), Khélifa Ghazouani, (homme de lettres), Taleb Roui'i (homme de lettres), Khaled Zoghbia (juriste et homme de lettres), Abdellatif Chouiref (militant associatif, homme de lettres, historien et intellectuel et ex-ministre) et Mohammed Hammi (intellectuel de couleur bâathist, mort en prison, après son célèbre procès de 1961). Je cite encore: Kamel Maghhour (juriste, romancier, chroniqueur, politicien et expert en droit, de renommée internationale qui a pris en main le différend de l'affaire du Plateau continental opposant la Tunisie à la Libye et qui se penche actuellement sur le dossier de Lockerbie. Il fut aussi Ministre des Affaires étrangères).*

Il nous précisa également que « *la Cyrénaïque obtint son indépendance en 1949 et organisa une nouvelle administration. Pour nous, le Cheikh de la Zaouia était un véritable Président de la République. Mais en fait, nous n'étions pas enthousiastes pour le passage au système fédéral. C'est parce que le Roi incarnait, à lui seul, l'unité. L'émergence du Pétrole imposa l'obligation d'unifier, c'est-à-dire d'abolir le système fédéral qui n'était pas conforme à l'intérêt national* », nous a-t-il précisé. « *Bien au*

---

(1) Notons que la souffrance de la génération des années trente a été profondément décrite par Kamel Hassen El-Maghhour [juriste de renommée, homme de lettres, ministre, et politicien libyen] dans une œuvre romanesque autobiographique intitulée *Mahattat* (stations), Tripoli, Dar El-Rouad, sans date, 332 pages. Dans cette œuvre, l'auteur décrit d'une façon allusive l'intérêt accordé par la société libyenne à l'instruction des jeunes de l'époque.

contraire, c'est la Tripolitaine qui a tiré le plus grand profit de l'unité et du Pétrole. Le système fédéral nous semblait être inadéquat. Mais quand l'unité eut été proclamée, c'est la Cyrénaïque qui la domina. En effet, il y avait, en 1969, 73 directeurs généraux originaires de Barga. Le personnel administratif et bureaucratique était essentiellement entre les mains des Cyrénaïcains. Le dernier gouvernement qui m'ait confié le portefeuille de la Justice était composé en majorité de Cyrénaïcains. La Cyrénaïque, consciente d'elle-même et influente, a formé une véritable élite et notre génération était efficace. Elle a pu, tout compte fait, dominer les rouages de l'Etat, malgré la volonté politique d'y faire participer les deux autres provinces. Pourtant, il y avait une alternance entre les élites et les régions. C'était clair au niveau du Conseil des ministres, du Parlement et du Sénat. En effet, pour le Sénat, il y avait selon les coutumes politiques 60 personnalités réparties selon les trois régions. L'accès au Parlement se faisait par des élections. Notre génération fut influente au sein du Parlement. Le gouvernement Ka'abar s'est effondré, parce qu'il n'avait plus la confiance des députés après l'affaire de la route de Fezzan ».

Rajeb El-Mejri ajouta aussi : « La Cyrénaïque a fourni à la Libye une élite bien diversifiée de 150 personnes au moins qui ont enrichi la vie politique, parlementaire, syndicale, intellectuelle et culturelle du pays ». Répondant à notre dernière question concernant les causes de l'échec de la Sénoussiya, notre interlocuteur nous apporta quelques précisions de taille : « Le Roi était un homme d'Etat et non pas un chef religieux. Il avait séparé les deux niveaux et chargé l'Université islamique d'assurer l'encadrement et la formation des jeunes sénoussis. Il avait lancé le Conseil des Grands Ulémas à Djaraboub. Malgré tout l'intérêt qu'il montrait à l'égard de l'élite religieuse, il ne pouvait pas empêcher son effondrement. Les étudiants manquaient d'une envergure suffisante et n'avaient même pas assez de confiance en eux-mêmes. Comment pouvaient-ils avoir un rôle à l'échelle nationale, quand leurs professeurs étaient égyptiens ? »

En effet, chaque fois que la Libye connaissait des moments de crise ou de tension, le système tribal et familier revenait en force. Quand nous fûmes présentés au Roi par le premier ministre, il s'enquit de notre origine. Quand il entendit mon nom, il me sembla en être suffisamment informé, il se contenta de prononcer deux phrases laconiques par lesquelles, il nous conseillait la crainte de Dieu ».

4. Courant de la personnalité libyenne et les limites de son offre idéologique

L'effondrement du modèle nassérien en Egypte, l'échec des partis nationalistes arabes et la Guerre des Six jours ont poussé une partie de l'élite universitaire, bureaucratique et technocratique à participer au pouvoir, surtout que les partis politiques étaient peu mobilisateurs auprès des universitaires et des jeunes.

C'est ainsi qu'émergea le courant de la *Personnalité Libyenne* qui appelait à concentrer les efforts sur le développement du pays et qui avait réussi à mobiliser une toute petite élite autour de l'ancien président du

Conseil des ministres, Abdelhamid El-Baccouche, véritable défenseur du projet.

Le groupe était essentiellement composé d'Abdelmawla Doghmane, Recteur de l'Université libyenne, d'Abdellah El-Ghouiri, romancier et ancien fonctionnaire, pendant de longues années, au Ministère des Informations et de la Communication en Tunisie où il avait été influencé, semble-t-il, par les idées du courant de la personnalité tunisienne[1], de Rached-El Houni, directeur du Journal la *Vérité* (*Al-Hakika*), tribune de l'élite libérale à vocation laïcisante[2] à Benghazi, et de Ali Fahmi Khchim, intellectuel et universitaire connu pour ses écrits sur les profondeurs historiques et culturelles de la personnalité libyenne[3], avant qu'il ne changeât radicalement d'option idéologique. Il faudrait citer aussi Ahmed Salhine El-Houni, ancien ministre de l'Information, entre 1967 et 1969, et directeur actuellement d'un journal londonien, qui a longtemps oeuvré pour concrétiser l'identité libyenne, à travers tous les médias et surtout la télévision, inaugurée le 24 décembre 1968, date du 17e anniversaire de l'Indépendance[4]. Ce courant s'est amalgamé pour doter essentiellement la Sénoussia d'une offre idéologique, pour contrecarrer la concurrence du Nassérisme et pour revaloriser l'appartenance à la Libye.

Le journal de gauche, (*Allibi*), porte-parole de la *Fédération Libyenne des Unions Professionnelles* (F.L.U.P.), fut aussi le défenseur acharné de l'identité libyenne. Le livre-phare de ce courant n'était autre que l'essai philosophico-anthropologique d'Abdellah El-Ghouiri, intitulé «*le Sens d'une Entité* »[5] et qui avait servi à Abdelhamid El-Baccouche de plate-forme pour l'élaboration du programme politico-idéologique de son gouvernement en 1967[6]. Ce bréviaire philosophique a suscité des réactions contradictoires, surtout venant des nationalistes, toutes familles confondues, qui y ont négativement réagi, alors qu'une partie infime de l'élite libyenne l'a favorablement accueilli.

---

(1) Le courant de la personnalité tunisienne était composé d'hommes de lettres et de personnalités influentes, telles que Chedli Klibi, Mahmoud Messadi, Mohammed Mzali, Ahmed Ben Salah et Béchir Ben Slama. Ce dernier a publié un remarquable essai intitulé : *Caractéristiques et fondements de la personnalité tunisienne*, Tunis, Dar Ben Abdallah 1974, p. 262.
(2) Il faudrait rappeler, dans ce sens, les célèbres écrits du journaliste libyen, Sadok El-Nayhoum, sur « L'image dans le Coran » publiés dans ce même journal, au cours de l'année 1968.
(3) Ali Fahmi Kchim, *Kitabat Libyia*, (Ecrits libyens), *Haraka wa soukoun*, Tripoli 1998, p. 53. Il est fort remarquable qu'un intellectuel inféodé au pouvoir actuel ose ainsi parler de culture libyenne, pp. 53-61.
(4) Entretien organisé à Tunis avec Ahmed Salhine El-Houni le 28-09-1999.
(5) Abdallah El-Ghouiri, *Ma'ana kiyan*, (le sens d'une entité), Beyrouth, Imprimerie Dar Lobnane, sans date, 55 pages.
(6) Cf. *le Journal Officiel du Royaume Libyen* n° 7 du mois novembre 1967, p. 4, cf. aussi le *Journal Officiel n°11, Janvier 1968*.

Mais quelles étaient ses thèses fondamentales ? Le romancier libyen présente, dans son livre écrit en arabe, un plaidoyer littéraire, philosophique et anthropologique pour prouver que la Libye a toujours constitué une entité homogène et stable. L'auteur s'élève énergiquement contre tous les chercheurs, et en l'occurrence contre l'anthropologue anglais Evans Pritchard qui ne reconnaît pas l'unité de son pays. L'hiatus séparant les villes des campagnes était, selon lui, un phénomène provisoire, parce qu'elles étaient toujours en parfaite symbiose, n'eût été l'impact du colonialisme. En effet, la ville, en Libye, a toujours été synonyme de stabilité, de rayonnement social, économique et civilisationnel. Mais dit-il, « *c'est le colonialisme aussi bien turc qu'italien (sic) qui a transformé la ville en un lieu d'exploitation, de pillage et de répression. Ce sont les Turcs et surtout les Italiens qui ont dénaturé le rôle de la ville en Libye* » (page 5).

D'après lui, la Libye n'a pas été uniquement une terre de passage, mais plutôt un passage civilisationnel : « *Tout en étant un lieu de passage pour les civilisations venues d'ailleurs, au cours de son histoire, la Libye fut aussi un foyer civilisationnel. Elle n'a jamais été une barrière culturelle, mais un espace de rencontre et d'interaction à travers les confrontations, non pas un espace dépourvu de personnalité, mais doté d'une identité qui ne refusait pas l'ouverture sur les civilisations étrangères comme elle l'a manifesté tout au long de son histoire* »(page 6).

Selon lui, la Libye avait, en plus de tous ces éléments, « *une unité civilisationnelle qui s'imposa malgré la diversité anthropologique et sociale et ses barrières géographiques. C'est sur un fond d'unité ethnique, linguistique et religieuse que s'est construit l'Etat libyen, en plus d'une perception commune de l'avenir et un respect partagé des traditions* » (page 7) ([1]).

C'est dans ce sens que l'auteur présenta son commentaire au sujet de l'existence de grandes distances séparant les régions libyennes. Ce sont les Turcs et les Italiens qui ont imposé les barrières, provoqué les cassures et favorisé d'une façon patente l'isolement des trois provinces constitutives, contraignant même les populations à d'interminables émigrations vers les pays voisins qui dépeuplèrent le pays et légitimèrent la colonisation agricole programmée à Rome.

L'auteur aboutit à la conclusion que l'entité libyenne, malgré toutes les conditions accablantes (sous-développement, émigration forcée, difficultés de la vie et répercussions néfastes des guerres successives) avait bel et bien existé et continuait encore d'exister. Le dysfonctionnement des villes était dû, selon lui, à une histoire violente, mouvementée, féroce et totalement dominée par l'occupation étrangère.

A partir du moment où la Libye fut indépendante, il était normal qu'il y eût une complémentarité entre les villes et les campagnes. La rupture

---

(1) Cette définition rejoint en grande partie la définition de la Nation (*l'Umma*) chez les Bâathistes.

avait été un fait purement colonial. D'après lui, il était temps de rétablir cette complémentarité et de construire une société moderne (*Moujtam Asri*) qui pourrait débarrasser la Libye des appartenances tribales et sectaires. Quand les individus se débarrassent de leur esprit tribal et de leur individualisme étriqué, il devient alors possible de construire une nouvelle société. Or sans villes jouissant d'une assiette bien entretenue, celle-ci est une pure chimère. La ville est selon lui, une âme émanant de la vie elle-même.

L'absence de villes au sens moderne du terme s'est répercutée sur l'activité politique en Libye qui n'avait pas connu de vrais partis politiques. Il n'y avait pas de conditions propices et en premier lieu pas de villes qui s'y prêtaient : « *Les partis politiques en Libye étaient l'expression précipitée d'une situation d'angoisse, d'inquiétude, d'ambition et d'aspiration à la liberté* [...] *Les partis politiques ont omis, dans leur ensemble, une définition claire de leur identité et des causes qu'ils défendent. Leurs fondateurs ne se souciaient guère de la compréhension des conditions, mais plutôt de la défense des intérêts d'une catégorie...* » (page 40)[1]. Il s'agit donc de partis politiques sans plate-forme idéologique, sans programmes, sans alternatives économiques et sociales. Ils sont semblables, abstraction faite de leur poids politique et du nombre de leurs adhérents. Ils sont semblables aussi compte tenu de leur inefficacité.

Dans tout le reste du texte, El-Ghouiri se livre, page après page, à un procès détaillé des partis politiques en Libye, énumérant les causes de leur échec. Ce qui leur manquait surtout, c'était la ville comme véritable support capable de les accueillir et de leur fournir un terrain propice à leurs activités. En plus de leurs pannes structurelles, les partis politiques pâtissaient aussi de leur exclusion de l'œuvre du changement.

C'est à l'intellectuel autonome et libre qu'incombe la mission d'œuvrer pour la conscientisation et le changement, et à lui seul que revient la tâche de construire l'entité libyenne : « *C'est pour jouir de notre appartenance à notre patrie [...] de notre travail pour elle. C'est une énorme fierté que d'avoir un pays, synonyme de travail, de responsabilité. C'est notre histoire, notre entité et notre avenir [...] C'est maintenant que nous devons travailler pour créer les conditions de la construction de notre entité, de notre vie consciente, audacieuse et capable d'affronter la peur et l'hésitation* »[2] (page 55).

---

(1) Il est clair que cette position « idéologique » cadre parfaitement avec les thèses officielles du régime monarchique celui qui interdit toutes les activités des partis politiques, mais aussi avec celles de Kadhafi : « *Celui qui adhère à un parti politique trahit* ». Voir *le Livre Vert*, tome I (la solution de la question démocratique).

(2) La nouvelle équipe de Jeunes Militaires issus du mouvement du 1er Septembre prit le contre-pied des idées d'Abdallah El-Ghouiri, considérées comme « isolationnistes et antipanarabes », et le fit emprisonner pendant plusieurs mois, après le Congrès révolutionnaire de 1970 qui définit les forces actives de la société et légitima l'orientation nationaliste du pouvoir.

On a procédé, jusqu' ici, à une présentation sommaire des idées centrales du texte, et le pays dont l'auteur parle n'est autre que la Libye. Sous différentes formes et dans plusieurs contextes, le nom de la Libye est évoqué 23 fois dans le texte, alors que la notion d'entité (*Kiyan*) est évoquée trois fois seulement, mais la notion de ville a été évoquée dans le même texte 60 fois.

Tableau 4 : Significations de la notion de Libyeââ

Ordre	Eléments spécifiques de signification	Traduction
1	Dhâtiya - Dhâtuna - Dhatiyatuna	Être-notre existence
2	Chakhsiya Wataniyya	Personnalité nationale
3	Al-Bilâd-Bilâduna	Le pays-notre pays
4	Wahda tarikhiyya	Unité historique
5	Kiyan	Entité
6	Moustakkar Hadhari	Creuset civilisationnel
7	Dawla Wataniyya	l'Etat national
8	Moujtamâ àsri	Société moderne

Dans ce texte, la Libye est identifiée à un peuple et à une histoire libérés de la colonisation des Turcs et Italiens confondus ; bref, à une entité et à un centre. Il s'agit d'affirmer la libyanité comme la personnalité profonde aussi bien du citoyen de la société elle-même, mais aussi, et surtout, de s'opposer au passé colonial, dans ses divers aspects, d'immixtion, de domination, d'exploitation et de spoliation dont la personnalité libyenne a été l'objet [1]. Cela étant, l'objectif de la construction de l'entité (Kiyan) était la récupération de soi-même.

La Libye est également présentée dans cette réflexion comme une société évolutive, et qui cherche âprement les voies de la modernité et du développement révolutionnaire à sa façon, farouchement opposée au colonialisme, mais très attachée à sa dignité, à sa richesse historique et à son authenticité.

La valeur suprême du texte est le présent, le passé n'étant qu'explicatif. La transformation de la société se fait par la médiation des concepts de développement, de modernité, de progrès et d'évolution. C'est qu'il s'agit d'une entité nouvelle, jeune, évolutive et en quête d'une voie spécifique pour son progrès.

5. La guerre des élites : le cas de l'élite périphérique et opposante

Sous la Monarchie, la Libye présentait deux paysages contrastés et divergents, le premier est dominé par le Roi centralisant les pouvoirs temporel et religieux pour que personne n'échappât, pour ainsi dire, à son

---

(1) En travaillant sur le discours officiel libyen, nous nous sommes rendu compte que la Libye, en tant qu'entité géographique et civilisationnelle, était presque absente chez Kadhafi, alors que la notion de peuple libyen y était omniprésente. Car celui-ci n'a jamais cru à la géographie qui, selon lui, avait été imposée à la Libye par les colonialistes de tous bords. D'après lui, elle est une pure confection coloniale.

filet. Mais le second est agité par une opposition fractionnée, et même clandestine qui cherchait à changer le régime, ou tout au moins à accéder au Parlement pour y faire écouter sa voix.

S'appuyant sur les lois de 1949 et 1952, le régime monarchique avait imposé des restrictions draconiennes aux activités des défenseurs politiques de la société civile. Les partis étaient interdits depuis 1952[1] et les syndicats n'avaient que peu d'influence, le régime contrôlant d'une manière systématique leur activité, et dominant leurs structures, de même que les unions professionnelles et celles des ouvriers, plaçant ses hommes à leurs têtes, comme ce fut le cas en 1956, ou procédant à la fermeture de leurs sièges ou à leur pure et simple dissolution comme c'était le cas en 1967. En effet, l'élite syndicale, surtout celle oeuvrant dans le secteur pétrolier, a été durement réprimée, poursuivie et interdite d'action pour plusieurs raisons[2]. Le verrouillage politique du pays et les conflits latents ou patents ont encouragé les groupuscules à se désolidariser du système en place[3], à travailler dans la clandestinité, et à imposer ainsi leurs revendications politiques, et dans une perspective plus vaste, à rechercher à renverser le régime monarchique.

De fait, Bâathistes, Nationalistes arabes et Frères musulmans s'agitaient, exigeant la rupture avec les Anglo-Saxons, la récupération des bases militaires, l'organisation d'élections libres et la lutte contre la corruption politico-financière.

L'élite traditionnelle et religieuse, monopolisant l'appareil de l'Etat, fut effrayée par les idées nassériennes, et surtout par les thèses du Bâath, ce courant rénovateur, laïc et séduisant par ses idées avant-gardistes. Elle craignait surtout le risque de la contamination des idées nassériennes ou ba'athistes.

Pour montrer sa détermination à juguler toute dérive extérieure ou intérieure, elle déclara une véritable guerre à l'élite opposante pour empêcher l'adhésion des jeunes aux partis politiques. C'est avec cette intention qu'elle organisa, en 1961, un procès où 96 libyens et 12 étrangers ont été condamnés à de fortes peines[4].

Elle procéda aussi à l'épuration de l'armée des éléments nationalistes, tels que le colonel Idriss El-Aïssaoui, assassiné par des membres de la famille El-Shelhi, ce militaire qui était très proche du prince héritier et connu pour sa loyauté et pour son patriotisme. Il s'opposait, avec véhémence, aux contrats douteux d'armement avec l'Angleterre, et dans cette optique de verrouillage de la société, une partie de l'élite traditionnelle organisa, au

---

(1) Les lois promulguées par le Roi lui-même sur l'interdiction des partis politiques de 1949 et de 1952.
(2) Ayda Fahmi, *Yawmiyat min tarikh Oummat Libya*, le Caire, 1ère édition, Dar El-Ja'amat massriya, 1974, pp. 22-23.
(3) Yolande Martin, « *La Libye de 1912 à 1969* », p. 49.
(4) Sami Hakim, *Hadihi libya*, Le Caire, édition Librairie Anglo-égyptienne, 1969, p. 57.

début de 1968, le procès du courant des Nationalistes arabes accusés de complots et d'actes terroristes. Ce coup de filet ne visait uniquement pas les nationalistes libyens et les courants d'opposition interne, mais surtout le mouvement nationaliste arabe de George Habache, installé au Liban[1]. Le régime dut aussi affronter tous les groupuscules qui provoquèrent les émeutes de 1962, 1964 et 1967.

A tout cela s'ajoutaient les agitations permanentes d'une trentaine de princes sénoussis qui se livraient, entre eux, à des intrigues et à des complots, et dont une partie ne cachait pas sa détermination à prendre, tôt ou tard, le pouvoir. Leur argument était clair : le Roi était un vieil homme de soixante-dix-neuf ans, sans enfant mâle, et le Prince héritier potentiel, Hassen El-Ridha, était peu convaincant et sans envergure. Les étudiants de Tripoli et de Benghazi prirent aussi part à la lutte contre l'ancien régime, parce que l'augmentation des effectifs des élèves dans les lycées et des étudiants à l'Université permit à cette opposition estudiantine de prendre de l'ampleur, quoique les plus actifs d'entre eux eussent été plusieurs fois arrêtés [2]. C'est qu'ils exprimèrent, chaque fois que les circonstances l'imposaient, leurs positions à l'égard de la politique du gouvernement et les activistes notoires furent incarcérés et considérés comme des prisonniers politiques. Certains d'entre eux ont été contraints, par manque de structures autonomes, de rejoindre les partis politiques non autorisés, par besoin de se démarquer de l'élite universitaire qui se souciait uniquement de sa promotion sociale,[3] en intégrant les structures étatiques ou en rejoignant les mécanismes classiques de reproduction patrimonialiste. Ils étaient, idéologiquement, très influencés par le Nationalisme arabe et surtout par les thèses nassériennes qui furent dans leur temps très mobilisatrices. Cette orientation politico-idéologique conduisit les étudiants à s'opposer à l'élite tribalo-traditionnelle dominante et à revendiquer, à haute voix, la récupération des bases de Wheelus-Field et d'El-Adem.

Ces désaccords ne furent pas sporadiques ou éphémères, mais ils traduisirent le conflit de générations entre les élites. Et pour cause, l'élite au pouvoir ne leur proposait que la soumission totale, leur interdisant toute participation politique et leur bloquant toutes les voies d'expression. En revanche, les étudiants activistes revendiquaient une refonte totale du système politique et un engagement clair en faveur de l'unité arabe et de la cause palestinienne. Les deux stratégies, gouvernementale et estudiantine,[4] étaient totalement divergentes, et il était clair que le paysage politique ne pouvait pas intégrer ce jeune corps politisé.

---

(1) André Martel, ibidem, p. 188.
(2) Ali Shembesh, *The problem of libyan political stability during the 1960*, Thesis from State University of Virginia 1972, p. 98.
(3) James Coleman, *Education and Political development*, Princeton, New Jersey Princeton University Press, 1965, p.547.
(4) Seymour Lispet, *Student politics*, New York Basic Books, Ine Publishers, 1967, p. 5.

Par ailleurs, « *les étudiants libyens n'avaient pas la reconnaissance de l'Union Générale des Etudiants Libyens (U.G.E.L.), parce qu'elle était jugée par les autorités comme trop politisée et engagée dans l'opposition politique*», aux dires de Nouri El-Maghenni, le dernier Secrétaire général de l'Union non reconnue dans un entretien à Benghazi (1). Il ajouta encore : « *Les étudiants n'avaient pas de moyens d'expression, ni journaux, ni revues, ni autres, pour exposer leurs idées politiques. Seulement, ceux de Benghazi avaient une revue : Kûrîna (Cyrène), qui était une sorte de tribune intellectuelle et littéraire. Les étudiants durent donc batailler pendant toute une décennie (1954-1964) pour obtenir des autorités une reconnaissance implicite. En effet, le pouvoir politique les considérait comme irresponsables et immatures et les accusait d'être inféodés au modèle égyptien et au nassérisme et d'être impliqués dans des manœuvres occultes de renversement du régime* ».

Devant tous ces blocages politiques, une partie de la jeunesse libyenne préféra viser d'accéder à l'Académie militaire et tenter une nouvelle voie de changement politique, l'institution en question était dans les années cinquante et soixante, presque la seule voie d'où peut provenir le changement politique des régimes en Afrique, en Amérique latine, en Asie et surtout dans le Monde arabe.

Pour mieux comprendre cette dynamique d'intégration des élites, nous avons organisé un entretien avec Wahbi El-Bouri ex-directeur du Cabinet royal et ancien ministre des Affaires étrangères et du Pétrole : « *Les Italiens, et surtout les Fascistes, ne voulaient pas que les Libyens fréquentent l'école. Et pourtant certains d'entre eux ont réussi à briller à l'école. Moi, personnellement, je suis de culture italianophone.*»

« *Grâce à l'experience exeptionnelle de la Revue Libia Al-Moussawara, notre pays a connu certains intellectuels de renommée, tels que Ali El-Jerbi, Omar Fekhri El-Mehichi, Rafik Mahdwi, Ali El-Anizi ou Fethi Kikhia...de même que d'autres élites notabilitaires. Il faudrait aussi dire que la situation intellectuelle de notre pays allait favorablement changer, à partir de 1942. Tout compte fait, les Anglais ne s'opposèrent pas à la formation d'une élite locale, qui fut, lors du premier gouvernement cyrénaïcain de 1949, essentiellement italianisante de culture : Ali El-Jerbi (intellectuel polyglotte), Wahbi Mahmoud El-Bouri (nouvelliste de langue italienne), Fethi Kikhia, premier ministre de Cyrénaïque, et Mohamed El-Montasser, premier ministre de la Libye unifiée (de formation italienne). Quoi d'étrange, si je vous disais que la Cyrénaïque avait déjà, en 1920, son premier Parlement élu et présidé par une figure patriotique, Safi Eddine El-Sénoussi.*

---

(1) Entretien approfondi avec Noureddine El-Meghenni, le dernier secrétaire général élu de l'U.G.E.L, avant sa reprise en main par « les étudiants révolutionnaires » du régime, et en l'occurrence par le sociologue Abdelkader El-Baghdadi. Cet entretien a été organisé à Benghazi le 29-12-1997.

La Monarchie savait équilibrer le dosage des élites, et maintenir aussi les conditions de coexistence entre elles, je veux dire les modernes, les tribales et les notabilitaires, malgré le poids et l'importance des tribus à cette époque-là.

La gestion politique sous la Monarchie reposait, à notre sens, sur un habile équilibre entre les tribus et les régions qui participaient au pouvoir selon des principes et des normes établis par le Roi lui-même. Il faudrait dire aussi que l'Est libyen a beaucoup souffert des famines et des migrations et a même été détruit aprés la Deuxième Guerre Mondiale qui a poussé les jeunes à émigrer en Egypte. Les gouvernements Fekini et Baccouche avaient su intégrer des élites et faire appel aux technocrates, mais le poids des tribus a progressivement diminué surtout dans les grands centres urbains, en l'occurrence à Tripoli.

Néamoins, les trois provinces souffraient de l'existence de particularismes et de différences entre elles. La soudure ne fut pas aisée, parce que les régions gardèrent leurs particularités. Oui, nous n'avons pas honte de dire que nous avons été unifiés par le Pétrole. Ce qui est vrai, à mon sens ! ».

Notre interlocuteur insistait, avec passion sur cette affirmation majeure de son entretien: « *Pour conclure, dit- il, il faudrait préciser que l'Université islamique d'El Beyda était trop limitée pour produire une élite homogène, accueillant des étudiants d'Afrique, tels que Hussène Habri et Idriss Déby et formant surtout des Imâms. Ses diplomés n'étaient pas socialement et politiquement influents.* »[1]

---

(1) Entretien avec Wahbi El-Bouri, à Benghazi, le 29-07-2003.

CHAPITRE 4 : PETROLE, MODERNISATION ET DESTRUCTURATION DE LA SOCIETE

1. La libye : le contraste de la pauvreté et de la richesse

Jusqu'à la découverte du Pétrole et son exploitation à la fin des années cinquante, la Libye avait été considérée comme l'un des pays les plus pauvres du monde [1]. Mais le revenu moyen par habitant est passé, entre 1957 et 1967, de 50 à 1.018 dollars. Cet immense pays était très défavorisé par l'absence de richesses naturelles et humaines, et parce qu'il avait été complètement dévasté par les guerres et démesurément appauvri par la colonisation italienne. En effet, l'occupation italienne et surtout fasciste entraîna de graves séquelles pour le pays : une dislocation totale de l'infrastructure et une détérioration considérable des services, et surtout des famines. Les Italiens ont causé à la Libye un lourd fardeau de pauvreté et de sous-développement à tous les niveaux de la vie [2].

C'était un pays qui, malgré l'assistance financière, matérielle et technique internationale, et surtout celle des Nations unies, n'arrivait pas à sortir de son extrême pauvreté. Le traité anglo-libyen, signé le 29 juillet 1953 pour vingt ans, fournit à la Libye une aide étrangère considérable et lui permit de surmonter ses crises financières. Faute d'un financement arabe, la Libye a accepté d'aligner sa politique extérieure sur celle de la Grande-Bretagne [3]. « *Aucune promesse ne nous a été faite par un pays arabe* », précisa le président du Conseil des ministres devant le Parlement fédéral. Le traité a été aisément ratifié par les députés de l'époque.

La Libye franchit, le 9 septembre 1954, un pas de plus en accordant des facilités maritimes aux Etats-Unis, et confirma la location de la base militaire de Wheelus-Field, qui devait servir au contrôle de la Méditerranée et des Balkans et qui fournit, selon les déclarations de Mustapha Ben Hélim, la plus importante source de revenus et le plus grand nombre d'emplois [4]

---

(1) Robert Mabro, « La Libye, un Etat rentier ? », *revue Projet* n°39, novembre 1969, p. 1090.

(2) Federico Cresti, « Projet social et aménagement du territoire dans la colonisation démographique de la Libye (1938-1940) », in *Correspondances*, n° 58, octobre 1999, pp.11-18.

(3) Du reste, cette même version nous a été confirmée dans un second entretien organisé, à Tunis, avec Rashed Zoubeir El-Sénoussi : « *Nous n'avons pu trouver, dit-il, aucune aide étrangère et surtout arabe. C'était presque la seule solution...*». Cette réponse nous a surpris, parce que d'habitude cet interlocuteur gardait ses distances à l'égard de Roi Idriss. Il a certainement omis de citer les rivalités franco-anglaises dans la région et le souci de la Grande-Bretagne de « *contrecarrer la présence française en Algérie* », selon l'expression d'André Martel.

(4) La presse libyenne liée au pouvoir énumérait, dans sa première page, les avantages du traité américano-libyen et surtout les quantités de blé évaluées à 24.000 tonnes, en plus des versements d'argent, ce qui fut considéré à l'époque comme un grand

au pays. Mais l'enrichissement soudain du pays n'a toutefois pas modifié la politique étrangère de la Libye, qui a gardé de maigres subsides à la Révolution algérienne ou aux pays arabes engagés dans leur confrontation avec Israël. La Libye s'est toujours engagée à aligner sa politique extérieure sur celle de l'Angleterre. En 1968, la Libye contribuait, d'une façon efficace, à l'équilibre de la balance commerciale britannique par de massifs achats d'armements[1] destinés aux divers services de sécurité, et surtout à la police politique chargée de contrôler les diverses oppositions et, en particulier, l'opposition estudiantine très influencée par les thèses nassériennes et radicalistes.

C'est entre 1956 et 1969 que les découvertes de champs pétrolifères se succédèrent et permirent à la Libye d'avoir des ressources financières mirobolantes, comme c'est nettement démontré dans le tableau ci-dessous :

---

acquis pour la Libye. Cf. surtout le Journal *Tarabouls El-Gharb* dans ses livraisons du 23 juillet 1954 et du 8 août 1954.

(1) Robert Mabro, « La Libye, un État rentier ? » *Revue Projet,* n° 39, novembre 1969, p. 1091.

Tableau 5 : La rente du Pétrole à partir de 1956

Année	Rente en millions de dinars
1955-56	51,000
1956-57	62,000
1957-58	77,000
1958-59	91,000
1959-60	97,000
1960-61	115,000
1961-62	2, 000,000
1962-63	7, 200,000
1963-64	23, 800,000
1964-65	54, 500,000
1965-66	116, 000,000
1966-67	138, 800,000
1967-68	191, 014,088
1968-69	316, 273,965
1969-70	363, 483,664

Source : Annuaire de l'Afrique du Nord entre 1963 et 1970

Ce pactole pétrolier permit à la Libye de lancer des projets ambitieux de développement et d'entamer une modernisation, tous azimuts, du pays. Il suffit de connaître les investissements programmés dans le Plan quinquennal 1963-1968 pour se rendre compte de l'importance du projet de modernisation matérielle, mais aussi sociale et culturelle du pays, comme nous allons essayer de le démontrer dans les chapitres suivants.

Tableau 6 : Dépenses étatiques pour les divers secteurs

Projets	Coût estimé $.LA	1963/64 £.L
Agriculture	29.275.000	2350.000
Industrie	6.900.000	545.000
Economie nationale	2.870.000	440.000
Communications	27.460.000	5067.000
Travaux Publics	38.662.000	5882.000
Education	22.365.000	1975.000
Santé	12.500.000	775.000
Travail information	2.550.000	575.000
Administration publique	6.425.000	2535.000
Plan et développement	11.400.000	650.000
TOTAL	**169.097.000**	**21734.000**

Source : Plan de développement quinquennal, 1963-1968, p.59

En 1951, il n'y avait dans toute la Libye que 33 élèves, mais on en comptait 170.000 en 1965, donc ce paramètre a été multiplié par cinq, entre 1965 et 1970, portant l'enregistrement d'un pourcentage de 85% de l'ensemble des enfants scolarisables à cette époque [1].

Le Pétrole a radicalement transformé les structures sociales de la Libye qui connut un des taux d'urbanisation les plus élevés de l'Afrique du Nord entraînant des vagues considérables d'émigration vers les villes, accélérant ainsi la disparition progressive du nomadisme et le rétrécissement de la présence tribale, permettant l'émergence de nouvelles couches sociales et économiques et une élite politique déconnectée du système politique et ayant des aspirations et des ambitions étendues. Le Pétrole a sécrété, en effet, une nouvelle Libye qui ne s'identifiait presque plus à la Monarchie, et inauguré une ère de rupture au niveau des structures mentales, des coutumes, des traditions et des comportements collectifs.

Tableau 7 : Répartition de la population rurale et urbaine selon Les trois provinces

Catégorie	Tripolitaine	Cyrénaïque	Fezzan
Sédentaires	80%	55%	82%
Nomades	7%	12%	6%
Semi-nomades	13%	33%	12%
TOTAL	100%	100%	100%

Source: Erick Bethman, Basic Facts on Libya, American Friends of the Middle East, Washington, D.C. 1966, p.3

C'est à ce titre qu'il faudrait faire remarquer que l'enrichissement soudain, dû à l'économie rentière, a provoqué une mobilité géographique dans toute la Libye, sapant les liens sociaux traditionnels et entraînant ainsi

---

(1) Lamond F.Tullis, *Politics and social change in third world countries*, New York: John Wiley and sons, 1973, p. 197.

une migration continue vers les villes[1]. De fait, les campagnes libyennes se dépeuplèrent et les nomades délaissèrent leurs activités agro-pastorales pour aller dans les villes chercher un travail rémunéré et un logement fixe. D'ailleurs, les agriculteurs abandonnèrent leurs terres qu'ils ne voulaient plus cultiver. En 1968, on a enregistré qu'un pourcentage de 8% de la population seulement était encore nomade, alors qu'il s'élevait à 50% en 1950[2], ce qui prouve surtout l'importance des transformations sociales, économiques et culturelles dans la société libyenne, entre 1963 et 1969.

L'émigration forcée a sécrété des couches sociales extrêmement défavorisées et vivant même dans les bidonvilles, comme Abousslim qui accueillait à peu près dix mille personnes [3].

La modernisation, appuyée par une logistique financière rentière, permit d'étendre l'enseignement public qui fut considéré, de ce fait, comme la pierre angulaire de l'édification de la nouvelle Libye, et de former également les compétences techniques et les cadres nécessaires au développement d'un pays favorisé par l'immensité de son territoire et par l'importance de ses revenus pétroliers, et enfin d' y faire une véritable révolution mentale et psychologique, concrétisée par la volonté indéfectible des « *familles libyennes, y compris les familles nomades désireuses de faire instruire leurs enfants, surtout les fils* »[4]. En effet, il était impensable de permettre à la fille libyenne de fréquenter une école mixte ou de s'inscrire, ultérieurement, à l'université dans les années quarante et cinquante. En 1968, il n'y avait dans l'ensemble de l'Université libyenne, toutes disciplines confondues, que 219 jeunes filles [5].

La mixité dans une bonne partie des écoles primaires et dans tout l'enseignement universitaire bouleversa les structures sociales, modifia, quoique relativement, les rapports entre filles et garçons et permit à la société de découvrir les compétences féminines. Cette décision politique permit de normaliser progressivement la mixité qui avait été longtemps prohibée, et la Libye entama aussi un ambitieux projet de lutte contre l'analphabétisme promulguant, en 1968, une loi sur l'alphabétisation accompagnée d'un plan d'action par étapes réparti sur 15 ans.

La modernisation porta aussi de façon similaire sur les domaines du travail, de la santé et de l'assurance sociale, sur la construction des logements sociaux et surtout sur l'adaptation du niveau de vie de la

---

(1) Samuel P. Huntington, *Political order in changing societies*, New Haven and London, Yale University Press, 1968, p. 50.
(2) Lamond F. Tullis, *Politics and social change*, New York: John Wliely and sons 1973, p. 199.
(3) Le bidonville a été détruit après le 1er septembre 1969, comme ce fut le cas d'autres rasés par les bulldozers.
(4) Cf. à ce propos, Christiane Souriau, « Chronique *Libye* », in *Annuaire de l'Afrique du Nord*, 1968, pp. 308-309.
(5) Ibidem, pp. 308-309.

population à des normes décentes[1]. Elle était, enfin, tournée vers la construction des infrastructures (autoroutes, ports, aéroports et universités) destinées à favoriser le développement général et à désenclaver les régions sahariennes, lointaines et isolées [2].

2. Gestion de la modernisation : obstacles politiques et rupture des équilibres

De par son caractère forcé et imposé, la gestion politique de la modernisation n'a pas permis un élargissement des circuits de participation, ni la nécessaire efficacité pour le Parlement d'y contribuer, contrôlé qu'il était et manipulé par le pouvoir exécutif de l'époque, ni surtout un renouvellement du personnel politique, largement dominé par l'ordre notabilitaire, par les chefferies tribales et par la bourgeoisie d'affaires naissante, souvent soupçonnée de corruption et de concussion.

Cependant, la modernisation politique n'a pas inscrit au premier plan la priorité de combattre la corruption, d'imposer une égalité au niveau de la répartition de la rente pétrolière et de transformer l'économie rentière en une économie productive : « L'économe rentière reçoit ses revenus sans la médiation du travail, à la différence de l'économie industrielle qui produit elle-même les biens nécessaires à la consommation, à l'investissement et à l'échange » [3].

Le régime politique a préféré céder aux pressions de ceux qui exigeaient la répartition immédiate des biens transformant les redevances en prestations. Or le Pétrole, substance miracle, est venu se greffer sur une économe primitive et sous-développée [4], mettant vraiment, en relief, le contraste entre la production et la répartition des richesses.

Mais la répartition fut loin d'être équitable, ne profitant qu'à une infime partie de la population, creusant ainsi un grand fossé entre les classes sociales et favorisant, par conséquent, les contradictions dans une société à peine sortie d'une extrême pauvreté. Signalons, à cet effet que seule une proportion de 10% de la population jouissait pleinement de la rente pétrolière avec des chances illimitées d'enrichissement. Or le revenu des paysans libyens, surtout en Cyrénaïque et à Fezzan, ne dépassait guère, entre 1963 et 1968, les 45 dollars[5]. Cette mauvaise répartition entraîna inéluctablement une forte dose de frustrations, de désillusions et, par conséquent, de politisation surtout dans les franges défavorisées.

En effet, la corruption est saillante d'après tous les témoignages. Dans une étude publiée par le Newsweek, dans sa livraison du 20 octobre

---

(1) Christiane Souriau, ibidem, pp. 308-309.
(2) Informations recueillies d'un entretien avec l'ancien ministre du Pétrole, Fouad Kâabazi à Tripoli le 23-07-1997.
(3) Robert Mabro, « La Libye, un Etat rentier ? », Revue Projet, n° 39, Novembre 1969, p.1091.
(4) Ibidem, p. 1091.
(5) Eric Rouleau, « Oil and Monarchies », African Report, vol.14, November 1969, p. 26.

1969 (page 56), on lisait explicitement : «*Libya, one western oil man states, was the most corrupt country I've ever seen*». Il ressortait de ce reportage-témoignage que la Libye était l'un des pays pétroliers les plus corrompus, tant la rente y était énorme.

Mais la richesse était monopolisée par certains groupes, sans ancrage social, qui s'entre-déchiraient pour le monopole du pouvoir politique et celui de l'argent, et qui avaient pu, en peu d'années, amasser une richesse colossale à partir des royalties publiques et de la représentation des grandes sociétés britanniques et italiennes, accélérant ainsi le rythme de la corruption et surtout les effets désastreux de la dépendance économique et technologique envers l'Occident.

C'est ainsi qu'émergea une classe de nouveaux riches qui se démarquaient nettement des franges traditionnelles de la société, au niveau des valeurs, de la pensée et du mode de vie [1]. L'on peut même parler d'une véritable barrière culturelle qui distanciait les différentes composantes de la société. L'enrichissement illicite obtenu grâce aux fonds de l'Etat et le mode de répartition des richesses avaient accentué les disproportions déjà existantes entre les ordres tradionnels et nouveaux, et entre les riches et les pauvres. Cette situation défavorisa totalement l'émergence d'une classe moyenne évitant au pays la bi-polarisation nocive dans tous les cas, comme cela avait eu lieu dans bien d'autres pays comme l'Iran.

Or les inégalités étaient frustrantes pour une population qui avait démesurément souffert, pendant des siècles, de la misère, de l'appauvrissement, de la sécheresse, de l'aridité du sol et des atrocités coloniales et fascistes, et qui ne pouvait plus tolérer de telles inégalités. Car le Pétrole devait être désormais réparti d'une façon équitable, et le pays n'avait été unifié que dans le but d'une meilleure répartition des avantages de la rente pétrolière.

D'où cette pression si forte de la part de la société pour imposer une répartition équitable des richesses et une ouverture des structures politiques et en l'occurrence celle du Parlement à l'opposition, et même aux opinions libres et aux bonnes volontés soucieuses de l'avenir du pays. En effet, la Libye présentait, dans les années 60, un paysage politique verrouillé de l'intérieur et soumis, de l'extérieur, aux intérêts des puissances étrangères[2]. C'est pourquoi les voix discordantes étaient muselées, les partis interdits, les syndicats écrasés et leurs militants pourchassés pour multiples raisons. La presse officielle, ou « autonome » était ligotée par de durs statuts qui ne lui permettaient pas de se libérer ni d'exercer pleinement ses fonctions.

Or la modernisation, quoique mutilée et bloquée, a cependant sécrété de nouvelles couches sociales instruites, épanouies, ouvertes aux

---

(1) Yolande Martin, «La Libye de 1912 à 1969 », in *Libye, rupture et continuité*, Paris, CRESM, 1975, p. 50.
(2) *Ibidem*, pp. 48-49.

nouveaux courants de pensée et désireuses de réformer le système monarchique, de récupérer les bases militaires louées à la Grande-Bretagne et aux U.S.A et de mieux répartir les richesses. Mais malgré de petites réformes, le paysage politique libyen était encore dominé par une élite de type traditionnel, coupée du reste de la société, retranchée sur ses intérêts, soucieuse de maintenir un système autoritaire et personnifié qui fut la véritable garantie de la continuité du *statu quo* et amputée de toute communication avec les générations montantes.

Ainsi, cette modernisation mutilée a-t-elle scindé la Libye en deux sociétés contrastées et séparées sur fond de conflits d'intérêts et de divergences de représentations de l'avenir.

A cet effet, les jeunes générations cherchaient le changement par tous les moyens, et leur angoisse était légitimée par la peur de l'avenir, vu surtout que le contexte politique international se caractérisait par une effervescence et une montée constantes des mouvements radicalistes.

3. L'école et la caserne : effets d'une modernisation mutilée

En « démocratisant » l'enseignement, en facilitant l'emploi à tous les demandeurs et en répartissant les richesses, quoique d'une manière limitée, la Monarchie a engagé le pays, *mutatis mutandis*, dans une dynamique de modernisation. De fait, jusqu'en 1969, le Roi Idriss El-Sénoussi était un chef temporel respecté, tirant sa légitimité de son rôle historique dans l'unification du pays et dans son accès à l'Indépendance. Mais ce rôle « historique » accusait une faible représentativité, puisque son autorité n'était pleinement reconnue que dans la Cyrénaïque. Les grandes villes, telles que Tripoli et Fezzan, l'avaient accepté pour des raisons politiques et tactiques[1], et sa première visite à Tripoli avait été curieusement saluée par certains activistes lançant des bombes sur son cortège [2] : cette version nous a été confirmée aussi par plusieurs personnes.

D'autre part, la modernisation a aggravé davantage la crise de la Monarchie en déstructurant la société traditionnelle et en sécrétant une nouvelle élite de politiciens et d'acteurs demandeurs du pouvoir. Cette course au pouvoir participa à la détérioration de la légitimité de la Monarchie, parce qu'elle révéla le conservatisme politique de l'élite au pouvoir depuis le 24 décembre 1951 sans lui permettre de se renouveler ni de s'ouvrir sur les autres. Elle avait même amorcé son auto verrouillage qui s'est répercuté sur tout le paysage politique de l'époque. Trop fidèle au modèle anglais, elle n'a pas été consciente des changements politiques qui s'étaient produits dans le monde.

Elle n'a même pas cherché à créer d'autres alternatives institutionnelles capables d'intégrer la nouvelle élite et les couches sociales sécrétées par la modernisation, d'où une situation d'exclusion des syndicats et des mouvements politique et estudiantin contraints à la clandestinité ou

---

(1) Majid Khaddouri, *Modern Libya*, Baltimore, The John Hopkinz Press 1963, p. 54.
(2) Sami Hakim, *Hadihi Libya*, le Caire, Librairie Anglo-égyptienne, 1969, p. 166.

au silence[1]. En accordant la priorité à la modernisation économique et sociale, le régime croyait ainsi « anesthésier » les demandes politiques de participation et de démocratisation de la vie politique. Mais ce fut peine perdue, la contestation ayant redoublé de pression.

Avec la déstructuration de la société traditionnelle et l'effritement des loyautés tribales et religieuses, le régime affronta le problème du rétrécissement de ses bases traditionnelles et la perte de l'appui social traditionnel [2]. La jeunesse scolaire et universitaire lui échappait de plus en plus, et pour cause, la socialisation politique était assurée en partie par les discours des partis de l'opposition et par ceux de Nasser répercutés par la Radio, mais surtout par les livres scolaires égyptiens utilisés au primaire et au secondaire [3]. L'un des paradoxes de la Libye contemporaine est d'avoir utilisé entre 1952 et 1969 des manuels scolaires conçus et confectionnés en Egypte du temps de Nasser. Cette nouvelle socialisation politique assurée par les manuels d'histoire, de géographie et d'éducation civique véhiculait explicitement une idéologie nationaliste et unitaire, et la référence à l'entité libyenne en était presque absente, sinon insignifiante. Puisque, l'identité nationale était niée, les jeunes n'appartenaient plus directement à leur pays, mais à un édifice identitaire nationalitaire et à un monde plus vaste, le Monde arabe[4], ne s'identifiant plus à leur environnement libyen, mais à un système de valeurs plus larges, celui de la culture arabo-musulmane. Ce bouleversement facilita, en l'absence d'offres politiques et idéologiques du régime aux jeunes, l'acceptation par eux des thèses panarabes et unitaires, puisqu'ils s'étaient branchés sur les médias qui véhiculaient ces mêmes thèses révolutionnaires. Cette offre idéologique délégitima, aux regards des jeunes, la Monarchie et légitima les offres idéologiques exogènes.

L'ancien premier ministre libyen Med Othmen Es-Sid (1960-1963) résumait brièvement, dans ses mémoires, ce paradoxe : « *Les professeurs enseignant en Libye étaient, dans leur majorité écrasante égyptiens, et ils étaient présents à tous les niveaux de l'enseignement. Conformément à nos accords de coopération culturelle avec l'Egypte, nous avions adopté les mêmes programmes et les mêmes manuels scolaires. On se contentait uniquement, à l'époque, de changer les noms des villes. Le conseiller principal du Ministère de l' Education était l'homme de lettres égyptien Med Farid Abouhadid* »[5].

---

(1) Mohammed Zahi Mghirbi, « Modernization and the crisis of legitimacy, in Pre-Revolution Libya », Dirasat *in Economics and business*, vol. XVII, n° 2, 1981, pp.16-17.
(2) Ali Shembesh, The *problem of libyan political stability during the 1960's 1972*, pp. 69-70.
(3) Mohammed Zahi Mghirbi, *Arab Nationalism and political instability in monarchical Libya*, M.A Thesis, Kansas State University, 1977, pp. 25-26.
(4) Mohammed Zahi Mghirbi, ibidem, pp. 25-26.
(5) *In Mahattat min tarikh Libya*, Rabat, Société Top pour les services, 1996, p.96.

La socialisation à l'école poussa nombre de jeunes gens à rejoindre les casernes pour pouvoir y appliquer ce qu'ils avaient appris dans les manuels scolaires. Donc, la Libye connut un phénomène digne d'être analysé et c'est ce qu'on pourrait appeler l'imaginaire de la caserne, cette institution ayant été considérée comme détentrice de la clé du changement politique.

4. Désagrégation de la Sénoussiya, fin de la Monarchie et crise de la société

Il est vrai que la Sénoussiya a beaucoup payé, au fil des années, de sa propre crédibilité, trop alignée, de fait sur la Grande-Bretagne et soumise aux intérêts politico-économiques américains et anglais, alors que toute la région était en ébullition politique. Le monde de l'époque était agité par la révolution cubaine, l'atrocité de la Guerre de Libération en Algérie, le poids idéologique mobilisateur du Nassérisme et l'influence croissante du modèle soviétique et de la gauche en général.

C'est pourquoi, la nouvelle élite intellectuelle, politique, syndicale, religieuse, économique et surtout militaire exigeait de concrétiser l'Indépendance, de chasser les Anglais et les Américains, d'arrêter la subordination économique à l'égard de ces derniers, mais surtout de renforcer la coopération avec l'Egypte et avec le reste du Monde arabe. Elle considérait, et pour cause, l'Indépendance comme inachevée, parce qu'elle était conduite et contrôlée par les Occidentaux, alliés et complices d'Israël.

Mais il faudrait signaler, d'autre part, que la rente pétrolière a beaucoup affaibli la Sénoussiya et accentué les conflits au sein de la famille royale sur les revenus pétroliers et surtout sur l'avenir de la dynastie. Il était notoire que la famille sénoussienne s'était engagée, depuis les années cinquante, dans une voie de clientélisme traditionnel et de corruption affairiste, mais qu'elle était déconsidérée et délégitimée aux yeux de la nouvelle élite. Minée de l'intérieur, sapée par ses propres enfants et rongée par les conflits d'intérêts, la Sénoussiya était dans une profonde crise, et ne pouvait plus se renouveler, parce que *l'Université islamique d'El-Beyda* produisait les rares cadres compétents, efficaces et mobilisateurs. Cette crise interne s'était répercutée sur ses structures de formation directement contrôlées par le Roi[1] qui les a transformées en administrations figées.

C'était la brisure de la Sénoussiya et du système monarchique ainsi rejeté par les courants d'opposition, les groupuscules clandestins, des Nassériens, des Bâathistes, des Frères musulmans et des gauchistes de tous bords. Car la jeunesse libyenne n'était seulement pas influencée par les thèses islamistes, mais aussi et surtout par la propagande nassérienne véhiculée par la *Voix des Arabes* et par les expériences socialistes en Algérie, en Yougoslavie et à Cuba. C'était la crise qui frappait de plein fouet

---

(1) Cf. à ce propos un entretien avec le Cheikh Abdelhamid Al-Deibani, Recteur de l'Université islamique de la Libye, in, *l'Afrique et l'Asie,* n° 87-88, 3e et 4e trimestre 1969, pp. 61-62.

la Monarchie avec le vieillissement du Roi, la confusion dynastique, les querelles d'intérêts et les calculs des courtisans. Les ministres mirent carrément leurs départements en veilleuse pour se consacrer à leurs affaires personnelles. Quand le Roi fut parti en Grèce, au cours de l'été 1969, se faire soigner, il laissa à son domestique et favori, Omar El-Shelhi, et à la police politique le soin de surveiller l'armée et les groupuscules factieux et à la *Cyrenaïca Defense Force* celui de mater les émeutes et les protestations où elles auraient lieu. Il ne se rendait pas compte que son peuple lui échappait de plus en plus et que la Cyrénaïque, longtemps fidèle, était prête à changer de loyauté. Ce fut donc une grande erreur de jugement. Il ne voyait pas que la Cyrénaïque lui était méconnue selon l'expression d'Ester Panetta [1].

Il ne doutait point de l'efficacité de la surveillance de son *Eldorado* par les Anglo-Saxons, et il le croyait même immunisé de la « contamination nassérienne ». L'armée lui semblait être surveillée et contrôlée par une police politique plus nombreuse et sûre qu'elle. L'armée ne l'inquiétait pas et était choyée et couverte d'honneurs. Ses chefs militaires accédaient à tous les privilèges. Il ne s'inquiétait pas de l'hiatus qui séparait les hauts officiers nantis des jeunes issus de familles pauvres et laborieuses, et souvent d'origine rurale ou bédouine. La sclérose de la Sénoussiya, l'imbroglio de la dynastie, le complet verrouillage politique et l'émiettement de la « société civile », déjà molle, préparèrent le terrain à l'armée. En effet, les acteurs militaires du Mouvement du Premier Septembre étaient choqués, étant donné leurs origines tribales et bédouines, par le bouleversement des structures sociales, le relâchement des mœurs, l'étalage des richesses, l'excès de consommation de l'alcool [2] et la corruption généralisée. C'est ainsi qu'ils allaient tenter la moralisation de la gestion politique et économique, ce qui leur paraissait être légitime et impérieux, voire sacré.

En guise de conclusion, il est possible de remarquer que la modernisation imposée par le gouvernement a produit sa propre anti-modernisation. Elle était, en fait, minée par de profonds clivages entre riches et exclus, sédentaires et bédouins, ou villes et campagnes. Les frustrations montantes et les sentiments de forte indignation provoquèrent, enfin, une délégitimation du régime et incitèrent les Jeunes Militaires à provoquer sa dissolution et à proposer leur propre « modernisation » et leur conception de l'Islam.

5. La société et la sécrétion d'un imaginaire anti-monarchique

La Sénoussiya se désagrégea, parce qu'elle ne représentait presque plus la société et qu'elle se trouvait dans une situation de rupture avec

---

(1) Ester Panetta, *Cirenaïca sconosciuta*, Florence, Sansoni, 1952, p. 35.
(2) Moâmmer Kadhafi, *Kissat El-thawra* (le récit de la Révoluïon), Merkez Dirasat al-Kitab Akhdar, Tripoli 1992, p. 12.

l'ensemble des forces sociales et surtout les jeunes en quête d'une nouvelle référence sociale et idéologique. Ceux-ci développèrent un imaginaire hostile à la Monarchie qui devint ainsi synonyme de dépendance, d'inféodation et de corruption. Instruits et politisés, ils aspiraient à une alternance politique plus crédible et capable de réaliser les attentes de la société. Cette société, tout à fait nouvelle, était composée essentiellement de jeunes dans la proportion de 60 %. Son imaginaire hostile était, certes, le fruit de la scolarisation, d'une mauvaise répartition des richesses, d'une indigence morale et citoyenne, d'une désymbolisation et d'une démoralisation de l'élite et surtout de la jeunesse.

Autant d'aspects qui dévoilaient des misères dont les causes étaient attribuées au pouvoir du Pétrole, à la mauvaise gouvernance, à l'inféodation aux puissances étrangères et à la corruption tolérée à cette époque-là. Il faut mentionner aussi que la rente pétrolière provoqua le dépeuplement des grandes périphéries et la destruction de l'architecture des liens sociaux, des solidarités familiale, clanique, tribale, régionale et même nationale. Mais elle sécréta d'autres dynamiques fondées sur l'intérêt, le lucre et le clientélisme des tribus ou des familles.

Il y eut aussi un sentiment de désenchantement dû au fait que les promesses de l'Indépendance n'avaient pas été tenues.

La société se scinda en deux franges opposées : les laissés -pour-compte du développement et la mauvaise gouvernance d'une part, et la nouvelle bourgeoisie affairiste et directement liée à la rente pétrolière d'autre part. Ce syndrome de crise sécréta un imaginaire anti-monarchique qui s'opposait à la pauvreté et à l'enrichissement illicite [1].

L'imaginaire, qui est conscience d'âme et ensemble de réactions sociales[2], peut être considéré comme « *une clé essentielle pour la lecture adéquate des sociétés* » [3].

A ce niveau, il serait intéressant de reconstituer les mécanismes sociaux et culturels qui lui ont donné naissance, car son émergence permet de mieux comprendre les disjointures entre les promesses et les réalisations, entre le dire et le faire. La sociologie de l'imaginaire définit ce concept comme étant l'ensemble des répresentations que chaque groupe se fait de sa vie et de son histoire, et dans ce sens l'on pourrait parler d'une production imaginaire de la société. Il faudrait donc entreprendre une sociologie des groupes producteurs de cet imaginaire et de leurs diverses expressions culturelles et sociales[4]. L'imaginaire dit collectif ne fut pas seulement l'expression de la contestation sociale et politique, mais aussi un

---

(1) Sami Hakim, *Hadhihi Libia*, le Caire, éditions Librairie Anglo-égyptienne, 1969.
(2) Gilbert Durand, *Les structures anthropologiques de l'imaginaire*, Paris, éditions Bordas, 1966, p. 64.
(3) Mohamed Arkoun, « Imaginaire social et leaders dans le Monde musulman contemporain », in *Arabica*, Tome XXXV, 1988, p. 19.
(4) Mohamed Arkoun, ibid, p. 19.

outil efficace utilisé par les Jeunes Militaires pour mobiliser la population. L'Etat sénoussi, en mal de légitimité, a dû affronter un imaginaire hostile qui dénonçait le vieillissement du Roi, l'absence d'une alternance constitutionnelle et la montée de la concussion. Cet imaginaire social anti-sénoussiya ne traduit pas seulement une situation d'épuisement et d'usure, mais surtout une crise de son capital symbolique, selon l'expression bourdieusienne. Une nombreuse jeunesse impatiente d'agir ne s'identifiait plus à la Sénoussiya, parce qu'elle regardait ailleurs. Elle était prête à s'engager pour d'autres causes, et aspirait au changement. Elle s'attendait à un groupe qui tint un discours à la mesure de ses ambitions et de ses attentes. Pour ce faire, un groupe de jeunes a préféré agir en intégrant l'Académie militaire, le changement ne pouvant venir que de ce coté-là. En peu d'années, ce pari allait devenir une réalité, mais une réalité qui fut, tout compte fait, très complexe.

CHAPITRE 5 : LA MONARCHIE, L'ARMEE ET LA SOCIETE : LES GRANDES INQUIETUDES DE LA LIBYE MONARCHIQUE

I. LA LIBYE DES ANNÉES 60 : ANTHROPOLOGIE D'UNE DESTRUCTION

L'irruption soudaine des Jeunes Militaires sur la scène politique, concrétisée par la destitution du vieux monarque, Idriss I, ne pourrait se comprendre sans une analyse minutieuse de l'histoire politique et sociale de la Libye, car elle seule pourrait nous expliquer les causes profondes de l'arrivée de l'armée au pouvoir.

Au moment même de la découverte du Pétrole, la Libye se trouvait projetée dans un univers tout à fait nouveau, en entrant dans l'ère de l'Or noir et de la richesse. Ce formidable trésor allait bouleverser complètement les conditions de vie et toutes les structures économiques, sociales et politiques du pays [1]. Ce changement fut, certes, lié au boom pétrolier qui offrait tout à coup à la Libye des ressources inespérées et lui permettait de s'engager sur la voie impérative de la modernisation, abstraction faite des résultats.

Mais la société libyenne, déjà secouée par les bouleversements successifs de la colonisation fasciste et de la Seconde Guerre Mondiale, n'a pu résister au choc du pactole pétrolier qui entraîna la destruction des équilibres traditionnels et déjà fragiles. En effet, les profondes mutations sociologiques et anthropologiques ont produit des effets de déstructuration de l'ancienne société et en ont bouleversé les structures culturelles et l'imaginaire collectif. Elles ont aussi entraîné un affaiblissement de la composante tribale et un relâchement des coutumes et des formes de solidarité traditionnelle héritée du passé et des modèles clientélistiques dominants[2]. Toutefois, il faudrait préciser que le boom pétrolier entraîna surtout un démantèlement des structures coutumières, à cause d'une urbanisation accélérée et galopante et d'un exode rural considérable, et par conséquent, un phénomène de « bidonvilisation ». L'argent, facilement acquis, a provoqué « *le délaissement de l'agriculture et de la vie pastorale*»[3] et a entraîné, par la force des choses, un important phénomène d'émigration interne et de remplacement de la rétribution en nature par une autre en salaires[4]. L'argent, provenant du Pétrole, fut, certes, à l'origine de grands bouleversements et de tensions sociales dus aux perturbations des normes et des valeurs régissant les modes de vie, les comportements et les normes dominantes. L'individu se trouva directement

---

(1) André Martel, *La Libye, 1835-1990*, P.U.F, Paris, 1990, pp.189-190.
(2) *Ibidem*, p. 189.
(3) Christiane Souriau, « Chronique sociale et culturelle de la Libye », in A.A.N, n° VIII, 1969, p. 512.
(4) *Ibidem*, p. 512.

confronté à des styles de vie importés et de nouveaux comportements, souvent en contradiction avec les usages dominants. Certes, le Libyen traditionnel trouvait beaucoup de peine à se reconnaître dans la nouvelle société et à s'identifier aux valeurs greffées sur son être.

Il est vrai aussi que le régime monarchique a essayé, par tous les moyens, de ménager l'organisation tribale[1], de garantir les privilèges et les prérogatives des chefs de tribu, des notables ruraux et des dignitaires du régime, et de réinvestir l'élite tribale dans des postes-clés. Mais les processus de déstructuration de la société et de désagrégation du système politique étaient déjà amorcés. La société profonde n'adhérait plus aux normes, aux valeurs référentielles imposées et aux symboles de la société conservatrice.

La modernisation introduite par le régime entraîna, dans la plupart des cas, des effets incontrôlés qui ont fini par déstabiliser le régime et par dresser contre lui plusieurs catégories de la société et surtout l'armée : celle-ci commença, sous l'influence de l'offre idéologique nassérienne, à contester le modèle inéquitable de répartition des richesses, l'inféodation sans limites à l'Occident et surtout l'absence d'une politique de rechange au vieillissement du Roi : ce furent au demeurant des slogans très mobilisateurs pour la jeunesse libyenne politisée.

Devant la généralisation de la corruption, l'apparition d'une nouvelle mentalité, l'introduction de l'alcool[2] et le recours excessif aux techniciens étrangers (américains et anglais), un très fort sentiment de marginalisation, voire d'exclusion, s'empara de l'élite libyenne. Les sentiments de désenchantement et de frustration créèrent une opposition pugnace au style de gestion politique de ce mouvement, et surtout au modèle de répartition des richesses. Or dans ce pays dont l'unité nationale et territoriale était encore fragile, la montée de ce mouvement risquait à la longue de déstabiliser le régime et de le fragiliser devant ces multiples composantes.

La grande tension de la Libye des années 60 était la répartition des richesses, les Libyens se sentant alors, en majorité, opposés à l'accumulation des fortunes, au luxe tapageur et à l'enrichissement très visible, provocateur et étalé par l'entourage du Roi, et surtout par la nouvelle bourgeoisie d'affaires d'origine urbaine. C'est ainsi que la Libye s'est scindée en deux parties opposées, aussi bien au niveau des valeurs que celui des références.

---

(1) Salah Hassen Salem, *The Genesis of the political leadership of Libya (1592-1969) Historical origins and development of its component elements*, PHD, the George Washington University, February 1973.
(2) Du reste, dans *Kissat Al thawra* (le récit de la Révolution), Kadhafi évoquait, dans un style allusif, le relâchement des moeurs et la consommation d'alcool étrangère à la société libyenne. Cf. *Kissat al thawra*, Tripoli, Éditions du Merkez al-Kitab Akhdar, 1992.

En dépit de la fièvre de modernisation qui s'était emparée des villes et, dans une bien moindre mesure, des campagnes[1], les franges de cette société souffraient des inégalités dans la répartition des richesses. C'est que les fortunes n'étaient accessibles qu'aux grands commerçants, c'est-à-dire seulement à la bourgeoisie des affaires formée souvent dans le secteur étatique. La richesse s'était avérée être un véritable mythe, le pouvoir ne permettant, ou ne voulant pas d'une juste et réelle répartition des fortunes. L'égalité devant la pauvreté de naguère fut vite remplacée par un hiatus béat entre les riches dépendant du capital international et « *les pauvres pris au filet de la voie enrichissante* »[2]. En effet, il faudrait ajouter que la bourgeoisie urbaine en question, formée des grandes familles, des notables, des dignitaires sénoussis et de quelques centaines de favoris, s'est emparée du marché en créant un abîme entre les riches et les exclus[3], mais en privilégiant ses intérêts personnels au détriment de ceux de la communauté.

Cependant, à l'actif du régime, on mettra la modernisation de la santé et de l'enseignement, et la réalisation de grands travaux d'infrastructure [4] (routes, écoles, aéroports) et l'engagement d'un certain remodelage social, quoique limité en fait. A son passif, il faudrait mettre la dépendance totale à l'égard des puissances étrangères, l'accaparement des richesses par une poignée de favoris, la non-circulation des fortunes et la guerre délibérée déclarée aux étudiants et aux militants autonomes ou adhérents à des organisations politiques.

C'est dans ce sens que la répartition inégale des richesses engagea le pays dans la voie de l'incertitude, de l'imprévu et des tensions. Essoufflé, le pays imposa aux fils de la petite bourgeoisie et des tribus de rejoindre les casernes. C'est ainsi que l'avenir du pays en fut tracé. C'était donc une nouvelle page de l'histoire politique de la Libye qui était entamée, et c'était une nouvelle Libye qui émergeait des sables provoquant ainsi une série de ruptures.

1. Difficultés de fin de règne et montée des contestations

Sous l'influence de l'idéologie nassérienne très mobilisatrice par le biais de la *Voix des Arabes,* la Libye connut une politisation à la fois de l'école et de la caserne.

A partir de 1964, on note une montée en puissance des contestations des divers acteurs politiques et syndicaux. Malgré une léthargie politique apparente, les acteurs de la « société civile » s'agitaient d'une façon constante, exigeant des réformes politiques et l'arrêt de la subordination

---

(1) Christiane Souriau, « Chronique sociale et culturelle de la Libye », in A.A.N, n° III, 1969, pp. 512
(2) Maria Graeff Wassink, *Les femmes en armes. Kadhafi féministe*, Paris, édition Armand Colin, 1990, p. 33.
(3) Christiaine Souriau, ibid, p.513.
(4) Christiane Souriau, ibidem, p. 513.

aux puissances étrangères. Dans tout le pays, se développaient des forces, centrifuges, des oppositions et des contestations du système monarchique qui voulaient arracher le pays à son apparente torpeur. Les syndicalistes, les ouvriers et les étudiants exprimaient, chaque fois que l'occasion s'en présentait, leur mécontentement de la politique générale du pays. En janvier 1964, les étudiants manifestaient à Benghazi pour exprimer leur soutien au Sommet Arabe, réuni au Caire et destiné à empêcher le pompage des eaux du Jourdain par Israël[1]. La police tira sur la foule des étudiants et en tua deux. Lors de la Guerre de Six Jours en juin 1967, toute la Libye fut prise d'un extraordinaire bouillonnement politique. Les forces de la « société civile » appelant à la participation de leur gouvernement à l'effort de guerre. La Libye connut, entre 1960 et 1969, plusieurs mouvements de contestation, surtout d'ordre politique, il suffit de citer, à ce propos, la destruction des puits de Pétrole de Brigha qui montra l'importance des tensions et dévoila l'existence d'une stratégie d'ingérence extérieure dans les affaires du pays[2]. Entre 1961 et 1968, deux grands procès de l'élite politique qui mirent plusieurs dizaines de militants sous les verrous. Durant cette période, la Libye passa par des moments de forte tension provoqués par les ingérences étrangères, mais surtout par la fragilité des structures politiques mises en place.

Le corps politique, fraîchement formé, a vite révélé sa fragilité et s'est avéré faiblement soudé à plusieurs niveaux, surtout si l'on se rappelle que le Roi Idriss 1er déchut toute la branche collatérale de sa famille de ses titres et droits. En effet, malgré toutes les réformes politiques et institutionnelles introduites par lui, au cours de ses dix-sept ans de règne, il n'a su, cependant, pas éteindre la flamme des conflits opposant les trois provinces, «*et la défiance de chaque province envers le pouvoir central*»[3]. La nouvelle Constitution, pourtant conçue au prix de longs compromis, n'a pu maîtriser les forces centrifuges ni empêcher les susceptibilités entre les trois provinces.

Du reste, nous avons pu constater, au cours de notre longue enquête sur le terrain, le degré d'animosité de l'élite tripolitaine envers le pouvoir exagéré du Roi qu'elle identifiait à une «*véritable colonisation*

---

(1) André Martel, *La Libye 1835-1990, Essai de géopolitique historique*, Paris, éd. P.U.F, 1991, p. 186.
(2) Il s'est avéré que le Libyen Miftah Hendayani collaborait avec les Services spéciaux égyptiens. Il fut condamné par le juge Rejeb El-Mejri à mort, mais le Roi commua le jugement en détention à perpétuité. Une semaine après le 1er septembre 1969, il fut acquitté et promu lieutenant de l'armée libyenne. Trois mois après, il disparut dans un « douteux » accident de la circulation : mais cet incident prouva une fois de plus que les autorités égyptiennes, du temps de Nasser, étaient attentives à la situation en Libye.
(3) Hervé Gueneron, *ibidem*, p. 58.

cyrénaïcaine»[1]. C'est que le Roi était considéré comme l'unique symbole du régime, et que c'est à lui qu'on a eu recours pour unifier le pays, qui n'a pu l'être et n'a su éteindre ses rivalités que devant les armées italiennes. Il préférait, sans doute se contenter de *l'Émirat de Cyrénaïque* où il pouvait compter sur l'appui, jugé « indéfectible », de l'élite et des tribus bédouines.

Le Roi incarnait, à lui tout seul, l'unité du pays, comme personne inviolable disposant d'un droit de veto et conduisant seul la politique étrangère. Le Sénat qui représentait les dignitaires des provinces et la Chambre des Députés qui était élue sur la base d'un député pour 20.000 électeurs masculins, fonctionnaient mal, à cause de la léthargie du paysage politique et de la falsification répétée des élections.

Pourtant, le Roi sentait de plus en plus son éloignement par rapport aux populations, son pouvoir étant manifestement coupé de la société qui s'inquiétait du problème de sa succession et du mode de gestion et de répartition des richesses monopolisées par un clan de favoris (les Shelhi) et surtout par une oligarchie de grandes familles qui vivaient en circuit clos et ne communiquaient pratiquement pas avec le reste de la population.

La Monarchie, déjà fragilisée et affaiblie par le vieillissement du Roi, par l'imbroglio dynastique, par les intrigues des courtisans et surtout par les ingérences continuelles des grandes puissances, n'était pas en position d'affronter les tensions et les chocs. L'avenir de la Libye et de sa Monarchie paraissaient, au milieu des années soixante, comme incertains, risqués et condamnés à l'aventure militaire, surtout que le corps de l'Etat était fraîchement constitué et qu'il ne pouvait pas résister aux secousses idéologiques.

2. Crise du système politique et inquiétudes de la succession

A la mort du Roi, la Couronne devrait donc revenir à son neveu. Mais malgré l'approbation du Parlement, le prince héritier ne ferait pas l'unanimité au sein de la famille sénoussie, à cause du veto catégorique des Shelhi et surtout du colonel Abdelaziz El-Shelhi, directeur des entraînements de l'armée. Il est vrai que le neveu n'avait nullement les capacités ni l'intelligence de ses cousins, fils d'Ahmed Es Shérif (Larbi, Zoubeïr et Mohieddine). Le clan Shelhi avait même un droit de veto sur toute personnalité forte capable de prendre les choses en main, et surtout le prince Safi-Eddine El-Sénoussi, bien que ce dernier soit en conflit avec les tribus de Musorata, et connu pour sa rigidité, sa discipline et sa force. La famille Shelhi qui tout comme le Roi, était de Mostghanem en Algérie qui s'est mise, depuis longtemps, à son service, reprochant au dauphin,

---

(1) Nous avons pu remarquer l'existence d'un tel discours, après une série d'entretiens approfondis à Tripoli, dont nous pouvons citer, plus spécialement, celui de Hédi M'chirgui, organisé à Tripoli le 07-08-1999, et où l'on constate aisément l'évidente animosité à l'encontre du Roi, ex-Prince de la Cyrénaïque, et surtout à celle de l'élite politique cyrénaïcaine. Or cette animosité entre régions n'a pas bénéficié jusqu'à présent d'études anthropologiques mettant en relief les structures mentales qui sous- tendent ce phénomène.

(l'héritier constitutionnel probable), d'être proche des Américains, de vouloir limiter leurs intérêts et toucher, directement ou indirectement, aux intérêts des Anglais, les alliés du Roi idris I.

Devant cette alternative constitutionnelle et légale, le clan Shelhi se préparait à une autre, militaire, celle-là, par le biais d'un Coup d'Etat[1]. Mais il faudrait faire remarquer que le clan Shelhi était essentiellement composé des Colonels Abdelaziz Shelhi et du Colonel Oun Chghifa Rhouma, et des Généraux Chems-Eddine El-Sénoussi et Abdelhédi Abou Wichah, chef des *forces mobiles*. Ces personnes étaient effectivement, très influentes et liées à la Grande-Bretagne et au projet de modernisation de l'armée concrétisé par des achats massifs d'armements anglais, ce qui déplaisait fort au prince héritier.

La Monarchie était secouée de l'intérieur, par deux tendances inconciliables. La première était celle du prince héritier qui s'opposait catégoriquement à la modernisation de l'armée dont la loyauté n'était même pas garantie. Le Dauphin mettait en cause l'alignement traditionnel de la Libye sur la politique internationale dominée par la montée de la puissance des Etats-Unis. De fait, il proposait un rééquilibre de la politique étrangère libyenne. C'est dans ce sens qu'il effectua en 1968, une visite de travail, aux Etats-Unis, pour discuter du problème de la succession dans son pays et de la modernisation de son armée. Cette période s'est caractérisée surtout par deux stratégies différentes et deux logiques d'intérêt opposées.

Mais la tendance du prince héritier était minoritaire au sein du régime et n'avait pas de chance de réussir. En revanche, la tendance du clan Shelhi[2] qui voulait s'aligner entièrement sur la Grande-Bretagne avait plus

---

(1) Ahmed Salhine El-Houni, le dernier ministre de l'Information sous la Monarchie, nous déclara dans un entretien à Tunis, le 28-9-1999, qu'il ne s'agissait pas d'un véritable Coup d'Etat, mais d'un gouvernement provisoire présidé par Abdelhamid El-Baccouche en vue de la proclamation de la République libyenne.

(2) Pourtant, Kadhafi décida, en 1976, de réhabiliter les officiers impliqués dans le Coup d'Etat prévu pour le 6 Septembre 1969 et leur octroya leurs retraites. Il s'agit du Général Sénoussi Chems-Eddine, du Colonel Abdelaziz El-Shelhi, du Colonel Oun Rhouma Chghifa et du Lieutenant Colonel Abou Ghrara Krikchi. Voir le Journal Officiel Libyen (J.O.L) n°4 du 10 janvier 1976, page 179. On permit même à Abdelaziz Shelhi, à partir de 1976, d'ouvrir un cabinet commercial. Après de maints efforts pour trouver l'explication d'une telle décision, nous avons dû consulter les Mémoires du Commandant Abdelmonem El-Houni. En effet, Abdelaziz El-Shelhi s'opposa catégoriquement à l'arrestation des membres de l'Organisation des Officiers Unionistes libres, pour éviter d'attirer la colère du Roi, ce qui risquait de bloquer le projet de modernisation de l'armée qui était déjà engagé dans une logique de restructuration et d'armement inscrite au budget de l'Etat pour 1,2 milliard de dollars. Mais il faudrait surtout dire que El-Shelhi avait besoin de calme, pour que son Coup d'Etat réussissât. C'est ainsi qu'il nous semble possible de comprendre la décision de Kadhafi comme « une récompense » à celui qui avait protégé ses propres « tombeurs ».
Pour de plus amples informations, cf. « les Mémoires d'El-Houni » publiées dans le Journal *Al-Wassat*, n°187, du 28 Août 1995, p. 14.

d'échos, et avait même obtenu l'accord direct du Roi lui-même, surtout qu'il ne s'était toujours jamais fié à son neveu Hassen Ridha, le prince héritier.

Profitant de l'imbroglio politique, le colonel Abdelaziz Shelhi commença la préparation du Coup d'Etat. Omar épousa, le 26 juillet 1969, la fille de Hussine Mazegh, l'un des plus puissants chefs tribaux de l'Est libyen. Le changement prévu dans la magistrature suprême allait en entraîner un autre, politique et radical, à savoir la proclamation de la République Libyenne et la désignation du Roi comme Président d'honneur.

Au cours de l'été 1969, Idriss I quitta son pays pour un long voyage de santé en Grèce et en Turquie. C'était, en fait, une fuite déguisée : avant de partir, le Roi prit soin d'adresser, subrepticement, une lettre de démission aux présidents du Parlement et du Sénat, selon laquelle, à son retour, les deux instances devaient se réunir le 5 septembre pour faire l'Etat des lieux, constater le vide politique et penser à l'avenir du pays. Le Coup d'Etat d'Abdelaziz El-Shelhi était prévu pour le 6 septembre 1969, date à laquelle le vide politique dû à la démission du Roi devait être constaté.

Pour ce faire, Abdelaziz El-Shelhi, directeur des opérations, entreprit des changements remarquables à la tête de l'armée et surtout à celle des *Forces Mobiles*, cette force de frappe de la police dont les membres étaient dix fois plus nombreux que ceux de l'armée régulière. Pour mieux faire, El-Shelhi muta le colonel Sénoussi El-Fezzani, fondateur des *Forces Mobiles* et réputé être l'un des plus fidèles au Roi Idriss et à la famille sénoussie de son poste à la Caserne de Guernada à la direction de la Garde civile[1].

3. Crise d'identité et tiraillement politique entre les influences anglaise et américaine

Malgré tous les efforts soutenus, le régime monarchique n'a pas su contenir l'offre idéologique nassérienne et ses influences directes sur la jeunesse instruite et les Jeunes Militaires. Son influence était surtout constatée parmi les jeunes. Elle fut, certes, appuyée par la présence de cadres enseignants et de diplomates égyptiens qui ont pu, à des degrés divers, « reproduire » l'offre idéologique nassérienne et influencer les lycéens directement ou par des lectures de la littérature idéologique égyptienne.

Les efforts fournis par Abdelhamid El-Baccouche (avant-dernier Premier ministre) et Ahmed Salhine El-Houni, le dernier ministre de l'Information sous la Monarchie, n'ont pas réussi à construire une alternative idéologique crédible et capable de contrecarrer l'attraction nassérienne. Même l'inauguration de la Télévision libyenne, en 1968, n'a pas fourni au régime l'outil approprié pour l'élaboration et la consolidation de sa propre idéologie, la diffusion de ses propres réalisations et la défense de sa crédibilité auprès des masses. De fait, il n'a pu réussir son marketing politique, le régime ne fut pas convaincant dans son œuvre de propagation politique.

---

(1) Documents du Ministère américain des Affaires Étrangères sur Internet.

La société libyenne se sentait, dans sa majorité, influencée par les thèses nassériennes et panarabes, d'où l'échec cuisant de l'alternance politique, et encore moins de l'alternance proposée par le gouvernement d'El-Baccouche. Mais ce qui est paradoxal, c'est que la Monarchie ne s'est même pas préparée pour assurer sa défense contre les influences nassériennes, à cause de la déliquescence du régime et la démission de son élite. Ce phénomène pourrait être expliqué par les raisons profondes du tiraillement, et par la crise identitaire à laquelle était soumise l'élite politique libyenne. En effet, celle-ci était tiraillée entre les influences américaine et britannique, et par intérêt ou par calcul, le personnel politique libyen, dans sa majorité, préférait privilégier les intérêts anglais, par rapport à ceux des Etats-Unis. Par ailleurs, le Roi lui-même, par fidélité à ses alliances traditionnelles ou par méconnaissance des changements intervenus sur l'échiquier international, optait, tous azimuts pour un alignement total sur la politique anglaise, le Roi n'étant, semble-t-il, pas suffisamment au courant de l'émergence de la puissance des Etats-Unis. Il préférait continuellement suivre la politique de la Grande-Bretagne, lui qui avait signé, lors de la Deuxième Guerre mondiale un *Pacte d'Alliance* avec les Anglais. Il considérait, en effet, la Grande-Bretagne comme une puissance protectrice et comme son interlocutrice privilégiée, surtout après son retrait du canal de Suez[1]. C'est dans ce sens qu'il accepta, le 29 juillet 1953, de signer, pour vingt ans, *un Traité anglo-libyen d'alliance, de défense et de coopération*.

Quand, en 1968, fut initiée l'opération de modernisation de l'armée, le clan El-Shelhi (Chems-Eddine El-Sénoussi), directement encouragé par le Roi, passa toutes les commandes d'armements à la Grande-Bretagne, alors que les Etats-Unis n'obtinrent que de petits contrats. Cette modernisation se concrétisa réellement par des achats massifs d'armements de haute technologie, dans le but de moderniser les armées. Toutes ces commandes permirent à la Grande-Bretagne d'équilibrer les déficits de sa balance de paiements[2], surtout que leur montant global s'élevait à plus de 360 millions de dollars.

En revanche, le Roi préférait que les Américains se concentrent sur leurs intérêts économiques. En 1969, il y avait en Libye, 38 sociétés américaines qui exploitaient plus de 90% de la production pétrolière libyenne (à peu près 3 millions de barils par jour) et qui garantissaient à leur pays une rente nette de 800 millions de dollars en 1969, alors que les achats d'armements ne dépassèrent guère les 70 millions de dollars[3]. Mais

---

(1) André Martel, *La Libye 1835-1990, essai de géopolitique historique*, Paris, éditions P.U.F, 1991, p. 172.
(2) Robet Mabro, « La Libye, un Etat rentier ? » *Revue Projet*, n° 30, 1969, p. 1091.
(3) Documents américains sur Internet : www.nfsl-libya.com

malgré l'importance de la présence économique et même militaire[1] des Etats-Unis en Libye, le Roi s'opposa à ce que l'armée fût équipée de matériel américain[2].

En fait, c'était un fervent adepte du modèle anglais qu'il essayait toujours d'imiter. Quand au prince héritier, qui était entouré d'une frange minime d'administrateurs, de militaires et de rares politiciens, il plaidait, parce qu'il était, de plus en plus isolé, en faveur d'une ouverture sur les Etats-Unis et proposait, subrepticement, un alignement sur la politique américaine, compte tenu du poids politique des Etats-Unis, surtout au Proche et Moyen-Orient. C'est dans ce sens qu'il s'opposa au contrat pour l'achat d'armements anglais, doutant fort de la loyauté de l'armée qui, malgré le nombre réduit de ses hommes (4.000 au maximum), était agitée par au moins cinq groupuscules politiques clandestins. Il pensait que des troupes surarmées étaient une menace potentielle pour le régime surtout que des rumeurs persistantes circulaient à propos d'un éventuel coup d'Etat préparé par les Jeunes Militaires[3].

Notons aussi que l'ambassadeur américain auprès de la Libye protesta, lors de sa dernière rencontre avec le Roi, le 31 mai 1969, exigeant une contribution américaine efficace à l'armement et à l'entraînement des forces armées. Malgré toutes les assurances personnelles du Souverain, le diplomate ne s'en est pas montré convaincu[4]. Par ailleurs, le contrat d'armements souleva certaines frictions avec les Etats-Unis et suscita de grands débats en Grande-Bretagne, surtout au niveau des instances politiques, contraignant le gouvernement à défendre âprement son engagement, malgré toutes les critiques et les hésitations[5].

---

(1) Il y avait en Libye, en 1969, selon les statistiques officielles, 9600 Américains dont 4700 militaires stationnés à la base de Wheelus, en plus de 4.900 ouvriers et fonctionnaires travaillant dans les compagnies de Pétrole, en plus de 150 professeurs d'anglais répartis sur toute la Libye. A tout cela, il faudrait ajouter une centaine de jeunes travaillant dans « le cours de max ».

(2) En 1964, du temps du gouvernement de Houcine Mazegh, chef de la tribu Bra'assa, le Roi annula une livraison de chars américains déjà arrivés au port de Tripoli, et limogea Abdeljeli Seyf-En-Nasser, son Ministre de la Défense, et puissant chef des tribus de Fezzan, et même gouverneur général de la région.

(3) Document du Ministère américain des affaires étrangères sur Internet (Site Libye). www.nfsl-libya.com

(4) Pour le reste, dès son retour de Tripoli à son poste au Ministère des Affaires étrangères, l'ambassadeur David Newssom proposa de préparer l'alternance politique du Roi, comme s'il faisait allusion à l'avenir politique du prince héritier.

(5) On pourrait trouver d'amples échos de ces discussions dans la presse libyenne. En effet, le journal *Al-Yawm* n°327, dans sa livraison du 19 mai 1969, décrivit largement les débats au sein du Congress, dégageant la nette volonté du gouvernement britannique d'honorer ses engagements vis-à-vis de la Libye, et rapportant des déclarations fort rassurantes de Duglas Hume, ministre des Affaires étrangères de l'époque.

D'autre part, le Journal *Al-Ra'íd*, n°116, du 22 mai 1969 présenta les grands traits de l'accord entre les ministres Libyen et Anglais de la Défense.

La Libye connut donc, entre 1968 et 1969, un conflit majeur d'intérêts anglo-américains qui a surtout eu d'assez importantes répercussions surtout au plan identitaire et politique.

Mais au-delà de la présentation des détails politiques et de la description des conjonctures nationale et internationale, le problème du contrat d'armements est révélateur de plus d'une crise. C'est la preuve irréfutable d'une fragilité extrême du système politique libyen, d'une profonde tension entre le Roi et le dauphin, d'un tiraillement imposé par les intérêts des puissances américaine et anglaise, d'une rivalité vive entre elles et de concurrences stratégiques sur son devenir politique. Ce problème révéla aussi l'existence d'une crise identitaire et stratégique significative, surtout que le régime voulait se ranger, politiquement et techniquement, du côté d'une puissance décadente, et avoir uniquement de simples rapports économiques avec les Etats-Unis, alors qu'elle est une puissance montante. Le paradoxe est que, malgré sa décadence, la Grande-Bretagne jouait un rôle réel en Libye et exerçait beaucoup d'influence, par le biais de l'armée, de la police et de la frange des commerçants, sur le déroulement de la vie intérieure du pays.

Toutes ces rivalités d'intérêts soulevaient l'inquiétude de l'armée et surtout celle des Jeunes Officiers qui s'étaient déjà opposés au contrat d'armements avec l'Angleterre et à la politique pro-occidentale du Roi. En plus des tensions permanentes entre les grands et les petits officiers, l'armée était habitée par d'autres conflits et tensions, au point qu'on peut même parler d'une « crise » des Jeunes Officiers qui, à cause de leur origine bédouine et rurale, de la modestie et même de la pauvreté de leurs familles, étaient plus mobilisés par le discours nassérien que par la propagande locale conçue et réalisée par Ahmed Salhine El-Houni, ministre de l'Information de l'époque et personnage très imbu de la thèse de la *Personnalité Libyenne*[1].

Il faudrait mentionner, à ce titre, que l'armée était agitée de l'intérieur par plusieurs groupuscules politisés et clandestins qui empruntaient leurs idéologies à diverses sources : le Bâathisme, le Nassérisme et le Nationalisme arabe de type classique[2].

Certains jeunes militaires luttaient et s'organisaient clandestinement pour mettre en application en Libye l'idéologie nassérienne, adoptant même des choix révolutionnaires. En revanche, d'autres luttaient contre la transformation de la Libye en une base américaine avancée d'espionnage des activités militaires soviétiques en Méditerranée et aux Balkans, ou en

---

(1) Mais avec le recul, El-Houni ne veut plus reconnaître son appartenance politique antérieure.

(2) Dans ses Mémoires publiés dans le Journal *Al-Wassat*, le Commandant Abdelmomen El-Houni Ancien ministre des Affaires étrangères, niait toute influence du Bourguibisme sur l'Armée. Pourtant, un soulèvement militaire a bien eu lieu le 6 novembre 1969 par le fait d'un jeune militaire, pro-bourguibiste. Cf. le journal *Al-Wassat*, n°187 du 28 août au 3 Septembre 1995, pp. 10-15.

une plate-forme de lutte contre le communisme, surtout dans les temps de la Guerre Froide. Le troisième groupuscule exigeait du gouvernement un engagement plus agissant en faveur de la solidarité arabe, et en faveur de la cause palestinienne en l'occurrence. Toutes ces inquiétudes reflétaient, en effet, l'état d'âme général de la société libyenne de l'époque.

Il était donc clair que le changement politique ne pouvait provenir que de l'armée[1] qui avait été longtemps marginalisée et exclue par le pouvoir au profit des *Forces Mobiles*, formées essentiellement des éléments de la tribu des Bra'assa, et qui allait prendre revanche à partir de 1967, avec la mise en application du plan de sa modernisation qui coûta cher au gouvernement. C'est ainsi que le nombre de militaires passa de 4.000 officiers et soldats à 14.000 en 1968, et que toutes les voies leur furent ouvertes.

La stratégie sécuritaire du régime qui reposait sur la complémentarité entre les *Forces Mobiles* (force de frappe) et les bases anglo-américaines s'est, d'ailleurs, avérée inadéquate, parce que les *Forces Mobiles*, qui furent longtemps considérées comme des rivales, n'avaient fait preuve d'aucune efficacité. Pourtant, cette structure qui avait été chargée de régler les conflits intertribaux, a toujours profité d'une faveur exceptionnelle, formée qu'elle était de fils de chefs de tribu, d'officiers et de soldats connus pour leur fidélité au Roi. Bref, cette police était réputée être d'une indéfectible loyauté envers le Roi, mais le déroulement ultérieur des événements prouvera le contraire.

II. LA REVOLTE DES MILITAIRES CONTRE L'ANOMIE POLITIQUE EN LIBYE

1. La Caserne et la Monarchie ou la crise du modèle sociétal

L'arrivée des Jeunes Militaires, dont l'âge variait entre 27 et 35 ans, se voulait une sécurisation de la société de ses inquiétudes et de ses craintes. Le Mouvement du 1er Septembre, organisé entre 1964 et 1969, clandestinement par les *Jeunes officiers unionistes libres*, qui réussirent à mettre à bas la Monarchie sénoussie déjà en désagrégation, était apparemment une revanche de cette humiliation relativement longue. Cette liquidation du système monarchique, sans effusion de sang, était une preuve de l'impasse dans laquelle il se trouvait, et de la profonde crise qui le caractérisait. Les conjurés qui étaient au nombre de douze, en agissant contre lui, donnaient la preuve irréfutable de la volonté de rompre définitivement avec l'ancien régime et de regarder différemment le futur[2], et voulaient se trouner désormais vers l'égypte.

---

(1) Cf. à titre indicatif, Anouar Abdelmalek, *Égypte société militaire*, Paris, Éditions du Seuil, 1962 ; Collectif, *l'Armée dans la Nation*, Alger, S.N.E.D, 1975; P.J. Vatikiotis, *The Egyptian army in Politics*, Indiana University Press, 1961.
(2) Yolande Martin, «La Libye de 1912 à 1969», in, *La Libye nouvelle, rupture et continuité*, CRESM, 1975, p. 50.

Avec le recul, l'ancien régime apparaît comme n'ayant plus la légitimité suffisante pour pouvoir perdurer. La profonde crise de la Monarchie [1] et la vieillesse du Roi ont donné au Coup d'Etat sa raison d'être et ont, en particulier légitimé l'action libératrice de cette jeune « révolution » collégiale et anonyme. Les jeunes putschistes considérant l'Indépendance fictive, parce que le pays était, en fait contrôlé par les intérêts anglo-saxons[2].

Dans son célèbre livre « Army Officer in Arab Politics and Society », Eliezer Beeri expliquait le phénomène des coups d'Etat militaires par « *l'incapacité de l'ancienne élite gouvernante à garder le pouvoir, surtout que la classe moyenne est incapable, par sa faiblesse, de prendre le pouvoir et que la classe ouvrière est dans une situation d'immaturité, les militaires viennent combler le vide qui se crée* » [3]

C'est dans ce même ordre d'idées que la chercheuse sud-africaine, Ruth First, expliqua les coups d'Etat militaires dans les pays du Tiers-Monde. Elle considère que lorsque le gouvernement est dans l'incapacité de gouverner et que les groupes radicalistes demandeurs du pouvoir ne peuvent pas l'atteindre, les militaires interviennent à ce moment là pour le prendre. En effet, la situation politique dans la Libye des années 60 est caractérisée par l'incapacité de la Monarchie à s'auto-réformer et par la guerre permanente organisée contre les élites, ne favorisant,par conséquent, aucune élite pour la prise du pouvoir. Or la société libyenne, profondément secouée par les mutations sociales dues à la désagrégation de la société traditionnelle et par la transformation des conditions de vie due aux effets de l'Or noir, avait besoin de changement. L'absence d'élites unies, homogènes et autonomes par rapport au pouvoir central avait, certes, facilité l'inévitable ascension de l'armée, mais surtout bloqué la circulation des élites. En l'absence d'élites fiables et capables d'assurer la relève, l'armée était la structure la plus organisée, la mieux financée et la plus capable d'engager le changement, fût-ce en usant de la force, vu qu'elle savait être mobilisatrice. Mais les expériences de gouvernance militaire avaient été, dans leur ensemble, autoritaires et dictatoriales et

---

(1) Il faudrait dire que les chancelleries occidentales à Tripoli s'attendaient à ce que les tribus de Cyrénaïque, fidèles de par leurs intérêts au Roi, transforment le pays en nouvelle Katanga. Bien au contraire, la tribu des Bra'assa, la pièce fondamentale de la stabilité en Libye et la base traditionnelle de la Monarchie, où se recrutait le corps des Forces Mobiles, une semaine après le 1er septembre 1969, remit ses armes, prêta allégeance au nouveau régime et se déclara prête à combattre avec les Jeunes Militaires.
En effet, pour une tribu qui s'était habituée aux allocations matérielles, en contrepartie de son allégeance politique ne pouvait plus s'en passer. C'est pour cette raison qu'elle s'était empressée de renouveler la logique qui reposait sur les allégeances en contrepartie des privilèges.
(2) Ruth First, *Libya, The elusive Revolution*, Penguin African Library, 1974, pp. 59-61.
(3) Ruth First, *The Barrel of the gun*, London, Penguin Library, 1970, p. 75.

avaient abouti à diverses formes de blocage du renouvellement des élites. En Libye, en effet, l'alternance des gouvernements sous la Monarchie (11 gouvernements) n'avait presque jamais entraîné l'alternance des partis, des groupes politiques ou des projets de réforme et de modernisation. Ils étaient, en fait, choisis en fonction de leurs origines géographique, sociale et tribale, voire familiale, et en fonction des conjonctures nationales et internationales.

Même l'initiative d'El-Baccouche, quoique intelligente et bien étudiée, de faire intégrer les technocrates, n'a pas réussi à impulser une dynamique de circulation des élites, selon l'expression de Wilfredo Pareto. La situation de blocage qui existait alors pourrait s'expliquer, certes en partie, par l'arrivée des militaires au pouvoir, si bien que du fait de la circulation bloquée des élites, l'armée eut la légitimité suffisante pour pouvoir agir.

Par ailleurs, les études sur les élites prouvent la nécessité méthodologique de prendre en considération d'une part la nature du système politique, ses blocages, ses fissures et ses défaillances et l'évolution de la société et ses attentes d'autre part, et de relever enfin de compte l'existence d'un hiatus entre le pouvoir et la société profonde

2. Le changement politique du 1er Septembre entre la surprise et l'attente

Le changement du 1er Septembre ne fut pas une surprise pour la plupart des dirigeants[1], pour les hauts officiers de l'armée[2] et pour l'ensemble de l'élite libyenne[3]. Il y avait presque une unanimité sur l'imminence du Coup d'Etat. La société aspirait au changement et à un nouveau souverain, abstraction faite de son identité. On avait la certitude que le régime monarchique ne pouvait pas continuer, il était de fait dans l'impasse, surtout qu'il était usé, délégitimé aux yeux de la population de par sa subordination aux Anglais et aux Américains et miné de l'intérieur par

---

(1) Abdelahmid El-Baccouche ancien premier ministre de la Libye, (Octobre 1967 / Septembre 1968) écrivit un article au Journal *Al-Wassat* n°194 du 16-10-1995 dont nous sélectionnons quelques phrases importantes que nous avons traduites en français : « *J'étais à Paris, quand j'ai eu vent des préparatifs pour le Coup d'Etat. C'était au mois de juillet 1969, et je connaissais certains noms qui ont fait partie de l'équipe du Conseil du Commandement de la Révolution. J'ai pris tout de suite contact avec l'ex-premier ministre feu Winnis El-Kadhafi. Il me rassura disant qu'il n'y avait pas de risques parce qu'il s'agissait de Jeunes Officiers qui voulaient créer une organisation -naïve- et qu'ils furent sommés de s'intéresser à leur travail. D'après lui, il n'était pas nécessaire de prendre des sanctions. Mais d'autre part, j'ai appris de sources françaises crédibles et bien placées, au mois d'août 1969 que le Coup d'Etat allait être organisé dans quelques jours puisque les États-Unis contactèrent leurs alliés, Français et Anglais, pour les rassurer sur leurs intérêts en Libye* ».

(2) Moâmmer Kadhafi, *Kissat Al-Thawra*, où il affirme avoir été convoqué aussi par les Commandements de l'Armée à propos des préparatifs du Coup d'Etat.

(3) Nous avons pu déduire cette vérité de plusieurs entretiens organisés avec des hommes de lettres, des syndicalistes et des militants libyens.

plusieurs tensions et conflits. Mansour Abou Chinnaf, un remarquable homme de lettres et l'un des premiers militants de l'*Union générale des étudiants libyens* entre 1975 et 1976, et qui fut pour cela emprisonné pendant douze ans, nous dit : « *Le changement politique était très attendu. Toute la société souhaitait le changement et œuvrait même pour qu'il se produise. Seule l'Armée organisée, disciplinée et construite selon les normes modernes pouvait le faire* »[(1)].

En effet, les militaires se sont projetés dans l'espace de plus en plus évacué par le pouvoir incapable de relever les défis. Les jeunes conjurés jugeaient leur société comme étant dépassée et caduque. La forte érosion des rélais politiques au sein de la société libyenne a engendré un vide difficile à combler. Le phénomène d'érosion de la société civile a permis à l'armée de s'affirmer comme étant une force sociale prééminante justifiant son intervention par l'impérieuse nécessité de sauver la Libye.

Malgré les divergences d'approche, l'armée libyenne n'était pas une île au milieu de l'océan. Il était donc normal qu'elle s'intéressât aux problèmes de la société. A défaut d'un Etat de droit capable de produire un projet de développement, les sociétés «enfantent» des gouvernements militaires. C'est ainsi que les militaires interviennent pour sécuriser les populations, rétablir les règles du jeu et gérer ouvertement la situation. En agissant ainsi, ils prouvent qu'ils sont une partie intégrante de la société et qu'ils savent réagir à ses inquiétudes et répondre à ses besoins, à ses angoisses et à ses attentes. Ils savent se présenter aussi comme étant progressistes et modernisateurs (en Égypte, au Portugal, au Pérou et même en Irak et en Syrie), puisqu'ils tiennent à jouer un rôle politique[(2)], en laissant aux civils et aux technocrates la mission de gérer les dossiers économiques[(3)] à caractère technique.

En Libye par exemple, les Jeunes Militaires se sont orientés vers la politique, parce qu'ils s'opposaient à l'inféodation de la Monarchie dans les intérêts anglo-américains et qu'ils se sentaient indignés par l'échec cuisant des partis politiques. Étant la structure la plus efficace et la plus politisée, l'armée a, donc, pu, en quelques heures, mettre à bas la Monarchie vieillissante et opérer le changement longtemps attendu.

La passivité du gouvernement libyen, pendant la Guerre des Six Jours, fournit aux opposants une occasion exceptionnelle pour se mobiliser, resserrer leurs rangs et réactiver l'organisation clandestine des *Officiers unionistes libres*. Si l'Etat se définit, selon Max Weber, par le monopole légitime de la violence, l'armée en est de fait détentrice. C'est elle qui constitue la force humaine et politique la mieux organisée pour pouvoir intervenir et changer la situation.

---

(1) Entretien organisé à Tripoli le 26-09-1996.
(2) Jean Meyer, « Technocrates en uniforme, l'État symbiotique », in, *Revue Critique*, n° 363-364 , Août - Septembre 1997, p. 709.
(3) Kadhafi et l'expérience partisane, in, *Kissat al-thawra*, p. 12.

Les militaires, en Libye, ou ailleurs en Afrique et dans le reste du Monde arabe, ne peuvent pas constituer une Junte, au sens traditionnel du terme, c'est-à-dire un instrument de la classe dominante composée de grands propriétaires, de généraux et de grands bourgeois. Mais il s'agit surtout en Libye, de capitaines et de lieutenants venant de la classe moyenne et populaire sans rapport avec l'élite politique, coupés du luxe des villes et de la consommation de l'alcool et révoltés contre le relâchement des mœurs et contre la spéculation de toutes les couleurs. C'est pour cela qu'ils se sont révoltés contre la déliquescence de l'Etat, contre son inefficacité et contre la mauvaise gestion qui exaspéraient à cette époque l'opinion publique libyenne.

Compte tenu de la faiblesse de l'Etat, de l'incompétence du personnel en place, de la crise de son élite gouvernante et des groupes tribaux qui le soutenaient, le devant de la scène a été occupé par les Jeunes Militaires qui se sentaient mieux organisés, disciplinés, propres, pour ainsi dire, et mieux habilités à gouverner. Cette légitimité réelle ou virtuelle, découle certes de l'orgueil patriotique, mais surtout de ce qu'on appelle, selon le concept durkheimien, l'anomie politique, l'incompétence du personnel, le gaspillage des deniers publics, la corruption et le trafic d'influences. D'ailleurs, cette caractéristique politique n'est pas spécifique à la Libye, mais on l'a toujours relevée, après la Deuxième Guerre Mondiale, un peu partout dans le monde, en Egypte, en Syrie, en Irak, au Soudan, au Yémen et même en Algérie etc... Ce phénomène fut, du reste, très bien analysé par l'égyptien Anouar Abdelmalek, selon lequel, l'émergence de l'armée, en tant que problématique sociologique prouve l'existence d'une crise de fonctionnement pour l'Etat et de représentation pour l'ensemble de la société, car le lieu des contradictions se situant bien « *au cœur de l'Etat, c'est-à-dire de l'Armée* »[1].

C'est l'armée, en tant que corps social organisé, qui est la plus sensible aux contradictions, aux tensions maximisées et aux conflits. La sociologie de l'armée pourrait nous expliquer la nature de ses rapports avec les autres corps sociaux dont elle est chargée de protéger et de garantir l'existence même.

Elle doit s'intéresser aussi à l'étude de ses modèles d'interaction avec la société globale, l'armée n'étant pas un corps abstrait, mais au contraire, « *l'instrument de la violence rationalisée maximale, c'est-à-dire du noyau profond de l'appareil du pouvoir tout au long de l'histoire des sociétés humaines, principalement depuis l'invention du fer* »[2].

Marginalisée politiquement et socialement par le Roi, l'armée libyenne ne pouvait que se lancer à la conquête du pouvoir, et ce, dans le but de

---

(1) Anouar Abdelmalek, Préface du livre *l'Armée dans la nation*, Alger, éditions S.N.E.D. 1975, p. 12.
(2) *Ibid*, p. 14.

transformer la société[1]. En 1969, cette tâche semblait être l'unique qui lui restât à faire. Les Jeunes Militaires avaient le projet à détruire le centre sénoussien, mais à reconstruire la société libyenne, conformément à la dialectique de déconstruction-construction qui semblait leur conférer une légitimité suffisante pour la conduite du pays.

Ce constat nous autorise à dire que la militarisation était, pour ainsi dire, la moelle épinière et le point crucial de la vie politique dans le Monde arabe depuis les années cinquante. Pour pouvoir comprendre la prédominance des militaires sur le paysage politique et les institutions en Libye, il faudrait donc voir le militarisme de l'intérieur, en mettant au jour les structures socio-politiques qui facilitent la prise du pouvoir par eux. Il semble, en effet, que leur montée est corollaire de l'insécurité et de l'instabilité. Certes, ce corps souvent discipliné et privilégié se sent quelquefois obligé, en l'absence de la stabilité institutionnelle, de se charger de la vie politique. Il suffirait d'y regarder de près pour se rendre compte que la Libye présentait, entre 1952 et 1969, un syndrome de crise, qui légitimait l'intervention des Jeunes Militaires et le choc brutal de la rupture avec le régime traditionnel du Roi Idriss, entraînant ainsi des bouleversements de taille, dans les divers secteurs de la vie économique et sociale. C'est ainsi qu'au nom de la légitimité révolutionnaire fut entamé un long processus de désagrégation et d'émiettement de la société libyenne.

3. Les Jeunes Militaires et la logique revancharde du Bled Siba

Une recherche sur le militarisme en Libye devrait se concentrer, semble t-il, sur l'analyse du phénomène de la subordination à l'Occident, du désenchantement et de l'humiliation populaires, mais surtout sur le mode de répartition des richesses et des allocations provenant de la rente pétrolière.

Dans les campagnes et les campements bédouins, on se sentait humilié et exclu des richesses du pays, et les populations avaient le sentiment qu'elles ne profitaient qu'à une oligarchie de grandes familles vivant dans les villes et accaparant la totalité des activités économiques, commerciales et sociales. Les Jeunes Militaires, d'origine rurale et bédouine, dans leur majorité, éprouvaient intimement la souffrance des habitants des campagnes et vivaient, pratiquement, l'état d'exclusion auquel était soumise la périphérie. Par ailleurs, le Mouvement du 1er Septembre fut présenté par le discours officiel libyen comme étant une revanche sur la Monarchie, sur le palais, sur la pauvreté et sur la ville avec son luxe tapageur[2].

D'où ce transfert du pouvoir, jadis concentré dans sa totalité à Tripoli, vers la périphérie. Cette logique revancharde a exclu le centre au profit des

---

(1) Anouar Abdel-Malek, « l'Armée dans la Révolution nationale égyptienne (1952-1967) », in L'Armée dans la nation, Alger, S.N.E.D. 1975, p. 168 ; cf. Bernard Vernier, Armée et politique au Moyen-Orient, Paris, éditions Payot, 1966, p. 118.
(2) Cf. Le discours de Kadhafi dans le récit de la Révolution, p. 12.

périphéries et des campagnes. La vie politique prit une allure bédouine dans tous ses aspects économiques, sociaux et politiques. C'est pour cette raison que Les militaires proposèrent, dès les premiers mois, un projet de « modernisation » qui avait pour contenu de transformer les structures socio-économiques en place, d'éliminer le pouvoir périmé et d'instaurer une politique de développement dont l'Etat serait l'unique protagoniste. Il fut même proposé par les initiateurs de fonder un Etat moderne [1] et de donner lieu à certain multipartisme. Mais tous ces projets ne furent appliqués qu'en partie, pour plusieurs raisons tant intérieures qu'extérieures. Il faudrait signaler que cet esprit de revanche s'adressait aussi aux ennemis de *l'Umma* arabo-musulmane soumise pendant plusieurs siècles à l'humiliation et à la souffrance. D'après les Jeunes Militaires, l'unité arabe est la meilleure revanche sur la dépendance de *l'Umma* et sur son humiliation provoquée par ses ennemis.

L'idéologie de Nasser répercutée par *la Voix des Arabes* qui appelait à retrouver la dignité et l'unité de l'*Umma*, était écoutée par les Jeunes Militaires et en particulier par un jeune libyen né dans les steppes de Syrtes : Moâmmer Kadhafi. Cette voix mobilisait les cœurs et les esprits des jeunes et les dressaient contre la Monarchie et contre les bases étrangères [2] ; c'était leur première leçon politique et peut-être l'unique de leur carrière.

En effet, pour comprendre le développement politique du Mouvement du 1er Septembre, il faudrait analyser le rôle historique *de Bled Siba* qui a été le nid des soulèvements et des séditions opposé qu'il était au pays légal contrôlé, soit par les Ottomans, soit par les Italiens.

---

(1) Jusqu'en 1977, année de la proclamation de la Jamahirya (Populocratie) selon la traduction officielle, Kadhafi, contrairement, aux autres membres du Conseil du Commandement de la Révolution (CCR), évoquait rarement le concept d'Etat moderne. Pourtant, il était toujours question dans les différents discours des autres Jeunes Militaires de construire un Etat moderne, (Jelloud, El-Mehichi, El-Houni, Hawwadi et même El-H'midi). C'est ici peut-être qu'était la pomme de discorde. D'ailleurs, le Capitaine Jelloud (c'était son grade) déclarait, au mois de décembre 1969 : « *Notre tâche la plus urgente est de construire un appareil administratif qui permette la réalisation des projets de la Révolution* ».
Par ailleurs, en présidant le 24-05-1972 le Conseil Supérieur de l'Education et de l'Enseignement, en présence de certains membres du CCR, de l'Union Socialiste Arabe (une structure à caractère partisan) et de quelques responsables, le Commandant Béchir Hawwadi (l'une des personnalités les plus influentes du régime entre 1970 et 1976, ex-secrétaire général de l'U.S.A. et même ministre de l'Éducation et de l'Orientation Nationale) avait mis l'accent sur cette dimension. En 1976, il fut exclu de toutes les responsabilités, déçu, il se livra aux activités soufies, à la psalmodie, à la récitation de litanies remémorant le nom de Dieu et aux transes.
(2) Cette idée a été affirmée à plusieurs reprises par Kadhafi lui même dans ses multiples discours.

C'est donc cette périphérie héritière de longues traditions de sédition qui allait réaménager le paysage en profitant de l'anomie politique et de la désagrégation des structures sociales et politiques. C'est encore cette périphérie « historique » et profonde qui allait solliciter l'intervention de l'armée qui ne pourrait que répondre favorablement à la demande expresse d'hériter indirectement la Monarchie.

CHAPITRE 6 : LA CASERNE HERITIERE DE LA MONARCHIE : ORIGINES D'UNE RUPTURE

Malgré la protection des Anglais et des Américains qui surveillaient les intérêts de la Monarchie, malgré les efforts des Services de renseignements qui observaient les intrigues de la Cour et glosaient sur les intentions et les ambitions d'une trentaine d'Emirs sénoussis qui se livraient aux complots, les Jeunes Militaires ont réussi, en deux heures, à faire tomber la Monarchie et à répondre favorablement aux attentes du peuple : ce dernier qui cherchait une idée-force et une idéologie nouvelle qui puissent mobiliser les masses et galvaniser l'energie de l'élite[1]. L'armée libyenne était politisée et infiltrée par plusieurs tendances liées, soit au mouvement des Nationalistes arabes guidé par Georges Habache, soit au Bâath irakien.

Dans ses *Mémoires*, El-Houni reconnaît que les jeunes acteurs du 1er septembre, quand ils étaient aux lycées de Sabha (le fief des Bâathistes), de Fezzan et de Musorata furent encouragés à intégrer la Faculté militaire de Benghazi pour préparer le changement politique. Certains d'entre eux, tels Moâmmer Kadhafi, Abdelmonem El-Houni et Abou-Baker Younès Jabeur, firent de brefs passages par les organisations bâathistes ou islamistes et eurent des rapports d'amitié ou de conflit avec les Nationalistes arabes[2]. En nous référant à plusieurs témoignages, nous pouvons affirmer que ces putschistes ont été encouragés à rejoindre l'Académie militaire de Benghazi par plusieurs militants nationalistes. Kadhafi, lui-même, reconnaît dans son « *Récit de la Révolution* » (*Kîssat Al-Thawra*) avoir été encadré par Mohammed Ali Tabbou, un bâathiste notoire [3] qui fut, pendant plus d'une année, ministre de l'Agriculture.

Il faudrait dire aussi que les Bâathistes, malgré leur idéologie séculière, croyaient au Coup d'Etat comme moyen efficace de changement politique. En effet, malgré le fameux procès de 1961 qui a jugé la direction du Bâath en Libye, ce parti a continué son action clandestine de mobilisation et d'encadrement. En 1968, il était le parti (non reconnu) le plus mobilisateur des foules, mieux structuré et organisé que celui des Nassériens qui misaient surtout sur leur présence dans l'armée. Les Bâathistes étaient bien implantés dans toute la Libye et surtout à Sebha (capitale de Fezzan au sud). Cette ville qui était jadis la route obligée du commerce caravanier transsaharien par sa situation de choix, qui avait séduit plusieurs *fuqahâs* ou lettrés ; qui ont préféré de s'y installer plutôt que de rentrer chez eux. Sebha avait, du reste, au début de ce siècle, sa

---

(1) Guy Georgy, *Kadhafi, le berger des Syrtes*, Paris, éditions Flammarion, 1996, p. 55.
(2) Abdelmonem El-Houni, *Mémoires*, publiés par le Journal *Al-Wassat* n°187, du 28-08-1995, pp. 12-13-15.
(3) Moâmmer Kadhafi, *Le Récit de la Révolution*, Tripoli, Markez Dirasat Jihad allibiyin, 1992, p. 24.

petite élite active qui allait s'investir ultérieurement dans l'opposition au Roi[1].

Il faudrait noter que les Bâathistes étaient aussi implantés dans l'armée, et même dans les Services de renseignements militaires. Hormis les Bâathistes, il y avait deux autres organisations nassériennes, en plus *des Officiers Libres*, qui se concurrençaient au cours de l'année 1968 pour le changement du régime. Il semble que les *Officiers unionistes libres* ont cherché à coordonner leur action avec celle des autres factions et qu'ils ont contacté, dans ce but, Mekki Abou Zeyd et Abdelmatloub Azzouz (Nassériens) et Khélil Jâafour (bâathiste)[2]. A cause de la méfiance et de la suspicion qui les caractérisent, les contacts n'ont abouti ni à une alliance ni même à une simple coordination entre eux.

Du reste, celle-ci n'était même pas possible entre les nassériens eux-mêmes[3]. C'est ainsi que *l'Organisation des officiers Unionistes libres* fut contrainte de compter sur elle-même et de préparer son propre Coup d'Etat, puisque « *l'Armée était la seule voie pour libérer le pays et imposer le changement politique nécessaire. En effet, l'Armée était la seule force, la seule structure organisée capable d'engager le changement* »[4]. Mais ce refus de coordination nous a semblé être un signe avant coureur de l'idéologie des Jeunes Militaires qui se présentaient non pas seulement comme les successeurs de Nasser, mais comme les véritables sauveurs du pays. Mais quelles étaient leurs origines sociales, tribales et surtout géographiques ?

I. LES OFFICIERS UNIONISTES LIBRES : ORIGINES GÉOGRAPHIQUE, SOCIALE ET TRIBALE ET DIVERGENCES DES STRATEGIES

1. L'itinéraire politique

Mais en fait, le projet du changement politique fut initié en 1966 par la Septième promotion de la Faculté Militaire qui regroupait : Moâmmer

---

(1) Ali Abdellatif Ahmida, *The making of modern Libya,* State University of New York, 1994, p. 55.

(2) Cf. Moâmmer Kadhafi, *Le Récit de la Révolution*, p. 15; Cf. aussi, *Mémoires de Abdelmonem El-Houni*, ibid, p. 12.

(3) Après le changement politique du 1er septembre 1969, les Bâathistes et même les Nationalistes arabes, au sein de l'armée, furent arrêtés et ne furent relaxés que le 02-03-1988, quand Kadhafi, dans un geste spectaculaire, eut démoli le mur de la prison de Tripoli et libéré 400 détenus politiques. Nous avons pu obtenir ces informations, après une série d'entretiens, avec les anciens militaires, dans le cadre de notre enquête.
Par ailleurs, le Lieutenant Colonel Ahmed Mendes Zoubaier El-Sénoussi, le petit fils d'Ahmed Es-Chérif, le cousin du Roi, et l'un des meilleurs officiers bâathistes de l'Armée libyenne formés en Irak, est resté en prison depuis 1971 jusqu'à 2002, parce qu'on le soupçonnait de vouloir préparer, avec la connivence de la « famille royale », un Coup d'Etat.

(4) Abdelmonem El-Houni, *ibidem*, p. 12.

Kadhafi, Abdelssalam Jelloud, Abdelmonem El-Houni, Omar El-Méhichi, Abou-Baker Younès Jabeur, Khouildi El-Hmidi, Awedh Ahmed Hamza, Mohammed Nejm, Béchir Sghaïer Hawwadi, Mokhtar El-Karoui, Mohammed El-Mghareyf et Mustapha El-Karraoubi de la huitième promotion.

Le lieutenant-colonel Adam Hawwaz, malgré sa loyauté et son prestige au sein de l'armée, et le lieutenant-colonel Moussa Ahmed El-Hassi ne purent pas faire partie de l'équipe du *Conseil de Commandement de la Révolution*. Leur mise à l'écart contribua, en partie, à attiser le feu de la jalousie[1] ce qui les impliqua dans le Coup d'Etat du 24 décembre 1969.

Mais quels furent donc les mobiles des militaires ? Ces Jeunes Militaires déçus, par les partis politiques (Nationalisme arabe et Bâath) et par le mouvement des frères musulmans (le cas de Kadhafi), formèrent leur propre organisation à partir de 1963. C'est ce qui pourrait expliquer la rigidité de *l'Organisation secrète*.

Les *Officiers Unionistes Libres* doivent être, selon leurs principes, croyants, pratiquants, corrects, convaincus du Nationalisme arabe, adeptes de Nasser et prêts à en supporter les conséquences. Kadhafi, le fondateur du Mouvement, opposa un non catégorique à l'engagement de militaires d'origine bourgeoise ou aisée : « *nous nous adressions aux militaires appartenant à la classe moyenne* »[2]. C'est pour cette raison que *L'Organisation des Officiers Libres,* fondée en août 1965, s'engagea à mobiliser les jeunes recrues de la Faculté militaire de Benghazi, à collecter les cotisations et à préparer, politiquement et matériellement, le Coup d'Etat de 1969.

L'Organisation des Officiers Libres qui était structurée, disciplinée et surtout bien soudée a pu devancer toutes les autres factions œuvrant dans la clandestinité contre le Roi [3]. Les Jeunes Militaires avaient plus d'avantages et de détermination pour mettre à bas la Monarchie.

D'après le témoignage d'EL-Houni, ces factions militaires étaient dans une véritable concurrence, dans le temps et dans l'espace, surtout qu'il y avait beaucoup de rivalités à l'intérieur du régime (le cas de la famille Shelhi).

---

(1) Fethi Dhib, *ibid*, p. 40.
(2) Abdelmonem El-Houni, *ibidem*, p. 13.
(3) Cette explication ne nous semble pas être la plus plausible. En fait, les autres factions ont, par calcul politique, laissé le champ libre à l'équipe de Kadhafi, parce que son échec leur paraissait imminent, ce qui leur permettrait, par la suite, d'en tirer profit et de revoir leurs statégies. La preuve est qu'elles avaient refusé toute forme de coordination ou d'alliance. En effet, la coordination était impossible, parce que l'Organisation des Officiers Libres semblait être plus pressée et déterminée à changer le régime. Ceci est vrai, parce que l'Organisation, fondée en 1966, après un rapide bilan, se sentait depuis mars 1969 en position de force pour réussir la destitution du monarque Idriss 1er.

2. Origines géographiques et sociales des officiers libres

Après une enquête minutieuse et fouillée auprès des diverses instances concernées et une connaissance quasi-exhaustive de la littérature écrite sur ce corps des *Officiers Libres*, et surtout sur leurs réçits de vie, nous pensons avoir réussi à le cerner statistiquement et même socialement.

Le 12 mars 1969, lors de la première tentative du Coup d'Etat (annulée à cause de la fête d'Oum Koulthoum et reportée au 24 du même mois)[1], l'Organisation était très sûre d'elle-même et confiante en ses moyens humains et matériels. Elle était composée de 90 officiers libres, membres répartis entre la septième et la dixième promotions de la Faculté militaire, en plus d'un Comité central formé de 12 membres (la quasi-totalité de la septième promotion, sauf quelques hésitations et une défection).

L'Organisation était aussi composée d'une section civile de 10 personnes qui étaient souvent des amis de classe de Kadhafi à Sebha ou à Musorata. Mais il y avait aussi quelques policiers : « *Moi, j'étais à côté de Kadhafi et du lieutenant-colonel Adam Hawwaz, quand ils attaquèrent à l'aube la radio de Benghazi, d'ailleurs, il n'y avait qu'un seul policier au travail, dans la nuit du 31 août 1969* »,[2] nous expliqua le colonel Ahmed Tayeb Khouildi parti à la retraite, en mars 1999. Il ajouta aussi : «*Moi, on me considère comme un officier libre et je suis même traité ainsi, parce qu'à partir de 1969 je fus muté à l'armée où j'ai passé le reste de mes années de service (30 ans). Le reste des hommes de sécurité était formé par les cousins de Kadhafi* [*] *stationnés à Fezzan, qui le protégeaient et amenaient les tracts à ses destinataires. Sayyed Kadhafeddem* [*] *agissait lui aussi en protecteur, Hassen Ichkel, jouait, semble t-il, le même rôle. Mais bien que les membres de la Police aient eu la ferme obligation de ne pas participer à des activités politiques* ».

Dans ce sens, il faudrait mentionner qu'après une analyse statistique, de l'origine géographique et sociale des 112 officiers formant le corps des *Officiers Libres*, nous avons pu relever les proportions suivantes:

---

(1) Moâmmer Kadhafi, *Le Récit de la Révolution,* p.16.

(2) Entretien à Tripoli le 31-07-1999.

(*) Messoud Abdelhafidh, rejoignit, tout comme Hassen Ichkel l'Académie de police et travaillèrent tous deux dans les Forces Mobiles de la Police, et pour cela, il fut nommé Empereur de Sebha. Par contre, Kadhafi rejoignit la Faculté militaire parce qu'il avait en tête le projet du changement politique.
Après 1969, Messoud Abdelhafidh fut nommé, gouverneur militaire de Sebha, une zone qu'il connaissait parfaitement. En revanche, Hassen Ichkel fut chargé de la zone de Syrtes, jusqu'à son élimination dans la nuit du 24-11-1985, parce qu'il était devenu trop arrogant, violent et exigeant surtout qu'il avait, en plus de ses tâches ordinaires, la gestion du dossier du Pétrole. Mais la version officielle disait qu'il préparait, en connivence avec les services spéciaux égyptiens, un Coup d'Etat.

(*) Bien qu'il soit de formation militaire, il a toujours montré un penchant pour l'écriture littéraire et même pour le journalisme. Il est aujourd'hui le coordinateur général des Commandements populaires et sociaux.

Tableau 8 : Origines géographiques des officiers libres.

Origines Nombre D'officiers	Bédouine	Rurale	Urbaine ou semi-urbaine	%
112	20%	75%	5%	100%

Il ressort de notre analyse que les *Officiers Libres* appartiennent, dans leur totalité, à la classe moyenne et surtout à ses franges les plus modestes, voire laborieuses. On constate aussi, sur le plan de l'appartenance géographique, une prédominance de l'Est libyen (la grande Cyrénaïque jouissait d'une généralisation acceptable de l'instruction par rapport au reste du pays, compte tenu de l'importance du réseau des *zaouias* et des centres coraniques implantés par la Sénoussiya). Du reste, ces pourcentages prouvent l'appartenance quasi-totale des Jeunes Militaires à la périphérie, c'est-à-dire au *Bled Siba* connue historiquement pour son élan contestataire et par sa production d'imaginaire hostile au pouvoir central. C'était donc une périphérie porteuse de révoltes productrice de rêves et d'utopies comme elle le fut du temps des Ottomans.

D'autre part, nous avons pu retrouver ces mêmes caractéristiques en analysant la composition du conseil central de *l'Organisation des Officiers unionistes libres*.

Tableau 9 : Origines géographique et tribale des membres du CCR

N°	Nom	Région d'origine	Origine tribale
1	Moâmmer Kadhafi	Village de Ouadi Tlel à Syrtes près de Gasr Bouhadi	Le clan des G'hous de la tribu des Kadhadfa (la frange la plus défavorisée)
2	Abdessalem Jelloud	Wadi Shati à Sebha, capitale de Fezzan	Megherha
3	Béchir Hawwadi	Waddan à Fezzan	Achraf Waddan
4	Abdelmonem El-Houni	Janzour (périphérie de Tripoli)	Hawana
5	Khouildi El-Hmidi	Sormane du gouvernorat de Zaouia	M'hamid
6	Mustapha El-Karroubi	Matrad à Zaouia	Ouled SAGHR de la tribu des Blaâza
7	Mohammed Nejm	Benghazi	'Awaghir
8	Awedh Hamza El-Cheloui	Guemins (village à l'entrée de Benghazi)	Ferjani-El-cheloui
9	Omar EL-Mehichi	Musorata	Couloughli - circassien d'origine Turque.
10	Mohammed M'gharief	Jdabya	Mgharba (membre de la tribu Sa'adi pilier du régime monarchique)
11	Aboubaker Jabeur	Oasis d'Augila	Mjabra
12	Mokhtar El-Karoui	Tripoli	D'origine urbaine.

Source : Informations recueillies d'une enquête empirique.

En revanche, Adam El-Hawwaz et Moussa Ahmed El-Hassi (de la tribu Hassa) n'étaient pas au nombre de cet aréopage. Il est vrai qu'ils avaient participé avec dévouement à la réussite du Coup d'Etat, pourtant ils ne firent jamais partie du CCR. Notons dans le même sens que Moussa Ahmed mit à profit ses relations tribales surtout avec son proche parent, le capitaine Abdallah Chou'ayb, pour maîtriser la Caserne de Guernada et paralyser, par conséquent, les *Forces Mobiles*.

Mais bien que l'histoire de la tribu Hassa fût entachée de quelque collaboration avec les Italiens fascistes et d'une confrontation avec la tribu des Bra'assa (la tribu du Roi), son rôle fut déterminant et honorable. La non appartenance de Hawwaz et d'EL-Hassi au *Conseil de Commandement de la Révolution* constitue, en lui même, un mystère, et leur implication rapide dans le Coup d'Etat du 24 décembre 1969 est encore plus mystérieuse. Certes que la version officielle évoque la grave maladie de Hawwaz (insuffisance rénale chronique) et les liaisons étroites de Moussa Ahmed avec l'Ambassade américaine, mais il semble que les deux mobiles soient peu convaincants, surtout que Moussa El-Hassi fut le professeur de toute l'équipe à l'Académie militaire[1].

Il est, certes, vrai que Hawwaz et El-Hassi furent instrumentalisés, compte tenu de la crédibilité, du prestige extraordinaire et de la compétence du premier, et de l'importance tribale du second, pour le succés de l'opération du renversement du Roi. Il est vrai aussi que Moussa Ahmed El-Hassi se présentait comme un fervent nassérien et rédigeait souvent, dans la Revue de l'armée, des articles de propagande idéologique et surtout d'exégèse de l'idéologie nassérienne ; mais il était toujours considéré par les jeunes lieutenants comme un grand officier. Cette animosité implicite n'a pas pu s'éteindre. C'est pourquoi l'hiatus psychologique est resté sensible de part et d'autre.

Mais tous ces éléments théoriques ne peuvent pas nous aider à élucider le mystère de ces deux lieutenants-colonels éliminés, dès les trois premiers mois, et qui servirent surtout comme alibi, au nouveau régime pour impliquer dans le Coup d'Etat d'autres officiers connus pour leur nationalisme, leur foi ardente et leur résistance au régime monarchique[2].

Il n'en reste pas moins vrai que ces lieutenants qui ont su réussir là où d'autres factions (nationalistes, bâathistes et même nassériennes) ont échoué, sont venus d'horizons géographiques divers, mais surtout de l'Est instruit et initié à la politique avec la grande expérience historique et spirituelle de la Cyrénaïque. Il est notoire que c'est elle qui a offert toutes les conditions propices à l'éclosion d'une importante élite supérieure comparée à d'autres régions de la Libye. C'est pour cette raison aussi que l'Est fut favorisé par cette accumulation politique et spirituelle[3].

Mais ces Jeunes Militaires étaient surtout unis par leur origine sociale pauvre et par la modestie de leur niveau d'instruction. De fait, ils ne pouvaient continuer leurs études qu'à la Faculté militaire, la seule institution post-scolaire qui acceptât de les recruter sans baccalauréat[4]. En analysant les origines sociales de ces officiers et de leurs récits de vie, nous pouvons affirmer la prédominance des bédouins, des ruraux et des campagnards par rapport aux citadins : cet élément aura ultérieurement des répercussions politiques, sociales et surtout culturelles de taille. Ces origines quasi communes encouragèrent la soudure momentanée de l'équipe et légitimèrent son action collective en vue du changement politique,

---

(1) Moussa Ahmed El-Hassi quitta la prison, le 02-03-1988, avec les 400 détenus politiques et obtint, plusieurs années après, une autorisation pour l'ouverture d'une épicerie. Malgré toutes nos tentatives, il a refusé de nous parler, mais nous avons pu collecter des informations suffisantes auprès d'Ahmed El-Feytouri, son compagnon de cellule à la prison du Cheval Noir de Tripoli.

(2) Entretien avec Ahmed El-Feytouri le 29-07-1998 à Benghazi.

(3) Ester Panetta, *Cirenaïca sconosciuta*, Florence, édizione Sansoni, 1952, 206 pages.

(4) Ruth First, *Libya, The elusive Révolution*, London, Penguin African Library 1974, p. 115.

l'institution militaire étant plus sensible à la crise de la société et surtout à ses attentes.

Toutefois, quelques petites distinctions sociales émergent. En effet, Mohammed Mgharief (tué dans un douteux accident de circulation) est de la tribu de Mgharba faisant partie de la puissante alliance des *Sa'adi*[1], support fondamental de la Monarchie, du corps des *Forces Mobiles* et de la haute staff de l'armée. C'est l'alliance *Sa'adi* qui dominait au nom du Roi dans tout l'Est libyen[2]. Abou-Baker Younès appartient, en revanche, à El-Mejabra qui est la prestigieuse tribu de l'oasis d'Augila.

Mais l'exception la plus saillante est celle d'Omar El-Mehichi issu d'une prestigieuse famille de Musorata composée essentiellement de lettrés. En revanche, les autres membres viennent de petites tribus et de familles pauvres[3], et surtout de tribus chamelières (Kadhadfa) ou moutonnières (tribu makhzénienne des M'hamid). Fils de pasteurs-nomades, ils sont surtout issus, mais aussi imbus du grand désert aux traditions bédouines millénaires. La plupart de ces militaires ne viennent pas de familles riches ou de l'élite politique ou économique, mais du désert pauvre, et sont exclus du faste de la rente pétrolière et surtout de la participation politique. Les Jeunes Militaires n'avaient pas fait appel à l'élite politique, aux partis, ni aux syndicats. Et, pour cause, Kadhafi refusa toute alliance avec les acteurs de la « société civile ». C'est peut-être une imitation du Coup d'Etat égyptien organisé uniquement par les militaires sans la participation des partis politiques autorisés ou souterrains.

Il s'agit donc d'une petite bourgeoisie d'origine bédouine et rurale, de caractère patriotique, nationaliste et panarabiste, et clairement influencée, dans sa majorité, par l'expérience de Nasser en Egypte. Ses rapports à l'Islam sont dominés par des orientations d'un conservatisme et d'un salafisme évidents.

Néanmoins, cette petite bourgeoisie à caractère militariste n'avait pas une idéologie bien ciselée et partagée, voire intériorisée par tous les officiers libres, et encore moins par les membres *du Conseil de Commandement de la Révolution*. Elle était coupée des bases sociales, sans rapports directs avec la population, sans institutions efficaces[4] et sans ancrage dans la réalité du peuple. Ces jeunes, malgré leurs fortes attaches tribales, venaient directement de leurs casernes sans longue expérience politique ni partisane.

L'absence de tous ces « ingrédients révolutionnaires » a fini par donner à la « Révolution » un caractère rigide, autoritaire, facilitant

---

(1) *Ibidem*, p. 115.
(2) Salaheddine Hassen Salem, *The genesis of the political leadership of Libya, 1952-1969*, P.H.D, George Washington University, 1973, p. 47.
(3) Cette alliance entre tribus chamelières et moutonnières s'est avérée, malgré tout, être efficace et durable.
(4) Ruth First, *ibidem*, ibid, pp. 116-117.

progressivement les confrontations entre les membres, les départs précipités et les défections forcées. Cette absence a creusé le nid de la personnalisation de la vie politique. Elle a surtout enfanté un monopole de la décision politique, celui d'un leader Moâmmer Kadhafi.Toutefois, il faudrait préciser que c'est Kadhafi qui avait fait presque seul le travail d'attirer, de sélectionner, de recruter, d'adapter et de fidéliser les membres du groupe qui a préparé le changement politique.

3. Acteurs révolutionnaires ou acteurs tribaux ?

Privés du soutien de la population, et dépourvu de la nécessaire légitimité populaire, ces jeunes révolutionnaires prirent en considération l'importance de la donnée tribale. Le régime monarchique ne pouvait pas affronter, en effet, toutes ces tribus en même temps. Et, pour cause, en cas d'échec, les militaires se serviraient de leurs tribus comme boucliers humains. D'ailleurs, les Bra'assa, ou la tribu du Roi, avaient refusé de bouger, parce qu'ils ne voulaient pas affronter les militaires. Cette tribu était certaine de la fin de la Monarchie partant d'une sage évaluation de la situation au pays.

C'est pour cette raison qu'il est plausible de dire que les Jeunes Militaires n'étaient uniquement pas les représentants de leurs régions, mais surtout ceux de leurs tribus au sein de la « Révolution ». L'appartenance tribale était vivace dans une société où malgré l'urbanisation et la scolarisation, la tribu restait encore forte et mobilisatrice. Les Jeunes Militaires ne cachaient point leur appartenance tribale, mais ils étaient fiers de le révendiquer. C'était une partie intégrante de leur identité personnelle, intime et même collective. Il faudrait dire que c'est la tribu qui a permis et facilité la réussite du Coup d'Etat. Le filtre de sélection des jeunes condidats à l'engagement « révolutionnaire » était essentiellement tribal, les militaires voulant s'assurer une meilleure représentativité de la carte tribale en Libye.

Cette hypothèse nous fut confirmée par le déroulement ultérieur des événements politiques en Libye. Le retour de l'acteur tribal, à partir de 1988, prouve que les tribus sont encore fortes et mobilisatrices.

II. PORTRAITS INDIVIDUELS ET réCits de VIE DES MEMBRES DU CONSEIL DU COMMANDEMENT DE LA REVOLUTION (CCR)

1. Moâmmer KADHAFI (Syrtes)

Il est né en bordure du golfe de Syrtes dans une tribu, comme nous avons pu le vérifier, encore semi nomade, les Kadhadfa. C'est donc un fils des steppes, qui a appris tôt à compter sur lui-même. Au lycée de Sebha, il découvrit Nasser, avec son compagnon Jelloud (le premier officier libre recruté), et « *s'enthousiasma à l'écoute de ses faits* »[1]. Afin de prendre le pouvoir, il rejoignit la Faculté militaire et parvint à former une organisation clandestine qui déposa en quelques heures le Roi sans effusion de sang.

---

(1) Pierre Rondot, « La logique du colonel Kadhafi », in Revue *Croissance des jeunes nations* n° 258, 1984, p. 20.

Nasser est resté son idole et sa référence jusqu'en 1975, une année marquante dans la politique de Kadhafi.

A partir de cette année, Kadhafi se libéra silencieusement de Nasser, son père spirituel, parce qu'il ne comptait que sur lui-même. Féru d'une idéologie qu'il a lui-même construite, Kadhafi considère l'Islam comme la solution ultime et il prétend proposer, dans sa *Troisième Théorie Universelle*, une solution planétaire et définitive à tous les problèmes de l'humanité, ce qui est paradoxal, surtout dans le cadre de la culture islamique qui incite à la modestie, à l'humilité et au repect de la suprématie de la référence coranique considérée comme message à toute l'humanité.

Par ailleurs, l'évolution récente de la Libye semble être l'expression et le résultat des imaginations et des réflexions de Kadhafi. Bien que rêveur, romantique ou philosophe, quand les conditions l'exigent, cependant il sait parfaitement user d'une extrême violence et triompher de ses rivaux au sein du *Conseil de Commandement de la Révolution* (Hawwaz, Moussa, EL-Mehichi, Hawwadi et El-Houni) et à l'extérieur (les islamistes et les démocrates : Mansour El-Khikhia) comme l'ont prouvé plusieurs exemples.

Mais ce qui est constant, c'est que Kadhafi s'est toujours refusé à être uniquement le gestionnaire de son pays ; il a voulu être un Prophète à l'échelle internationale, puisqu'il avait un message à porter à toute l'humanité. D'ailleurs, il avait demandé, en toute franchise, au *Congrès Général du Peuple* (Parlement) de le traiter comme un Prophète. A l'instar de Mahomet, de Moïse et de Jésus, il est lui aussi Sauveur de l'Humanité. C'est pour mieux concrétiser ses idées qu'il a façonné la *Troisième Théorie Universelle* qui est son texte sacré. A partir de 1976, elle a été complétée par le *Livre Vert* (3 tomes) qui est le message de Kadhafi à toute l'humanité. C'est aussi la solution de tous ses problèmes politiques, économiques et sociaux.

Pour cette raison et pour d'autres, encore non dévoilées, Kadhafi a toujours démontré, explicitement ou implicitement, du dégoût et du mépris pour ses collègues attisant ainsi les tensions. En effet, Fethi El-Dhib, un des hauts officiers des Services de renseignement égyptiens et proche collaborateur de Abdelnasser, décrivit longuement dans son livre comment Kadhafi les insultait, les injuriait et les qualifiait de vauriens[1].

Cette tendance à l'autoritarisme et à la rigidité est apparue, dès les premières semaines qui ont suivi le Coup d'Etat du 1er septembre 1969. Il y avait, semble-t-il, une divergence profonde sur le style de gouvernance politique, sur la répartition des richesses, sur le problème de l'unité arabe et surtout sur la restructuration de l'armée.

---

(1) Fethi El-Dhib, *Abdelnasser wa thawrat libia*, Dar Mostakbal'arabi, Caire 1986, pp. 128-129-215-258.

2. Abdessalam JELLOUD, (Chati à Sebha)

Le premier compagnon de Kadhafi jusqu'à sa défection forcée en 1995 était le numéro deux de la Libye. Il savait s'accommoder de son tempérament, supporter ses foucades et éviter la confrontation avec lui.

Sa situation aurait été plus difficile, s'il n'y avait pas eu à ses côtés sa tribu, celle des Megharha, réputée makhzénienne (sous les Ottomans) et guerrière. Elle occupait l'oasis la plus septentrionale, Ouadi Chati, et fut, du temps des Ottomans, exonérée d'impots parce qu'elle leur servit même de police locale.

Dans les moments forts, Jelloud s'est toujours rangé du côté du « Guide de la Révolution » et l'a inconditionnellement appuyé. Certes, il l'avait fait à plusieurs reprises, sans conviction, parce qu'il avait un sens fort de la discipline et de la solidarité. Malgré le radicalisme de ses choix politiques, Jelloud a su garder l'estime de la société et une popularité auprès des techniciens, parce qu'il n'avait jamais caché son admiration pour la social-démocratie, comme il l'a souvent affirmé. Jelloud savait tenir deux discours en même temps : révolutionnaire et technicien et même manier habilement les deux identités et les deux références. Un tel mariage lui était possible.

Mais il était dans la contrainte d'agir en bon fonctionnaire. Avant son départ, il disait devant le Congrès économique, organisé en 1994, en vue de légitimer les choix du régime en place qu' : «*un vrai Révolutionnaire est avant tout un bon patriote ; un bon patriote doit savoir gérer rationnellement les richesses du pays*». Et les tensions avec le « Guide de la Révolution » s'étant ensuite multipliées. Par ailleurs, les Egyptiens l'accusaient de vouloir nuire à leurs intérêts en Libye et il fut ainsi contraint à la défection.

L'ambassadeur de France à Tripoli écrivait alors à l'époque à son sujet: « *Amateur de chameaux et de cavalcades, il allait se révéler quelques mois plus tard comme l'homme fort de la Révolution, le stratège inventif et roué, le négociateur coriace des grandes affaires pétrolières, des marchés d'armement et de l'équipement* »[1]. Appartenant à une tribu makhzénienne, le commandant Jelloud était un administrateur habile, il savait approcher les techniciens, les écouter et gérer les négociations difficiles du Pétrole et de l'évacuation des bases étrangères. Il s'était ainsi constitué un réseau de clients parmi les techniciens et les financiers qui étaient souvent réputés comme étant audacieux et modernisateurs. C'est pourquoi Jelloud s'est fait l'avocat des thèses des techniciens connus pour leur rationalité et leur patriotisme. La connaissance intime des dossiers lui a permis une spécialisation plus poussée que celle de ses collègues et une efficacité au niveau de la gestion des affaires à caractère sensible. Il bénéficiait aussi du respect d'une frange des jeunes révolutionnaires membres des CR.

---

(1) Guy Georgy, *Kadhafi le berger des Syrtes*, Paris, éditions Flammarion, 1996, p. 72.

3. Omar El-MEHICHI (Musorata)

Il naquit dans une préstigieuse famille libyenne d'origine circassienne (couloughli) qui avait goûté à l'argent et aux honneurs. Son frère Tahar El-Mehichi était une figure emblématique du Mouvement des nationalistes arabes parrainé par Georges Habache. Et c'était lui qui se chargea de l'encadrement idéologique de Kadhafi. Notons dans ce même sens que Kadhafi, renvoyé de Sebha, trouva, au cours des études secondaires au lycée de Musorata, toute l'hospitalité auprès de la famille d'El-Mehichi.

Dès les premières semaines du mois de septembre 1969, Omar El-Mehichi se présentait comme la gauche du C.C.R, prônant ainsi une lecture marxisante de l'évolution de la société libyenne. Pour renforcer sa position au sein du C.C.R, il imposa à ses collègues la personnalité de Mahmoud EL-Maghrebi (un Libyen né en Palestine qui obtint au milieu des années soixante la nationalité libyenne et qui fut le Secrétaire général du Syndicat Libyen du Pétrole avant d'être déchu de sa nationalité) comme premier ministre et « manigança » pour faire nommer deux marxisants, Ali Immich et Anis El-Chtiwi, respectivement comme ministres de l'Économie et du Pétrole. Cette nouvelle alliance de marxisants effraya les Jeunes Militaires qui, compte tenu de leur foi profonde, de leur socialisation religieuse et de leur conservatisme social et familial ne pouvaient adhérer à ce qu'ils appelaient « l'athéisme du marxisme ».

El-Mehichi se considérait comme le plus informé et le mieux formé de tous. Il se plaisait à étaler ses informations et ses connaissances, surtout pendant les réunions politiques officielles ou populaires. Au cours de tous ses discours, il tenait à affirmer sa distance par rapport à la politique officielle qu'il accuse d'improvisation et de désordre. Il opposait un refus catégorique à tout emprunt au modèle nassérien et mettait souvent en doute l'existence d'un socialisme ou même d'un savoir-faire égyptien, ce qui déplaisait fort à Kadhafi. Il refusait surtout de se fier aux compétences égyptiennes auxquelles on avait fait fait appel dès les premières semaines du changement politique. Pour lui, le « modèle égyptien » était tari et dépassé, mais le seul emprunt possible devait être fait au modèle soviétique qui était encore fascinant dans les années 70.

Toutes ces divergences ont alimenté, d'une façon inéluctable, la crise de l'été 1975, quand El-Mehichi essaya d'organiser un Coup d'Etat et fut trahi par certains de ses collègues. En effet, Kadhafi et El-Mehichi étaient deux personnalités qui, malgré leur histoire commune et le rêve partagé de renverser la Monarchie, ne pouvaient pas coexister. Compte tenu de leur origine personnelle, familiale et de leur itinéraire, elles ne pouvaient que s'exclure. A partir de 1975, El-Mehichi préféra fuir à l'étranger, mais il fut remis par le Maroc à la Libye en 1984 et connut une fin tragique. C'est ainsi que fut enterré son projet de prise du pouvoir et de construction du socialisme libyen. Certes, il fût victime de l'autoritarisme politique, mais aussi de ses rêves politiques condamnés par un environnement totalitaire et hostile à toute velléité de la concurrence idéologique ou même personnelle.

4. Mohammed El-M'GHARIEF (Jdabia)

Il était, par ses origines sociales et tribales *Mgharba* tout comme Adam Hawaz, l'une des personnalités les plus fortes du Mouvement du 1er Septembre. Il agissait avec autonomie, force et confiance en lui-même. Il se comportait comme un prestigieux chef de tribu et comme un défenseur acharné de la justice et de l'égalité. Cette « âme » profondément tribale lui donnait la volonté d'agir en toute autonomie par rapport à Kadhafi et de prendre les décisions qu'il voulait prendre, parce qu'il représentait, outre son poids personnel, la force de sa tribu et de sa région, autant d'atouts fondamentaux qui lui permettaient d'être libre et d'imposer son opinion ce qui pourrait déplaire au leadership.

Lors de son retour de Syrtes en 1972, après la supervision des entraînements militaires, il mourut dans un « douteux » accident de la circulation. Il faudrait mentionner qu'en deux ans, le secteur de l'habitat qu'il dirigeait connut une évolution considérable, comme l'affirment des spécialistes avertis. Cette même évaluation nous a été confirmée, à plusieurs reprises, par certains de nos interviewés.

5. Béchir HAWWADI (Oueddene)

Il aimait à se présenter comme étant des *Achrafs*, c'est-à-dire des notables religieux de Oueddene au Sud, bien qu'il appartienne à une modeste famille. Par souci de se distinguer de ses pairs, il aimait évoquer ses origines *achrafs*. Malgré une tendance très patente de soufisme, il avait un sens raffiné de l'ordre, de l'organisation et de la discipline politique.

C'est pour cette raison qu'il fut chargé du Secrétariat général de l'*Union Socialiste Arabe* pendant plus de six ans, mais aussi chargé du Ministère de l'Éducation et de l'Orientation nationaliste. Il fut aussi nommé par Kadhafi comme président du *Tribunal du Peuple* pour le jugement du personnel politique de la Monarchie (106 personnes). Le Procureur général du tribunal n'était autre qu'Omar El-Mehichi. Tous deux montrèrent, lors du procès que nous avons suivi, une excessive sévérité contre les hommes de l'Ancien Régime[1]. Il est vrai que le Cheikh Mahmoud Sobhi, membre du tribunal, essaya de calmer les esprits, mais en vain. A partir de 1975, il fut enfin chargé par Kadhafi de monter une organisation révolutionnaire pour mobiliser les jeunes au profit des programmes de la « Révolution ».

En 1976, il fut accusé d'avoir assisté à certaines réunions organisées par El-Mehichi pour le renversement du régime et il s'éclipsa définitivement. Et depuis lors il se consacra, corps et âme, au mouvement soufi et aux transes, comme s'il voulait rassurer le régime. Mais il est surprenant qu'un solide politicien, comme lui, qui a su affronter avec force ses adversaires

---

(1) Lors de notre entretien avec Ahmed El-Houni, celui-ci nous révéla beaucoup de détails sur le déroulement du procès et nous montra avec quelle sévérité les accusés furent jugés de la part de Hawwadi et d'El-Mehichi, ce qui attestait, selon lui, de l'esprit de revanche et de haine à l'égard des personnes capables de contester ou de s'opposer.

(étudiants et intellectuels) ait choisi cette voie de sortie. Certes, il est aussi surprenant de constater qu'il a accepté de vivre de longues années de résidence surveillée sans la moindre résistance.

En 1996, il fut présenté par la télévision libyenne en train de se livrer à des transes, la caméra s'immobilisa sur lui et l'image fut retransmise plusieurs fois. Cette image à caractère polysémique fut négativement interprétée par la population, comme un message adressé par le pouvoir à ses ennemis. C'était un avertissement lancé à Mokhtar El-Karoui (de la Médina de Tripoli), à Awedh Hamza El-Chelwi (Benghazi) et à Mohammed Nejm (Benghazi). Le premier, à cause de certaines divergences sur le contenu de la *Révolution Culturelle* en 1973, préféra s'éclipser tout seul, et partir avec la certitude que les divergences étaient tellement énormes que l'entente était impossible. En revanche, Awedh Hamza préféra s'éclipser, à partir de 1976, parce qu'il se sentait trop marginalisé. C'est ce qui fut considéré comme une rupture définitive et brutale avec le régime en place. En effet, pour éviter toute confrontation, Hamza se consacra à la gestion de ses affaires personnelles comme s'il voulait opter pour la solution du moindre mal.

6. Mohammed NEJM (Benghazi)

En revanche, Mohammed Nejm (de Benghazi dans l'Est libyen) eut, au départ (1969-1973), plusieurs responsabilités. Il fut chargé, à partir de janvier 1970, du procès de Hawwaz et d'EL-Hassi, qui sont eux-mêmes de l'Est et les condamna tous deux à la détention à perpétuité. Kadhafi, qui voulait responsabiliser l'Est de leur mort, s'opposa catégoriquement au jugement et renvoya les deux justiciés devant le Tribunal militaire où ils furent condamnés à mort. Kadhafi voulait, en fait, que la responsabilité du jugement des gens de l'Est soit prise par des gens de l'Est. Cette tactique politique émanait d'une profonde connaissance de la mentalité tribale et des caractéristiques culturelles fondamentales de la société libyenne.

Quand la crise de 1976 eut éclaté entre le régime et les étudiants qui s'opposaient au service militaire, Nejm joua efficacement le rôle de conciliateur. Il défendit les intérêts de sa ville de Benghazi et le déclara devant tous les protagonistes[1]. Il ne voulait pas que cette ville connaisse des tensions, et pourtant, il était en dehors du régime. Grâce à ses bons offices, le régime reconnut temporairement la naissance de l'organisation des étudiants. L'accord fut signé par Mohammed Ahmed Es-Chérif (ministre de l'Enseignement de l'époque) et par Ridha Ben Moussa (représentant des étudiants)[2]. Quand le calme eut été rétabli, le régime ne sentit pas le besoin d'honorer cet accord, mais les instances compétentes reprirent par force le document et déclarèrent l'organisation hors la loi.

---

(1) Entretien avec Ridha Ben Moussa organisé à Tripoli le 20-05-1999.
(2) Le même entretien avec Ridha Ben Moussa une figure emblématique de l'Union Générale des Etudiants Libyens organisé le 20-05-1999.

Il ressort de tous ces éléments que les représentants de l'Est furent progressivement contraints de partir, comme le firent aussi certains éléments de l'Ouest. En peu de mots, tous les membres qui étaient capables de s'opposer furent dès les premières années écartés.

7. Abdelmonem El-HOUNI (Janzour)

C'est une personne connue pour être modérée, clairvoyante et politiquement proche de la thèse libérale. Il était contre la violence et la répression, et avait la liberté d'esprit et le courage suffisants pour contester, imposer son style et prendre ses distances, quand il fallait le faire, par rapport aux excès au sein du CR. En 1975, il quitta le pouvoir sans retour, et malgé les bons offices d'Arafat, Président de l'OLP, il annonça la naissance d'une opposition parmi la diaspora. Le régime essaya durant les années 80 d'organiser son retour, mais vainement, ses requêtes étant, en fait irréalisables, et exigeant une refonte complète des diverses composantes du paysage politique libyen ce qui n'était pas possible car l'essence du sysème est totalitaire.

A partir de 1975, El-Houni s'est consacré à l'opposition créant en Égypte sa propre organisation et demanda surtout le procès de tous ceux qui avaient été impliqués dans la violence et dans l'assassinat des opposants. Il visait évidemment les dirigeants des *Comités Révolutionnaires*. Malgré certaines promesses officielles, sa requête ne trouva jamais son chemin vers la mise en application pour les raisons que nous avons analysées précédemment.

El-Houni semble oublier que la violence est une technique de gouvernance politique. Et pourtant, El–Houni rejoignit, à partir de 1998, le régime et accepta le poste proposé, celui de Représentant permanent de la Libye auprès de la Ligue Arabe. Est-ce donc une défaite ?

8. El-HMIDI et El-KHARROUBI (Zaouia)

Khouildi El-Hamidi et Mustapha El-Kharroubi (de la périphérie de Tripoli) appartiennent à une tribu makhzénienne de nobles chevaliers qui furent la plupart du temps du côté des Ottomans. C'est pourquoi elle était considérée, tout comme celle des Megharha, comme une tribu makhzénienne au service du pouvoir central. Avant d'établir la composition définitive du *Conseil de Commandement de la Révolution*, les Jeunes Militaires hésitèrent entre El-Kharroubi et Abderahmane Es-Sid, mais Kadhafi préféra, en dernier lieu, EL-Kharroubi.

C'est, certes, par gratitude, mais aussi par respect et esprit de discipline, parce que Mustapha El-Kharroubi a fait preuve, durant les trente dernières années, d'une fidélité exceptionnelle. Il était réellement l'homme de lige de Kadhafi depuis la Faculté militaire de Benghazi. Il fut connu pour sa discipline, son sens de l'organisation et sa fidélité indéfectible au « Guide de la Révolution ». Pour toutes ses qualités, il fut chargé, dès 1969, lui qui était originaire de la Zaouia, de superviser les gouvernorats de l'Est, soupçonnés d'être encore fidèles au Roi. Il sut prendre en main la région d'El-Beyda et démasquer des tentatives de Coup d'Etat. Cette force exceptionnelle lui valut la réputation de vice-Roi[1]. El-Hamidi et El-Kharroubi se sont comportés comme de vrais soldats, pourtant ils ne détenaient plus de dossiers importants, comme auparavant. D'ailleurs, El-Hamidi fut pendant de longues années ministre de l'intérieur participant d'une manière efficace à la « Révolution », faisant arrêter les opposants et les intellectuels sans distinction. La fidélité exceptionnelle de ces deux compagnons était le produit, certes, de l'histoire, mais surtout de tout l'héritage mental et des traditions tribales ancestrales. El-Kharroubi, étant le patron de la sécurité militaire, déjoua une série de Coups d'Etat. Malgré les intrigues, Kadhafi a toujours honoré son alliance avec ces deux hommes, au nom d'une alliance personnelle, comme s'il voulait confirmer l'existence d'une alliance indirecte entre leurs tribus.

9. Abou-Baker Younès JABEUR (Augila)

Il est le chef d'Etat-Major de l'Armée libyenne et « *l'un des rares officiers de couleur de l'Armée* »[2]. Fils d'un riche commerçant libyen de l'oasis de Augila et d'une mère tchadienne du Sallamat, il joua un rôle fondamental à Tripoli, et fut un des héros du Mouvement du 1er septembre 1969.

Après le renversement du Roi Idriss 1er, il fut chargé du dossier de la restructuration et de la modernisation de l'armée. Le général Jabeur a toujours fait preuve d'un dévouement inconditionnel et indéfectible au « Guide de la Révolution ». Or aujourd'hui, sur dix membres, il n'en reste plus que trois, unis tous par une haute discipline et un sens fondamental de loyauté et de fidélité à la personnalité de Kadhafi. C'est une preuve indéniable de la profondeur des conflits.

10. Conseil du Commandement de la Révolution : Clans, divergences et tensions

Il serait utile, à ce niveau de l'analyse, de préciser que les Jeunes Militaires étaient unis par leur origine sociale, politiquement très soudés contre la Monarchie et la corruption et influencés peu ou prou par le modèle nassérien. En revanche, ils étaient très divergents au niveau des visions, sur les modes d'action et sur la stratégie du changement politique. La question qui se posait sans cesse dans les diverses réunions du CCR était la suivante : à qui faut-il accorder la priorité aux Arabes ou aux Libyens. Kadhafi répétait sans cesse la même phrase : la Libye doit se préparer à la fusion totale dans l'unité arabe. L'autre réponse venait du commandant Jelloud qui appelait à accorder la priorité aux intérêts de la Libye et des Libyens. D'après lui, il faudrait commencer par construire l'Etat. Mais selon quels modes ?

---

(1) Guy Georgy, *Kadhafi, le berger des Syrtes*, Paris, Flammarion, 1996, p. 24.
(2) Guy Georgy, *ibid*, p. 79.

Les Jeunes Militaires qui ne constituaient pas une élite intellectuelle, conformément aux critères communément reconnus, étaient néanmoins imbus d'une conscience patriotique qui les incita à s'opposer aux choix du Roi et à la corruption de sa Cour (notamment à Abed EL-Sénoussi, le prince noir et aux frères Chelhi). Ils ont progressivement évolué vers une conscience nationaliste arabe qui connut son apogée avec l'Organisation des Officiers libres imitant fidèlement l'expérience des officiers libres en Egypte.

On pourrait affirmer ainsi que cette organisation a précédé toutes les autres, qu'elles fussent légales ou clandestines, pour la création d'un changement politique, malgré l'inféodation du régime monarchique aux puissances anglaise et américaine.

Nous voudrions examiner d'abord les différentes tendances qui caractérisaient les membres du *Conseil du Commandement de la Révolution*, et dire que ce dernier n'était pas politiquement et idéologiquement homogène, que les membres qui le composaient, par leur formation sociale et politique, manquaient d'expérience en matière de gestion des affaires de l'Etat, et qu'ils avaient aussi certaines carences dans leur culture diplomatique et dans leur perception des relations internationales. Il s'ensuivait que leurs positions achoppaient à certaines difficultés, parce qu'elles étaient justement divergentes. Quelles étaient donc leurs orientations et leurs sensibilités ?

a. L'orientation nationalitaire, islamiste et traditionaliste interprète l'Islam et la notion d'Unité arabe d'une façon conservatrice et appelle à la jouissance de tous les peuples arabes de la rente pétrolière libyenne, tout en optant pour le modèle nassérien. Cette option était représentée par le colonel Moâmmar Kadhafi, l'organisateur du Mouvement du 1er Septembre et l'homme fort au sein du CCR. Elle était partagée par ses proches collaborateurs qu'étaient, Mustapha El-Kharroubi, Khouildi El-Hmidi et Abou-Baker Younès Jabeur.

b. L'orientation nationaliste avait une coloration socialisante, invitant les Libyens à jouir de leurs richesses nationales, à fonder un Etat moderne, à utiliser la rente pétrolière pour le développement du pays et à établir une alliance stratégique avec l'Union soviétique, avec les pays arabes d'économie socialiste, comme l'Algérie, la Syrie et l'Irak, et avec l'Europe de l'Est. Cette orientation était représentée par le commandant Abdessalem Jelloud, le numéro 2 du Commandement de la Révolution et premier ministre pendant près de 5 ans (1971 - 1977).

c. L'orientation nationaliste à coloration marxisante était représentée par El-Mehichi qui croyait en la possibilité d'une révolution socialiste en Libye et était très appuyé par El-Maghrebi, l'ex-premier ministre, lui-même influencé par le modèle yougoslave.

d. L'orientation nationaliste à visage libyen est représentée par Mokhtar El-Karoui et Awedh Hamza.

Les expériences de construction d'un système de gouvernement moderne retenaient certains membres du *Conseil de Commandement de la*

Révolution qui souhaitaient ouvertement prendre exemple sur les expériences des pays voisins (la Tunisie et l'Egypte), et ce, par la création d'institutions modernes, par une réforme législative et par le rétablissement de la Constitution libyenne qui a été abolie pendant les derniers mois de 1969, surtout que l'idée d'un retour à la vie parlementaire, tout en supprimant le pluralisme, faisait son chemin. Ce groupe était représenté par le commandant Omar Abdallah El-Mehichi, par le commandant Mokhtar El-Karoui, par Mohammed Nejm et par Awad Hamza.

Et si le CCR avait essayé d'établir un contact direct avec le peuple, il y fut néanmoins retenu par son idéologie et par ses moyens. Ses membres étaient les simples représentants de leurs tribus ; ils dépendaient de leurs doléances et ils étaient incapables de concevoir un projet de société civile. Son rendement était, de ce fait, limité par rapport aux immenses attentes exprimées par la population, dès les premiers mois du Mouvement du 1er Septembre.

11. Mahmoud EL-MAGREBI et l'échec du premier Gouvernement

Mahmoud Souleymène EL-MAGREBI, nommé Premier ministre (du 8 septembre au 20 novembre 1969), eu égard à son expérience syndicale (ancien Secrétaire général du Syndicat du Pétrole, et militant de gauche), il essaya d'introduire une certaine diversité au niveau des idées et des tendances par une variation de la composition de son gouvernement. Il proposa donc une diversification de l'équipe gouvernementale comme suit :

- Anis Chtioui, ministre du Pétrole (marxiste).
- Ali Immich, ministre de l'Économie (nationaliste arabe et puis gauchiste).
- Issaoui Gueblaoui, vice-ministre de l'Economie (bâathiste).
- Ezzeddine Ghdemsi, vice-ministre des Finances (nationaliste arabe puis marxiste) influencé par Georges Habache.
- Ahmed Moubarek Es-Chérif, vice-ministre de la Santé (marxiste).

Ce gouvernement fut vite dissout, parce que les Militaires s'opposaient à l'intégration d'éléments ayant eu une expérience politique partisane (bâath ou communisme). C'est pourquoi El-Maghrebi fut contraint de partir et l'expérience d'un gouvernement diversifié, voire pluriel, s'évanouit. En effet, les petites divergences intellectuelles et politiques, voire personnelles, disparurent progressivement, parce que El-Maghrebi avait eu l'idée de changer la stratégie identitaire de la « Révolution ».

Tous les petits groupes, qui présentaient au sein du CCR une certaine autonomie d'esprit ou une particularité politique, furent contraints, entre 1970 et 1975, à l'exclusion ou au silence. La « Révolution » a aidé au renforcement de cette tendance, de sorte que les éléments nationalistes ayant une légitimité historique et politique furent progressivement exclus[1].

---

(1) Muftah El-Charef était l'un des militaires libyens les plus brillants lors de la Guerre de 1967 ; il demanda à participer aux combats contre Israël. Mais il en fut empêché. Il s'envola dans son avion jusqu'en Algérie. Empêché par les autorités algériennes, il retourna en Libye pour se soumettre à son procès en cour martiale.

C'est pourquoi la récupération de ces éléments paraissait être momentanée, provisoire et instrumentalisée.

De fait, le CCR fut progressivement soumis à une sorte d'uniformisation politique et idéologique. La coexistence des tendances idéologiques et des sous-groupes s'avéra difficile ou presque impossible, et avec l'échec du gouvernement d'El-Maghrebi, les Jeunes Militaires reprirent en main la quasi-totalité des portefeuilles ministériels et s'engagèrent sur une nouvelle voie, celle du monopole politique et de l'affrontement avec l'élite formée sous la Monarchie.

L'effondrement du gouvernement El-Maghrebi, après la démission de ce dernier le 20 novembre 1969, fut une occasion pour les militaires de reprendre le pouvoir législatif en mains. Après cette démission, Kadhafi se chargea même de présider le Conseil des ministres, et ce nouveau statut lui procura la possibilité de contrôler les deux structures politiques : le CCR et le gouvernement [1]. Ce fut le commencement de son ascension politique et de l'émergence de ses capacités de direction, de manipulation et de gouvernement des hommes, et la preuve que Kadhafi était une personne imbue d'elle-même, dotée des caractéristiques du leadership et disposée à gouverner en Libye, sa personnalité allait dominer celle de tous les autres conjurés, progressivement contraints, soit au silence, soit au départ : à partir de 1975, plus de la moitié est partie, plus des trois quarts ont coupé les ponts avec le régime en 1994, et certains d'entre eux ont rejoint l'opposition[2].

12. Le Congrès de la pensée révolutionnaire : consécration de Kadhafi et de ses choix idéologiques

En dépit de toutes les lectures hostiles, sinon méprisantes, le *Congrès de la Pensée Révolutionnaire* consacra la personne de Kadhafi et son leadership politique et idéologique sur le pays. Organisé à partir du 6 mai 1970, il offrit à Kadhafi la légitimité nécessaire pour la mise en application de ses thèses idéologiques. En effet, il fut organisé pour la discussion de la classification des forces laborieuses du peuple *«qowâ'âmila»*, de la nécessité de l'organisation populaire en structure politique empruntée au nassérisme et de l'unité arabe. Y furent invités les intellectuels libyens et les diverses composantes sociales et politiques de la société de l'époque, mais on prit surtout la précaution d'en éloigner les intellectuels et les militaires qui avaient eu une expérience partisane (bâath, nassérisme et

---

En 1969, il fut impliqué dans le procès de Hawwaz, sans avoir participé au Coup d'Etat. Pourtant lors de sa première visite en Egypte, Kadhafi le présenta à Nasser comme une figure emblématique de la résistance à la politique pro-occidentale du Roi.

(1) Fethi Dhib, *Abdelnasser wa thawrat Libia*, le Caire, Dar El Mostaqbal al'Arabi, 1986, p. 91.

(2) François Burgat, André Laronde, *La Libye*, collection Que Sais-Je ? Paris, éditions. P.U.F, 1996, p. 75; cf. aussi, Alexandra Dorma, *Le leader charismatique*, Paris, éditions Desclée de Brouwer, 1998.

communisme) pour neutraliser leur éventuelle influence sur son déroulement. Même les rares éléments qui avaient pu s'y infiltrer ont été vite repérés, les militants ne se comptant pas à l'époque par centaines.

Ces « intrus » furent vite repoussés, court-circuités et privés de toute influence sur l'auditoire, vu que les Jeunes Militaires présents, et en l'occurrence Kadhafi lui-même ont su canaliser les discussions, éviter les dérapages idéologiques et les supputations des idéologues et faire triompher les thèses arabo-musulmanes, nassériennes, unionistes et socialistes.

Ce Congrès fut, certes, une occasion pour l'identification des Libyens qui avaient eu une expérience partisane, pour la clarification de l'identité idéologique pro-nassérienne des Jeunes Militaires et surtout de celle de Kadhafi et adresser, en l'occurrence, un message aux marxisants libyens et à ceux qui s'opposaient à Nasser en le qualifiant de « petit bourgeois » incapable de réussir la mission révolutionnaire[1]. C'est ainsi que Kadhafi a pu identifier les principales composantes de l'*intelligentsia* libyenne, écouter avec attention la confrontation des discours, enrichir son idéologie et consolider ses propres thèses, surtout, face aux marxisants anti-nassériens.

Du reste, il déclara sans ambages, au dernier jour du Congrès que c'était l'unique occasion qui s'offrait aux Libyens pour un libre débat idéologique avant l'expérience de *l'Union Socialiste Arabe* (U.S.A). En revanche, il rassura la bourgeoisie libyenne et les commerçants, affolés par le discours d'El-Mehichi qui prônait une révolution socialiste totale, fût-ce dans un bain de sang et considérant que toutes les méthodes violentes étaient légitimes pour l'anéantissement de la naissante bourgeoisie libyenne.

C'est ainsi que le Congrès dévoila les profondes divergences qui séparaient El-Mehichi de Kadhafi et de Jelloud, à propos de la possibilité de l'application du marxisme. Kadhafi a pu certainement identifier les intellectuels nationalistes qui n'étaient pas liés à des partis politiques et sur lesquels il pouvait compter. En effet, Ibrahim Ghouil, son gendre Ali Ourayeth, Sadok El-Neyhoum et Ali Mustapha El-Musrati exercèrent une pression en faveur de Kadhafi et de ses thèses unionistes, dans ce congrès qui fut en quelque sorte un plébiscite pour les choix de Kadhafi.

Mais tous ceux qui ont analysé les résolutions du congrès de la pensée révolutionnaire ont passé sous- silence le rôle joué par Fethi Dhib, le conseiller de Nasser, dépêché auprès de Kadhafi pour lui donner conseil. Or ce non-dit est d'une importance capitale pour la compréhension du déroulement des événements, où le conseiller de Nasser joua un rôle incontestable dans la préparation psychologique de Kadhafi, parce qu'il

---

(1) Nous considérons cet ouvrage écrit par un spécialiste de sa valeur comme une clé essentielle pour saisir l'intelligence de l'évolution politique de la Libye entre 1969 et 1971.

considérait le jeune Kadhafi comme le plus proche de Nasser et le plus fidèle à sa personne, et le qualifiait de fils spirituel du Rais.

C'est grâce aux conseils de Dhib que Kadhafi sut maîtriser les débats, garantir le triomphe de ses thèses et défendre son leadership [1]. Pour cette raison aussi, Kadhafi se montra conciliant, rassurant et convaincant. Il évita de prendre des positions radicales et ne brandit jamais les menaces « communistes » contre le capital libyen, malgré certaines mesures de libyanisation des banques qui commençaient à s'appliquer à l'époque.

Contrairement à El-Mehichi, il rassura la bourgeoisie libyenne non exploitante et adressa un discours « doux » à toutes les catégories sociales. Ce fut un coup de maître! Mais malgré toutes ces assurances, il entama un long parcours de personnification du système politique et de recours à sa tribu, parcours qui fut entamé par la *Révolution Culturelle* proclamée à Zouara, à l'Est du pays.

Mais ce qui ressort de ce congrès, c'est l'exclusion à tout jamais des Bâathistes et des Marxistes de la Libye actuelle. C'est même la fin de toute l'élite partisane [2] qu'avait connue la Libye sous la Monarchie.

13. Limites et contradictions de la légitimation exogène

Le congrès de la pensée révolutionnaire confirma cette nette volonté de rompre avec la Monarchie. Du coup, les Jeunes Militaires n'envisageaient plus d'instaurer un régime parlementaire de type occidental qu'ils considéraient comme inadapté au paysage politique et au substrat social dans le pays, mais plutôt le modèle nassérien [3]. Conscient de devoir d'éviter tout isolement des masses et de la nécessité de les mobiliser, Kadhafi créa le 22 mars 1971 *l'Union Socialiste Arabe* sur le modèle de son homonyme égyptienne [4]. Ce projet faisait suite à une lecture des composantes du paysage politique en Libye. En effet, les militaires étaient conscients de leurs limites, du caractère restreint de la classe dirigeante [5] et de la nécessité de construire leur propre légitimité, parce qu'ils avaient en face d'eux une concurrence idéologique pugnace (nationalistes arabes, bâathistes et marxistes).

C'est pourquoi l'U.S.A. apparaît dans le texte et dans la pratique comme un relais, ou comme une sorte de réceptacle pour la mobilisation populaire directe. Cette structure était censée établir des rapports directs

---

(1) Fethi Dhib, *ibidem*, pp. 272-274. Il faudrait dire que Dhib était un défenseur acharné des thèses nassériennes : refus catégorique de l'expérience partisane, anti-communisme, adoption du socialisme islamique, non-alignement et attachement indéfectible à l'unité arabe ; thèses qu'il inculqua à son « élève » Kadhafi.

(2) Ruth First, *Libya, The elusive Revolution,* London, Penguin Books, 1974, p. 27.

(3) Hervé Gueneron, *La Libye*, collection Que Sais-Je ? Paris éditions P.U.F, 1976, p. 77.

(4) Déclaration du CCR concernant la création de l'organisation populaire, l'USA, voir Al-Jarida Er-Rasmiyya (le *Journal Officiel Libyen*) n°32, 9ᵉ année, mai 1971, pp. 150-172.

(5) Hervé Gueneron, *ibidem*, p. 77.

entre Kadhafi et les masses, surtout que le régime se préparait, à partir de 1972 (une année après), à interdire totalement les partis politiques [1]. En effet, Kadhafi voulait canaliser les masses et éviter de les voir rejoindre les diverses oppositions clandestines : « *Celui qui s'associe à un parti est un traître* », dit la loi n°71 de 1972 sur l'interdiction des partis. Pourtant l'U.S.A. présente les caractéristiques complètes d'un parti politique unique, tel qu'on le connaît en Tunisie ou en Egypte.

Mais les influences nassériennes et surtout les conseils politiques de Fethi Dhib[2] empêchaient l'U.S.A. d'apparaître comme un parti politique. Elle fut donc considérée comme une organisation de mobilisation politique dont le but était de réaliser la cohésion des forces sociales et populaires. Et de fait, selon le décret du *Conseil de Commandement de la Révolution*, les objectifs de L'U.S.A. sont ainsi définis :

1. Concrétiser et consolider en même temps et dans la pratique le projet de l'unité arabe pour que puissent se réaliser les objectifs et les ambitions des masses populaires arabes.
2. Œuvrer pour pouvoir permettre aux masses populaires d'exercer pleinement le pouvoir, de décider de la vie politique, de la dominer, de la contrôler et de l'orienter, surtout qu'elles ont été longtemps réprimées et privées d'y participer dans le passé.
3. Réaliser la justice sociale et le droit à l'égalité des chances pour tous, par le biais du système économique socialiste.
4. Eviter surtout que le peuple ne soit dominé par une classe déterminée ou par une personne quelconque.
5. Préserver la Révolution, et garantir à la fois sa crédibilité et son rayonnement au sein des masses populaires.
6. Faire « *participer les masses à la réflexion politique pour réaliser l'Unité arabe* » [3].

Il ressort de tous ses éléments que l'U.S.A. était surtout un outil de contrôle politique des syndicats, puisqu'elle était la seule structure qui eût le droit d'exercer la politique. Seule donc « *l'Union Socialiste Arabe a le droit de contrôler, de superviser et d'orienter les syndicats et les associations* »[4].

---

(1) La loi n°71 sur l'interdiction de l'activité partisane (*Tahrim al-Hizbia*) de 1972, voir (Al-Jarida Er-Rasmiyya) le Journal Officiel Libyen du 30 mai 1972, pp. 206-208.
(2) Dans son livre intitulé *Abdelnasser et la Révolution libyenne*, Fethi Dhib déploya, dès les premiers jours, de grands efforts pour encourager les Jeunes Militaires à combattre les partis politiques, l'esprit partisan et surtout le Bâath. Il s'opposa catégoriquement à l'intégration au gouvernement de ministres qui avaient eu un passé partisan comme Mahmoud El-Maghrebi, Ali Immich et Anis El-Chtiwi. Du reste, tout au long de son livre, il a fait preuve d'une extrême animosité à l'encontre de toute expérience partisane, et ce, indépendamment de sa couleur idéologique.
(3) Hervé Gueneron, *ibidem*, p. 80.
(4) *La Révolution du 1er Septembre, troisième anniversaire*, Ministère de l'Information, Tripoli 1972, pp. 131-132.

A l'imitation du modèle égyptien, l'USA présenta une répartition des catégories sociales de la société libyenne comme suit : les paysans, les ouvriers, les soldats, les intellectuels et la bourgeoisie nationale non exploitante.

Dans le sillage de l'U.S.A., naquirent les Syndicats des Travailleurs Libyens en rupture avec tous les syndicats précédents, l'Union des Femmes et l'Union Générale des étudiants libyens dont les « *buts sont à la fois syndicaux et politiques puisqu'ils doivent contribuer à la libération arabe et mondiale* »[1].

Mais l'imitation du modèle égyptien semble ne pas avoir pris en considération les différences de taille entre la société égyptienne et la société libyenne. En effet, la première était l'héritière d'une grande civilisation avec des élites nombreuses et diversifiés, des classes sociales contrastées, et une expérience partisane qui remontait jusqu'au début du XXe siècle et même avant. En revanche, la seconde ne présentait pas les caractéristiques de cette complexité; l'élite y était en liaison avec le projet de l'indépendance et de la lutte contre l'occupation militaire italienne puis anglaise. L'expérience partisane en Libye n'avait ni les moyens ni la densité historique suffisante pour déstabiliser le nouveau régime[2]. Bien au contraire, le multipartisme en Egypte avait eu une longue tradition dans une société diversifiée, contrastée, polyethnique et complexe. Ce n'était donc que parce que la réaction des partis politiques fut négative à l'égard de la Révolution des jeunes officiers libres que ceux-ci ont interdit toute formation politique[3]. Mais quelles en furent les raisons les plus plausibles ?

Les Officiers libres avaient besoin d'unir la société en une seule structure politique, en réponse à l'échec des partis politiques, d'une part, et à l'ennemi sioniste, d'autre part. Ils avaient surtout besoin de toutes les volontés, de toutes les voies, d'une unanimité, comme ce fut le cas en Egypte sous Nasser.

Or il s'agissait de deux sociétés diamétralement différentes par leur histoire politique et sociale et compte tenu de leurs structures de classes complètement contrastées.

Malgré toutes les tentatives de rapprochement émanant des volontés politiques, l'unité-fusion s'avéra être impossible entre la Libye et l'Egypte. C'est ce qui pourrait d'ailleurs nous expliquer cette série d'échecs et de déceptions. Car l'histoire des deux sociétés est totalement différente, voire contradictoire.

---

(1) Hervé Gueneron, ibidem, pp. 81-82.
(2) Hédi El-Mechirghi, *Dhikrayet* (mémoires), Merkez Dirasat Jihad Allibiyin, Tripoli, p. 2.
(3) La loi n°71 de l'année 1972 sur l'interdiction de l'activité partisane, cf. *le Journal Officiel libyen* du 30 mai 1972; cf. surtout le discours « historique » de Zouara sur la *Révolution Culturelle* du 15-04-1973 dans *Sidjill al qawmi*, volume n°4 de l'année 1972-1973, pp. 607-649.

CHAPITRE 7 : ISLAM, MODERNISATION POLITIQUE ET SOCIALE : REUSSITES ET CONTRADICTIONS

Kadhafi est souvent accusé par ses ennemis et détracteurs, sans preuves convaincantes, d'obscurantisme et de terrorisme. Il en est même qui osent le taxer d'athéisme. Or s'appuyant sur sa lecture personnelle de l'Islam, Kadhafi a rendu obligatoire l'enseignement des filles, réaménagé le dispositif juridique relatif au statut de l'épouse et a enrôlé « des amazones» dans sa garde personnelle. Il a donc entamé la modernisation de l'Islam à sa manière.

C'est ainsi que nous nous trouvons devant une importante remarque méthodologique. A part le *Livre Vert,* un petit recueil de nouvelles et un essai politique intitulé « *Vive l'Etat des Salopards* » [1]. Kadhafi n'a pas écrit de livres pour expliciter sa pensée et préciser les fondements de son idéologie. Chez lui, le discours improvisé prime sur l'écrit. Notons, dans ce même sens, que l'idéologie n'est jamais définitive. Elle est en constante gestation, parce qu'elle évolue au rythme « *des discours, des allocutions et des causeries* » [2] des expériences et des déceptions qui produisent un univers disparate et complexe. D'ailleurs, ce mouvement continuel donne à sa pensée un caractère vivace et dynamique, parce qu'il s'agit d'une pensée en devenir. C'est pour cette raison qu'il faut éviter, avant tout, de se faire prendre au piège d'une seule interprétation ou d'un jugement hâtif. L'étude de son idéologie est toujours à refaire, à reconstruire et à réactualiser. Il est donc difficile de pénétrer sa pensée, puisqu'il ne livre pas si facilement ses secrets ni sa démarche. De toute façon, c'est un texte à lire sans arrêt et à comprendre sans lassitude, sans être catégorique et sans avoir la certitude d'avoir trouvé l'explication définitive. Car c'est souvent un discours accompagné d'une grande théâtralisation, [3] et de toute une exceptionnelle mise en scène.

Malgré un saillant panarabisme nassérien, un attachement viscéral à l'Unité arabe et une fidélité indéfectible à la personne de Nasser, le point d'ancrage de la pensée de Kadhafi est l'Islam. En fait, ce fut son unique référence avant la découverte de Nasser et elle lui est restée déterminante. C'était l'Islam de ses aïeux et de ses parents, l'Islam sunnite de la majorité des Libyens musulmans. C'était un Islam en parfaite harmonie avec son environnement géographique, culturel et humain du golfe des Syrtes. Il en avait hérité une foi vive et immuable.

Pour ce bédouin sans demi-teinte et pour cet homme du désert épris de liberté, de justice, d'égalité et de « *socialisme populaire instinctif* », [4]

---

(1) Kadhafi, *Vive l'Etat des salopards*, Lausanne, éditions Favre, 1966.
(2) Hervé Bleuchot, « Les Fondements de l'idéologie du colonel Mouammar El Kaddafi », in, *Revue Maghreb- Machrek* n°62, mars-avril 1974, p. 21.
(3) Georges Balandier, *Le pouvoir sur scène*, Paris, éditions Balland, 1992, p. 17.
(4) Guy Georgy, *Ibidem*, p. 304.

l'Islam est la référence la plus convaincante et la source la plus touchante et la plus proche de son cœur et de son esprit. Cette ferveur religieuse induit certainement un anti-communisme virulent, qui plaît aux Etats-Unis et déplaît à la gauche, mais elle n'est jamais contradictoire avec la modernité. En lui, il n'y a pas cette déchirure caractéristique de beaucoup d'Arabes contemporains[1] qui ne croient pas en la possibilité de concilier l'Islam et la modernité [2], ni une contradiction entre ces deux pôles. Pour mieux saisir cette problématique, nous avons préféré distinguer trois moments ou plutôt trois différents rapports à l'Islam :

Le premier est celui de la foi traditionnelle, de la fidélité et du prosélytisme religieux, le second est celui de l'audace réformatrice et de la confrontation avec les *Ulémas*, le dernier est celui de l'Islam planétaire et de l'affrontement sanglant avec les islamistes armés de la Libye, c'est-à-dire un Islam manipulé et instrumentalisé comme dans le reste du Monde arabe.

Dans les trois rapports, Kadhafi est resté fidèle à lui-même,[3] très convaincu de sa vérité à lui, voire hostile à la différence politique, religieuse et même intellectuelle et populiste dans ses rapports à la population.

1. Foi et fidélité à l'islam

Kadhafi s'est toujours voulu comme le défenseur de la foi en Dieu. Il apparaissait comme l'apôtre de l'Islam contemporain et le paladin du message divin qui ouvre aux peuples de la terre les voies du bonheur et les chemins du salut et de la concorde. C'est pourquoi il a tenu à constituer *l'Association pour l'Appel à l'Islam* pour répandre le message de Dieu sur terre, et lui-même il se considérait comme un Prophète de l'Empire du Désert[4]. Sa foi inébranlable en Dieu [5] enracina en lui cette certitude, quoique excessivement narcissique, d'être un homme vrai, juste et habilité à imposer à ses semblables ce qu'il estimait comme vrai et définitif. Pour lui, l'Islam est la religion du Vrai et[6] le message de la Vérité[7] et de la Paix[8]. C'est une véritable révolution capable de garantir le bonheur à l'humanité et de trouver la solution à tous les problèmes des êtres humains. De par son caractère universel, l'Islam est capable de faire régner une solidarité très

---

(1) Hervé Bleuchot, *ibidem*, p. 21.
(2) Il ne faut pas minimiser l'importance de cette déchirure chez certains intellectuels arabes, comme chez Sadok El-Adham dans son livre, *Naqd Al-Fikr Ad-dini (Critique de la pensée religieuse)*, Dar El tali'a, Beyrouth, 1977.
(3) Discours de Kadhafi, *Sidjill al qawmi*, n° 4, 1972-1973, pp. 607-649.
(4) Kadhafi s'est toujours montré comme un défenseur acharné de la spiritualité coranique comme base du socialisme. A tous ses invités, il aimait offrir des *Coran* superbement calligraphiés. Il lui arrivait même de convertir ses visiteurs africains à l'Islam : Bokassa et Bango.
(5) Mirella Bianca, *Kadhafi Prophète du désert*, Paris, éditions Stock, 1974, p.23.
(6) *Sidjill al qawmi*, n°4, 1972-1973, p. 1249.
(7) *Ibidem*. p.1249.
(8) *Ibidem*, volume n°5, 1973-1974, p. 222.

agissante parmi tous les êtres humains de la planète. Kadhafi a toujours considéré le *Coran* comme un guide de travail pour l'univers entier en ce qu'il propose comme solutions à tous les problèmes[1] qui se posent aussi bien dans le temps que dans l'espace [2]. C'était à partir de l'Islam et du *Coran* qu'il avait proposé la *Troisième Théorie Universelle*, qui était son offre idéologique personnelle à l'humanité, une théorie ni capitaliste, ni communiste, mais une voie alternative, selon lui, à toutes les offres idéologiques précédentes.

Au nom de cet Islam-là, il s'attaqua au capitalisme exploiteur et au communisme totalitaire. Bien qu'il eût été taxé de conservatisme, il s'insurgea contre la mauvaise répartition des richesses[3] et exigea la lutte contre la corruption à partir de 1970. Pour être plus pratique, il supprima le calendrier chrétien et décréta l'histoire de l'Hégire comme point de départ de la Libye. Parce qu'il s'était toujours montré comme un excellent prosélyte, joignant le geste à la parole, Kadhafi mit sur pied en 1971, en présence des *Ulémas* musulmans, une organisation du « prosélytisme religieux » tourné vers l'encouragement de la construction des mosquées et la diffusion internationale du Livre Sacré. Il fut même consacré par les docteurs de la *Chari'a* comme imâm à l'echelle internationale, lui qui avait vraiment besoin de cette consécration pour sa félicité de croyant.

Il s'initia à la présidence des prières du vendredi[4] et des fêtes religieuses (surtout celle de l'Aïd). Et depuis lors, il est consacré comme imâm, comme prédicateur et comme guide des musulmans, lui qui se considérait comme un opposant radical au chef sénoussi. Pourtant, il l'imita en présidant les prières, en organisant les prédications et en s'intéressant aux affaires des musulmans. Malgré toutes les divergences et les oppositions, Kadhafi ne pouvait pas rompre avec cette tradition. Il ne pouvait pas être en deçà de la Sénoussiya, surtout qu'il était un révolutionnaire qui se voulait le continuateur de l'école salafite, inaugurée par Ibn Taymiyyâ et approfondie par Djamal-Eddine al-Afghâni et Mohammed Abduh.[5] Il devait continuer certaines traditions pour ne pas se délégitimer aux yeux de la population.

Son salafisme reposait, jusqu'en 1976, sur un principe fondamental, celui du retour aux sources et du respect intégral des grands textes religieux : le *Coran* et la *Sunna*[6]. D'après lui, la religion est une conciliation entre le ressourcement et la libération. En effet, l'homme se libère de ses

---

(1) *Ibidem*, n°4, 1972-1973, p. 482.
(2) *Ibidem*, n°4, 1972-1973, p. 706.
(3) *Ibidem*, p. 706.
(4) Voir le discours de Kadhafi, 1972, in, *Sidjill al qawmi*, n°4, 1972-1973.
(5) Moncef Djaziri, « La dynamique des institutions et la structure du pouvoir en Libye, 1978-1987 », in, *Annuaire de l'Afrique du Nord*, Tome XXVI, 1987, éditions du CNRS, pp. 452-453.
(6) En effet, en 1970, une commission fut créée pour l'élimination des règles qui sont en « violation » de la Chari'a.

passions, de ses faiblesses et de ses craintes, quand il opère son propre ressourcement spirituel.

La spiritualité coranique est libératrice, parce qu'elle est de nature progressiste[1]. Kadhafi a défendu la thèse selon laquelle l'évolution de la société devait se faire dans la fidélité à la tradition et le respect des sources[2]. C'est pour cette raison qu'il tenait à réussir à concilier sa spiritualité coranique, son islamité libératrice, son arabité intransigeante à son nassérisme. Cette accommodation-conciliation est légitimée par une recherche de la liberté, par une foi authentique, mais aussi libératrice des âmes et des énergies.

En effet, le Nassérisme a su éliminer la Monarchie et s'opposer farouchement au colonialisme sous toutes ses formes [3]. Malgré son léger laïcisme, Nasser fut pour Kadhafi un modèle et une référence, surtout qu'il n'a jamais hésité à appuyer les causes de libération nationale.

D'après lui, l'Islam et le Nassérisme sont conciliables. L'Islam de par son essence est libérateur de toute l'humanité *(la Troisième Théorie Universelle)*. Mais Nasser libéra son peuple du féodalisme, de la soumission à l'exploitation et essaya, jusqu'à sa mort en 1970, de libérer le peuple arabe du sionisme[4]. C'est par fidélité à cette « âme profonde » que Kadhafi annonça le 15 avril 1973 le jour du Mouled (la naissance du Prophète) la Révolution *Culturelle* à Zouara (à l'Est du pays). Il est certain que ce discours lui a servi pour délégitimer la Sénoussiya, vilipender l'Etat monarchique, bloquer toutes les lois, légitimer la guerre faite aux « *malades* » (sic) (les opposants)[5] et innocenter son pouvoir personnel.

Toutefois, Kadhafi, imitant le Prophète Mohammed, essaya de changer la société en s'appuyant sur l'esprit du *Coran* et la conduite du Messager de Dieu.[6] Il savait pertinemment qu'il ne pouvait pas se substituer à la Sénoussiya sans une nouvelle légitimité et sans un contrepoids spirituel. Cette légitimité découlait d'une intense fidélité au Prophète. En effet, une lecture à la fois minutieuse et analytique des discours de Kadhafi montre que sa pensée était éminemment subjuguée, entre 1969 et 1974, par le modèle du Prophète « *Rasoul al' adham* ». Il y aurait même, semble-t-il, une homologie de comportement entre Kadhafi et le Prophète. Ses Compagnons de route (les membres du CCR) auraient pu avoir le même statut que les Compagnons du Prophète Mohammed, s'il n'y

---

(1) *Sidjill al qawmi* n°5 de l'année 1973-1974, p.446.
(2) *Sidjill al qawmi* n°4 de l'année 1972-1973, p.704.
(3) Nahas Maridi, « State system and Revolutionary Challenge: Nasser, Khomeiny and the Middle East », in, *International Journal of Middle East Studies*, n°17, November 1985, pp. 505-527.
(4) Rencontre du dialogue nassérogaulliste, organisée à Benghazi au mois de janvier 1975.
(5) Cf. *Sidjill al qawmi*, n°4, pp. 607-647.
(6) Moncef Djaziri, « La dynamique des institutions et la structure du pouvoir en Libye 1978-1987 », in *Annuaire de l'Afrique du Nord*, Tome XXVI, 1987, p. 454.

avait eu les complots (de Hawwaz de Moussa en 1969) et les « trahisons » (d'El-Mehichi et de Hawwadi). Kadhafi et le Prophète furent tous deux trahis par leurs contemporains, et Kadhafi aimait toujours mettre en relief cette ressemblance avec le Prophète, et d'ailleurs, tous les prophètes ont été trahis par leurs compagnons. Kadhafi aime affirmer ce constat, chaque fois que l'occasion s'offrait à lui et cette affirmation lui procurait une légitimité de plus dont il avait vraiment besoin face aux islamistes armés de l'Est.

Déçu par ses propres compagnons, il plongea dans la profonde méditation de Syrtes, [1] son univers saharien de prédilection, et initia à partir de 1974 la réflexion sur son propre système et sur une politique de rechange, façonnant ainsi une vie au rythme du désert et épousant, pour ainsi dire, la solitude.

Il se rabattit sur ses propres moyens,[2] créa les *Comités Révolutionnaires* en novembre 1977, et mobilisa les jeunes démunis de la *bedya* (le désert) et de la périphérie pour faire d'eux ses propres compagnons et pour dire que les similitudes entre lui et le Prophète étaient nombreuses (sic). Mais la légitimité politique est insuffisante, à elle seule si elle n'est pas appuyée par une légitimité religieuse, surtout dans une société encore fidèle au texte religieux et encore dominée par le message religieux de la Confrérie sénoussienne. Kadhafi avait, du reste, devant lui le modèle du Grand Sénoussi.

Cependant, une légitimité naissante doit commencer par délégitimer le passé, détruire celle de la Sénoussiya, s'approprier l'héritage du mouvement national et en domestiquer les symboles. La légitimation est avant tout l'appropriation, totale ou partielle, de la batterie des symboles historiques, la mise en marche d'un mécanisme de contrôle de la mémoire et un remeublement sélectif de l'imaginaire collectif. La légitimité n'est uniquement pas un droit au monopole de la gestion politique, mais elle est surtout celui des ressources imaginatives. C'est avant tout le contrôle de l'imaginaire[3] par le biais de plusieurs mécanismes.

À partir de 1973, Kadhafi va connaître la gauche arabe, égyptienne et palestinienne, et écouter leurs thèses radicalistes et celles des Bâathistes syriens. Il approfondit ses lectures et intensifia ses méditations solitaires dans les steppes de Syrtes.[4] Il fait surtout la connaissance du jeune Sadok

---

(1) Hervé Bleuchot, « Keddafi, Numeiri et l'Islam », in, A.A.N, Tome XXVI, 1987, pp. 477, 478, 479, 480 et 481.
(2) Il est fort significatif d'analyser le proverbe populaire qui dit «qu'un bédouin ne se lasse jamais de chercher son pain et son pâturage». Dans le cas actuel, le bédouin ne se lasse pas de chercher le pouvoir.
(3) Georges Balandier, *Le pouvoir sur scènes*, Paris, éditions Balland, 1992, p. 14 ; cf. également, Cornélius Castoriadis, *L'institution imaginaire de la société*, Paris, éditions du Seuil, 1977.
(4) Chaque fois que Kadhafi affronte une crise ou se sent contrarié, il se recueille à Syrtes, comme si le désert lui offrait ressourcement, force et défiance. Après cette

El-Neyhoum dont il avait lu les articles au journal Al *Hakika* (la Vérité), dès le milieu des années 60. En effet, cet auteur fut intégré, à partir de 1971, à l'expérience de l'*Union Socialiste Arabe* comme l'un des jeunes « intellectuels » les plus influents de Libye. Kadhafi l'avait écouté à plusieurs reprises, et avait eu des échos de ses divergences avec Béchir Hawwadi (Secrétaire général de l'U.S.A.) et Omar El-Mechichi appréciant son élan de polémiste et faisant de lui un de ses proches pour consolider son idéologie.[1] Les Bâathistes l'exhortaient cependant à épouser leur modèle, le Nassérisme déclinant, un peu partout dans le Monde arabe, ne pouvait plus répondre à ses préoccupations. Interpellé de tous les côtés et soucieux de son devenir idéologique, il se démit même des charges officielles de l'Etat, selon un décret publié le 6 avril 1974, et se consacra aux problèmes théoriques et idéologiques dans une profonde solitude et au milieu des steppes.

Son titre officiel était désormais celui de « Guide de la Révolution », le commandant Jelloud assumant la charge des affaires politiques et administratives quotidiennes et les relations internationales. Pour ce faire, il rapprocha de lui les compétences nationales et les technocrates et il se pencha sur les problèmes réels qui entravaient le développement du pays. Il savait le faire, lui, qui avait l'expérience des dossiers et du terrain.

Cette profonde méditation solitaire, au sein de sa tribu et de ses troupeaux, conduisit « *le Prophète* » (sic) à revoir son univers intellectuel, à réexaminer les fondements idéologiques de sa pensée et à réviser sa foi. La fidélité à son traditionalisme et à sa foi lui paraissait peu convaincante face aux thèses marxistes, il se trouva contraint de faire son propre bilan idéologique et intellectuel. Il sentit lui-même, à partir de 1975, la nécessité de quitter la « peau » de son père et de liquider en lui son Nasser.[2] C'est qu'il avait commencé à se rendre compte des faiblesses ou plutôt de la crise du modèle nassérien naguère fougueusement embrassé par lui.

De cette « cure » méditative et relativement longue (deux ans), il sortit fort et renforcé, tout le dispositif juridique et législatif ayant été mis en place pour fortifier le pouvoir personnel et personnifié. C'est dans cette

---

éclipse « désertique », il revient à la charge avec plus de détermination. Il a certainement dû faire son bilan et revoir ses choix et écouter la tribu.

(1) Pour de plus amples informations sur la personnalité de Sadok El-Neyhoum et pour la connaissance de sa pensée, nous proposons de revenir à trois grandes interviews organisées par le Journal *Al Usbou'Ath-thaqafi* n°337 du 04-08-1979, et aux trois numéros suivants relatifs au débat avec El-Neyhoum et de ses différentes thèses intellectuelles. En effet, Sadok El-Neyhoum, bien qu'en privé, se déclara partisan du multipartisme, fut l'un des principaux inspirateurs de Kadhafi. Selon certaines sources crédibles, il lui aurait préparé les références philosophiques sur lesquelles a été construite la théorie du *Livre Vert*, à laquelle il fut associé de près.

(2) Mais à partir de 1974, Kadhafi constate que le Nassérisme était mort avec son fondateur, parce que Nasser ne cherchait pas à théoriser son action et parce qu'il était pragmatique, cf. Paul Balta, *le Grand Maghreb*, Laphomic, Alger 1990, p. 38.

perspective que parut en 1976 le premier tome du *Livre Vert* consacré à la question politique (la démocratie). En 1977 fut proclamé le Pouvoir des Masses (la démocratie populaire directe) et fut crée le corps des *Comités Révolutionnaires* engageant le pays, d'une façon irréversible, sur la voie de la personnification du régime politique et le totalitarisme idéologique.

Pour achever son œuvre, le « *Prophète* » (sic) interdit, en 1978, la propriété privée, met en avant sa nouvelle *politique religieuse* et s'attaque de front aux *Ulémas*, ces gestionnaires du sacré, selon l'expression de Max Weber.

2. Audace réformatrice, confrontation avec l'establishment religieux : l'exemple du Hadith

Du respect sourcilleux de la foi, Kadhafi passa à une audace au niveau de l'exégèse et à une hardiesse en matière de politique familiale.

Malgré toutes les oppositions possibles, il souleva de litigieux problèmes religieux. En 1978, il démontra, au cours d'une rencontre avec les psalmodieurs du Coran, que si la *Sunna* se distingue du *Coran*, c'est parce que le « *Coran est la parole de Dieu. Tout musulman l'admet* ›› [1]. En revanche, la *Sunna* est si contestable que les musulmans sont partagés à son propos et que son authenticité est mise en doute. Il s'efforça, partant, d'en démontrer les failles et les lacunes. S'appuyant sur plusieurs *hadiths* faibles, il dit qu'elle ne peut être une source de législation, et qu'elle est l'ensemble des paroles du Prophète.

En comparant les deux sources de la législation musulmane, le *Coran* et la *Sunna*, il considère que le Coran est Guide de l'Univers tout entier , [2] du fait qu'il contient la solution de tous ses problèmes. « *Le Coran et non le Hadîth est source de législation* » [3] . Cette position pourrait s'expliquer par le fait que la *Troisième Théorie Universelle* considère le *Coran* comme l'unique source de la loi divine [4]. Dans ce même ordre d'idées, le *Livre Vert* considère aussi le *Coran* comme la *Chari'à* de la société, c'est-à-dire qu'il présente des solutions aux problèmes de la vie d'ici-bas : le mariage, la succession sous toutes ses formes et les châtiments. Et puisque le *Coran* est révélé, point n'est besoin de l'effort de *l'Ijtihâd*.[5] Pour défendre cette position, Kadhafi estime que le Coran transcende les êtres humains dans le

---

(1) Discours de Kadhafi, *Sidjill al qawmi*, volume n° 10 de l'année 1978-1979.
(2) *Sidjill al qawmi*, n°4 de l'année 1972-1973, p. 701.
(3) *Sidjill al qawmi*, n°9 de l'année 1977-1978, p. 997.
(4) Sarwat-Anis Al-Assiouty, « Coran contre Fiqh », in, *Le Maghreb Musulman* 1979, CNRS 1983, p. 17.
(5) *Sidjill al-qawmi*, n°9 de l'année 1977-1978, pp. 1008-1009.

temps et dans l'espace[1] et dépasse toutes les passions humaines.[2] Il est le Verbe de Dieu, donc il est inchangeable et immuable [3] à la fois.

En revanche, Kadhafi considéra, dans une causerie religieuse du 3 juillet 1978 à la mosquée de Mawlay Mohammed, que le hadîth n'était pas obligatoire,[4] parce qu'en s'attachant au *hadîth* qui est contradictoire (sic), on tombe dans l'idolâtrie, voire dans l'apostasie (*Al-Chirk*), comme ce fut le cas pour les chrétiens.[5] D'après lui, « *la cause en est que nous nous éloignons, dans cette étape de notre histoire, beaucoup de l'Islam, nous sommes dans la voie de l'adoration des idôles* ».[6] En effet, il considère que s'attacher à un *Hadîth* faux est implication dans « *l'idolâtrie* » [7]. Or il est urgent de la combattre, le *Hadîth* ne pouvant servir de *Chari'à* à la société, parcequ' il est contradictoire, complexe et peu suffisant pour gouverner et juger.[8] Pourtant, c'est un héritage islamique que l'on ne peut ni abroger ni imposer.[9]

Mais il n'y a pas eu de sa part le reniement de la *Sunna*. Le 1er décembre 1978, Kadhafi a appelé, à l'occasion de la nouvelle année lunaire, à rectifier le calendrier hégirien et « *à dater l'ère musulmane, soit à partir de la mort du Prophète, soit de la prise de la Mecque* »,[10] car d'après lui, la mort du Prophète est plus importante que l'Hégire (sic). Pour avoir representé, en fait, la fin de toutes les prophéties.[11] C'est dans ce sens qu'il préféra le calendrier lunaire au calendrier grégorien, exigeant ensuite qu'on utilisât les méthodes scientifiques pour déterminer le commencement du mois sacré et le pèlerinage. Dans le même ordre d'idées, Kadhafi ordonna, en 1979, que les documents officiels prissent la date de la mort du Prophète comme début de l'Ère musulmane.[12]

---

(1) Sarwat-Anis Al-Assiouty, ibidem, p. 18.
(2) Rencontre de la mosquée de Mawlay Mohammed du 3 juillet 1978, où Kadhafi évoqua le problème de la Sunna.
(3) Hervé Bleuchot, « Les fondements idéologiques de Kadhafi », in, Revue *Maghreb-Machrek* n°62, mars 1974, pp. 21-22 et 23.
(4) Hervé Bleuchot, ibidem, pp. 22-23.
(5) Hervé Bleuchot et Tawfik Monastiri, «L'Islam de M. El Qaddafi», in, *Islam et politique au Maghreb*, Paris, éditions du CNRS 1981, p.216.
(6) Discours de Kadhafi, Sidjill al qawmi, volume 1978-1979.
(7) *Ibidem.*
(8) *Ibidem.*
(9) *Ibidem.*
(10) Le journal *Al usbou'ath thaqafi*, supplément culturel d'*El Fajr el-Jadid* n° 371 du 8 décembre 1978, rapporta toute la conférence où Kadhafi proposa de prendre le calendrier lunaire à partir du Coran qui est plus exact, parce qu'il est l'œuvre de Dieu. En revanche, l'homme peut se tromper, et faillir; cf. aussi Hervé Bleuchot et Taoufik Monastiri, « L'Islam de M. El-qadhafi », in *Islam et Politique au Maghreb*, Paris, CNRS-CRESM, 1981, p. 217.
(11) Hervé Bleuchot, *ibid*, p. 217; cf., aussi, Knut S.Vikr, « Al-Sanusi and Qadhafi continuity of thought » in, *The Maghrib Review*, vol. 12, 1-2, 1987, pp. 25-28.
(12) Hervé Bleuchot et Taoufik Monastiri, ibidem, p. 217.

Pourquoi Kadhafi opta-t-il pour le reniement de la *Sunna* ? Quel était son intérêt personnel ?

Il semble que ce choix fasse partie intégrante de cette modernisation-choc qui cherchait à heurter le traditionalisme de la société. En abandonnant la *Sunna*, Kadhafi pourrait se libérer de ses anciens engagements religieux, surtout ceux pris entre 1969 et 1976, d'engager le paysage politique libyen sur la voie de la sécularisation et de se défaire de certaines contraintes juridiques en matière de législation. En agissant ainsi, il espérait introduire une sorte de sécularisation qui ne fût pas hostile à l'Islam, selon la formule de Hichem Djaït.[1] Mais en évitant de susciter de grandes susceptibilités, il s'est gardé d'écarter le *Coran* de la législation, que cette initiative eût certainement été inadmissible pour la société, comme l'ont prouvé plusieurs réactions de contestation.

Le second avantage de cette décision fut d'écarter l'establishment religieux et de paralyser sa contestation en s'attaquant à son appui canonique qu'était la *Sunna*.[2] En effet, ce choix lui permit de confisquer le « monopole » de l'exégèse religieuse aux *Ulémas* et autres Cheikhs et de se positionner comme l'unique exégète officiel de la loi divine, l'unique personne habilitée à l'interpréter étant l'imam des musulmans qui était Kadhafi qui a été du reste consacré, en 1989, par certains docteurs de l'Islam comme Imam de tous les musulmans, et qui a pris même en 1989, le titre de Secrétaire du Commandement populaire islamique international.

En écartant la *Sunna*, Kadhafi écarte du même coup l'élite traditionnelle et excluait toute possibilité de concurrence idéologique. Cette attitude pourrait mieux se comprendre, si l'on notait la tiédeur de cette élite à l'égard de son *Livre Vert*[*]. Tout cela est à placer sous le signe de la modernisation érosive qu'il utilisa à fond comme contre-pouvoir[3] capable de rivaliser avec les *Cheikhs* politiquement influents. En effet, avec la sortie du tome II du *Livre Vert*, consacré à la question économique, les Cheikhs et les *Ulémas* se sont sentis contrariés, parce qu'ils y avaient trouvé un contenu marxiste, puisqu'il y proclamait que « *la terre n'appartient à personne* ». Par ailleurs, le colloque international sur ce tome II, organisé les 7 et 8 avril 1978 à l'Université de Benghazi, a confirmé la tension des *Ulémas* à l'égard du livre et de la politique socialiste de Kadhafi contestait selon leurs dires, son contenu marxiste. Et, de fait, il y sapait les conceptions et les points d'appui de cette élite, préférant s'accommoder d'un autre corps naissant, celui des *Comités Révolutionnaires* « *menés par*

(1) Hichem Djaït, *La Personnalité et le devenir arabo-islamique*, Paris, Seuil, 1974, p. 140.
(2) Hervé Bleuchot et Taoufik Monastiri, ibidem, pp. 218-219.
(*) Ce n'était uniquement pas de la tiédeur, mais c'était plutôt un rejet pur et simple.
(3) Hervé Bleuchot, ibid. pp. 218-219.

le moindre discours du Chef de l'Etat ».[1] C'est un corps dont la survie ne dépendait que du «Guide de la Révolution » lui-même.

3. Destruction des références religieuses : Ulémas, Muftis et Marabouts

Certes, cette audace modernisatrice conduisit à l'affrontement avec les autorités religieuses, Kadhafi ayant entamé à partir de 1976, une politique agressive à leur encontre, d'une façon directe ou indirecte, puisqu'il lui arrivait d'emprunter la voie d'une tierce personne pour propager ses idées et en tester l'écho. C'est dans ce but que Al-Usboù ath-thaqafi (supplément culturel du quotidien *El-Fajr El-Jadid* publia un article d'Ibn al-Tayyib intitulé « *Ni mufti, ni marabouts, ni Cheikhs* » [2]et où il développait l'idée selon laquelle l'institution religieuse du Dar Al-ifta devait disparaître conformément à l'esprit de la démocratie populaire directe qui refuse toute forme d'intercession, surtout que c'est le peuple lui-même qui exerce le pouvoir. D'après lui, le pouvoir du Mufti n'a plus de légitimité, et il est même incompatible avec le principe du pouvoir des masses « *soltate al-cha'ab* ».

C'est ainsi que le cheikh Tahar Ez-Zawi s'est senti personnellement visé et a démissionné, lui qui était pourtant une figure emblématique de la Guerre Sainte contre l'Italie. Mais en fait, cet article visait, sur incitation personnelle de Kadhafi, tous les *Ulémas*, ces « enturbannés » sortis d'Al-Azhar ou de la Zeytouna, et qui y étaient accusés de conservatisme. Selon ces vues, les Cheikhs et les marabouts ne devaient pas être déifiés sous peine d'entraîner l'apostasie (*Al-chirk*).

Dans ce même ordre d'idées, *l'establishment* traditionnel a été exclu, les *zaouias* délégitimées et les espaces maraboutiques complètement rasés. Le mausolée du Cheikh Abdessalam El-Asmar, l'un des marabouts les plus vénérés à Z'Iten (à l'Est de la Libye) a été, certes, rasé en 1977, mais reconstruit en 1988 sous la pression de la montée à Barga de l'islamisme armé, Kadhafi ayant pourtant mis en garde les *Ulémas* en leur disant en 1978 : « *prenez garde, si vous refusez le Livre Vert, il ne restera que le Livre Rouge* » (le marxisme) [3].

Mais pour plus de précisions, il faudrait remonter un peu plus haut dans l'histoire. Car c'est, à partir de 1970 que Kadhafi a commencé la guerre aux *Ulémas*, aux marabouts et surtout à l'héritage sénoussi pour faire de la Libye un pays totalement amputé de toute sa profondeur historique, spirituelle et symbolique. L'histoire ne commençant désormais que le premier septembre 1969.

---

(1) Hervé Bleuchot ,*ibid*, p. 219.
(2) La page dans laquelle paraît l'article est généralement réservée à la présentation des idées de Kadhafi concernant les questions d'actualité interne, cf. *Al-Usboù Ath-thaqafi* du 14 octobre 1977, p. 20.
(3) *Sidjill al-qawmi*, n°9, de 1978-1979, pp. 1018-1019.

Kadhafi avait supprimé, en 1971, l'Université islamique crée par le Roi en 1961 et qui était censée former les hauts cadres de la Sénoussiya [1]. Il fit incarcérer une partie de la famille royale (les cousins collatéraux d'Idriss 1er) empêchant tout enseignement ou toute référence à la Sénoussiya. Cette modernisation avait commencé par la négation totale du passé historique et surtout de l'héritage sénoussien. Il y avait placé devant lui deux possibilités, soit s'approprier la Sénoussiya pour assurer une certaine continuité et asseoir sa légitimité, soit l'instrumentaliser momentanément, à l'intérieur du pays ou à l'extérieur, jusqu'à la mise en place d'une nouvelle « politique religieuse », surtout que son rayonnement dans certaines régions de l'Afrique était certain. Mais il préféra le modèle de la modernisation-choc, selon laquelle il a opéré une série de ruptures à caractère érosif. En 1973, il a donné le coup de départ, à Zouara, à la *Révolution Culturelle,* imitant en cela les maoïstes, selon le témoignage du journaliste Hassanein Heikel, mais ses conséquences furent graves.

Car cette Révolution bloqua toutes les lois et les institutions en place et annula d'un seul trait toute la période monarchique. Après le discours de Zouara, toute activité partisane a été interdite et la Charte constitutionnelle (texte provisoire) adoptée en 1969 a été abrogée.[2] Quelques dizaines d'intellectuels et de militants ont été incarcérés. Cette méthode avait complètement vidé le pays et déboucha sur la formalisation du système jamahirien. A peine quatre ans plus tard à Sebha, le 2 mars 1977, Kadhafi a promulgué le pouvoir des masses qui a naturellement supprimé *l'Union Socialiste Arabe* créée en 1971 et instaura la démocratie populaire directe.

Toutes ces restructurations subites n'ont pas donné au système politique le temps suffisant pour la stabilité et l'institutionnalisation. Elles n'ont donné à la société libyenne ni le temps ni les moyens de se préparer mentalement à assimiler les changements politiques à venir. En effet, la société n'a disposé que de peu d'années pour suivre le rythme subit et accéléré des changements, des décisions et des tactiques. En opérant de tels changements, le pouvoir a imposé à la société son propre rythme et l'a contrainte à le suivre sans prendre en considération l'évolution des structures mentales ni le traditionalisme de la société. Ce décalage entre les programmations politiques et les attentes sociales prouve le caractère personnifié du pouvoir et de la modernisation.

C'était, en fait, la modernisation du « Guide de la Révolution », en somme un outil efficace pour casser tout contre-pouvoir et émietter les groupes de pression, au sein même du *Conseil de Commandement de la Révolution.* D'ailleurs, toutes les voies discordantes au sein du CCR furent progressivement contraintes au silence ou à la défection forcée, d'où les nombreuses défaillances de cette modernisation.

---

(1) La loi n°144 de l'année 1970, *Al-Jarida Er-Rasmia (Journal Officiel Libyen)* n°3, janvier 1971, pp. 3-7
(2) Fethi Dhib, *ibidem*, pp. 337-340.

4. Exclusion des familles traditionnelles productrices de l'élite

Après 1969, le régime a procédé aussi, dans le cadre de la stratégie de la création de sa propre élite, à l'exclusion des familles traditionnelles productrices de l'élite qui avait travaillé sous la Monarchie. C'est ainsi que les familles traditionnellement alliées au Roi furent exclues et contraintes, soit au silence, soit au départ définitif, comme ce fut le cas des Ka'abar, (berbères, originaires de Ghariane), d'El-Mrayedh (Tarhouna), d'El-'Abbar (Benghazi), des Langhi (Benghazi) et des Bsikri (Benghazi) et autres.

Pour reconstituer l'élite, il fit appel à des familles qui avaient été influentes dans leurs régions et il suffit de citer à ce propos un exemple fort éloquent : la famille des Montasser (tribu Kawafi de Musorata) qui fut scindée en deux. Ainsi la branche qui avait collaboré avec les Italiens et le Roi fut honnie, bafouée, souillée et exclue (tel Mahmoud El-Montasser). En revanche, Omar El-Montasser (Nationaliste arabe) a été rapproché par Kadhafi et chargé du dossier du Pétrole puis des Affaires étrangères.

En effet, plusieurs personnes invitées à participer à la politique appartenaient à des familles influentes, nous en citerons la famille des M'jabra (tribu originaire de Nalout qui émigra vers Augila, dans la profondeur du désert et fut associée au commerce transsaharien). Cette « profondeur africaine » de la tribu fut surtout exploitée pour l'établissement des relations avec l'Afrique ou pour l'organisation de la guerre avec le Tchad. Pour concrétiser cette tactique, le pouvoir fit appel à des personnes comme Abou Baker Younès, Ibrahim Bishari et Youssèf Debri (de mères tchadiennes).

5. Modernisation sociale, émancipation de la femme et islam

Avant la bouleversante émergence du Pétrole en 1959, la société libyenne avait un problème majeur de survie et de résistance à l'implacabilité du désert, et ce, malgré l'épanouissement de civilisations pastorales dans certaines régions du pays.[1] Les Libyens étaient préoccupés par le travail de la terre, la nomadisation et la maîtrise de l'espace surtout que les « *Libyens sont traditionnellement des fendeurs d'horizons* ».[2] A tout cela, il faudrait ajouter les effets destructeurs de l'occupation militaire italienne, dont un mouvement massif d'émigrés italiens, celui de l'expropriation des terres, celui du refoulement des Libyens[3] et celui de l'extraversion de l'économie. Devant ces menaces mortelles qu'affronta la Libye entre 1911 et 1932, la société s'engagea totalement dans la résistance et y paya un prix fort élevé,[4] les Fascistes ayant été déterminés

---

(1) Hervé Gueneron, *La Libye*, collection Que sais-je ? Paris, P.U.F, 1976, p. 44.
(2) Christiane Souriau, « Femmes et politique en Libye », in, Revue *française d'études politiques méditerranéennes*, n°27, 3ᵉ trimestre 1977, pp. 84-85.
(3) *Ibidem*, p. 85.
(4) Cf. André Leroux, « La politique de l'Italie fasciste », in, *Méditerranée-Afrique du Nord*, n°1, juin 1939, pp. 1-6. C'est dans ce sens qu'il faudrait préciser que l'occupation fasciste fut cruelle ; ruine des foyers, exactions, spoliations de biens,

à étouffer toute « rébellion ».[1] C'est la raison pour laquelle que 95% des Libyens étaient analphabètes, en 1940, ainsi que la quasi-totalité des femmes.[2] En 1942, la Libye avait un niveau de vie des plus bas au monde, et en 1948, le revenu annuel par habitant s'élevait à 15 dollars. Cette situation de pauvreté, de misère et de famine se répercutait surtout sur le statut des femmes.

6. La Libye entre 1952 et 1969 : la Monarchie, le Pétrole et la modernisation sociale

Le jaillissement de l'Or noir permit aux Libyens de sentir le goût de la vie et de la consommation à tout venant. Il a également permis à la société d'opérer un grand changement, de penser sa propre modernisation et d'initier timidement l'émancipation de la femme. Le Pétrole inaugura l'extraordinaire perspective de modernisation de la société et surtout celle de l'enseignement public. Mais il faudrait surtout ajouter que sous la Monarchie, le projet de modernisation ne manquait pas de défenseurs et que le Roi préférait procéder par étapes, pour ne pas heurter les coutumes, les traditions et les mentalités communes.

Mis à part le Roi, les autres responsables ne s'opposaient pas à une modernisation qui fût fidèle aux principes arabo-islamiques et à l'identité collective, surtout que le pactole pétrolier permettait de réaliser la démocratisation de l'enseignement et des soins médicaux. C'est à ce titre que l'enseignement est devenu obligatoire pour toutes les filles jusqu'à la fin de l'école primaire, dans une société qui a été hésitante à l'enseignement, voire « misogyne », comme c'était un peu partout le cas à l'égard des femmes. Il a été aussi permis que les études universitaires fussent dans la mixité dans une société qui, suspectait beaucoup et qui méprisait le célibat et interdisait totalement les relations sexuelles en dehors du mariage[3] et excluait les femmes qui avaient commis l'adultère.[4] Ce niveau de modernisation, bien qu'il paraisse minime, est cependant important à plus d'un titre, dans la société libyenne qui s'est habituée au fil des derniers siècles à une nette séparation des sexes au niveau de l'enseignement, du travail, des tâches, des rôles et de la participation. Pour sa part, le Roi préférait une modernisation lente et douce, mais quoique timide, celle-ci a permis aux filles d'accéder aux écoles préparatoires,

---

vols, viols, déportations de tribus, camps de concentration, exil et départs forcés vers les pays voisins : l'Egypte et la Tunisie.

(1) Il faudrait rappeler ce que le général italien Graziani disait : « *Aucun rebelle n'aura la paix : ni lui, ni sa famille, ni ses ustensiles, ni son bétail. Je détruirai tout, hommes et choses. C'est ma première parole et aussi la dernière* », cité par Christiane Souriau, *ibidem*, pp. 85-86.

(2) Christiane Souriau, *ibidem*, p. 86.

(3) La législation coranique impose la flagellation : 80 coups pour l'épouse et 100 coups pour son amant.

(4) Christiane Souriau, « Femmes et politique en Libye», in, *Revue française d'études politiques méditerranéennes*, n°27, 1977, p. 93.

secondaires et professionnelles de coupe, de cuisine, d'infirmières et d'assistantes sociales. L'enseignement offrait bien à la femme diverses possibilités d'émancipation. Mais si la plupart des filles libyennes sont retirées des écoles à l'âge de la puberté, une infime partie arrive à continuer ses études jusqu'à l'Université de Benghazi, surtout que les portes des facultés étaient ouvertes à toutes les filles et que l'enseignement était entièrement gratuit. Il suffit de dire à ce propos que l'Université libyenne, créée en 1955 dans le palais même du Roi, avec 31 étudiants, comptait en 1968, 3001 étudiants dont 330 femmes, c'est-à-dire dans une proportion qui atteignait 11% [1] .

Il a été ainsi permis aux femmes de fonder leurs propres associations dont le but fondamental était de les faire sortir de leur torpeur, de leur résignation, de leur confinement et de leur soumission à l'homme. Plusieurs associations féminines furent créées à Benghazi et à Tripoli pour promouvoir le statut de la femme et lutter pour une éventuelle abolition de la polygamie. Ces associations luttaient également pour l'obtention de la réduction de la dot,[2] pour atténuation de la dépendance de la femme à l'égard de son père et de son mari et pour la libération de l'asservissement devant de la coutume.

Pourquoi donc cette modernisation fût-elle à petits pas ? C'est que les responsables estimaient que toute modernisation a, certes, besoin d'être progressive, évolutive et lente pour pallier les risques. Car le pays avait un besoin impérieux en cadres qui étaient souvent étrangers, d'où la nécessité d'investir rationnellement dans le domaine de la formation des ressources humaines. Une modernisation progressive et rationnelle est celle qui refuse de promouvoir une partie de la société au détriment d'une autre. La modernisation programmée voulait ouvrir toutes les portes à la femme et lui permettre d'accéder à la connaissance et d'acquérir la formation nécessaire pour le travail.

Les responsables voulaient, en un mot, que cette modernisation fût fidèle à l'idéal traditionnel de la société et aux valeurs collectives de la population. Entre les deux modèles panarabistes et laïcisants du Nassérisme et du Bâath, la Sénoussiya est restée fidèle à elle-même et à l'héritage collectif de sa société. La Sénoussiya était avant tout une confrérie religieuse, ce qui lui imposait le devoir de fidélité à son héritage et avant tout à elle-même, car la modernisation se voulant progressive et sans aucun reniement.

7. La Libye de 1969 ou le modèle de modernisation autoritaire

Avec l'irruption des Jeunes militaires sur la scène politique, il était hors de question de continuer la Sénoussiya déjà épuisée, voire tarie, comme il était impossible aussi d'adopter la « modernisation marxiste ». Cette réforme se voulait être à la fois révolutionnaire, authentique et

---

(1) Christiane Souriau, ibidem, p. 93.
(2) *Libya al-haditha* VII, n°21, 18 juin 1968, pp. 37-38.

influencée par le modèle nassérien, et ne pouvait être ni laïcisante ni marxiste. Comme elle ne pouvait être empruntée non plus à « *l'American Way of Life* », le modèle nassérien étant plus influent et convaincant que celui-là à cause de la proximité géographique et l'impact de l'école qui utilisait des manuels scolaires. Depuis 1952, le Nassérisme se répandait à travers le Monde arabe, grâce à la radio et aux manuels scolaires, un modèle de modernisme révolutionnaire basé sur l'anti colonialisme, l'unité arabe, le socialisme et l'égalité sociale et présenté comme achevé et parfait.

Mais on partait d'une rupture avec toutes les accumulations précédentes, le passé fasciste ou sénoussi étant assimilé à une « *honte* », d'où son rejet catégorique et le recours à un abandon quasi-mécanique[1] de toutes les composantes du passé. Il serait certainement intéressant de pouvoir étudier ce réflexe politique de phagocytose du passé et de rejet de toute accumulation antérieure.

La modernisation avait donc pris une allure radicale précipitée, voire forcée. Les Jeunes Militaires se sont attelés, dès les premières semaines du changement politique, à œuvrer inlassablement dans toutes les directions et dans tous les domaines en même temps.[2] Cet empressement se justifiait par la nécessité de reconstruire le pays, et par l'urgence absolue d'empêcher que les Libyens se mêlent d'intrigues partisanes.

C'est ainsi que les Jeunes Militaires se sont inscrits dans une dynamique de reconstruction - modernisation *ex nihilo*, comme Fethi Dhib le montre, en affirmant qu'au départ, Kadhafi refusait de faire appel à toutes les compétences qui avaient travaillé sous la Monarchie, jugées du reste comme trop compromises.

Dans cette perspective, le programme « révolutionnaire » a donné lieu à des travaux herculéens dans tous les domaines : infrastructures, services sociaux, santé, instruction, habitat, agriculture, enseignement, etc.

Il suffit d'étudier, à ce niveau, les divers budgets réservés au secteur de la santé.

Tableau 10 : Budgets de la santé

Plan	Période	Montant en Dinars Libyens
Premier plan triennal	1970 - 1972	50.9
Deuxième plan triennal	1973 - 1975	66.2
Premier quinquennal	1976 - 1980	313.1
Deuxième quinquennal	1981 - 1985	402.1

Sources : Plans de développement émanant du ministère du Plan 1970-1985.

---

(1) Le discours de Kadhafi du 16-09-1969.
(2) Le discours de Zouara, *Sidjill al-Qawmi*, volume n° 4 de l'année 1972-1973, p. 607-647. Au départ, il refusait de faire appel aux compétences qui avaient travaillé sous la Monarchie ne se fiait qu'aux compétences égyptiennes, provoquant ainsi des frictions avec ses compagnons de route qu'étaient El-Mehichi et El-Houni.

Tableau 11 : Budgets de la santé

Période	Montant en Dinars libyens
1985-1986	59.200,000
1986-1987	55.250,000
1987-1988	55.250,000
1998-1999	150.000

Sources : Documents émanant du ministère du Plan 1985-1998.

Tableau 12 : Budgets de l'enseignement à ses divers niveaux (20 ans)

Année	Budgets en millions de Dinars libyens
1970 - 1972	86.400
1973 - 1975	220.700
1976 - 1980	598.600
1981 - 1985	829.300
1986	140.500
1987	143.300
1970 - 1987	2.106.500
1970 - 1988	2.136.500

Sources : ministère du Plan, pp. 5-8.

Ainsi, l'émancipation de la femme prit le caractère d'une « révolution » initiée contre les valeurs archaïsantes et patriarcales et contre la soumission de la femme à l'homme et l'effort fut focalisé sur l'instruction des Libyennes. Non seulement, elles ont reçu la même scolarité et la même éducation que les garçons, mais encore elles ont eu accès à la même formation professionnelle, d'une façon égalitaire au travail. De fait, l'émancipation de la femme et son instruction s'inscrivirent dans le cadre de son épanouissement général, alors que l'instruction des filles fut un outil efficace de promotion sociale personnelle[1] et de libération politique, bien que très limitée et surcontrôlée par le régime, voire canalisée et instrumentalisée : au cours de l'année 1975-1976, le nombre de filles scolarisées atteignait 242.312 au primaire, avec un pourcentage de 49.9%. En revanche, au cours de l'année universitaire 1969-1970, il n'y avait que 3.663 étudiantes, mais le chiffre évolua entre 1986 et 1987 jusqu'à 35.177 étudiantes. L'évolution en matière d'instruction fut considérable comme le montre le tableau suivant :

---

(1) Christiane Souriau, « Femmes et politique en Libye », in, *Revue française d'études politiques méditérranéennes* n°27, 1977, p. 93.

Tableau 13 : Evolution des effectifs des étudiants entre 1995-1996

UNIVERSITÉ ANNÉE	ÉTUDIANTS	ÉTUDIANTES	TOTAL
Al-Fateh (Tripoli)	18644	17344	35988
Gar Younès (Benghazi)	14757	11571	26358
Nasser	1718	5774	7492
7 Avril	7917	2553	10470
Omar El-Mokhtar	3107	1811	4918
El-Tahaddi	2540	3937	6477
Gebel AL-Gharbi	3117	3185	6302
AL-Fateh pour la médecine	2687	3048	5735
Sebha	1982	2434	4416
Université médicale	840	978	1818
Al-Nejm Assat'i	29	738	767
Derna	3058	2171	5229
Université ouverte	3734	6674	10408
Total	64130	62218	126348

Source : Statistical book, National Corporation for Information and Documentation 1998, p. 26.

8. Modernisation sociale et militarisation de l'émancipation de la femme

Si dans notre étude de l'émancipation de la femme, nous nous proposons de présenter une contribution à la compréhension « *du processus de transformation de la société libyenne d'aujourd'hui* »[1], c'est parce qu'il faudrait inscrire cette action dans le cadre du remodelage « révolutionnaire » de la société libyenne.

Mais il faudrait dire que les femmes libyennes manifestèrent, dès les premiers jours du changement politique, un enthousiasme certain, elles qui avaient déjà manifesté, en juin 1967, pour soutenir Nasser dans sa guerre contre Israël. Pour ce faire, elles organisèrent des manifestations d'appui spontané et écrivirent de grands textes de loyauté à l'égard de la Révolution. Elles étaient nombreuses à venir aux meetings politiques clamant leur appui, rencontrant les Jeunes Militaires, et exprimant leur soutien, leurs avis et leurs revendications bien légitimes, dans une société encore conservatrice et patriarcale,[2] où pourtant la présence de la femme dans un lieu public était presque interdite.

Mais il s'est avéré que la modernisation signifiait, essentiellement pour les militaires, la recherche des « clientes » fidèles. Ils attendaient d'elles l'aval et la transmission des ordres et l'application à la lettre des discours de Kadhafi, sans que cela les empêchât d'être des mères faites

---

(1) Maria Graeff-Wassink, *La femme en armes*, Paris, Armand Colin, 1990, p. 15.
(2) Christiane Souriau, *ibidem*, p. 96.

pour l'éducation des enfants, pour l'exécution des besognes fastidieuses du foyer et pour une totale disponibilité au service de la famille [1].

Dès 1970, les jeunes filles furent initiées aux écoles, tout comme les garçons, à l'entraînement militaire et au maniement des armes. A partir de mai 1974, le service militaire est devenu réellement obligatoire aussi bien pour les garçons que pour les filles, bien que, même sous la Monarchie, il y eût une loi, promulguée en 1967, portant l'obligation du service militaire.

C'est ainsi que les Libyennes furent contraintes d'échanger leurs grands voiles beiges où seul un oeil était visible contre des treillis kakis. Il est devenu normal de voir de jeunes lycéennes et des étudiantes comme membres des *Comités Révolutionnaires féminins*, les *Religieuses Révolutionnaires* et même certaines catégories de fonctionnaires porter l'uniforme militaire pendant leur déplacement. La militarisation accentuée de l'émancipation féminine dénote une position politique, et selon le discours politique libyen, une femme émancipée, débarrassée de la soumission patriarcale et fière d'elle-même, est capable de prendre les armes pour se défendre et défendre sa patrie. En effet, il est important de signaler que la défense de la patrie n'est plus uniquement l'apanage des hommes, mais qu'elle est aussi l'affaire des femmes. Cet exemple, comme tant d'autres, prouve que l'émancipation sociale de la femme est liée à la militarisation des lycées, des universités et des administrations. D'après le discours officiel libyen, l'émancipation signifie avant tout la défense de la patrie.

---

(1) Christiane Souriau, *ibid*, p. 96.

Photo n° 1 : Les filles de l'Académie militaire en train de s'entraîner

(Source : A.F.P.)

Cette association des femmes et de la patrie reflète une évolution politique certaine, la femme révolutionnaire étant reconnue comme un être entièrement dévoué au service militaire et à l'uniforme vert.

Pour pouvoir concrétiser le principe de l'émancipation militarisée, Kadhafi créa une Académie militaire pour femmes en 1979 et la Faculté des Femmes officiers de police en 1993. Dans cette même logique modernisatrice, il procéda à la création d'un certain nombre de corps à caractère sécuritaire et militaire. Nous pourrons citer, en l'occurrence, les *Comités révolutionnaires féminins*, les *Religieuses révolutionnaires et les Gardes révolutionnaires*, qui ont reçu une formation militaire et ont été même chargées de missions sécuritaires.

Photo n° 2 : Image éloquente de la militarisation de la société

(Source : A.F.P.)

Cette tendance à la militarisation de la société, en général, et la société féminine en particulier affirme le caractère autoritaire de la modernisation émanant de la volonté personnelle du leadership de transformer la société selon une conception autoritaire et totalitaire. Cette liaison entre la modernisation et l'autoritarisme n'est pas une caractéristique inhérente à l'expérience politique en Libye, mais elle se reproduit dans la plupart des expériences tiers-mondistes (en Afrique et dans les pays de l'Amérique latine), surtout celles conduites par des jeunes militaires. Mais il semble que la modernisation soit indissociable d'une problématique plus ample : celle du changement social. Appuyées sur des processus de légitimation presque identiques, les élites tiers-mondistes ont imposé leurs propres modes de changement social au nom d'une modernisation nationaliste ou révolutionnaire. C'est parce que les Jeunes Militaires qui y affrontent la première fois l'épreuve du pouvoir, ont abouti à la conclusion que la société ne peut changer, politiquement et socialement, que par une modernisation forcée et autoritaire.

Voulant à tout prix, éviter les barrières le séparant du peuple, Kadhafi instaura la formule du modernisme populiste, c'est-à-dire chercher le peuple là où il est. Toutefois, c'est une modernisation imposée d'en haut sans une prise en considération des attentes et des expectations des populations. De fait, elle n'est pas le fruit d'une large concertation populaire ni d'une planification étatique conçue et réalisée par les technocrates. Ce choix modernisateur est conduit par la conviction que le peuple ne connaît pas ses intérêts, on relève ce faisant l'idée du peuple assisté, le peuple éminemment présent du reste dans le discours de Zouara qui démontre une attitude très critique à l'égard de la paresse libyenne et surtout, de celle de l'élite partisane qui perturbe l'effort pour une remise au travail du peuple[1].

Cette remise en marche exige la neutralisation de la contre-élite, la logique de Kadhafi voulant que l'engagement révolutionnaire soit le plus urgent dans son agenda. En effet, la rupture exigeait l'exclusion de toute accumulation précédente,[2] c'est-à-dire la négation de tout le passé.

Mais peut-on nier le passé et gérer le présent par la négation de l'histoire précédente ?

---

(1) Kadhafi parlait à la fin de l'année 1969, dans son discours à Sabratha de la nécessité de militariser la population et de démocratisation des forces militaires pour souder le hiatus entre l'armée et le peuple.
(2) Alain Gras, *Sociologie des ruptures*, Paris, éditions P.U.F. 1979, pp. 159-185.

DEUXIEME PARTIE
ELITES, ISLAM, MODERNISATION ET SOCIETE DANS LA LIBYE POST-MONARCHIQUE

« Par un temps de crise et de famine, un Roi inventa une astuce intelligente pour occuper les populations. Il leur demanda de collecter cent rats vivants et promit une importante récompense à ceux qui pourraient en atteindre le nombre. Presque tous les candidats qui avaient échoué dans leur tentative furent par conséquent durement châtiés et pendus, sauf un vieux paysan qui avait réussi dans cette entreprise.

Le Roi l'interrogea sur les mobiles de son succès. Il lui répondit qu'il remuait les rats dans son sac, tout au long du chemin pour leur faire perdre l'équilibre et les empêcher ainsi de s'entre-dévorer ».

Conte populaire libyen

Soulever le problème du statut de l'élite pendant la phase post-monarchique dans l'histoire de la Libye n'est pas une tâche aisée. Les difficultés théoriques et pratiques, à commencer par la définition de l'élite elle-même, sont nombreuses.

Dans notre approche de ce concept, nous allons essayer d'éviter de reconduire les définitions couramment adoptées par certaines écoles.

Est-ce que la Libye a connu après 1969, l'émergence d'une nouvelle élite ?

Quelle en est la physionomie ? Quel en a été l'itinéraire politico-idéologique ? Comment fut opérée l'intégration de cette élite dans les rouages institutionnels du système en place et selon quelles proportions ?

Nous tâcherons, donc, d'éclairer les trajectoires suivies par l'élite libyenne, en prenant comme cas d'application ce que C.Wright Mills appelle « the Power Elite », [1] dans une société qui est comme toutes les sociétés polyarchiques, et nous nous interrogerons sur les cadres sociaux producteurs de cette élite.

Avant d'analyser en profondeur les principales caractéristiques de l'élite politique et économique, nous présenterons très succintement les traits définitoires. Rappelons, tout d'abord, que le juriste sicilien Gaetano Mosca définissait l'élite par sa totale opposition avec les masses. Une élite, d'après lui, est de caractère minoritaire et diversifié. Car elle représente, en fait, l'ensemble des forces et des groupes sociaux ayant des conceptions et des intérèts très variés.

En revanche, son compatriote Wilfredo Pareto mettait l'accent essentiellement sur l'élite dirigeante constituée par l'ensemble des personnes ayant des dons et des capacités spéciales pour la direction, parce qu'il rejetait catégoriquement l'idée de l'existence d'une société sans élite dirigeante. Pareto insistait beaucoup sur l'importance de la circulation des élites et sur leur alternance. Par ailleurs, C. Right Mills rejetait l'idée selon laquelle la propriété serait le fondement de la classe dirigeante. L'élite est très variée et composée de plusieurs sous-groupes : les gouvernants, les hommes d'affaires, les leaders d'opinions et surtout les intellectuels. Une élite est composée généralement d'une minorité occupant la place supérieure dans la société et s'arrogeant le droit de régler les affaires communes. Cette définition découle du fait que les sociétés ont toujours été guidées par des minorités, par une classe sociale ou politique, c'est-à-dire par une élite.

Voyons d'abord quelles étaient les caractéristiques de l'ancienne élite libyenne entre 1951 et 1969 ?

1. Caractérestiques de l'élite libyenne sous la Monarchie

Malgré les limites de nos informations sur l'ancienne élite politique, nous pouvons affirmer qu'elle était issue souvent des notables urbains, des chefs de tribus rurales et de familles très riches. C'était une élite assez âgée

---

(1) C. Right Mills, *The power elite*, Oxford University Press, 1956, 423 pages.

et homogène de par son appartenance à la bourgeoisie traditionnelle libyenne. Elle était surtout de formation traditionnelle, ce qui prouve l'importance de l'école égyptienne, et de la formation libyenne, en comparaison avec la médiocrité de l'influence intellectuelle italienne [1]. Rares furent les Libyens qui ont pu accéder à l'instruction pendant l'occupation italienne.

Cette élite noyée dans les affaires et appauvrie de ses cadres actifs était en rupture avec la société. Du reste, tous ces chefs de groupe politiques, tous ces nationalistes qui jouèrent un rôle capital dans la mobilisation des masses et la sensibilisation de l'O.N.U à l'indépendance de la Libye : ceux-là mêmes qui luttèrent âprement pour la libération du pays furent exclus de toute participation, et leurs structures entièrement interdites. L'espace politique ne leur offrait presque aucune chance pour le renouvellement. Il faut dire que le verrouillage politique avait été entamé par le Roi lui-même. C'est que la Sénoussiya était en panne de ressources pour se reconstruire après la guerre et recréer sa propre élite. Mais était-ce uniquement là son sort à elle ou bien celui de toute la société ?

2. Un témoignage éloquent de l'intérieur de la Sénoussiya : Rached Zoubeïr El-sénoussi

Dans un entretien [2] qu'il nous a accordé, Rached Zoubeir El-Sénoussi (cousin du Roi et homme de lettres), affirma que « *La Confrérie Sénoussienne fut durement ébranlée par la Guerre d'Al-Jihad contre les Italiens (1911-1939), ce qui lui a coûté la fermeture de ses Zaouias, l'emprisonnement de ses chefs ou leur exil (il faisait allusion au Roi Idriss El-Sénoussi et à son cousin Ahmed Es-Chérif partis en exil en Egypte). Du reste, la Confrérie avait été suspectée par les Ottomans, ce qui imposa le transfert de son quartier général vers l'oasis d'El-Koufra* ».

Il ajouta encore : « *Le Roi n'a pas cherché à créer une nouvelle élite. En effet, l'Institut islamique, créé en 1954 et puis transformé en une université en 1961, n'a pu former que deux promotions dont la dernière a été baptisée en 1968. D'ailleurs, cette université était régie par des lois françaises et anglaises. L'enseignement des sciences religieuses y était assuré selon les pédagogies modernes ; et elle était autonome par rapport au pouvoir politique, bien que le gouvernement s'engageât à trouver du travail aux diplômés. Donc, les conditions étaient défavorables à l'émergence d'une élite sénoussienne ; ce facteur, qui pourrait expliquer l'absence d'une élite, a facilité la désagrégation de la Sénoussiya* ».

Pour expliquer cette situation de blocage, Rashed El-Sénoussi ajouta: « *Même l'Université libyenne, créée, au cours de l'année 1955-1956, dans le palais même du Roi, à Benghazi, n'a fourni au pays que quelques dizaines*

(1) Yolande Martin, Hervé Bleuchot, *La formation des élites maghrébines*, Paris, Librairie générale de droit et de jurisprudence, 1973, pp. 126-127.
(2) Le premier entretien fut organisé le 29-07-1998, dans son bureau à Benghazi, et le second le fut à Tunis le 12-01-1999.

de cadres. Or une élite ne pouvait être formée en treize ans, ce qui pourrait expliquer l'inefficacité des technocrates formés en Libye. C'est pourquoi l'accès au Parlement était aussi dominé par des considérations tribales et clanales, à l'exception de quelques noms qui étaient à l'origine des figures nationales, tels Mustapha Ben Ameur (président du Club Omar El-Mokhtar), Béchir El-Mghirbi (opposant et parlementaire), Mahmoud Sobhi (autorité religieuse libyenne et ancien député), Ali Mustapha El-Musrati (homme de lettres) et Mahmoud El-Maghrebi (militant syndicaliste et ex-Premier ministre). Dans un environnement si hostile, serait-il possible de parler d'une élite sénousienne ou même libyenne ? D'ailleurs, il serait très difficile de juger une expérience qui n'a duré que dix-sept ans. Je crois que la Libye était dans l'incapacité de produire une véritable élite structurée et homogène, comme en Tunisie et en Egypte. C'est vrai qu'elle a produit un certain nombre d'hommes de lettres, de romanciers, de nouvellistes et de poètes. Mais est-ce vraiment là une élite ? La réponse est certainement négative ».

Par ailleurs, cette même idée nous a été confirmée par Ali Abdellatif Ahmida, un chercheur libyen que nous avons interviewé, et[1] qui dit : « Cette histoire faite de ruptures ne peut que fragiliser l'élite libyenne, déjà faible et minoritaire. Toutes les structures capables de produire une élite solide ont été éliminées après 1969. L'Université islamique a été considérée comme une rivale idéologique, puisque elle défend les offres officielles et a, été très vite dissoute en 1970 ; son expérience aurait pu cependant être enrichie ». Cette même version nous a été réitérée également quand nous avons interrogé Me Abdelrahmane Janzouri, l'un des premiers bâathistes de la Libye contemporaine arrêté pour son appartenance au parti Bâath en 1961 et pour ses liaisons avec la gauche libyenne en 1978 [2] : « Nous n'avions pas de vie politique normale. Chaque fois qu'un groupuscule idéologique commençait à évoluer vers un parti politique, il était vite éliminé. C'est pour cette raison qu'on n'avait pas de vrais partis. De fait, il y avait très peu d'adhérents. Nous avions connu en 1961 le procès de 156 bâathistes (dont l'ex- président du Parlement irakien, Sâadoun Hammadi, qui travaillait à la Banque centrale de Libye) et le procès de 106 nationalistes arabes qui dépendaient de l'Organisation de Georges Habache. Mais ce n'étaient pas de vrais partis organisés et bien structurés. Ils étaient plutôt des organisations limitées. Depuis 1969, nous avons connu d'interminables procès qui ont usé aussi bien les intellectuels que les militants. » Au demeurant, cette notion d'usure est utilisée par les Libyens lorsqu'ils analysent la situation de leur propre élite. C'est pour cette raison que le nouveau régime décida d'effacer l'héritage sénoussi, de s'approprier l'histoire d'Al-Jihad, et d'organiser le procès de 1970 où comparaissaient 106 personnalités de l'Ancien régime accusées de corruption et de

---

(1) L'entretien a été organisé à Tunis le 26-06-1997.
(2) Entretien organisé à Tripoli le 26-07-1997.

répression de la population. Mais ce procès a été organisé essentiellement dans le but d'exclure l'ancienne élite.

C'est ainsi que ceux qui avaient pris le pouvoir par les armes, dans la nuit du 1er septembre 1969, se sont trouvés dans la contrainte de remplacer trop vite l'ancienne élite, qui avait été écartée et humiliée. Le changement du 1er Septembre fut un véritable traumatisme politique, économique, social et surtout culturel pour la société libyenne. Il entraîna surtout une destruction de l'élite formée du temps de la Monarchie. Celle-ci ne pouvait pas résister au nouveau régime, parce que ce dernier a fait siennes ses requêtes politiques, économiques et sociales.[1] Ces éléments pourraient nous expliquer pourquoi certains militants ont préféré rejoindre les nouvelles structures du pouvoir.

3. Islamistes repentis

- Mohammed Ahmed Es-Chérif ; un islamiste repenti qui a su briguer de hautes responsabilités politiques et religieuses.
- Ibrahim Ghouil ; avocat d'appartenance islamiste.
- Mahmoud El-Hitki ; rédacteur au Journal *Al Ra'id* dans les années soixante, membre actif de la branche libyenne des Frères musulmans, il s'est repenti en 1970 et intégra en 1977 les *Comités Révolutionnaires*. Il est actuellement le Secrétaire du *Commandement Populaire et Social* de Tripoli. Cette évolution nous a semblé être le fruit d'une formation fragile.

4. Les militants nationalistes

- Mustapha Ben Ameur ; militant et ex-président du *Club Omar El-Mokhtar*.
- Anis Chtioui ; militant lié à la gauche.
- Jomâa Fezzani ; militant nationaliste arabe.
- Salah Messaoud Bouissir ; militant nationaliste arabe.

Ces personnes eurent leur expérience partisane, mais préférèrent, après 1969, rejoindre la nouvelle équipe au pouvoir.

Cette petite élite intégrée au départ fut complètement désarmée et a même été annihilée.[2] Cela n'avait rien de surprenant, compte tenu des caractérestiques de l'expérience politique après 1969.

---

(1) Cette même idée a été confirmée, à maintes reprises, par plusieurs militants qui s'étaient opposés à la Monarchie. Nous citons en l'occurrence Ali Ourayeth, Mahmoud El-Maghrebi, Abdessalam Zja'ar, Faouzia Ezzeddine Beryoun et Ezzeddine Ghdamsi (un nationaliste arabe converti en 1967 au marxisme, arrêté en 1968 et libéré quelques semaines après le Changement politique de 1969. Il est actuellement un opposant notoire au régime en place). Ceux-ci jouèrent un rôle remarquable dans les événements de juin 1967 au point de déranger l'Ancien régime.

(2) Le procès intenté en 1972 contre la plupart des directeurs, des rédacteurs en chef des journaux, des commentateurs de la radio et de l'ancien ministre de l'Information traduit la méfiance des militaires à l'égard de l'intelligentsia libyenne.

Du reste, la *Révolution Culturelle*, proclamée en 1973, a légitimé l'écrasement de l'ancienne élite formée sous la Monarchie, et plusieurs procédés coercitifs, tels que l'exclusion, l'exil forcé et même l'emprisonnement furent adoptés. L'environnement politique et culturel a été défavorable à la formation d'une élite autonome et efficace, ce qui défavorisa, par conséquent, la société civile naissante sous la Monarchie. Car le nouveau pouvoir ne voulait pas d'une société civile porteuse de potentialités concurrentielles et capable de donner naissance à une opposition politique réelle. C'est ce que nous allons essayer d'étudier ultérieurement à travers l'expérience de *l'Union Socialiste arabe*.

Il suffit de citer, à cet égard, l'exemple d'Ahmed Salhine El-Houni, ancien ministre de l'Information qui a été arrêté et condamné à trois ans de prison par le Tribunal du Peuple formé par Hawwadi, El-Mehichi, Hijazi et Cheikh Sobhi. Après avoir été élargi, il fut incarcéré encore une fois, sur ordre d'El-Mehichi. Son ami intime, Sadok Neyhoum, intervint auprès d'El-Mehichi pour le faire libérer. Mais sa réponse fut claire : « Ahmed El-Houni est une personne dangereuse...»

CHAPITRE 1 : L'UNION SOCIALISTE ARABE ET LA DELIMITATION DES CHOIX IDENTITAIRES DU NOUVEAU REGIME

Dès les premiers mois qui ont suivi le renversement du Roi Idriss El-Sénoussi, le nouveau régime procéda à la création de l'*Union Socialiste Arabe* (une organisation populaire à vocation partisane) construite sur le modèle de son homonyme égyptienne. L'U.S.A. a été formée après le *Congrès de la Pensée Révolutionnaire* de 1970 qui a concrétisé et légitimé l'orientation nassérienne de Kadhafi et permis d'écarter les autres options idéologiques possibles, de repérer les intellectuels non-enthousiastes à « la Révolution » et de les emprisonner en suite.

C'était l'organe idéologique du régime et le support logistique de *la Troisième Théorie Universelle* (ni capitalisme, ni communisme, mais l'Islam). L'U.S.A. était considérée comme une structure œuvrant pour la réalisation de l'Unité arabe et la renaissance de l'Islam. Le discours officiel libyen avait toujours affirmé que la Nation arabe était capable de guider l'humanité sur la bonne voie, de lui offrir un modèle plus mobilisateur et de lui proposer la «guidance» spirituelle dont elle a besoin[1]. La création de l'U.S.A. répondait surtout à des nécessités d'ordre politique. Ainsi voulaient-ils « inventer » une qui assure, des contacts directs avec les populations. Les militaires voulaient surtout que l'U.S.A. se substitue à la bureaucratie héritée de la période monarchique et aux partis politiques. C'est ainsi que les Jeunes Militaires purent trouver un moyen efficace de discipline, d'organisation et de mobilisation. Mais la création de l'U.S.A. répondant aussi à un besoin doctrinal, surtout que les militaires voulaient éviter l'isolement, se doter d'une véritable légitimité et défendre leur propre idéologie.

Car l'U.S.A. assurait l'encadrement institutionnel de l'alliance sacrée des forces populaires actives contre la dictature d'une seule classe sur la société. La *Troisième Théorie Universelle* n'était donc autre que l'Islam, mais un Islam conjugué avec le socialisme nassérien.[2] Cette option s'expliquait par le fait que dans le *Coran*, il y a le socialisme. Kadhafi proclame dans ce même sens : « *L'Islam est la religion de la justice et du vrai socialisme... Ni Marx, ni Lénine, ni les théoriciens, ni les philosophes n'ont réussi à établir un régime meilleur que celui de l'Islam sur le plan économique, social et moral* »[3]. Il s'agit, en effet, d'une conciliation entre l'Islam et le socialisme. C'est dans ce sens que la distinction entre

---

(1) Discours de Kadhafi à Zouara à l'occasion de la *Révolution Culturelle,* le 15-04-1973.
(2) Cette idée fut concrétisée par la création de l'Union Socialiste Arabe en vue de la conciliation de la spiritualité islamique avec le socialisme nassérien. Mais cette thèse s'avéra, après quelques années, irréaliste.
(3) Discours de Kadhafi prononcé le 1er septembre 1971 pour la célébration du second anniversaire de la « Révolution ». Cf. *Sidjill al-qawmi*, n°1, 1971-1972, p. 7.

socialisme islamique et communisme est importante, elle permet de délimiter les deux pôles dominants. C'est un modèle qui tente une régénération islamo-socialiste et une conciliation entre l'au-delà et l'ici-bas. Cette conciliation était pour Kadhafi possible, voire réalisable.

C'est ainsi que ce dernier fit appel, entre 1969 et 1979, à une toute petite élite afin de renforcer le travail d'encadrement et de mobilisation des masses. Cette « sous-élite » était extrêmement hétérogène, composée d'intellectuels, de militants nationalistes, d'idéologues et surtout d'islamistes repentis. Ceux-ci avaient senti qu'ils n'avaient pas d'autre choix que de rejoindre les rouages du pouvoir.

1. Les intellectuels récupérés

Mohammed Ahmed Es-Chérif, (formé à Oxford, l'un des dirigeants des Frères musulmans repentis) a adhéré aux thèses du régime, dès les premiers jours du changement politique. Il fut même ministre de l'Education. Il est actuellement le secrétaire général de l'*Association pour l'Appel à l'Islam*, une organisation religieuse à caractère prosélytique qui sert, comme cadre à une partie des investissements extérieurs libyens.

* Sadok El-Neyhoum, (poète, homme de lettres et philosophe formé en Finlande) est un islamisant qui a toujours cru en la possibilité d'une rencontre entre Islam et communisme. C'est pour cette raison qu'il fut chargé de l'orientation et de la culture au sein de l'U.S.A. Il est resté, jusqu'à sa mort, très attaché au régime, pour ainsi dire. Et il fut associé de près à la rédaction du *Livre Vert*.

* Ibrahim El-Ghouil, (l'un des dirigeants des Frères musulmans de Libye, puis converti au Nassérisme, à la fin des années soixante) est un juriste formé à l'école de droit en Egypte. Il rejoignit au milieu des années 60 l'opposition contre le Roi et préféra, à partir de 1969, soutenir le pouvoir en place en épousant ses propositions idéologiques.

2. Les inetllectuels-idéologues

* Sa'ad Mojber, nationaliste arabe et *nassérien*, a toujours été chargé de superviser les structures de l'information, puis haut responsable et diplomate au Ministère des Affaires étrangères.

* Jomâa Mehdi El-Fezzani, (nassérien et membre de l'Organisation des Nationalistes arabes interdite en 1968, fut emprisonné sous la Monarchie pour son activisme politique) est l'auteur présumé du premier tome du *Livre Vert*. Il fut ambassadeur et ministre à plusieurs reprises.

3. Les Nationalistes arabes

* Mohammed Abdellah El-Hodeïri, ancien responsable au sein de l'U.S.A.

* Abdelhamid El-Zantani, (islamisant salafi converti aux thèses du régime). Il a été chargé de plusieurs responsabilités politiques.

Il ressort donc, de toutes ces indications historiques et politiques précédentes que le modèle idéologique prôné par Khadafi repose sur une conciliation entre l'islamité et l'arabité. Cette conciliation était la marque fondamentale de l'idéologie de Kadhafi jusqu'en 1976, année de la parution du *Livre Vert*. En revanche, certaines familles nationalistes et laïcisantes se sont opposées à cette conciliation.

4. El-Neyhoum et El-Ghouil et leur expérience au sein de L'U.S.A : légitimation du pouvoir ou recherche d'un rôle Politique

Sadok El-Neyhoum, connu pour son intense activité journalistique et intellectuelle, est né en 1937 à Souk Al-Hashish dans la Médina de Benghazi. Il est d'une famille pratiquant la pêche, de père en fils et qui a beaucoup souffert des difficultés économiques et, surtout, des guerres successives qui avaient dévasté la ville de Benghazi[1]. Il poursuivit ses études supérieures à la Faculté des Lettres de sa ville natale pour avoir sa licence de philosophie en 1961, et la réintégrer en 1962 comme assistant. Il entama, en parallèle, sa carrière journalistique dans le journal *El-Hakika* (la Vérité) et s'intéressa surtout au problème de la symbolique dans le texte coranique (auquel il consacra 8 articles). Il quitta la Libye en 1967 pour faire des études en Egypte et en Finlande. Kadhafi l'invita à participer au *Congrès Révolutionnaire* pour délimiter les caractéristiques d'une société de « gouvernance adéquate » en Libye. El-Neyhoum proposa une conception de la gestion politique de l'Islam. Il était membre fondateur de l'U.S.A. à Benghazi en 1972 et fut chargé de l'orientation et de la culture au sein de la même structure.

Il prit part, également, aux travaux de préparation de l'union-fusion entre la Libye et l'Egypte. En 1975, il quitta la Libye pour Beyrouth où il collabora à un hebdomadaire arabe et il s'installa à Genève jusqu'à sa mort en 1994. Quoi que déçu, il sut garder de bons rapports avec le pouvoir et il avait une influence idéologique certaine sur Kadhafi et osa même secouer son salafisme aigu, au cours de deux débats passionnés avec lui. Quand Kadhafi apprit son mécontentement et son désir de partir, il lui proposa, pour des mobiles divers, des moyens matériels pour se consacrer à l'édition. En effet, entre 1984 et 1994, El-Neyhoum fonda la maison d'édition Omar El-Mokhtar et rédigea plusieurs ouvrages tels que *l'Islam captif, l'Islam contre l'Islam et le dilemme d'une culture falsifiée* qui furent interdits au Liban pourtant considéré pays de liberté !

D'après plusieurs témoignages, El-Neyhoum n'était pas pratiquant, mais il avait sa propre conception de l'Islam. Au cours d'un séminaire organisé en 1972 à El-Beyda sur la législation islamique, certains participants osèrent s'interroger sur son comportement religieux et formulèrent des doutes sur son observance de la prière, un des piliers fondamentaux de l'Islam. Il dut quitter le séminaire pour éviter d'affronter les *fouqahâs* présents.

---

(1) La ville de Benghazi a été détruite, suite à la Deuxième Guerre Mondiale, selon le témoignage de Wahbi El-Bouri, à plus de 75 %. Cette information nous a été communiquée, au cours d'un entretien organisé avec lui, à Benghazi le 10-11-1999.

Ibrahim El-Ghouil, son compagnon de route, nous disait de lui dans un entretien [1] : « *El-Neyhoum avait une très courte expérience politique. Il était élitiste de caractère et de pensée, et refusait le contact direct avec les masses. Nous avons essayé, à l'U.S.A., de traduire Erik Fromm pour comprendre les mécanismes de mobilisation des masses, parce que l'U.S.A. rencontrait le même problème. Quant à lui, il préférait les débats animés et les discussions de haute tenue sur la prière, la « choura » (la consultation), le miracle islamique. El-Neyhoum voulait toujours démontrer que l'Islam est démocratique par nature. En 1975, il préféra quitter le pays pour s'installer à Genève. Lui, il n'a jamais voulu travailler avec les masses* ».

D'ailleurs, El-Neyhoum avait toujours la conviction que la dynamique profonde de l'Islam n'avait pas été encore découverte. C'est, pour lui une religion d'une richesse inouïe, mais peu connue même par les musulmans eux-mêmes. C'est pour cette raison qu'il développa la théorie de la «*Jam'a*» (la communauté musulmane). Partant de cette théorie et du principe fondamental de la *Choura* (la consultation islamique), El-Neyhoum essaya pendant plusieurs années, par ses écrits intellectuels et ses interventions orales, d'élaborer les fondements de l'Etat et de la démocratie en terre d'Islam ; « Un Islam démocratique », selon son expression, est toujours possible.

En effet, la prière hebdomadaire du vendredi pourrait être, selon lui, une exceptionnelle occasion, pour que les musulmans se rencontrent, se consultent. C'est également l'occasion d'élire les vrais musulmans, non pas selon les critères de la représentativité, mais selon le principe de la confiance, de la compétence et de la piété. Le consensus des musulmans est également praticable pour le pèlerinage. Car cette rencontre pourrait être une occasion exceptionnelle de concertation collective et de reflexion commune.

Mais que faire quand les musulmans désertent la mosquée et par conséquent leur religion même ? C'est à ce moment que l'Islam est pris, selon lui, en otage [2] par les manipulateurs (officiels ou opposants), les parleurs, les vaticinateurs et les démagogues de tous bords.

D'après El-Neyhoum, l'Islam est captif des musulmans eux-mêmes, parce qu'ils en ont censuré l'âme : ils l'ont vidé ainsi de toute substance spirituelle et l'ont instrumentalisé dans tous les sens. L'Islam a été, selon lui, désislamisé.

La solution, d'après El-Neyhoum, est dans le retour à un Islam pur, en parfaite harmonie avec lui-même et capable de répondre aux exigences des temps modernes. Il faudrait donc procéder à une récupération de

---

(1) Un entretien organisé dans son bureau à Tripoli le 25-09-1996.
(2) Sadok El-Neyhoum, *Al islam fi Al'asr* (l'Islam captif), Dar El-Reïss pour l'édition, Londres, Chypre, 3ème édition 1995, p.364.

l'Islam dans sa pureté, son originalité et sa vitalité [1]. El-Neyhoum construit toute son analyse théorique sur une nette séparation entre le modèle et le réel. Son projet vise à ressusciter l'Islam, à le libérer et surtout à le réformer. [2] Cette ambition des réformes situe El-Neyhoum, selon certains lecteurs, dans la lignée des maîtres réformateurs de l'Islam. En effet, l'Islam est captif aussi bien des « *Fouqahâs* » orthodoxes et sectaires que des politiciens manipulateurs. En se libérant, l'Islam pourrait apporter, selon El-Neyhoum, des réponses convaincantes aux profondes crises : « *Si le sous-développement culturel nous fait gâcher un temps énorme [...], c'est parce que nos lois ne sont pas conçues sous les toits des maisons de Dieu* (les mosquées) [...] *Elles sont conçues dans un autre espace nommé Parlement ; cette formule importée située en dehors de notre époque et étrangère à notre caractère, n'a donc aucune raison d'être dans notre langue.* » [3]

El-Ghouil est né, quand à lui, en 1938 dans une famille originaire de Musorata essentiellement composée de petits commerçants. Il fit des études à l'Ecole de droit du Caire (et non pas à El Azhar). Dès son retour, il s'inscrivit activement dans la vie politique libyenne. Appuyé par son beau-frère, Ali Ourayeth, l'une des figures nationalistes de la Libye contemporaine, il prit part aux grands moments politiques de la Libye. Opposé au pouvoir de l'Emir Idriss El-Sénoussi, il forma, selon la version de Sami El-Hakim, une organisation secrète appelée *les mains noires* qui lança une bombe sur le cortège du prince en visite à Tripoli pour la première fois.

Influencé par les thèses des Frères musulmans, il participa en 1964 à la fondation de ce mouvement. Après différentes péripéties, il quitta, ainsi que son beau-frère, le mouvement et se convertit au Nassérisme, pour fonder une nouvelle orientation islamo-nassérienne. Si El-Ghouil était considéré, sous la Monarchie, comme un islamiste pur et dur, c'est parce qu'il ne fit sa conversion au Nassérisme que vers 1968.

Tout comme le directeur du Journal *El-Balegh* (le Communiqué), El-Ghouil représente, sur le plan intellectuel et même idéologique, une forme de conciliation entre l'Islam et le Nassérisme, l'Islam et le socialisme. Mais est-ce que cette conciliation est possible, quand on connaît l'animosité réciproque entre Nasser et les islamistes ?

Ibrahim El-Ghouil et Ali Ourayeth ont essayé pendant plusieurs années de développer ce courant de pensée politique qui exprime, en fait, leur propre évolution intellectuelle et idéologique. El-Ghouil a toujours considéré cette conciliation comme possible et réalisable compte tenu des conditions du Monde arabo-musulman.

---

(1) Cf. surtout l'étude du philosophe libanais Ali Harb sur l'œuvre d'El-Neyhoum dans son livre : *Naqd El-Nass* (critique du texte), éditions d'El Merkez Thaqafi'arabi, 2e édition 1995, pp. 153-169.
(2) Sadok El-Neyhoum, *Al islam fi Al'asr*, Beyrouth, Dar El-Reïss, 1991, p. 201.
(3) Ibidem, pp. 31-32.

Après le changement politique du 1er septembre 1969, El-Ghouil eût des démêlés politiques. Il fut soupçonné d'avoir eu des contacts avec l'ex-premier ministre, Abdelhamid El-Baccouche et fut même arrêté. Il a fallu l'intervention de Fethi Dhib, officier des Services de renseignements égyptiens, dépêché par Abdelnasser auprès des Jeunes Militaires, qui leur conseilla d'éviter de dresser l'opinion publique par des actes gratuits. [1] Et ce fût là un tournant décisif dans la vie politique d'brahim El-Ghouil. Il était contraint de s'aligner à certaines thèses officielles. Libéré, il fit le choix d'appuyer les thèses politico-idéologiques du régime. D'ailleurs, Ibrahim El-Ghouil et son gendre Ali Ourayeth ont proposé à Kadhafi, en 1970, une plate-forme idéologique de *l'Organisation Populaire* pouvant orienter l'action politique. En 1992, il fut chargé du dossier de la défense des deux libyens (Fhima et Moghrehi) soupçonnés d'avoir détruit en vol l'avion de la Pan Am, connue sous le nom de l'affaire Lockerbie.

Il est important de remarquer qu'Ibrahim El-Ghouil affirmait jusqu'en 1969,[2] dans ses multiples articles, son appartenance islamiste confirmant, par la même occasion, sa conviction du rôle que peut jouer l'Islam pour résoudre les problèmes de la société. Cette conviction a été claire dans tous ses écrits et ses interventions au cours des trois dernières décennies. Sommes-nous donc en face de deux intellectuels ou de deux idéologues, ou tout simplement de deux idéologues au service d'un système politique ? Un problème méthodologique se pose a priori : Comment comprendre la trajectoire intellectuelle et même personnelle d'El-Ghouil et d'El-Neyhoum et l'évolution de ces deux acteurs ? Agissent-ils par calcul politique ou par conviction profonde ? Ou s'agit-il d'une véritable participation politique ?

C'est ainsi qu'il nous a semblé être intéressant de chercher une réponse sociologique à cette problématique qui revêt un intérêt particulier.

5. Crise de la classe moyenne ou recherche d'un reclassement ?

Ces deux personnalités, El-Ghouil et El-Neyhoum sont très convergentes. Toutes les deux ont fait leurs études en partie à l'étranger : El-Ghouil en Egypte et El-Neyhoum en Allemagne et la Finlande. Ils appartiennent tous les deux aux franges laborieuses de la classe moyenne libyenne. Toutes les chances étaient réunies pourque cette classe s'épanoûît sous la Monarchie. La rente pétrolière lui avait permis d'accéder en partie à la richesse et de profiter de la « démocratisation » de l'enseignement. C'est une classe homogène, instruite et politisée. Elle cherchait à s'affirmer, à imposer sa singularité identitaire et à se démarquer du prolétariat naissant et de la bourgeoisie libyenne d'origine urbaine. C'est surtout une classe qui a su être politiquement efficace. La preuve en est qu'elle a produit les jeunes acteurs du Mouvement du 1er Septembre. Signalons dans ce même

---

(1) Fethi El-Dhib, *Abdelnasser wa thawrat libia*, Dar Al Mostakbel Arabi, Caire 1986, p. 56.
(2) Cf. la trilogie d'articles écrite par El-Ghouil dans le Journal *Al Raïd*, nos 499, 502 et 505 du 2, 5,8 avril 1969.

ordre d'idées que ces deux personnalités sont d'origine urbaine et périphérique : Musorata et Benghazi.

Il ne manquait, donc, à cette classe moyenne que de jouer un rôle politique dans l'histoire du pays. C'est que ces deux intellectuels issus précisément de cette classe ont cherché à faire. Ils ont essayé de se positionner sur l'échiquier politique pour compléter l'œuvre idéologique des Jeunes Militaires. Cependant, El-Neyhoum semble ne pas avoir été assez convaincu de l'expérience politique : aussi a-t-il accepté avec une certaine hésitation d'en faire partie. El-Neyhoum et El-Ghouil représentent les prototypes d'une génération avide de jouer un rôle national et de s'engager dans une action politique. C'est la génération des années cinquante et soixante qui voulait refaire les choix politico-économiques, remodeler la société et créer un nouveau modèle social. C'est la classe moyenne qui a été pendant cette période un vecteur de militantisme politique et de critique sociale et elle a cru bon de continuer à jouer le même rôle après 1969, surtout qu'elle avait été réprimée sous l'Ancien régime. Mais ce rôle de modernisation politique est-il- vraiment possible dans les nouvelles circonstances ?

7. Le nouveau régime ou la quête de légitimation

Après avoir disloqué la « société civile » encore embryonnaire, détruit l'ancienne élite, emprisonné les intellectuels en 1972, 1973, 1976 et en 1978 et contrôlé les syndicats des Travailleurs et des Étudiants, le nouveau régime commença sa quête d'une légitimité politico-religieuse en réintégrant certains intellectuels islamisants. Cette légitimité semblait, aux militaires, être indispensable à l'exercice du pouvoir. Notons dans ce sens que les militaires auraient pu gouverner seuls, Mais ils se sentaient insuffisamment puissants face à leurs opposants, avoués ou virtuels. Ainsi, en intégrant certains intellectuels dans les rouages du pouvoir, les Jeunes Militaires ont-ils fait d'eux leur simple prolongement organique. Le régime a fait jouer à ces lettrés islamisants un rôle supplétif. Ils servirent aux militaires de barrière idéologique contre les forces concurrentes et surtout contre les gauchistes au sein du pouvoir. En effet, l'alliance entre Béchir Hawwadi (un soufi d'origine maraboutique), secrétaire général de l'U.S.A. et Sadok El-Neyhoum, Ibrahim EL-Ghouil et Mohammed Ahmed Es-Chérif a fait d'eux un relais du pouvoir et un moyen de lutte contre les forces opposées, et surtout contre les gauchistes, les marxistes et les athées [1]. Si le nouveau régime les a récupérés, c'est parce qu'il était disposé, entre 1969 et 1972, à dialoguer avec les islamistes. Kadhafi a même confirmé cette hypothèse. [2] Ce groupe était islamisant et ne soutenait pas le projet

---

(1) *Al-Fajr Jedid*, n° 325 du 18 septembre 1973.
(2) Tout juste après l'attaque de la caserne de Bab Al Azizia, au mois de mai 1984, par l'opposition islamiste, Kadhafi déclare avoir cherché, entre 1969 à 1974, à dialoguer avec les Islamistes, mais en vain.

de l'Unité arabe. Mais son existence permettait, en revanche, la légitimation du régime et le dispensait de tout dialogue avec la gauche, toutes fractions confondues. C'est ce qui prouve encore que ce corps de lettrés n'avait pas d'existence propre, ni de voix autonome, mais qu'il servait de prolongement intellectuel et idéologique au régime. Cette mini-élite était d'origine urbaine et donc amputée de tout appui tribal. Et de fait, il ne pouvait pas s'imposer une distance critique à l'égard du système politique. Il s'est contenté d'un rôle supplétif à l'instar des intellectuels-idéologues de l'ère nassérienne qui avaient œuvré au sein de l'Egypte. Cela est d'autant moins étrange que si l'expérience libyenne se voulait la fidèle reproduction du modèle nassérien, surtout, au cours de la période de 1969 et 1974. Ce n'est qu'à partir de 1976 que Kadhafi va chercher à imposer sa propre alternative.

Certes, le régime a beaucoup compté, pendant les premières années, sur ce qu'on pourrait appeler une légitimité exogène, en se référant au modèle nassérien et en adoptant la défense de l'Unité arabe et de la cause palestinienne, mais cette légitimité s'avéra, à elle seule, insuffisante. D'où la nécessité impérieuse de trouver un autre appui et une relégitimation en tissant des rapports directs avec la population et en essayant de moderniser le pays. En effet, la proclamation de la « démocratie populaire directe » constitue une seconde légitimation qui a permis au pouvoir de remobiliser les masses. La rupture implicite avec le nassérisme traduisait cette volonté délibérée de créer une légitimité endogène autonome dont Kadhafi avait besoin pour gouverner et pour écarter les autres membres du CCR. Cette nouvelle légitimité répondait au besoin de remodeler le paysage politique, surtout, après 1975. Nous pouvons remarquer, dans cet même ordre, d'idées que la *Révolution Culturelle* fut considérée comme un moment fondamental dans la reconstruction de la société libyenne comme nous allons essayer de le démontrer ulterieurement.

I. LA REVOLUTION CULTURELLE ET LE REMODELAGE DU PAYSAGE POLITIQUE ET INTELLECTUEL : FONDEMENTS DE LA POLITIQUE EROSIVE

Pourquoi donc la proclamation de la *Révolution Culturelle* ?

Pour comprendre la vraie genèse du discours de Zouara prononcé le 15 avril 1973, il nous a semblé opportun de remonter plus haut dans l'histoire. Pour ce faire, nous avons eu le privilège d'obtenir un entretien d'un officier de l'armée libyenne le Commandant (A.A), compagnon de route du Commandant Abdessalam Jelloud. C'est dans ce sens qu'il nous déclara [1] : « *Aussitôt après la démission du gouvernement d'El-Maghrebi, les militaires ont pris eux-mêmes en mains les postes clés. Ils voulaient gouverner dès les premières semaines. Mais ils furent vite déçus. Le travail ne progressait pas. La réalisation des projets piétinait d'une façon remarquable. Le recours à la compétence égyptienne, quoiqu'encouragé par Kadhafi en personne, n'a pas été d'un grand apport pour la réalisation des*

---

(1) Entretien organisé à Tripoli le 12-11-1998.

projets révolutionnaires programmés. Le débat sur les raisons de l'echec fut ouvert à partir de 1970. Le diagnostic en fut controversé. Les membres du CCR étaient très divisés entre eux. Mais une tendance, pourtant minoritaire au sein du CCR, commença à s'imposer peu à peu. Elle appelait, en fait, à reconnaître l'échec dont la responsabilité incombait aux militaires seuls, et insistait sur la remise du pouvoir aux civils. C'est ce qui a provoqué de houleux débats au sein du CCR divisé entre deux tendances et deux conceptions. Il y avait une majorité de militaires qui ne voulaient pas ignorer l'échec[1], et qui poussaient pour une éventuelle remise du pouvoir aux civils. En revanche, Kadhafi considérait que l'échec revenait à la société tout entière, parce qu'elle était démissionnaire, apathique et habituée au confort facile.

Ce n'est qu'à partir du mois d'avril 1973 que le CCR aboutit à une sorte d'unanimité sur la nécessité du retour des militaires aux casernes, et les plus proches collaborateurs de Kadhafi semblaient même en être convaincus. En revanche, Kadhafi appelait, avec insistance, à révolutionner les structures mentales et à réconcilier la société avec le travail. Et ce fut la Révolution Culturelle. »

Cette version pourrait être, en grande partie, corroborée par la connaissance de la personnalité de Kadhafi et par ses réflexes modernisateurs autoritaires. En effet, en proclamant la *Révolution Culturelle,* à Zouara, le 15 avril 1973, il changea son « fusil d'épaule » et épargna à ses pairs l'obligation de démissionner. Depuis 1972, il avait acquis la conviction que le blocage se situait au niveau de la société elle-même et que la solution ne résidait pas dans la fuite. D'après lui, il fallait opérer d'urgence, un bouleversement des structures mentales, une remise sérieuse du Libyen au travail, la responsabilisation immédiate du peuple, et l'élimination de l'esprit de démission et d'irresponsabilité ; ce qu'il fallait surtout, c'était un bouleversement culturel, parce que « *la Révolution Culturelle a été préconisée par l'Islam depuis des siècles* ». [2] Ce n'était pas aux yeux de Khadafi une invention maoïste.

D'après Kadhafi, la tâche la plus urgente était la révolution spirituelle et culturelle, pour que chaque personne se conformât à l'esprit du Coran : « *Allah ne change pas ce qui est en un peuple, avant que celui-ci n'ait changé ce qui est en lui-même* »[3]. En effet, il serait intolérable, déclarait-il « *Que vous soyez esclaves de l'argent ou d'un morceau de pain ou que vous viviez dans la crainte de la maladie ou de la misère.* » [4] C'est à ce

---

(1) Pour démontrer l'ampleur de ces tensions, il suffit de mentionner la démission, dans la même année, de Mohammed Nejm ministre des Affaires étrangères, d'Abdelmonem El-Houni ministre de l'Intérieur et d'Omar El-Mehichi ministre du Trésor. Cf, Journal Officiel Libyen n°5 du 10-02-1971.

(2) *Sidjill al qawmi,* volume n°4, de l'année 1972-1973, p. 493.

(3) Verset coranique n° 10 du Sourat le Tonnerre (Al-Râad) cité par *Sidjill al qawmi,* n°4 de l'année 1972-1973,p. 493.

(4) *Ibidem,* p. 493.

titre que nous pouvons comprendre la Révolution *Culturelle* comme une incitation au travail et comme un appel pour une dénonciation des intrigues partisanes et un dénigrement de la démission et du fatalisme.

1. La Révolution Culturelle : processus et retombées

Une semaine avant de proclamer la *Révolution Culturelle,* Kadhafi s'était rendu au Caire pour assister avec Anouar El-Sadate et Hafez al-Assad à la réunion de l'Union des Républiques Arabes, où il rencontra le journaliste Hassanein Heykal qui rentrait d'un long voyage fait en Chine pour étudier la *Révolution Culturelle*, et qui lui fit un exposé détaillé qu'il écouta avec beaucoup d'attention et d'intérêt. De retour à Tripoli, il réussit à convaincre ses compagnons du CCR de ne pas démissionner et d'appuyer son projet. C'est ce qui fut fait à l'occasion de l'anniversaire de la naissance du Prophète, le 15 avril 1973.

La *Révolution Culturelle* était avant tout un appel au travail et une remise en marche de la société prise dans le tourbillon de la rente pétrolière et de la consommation. S'adressant aux Libyens, Kadhafi leur conseilla avec insistance de travailler : « *Si vous voulez vous libérer de la pauvreté, de l'ignorance et de la maladie, construire des écoles, des hôpitaux, des routes et des usines, bâtir des forces armées et donner l'exemple aux pays du Tiers-Monde, vous devriez être forts sur le plan intérieur.* »[1] Pour cela, il a fallu « balayer » tout le passé, responsabiliser les masses et leur apprendre la participation directe à la gestion de la société, parce que, « *la réussite et la continuité de la Révolution sont l'œuvre du peuple et non point la tâche exclusive des membres du CCR ou d'une élite choisie par le peuple* »[2].

Dès lors, le peuple doit assumer ses responsabilités et non pas s'en remettre uniquement au gouvernement et lui demander de fournir tous les services. Cette tendance traduit une volonté de responsabiliser le peuple lui-même.

Mais il n'y avait pas seulement les démissionnaires, ceux qui ne veulent pas travailler, et qui bloquent le progrès du peuple libyen en refusant de rejoindre leurs postes d'affectation sous prétexte de l'éloignement,[3] il y avait aussi les contre-révolutionnaires, ces groupuscules « souterrains » qui font de la politique, « *dénoncent le gouvernement et bloquent le travail* »[4].

Pour faire réussir la « Révolution », Kadhafi s'adressa non seulement aux nomades de Libye, mais aussi aux sédentaires et surtout aux fonctionnaires, aux intellectuels autonomes, aux militaires et aux cadres pour déclencher le processus de la Révolution *Culturelle* qui était, en fait la Révolution du peuple lui-même. Il déclara que cette révolution populaire devrait reposer sur les cinq principes fondamentaux suivants :

---

(1) Discours de Zouara, 1972-1973, pp. 607-649.
(2) Ibidem, pp. 607-649.
(3) *Sidjill al qawmi*, n°4 de l'année 1972-1973, discours de Zouara, pp. 638-639.
(4) *Ibidem*, pp. 648-649.

a. Interdiction de toutes les lois en cours

Kadhafi considérait que toutes les lois en vigueur avaient été promulguées, soit par la Monarchie, soit par les Ottomans, soit par les Italiens, ce qui constituait, un véritable handicap à la réussite de la « Révolution »[1].

C'est sur ces mêmes lois que « *s'appuyèrent les bureaucrates pour éterniser la réalisation des projets et pour empêcher les masses de jouir des divers services. Ces lois qui leur servirent d'alibis doivent être immédiatement interdites pour que notre peuple profite de sa révolution et de la vie moderne* »[2]. C'est dans ce même ordre d'idées que Kadhafi avait tenu à calmer les angoisses de la population effrayée par l'interdiction des lois : « *Il n'est point juste que les gens aient peur pour leur vie et leur sécurité. Nous sommes des musulmans, qui appliquons la Chari'à islamique et il n'est point possible qu'avec la Chari'à de Dieu, les gens ressentent de la peur pour eux-mêmes ou pour leur argent.* » [3]

Il fallait alors inventer de nouvelles lois vraiment révolutionnaires pour remplacer celles qui étaient en vigueur à ce moment-là. [4] C'est ainsi qu'il devint urgent de pousser la *Révolution Culturelle* dans tous les sens pour aboutir à une véritable épuration de la société et des mentalités.

b. Epuration du pays des éléments déviants

Pour une « Révolution » qui considère l'Islam comme son unique cadre référentiel, il n'est pas possible de tolérer les idées athéistes, communistes et mêmes intégristes. Bien qu'il eût été un défenseur acharné de la *Chari'à* et du retour aux sources religieuses et spirituelles, Kadhafi n'a cessé de vilipender les islamistes et surtout les Frères musulmans[5] qu'il considérait comme des agents fanatiques à la solde des Services secrets américains. Cette attitude anti-islamiste était certainement le fruit de l'influence de Nasser qui voulait l'immuniser contre toute influence fondamentaliste [6].

C'est dans ce même sens que Kadhafi déclara : « *Dans ce contexte, je tiens à affirmer que toute personne surprise en train de propager le communisme, le marxisme et l'athéisme sera automatiquement incarcérée. Et j'ordonnerai au ministre de l'Intérieur* (Khouildi Hamidi à l'époque) *d'épurer la société de ces groupuscules de malades (les opposants). S'il surprend un Frère musulman ou un membre du Parti islamique de libération exerçant une activité secrète, il doit le considérer comme un contre-révolutionnaire qui s'adonne à la subversion contre la*

---

(1) *Ibidem*, p. 642.
(2) *Ibidem*, p. 646.
(3) *Ibidem*, pp. 642-643.
(4) Ibidem, p. 642.
(5) *Sidjill al qawmi*, n°4, pp. 644-645.
(6) Rencontre de Kadhafi avec les professeurs et les étudiants du département d'Histoire à l'Université d'El-Fateh à Tripoli en 1970.

Révolution et donc de le mettre en prison. »[1] Cette claire exclusion de toute différence politique prouve, d'une manière irréfutable que c'est une « Révolution » qui se suffit à elle-même et qui n'a pas besoin de s'ouvrir sur l'autre, différent politiquement et idéologiquement. Ainsi s'achemina-t-elle progressivement et, surtout, après l'adoption du système jamahirien, vers un verrouillage quasi-total, c'est-à-dire vers une exclusion de « l'élite opposante ». Cette violence autoritaire a été un signe annonciateur de l'évolution future du système politique libyen.

c. La liberté au peuple et non aux ennemis du peuple

Dans le même discours Kadhafi ajoute : « *le peuple libyen qui a connu tant de misères et d'atrocités doit jouir de la liberté [...] doit avoir accès aux armes [...] lorsque les masses fidèles à la Révolution seront par milliers, elles pourront résister à n'importe quelle attaque organisée par n'importe quel Etat* ».[2] Mais ce principe bien qu'il soit d'origine nassérienne ne fut que très partiellement appliqué.

d. La Révolution administrative

Cette « Révolution » cible les mauvais fonctionnaires, les bureaucrates et tous ceux qui ne veulent pas servir les masses ou ont recours à des pratiques bureaucratiques désuètes. D'après Kadhafi, il faut combattre tous les fonctionnaires qui s'isolent des masses ou entravent le progrès de la société : « *Si l'intérêt du peuple va se perdre dans les bureaux des bureaucrates, il faut détruire ces bureaux pour que reste l'intérêt du peuple libyen, et si l'intérêt du peuple va se perdre à cause du gouvernement, abattons le gouvernement et que vive le peuple.* »[3]

C'est en ces termes incisifs et « féroces » que Kadhafi déclara la guerre aux bureaucrates libyens non soumis, c'est-à-dire aux intermédiaires qui peuvent jouer un rôle hostile à la « révolution ». Du reste, la société libyenne garde toujours de mauvais souvenirs de ces fonctionnaires corrompus et détestés surtout sous les Ottomans.

e. La Révolution Culturelle

D'après Kadhafi, la « Révolution libyenne » ne se réfère qu'à l'Islam, d'où la nécessité de purifier les bibliothèques et les Universités de tous « *les livres et les ouvrages qui contredisent l'Islam et le livre sacré : le Coran* »[4]. La solution idéale est de brûler les livres qui contredisent l'esprit de l'Islam et les nobles principes de la «*Révolution*» du 1ᵉʳ Septembre. C'est ainsi que certains intellectuels (les intellectuels de l'Union Socialiste Arabe) furent chargés d'expurger les bibliothèques et les librairies et de brûler les « *livres propagatours de l'erreur, de la propagande communiste ou athée*»[5]. La *Révolution Culturelle* avait pour objectif de :

---

(1) *Sidjill al qawmi*, n°14, 1982-1983, pp. 644-645.
(2) *Ibidem*, p. 493.
(3) *Ibidem*, p. 494.
(4) *Ibidem*, n°4, 1972-1973, pp. 534-535.
(5) *Ibidem*, n°4, pp. 493-494.

1. Eliminer tous les livres soupçonnés de faire de la propagande chrétienne ou communiste.
2. Chasser de l'Université les «*professeurs non-révolutionnaires* » (marxistes ou intégristes) comme ce fut le cas de Aïssa Abdou ou de 'Amrou Nami [1], respectivement professeurs d'économie et de culture islamique.
3. Rompre totalement avec la Sénoussiya, avec l'héritage du pouvoir monarchique et avec les institutions qui étaient en place.
4. Eliminer les militants des partis politiques et commbattre l'esprit partisan. C'est pour cette raison que Kadhafi passa à la télévision au mois d'août 1973 pour exiger des militants qu'ils lui envoient, dans un délai limite de 30 jours, une lettre de repentir et de désengagement à l'égard de leurs organisations politiques. Après l'expiration de cette date, toute personne qui tenterait de perturber l'unité nationale serait considérée, selon lui, comme un traître [2].

Pour réaliser tous ces projets, des centaines de *Comités populaires* commençaient à se créer à travers tout le pays pour gérer les structures administratives et économiques. Leur nombre atteignit en 1975, selon une estimation officielle 1400[3].

Kadhafi avait, maintes fois, nié toute influence maoïste, disant que « *sa Révolution* » allait beaucoup plus loin que la révolution chinoise. D'après lui, la *Révolution Culturelle* en Libye tente de rendre aux masses le pouvoir longtemps usurpé par le système monarchique et d'évaluer l'efficacité du rendement du CCR et de l'USA, alors que la révolution culturelle chinoise est venue seulement éliminer les ennemis du maoïsme[4] chargés de s'attaquer à toute opposition.

Mais malgré toutes ces divergences, les deux Révolutions présentent plusieurs ressemblances : elles tentaient d'éliminer leurs « ennemis » et voulaient détruire les contestations politiques et catégorielles et laisser l'espace vide aux révolutionnaires[5] et aux hommes du pouvoir.

En effet, la *Révolution Culturelle* permit à Kadhafi d'éliminer les partis politiques déjà interdits en 1947, en 1952 et en 1972, et d'empêcher la création d'autres partis, la formation de groupes de pression et de contestation de tous bords qui pouvaient alimenter la société civile.

Ce faisant, Kadhafi se libéra de toutes les contraintes de la société, mais s'immunisa, surtout, contre les critiques et les contestations. Cette immunité n'a cessé de se renforcer jusqu'à l'avènement de son *Livre Vert.*

---

(1) *Ibidem*, n°4, 1972, pp. 534-535
(2) Ruth First, *Libya, the elusive revolution*, Penguin African Library 1974, p. 140.
(3) Cf. le témoignage de Guy Georgy, *ibid*, pp. 202-206.
(4) *Sidjill al qawmi* n° 4 de l'année 1972-1973, p. 493.
(5) Pour comprendre les influences maoïstes, qui sont certaines, cf. Charles Bettelheim, *Révolution Culturelle et Organisation Industrielle en Chine*, Paris, Maspéro, 1973, p. 17-50.

Mais en dépit de toutes les lectures favorables ou défavorables, objectives ou subjectives, cette « Révolution » a imposé, de fait, une situation politique et culturelle nouvelle et a légitimé l'exclusion de tous les intellectuels non-inféodés aux choix politiques du régime.

Elle a surtout permis aux décideurs d'avoir une immunité contre toute forme de contestation au nom de la « légitimité révolutionnaire », de contrôler la société civile et de créer, en interdisant les lois en vigueur, une situation politique similaire à celle de l'Etat d'urgence. Cette guerre déclarée contre l'élite, contre les lois et contre la société créa *un Empire du Vide* et laissa aux dirigeants une grande marge de manœuvre politique et une liberté d'action. D'ailleurs, le déroulement ultérieur des événements en Libye confirme ce constat. En effet, cette politique à effet érosif, déjà engagée avec la loi n°71 de l'année 1972 sur l'interdiction totale des partis politiques, a paralysé les acteurs politiques aussi bien traditionnels que nouveaux. Cette paralysie de la société politique allait sécréter une dynamique parallèle qui a toujours existé, mais de façon limitée, à savoir la dynamique tribale.

Cette révolution a abouti, comme nous avons pu le vérifier, à un émiettement des structures, à une fragmentation des groupes positionnés dans les divers paliers de la société et à une profonde fracture dont souffre encore la Libye actuelle. La Libye se caractérisait par l'impossibilité de s'identifier au passé mutilé, usurpé et séquestré et par un désemparement devant la rapidité des changements politiques souvent improvisés.

Cette politique de dissolution favorisa le retour de la tribu, ce qui est un produit du vide institutionnel et a occasionné surtout de multiples ruptures qu'a connues la Libye entre 1969 et 2006. Elle a surtout secrété une société bloquée, ce que nous allons essayer de démontrer ultérieurement.

CHAPITRE 2 : ELITE ET POUVOIR EN LIBYE : PARCOURS, PRESENCE ET RECUPERATION

Pour examiner le problème de l'intégration de l'élite intellectuelle en Libye, entre 1969 et 2000, dans l'expérience politique, nous concentrerons particulièrement notre étude sur les problématiques suivantes :

- L'intellectuel libyen a-t-il une influence politique réelle ?
- Par quels mécanismes, « l'intelligentsia » libyenne est-elle intégrée dans l'action politique ?
- Quelle est cette élite qui participe au pouvoir, si véritable participation il y a ?

L'objectif de cette démarche est de déterminer les stratégies du pouvoir en place et les techniques mises en œuvre pour l'extension de son audience par une régénération due à la pénétration du milieu intellectuel, à l'appropriation de ses programmes et, si besoin est, à sa reformulation conformément à de nouveaux contenus. Mais avant de nous engager dans l'étude de cette problématique fondamentale, nous allons, d'abord, essayer d'expliciter notre conception de l'intellectuel.

1. Définition de l'intellectuel

Nous ne prétendons pas élaborer une définition exhaustive de l'intellectuel. Nous nous contenterons de relever quelques caractéristiques du concept qui peuvent nous servir à analyser la problématique abordée. L'intellectuel, selon notre conception, n'est pas le simple lettré, mais plutôt celui qui serait porteur, par-delà sa formation de base, de principes culturels, politiques et intellectuels d'une façon générale. Il est producteur d'idées, de pensées, de connaissances, de visions et de conceptions relatives à l'organisation politique et sociale. Il peut aussi être détenteur d'une formation particulière qui spécifie son identité professionnelle. C'est en ce sens que l'intellectuel peut présenter l'une des caractéristiques suivantes :

Il est soit producteur de connaissances, porteur d'idées, d'approches et de conceptions touchant les divers champs du savoir, soit politisé et adepte d'une idéologie qu'il met au service de nouvelles idées, soit enfin le simple technocrate aguerri d'une expérience technique et scientifique précise dans un domaine particulier. L'intellectuel peut être aussi doté d'une autorité morale et scientifique, d'un sens de l'engagement et de l'autonomie par rapport aux structures de la domination politique, sociale et économique, c'est-à-dire un être qui agit toujours en tant que tel.

Ce sont là les trois facteurs dont on peut tenir compte pour définir l'intellectuel et sa capacité de participation au pouvoir politique. Remarquons qu'une définition exhaustive de l'intellectuel échappe souvent aux critères scientifiques précis, à cause de la multiplicité des approches et de la contradiction des éléments de définition.

C'est pour cela que nous nous sommes contenté, dans notre analyse de l'élite intellectuelle en Libye : nous mettons l'accent sur quelques caractères simples qui peuvent circonscrire les intellectuels relevant de l'autorité politique (les technocrates, les idéologues et les militaires) entre 1969 et 2000, une période connue pour l'extrême effervescence de l'action politique.

De ce qui précède découlent deux hypothèses :

1. Le processus d'intégration des intellectuels au sein du pouvoir politique a connu une évolution ascendante, comme en témoignent les statistiques qui suivront.

2. Il semble que ce sont les deux derniers types d'intellectuels (l'intellectuel-idéologue et l'intellectuel-technocrate) qui ont le plus participé à l'expérience politique libyenne au cours de la période qui nous concerne.

Pour mieux analyser ces problématiques, nous nous appuierons sur des tableaux statistiques couvrant plus qu'un quart de siècle de travail politique pour déterminer l'identité des élites ayant «participé» à l'experience politique.

2. Période de légitimation ou période de l'intellectuel militant

La Révolution du 1er Septembre a cherché, dès le début, à travers son Conseil de Commandement, [1] à profiter de l'expérience des élites qui s'étaient opposées au régime du Roi et avaient lutté contre la corruption qui le caractérisait, à s'approprier leur histoire militante et à tirer profit de leur légitimité. Le Docteur Mahmoud Slimane Al-Maghrebi a été ainsi chargé de former le premier gouvernement. C'était un opposant notoire au régime sénoussi, il a été condamné à quatre ans de prison, et il passait pour être très proche des thèses marxistes. C'était enfin une figure de proue de l'*Union Générale des Travailleurs de Libye*. On fit aussi appel à une partie de l'opposition à la Monarchie libyenne vivant en exil, aux Nationalistes arabes, aux Nassériens, aux descendants des militants patriotes et surtout à ceux qui n'adhéraient plus à des partis politiques. Les Jeunes Militaires, en intégrant ces militants, voulaient se doter d'un surplus de légitimité en s'assurant l'appui des intellectuels connus par leur militantisme et leur probité aussi bien politique que personnelle.

Cependant, cette ouverture ne dura pas longtemps. La cohabitation entre le *Conseil du Commandement de la Révolution* et le gouvernement présidé par le Docteur Al-Maghrebi connut son épilogue au mois de novembre 1969, ce qui a conduit à une restructuration gouvernementale et à l'octroi du pouvoir effectif aux militaires membres du CCR, c'est-à-dire aux Jeunes Militaires.

Pourquoi la participation des intellectuels au pouvoir fut-elle, au début, limitée et éphémère ? Quelles furent, donc, les raisons de l'échec de

---

[1] Le Conseil de Commandement de la Révolution en Libye était l'Organe suprême de commandement. Il jouait à la fois un rôle législatif et exécutif et essayait d'entretenir un rapport direct avec les citoyens. Il a été aboli, en mars 1977, « sur proposition de ses membres », selon la version officielle, qui se sont occupés ensuite du rôle d'encadrement politique et sécuritaire.

l'expérience de cohabitation entre l'armée représentée par le CCR et les civils, et surtout les militants parmi eux ? Ceci tient probablement à des raisons politiques, institutionnelles et constitutionnelles. En effet, après l'abrogation de la Constitution libyenne datant de 1951 et l'adoption de la Proclamation constitutionnelle du 14 septembre 1969, le *Conseil du Commandement de la Révolution* devient, pratiquement, l'organe constitutionnel et politique suprême du pays. Il cumule trois fonctions : l'orientation politique et idéologique dans les rouages de l'Etat, mais tient aussi les deux rôles législatif et exécutif. Mais comme il est à la fois organe législatif et exécutif, il jouit de la prérogative de nommer les ministres, de superviser d'une façon directe l'action du gouvernement et de mettre fin à son action en cas de crise, en plus de son pouvoir à proclamer des lois d'exception, de contrôler l'armée et de déclarer la guerre ou d'y mettre un terme. La formation gouvernementale du 8 septembre 1970 fut la consécration du divorce entre le Conseil et le prototype de l'intellectuel militant compte tenu de la difficulté de cohabitation politique entre des conceptions et des représentations divergentes.

La réorganisation du paysage politique libyen en 1970 devint ainsi une nécessité d'adaptation aux besoins d'une « gestion militaire directe » et d'un rapport sans intermédiaires avec les périphéries des villes et le pays profond, ce qui a abouti à un important enchevêtrement entre les prérogatives du gouvernement et celles du Conseil de commandement. La volonté des militaires de dominer l'appareil de « l'Etat » et de centraliser le pouvoir est, certes, à l'origine de la nouvelle situation.

L'obsession des membres du conseil était la création d'un gouvernement capable de rompre avec le passé et de favoriser de nouveaux rapports fondés sur l'exercice direct du pouvoir et sur la transparence de l'action politique. Leur intérêt était principalement populiste et orienté vers la recherche d'un gouvernement plus apte à combler le fossé qui sépare le leadership politique de la société profonde.

3. Période de l'intellectuel technocrate

Cette période fut, à partir de 1970, principalement caractérisée par l'éviction délibérée de deux acteurs influents de la «Révolution» qui sont Adam Haouaz et Ahmed Moussa, et la mainmise des autres militaires sur les postes clefs, surtout au niveau de la présidence du Conseil des ministres, du ministère de l'Éducation et de l'Orientation Nationale, du ministère des Affaires étrangères et enfin celui de la coopération. On n'en connut pas moins le début d'une participation effective des civils au pouvoir, et particulièrement des intellectuels technocrates, ainsi que le recours à des civils ayant un passé militant. Il y eut également un renforcement du pouvoir des technocrates venus pallier l'inexpérience des membres du CCR et combler le manque de compétences dans les divers domaines, en raison des énormes besoins dictés par les programmes de développement engagés dans tout le pays.

4. Période de la cohabitation entre l'intellectuel technocrate et l'intellectuel idéologique

L'adoption du régime jamahirien en mars 1977, à la suite de la réunion du *Congrès Général du Peuple* (C.G.P) à Sebha, peut être considérée comme l'élimination effective et définitive d'un pouvoir archaïque et son remplacement par un singulier système populiste. Ce système reposait sur la cohabitation dualiste et exceptionnelle entre intellectuels et technocrates dont le nombre connut une augmentation et les idéologues formés après 1969 dans les universités libyennes sous le contrôle des cadres formateurs, idéologiques et révolutionnaires du régime. Cette période fut aussi marquée par la limitation de la participation des militants de l'époque monarchique, alors que les leaders du Mouvement du 1ᵉʳ Septembre, dont le nombre connut une certaine réduction, furent rattachés à des postes sensibles comme la Direction des Services de sécurité et des renseignements, l'encadrement des *Comités Révolutionnaires* et la direction des *Gardes Révolutionnaires*. Leur nombre a baissé de 12 à 5 en 1977 à cause des divergences stratégiques. Cette cohabitation a eu, de ce fait, un impact sur le système d'organisation et de gestion.

La question du gouvernement et de ses moyens d'action était cruciale pour Moâmmer Kadhafi. La fin de 1973 fut une période d'observation et de réflexion pour l'élaboration d'un modèle théorique qu'il considérait comme « la solution ultime aux problèmes de l'Humanité ». Il a, de ce fait, abandonné en 1974 ses charges classiques de président pour s'occuper du travail idéologique et de la rédaction du *Livre Vert* en trois tomes et pour former un groupe d'intellectuels-idéologues qui a commencé sa participation, au pouvoir en 1977, après la proclamation du pouvoir populaire. C'est ainsi que le pouvoir va essayer de former sa propre élite, selon des « critères révolutionnaires » qu'il établira lui-même.

Ces critères s'inscrivent dans ce qu'il était convenu d'appeler en Libye « la méthodologie révolutionnaire »[1], d'après l'expression d'Ahmed Ibrahim Kadhafi (le théoricien de l'expérience des Comités Révolutionnaires). Cette « méthodologie » visait les lycées et les universités qu'elle devait purifier des références non-révolutionnaires, et c'est ainsi qu'elle devait renforcer « la conscience révolutionnaire» et expurger bibliothèques et librairies [2] des livres non-révolutionnaires.

Si le choix de cette élite dépendait essentiellement de l'adhésion à la Révolution, le pouvoir était, néanmoins, ouvert sur quelques forces révolutionnaires que Kadhafi recrutait dans les universités et les lycées libyens et qu'il encadrait personnellement et idéologiquement pour

---

(1) Ahmed Ibrahim, *Al tandhim Ath-thawri, Lijan al thawriya* (L'organisation révolutionnaire, les CR), Mouncha'a amma, Tripoli 1982, 120 pages.
(2) Cf. également, Ahmed Ibrahim, AL-*Moujtama Al-Jemahiri* (la société jamahirienne), Merkez al-kitab-al-Akhdar, Tripoli, 1988, 204 pages.

renforcer son combat contre l'opposition en général et contre les militants islamistes en particulier.

L'exemple est fourni par les *Comités Révolutionnaires* dont les membres sont essentiellement issus des tribus des Kadhadfa, des Megharha et des Ouerfalla. Les meilleurs éléments des CR étaient envoyés dans les universités françaises, américaines et anglaises pour la poursuite de leurs études avec des bourses gouvernementales.

Le pouvoir trouva ainsi les moyens d'exister, de marginaliser les forces politiques non-enthousiastes à sa *Révolution Culturelle* de 1973 et d'emprisonner les figures de proue parmi les Nationalistes, les Marxistes, les Trotskistes, les Frères musulmans et les membres du Parti Islamique de Libération.

A cause de l'absence d'influence politique et idéologique de l'opposition, de nouvelles perspectives se sont ainsi ouvertes. L'élite politique révolutionnaire pouvait, ainsi, agir sans accrocs et constituer, à partir de 1986, la source essentielle de recrutement des responsables.

Ainsi, le pouvoir a pu créer lui-même sa propre « élite » parmi les intellectuels pour l'injecter, par la suite, dans les principales institutions du pouvoir, et qui relèvent surtout de la formation culturelle, intellectuelle et pédagogique, comme ce fut l'expérience d'Ahmed Ibrahim, l'ingénieur Mâatoug Mohammed Mâatoug (Éducation), de Rejeb Abou Dabbous, de Ammar Ltaïf, de Charfeddine Feytouri, de Mehdi Imbirich, Ibrahim Abou-Khzam et de Faouzia Chalabi (Culture et Information). Les préparatifs pour la formation de cette élite révolutionnaire commencèrent au milieu des années 70, mais surtout en 1977, et elle était destinée à doter les cadres de «l'Etat» d'une maturité politique selon les méthodes dites « révolutionnaires ».

Le recours à cette élite prouve que les départements sensibles tels que l'enseignement, la santé, la planification et la sécurité ont été confiés à des révolutionnaires qui sont considérés par le pouvoir comme les mieux habilités à gérer ces dossiers.

I. ANALYSE DES PROPORTIONS D'INTEGRATION DES TECHNOCRATES ET des INTELLECTUELS-IDEOLOGUES DE 1969 A 2000 (SELON LES STRUCTURES DES GOUVERNEMENTS ET DES COMITÉS POPULAIRES GENERAUX) [*]

Tableau 14 : Répartition des ministres par sexes

REGIONS	MASCULIN	%	FEMININ	%	TOTAL	%
OUEST	49	42.6	2	1.7	51	44.3
EST	35	30.4	0	-	35	30.4
CENTRE	20	17.4	0	-	20	17.4
SUD	7	4.1	0	-	7	6.1
AUTRES *	2	1.7	-	-	2	1.7
TOTAL	113	98.3	2	1.7	115	100

Tableau 15 : Répartition des ministres selon le profil professionnel

PROFESSIONS	MASCULIN	%	FEMININ	%	TOTAL	%
FORCES ARMEES	11	9.6	-	-	11	9.6
POLICES	1	1	-	-	1	1
COMITES REVOLUTIONNAIRES	26	22.6	2	1.7	28	24.3
TECHNOCRATES	75	65.2	-	-	75	65.2
TOTAL	113	98.3	2	1.7	115	100

Source : - Al-Jarida Er-Rasmiya de la Libye de 1969 à 2000 et Annuaire de l'Afrique du Nord : Chronique Libye dans l'Annuaire de l'Afrique du Nord de 1977 à 2000

---

* 1 Tunisien et 1 Egyptien.

Tableau 16 : Composition des Comités Populaires Généraux (gouvernements) de 1977 à 1997

Comités Années	Technocrates		Idéologues		Militaires	
	Nombre	%	Nombre	%	Nombre	%
1977	21	77.8	5	18.5	1	3.7
1979	13	72.2	5	27.8	0	0
1980	16	88.9	2	11.1	-	-
1982	13	76.5	4	23.5	-	-
1984	12	60	7	35	1	5
1985	12	63.1	7	26.9	-	-
1986	8	72.5	3	27.5	-	-
1987	3	23.1	10	76.9	-	-
1988	4	28.6	10	71.4	-	-
1989	6	31.6	13	68.4	-	-
1990	7	31.8	15	68.2	-	-
1991	9	42.8	12	57.2	-	-
1992	6	46.1	7	83.9	-	-
1993	-	-	-	-	-	-
1994	-	-	-	-	-	-
1995	12	52.18	11	47.82	-	-
1996	8	44.5	9	50	1	5.50
1997	11	52.3	10	47.7	-	-

On peut noter l'interférence sociologique entre le rôle de l'intellectuel et ses origines sociales et tribales, cela apparaît nettement, quand on prend en considération les diverses formations gouvernementales, les structures des *Comités Populaires Généraux* et même, le comportement privé des intellectuels, ceux qui tiennent à mettre en avant leur identité personnelle, régionale et locale avant de préciser leur identité nationale.

- Peut-on, dans ce cas, parler d'un intellectuel tribal ou encore d'une obédience tribale des intellectuels ?
- Quelle fut, par exemple, l'influence de Sadok El-Neyhoum sur la détermination des positions du pouvoir concernant la question religieuse ? Et quelles furent celles de Jomâa Fezzani, d'Ibrahim El-Ghouil et d'Ali Fahmi Kchim dans les conceptions et les choix du gouvernement en ce qui concerne les dossiers de l'enseignement, de la culture et de l'orientation idéologique ?

1. Lecture analytique des statistiques et des tableaux

- Quel était le rythme de l'alternance des élites au pouvoir en Libye ?
- Quelle était la forme de complémentarité qui existait entre elles ?
- Quelle était la durée moyenne des mandats des ministres et des secrétaires généraux ?
- Quelle était enfin l'élite la plus stable politiquement ?

Il faudrait remarquer, tout d'abord que cette élite qui avait composé les divers gouvernements (de 1969 à 1977) et les *Comités Populaires Généraux* de (1977 à 2000) était à dominante masculine avec un pourcentage de 98,3%, alors que le pourcentage de la participation féminine était de l'ordre de 1,7%, ce qui démontre, clairement, l'inégale répartition des responsabilités entre les deux sexes. Il s'agissait donc d'une participation politique très déséquilibrée, mais favorable aux hommes. Cette élite était essentiellement originaire de l'Ouest (Tripoli, Syrtes, Musorata, Khoms et Zaouia). En revanche, l'Est (La Cyrénaïque) était moins représentée avec un pourcentage de 30,4%, alors que le Sud l'était avec une faible proportion de 6,1%. Cette représentativité géographique et politique était, en effet, à l'opposé de ce qu'elle était sous la Monarchie

Mais à partir de 1975, on va remarquer le recul de la proportion de la participation des militaires au pouvoir (c'est-à-dire dans le CCR), à cause de la rupture entre Kadhafi et ses pairs et à cause de la montée des quotas des technocrates (alliés du pouvoir), ainsi que de l'apparition d'une nouvelle catégorie, celles des intellectuels-idéologues qui ont été formés dans le sillage idéologique des CR. Le nombre de ces derniers a nettement augmenté entre 1984 et 2000. Cette catégorie d'intellectuels eut particulièrement la charge de la culture, de l'information, de l'éducation, de la jeunesse, de la formation professionnelle, de la justice, de l'enseignement et de la recherche scientifique. Nous pouvons ainsi remarquer que le *Comité Populaire Général (C.G.P.),* qui tient lieu de « gouvernement » devient l'espace de la cohabitation constante entre les technocrates et les intellectuels-idéologues, ce qui constitue l'aspect saillant des *Comités Populaires Généraux* jusqu'en 2000. Nous pouvons relever, pendant cette période, deux caractères qui ont marqué ces Comités :

Le nombre des intellectuels-idéologues qui avaient de par leurs compétences scientifiques à la fois des charges idéologiques et techniques a augmenté. Lorsqu'ils quittent le gouvernement, ils occupent généralement des positions au sein du *Congrès Populaire Général* (le Parlement). Cette cohabitation entre technocrates et intellectuels-idéologues prouve que l'élite au pouvoir était formée d'un seul type de gouvernants, celui des technocrates adeptes de l'expérience politique, qu'ils soient technocrates ou intellectuels-idéologues. On remarque aussi, comme le montrent les statistiques, que le mandat de l'intellectuel-idéologue est limité en comparaison avec celui des militants nationalistes ou des technocrates, compte tenu de l'importance des projets de développement économique et de l'infrastructure.

La stabilité de l'élite technocratique entre 1969 et 1977est assurée d'une façon permanente. Malgré les slogans idéologiques et les choix révolutionnaires du régime, l'élite la plus stable était celle des technocrates. En effet, c'est elle qui occupa les arènes du *Comité Populaire Général* et du *Congrès Général du Peuple* (Parlement). Ceci prouve également que la catégorie des technocrates constitue une entrée théorique et méthodologique serieuse pour comprendre le système d'organisation politique et de développement en Libye, et pour éclairer aussi la nature du rapport qui existe entre le discours politique et les réalités du fonctionnement du pouvoir.

Cette situation a duré jusqu'en 1986, alors que l'importance de la proportion de l'élite idéologique était patente à plusieurs niveaux. La proportion des technocrates dans les gouvernements successifs, entre 1969 et 1977, atteignit à peu près 74%, alors que celle des militaires ne dépassait pas les 25%, ce qui était à l'évidence la proportion la plus faible. Même après l'abandon du gouvernement au profit du *Comité Populaire Général*, l'élite technocrate a pu garder une proportion élevée estimée à 72% ; elle était équivalente à celle de la période 1969-1977, alors que celle des idéologues n'atteignait que 27% et celle des militaires 1% seulement.

L'examen de cette relation qui lie l'élite au pouvoir fait ressortir un paradoxe sociologique qui retient l'attention. Apparemment, le pouvoir politique adopte des « attitudes révolutionnaires » conformes à un projet global, celui de la construction de la société *jamahiryenne*, alors que les forces sur lesquelles le pouvoir s'appuyait étaient constituées de technocrates. La présence des intellectuels-idéologues se caractérisait par la fragilité, la circonstancialité et l'inconstance. La longévité politique des idéologues ne dépassait guère les trois ans en moyenne. Les choix « révolutionnaires » devraient ainsi s'accomoder avec la participation au pouvoir des technocrates qui ont fait montre d'une constance et d'une continuité plus importantes que celles des autres groupes.

Pour mieux comprendre le paysage politique libyen contemporain, relevons quelques unes de ses spécificités structurelles :

1. Malgré une structure « populocratique », le pouvoir politique en Libye a quand même gardé quelques caractéristiques d'un gouvernement traditionnel, comme le recours aux compétences technocratiques et aux cadres jouissant d'une certaine expérience. Notons, dans ce même sens, que l'appel aux compétences technocratiques et politiques reflète une stratégie intelligente et surtout réaliste.
2. Malgré l'identité révolutionnaire du système politique, le recours aux intellectuels-révolutionnaires (idéologues) était limité et circonstanciel, ce qui traduit la fragilité du rapport qui lie ces intellectuels au pouvoir politique et le manque de confiance dans leurs compétences.
3. Le paysage politique libyen est commandé par une dialectique qui identifie la logique de l'apparence à la logique de l'immanence. La logique qui mobilise l'élite du pouvoir est totalement différente de celle qui est déclarée. En effet, contrairement à ce qui est attendu, l'élite dominante numériquement est celle des technocrates qui se soumet inconditionnellement au pouvoir par résignation, ou par raison.
4. La sociologie de l'organisation politique est très proche des systèmes traditionnels malgré l'abolition du gouvernement « traditionnel » après 1977 et l'application de la démocratie populaire directe.

Mais quel est le poids politique de cette élite ?

D'après nos recherches, il apparaît que cette frange de technocrates n'est pas influente sur le plan politique et décisionnel. Elle est, soit marginalisée par le décideur, soit contrainte à la complaisance ou à l'appui inconditionnel des choix politiques ou encore à la passivité. Dans un environnement entièrement dominé par le politique, cette élite technocrate ne peut être qu'au service du pouvoir, du fait qu'il n'y a pas une pluralité de choix, comme c'est le cas en Europe. Les technocrates du Prince n'ont pas d'existence autonome ; ils évoluent dans des structures qui lui appartiennent. Le gouvernement serait donc son bien à lui et l'extension de sa propore personne. C'est pourquoi les technocrates en Libye et même dans le reste du Monde arabe où domine la logique du néo-patrimonialisme se contentent souvent du statut d'exécuteur d'ordres. C'est ce qui fait leur misère politique, leur marginalité et leur désenchantement de la situation. Comme ils se sentent dans une situation d'insécurité, ils sont contraints d'éxhiber leur loyauté et de renouveler leur allégeance.

En revanche, Kadhafi n'a jamais cru au rôle des structures intermédiaires entre le leadership politique et la population. Il a toujours préfére établir un rapport direct avec la population. C'est pour cette raison qu'il s'appuie directement sur les chefs de tribus qui sont, en fait, ses véritables représentants dans les diverses régions. En effet, la Libye actuelle est divisée en deux secteurs, l'un technocratique et l'autre tribal. Ces deux secteurs ne peuvent pas, semble-t-il, coexister. Kadhafi, lui, préfère le monde tribal, et fonde son pouvoir sur une tribalisation accentuée de la vie politique et sur une bédouinité rentière et n'hésite pas à faire appel aux multiples compétences locales de la tribu.

C'est pourquoi l'élite technocrate se trouve dans une situation de double sujétion : elle est soumise à la fois au pouvoir politique et au pouvoir tribal. Car le politique procède par logique discursive et ne s'exprime que par les mots et les discours qui ne se conforment à aucune continuité rigoureuse. Et cette soumission imposée ne confère jamais à cette élite la possibilité de s'affirmer, de participer à l'élaboration de la décision politique ou stratégique, et encore moins à la contestation.[1] Cette élite fragile, dépendante du pouvoir, c'est-à- dire des militaires et des hommes forts du système est davantage une simple bureaucratie qu'une technocratie ayant un pouvoir certain et une autonomie confirmée par rapport au politique.

Signalons à cet effet que cette marginalité des technocrates au sein même des structures du pouvoir découle d'une situation se caractérisant par l'autoritarisme et par la personnification du pouvoir où le technocrate se contente d'exécuter l'ordre politique sans la moindre constestation.

Pour pouvoir comprendre cet imbroglio sociologique, nous avons organisé un entretien avec Mustapha B. (un technocrate du secteur du Pétrole, qui fut jadis militant trotskiste, et fut même emprisonné pendant plusieurs années) : « *A partir de 1984, le pouvoir constata que toute son opposition venait de l'intelligentsia et surtout des technocrates. Il fit appel à Ahmed Ibrahim qui émietta les universités, marginalisa l'élite et brûla les livres sur les campus universitaires, « révolutionna » les programmes d'enseignement et empêcha la formation de toute élite autonome, selon la*

---

(1) Entretien organisé à Tripoli le 31-07-1999.

conception moderne du terme. En effet, l'émiettement de toutes les structures de l'Etat est inséparable de celui de l'élite. Ce sont, de fait, deux niveaux inséparables, voire complémentaires. » [1]

2. Politique de l'érosion, verrouillage du paysage politique et guerre des élites

Depuis 1974, Kadhafi commença timidement à émettre des signes prouvant son désir de se démarquer du nassérisme, de produire sa propre théorie idéologique [2] et de bâtir une nouvelle génération d'inconditionnels qui lui obéissent aveuglement. Pour ce faire, il appliqua une politique érosive qui consistait à éliminer toute formation de groupuscules autonomes, et à interdire l'activité des partis politiques, selon la célèbre loi de 1972 sur « *tahrim Alhizbia* ». Il suscita, à partir de 1976, la défection forcée et humiliante des autorités religieuses qui avaient accepté auparavant de collaborer, par conviction ou par intérêt, avec le nouveau régime[3]. Le Cheikh Tahar El-Zaoui (idéologue du Mouvement d'*Al-Jihad libyen* contre les Italiens et Mufti de la Libye) fut démis de ses fonctions pour avoir refusé d'autoriser certaines pratiques usuraires. L'institution de « *l'iftà* » fut abolie. Pourtant, le cheikh était un opposant radicaliste et notoire au Roi Idriss I. Le cheikh Mahmoud Sobhi, secrétaire général de l'Association de l'Appel à l'Islam « *Jamiat Al Daw'â al islamiyya* » partit à la retraite avec beaucoup de déception et d'amertume, comme il nous le confirma dans plusieurs entretiens,[4] Mustapha El-Triki (ancien président de l'Université Islamique) partit dans les mêmes conditions, [5] alors qu'il avait,

---

(1) Notre interlocuteur omit de citer que le secteur du Pétrole et celui des banques avaient échappé à cette dynamique d'émiettement, pour des raisons d'efficacité, de rentabilité et d'intérêt immédiat du régime.

(2) Fidèle à ses manières, Kadhafi incita son ami, Sadok El-Neyhoum, à écrire un article dans l'hebdomadaire culturel El-Usbou Ath-thaqafi dans sa livraison n° 53 du 15-05-1973, intitulé : « Prélude à une théorie » où il légitimait la nécessité de construire une nouvelle théorie politique inaugurant ainsi un début d'autonomie référentielle par rapport au père Nasser.
Du reste, dans ce même sens, Kadhafi, selon un communiqué du Ministère libyen des Affaires étrangères du 5 avril 1974, se déchargea officiellement de toute responsabilité politique ou protocolaire pour se consacrer à des activités idéologiques : théorisation et mobilisation. Le premier fruit de cette solitude fut la parution, en 1976, du tome I du *Livre Vert*, qui fut d'ailleurs traduit en allemand avant d'être publié en arabe.

(3) Cf. le Journal Officiel Libyen sur l'interdiction de l'activité des partis politiques de 1972.

(4) Une série d'entretiens approfondis, chez lui, à Tripoli le 27-07-1998 et le 26-07-1999.

(5) Le journaliste et poète libyen, Idriss Ibn Tayyeb, publia un article en deux parties - non sans y avoir été poussé- dans l'hebdomadaire culturel du 14-10-1977 et du 11-11-1977 pour exiger le départ de ces cheikhs enturbannés : « *Nous n'avons nullement besoin de Mufti* », dit-il, « *parce que la réflexion est une obligation pour tout musulman*». D'après lui, « *L'institution du Mufti a été créée dans les moments de décadence de l'histoire musulmane. Elle est par conséquent, une institution*

168

pendant plusieurs années, appuyé inconditionnellement la politique du régime. Il s'éclipsa complètement de la scène politique et se consacra à ses affaires personnelles [1].

Il est aussi à remarquer que les figures nationales, patriotiques et militantes sollicitées à inscrire leur légitimité historique dans le sillage de la nouvelle expérience, furent forcées de faire défection ou tout simplement furent écartées dès les deux premières années du changement politique. En effet, Mustapha Ben Ameur (ex-ministre de l'Éducation qui était l'un des fondateurs du Club d'Omar EL-Mokhtar), Mohammed Ali Tebbou (ex-ministre de l'Agriculture), et Saleh Bouissir (ex-ministre des Affaires étrangères) qui était un opposant farouche au Roi et présida même le Parlement) préférèrent partir pour une raison ou pour une autre. Les militaires se divisèrent entre eux, faute de communication et d'entente.

La *Révolution Culturelle,* proclamée en 1973, fut la preuve indéniable de l'autoritarisme politique. Elle détruisit toutes les institutions en place et verrouilla le paysage politique et culturel.

La gauche libyenne, toutes sensibilités confondues, connut à partir de 1972 et surtout après la *Révolution Culturelle*, des jours sombres. L'exemple du Parti Trotskiste Libyen (P.T.L.) est, à cet égard, édifiant. L'un des fondateurs, Abdelfattah El-Bichti, issu d'une famille de notables qui a donné

---

dépourvue de toute légitimité, d'autant plus qu'elle tente de monopoliser la réflexion religieuse et d'accaparer l'effort « d'Tjtihad ». Or la « Révolution libyenne » s'est assignée la mission de libérer la société et l'individu du mysticisme, de l'asservissement et du fanatisme.»

Dans un autre article intitulé « Avertissement » qu'il publia dans l'hebdomadaire politique « Al-Usbou Al-Siyasi », numéro 248 du 11 mars 1977, Ibn Tayyeb s'insurgea contre tous les cheikhs traditionnels, les enturbannés en « *leur demandant de s'éclipser immédiatement s'ils ne veulent pas être enterrés vifs.*»

Cette tendance de refoulement des religieux traditionnels qui coïncida avec la mise en place d'une nouvelle politique de réformes religieuses, a été appuyée par certaines jeunes révolutionnaires. En effet, Sou'ad El-Wahidi (actuellement dans l'opposition en France) adopta, dans ses articles, dans le même journal, une attitude similaire. D'autre part, Faouzia Chalabi (l'actuelle ministre de l'Information) demanda de libérer les Libyens de la société réactionnaire. Ce courant n'est pas spontané, mais il traduit, semble-t-il, une certaine manipulation de l'intelligentsia libyenne venue compléter ce que nous appelions la politique érosive.

Ibn Tayyeb fut arrêté avec treize jeunes hommes de lettres du Journal de l'Hebdomadaire Culturel : poètes, nouvellistes, romanciers hommes de culture, critiques,... qui furent tous condamnés à la détention à perpétuité. Ils, ne furent élargis en 1988 qu'après les mouvements « de libéralisation démocratique » survenus sur la scène mondiale et maghrébine. Ibn Tayyeb à Benghazi a toujours, rejeté catégoriquement l'idée de manipulation et affirma rédiger les trois articles de son propre chef. Cette manipulation intelligente est significative à plusieurs égards. C'est un message « officieux » et indirect à des partenaires politiques ayant leur poids historique. C'est surtout un exercice habile d'affrontement entre les courants.

(1) Selon des témoignages crédibles, le cheikh Mustapha Triki se consacra à ses affaires personelles dans la périphérie de Tripoli, comme s'il voulait lancer au régime un message de mépris et de défiance.

à la Monarchie une partie de ses cadres (Mohammed El-Bichti, Abdelhamid Baccouche, Hussein El-Bichti, Abderrazak El-Bichti), accepta de nous raconter la trajectoire des trotskistes libyens [1] : « *Pour pouvoir appliquer la loi n° 71 de l'année 1972 sur l'interdiction des partis, le nouveau régime eut recours au service des archives de la police politique sous la Monarchie. Nous étions à peu près une douzaine de militants. Notre activité était presque arrêtée. En effet, quelques uns de nos camarades sont partis faire leurs études à l'étranger, d'autres se sont convertis au léninisme. Pourtant, nous avons été jugés. Le tribunal exigea le document prouvant la dissolution du parti. Cette pièce nous manquait. C'est ce qui fut considéré comme la preuve irréfutable de l'existence d'une activité politique. Les sentences étaient dures. Nous avons passé plus de douze ans en prison*».

« *Ce n'est qu'après notre emprisonnement que les Services de sécurité continuèrent leurs perquisitions pour trouver l'imprimerie, les documents et les livres de références.* » Pour mieux défendre son approche, notre interlocuteur ajouta aussi : « *Car les preuves matérielles comptaient peu. Cette conception politique voulait effacer toutes les composantes du paysage politique. Cette mentalité tribale veut présenter la Libye comme un véritable désert politique. Or ce n'était pas vrai !. Mais au fond, le régime voulait communiquer un message symbolique à toute l'opposition* ».

Du reste, la *Révolution Culturelle,* dans sa conception ou même dans son application, traduisit une méfiance quasi-phobique à l'égard de l'intelligentsia autonome. En effet, elle a mis en application le principe de la non-autonomie de l'intellectuel. Tout intellectuel doit être au service de l'engagement révolutionnaire. C'est ainsi que la *Révolution Culturelle* a sapé les conditions d'accumulation de l'intelligentsia libyenne et a bloqué toute possibilité de construction d'une identité nationale et civilisationnelle. Elle a freiné, surtout, certains projets politiques et culturels : émergence d'une société civile, existence d'un espace politique autonome et concrétisation de l'idée d'une personnalité libyenne. Il était clair qu'elle voulait faire table rase de tout le passé historique et de tous les courants politiques et culturels. Cette politique érosive priva, en fin de compte, la Libye de la profondeur culturelle nécessaire à tout édifice politique, d'un palier capital de son histoire contemporaine, celui de la construction d'un Etat moderne.

C'est dans ce sens que les nouvelles expériences politiques et idéologiques ont toujours prouvé qu'une élite politique homogène et mobilisatrice est un outil nécessaire à tout développement politique.

3. Militaires et étudiants : Association ou conflits ?

Les rapports entre le système monarchique et les étudiants furent souvent conflictuels. C'est pouquoi, les étudiants eurent beaucoup de difficultés à avoir l'autorisation pour leur syndicat sous la Monarchie.

---

(1) L'entretien a été réalisé à Tripoli le 26-09-1996.

Il a fallu plus de huit ans après la formation de l'Université de Benghazi (1956) pour que l'ancien régime reconnût, en 1965, *l'Union Générale des Etudiants Libyens* (U.G.E.L.). Cette reconnaissance, difficilement arrachée, vint couronner de multiples efforts fournis tant à l'intérieur qu'à l'extérieur (surtout à Bruxelles) pour obtenir la légalité [1]. Mais le poids de l'U.G.E.L. resta faible pour de multiples raisons. Les étudiants manifestèrent le 13 janvier 1964 pour appuyer Nasser et la cause palestinienne, puis ils transformèrent cette date en une occasion annuelle de protestation politique contre la mort de leurs collègues, lors des affrontements avec les forces mobiles.

Ils manifestèrent aussi, à plusieurs reprises, au cours du mois de mars 1965 pour exiger l'évacuation des bases étrangères, la dissolution du Parlement libyen et la formation d'un syndicat démocratique regroupant les étudiants et les lycéens.

C'est ainsi que les étudiants furent appuyés par les élèves. Pour pouvoir calmer les esprits et apaiser la situation, le gouvernement leur permit de former un conseil estudiantin. C'est ce qui fut refusé par les étudiants ; ces derniers réclamaient le droit à une organisation syndicale autonome et démocratique. Mais le gouvernement ne voulait pas d'une organisation politisée, d'autant plus que la situation intérieure était extrêmement tendue à cause de l'affaire des bases étrangères. Le gouvernement permit, dans un geste d'apaisement, de former le *conseil Superieur des Etudiants* (C.S.E), qui fut refusé. Les étudiants redoublèrent leurs activités politiques et leurs manifestations jusqu'à ce que leur syndicat fût reconnu en 1965. En revanche, après 1969, les étudiants furent considérés par le *Congrès Révolutionnaire*, comme une force d'avant-garde et même comme une composante essentielle « des forces actives du peuple» à côté des ouvriers, des intellectuels, des soldats et de la bourgeoisie nationale. En effet, le nouveau régime leur demanda de s'associer à la « Révolution » et d'éviter les grèves et les agitations, en échange de la reconnaissance de leur U.G.E.L. en 1971 : « *Cette structure, selon son statut, se doit de travailler pour la renaissance de la pensée arabe islamique et de lutter contre les pensées falsifiées [...] d'aider les causes de libération...*» [2]. Pour faire preuve de bonne volonté et de pleine adhésion aux idéaux de la « Révolution », des étudiants organisèrent des campagnes volontaires de lutte contre l'analphabétisme et participèrent surtout aux efforts de la révolution agraire. Ils prirent également part aux travaux du *Conseil Supérieur de l'Orientation Nationale*, chargé d'arrêter les grandes orientations en matière de formation idéologique, de mobilisation des potentialités révolutionnaires, de définition de la politique éducative et de l'instruction publique. Fidèle à la politique érosive et aux reflexes de la manipulation intelligente, Kadhafi adressa, le 6 avril 1975 une réplique par

---

(1) Ruth First, *Libya the elusive revolution*, London Penguin library, 1974, pp. 84-85.
(2) Statut de l'Union Générale des Etudiants Libyens U.G.E.L. 1967 (préface).

une missive symbolique à l'ensemble de la société : « *Il réunit les tribus de l'Est (Ouled Ali, Ouled Souleymen et même Ouerfalla) à Es-Sloug* [capitale des 'Awaghir et lieu d'enterrement d'Omar El-Mokhtar, le chef des *Moujahidines*, situé à 60 kilomètres de la ville de Benghazi] *et dénonça les manifestations des étudiants et l'occupation des ambassades libyennes à l'étranger (à Londres et au Caire), alors que le peuple se réunissait en Congrès Général du Peuple « Parlement » pour présenter à l'humanité entière une nouvelle expérience politique»*, nous expliqua Ahmed Ballou, [1] « *Il fit même appel aux chefs de tribu pour obtenir leur appui contre les réactionnaires, les mercenaires et les sans foi ni-loi. Et il leur demanda de jeter les bases d'une nouvelle éducation idéologique et de préciser les fondements théoriques de la Troisième Théorie Universelle qui combat à la fois le communisme et le capitalisme. C'est exactement le programme qui allait être appliqué ultérieurement. »* [2]

Mais à partir du moment où les étudiants commencèrent à prendre leur distance à l'égard du nouveau régime, ce fut l'affrontement : « Car celui-ci ne *voulait pas que cette force fût autonome et surtout critique. En effet, à partir de 1975, les étudiants commencèrent à revendiquer l'autonomie de leur U.G.E.L et leur indépendance. Ils organisèrent, le 28 février 1975, leur premier grand meeting pour confirmer* [3] *leur autonomie par rapport à la politique officielle et revendiquèrent leur droit à se prononcer sur la politique de leur pays, ce qui leur fut interdit. Les étudiants se trouvèrent dans la contrainte de manifester le 6 janvier 1976 pour réclamer leur droit à une organisation autonome et à la liberté d'expression.*

Des intrus s'infiltrèrent dans leurs rangs et brûlèrent le siège du syndicat des ouvriers dans le but de creuser le fossé entre les groupes sociaux. Quelques étudiants furent tués. Nous fûmes condamnés à douze ans de prison » [4] affirma t-il.

« *Le pouvoir refusa catégoriquement de reconnaître l'autonomie de notre structure et appuya celle demandée par Abdelkader Al-Bagdadi* [5], *et ceux qui furent autorisés à prendre d'assaut l'Université de Benghazi et de la purifier des « malades » et des « réactionnaires »*. Le 7 avril, la guerre fut déclarée aux étudiants islamistes, aux marxistes et surtout aux sympathisants de l'U.G.E.L [6]. Mais au delà de la dimension événementielle, cette gesticulation politique est d'une profondeur réelle et symbolique inouïe. C'est un geste de récupération car, Kadhafi veut se présenter

---

(1) Entretien d'Ahmed Ballou à Tripoli le 26-09-1996.
(2) Nous avons pu recueillir ces informations a partir d'un entretien avec Ahmed Ballou membre actif de l'U.G.E.L. entre 1973-1976.
(3) Entretien avec Ahmed Ballou, le 20-09-1996. Ces mêmes informations nous ont été confirmées aussi par Ridha Moussa, ancien membre influent de L'U.G.E.L suite à un entretien à Tripoli organisé le 25-05-1999.
(4) Entretien d'Ahmed Ballou à Tripoli le 26-09-1996.
(5) Mansour Abou Chinnef, entretien le 20-09-1996.
(6) Mansour Abou Chinnef, le même entretien.

comme l'héritier légitime du mouvement national, du mouvement d'*Al-Jihad* et plus précisément comme le fils symbolique du héros Omar El -Mokhtar. En rencontrant les chefs de tribus dans un lieu sacré qui acceuille la tombe de l'une des figures héroïques de la Libye, Kadhafi croyait aiguiser la nostalgie historique, revivifier l'imaginaire collectif et se doter d'une légitimité suffisante pour affronter ce groupe de jeunes « factieux » qui, en manifestant, semblaient avoir mis en cause sa propore légitimité et son charisme.

Cette protection, venant de l'histoire, aurait peut-être pour lui un effet talismanique protecteur. Il aurait agi comme un guerrier qui voudrait s'immuniser contre les accidents imprévus d'un combat en s'attirant la protection divine. C'est aussi la preuve que le monopole de la violence, selon l'expression wéberienne, reste insuffisant, s'il ne s'accompagne pas d'une manipulation légitimatrice de la référence religieuse et d'un remeublement instrumentalisé de la mémoire collective. En rencontrant ce symbole historique, Kadhafi croyait pouvoir affronter tous ses ennemis avec l'immunité de l'histoire. Cette réappropriation des symboles produit souvent, selon lui, des effets protecteurs.

Ce ressourcement a donc permis d'exclure cette intelligentsia naissante, de l'anéantir et de récupérer un territoire symbolique considéré comme la propriété exclusive du nouveau régime. Cet acte purgatoire n'était-il pas une sanction collective et un rejet quasi total de toute forme de différence ? N'était-il pas aussi une forme d'immunisation de son champ idéologique de cette contestation ?

C'est ainsi qu' Ahmed Ballou nous a affirmé dans ce sens que : « *l'Union Générale des Etudiants Libyens fut reprise par les étudiants « révolutionnaires » entièrement acquis au pouvoir. Ceux-ci choisirent, entre eux, Abdelkader Baghdadi (sociologue) comme secrétaire général de l'U.G.E.L. C'était, donc, nos collègues de l'université* [1]. *Il était évident que notre organisation a été usurpée pour toujours !* ».

Ce même avis nous a été confirmé par Mansour Bouchinnef (romancier et homme de théâtre) qui commentait ainsi les événements de 1976 : « *Le pouvoir reprit en main la situation, alors qu'il n'avait que cent étudiants qui lui étaient entièrement acquis contrairement à la masse des 6.000 étudiants de l'Université de Benghazi. Mais ce n'était pas une exception. Notre société s'est habituée à fonctionner, en termes de rupture souvent aiguë et violente. Pour pouvoir comprendre cette violence, il faudrait opérer une lecture anthropologique de la société libyenne* » nous disait-il.

4. Créateurs et révolutionnaires et l'impossibilité de coexistence

---

(1) Il faisait allusion à Ahmed Ibrahim et à Mustapha El-Zaydi. Voir l'entretien précédent.

L'hebdomadaire culturel (*El-Usbou Ath-thaqafi*), supplément culturel du journal « *Al-Fajr Al-Jadid* », donna en 1978, l'exemple édifiant de l'impossibilité de cette coexistence entre les jeunes révolutionnaires et les différents *partenaires* du paysage intellectuel libyen des années soixante-dix. Signalons que l'expérience de ce supplément qui a duré de 1972 à 1978 fut remarquable. Elle recelait de véritables potentialités intellectuelles et culturelles. Cet espace a offert à l'intelligentsia libyenne une réelle possibilité d'exprimer librement ses idées et de les confronter avec les thèses officielles. Elle put même présenter de nouvelles approches intellectuelles, politiques, culturelles et artistiques. C'était donc une voix autonome voire discordante. Il est à remarquer, dans ce sens, que cet espace a pu mobiliser, en six ans, une petite intelligentsia d'une cinquantaine de personnes venues de tous les horizons, de toutes les disciplines, de toutes les régions et tribus de Libye [1].

Certes, dans des conditions d'accumulation plus favorables, et avec des débats plus enrichissants, cette intelligentsia embryonnaire aurait pu se transformer en une élite politico-intellectuelle. Elle avait le profil et les ressources suffisantes pour l'être. En effet, elle constituait un embryon promoteur. Elle était fière de son autonomie, malgré sa fragilité, par rapport au pouvoir central et surtout par rapport aux *Comités Révolutionnaires*. Cette intelligentsia, influencée en majorité par les idéaux de la gauche, se proposait, comme tâche, une réécriture de l'histoire culturelle et sociale de la Libye. Cette expérience intellectuelle autonome dérangea. Kadhafi a préféré réagir immédiatement : «*Nous devons nous opposer à la publication des écrits qui ne correspondent pas à l'orientation voulue par les masses*», comme s'il voulait prouver l'existence d'une ligne rouge à ne pas transgresser[2], et légitimer l'arrestation de l'équipe « *d'El Usbou Ath-Thaqafi* ». Pour appliquer les directives du leader, les CR établirent une liste de quatorze auteurs à arrêter [3], et ce fut donc le célèbre procès des intellectuels qui traduisit en 1978, une nette volonté de détruire cette mini-élite naissante.

Pour appréhender de l'intérieur cette expérience de confrontation, nous avons réalisé une dizaine d'entretiens avec les acteurs intéressés à

---

(1) Le premier rédacteur en chef fut Ahmed Ibrahim El-Faqih, romancier et nouvelliste, puis ce fut Mustapha Messallati islamisant et enfin Abdelrahmane Chelgham.
(2) Discours de Kadhafi devant le séminaire de la culture révolutionnaire à Benghazi, au mois de novembre 1979.
(3) Il s'agit de Omar Kekli, Abdessalam Chheb, Jomâa Bouglib, Mohammed Zentani, Mohammed Fakih Salah, Idriss Ibn Tayyeb, Ahmed El-Feytouri, Ali El-Rehibi, Abdellatif Chellouf, Mohammed Zekri, Fethi Naçib, Idriss Mesmari, Saâd Sawi et Ezzeddine El-Fersi. Normalement, c'était sa soeur Om El-Ezz El-Fersi qui devait être arrêtée, parce qu'elle était directrice du lycée où avait été organisé la semaine culturelle, mais comme les lois tribales interdisent l'incarcération des femmes, c'est le frère qui fut emprisonné pendant plus de dix ans.

Tripoli et à Benghazi. Ils osèrent parler, malgré tous les risques possibles, comme s'ils voulaient réécrire leur propre histoire souvent méconnue.

Mais pour être concis, nous nous sommes contenté de deux témoignages significatifs, le premier est celui de Fethi Naçib (politologue et nouvelliste célèbre) qui accepta de nous relater l'histoire de cette confrontation : « *Pour comprendre cette histoire, il faudrait remonter au milieu des années soixante-dix. En effet, Ahmed Ibrahim, idéologue confirmé du régime et longtemps ministre de l'Education et de l'Enseignement supérieur, se plaignait souvent, en public et en privé, de notre journal* [1]. *Il en a même parlé au Guide de la Révolution* ».

« *Il condamnait le Journal parce que, d'après lui, il ne publiait qu'aux marxistes et aux exclus de l'Université après le 7 avril, date de l'insurrection estudiantine* « *Intifada Al Toullabiya* ». *Il visait précisément Ali El-Rehibi et Joma'à Bouglibe. C'est un journal qui refuse de publier aux* «*Révolutionnaires* »[2]. *A l'occasion de l'organisation de la semaine culturelle de Benghazi et en marge du séminaire consacré au poète libyen Ali El-Reghi'i et organisé par notre amie Oum El-Ezze El-Farsi* [3], *Ahmed Ibrahim vint me chercher au théâtre de Benghazi. Il me demanda d'écrire un rapport accablant contre le reste du groupe (13 personnes), en contrepartie de mon acquittement, très vite, son adjoint (Khélifa Houass) pointa sur moi son revolver. J'avais devant moi une heure pour le faire. Malgré la menace de mort certaine, j'ai pris tout le temps qu'il fallait pour réfléchir et j'ai fini par refuser. Et je fus immédiatement arrêté. C'est ainsi qu'Ahmed Ibrahim, appuyé par les Comités Révolutionnaires, arrêta tout le groupe déjà présent dans les différentes activités de la semaine culturelle. Il déclara devant tout le monde* : « *nous les arrêtons, parce que la coexistence entre nous est impossible. Nous les arrêtons pour immuniser la société contre leurs dangers. En fait, les choses étaient plus profondes. Notre procès était un message adressé à l'ensemble de la société libyenne et surtout aux pays arabes et à l'opinion internationale. Il faudrait rappeler qu'après l'adoption du Livre Vert (tome II), le régime fut accusé de communisme. En effet, notre procès fut présenté par le discours officiel libyen comme celui des marxistes. C'est que le régime voulait repousser cette étiquette de communisme. Il voulait faire de nous des boucs émissaires* », nous affirma notre interlocuteur.

---

(1) En fait, Fethi Naçib nous accorda deux entretiens, à Tunis le 25-04-1998, à Benghazi le 10-08-1998.
(2) Pourtant, ils eurent droit à deux journaux : la Marche Verte (El-Zahf El-Akhdar) et la « Jamahariyya » et une radio « Voix de la Nation Arabe, Voix des Comités Révolutionnaires ».
(3) C'est vrai qu'Oum El-Ezz El-Fersi n'a pas été incarcérée, mais elle a trouvé toutes les peines du monde pour enseigner à l'Université de Benghazi, parce qu'elle n'avait pas l'accord des Comités Révolutionnaires, à cause de l'histoire de son mari, Idriss El-Mesmari.

Le second témoignage est celui de Omar Kekli (homme de lettres, chroniqueur et nouvelliste connu) qui nous déclara : [1] « *Le message était plus profond. Il faudrait noter que le régime cherchait depuis 1973, année de la Révolution Culturelle, à produire sa propre élite. Cela exigeait, selon sa propre conception, l'élimination des partenaires politiques et culturels précédents. Pour ce faire, il interdit les partis politiques, élimina les élites et affaiblit l'armée. Il voulait éviter toute concurrence et déblayer le chemin devant les Comités Révolutionnaires. Mais paradoxalement, ceux-ci n'avaient pas les ressources personnelles et intellectuelles suffisantes pour se transformer en véritable élite, ni en un parti politique. Certes, ils n'avaient pas la volonté politique nécessaire.* »

Ce procès, auquel assista Amnesty International, fut l'un des rares moments d'une confrontation d'idées, dans l'histoire immédiate de la Libye. Les CR mobilisèrent leurs meilleurs idéologues (Ahmed Ibrahim El-Kadhafi et Mustapha El-Zeydi, idéologue puis ministre de la Santé), Mohammed El-Majdoub (cousin de Kadhafi et véritable patron des CR) et Younès M'affa comme témoins. En revanche, la défense fut assurée par Mohammed Abdelrahmane El-Janzouri qui fut lui-même emprisonné, quelques mois après. Ce procès révéla non seulement l'absence de dialogue entre les deux groupes, mais plutôt l'impossible coexistence. C'est que les rapports étaient régis par la logique de la négation réciproque. En effet, les 14 accusés protestèrent contre leur jugement selon la loi de la « *hizbiya* » qui interdisait l'activité des partis sous risque de la peine de mort.

La défense refusa catégoriquement le recours à la loi de la « *hizbiya* » pour juger ces jeunes créateurs. Elle refusa également de considérer une rencontre fortuite d'intellectuels comme une réunion politique. Me Mohammed Abderrhmane El-Janzouri adressant la parole à Ahmed Ibrahim, lui dit : «*vous qui êtes originaire du Soudan*[2]*, est-ce que vous considérez la zarda (fête) comme une réunion politique?* ». Ahmed Ibrahim répliqua sur un ton furieux : « *S'ils (les accusés) avaient essayé de créer un parti politique, on les aurait fusillé au coin de la rue sans passer par le tribunal. Ils sont ici parce qu'ils ont organisé des rencontres entre eux pour comploter contre l'Etat* »[3].

C'est pour cette raison que le groupe fut condamné à la détention à perpétuité. Ce procès a donc révélé le caractère totalitaire du régime à l'égard de l'existence de deux légitimités concurrentes voire hostiles.

---

(1) Entretien d'Omar El-Kekli, à Tripoli le 25-09-1996, à Tunis le 16-08-1998 et à Tripoli le 29-07-1999.
(2) La famille d'Ahmed Ibrahim, partie des Kadhadfa, avait émigré, dès les premières années de l'occupation italienne, vers le Soudan et ne retourna à Syrtes, qu'au milieu des années 60. Elle a su se réintégrer facilement. En effet, Ahmed Ibrahim s'impliqua pleinement dans la violence contre les intellectuels et contre les étudiants.
(3) Entretien avec Omar Kekli à Tripoli le 29-07-1997.

La première est démocratique, parce qu'elle revendique le droit à la liberté d'expression, à la libre organisation et au refus de tout contrôle de la circulation des idées.

La seconde légitimité est de caractère révolutionnaire. Elle est, par conséquent, radicaliste et autoritaire, parce qu'elle nie toute organisation ou expression non-révolutionnaire. Elle est aussi totalitaire, eu égard à sa mainmise sur toute la société et tous les moyens d'expression.

Il s'agit donc de deux légitimités opposées qui ne peuvent pas coexister. C'est pourquoi les intellectuels et les révolutionnaires s'excluent mutuellement. Il faudrait donc imaginer quel serait l'effet de l'apport de ces deux groupes divergents pour l'enrichissement de la vie politique, intellectuelle, culturelle et même sociale de la Libye actuelle.

Mais il semble que l'histoire contemporaine de la Libye soit dominée par des réflexes de rupture souvent brutale et violente. Il s'agit de ruptures programmées, voire provoquées. Ainsi, en tenant compte du mécanisme de la manipulation intelligente, il serait possible d'affirmer que cette confrontation entre les deux groupes a été programmée dans le but d'encourager la diffusion du vide en tant que technique habile de pouvoir politique. Dans cette perspective, les *Comités Révolutionnaires*, longtemps favorisés et choyés par le régime, furent, à partir de 1988, eux-mêmes progressivement marginalisés. C'est qu'ils avaient suffisamment pris le temps d'accomplir les diverses missions qui leur furent dévolues. Mais ce mécanisme d'autodestruction est la négation même du principe de la circulation des idées, de l'accumulation des expériences intellectuelles et politiques et de la formation d'élites. L'analyse en profondeur de l'experience des CR permettra de mieux comprendre cela.

CHAPITRE 3 : LES COMITES REVOLUTIONNAIRES : MOUVEMENT SOCIAL OU EXPRESSION CLIENTELISTIQUE ?

Dans cette partie, seront présentés les premiers éléments d'une enquête sur les interférences entre les structures politiques et les structures tribales en Libye durant la période de 1969 à 2000. Il s'agit, de fait d'une analyse des enjeux profonds du système libyen et des étapes essentielles de son évolution politico-idéologique. L'émergence du mouvement des *Comités Révolutionnaires* formellement créés le 7 novembre 1977 a été une étape significative de l'évolution structurelle du régime. Aussi est-il important de prendre en considération les difficultés inhérentes au travail sur une réalité politique et sociale très changeante et complexe. Ces obstacles pèsent lourdement sur toute connaissance du terrain au sens sociologique.

Après la définition des grandes étapes de l'évolution politique et institutionnelle de la Libye, nous tenterons d'analyser la composition sociale et l'origine géographique des membres des *Comités Révolutionnaires*. Nous nous interrogeons sur l'importance des CR à constituer un mouvement social et culturel. Nous n'avons pas la prétention de présenter une étude exhaustive de la problématique soulevée, car il est difficile de se prononcer définitivement sur une question sans disposer d'un niveau requis d'informations. En outre, il est difficile d'approcher ces structures informelles bien qu'elles aient un important poids politique.

La présente partie constitue le couronnement d'une observation continue du comportement des membres des *Comités Révolutionnaires* de l'Université « d'El- Fateh » (le Campus universitaire) et notamment, de la même institution et de la Faculté de Droit et des Sciences Economiques.

Nous avons également cherché à comprendre le processus de la formation de ses membres, leur hiérarchie politique, la logique de leurs comportements et de leurs rapports avec les instances supérieures du pouvoir. Nous avons procédé à une série d'observations et de rencontres avec les membres des CR. Ces informations nous ont permis de pouvoir pénétrer ce monde qui nous paraissait de l'extérieur mystérieux et complexe.

Le 1er septembre 1969, la Libye a rompu avec une Monarchie épuisée, dépendante de l'Occident et soumise à une présence militaire américano-britannique directe[1]. L'Indépendance de la Libye en 1951 était formelle, parce que le pouvoir demeurait sous la tutelle de Londres et de Washington, surtout pendant la période de 1951 jusqu'à 1959, pendant laquelle le pays était l'un des pays les plus pauvres du monde avec un revenu de 35 dollars par an. Le taux d'analphabétisme y atteignait, jusqu'au début des années soixante, un pourcentage de 90% [2].

---

(1) Paul Balta, *le Grand Maghreb*, Edition Laphomic, Alger 1990, pp. 33-54.
(2) Ibidem, pp. 33-53.

A la fin des années cinquante, [1] l'agriculture et l'activité pastorale n'arrivaient même pas à nourrir une population qui comptait à peu près un million d'habitants. Mais le jaillissement de l'Or noir en 1959 a entraîné un ébranlement des structures sociales et économiques du pays et engendré un besoin profond de changement politique. Et ce fut le Mouvement du 1er septembre 1969.

Les trois premières années de la « Révolution » se sont caractérisées par une certaine tolérance vis-à-vis de « l'activisme politique » hérité de l'ère Sénoussie. Frères musulmans, Bâathistes, Nassériens, Nationalistes arabes et Syndicalistes s'activaient au sein du Parlement et à l'extérieur dans un espace cloîtré et contrôlé par une police politique omniprésente. Malgré son caractère conservateur, la Monarchie avait toléré une marge de liberté politique. Les groupuscules politiques n'étaient pas reconnus, mais ils militaient en douceur au sein des universités, des lycées et des syndicats. La pluralité politique n'était pas institutionnalisée mais tolérée.

Le discours de Zouara, prononcé par Kadhafi, inaugura une nouvelle phase de contrôle politique. La *Révolution Culturelle* se voulait spécifique et autonome sans pour autant cacher les traces de l'influence politique et culturelle maoïste. Elle est la base de la *Révolution Populaire*, mais elle est surtout une incitation à neutraliser les élites formées sous la monarchie et à contrecarrer les fonctionnaires non enthousiastes[2]. C'est un appel direct aux masses pour l'élimination de l'activisme politique marxiste, islamiste, bâathiste ou autre. La *Révolution Culturelle* a inauguré une nouvelle phase de durcissement politique surtout avec l'opposition libyenne de l'intérieur[3]. Et de fait, il y a eu des arrestations et des condamnations de centaines d'Islamistes, de Bâathistes et de Communistes.

La deuxième étape fut pratiquement la conséquence immédiate d'une tentative de complot au mois de juillet 1975 : « *6 membres du Conseil du Commandement de la Révolution et 77 hauts fonctionnaires et militaires de divers grades y ont été impliqués. C'était la rupture avec l'ère nassérienne*»[4] c'est-à-dire le passage d'une « *Révolution élitiste à une Révolution Populaire* », comme voudrait le définir le discours officiel[5]. En même temps, une large ouverture a été faite à l'Union soviétique, à

---

(1) Cf. également, Hervé Bleuchot, «Les fondements de l'idéologie du Colonel Mouammer El-Kadhafi », in, Revue *Maghreb- Machrek,* n°162, mars-avril 1974, p. 21. cf. également, « *Chroniques et documents libyens* 1969-1980 », in, *Annuaire de l'Arique du Nord,* édition du CNRS, 1983, pp. 9-14.
(2) Le discours de Kadhafi, prononcé le 15-04-1973 pour annoncer la *Révolution Culturelle* ; Cf. *Sidjill al qawmi* n° 4, 1972-1973, p. 646.
(3) Hanspeter Mattes, « L'emprise du politique sur le culturel en Libye révolutionnaire », in, *Annuaire de l'Afrique du Nord,* 1985, pp. 72-78.
(4) Paul Balta, *Le grand Maghreb,* Alger, éditions Laphomic, 1990, pp. 33-54.
(5) *Ibidem,* pp. 33-54.

l'Europe de l'Est et à la gauche palestinienne jadis méconnue.[1] Kadhafi voulait à la fois dépasser son propre salafisme et créer un corps de défense contre les complots: un bouclier humain en quelque sorte. Il voulait également « révolutionner » les structures politiques et créer de nouvelles élites fidèles au régime.

1. Désagrégation de l'Etat et radicalisation intérieure

Le mois de mars 1977 fut un tournant exceptionnel dans l'histoire actuelle de la Libye avec l'instauration, le 2 mars 1977, du système de la *Jamahirya* à la suite de la réunion du *Congrès Général du Peuple* à Sabha.

Le 7 novembre 1977, fut l'émergence du mouvement des *Comités Révolutionnaires*, qui a été formé de jeunes gens dont l'âge variait entre 17 et 30 ans.

Quelle était la mission des CR ?

Le rôle des CR était d'orienter, de dynamiser les *Comités Populaires*, de défendre la « Révolution», de quadriller les quartiers et les rues et de s'attaquer aux opposants tant à l'intérieur qu'à l'extérieur. Ainsi le 2 mars 1979, «sur décision de ses membres », a été prononcée la dissolution du CCR, l'instance suprême qui fusionnait à la fois le législatif et l'exécutif. Après cette mesure, les acteurs du 1er septembre, Abdessalam Jalloud, Mustapha El-Kharroubi, Khouildi El-Hamidi et Abou Baker Younès Jaber (ce sont les militaires qui ne se sont pas absentés la nuit du renversement du Roi Idriss) quittent le pouvoir apparemment pour se consacrer, surtout à des activités d'encadrement et de contrôle indirect des organes sensibles du régime tels que les Services spéciaux et l'Investissement extérieur. Ils demeurèrent au sein du régime, sans avoir de fonctions précises, exception faite d'Aboubaker Younès Jaber, le chef d'Etat-Major de l'Armée. Mais en réalité, ils sont unis par des liens plus tribaux que politiques. Ils sont aussi liés au « Guide de la Révolution » par un fort sentiment de solidarité et de fidélité.

A l'occasion du 9e anniversaire de la Révolution, Kadhafi a défini le pouvoir révolutionnaire de la manière suivante : « *Désormais il faudrait distinguer les CR, car c'est dans cette mesure que le pouvoir peut rester révolutionnaire. A partir d'aujourd'hui, je n'exercerai plus aucune fonction exécutive, ni administrative, ni syndicale. Je retrouverai ainsi ma place parmi les révolutionnaires* [2]. *Désormais le pouvoir appartient aux jeunes révolutionnaires qui se chargent de contrôler la Révolution là où ils se trouvent et dans tous les appareils de l'Etat : armée, sécurité, universités,*

---

(1) Pourtant Kadhafi avait adopté, entre 1969 et 1973, une attitude très critique à l'égard de l'ex-Union soviétique, mais il a fallu des pressions de la part d'une aile du régime et surtout de fortes divergences avec la politique pro-américaine de Sadate pour qu'il acceptât finalement de réviser sa politique.

(2) Moncef Djaziri, « La dynamique des institutions et la structure du pouvoir en Libye 1978-1987, causes et enjeux du nouveau système politique », in, *Annuaire de l'Afrique du Nord*, tome XXVI, 1987, pp. 451-475.

administrations nationales et locales » [1]. A l'instar des Gardes Rouges [2], ils sont investis d'un large pouvoir, parce qu'ils sont porteurs d'un message révolutionnaire. Chargés par Kadhafi de le transmettre, ils se voient au-dessus de tout contrôle. Porteurs d'une mission « sacrée », ils croyaient pouvoir tout contrôler.

Quel était, donc, le contenu de ce message confié aux membres des CR ? Quelle réponse pourrait nous présenter le *Livre Vert* ? Il est utile de remarquer à ce propos qu'aucune mention n'a été faite aux CR surtout dans la première partie du livre consacrée à la question politique et à la solution finale du problème de la démocratie[3]. Cependant, un petit ouvrage de la série « *les Commentaires du Livre Vert* » portant le titre «*les Comités Révolutionnaires* » a bien défini les fonctions et les caractéristiques du révolutionnaire comme suit[4]: «*Le mouvement des Comités Révolutionnaires est un moyen d'incitation à la Révolution populaire qui permettra aux masses de prendre conscience de leurs devoirs historiques* ».

Cette « conscientisation » leur facilitera la destruction de la société rétrograde et l'instauration d'une société « jamahiryenne » alternative [5]. Partant de ce principe, il est possible de remarquer que : « *La forme, les buts et le style d'un mouvement révolutionnaire sont définis selon ses fonctions. Le changement ne peut se faire que par le biais d'un mouvement révolutionnaire ayant une idéologie et une théorie révolutionnaires. Seule une théorie révolutionnaire est en mesure de soumettre l'injustice à l'analyse critique pour pouvoir la détruire et présenter les alternatives longtemps attendues par les masses accablées* » [6]. Ces deux paragraphes contiennent un appel à créer et instituer une société nouvelle qui rompt avec l'ancien ordre. Une telle œuvre n'est réalisable qu'au moyen d'une idéologie et d'une méthode révolutionnaires et par une jeunesse enthousiaste qui faisait défaut sous la Monarchie. Cette obsession de la

---

(1) Cf. *Sdjill al qawmi* vol n°11, 1979-1980. Cf. *Sdjill al qawmi* vol n°10, 1978-1979, p. 497.

(2) Kadhafi a toujours refusé de comparer sa *Révolution Culturelle* en Libye à celle de Mao, qu'il trouvait athée.

(3) Pourtant Kadhafi se plaisait indirectement à se comparer au Prophète Mohammed (sic) et a choisi l'anniversaire de la naissance du Prophète le 15-03-1973 pour lancer sa *Révolution Culturelle* : « *Le Prophète avait besoin d'une élite croyante, de compagnons révolutionnaires* ». Cette conscience était précoce, et il a attendu quatre ans pour préciser l'appellation et définir la structure.

(4) Cf. *Lijan Thawriyya*, édité par le Centre International des Recherches et Etudes sur le *Livre Vert*, première édition 1987, pp. 66-67.

(5) Il serait significatif de voir avec quelle violence le jeune Mohammed Miftah étudiant en sciences économiques à Benghazi et membre très influent des CR traita les paysans qui commercialisaient leurs produits sur les routes de Benghazi. C'est ce qui contraigna les islamistes à l'éliminer avec beaucoup d'atrocité. Il fut assassiné et jeté sur la route périphérique de la ville.

(6) Exégèse du Livre Vert, *Lijan Al thawriya*, Merkez Al kitab Al-Akhdar, Tripoli, 1ere édition 1987, p. 53.

rupture au sens général se traduit surtout au niveau de la définition des caractéristiques du révolutionnaire :

- Il est totalement convaincu de la théorie jamahiryenne et entièrement disponible à œuvrer pour sa réalisation.
- Il n'a aucune attache à l'ancienne culture et l'ancienne société.
- Il doit faire preuve d'une profonde connaissance des considérations culturelles et politiques, de la nature du mouvement des *Comités Révolutionnaires*, et doit se distinguer par un comportement qui soit à la hauteur de cette mission historique.

2. Les Religieuses révolutionnaires : audace politique et exclusion sociale

L'idée de former une élite révolutionnaire féminine réunissant les pionnières des CR de femmes est née dans la ville de Benghazi. La création de ce corps s'inscrit dans un mouvement qui voulait rompre avec le statut de la femme séquestrée, interdite de toute participation sociale ou autre et soumise à des pratiques discriminatoires[1]. Ni le pouvoir monarchique, ni la société conservatrice n'étaient favorables à l'émancipation de la femme vivant sous la dépendance de son père, de son mari ou de son frère dans un ordre social autoritaire et patriarcal [2]. Ainsi, les dix premières années du mouvement du 1er Septembre ont peu changé les mentalités, les structures culturelles et sociales et les rapports verticaux basés sur la suprématie de l'homme[3] et de la société patriarcale. Les *Comités Révolutionnaires* féminins ont été chargés de consacrer leur vie à la « Révolution », de défendre ses principes et de lutter pour changer les rapports hommes-femmes au sein de la société. Une telle tâche a été définie par Kadhafi comme une « mission historique », ce qui a suscité un certain enthousiasme et une mobilisation active pour la création de CR féminins et surtout de *comités des Religieuses Révolutionnaires* [4].

---

(1) Maria Graeff-Wassink, *La Femme en armes, Kadhafi féministe*, Paris, édition Armand Colin, 1990, pp. 51-52.

(2) Maria Graeff-Wassink, *ibidem*, pp. 26-36.

(3) Cf.*Sidjill al qawmi*, volume n°15 de l'année 1983-1984, le discours de Kadhafi devant les étudiantes de l'Académie Militaire des Femmes, le 2 Février 1984, pp. 413-421.

(4) Dans le cadre de notre approche d'observation, nous avons pu rencontrer certaines religieuses révolutionnaires, comme nous avons pu nous entretenir avec Aïcha Jelloud, la célèbre militante en faveur de la société jamahiriyenne et des droits de la femme. En effet, Aïcha Jelloud, nièce du commandant Jelloud, ex-responsable des comités populaires à Djebel Lakhdar, était la première religieuse révolutionnaire en Libye et la première fondatrice d'un CR pour femmes. En application du discours de Kadhafi, elle avait lu une déclaration à la T.V. ou elle s'interdisait tout mariage avec un homme vaincu. Après avoir longtemps dirigé la section des études du Centre International du Livre Vert, elle est actuellement dans une situation de marginalisation.

En effet, les *Religieuses Révolutionnaires* doivent renoncer à toute vie privée, au mari, au mariage et aux enfants[1] pour se consacrer et se sacrifier au changement révolutionnaire : « *Pourquoi les chrétiennes se font-elles religieuses et vous, vous restez assises en spectatrices ? Les nonnes chrétiennes seraient-elles plus grandes que la Nation arabe...* ?»[2] déclarait Khadafi avec un temps indigné.

Le rôle des *Religieuses Révolutionnaires* consiste à combattre l'ancienne société rétrograde, à édifier la société jamahiryenne et à stopper la régression de la Nation arabe [3]. Il leur incombe également d'inciter les femmes à se défendre, à défendre leurs intérêts et à vaincre leur apathie et à quitter leur passivité.

En recevant les membres des structures féminines, formées entre 1973 et 1976, et fusionnées à partir de 1977 dans les CR, Kadhafi salua les pionnières de l'action féminine, qui avaient organisé de grandes manifestations, mobilisé les masses et harangué les foules au profit de la Révolution. Mais il fustigea avec véhémence celles qui se contentaient de se parer d'or et d'argent, inconscientes de ce qui se passe autour d'elles et incapables de faire des sacrifices : « *toute femme libyenne ou arabe qui se pare de kilos d'or et d'argent est un exemple de niaiserie, d'ignorance, de superficialité et de retard mental incontestable. Cette femme ne peut pas être avec nous. Elle ne peut pas vivre notre temps* »[4]. Pour mieux étayer sa réflexion, Kadhafi déclara qu'« *une balle [contre Israël] vaut plus qu'un collier d'or... pour nous, maintenant, une tenue de combat portée par une femme vaut plus qu'un ensemble en soie porté par une bourgeoise ignorante, niaise, superficielle et inconsciente des défis qui l'affrontent elle-même et affrontent par conséquent même ses enfants.* »[5]

Il ajouta aussi : « *Il n'y a pas de citoyen arabe, ou même de citoyen dans ce monde opprimé, digne du mariage avec une ou plusieurs femmes ou de se faire des concubines.* »[6]

D'après lui, « *même les femmes savent pertinemment qu'il n'y a pas d'hommes qui méritent de contracter un mariage tant qu'ils n'ont pas libéré*

Après tant d'années d'euphorie, de militantisme et de sacrifices, c'est le moment de la déchéance. Cf. en complément d'informations, son interview au journal « El-Watan Arabi » n°78-604, Septembre 1988, pp. 28-31.

(1) Cf. l'interview de Kadhafi dans le livre de Hamid Barrada, M.Kravetz et M.Whitaker : *Kedhafi ; je suis un opposant à l'échelon mondial*, édition Favre 1984, pp. 27-28.

(2) Discours du 13 février 1981. Cette mission n'est pas uniquement panarabe, elle est surtout nationale. En effet, la Libye accusait, jusqu'à 1970, une faible scolarité féminine et ne comptait en 1956 que 25 filles qui fréquentaient les écoles secondaires. Les pourcentages de scolarité n'ont commencé à augmenter qu'à partir de 1973, après à la Révolution *Culturelle*.

(3) Maria Graeff-Wassink, *La femme en armes, Kadhafi féministe*, Paris, édition Armand Colin, 1990, p. 55.

(4) *Sidjill al qawmi*, volume n°12, de l'année 1980-1981, p. 797.

(5) *Ibidem*, p. 732.

(6) *Ibidem*, p. 793.

la Palestine et la Patrie Arabe »[1]. *Aux yeux de Khadafi, le mariage est «un second Camp David, c'est une soumission, c'est un rapport de vainqueur à vaincu.»*[2]

Selon lui, « *les Religieuses Révolutionnaires, ce nouveau mouvement, va travailler de pair avec le mouvement des CR. C'est une nécessité pour pouvoir passer le cap du danger... vaincre les Etats-Unis, les juifs, la réaction, le retard et pour sauver notre honneur et immuniser notre existence.* »[3]

«C'est pourquoi nous avons besoin des Religieuses Révolutionnaires»[4]. Pour mieux expliquer ce besoin, Kadhafi établit une comparaison entre les Religieuses Révolutionnaires et les soeurs chrétiennes : « *Les Religieuses révolutionnaires, à l'instar des Religieuses chrétiennes sont nécessaires à ce monde... Qui ose le nier ? Nous avons ici à El-Merj un hôpital pour soigner la lèpre. Aucune libyenne n'a accepté d'y travailler... les religieuses chrétiennes, rompues au Christ, ont accepté avec enthousiasme d'y servir. Elles ont depuis longtemps abandonné or et argent et se sont mises au service du Christ. Elles considèrent leur service comme un service à Dieu [...] Je défie les musulmanes si elles peuvent atteindre ce niveau [...] Nous avons besoin, d'un mouvement de Religieuses révolutionnaires arabes et musulmanes [...] qui ne pensent pas au mariage, ni à l'or ni à l'argent, mais plutôt à leur mission historique qui leur procure toute la quiétude de l'âme.* »[5]

Il ressort de tous ces propos que Kadhafi opéra un changement radical au niveau du sens de l'ordination religieuse pour l'élever au rang d'une mission révolutionnaire. Ce changement de sens et de mission vise à provoquer les femmes musulmanes et surtout libyennes et à les inciter à porter des armes.

Cet appel fut, au demeurant aussi mobilisateur. D'ailleurs, Aïcha Jelloud accepta d'être la première religieuse révolutionnaire. Nous fûmes témoins de son inlassable travail pour la « conscientisation » des femmes libyennes et pour l'entretien de leur loyauté politique à l'égard du régime.

3. Missions et rôles des CR

C'est un rôle d'avant-garde et d'encadrement de la population non seulement auprès des femmes, mais dans tous les domaines : professionnel, syndical, hospitalier, scolaire, universitaire et même sécuritaire. Ce corps assume la fonction de *Gardes Jamahiryennes*. Leur tâche est d'autant plus idéologico-sécuritaire que ces Gardes font partie de la suite directe du colonel Kadhafi et se positionnent dans les premières lignes de sa sécurité. Les deux fonctions, sécuritaire et idéologique, dont les

_____

(1) *Ibidem*, p. 796.
(2) *Ibidem*, p. 813.
(3) *Ibidem*, p. 815.
(4) *Ibidem*, p. 814.
(5) *Ibidem*, p. 816.

Gardes Jamahiriyennes et les *Religieuses Révolutionnaires* s'acquittent sont donc complémentaires à tous les niveaux[1].

Si la protection physique est impérieuse, c'est parce qu'elle concerne aussi la protection de la « Révolution ». Il s'agit, donc, ici d'un système complexe qui repose sur la fusion entre le pouvoir et le leader. Kadhafi est l'unique symbole du pouvoir et il est aussi le garant de la « Révolution ». Il est à la fois un centre et une périphérie, une force centrifuge et centripète. C'est en même temps l'union et la désunion, le pouvoir et l'opposition.

En peu de mots, on peut dire que les *Religieuses Révolutionnaires*, les *Gardes Jamahiryennes* et les *Etudiantes-officiers de l'Académie Militaire* constituent trois modes de représentations différentes,mais complémentaires sur le plan idéologique. Ce sont les outils de mobilisation politique du régime et son bouclier humain contre les diverses oppositions.

Il y a là, une volonté délibérée d'éliminer l'élite qui a collaboré avec l'ancien système et de former « de nouvelles élites » séparées de la société, très liées aux structures en place, mais soumises uniquement au leadership politique, c'est-à-dire à Kadhafi personnellement.

4. Slogan s mobilisateurs des CR

Il serait utile, à ce niveau, de procéder à une analyse de la charge sémantique des slogans mobilisateurs des CR :

- Nous exigeons les plus avertis pour comprendre ce que le Guide dit.
- Ô, Guide, inculque, inculque-nous comment bâtir notre devenir.
- Ô, Moâmmer affronte, affronte davantage, de nos idéaux, nous ne ferons nul dérapage.
- L'assaut vert ne cessera pas. Que les coins du monde verdoient.
- Ô, Moâmmer, fils béni de la tente Ô, toi notre Guide éternel.
- Ainsi le bâton du nomade démolit la Couronne et la tente prit sa revanche sur le palais[2].

Plusieurs conclusions peuvent être déduites de l'analyse sémantique de ces slogans. Ils montrent clairement que les rapports entre le leader et les militants sont des rapports de soumission et d'inculcation. Le « Guide » est perçu comme un Maître. La mission qu'on lui prête est non seulement d'apprendre aux militants la bonne idéologie, mais de les rendre conscients de la situation du monde, et de leur montrer le sens dans lequel doit évoluer l'histoire. C'est pourquoi, l'un des premiers devoirs de ces « militants révolutionnaires » et de se laisser imprégner par la profondeur de la pensée du leader. A ce sentiment de dépendance s'ajoute, aussi et surtout, l'exigence de la loyauté indéfectible. Ces jeunes militants croient que la confiance en Khadafi les dote d'une force invincible pour défier le

---

(1) Maria Graeff-Wassink, *La Femme en armes, Kadhafi féministe*, Paris, édition Armand Colin, 1990, p. 52.
(2) Nous avons fait une traduction du dialectal libyen vers le français.

monde et d'abattre les régimes « réactionnaires » quitte à faire de la Libye un pays paria mondialement.

En assimilant profondément la pensée du « Guide de la Révolution», en appliquant à la lettre ses recommandations, il devient aisément possible, d'après leurs slogans, de colorer le monde entier en vert et de transformer les pouvoirs actuels en « Jamahiriyet », s'inspirant du modele de la Libye.

La mission de ces jeunes, s'inspirant de la pensée du « Guide », est de changer le monde et de le préparer à accueillir la théorie jamahiryenne, une théorie produite par le fils du désert qui a su renverser l'ordre des valeurs et vaincre la Couronne qui se croyait invincible. Ce fils de la *Bedya* saharienne est digne, plus que tout autre, du pouvoir.

Remarquons pour conclure que ces slogans affirment, outre l'idée de la soumission et la soif d'apprendre du leader, une fierté certaine d'appartenir au monde tribal. Ces formules de propagande valorisent la tente, le pastoralisme et les valeurs bédouines ; éléments essentiels du milieu saharo-bédouin. Ces slogans prouvent, une fois de plus qu'il s'agit d'une reproduction pure et simple de l'idéologie officielle.

5. Les CR : structure politique ou mouvement social ?

Bien que l'on dispose de très peu d'informations sur les modèles de recrutement et de sélection, il apparaît nettement que le facteur tribal y est dominant. Certes, les membres des CR sont choisis en fonction de leur dynamisme politique et social, de leur rayonnement humain et surtout de leur capacité d'encadrer les réunions des *Comités populaires*. Mais ils sont surtout sélectionnés pour des raisons tribales. C'est ce que nous avons pu relever lors de nos rencontres avec certains membres des CR[1]. Ils sont en majorité de la région de Syrtes et de la tribu des Kadhadfa, Ouerfalla, Megarha et Ouled Slimane. Entre 1978 et 1979, les CR recrutaient presque dans toutes les tribus, dans toutes les couches et les milieux sociaux. Mais progressivement, cette représentativité sociale et tribale s'est rétrécie. Pis encore, le commandement des CR s'est concentré entre les mains des membres de la tribu des Kadadfa.

Mais peut-on considérer que les CR et RR constituent le début d'un mouvement mobilisateur et porteur de conceptions alternatives et rapprocher celui-ci au mouvement ouvrier du XIXe siècle ?

A cette question, nous répondrons que les CR ne présentent pas les caractéristiques essentielles d'un groupe homogène ou les traits d'une « *forme d'action collective concertée en faveur d'une cause* »[2]. Handicapés par leur précarité institutionnelle et leur crise identitaire, les CR ne sont pas, nous semble t-il, habilités à donner naissance à un projet de société alertnatif. Compte tenu de leurs déficiences et de leurs blocages, ils n'ont pas pu s'inscrire dans une logique de modernisation de leur société.

---

(1) John Davis, *Le système libyen, tribus et Révolution*, Paris, éditions PUF, 1990, p. 70.
(2) Erik Neveu, *Sociologie des mouvements sociaux*, Paris, La Découverte 1996, p.10.

Leur faiblesse devant le Prince, la précarité de leurs structures et l'absence d'un adversaire réel du régime sont autant des facteurs qui défavorisent l'autonomie des CR par rapport au pouvoir politique et l'identification de revendications porteuses.

Leur blocage est inhérent à la situation politique et compte tenu de l'absence de revendications qualitatives relatives à l'amélioration des conditions de vie[1]. C'est pourquoi, les CR n'ont pas trouvé assez de ressources pour assurer leur propre autonomie par rapport au père fondateur et s'inscrire dans la contestation de l'ordre social conservateur. Bien qu'ils se trouvent dans une position très mitoyenne du centre de décision politique, les CR n'ont pas pu se doter d'une force de pression et d'un lobbying. Leur atonie est tout à fait naturelle, parce que toute la société fut démobilisée pendant plus de trois décennies.

Un mouvement social exige, en plus des actions collectives routinières, (rencontres, réunions publiques, manifestations...) un degré d'ouverture politique, une marge d'autonomie et surtout une stabilité institutionnelle. Or dans les systèmes politiques opaques, les opportunités de revendication poltique et d'action publique sont quasi-inexistantes.

Rappelons dans ce sens que la Libye a été soumise entre 1973 et 1998 à une démobilisaton quasi totale. L'action collective non officielle était inhibée, ce qui n'a pas favorisé l'emergence d'une action commune en faveur de telle ou telle cause. Même les structures constituées par le pouvoir lui-même n'ont pas réussi à saisir une opportunité réelle : la constitution des CR et RR, pourtant organiquement liés aux structures du pouvoir, n'a même pas été utile pour déclencher un mouvement collectif et un agir ensemble, pouvant contester l'ordre social encore hostile aux libertés sociales et surtout à l'émancipation de la femme. Cette convergence d'une pluralité d'agents sociaux pour défendre un intérêt collectif ou une cause publique [2] n'était pas permise. Toute coordination d'actions non exigées par les arènes du pouvoir est, comme nous avons pu le vérifier, mal vue, voire interdite. Le pouvoir suspecte toute action autonome et concertée, toute entreprise collective visant un objectif précis. De là, les membres des CR et des RR ne sont même pas autorisés à défendre «*un nouvel ordre de vie* »[3], même pas une simple amélioration des conditions du vivre ensemble. Or un mouvement social se définit en premier lieu, tel que l'a précisé le paradigme tourainien, comme étant : « *une composante singulière et importante de la participation politique* »[4]. Les CR et les RR ne disposent même pas d'arènes spécifiques et ils ne sont pas capbles de produire des arènes à eux. En effet, leurs locaux de travail connus sous le

---

(1) Alain Touraine, *La voix et le regard*, Paris, Seuil 1978, p. 117.
(2) Erik Neveu, *ibid*, p. 8.
(3) Herbert Blumer, « Collective behaviour » *in, New outline of the principles of sociology*, New York 1964.
(4) Alain Touraine, *La voix et le regard*, Paris, éditions le Seuil, 1978, p.118.

nom de *Mathabet thawriyya* dépendent essentiellement du Prince qui peut, les fermer ou les ouvrir, selon une évaluation strictement personnelle de la situation. Force est de remarquer que les *Mathabet* ne permettent aux CR qu'une vie éphémère, provisoire et circonstanciée. Car elle dépend, en fait des calculs et des foucades du Prince. Certains locaux restent fermés durant toute l'année, en revanche, d'autres sont rarement ouverts. Ce détail prouve, à notre sens, l'instabilité institutionnelle de ces deux corps et leur incapacité à prendre en charge des revendications même minimes. La fragilité institutionnelle des CR et des RR fait que leur action ne peut ni durer ni atteindre des objectifs palpables. Ils sont, en fait, contraints à évoluer dans un espace occupé entièrement par le Prince et dont la logique interne dépend de lui-seul. Partant de tous ces constats et de toutes ces remarques, il est aisé de déduire que les CR et les RR ne peuvent pas constituer un corps organisé et surtout un mouvement social aux contours bien délimités. Pourqu'un mouvement réussisse à se cristalliser en un groupe de pression capable d'influencer le décideur, il faut qu'il ait une vie organisée et soumise à des lois précises, une existence institutionnalisée, stable et des cadres organisateurs[1]. La fonction de ces derniers est de coordonner les actions, de rassembler les ressources et faire la propagande. Toutes ces actions qui exigent une certaine liberté ne sont pas tolérées en Libye. Remarquons que cette instabilité ne caractérise uniquement pas les CR et RR. C'est aussi le cas de toute une société contrainte, durant ces dernières décennies, à piétiner dans le désert et à vivre selon son rythme.

D'après nos observations de la vie politique en Libye, Kadhafi semble, depuis 1988, tenté de transformer les CR en parti politique et d'opérer une certaine Pérestroïka (ouverture des prisons, remise des passeports, élargissement des communistes etc.). Mais il paraît qu'il est en butte à des divergences internes et à la résistance de ceux qui craignent pour leurs intérêts, c'est-à-dire ceux dont la survie physique même est automatiquement liée à la survie du régime.

Fiers de leur force, forts de l'appui politique du « Guide de la révolution », les membres des *Comités Révolutionnaires* quadrillent les villes, les quartiers et contrôlent les « *non révolutionnaires* ». De par leur engagement, ils sont tenus d'informer en cas de nécessité leur quartier général (le Comité de Coordination de Bab El-Azizia) contrôlé par un militaire, M'hammed Massoud El-Majdoub. Notre première hypothèse de travail est que les CR ne constituent pas un parti politique au sens classique, mais une structure pyramidale liée par un comité de coordination à la direction de la « Révolution » (le bureau personnel de Kadhafi). C'est également une structure sécuritaire qui donne une alerte rapide en cas de menace, de danger ou de conflit.

---

(1) Erik Neveu, *ibid*, pp. 18- 19

5. Clientélisme et promotion sociale

Cette expérience a certainement permis une constante épuration politique et l'émergence de nouvelles élites, mais elle n'a pas empêché une pratique clientélistique imposée par le style de la « gestion politique ».

Force est donc de déduire que l'appartenance aux CR constitue, aussi bien, pour les cadres que pour les militants de base, une large « *possibilité de promotion sociale et politique* » [1]. Car l'appartenance aux CR survalorise la personne et facilite sa promotion, surtout que les membres sont originaires de familles très pauvres, situées au plus bas de la hiérarchie tribale. Les cadres des CR, surtout ceux qui disposent d'une formation universitaire, accèdent aux postes de ministres, d'ambassadeurs, de recteurs et autres fonctions. Ils ont également droit à des privilèges qui constituent une promotion pour toute la famille qui, à la faveur des obligations du fils, quitte la ville de l'intérieur pour la capitale et acquiert un nouveau logement. Ajoutons à cela d'autres faveurs beaucoup plus importantes tel que l'accés à l'argent considéré comme la clé de voûte du prestige social et matériel dans la société libyenne.

Souvent, les membres des CR sont des jeunes gens pauvres, déclassés au sein même de leurs tribus et en quête d'une mission, d'un statut politique et d'une reconnaissance sociale. Le recrutement et l'appartenance sont peut-être plus représentatifs de la structure tribale qui est extrêmement ramifiée et diversifiée, mais obéissant à des critères essentiels :

1. l'appartenance à la jeune génération qui n'a pas connu la corruption de la Monarchie sénoussienne.
2. la disponibilité pour l'activisme politique et pour la mobilisation des masses.
3. le dévouement, la fidélité et l'efficacité dans toutes les missions.

En revanche, les cadres des CR (dirigeants et animateurs) sont sélectionnés selon les critères de dynamisme, de ferveur et de représentativité tribale. Les lycéens, les étudiants et les universitaires sont sollicités pour participer aux CR et pour encadrer la base pyramidale. En effet, pour comprendre la promotion sociale, il faudrait signaler que c'est un phénomène déterminé par la politique. Les ressources sont strictement contrôlées par le Prince. C'est pourquoi, les militants sont appelés à faire preuve d'un surplus de loyauté, parce que l'univers politique est caractérisé par l'exiguïté et la rareté des places. Ce modèle de fonctionnement

---

(1) Des responsables comme Rajab Miftah Abou Dabbous, Ahmad Ibrahim, Ibrahim Abou Khzam, Mohammed Lotfi Faraht, Mâatoug Mohammed Mâatoug, Moussa Koussa, Ibrahim Bishâri, Saïd Khicha, Mohammed El-Majdoub, Salah Ibrahim, Hassen Hashem, Mohammed Ali Boujnah, Ezzeddine Henchiri, Abdelhamid Ammar, Mehdi Imbirich, Hosseyn Whichi, Ammar Ltayef, Mustapha Zeydi et Abdelkader Baghdadi ont été impliqués dans l'expérience de l'école des Comités Révolutionnaires. D'origine très modeste, ils ont fait de leur carrière politique, une promotion exceptionnelle.

n'autorise pas une répartition égale et négociée des richesses. Bien au contraire, il exige des capacités personnelles et des ressources individuelles pour s'intégrer dans le marché des allégeances, car le système politique ne fonctionne pas selon un ordre méritocratique. Les groupes sociaux ne peuvent se former qu'à partir de l'univers politique. Tout passe par le pouvoir politique. Ces groupes se forment et se déforment, selon la volonté du pouvoir et du Prince[1]. Cette situation de blocage pourrait s'expliquer, en partie, par la dépendance de ce groupe à l'égard du pouvoir et son implication dans une violence excessive. Car l'accès aux richesses dans les systèmes totalitaires est conditionné, en premier lieu, par la soumission et la loyauté ; éléments incontournables pour la promotion sociale.

Nous avons eu l'occasion de débattre avec des membres des CR de la Faculté des Sciences Economiques de l'Université d'El-Fateh (à Tripoli). Ils appartiennent à la même pieuse et maraboutique famille que Kadhafi, les Kadhafdam, et considèrent leur appartenance comme une obligation morale et un effort de modernisation de la société. Ainsi, l'appartenance tribale et le devoir politique sont étroitement complémentaires.

Nous ne disposons pas de statistiques précises sur la proportion des membres des CR par rapport au reste de la population ni sur le degré de leur représentativité tribale. Néanmoins, nous pouvons affirmer qu'ils sont en majorité d'origine rurale et pauvre. Ceci se traduit mentalement par une certaine soif du pouvoir et des richesses. Mais quelle est l'autonomie des CR par rapport au pouvoir et aux structures de l'Etat rentier ?

- Mais si le mouvement est au sein même de l'appareil, il doit sa continuité à la volonté du décideur. En avril 1988, lorsqu'il a fallu dénoncer certains excès des CR, Kadhafi l'a fait publiquement en condamnant les retraits abusifs de passeports et les interdictions de voyage, de travail, de bourse et d'études doctorales.
- Quant aux *Comités Révolutionnaires*, pour hommes et femmes, ils ont en principe une mission politique et sociale d'avant-garde, mais pour plusieurs raisons, ils ont été transformés en un moyen de promotion politique et sociale.
- Et si au départ, les membres avaient des origines sociales plus ou moins homogènes, tout a changé par la suite. C'est que le mouvement continue à être dépendant des aléas de la politique, c'est-à-dire que ses chances de se structurer et d'évoluer normalement sont restées très limitées. D'où une situation de fragilité politique excessive. En effet, il n'est pas certain qu'il puisse évoluer en parti politique en cas d'instauration du pluralisme politique en Libye, une des probabilités dans les années à venir.

_____

(1) Alain Touraine, « Les Classes sociales dans une société dépendante », *Revue Tiers-Monde,* n° 62, 1975, p. 252.

Mais les pressions de l'Occident sur la Libye finiront par lui imposer une certaine libéralisation politique. Il reste à se demander si les membres influents des CR, détenteurs des structures de la sécurité, sauront s'adapter aux règles du nouveau paysage politique libyen surtout qu'ils ont réussi à bloquer l'ouverture démocratique « *l'Infitah* » du printemps 1988. Continueront-ils à exercer cette même pression sur le pouvoir, empêcher toute ouverture et avoir des garanties pour l'avenir [1] ? Est-ce que le pouvoir peut les exclure pour gouverner sans élite ?

L'éventualité d'un remodelage de la vie politique libyenne n'est pas l'unique défi que doivent affronter les responsables des CR. Ces derniers font actuellement face à leur seconde grande crise qui ne risque pas de toucher uniquement leur devenir en tant que force politique ni leurs prérogatives, mais tout le paysage politique. Ils viennent, en effet, de subir une vaste épuration qui a affecté surtout les Forces armées, la Garde républicaine et la Garde des frontières, en plus de la mort de leur chef. Cette nouvelle donnée politique risque de fragiliser l'équilibre politico-tribal déjà fragile et de bloquer un système qui a toujours fonctionné par étages.

Ce système à étages repose, en effet, sur une division endogène des tâches politiques selon la logique de l'équilibre tribal et de l'importance démographique. Il s'agit, en fait, d'un code de répartition et de spécialisation, en matière de gestion politique, consacrées par une alliance tribale entre les Kadhadfa, les Ouerfalla et les Megherha. Chaque tribu prend en charge un secteur déterminé du fonctionnement du pouvoir. Les Kadhadfa gèrent, généralement, les appareils militaro-sécuritaires et surtout idéologiques par le biais de jeunes recrues formées au sein des structures révolutionnaires et d'embrigadement. En revanche, les Megherha sont attachés à l'appareil sécuritaire, aux structures bureaucratico-bancaires et aux circuits d'investissement à l'extérieur, alors que les Ouerfalla sont omniprésents dans les services spéciaux, la diplomatie et les structures administratives. Il semble que ce code de gestion étagée et hiérarchisée n'est plus fonctionnel en cas de conflit entre les Ouerfalla et les Kadhadfa. Quel serait, donc, l'avenir des CR dans la perspective d'un remodelage politique ou d'un éventuel affrontement entre les deux tribus influentes ?

Serait-ce donc une structure condamnée à disparaître ou est-elle, au contraire, capable de réaliser sa propre autocritique ?

Trop inféodés aux décisions politiques, les CR risquent vraisemblablement de ne pas résister aux aléas de la vie politique, à la versatilité du style de gestion du pays et surtout au besoin d'intégrer l'ordre mondial dominé par les Américains. Même la création d'une élite dépendante du pouvoir a été défavorisée parcequ'on ne veut pas lui donner

---

(1) Mais depuis 1988, certains dirigeants des CR exigent des garanties réelles pour parer à l'imprévu. La solution qui a été proposée fut de leur ouvrir des comptes à l'étranger alimentés par des pourcentages prélevés sur la vente du Pétrole. L'idée a déjà été mise en application, selon certaines sources crédibles.

la possibilité d'etre un acteur politique d'une part, et parcequ'elle n'est pas préparée, orientée, informée et même encouragée pour l'être, d'autre part. Tous ces éléments ne peuvent que faciliter sa marginalisation.

7. Les filles révolutionnaires : logique d'exclusion et dynamique de la réintégration

Au début des années quatre vingt-dix, l'exclusion des jeunes filles révolutionnaires par leur environnement familial et tribal devient un phénomène fréquent en Libye. Car l'experience des *Religieuses Révolutionnaires* avait vite tourné à l'echec. Il est vrai que la société tribale s'interdit de les éliminer physiquement, comme c'est très courant en Jordanie ou au Yémen pour « atteinte à l'honneur », mais elle les exclut d'une façon définitive. Ainsi, la rançon payée par ces filles est souvent lourde, pénible, et même intenable, d'autant plus que l'exclusion de la tribu et de la famille est double, comme nous avons pu le constater d'une façon concrête.

Pour pallier à cette odieuse exclusion et réintégrer cette communauté de jeunes filles, dans les *Comités Révolutionnaires*, dans les *Gardes Révolutionnaires*, dans les Religieuses Révolutionnaires, vint en 1993 la décision politique de créer la Faculté pour les femmes-officiers de police, en plus de l'Académie militaire pour femmes (A.M.F.) créée le 1er septembre 1979. Cette solution politique voulait leur donner un travail, un statut clair, une reconnaissance sociale, une confiance en elles-mêmes, et une autonomie financière par rapport à leurs familles pour pouvoir organiser leur sortie de la précarité, c'est-à-dire une aide à la reconstruction de soi, ce qui rendait possible leur pleine intégration sociale. Mais il est possible aussi d'interpréter cette décision comme un défi aux tribus qui ont osé exclure les « militantes du régime ». Ainsi, cette décision ambivalente se traduisit-elle par la création de la F.F.O.P. qui commença comme une petite section au sein de l'Académie militaire avant d'acquérir son nouveau local en 1996. La première promotion formée en 1996 était composée de 300 jeunes filles (révolutionnaires et candidates de l'extérieur), alors que la deuxième promotion, dont la remise des diplômes a été célébrée le 30 juillet 1999, aux locaux de la Faculté, comptait 400 filles dont l'écrasante majorité était formée de jeunes filles révolutionnaires.[1] Comme nous avons pu le constater, leurs âges variaient entre 27 et 40 ans, ce qui prouve que plusieurs d'entre elles ont commencé leur carrière tardivement. Mais cette solution de réintégration a-t-elle été longue à venir ?

Il semble qu'elle fut envisagée dans le but de trouver aux jeunes filles « révolutionnaires » un emploi fixe ce qui leur évitât une dépendance financière des structures idéologiques du régime. D'après nos investigations, le régime sentit, à partir de 1988, la lourdeur des charges financières représentées par les salaires mensuels payés à ces « militantes»

---

(1) Cf. le journal *AL-Fajr Jadid*, n° 9313, du 31 juillet/ Nasser 1999, p. 2.

en contrepartie de leur loyauté. Ainsi vint l'idée de rendre cette loyauté politique efficace et productive.

En écoutant les serments prêtés par ces jeunes filles-officiers de police, nous avons pu constater qu'elles avaient été formées dans l'esprit d'une loyauté indéfectible au « Guide de la Révolution » et de lutte sans merci contre les Islamistes, qualifiés d'hérétiques « *zanadiqa* », qui menacent les acquis du peuple et, par conséquent, l'avenir du pays tout entier.

I. MARGINALISATION DES COMITES REVOLUTIONNAIRES ET CREATION DES COMMANDEMENTS POPULAIRES ET SOCIAUX (C.P.S.)

L'année 1998 s'est caractérisée, en Libye, par un lent remodelage du paysage politique en vue de la préparation du pays à un éventuel règlement de l'affaire Lockerbie et par la volonté nette du régime affichée depuis 1997, d'opérer son autohabilitation et sa réinsertion dans l'Ordre mondial par l'acceptation des exigences politiques américaino-britanniques : la dissolution des *Comités Révolutionnaires* ou leur transformation en un parti d'opposition, la suppression des activités de l'Association pour l'Appel à l'Islam, l'arrêt immédiat du financement des mouvements de libération ou d'opposition islamiste et l'adoption du libéralisme économique.

Après deux années de tergiversations et d'hésitations, le régime amorça un virage politique surprenant et entama lentement un démantèlement des structures et des institutions révolutionnaires, tout en continuant à attaquer de front les islamistes pour répondre favorablement aux attentes américaines et même européennes.

Ce régime issu du renversement de la Monarchie du Roi Idriss, a sécrété au cours de son itinéraire politique une série de corps et de structures à vocation essentiellement idéologique.

Nous pouvons citer, en l'occurrence, les Etudiants Unionistes Nassériens (1971), les Formations Politiques Féminines (1975), les Comités Révolutionnaires et surtout les Comités Féminins (1977), les Gardes Révolutionnaires (1980) et les Religieuses Révolutionnaires (1981). Tous ces corps formés, en cours de route, ont bénéficié d'un grand tapage médiatique, d'une consécration politique directe et d'une mobilisation, tous azimuts, de fabuleux moyens logistiques et financiers. Ces corps n'avaient pourtant pas de statut constitutionnel, mais auraient un positionnement marginal par rapport aux structures officielles. Ils avaient, tout compte fait, une position centrale au sein du pouvoir, appelé pouvoir des masses. Cet imbroglio institutionnel est la caractéristique fondamentale de la Libye d'après 1977. En effet, les structures informelles étaient plus influentes que les structures officielles dans le paysage politique libyen.

Il suffit d'analyser de près l'exemple des *Comités Révolutionnaires* pour se rendre compte de l'importance qu'ils avaient. Notons qu'ils furent créés, en 1977, par Kadhafi lui-même et qu'ils connurent, à partir de 1979, une extraordinaire floraison. Ils furent investis de la mission de contrôler les *Comités Populaires*, de les inciter à exercer le pouvoir et à protéger la

« Révolution » du 1ᵉʳ septembre 1969 de ses ennemis tant intérieurs qu'extérieurs. Ils étaient une arme redoutable contre la « Contre-Révolution», et bénéficiaient d'un appui inconditionnel, de moyens financiers et d'armes ; ils purent ainsi contrôler tout le pays. Ils étaient, en quelque sorte, une milice omnipotente aux pouvoirs sans bornes.

Pour leur aplanir le terrain, la Libye fit, entre 1972 et 1978, un extraordinaire déblayage politique : interdiction de toutes les structures partisanes et de toutes les activités politiques sous peine de mort. D'autre part, les commissions révolutionnaires expurgeaient bibliothèques et librairies, des livres de propagande chrétienne, marxiste ou athée. En avril 1973, du fait de la *Révolution Culturelle*, toutes les lois en vigueur jusqu'à cette année là, furent supprimées sans être remplacées par d'autres alternatives juridiques.

D'ailleurs, les universitaires soupçonnés d'appartenance islamiste [1] ou gauchiste furent radiés ou tout simplement éliminés. La majorité de l'élite politique et économique a été, soit exclue, soit contrainte au départ. *Les Comités Révolutionnaires* héritèrent de la structure partisane de *l'Union Socialiste Arabe* (U.S.A.) dissoute en 1976, dans le cadre d'une rupture non déclarée avec l'héritage nassérien. A partir de 1981, ils étaient en mesure de contrôler tout l'édifice policier, sécuritaire, militaire et scolaire.

C'est ainsi qu'au début de 1977, la Libye paraissait en rupture avec elle-même, avec son histoire, avec son passé et avec son intelligentsia. C'est pourquoi les *Comités Révolutionnaires*, regroupant les partisans zélés et les inconditionnels de Kadhafi et de son système *jamahirien*, profitèrent du vide régnant, et purent contrôler l'ensemble du paysage politique et avoir droit de regard sur le fonctionnement des CP. Ils eurent même droit en 1981 à constituer des tribunaux révolutionnaires, à un contrôle direct sur les lycées, les universités, les usines, les médias et surtout sur l'armée et la police.

De part leurs attributions et leurs prérogatives, les *Comités Révolutionnaires* étaient un véritable « *Etat* » au sein de « *l'Etat* » : Ils contrôlaient la circulation des individus, confisquaient les passeports, interdisaient, pour une raison ou pour une autre, la sortie de personnes, octroyaient les bourses d'études, supervisaient les recrutements au sein des universités, empêchaient les « suspects » de travailler et organisaient des contrôles inopinés des maisons et même des comptes bancaires. Car leur statut était nettement superieur à celui des services spéciaux. Prétendant représenter l'ensemble de la société, ils avaient toute l'attitude de déclarer la guerre à l'opposition (la Contre-Révolution) et surtout d'anéantir, par la voie révolutionnaire, les islamistes. Ainsi, eurent-ils recours excessivement à

---

(1) Nous pouvons citer en l'occurrence Mohammed Nasser Serbes et Nimr Khaled Aïssa deux islamistes de Jdabya, Amrou Nami et Ali Romdhane. Ce dernier s'est exilé aux Etats-Unis et a fondé le Conseil Panislamique américain, une instance organisatrice et proche des autorités américaines.

la violence, aux malversations et aux exactions à l'encontre de la population. Ils purent, par le biais du Tribunal révolutionnaire [1], leur outil préféré, étouffer toute velléité contestataire. Ils organisèrent, en l'absence de lois, ce qu'ils appelaient des attaques nocturnes armées (*Al-Moudahamat*) contre les entrepreneurs, les hommes d'affaires et les riches commerçants non-révolutionnaires ou soupçonnés d'appartenir à l'opposition ou de financer l'opposition de la diaspora et ils eurent même droit à contrôler leurs comptes bancaires.

1. Le statut des CR au sein de la société

A vrai dire, les *Comités Révolutionnaires* présentent le profil et les caractéristiques d'un parti révolutionnaire, sans être pour autant un parti, ni même une structure partisane, c'était uniquement une structure dont la survie dépendait des choix du «Guide de la Révolution». Malgré l'importance de son rôle, elle n'a même pas été citée dans le *Livre Vert* (Tome I consacré à la démocratie).

C'est peut-être la raison pour laquelle le commandant Jelloud a proposé, en 1979, d'officialiser les CR en leur donnant un statut clair et de les transformer en un parti d'avant-garde. Il est directement intervenu pour la création, en plus du journal *Ez-Zahf El-Akhdar* (organe officiel des CR), d'un nouveau journal *Al-Jamahiriya* qui regrouperait l'intelligentsia des CR appelée à discuter de questions politiques, à approfondir la connaissance de la pensée jamahiryenne et surtout à mobiliser les jeunes [2].

Le Journal fut dirigé, pendant plusieurs années, par Faouzia Chalabi (l'actuelle Secrétaire du Comité populaire général pour l'Information, connue pour être l'idéologue la plus célèbre des CR).

Le « Guide de la Révolution », le grand absent des organigrammes institutionnels, mais la clef de voûte de tout le système politique, opposa un «veto» catégorique à la transformation des CR en une structure partisane [3]. Déjà, depuis 1979 et deux ans après la création du mouvement des CR, Kadhafi réitérait ses avertissements interminables à « *tous ceux qui seraient tentés de remuer l'esprit partisan (Al hizbia) enterré depuis 1969* ». De fait, il voulait déjouer la stratégie du commandant Jelloud et le priver d'un soutien considérable. Fidèle à la politique de la manipulation intelligente, il procéda à la nomination de certains idéologues remarquables, comme Ahmed Ibrahim, Mustapha El-Zeydi, Slimane El-Chhoumi, Mohammed Cherefeddine EL-Feytouri, etc. dans des postes de secrétaires des Comités Populaires Généraux (ministres) pour de courtes périodes (deux ans en

---

(1) Le responsable des Tribunaux révolutionnaires chargés de juger les intellectuels, les hommes d'affaires et les commerçants, n'était autre qu'Ibrahim Bishari, tué le 13 septembre 1997 dans un accident de circulation.
(2) Mais en privé, le commandant A. Jelloud se déclarait épris de la Social-Démocratie et rêvait même de l'appliquer en Libye.
(3) En effet, dans le *Livre Vert* Tome I, il déclare que toute adhésion à un parti politique est une trahison.

moyenne). D'ailleurs, le mandat des ces idéologues fut relativement bref par rapport aux technocrates.

Khadafi procéda également à une rigoureuse sélection des hommes de confiance, au sein du corps des CR, tels Abdallah Zadma, Ezzeddine Henchiri, Abdelkader El-Bagdadi, Abdallah Lazregh, Ibrahim Enneyli, Musbah Arbès, Abdessalem Cheybani et même Ibrahim El-Bishari (par certains moments), pour les « injecter » dans les multiples appareils sécuritaires. Mais cette interférence, permanente entre l'idéologique et le sécuritaire soulève un problème de fond sur l'identité des CR.

Khadafi s'est servi aussi du corps des CR comme d'une pépinière humaine pour recruter ses suppôts et ses hommes de main réservant aux autres membres la mission répressive. Et pourtant ce corps n'a jamais eu de reconnaissance institutionnelle ou de situation statutaire claire. Déjà, dès le discours du 1er septembre 1979, Kadhafi mettait en garde contre les *Comités Révolutionnaires* qui cherchent à accaparer le pouvoir ou à le transformer en un parti politique. L'esprit partisan est une profanation de la révolution, selon lui.

Le 24 août de la même année, Kadhafi déclare que « *les Comités Révolutionnaires disparaîtront d'eux-mêmes quand les masses populaires auront atteint le même niveau de conscience révolutionnaire.*»[1] C'est dans ce sens qu'il faut dire que Kadhafi avait un rapport de manipulation et d'instrumentalisation avec les CR, les impliquant, à maintes reprises, dans des actions de violence inouïe, telle que l'autodafé des livres au sein des universités, la destruction par le feu des outils de musique en 1985, la pendaison de professeurs universitaires islamistes sur le campus universitaire[2], en présence des professeurs et des étudiants, l'élimination physique des opposants à l'intérieur et l'extermination de l'opposition de la diaspora, surtout en Europe[3].

Cette stratégie de manipulation a considérablement fragilisé le mouvement et affaibli sa loyauté politique. Ainsi, suite aux bombardements américains de la ville de Tripoli et de Benghazi, certains membres, croyant voir arriver la fin du régime, se sont empressés de se rendre aux

---

(1) « Chronique Libye», in, A.A.N, n°XIX, 1980, p. 553.
(2) C'est un espace central dans chaque ville dont l'architecture ressemble parfaitement à une tente où se réunissent les Révolutionnaires de chaque région. L'ensemble des Mathabat est lié à une Mathaba centrale, une sorte d'officine fabuleusement budgétivore et spécialisée dans la formation révolutionnaire et l'exportation de l'idéologie jamahirienne à travers le monde. Le responsable de la Mathaba n'est autre que Moussa Koussa, l'un des principaux animateurs du mouvement des Comités Révolutionnaires et responsable de la sécurité extérieure du pays. Il est considéré comme une personnalité rationnelle au sein du régime et de la direction des CR.
(3) Cf. Annuaire de l'Afrique du Nord, n° XVIIIe et XIXe de l'année 1979 et 1980.

Mathabat[1], pour détruire des documents prouvant leur appartenance aux CR. Déçu, le régime dut donc recourir, aux épurations habituelles. En 1988, et pour satisfaire les requêtes d'Adelmoumen EL-Houni (un officier libre qui a lâché le pouvoir pour rejoindre l'opposition en 1975 alors qu'il était auparavant ministre des Affaires étrangères) qui revendiquait depuis 1985 de dissoudre les *Comités Révolutionnaires* et de juger leurs responsables impliqués dans la violence et la torture de la population[2], Khadafi avait adressé un réquisitoire très critique contre les CR.

2. Pourquoi donc cette marginalisation du mouvement des CR ?

L'un des anciens responsables des CR qui s'est lancé dans le secteur de l'importation, accepta, sous une condition de ne pas être cité, de nous livrer sa propre interprétation du phénomène de marginalisation: «*connaissant de près la politique secrète, je peux me prononcer. Il ne s'agit uniquement pas d'une marginalisation. C'est plutôt un échec prémédité, l'échec de toutes les formations politiques : Comités Populaires, Comités Révolutionnaires Féminins, Gardes et Religieuses Révolutionnaires. Leur réussite n'était, en aucun cas attendue. Il était hors de question que ces formations idéologiques s'épanouissent et se transforment en un parti, ni même en un mouvement révolutionnaire. Car toutes ces formations étaient bloquées de l'intérieur. Elles ne pouvaient pas se transformer en une élite révolutionnaire, comme c'était le cas des partis communistes d'Europe et d'Asie.* »[3]

Pis encore, les jeunes révolutionnaires étaient détestés par les populations locales, parce qu'ils étaient considérés comme les symboles de la violence et de la «magouille révolutionnaire». Il est certain que le régime a fait d'eux dans la plupart du temps, des thuriféraires, des diseurs d'ovations «*Hittifa*» ou des gendarmes parce qu'ils n'avaient ni statuts, ni rôles politiques précis. Il est donc clair que cette formation n'a pas été programmée pour devenir un partenaire politique ou un parti. Lorsque les CR osèrent, en 1995, discuter avec Kadhafi des conséquences de son ouverture illimitée sur l'Egypte et de l'efficacité de son intervention dans l'affaire de Lockerbie, il préféra geler ce corps et préparer l'accouchement d'une autre structure.

Le partenariat politique au sein de la société exige des statuts clairs, une marge d'autonomie, la reconnaissance d'une plate-forme arrêtée d'un commun accord, l'identification des objectifs partagés, et un minumum de concertation et de collaboration. Cela implique, surtout, une division du travail politique et une mise en valeur claire des tâches, une définition des

---

(1) François Burgat, « La libye des contraintes : l'idéologie à l'épreuve de l'Infitah » in, *Maghreb des années de transitions*, édition Masson, Paris, 1990, p. 107-122.
(2) Entretien de Abdelmomen El-Houni, in *Al Majalla*, n°638, 29 Avril - 5 Mai 1992, p. 24.
(3) Entretien à Tripoli le 5-2-1998.

statuts des différents partenaires, c'est-à-dire toute une architecture démocratique qui fait défaut pour le moment.

Dans une telle situation de blocage programmé et d'incertitude, les CR, par souci patrimonial, se préoccupent de la garantie de leurs privilèges immédiats. Leur rôle politique se réduit ainsi à l'appui inconditionnel du «Guide de la Révolution». Ils ne peuvent être ni des médiateurs culturels et politiques, ni des porteurs de modernisation et de progrés dans leur société. En effet, toute médiation politique ou culturelle exige, en l'occurrence, une délimitation du champ politique. Mais toutes ces conditions semblent être en contradiction avec le style de gestion patrimonialiste et personnalisé.

D'autre part, dans une société profondément tribale, ces jeunes révolutionnaires sont mal placés pour jouer le rôle d'intermédiaires et de vecteurs de modernisation. Le pouvoir lui-même préfère recourir aux compétences des chefs tribaux et des notables locaux. C'est ainsi que vint la décision politique de créer *les Commandements Populaires et Sociaux* (C.P.S.) « *Al Quiyadat Chaâbiya Wal Ijtima'ia* ».

3. La création des commandements populaires et sociaux : mobiles et motifs

Avec la montée en puissance des islamistes et le retour de la tribu dans la société libyenne, le régime politique créa les C.P.S. Car les membres des CR ont été trop impliqués dans la violence et dans les abus contre les populations et ont engendré des rancœurs accumulées au fil des années. Leur style provocateur et leur abus de pouvoir ont fini par dresser les populations contre eux. De fait, ils n'étaient pas crédibles, pour ainsi dire, ce qui a obligé le régime à proposer aux tribus d'autres interlocuteurs. Il est d'ailleurs, remarquable que *l'Association pour l'Appel à l'Islam*, dirigée par Mohammed Ahmed Es-Chérif ait pris, depuis 1996, tous les anciens relais africains des CR dirigés par *la Mathaba Internationale*.

Cette modification fut imposée par les changements de la société libyenne. Cette nouvelle structure politique est essentiellement composée d'une direction centrale à l'échelle nationale dont le siège est à Tripoli, et de Commandements locaux implantés au niveau des régions[1]. Ces Commandements sont essentiellement formés de chefs de tribus, de personnes très influentes dans leurs régions, de dignitaires, de hauts militaires (tel que le général Youssef Ahmed Bouhyar), d'hommes n'ayant pas participé au pouvoir, d'islamistes repentis tels que Mahmoud Hitki[2], et surtout d'hommes de confiance de Kadhafi. L'exemple le plus éloquent demeure celui de Muftah Ki'iba, représentant de Kadhafi auprès des tribus

---

(1) Voir le Journal *Chems*, n°1360, du 28 janvier 1997 et n° 1496 du 7 août 1998.
(2) Youssef Ahmed Bouhayr est une personne respectée au sein de sa tribu à Zliten ; c'est pour cette raison qu'il a été proposé comme responsable du C.P.S. dans sa région.
   En revanche, Mahmoud Hitki, ancien journaliste est actuellement responsable des Commandements Populaires et Sociaux de Tripoli.

de Musorata, qui fut pendant de nombreuses années ministre de l'Economie. Il est toujours considéré comme l'un des techniciens inamovibles du régime.

L'objectif des C.P.S. est d'inciter les tribus d'une même région à se regrouper, à chercher les ancêtres communs, à s'allier entre elles, à s'unir, à empêcher toute opposition au sein de leur rang, à exclure les opposants et à les remettre au pouvoir, en dernier recours, s'ils continuent à s'inscrire dans une logique de contestation.

Ainsi survint, en 1998, la décision de créer des clubs tribaux « *Nawadi Qabaliya* » encadrant les jeunes, identifiant leurs besoins, renforçant leurs liens avec leurs tribus d'origine et les immunisant contre les multiples offres de l'opposition. C'est dans ce cadre que furent créés des clubs à Benghazi, à Musorata, à Derna et à Syrtes. Il est question aujourd'hui de les étendre à d'autres régions du pays pour mieux encadrer les jeunes de plus en plus désenchantés de tout.

Il est aussi du devoir des C.P.S. d'inciter les *Comités Populaires* à exercer le pouvoir, à élire leurs membres et à les sanctionner, en cas d'hésitation ou de non-application des lois en vigueur ou des directives du «Guide de la Révolution» en privant leurs zones d'eau, d'électricité, des services de la santé, d'enseignement ou de finances [1].

A ce titre, la tâche fondamentale des C.P.S. est la mobilisation des habitants, dans leurs diverses régions, pour qu'ils assistent aux réunions des CP et surtout aux campagnes de « *tas'id* » [2] (c'est-à-dire les élections). En effet, l'action des C.P.S. porte sur le contrôle de l'application des décisions du *Congrès Général du Peuple* (le Parlement) et l'évaluation du rendement du *Comité Populaire Général* (le Gouvernement) et de la situation économique dans leurs zones de regard. C'est pourquoi les *Commandements Populaires et Sociaux* sont considérés comme le meilleur outil de contrôle même des CR. Pour ce faire, ils sont invités à avoir recours à toutes les compétences et aux experts dans leurs régions d'origine. Ils doivent faire preuve d'organisation, d'efficacité, de rigueur et de discipline, surtout pour un meilleur quadrillage administratif et sécuritaire de tous les quartiers.

Il est donc urgent que les C.P.S. choisissent les personnes les plus crédibles dans leurs régions pour une mobilisation efficace. Cette sélection exige aussi une étroite collaboration entre le Coordinateur général (Tripoli), les coordinateurs locaux, et les membres des C.P.S.

C'est pourquoi la consultation et la concertation sont exigées au sein des C.P.S. pour pallier à certaines erreurs habituelles qui ont accompagné

---

(1) Dans un document officiel dactylographié envoyé par Kadhafi en personne aux C.P.S. et qui nous a été livré par le Coordinateur général (sans date).
(2) Il n'y a plus d'élections en Libye, mais une forme de cooptation de personnes parrainées par le pouvoir lui-même. Cette opération est appelée en Libye *tas'id*, c'est-à-dire une sélection populaire des éléments révolutionnaires.

l'action des autres corps politiques. C'est ainsi que les C.P.S. sont considérés par Kadhafi comme l'instance suprême de contrôle pour le renforcement du pouvoir des masses.

Dans ses directives adressées aux coordinateurs, Kadhafi considère que « *les C.P.S. sont au dessus de toutes les structures du pouvoir des masses. C'est le parapluie qui couvre le Congrès Général du Peuple et le Comité Populaire Général.*

Cependant, les C.P.S. ne sont pas un succédané du Congrès Populaire de Base ; ils le contrôlent, l'incitent et l'orientent. Les C.P.S. contrôlent de fait les Comités Révolutionnaires... vous exercez aussi le contrôle de toutes les activités économiques et vous prenez, de commun accord, avec les structures du Comité Populaire Général et du Contrôle révolutionnaire, les mesures appropriées. »[1]

Il est clair donc que les C.P.S. se sont complètement substitués aux CR. C'est même un outil très approprié pour la Libye actuelle, surtout que le régime travaille, depuis peu, à la constitution d'un front national tribal qui lui permettra d'avoir un contrôle direct, par le biais des chefs de tribus, sur les éléments irresponsables[2], et d'engager des contacts directs avec les tribus afin d'éviter une évolution à l'algérienne. C'est en quelque sorte une alliance tribale contre l'opposition en général et celle des islamistes en particulier. Cette même idée a été défendue par Faïza Pacha, conseillère juridique de cette structure qui nous a expliqué que « *les C.P.S constituent une structure informelle à caractère consultatif et qui fonctionne selon une logique essentiellement tribale. En effet, cette structure est sans statut juridique, au sens moderne du terme, pourtant elle adopte les « lois » coutumières et tribales pour résoudre les conflits et les litiges locaux. Les C.P.S. utilisent leur capital social et symbolique de connaissances, de prestige, de notabilité et d'influences pour résoudre les conflits entre tribus et groupes sociaux dans les diverses régions de Libye.* »

Il semble, a priori, que cette invention de tribus « makhzéniennes » peut être le mieux appréhendée par analogie à l'histoire de la deuxième domination ottomane en Libye (1835-1911), celle-ci a délégué une partie de son pouvoir à de fortes tribus, telle que les M'hamid, chargées de faire respecter l'autorité à la place du pouvoir central. Il s'agit donc du même rôle, mais dans des circonstances politiques et des moments historiques différents.

Ce retour en force du tribalisme n'est-il pas la preuve patente de l'échec de la modernisation « révolutionnaire » et de l'absence d'institutions efficaces et capables d'encadrer la société ?

---

(1) Directives données par Kadhafi dans un document dactylographié.
(2) Entretien organisé avec (H.A.), l'un des cheikhs de la tribu des 'Abidet à l'Est, à Trípoli le 02-08-1989.

4. Les CR et les C.S.P. : éléments d'une analyse comparative

Le mouvement des CR était essentiellement composé de jeunes dont l'âge variait entre 18 et 35 ans. Il avait pour objectif de quadriller le pays, de mettre en application la «foi révolutionnaire», d'encourager l'avènement du peuple en armes pour défendre le régime et surtout d'anéantir, par la voie révolutionnaire violente, toute tentative dirigée contre la Révolution[1]. C'était donc une structure de guerre qui ciblait surtout l'opposition, « les chiens errants», selon l'expression de Kadhafi, et l'intelligentsia autonome et contestataire. Cette mission «révolutionnaire» habilitait les CR à contrôler, sans être contrôlé, les différentes activités politiques, sociales, culturelles et économiques dans le pays.

Les *Commandements Populaires et Sociaux* sont formés de personnes adultes[2] et même âgées, respectées dans leurs tribus et estimées dans leurs régions. Leur rôle est de maintenir le contact et le dialogue entre Kadhafi et les tribus. Il s'agit aussi d'une garantie efficace contre l'infiltration d'éléments appartenant à des tribus connues pour des tentatives d'opposition ou de renversement du régime. C'est aussi une instance capable de procéder à des contrôles réguliers du rendement des différentes structures. Il est vrai que les CR et les C.P.S. ne sont l'objet d'aucune reconnaissance dans *le Livre Vert* (surtout Tome I). Ils ont été inventés après sa parution. Pourtant, ils ont servi à Kadhafi comme un outil de contrôle personnel et politique très efficace. Mais bien que les CR et les C.P.S. fussent formés d'éléments inconditionnels du régime, les jeunes révolutionnaires avaient la possibilité de s'adresser à l'ensemble de la société. En revanche, les *Commandements Populaires et Sociaux* ne s'adressaient qu'aux chefs de tribus, aux responsables et aux notables régionaux. C'est que, la Libye a beaucoup changé depuis 1977. Cette nouvelle société essentiellement dominée par la donnée tribale, imposa la nécessité de créer une courroie de transmission et de communication politiques entre le pouvoir et les tribus.

Mais au-delà de toutes ces manipulations institutionnelles, la pratique politique, durant trois décennies, a créé un vide facilement repérable, mais difficilement réparable. Signalons que depuis 1969, le vide a pleinement affecté les jeunes en panne de projet, de modèle et de remobilisation et a, surtout, légitimé l'offre idéologique islamiste. A coup sûr, en défavorisant la création de sa propre élite, le régime a aussi empêché l'apparition de nouvelles élites périphériques et autonomes capables d'honorer ses engagements nationaux et d'assurer, en quelque sorte, la relève. Notre enquête empirique nous a révélé, en effet, que la Libye récuse, depuis trois décennies, un déficit considérable d'élites. Le pays souffre de l'absence d'une société civile, d'une pléiade d'intellectuels collectifs, pour reprendre

---

(1) *Al Fajr El Jadid* du 10-4-1979
(2) L'âge minimum pour un membre du C.P.S. est de quarante ans, selon le Journal *Chems* n°1360 du 28-1-1997.

l'expression de Gramsci, qui nourrissent l'adhésion de la population, aux valeurs communes et qui font référence politiquement, socialement et même spirituellement. Nous sommes en face d'une société privée de repères moraux et sociaux. Or une société doit être riche en organisations pourvoyeuses de repères et de valeurs auxquels adhère le citoyen. Seuls ces éléments peuvent, nous semble-t-il, redynamiser la société et remobiliser sa jeunesse.

Mais quelle fut, donc, la situation de l'élite économique et quelles furent ses conditions d'émergence et de fonctionnement et, surtout, ses rapports avec le pouvoir politique d'une manière générale et avec Kadhafi personnellement.

CHAPITRE 4 : L'ELITE ECONOMIQUE EN LIBYE : GENESE HISTORIQUE ET RAPPORT A LA MONARCHIE

Nous allons essayer, dans cette partie, d'analyser les conditions de naissance et d'évolution de l'élite économique libyenne à partir de 1960.

Est-ce que la Libye a produit réellement une élite économique bien structurée et autonome par rapport au pouvoir central ?

Quels furent, donc, les principaux intervenants dans le champ économique et entrepreneurial en Libye de 1952 à 1969 et de 1969 à 2000 ?

Quels furent, donc, leurs rapports au pouvoir politique ? Est-ce qu'ils jouissaient d'un enrichissement clientéliste aux dépens du secteur public, comme c'est le cas en Egypte [1] et au Maroc ? [2]

Est-ce que cette élite a su dépasser sa fragilité pour se transformer en un véritable acteur politique et économique ?

Il serait méthodologiquement opportun de dire que ces problématiques tirent leur raison d'être de l'interférence constante entre le politique et l'économique qui a toujours caractérisé l'histoire libyenne moderne et contemporaine. Or malgré l'importance de ce sujet, la recherche sur l'élite économique en Libye est souvent confrontée à une multitude de problèmes : l'absence de documents et d'informations, la disparition d'une partie des acteurs et la difficulté de recueillir des témoignages, éléments essentiels pour toute approche scientifique, surtout lorsqu'il s'agit d'appréhender une réalité en changement constant.

1. Définition du concept d'élite économique

Avant d'entrer dans le vif du sujet, il serait nécessaire de procéder à quelques précisions définitionnelles. Un suivi attentif de la littérature relative au concept d'élite, d'une façon générale, induit que l'élite qui a été le plus sérieusement étudiée est l'élite politique [3] et religieuse, et à un degré moindre technocratique et administrative. Ce constat peut se justifier, en grande partie, par l'importance du phénomène politique et par la dynamique des partis, des leaders et des groupes de pression, surtout, dans les sociétés démocratiques.

Toutefois, nous avons accordé quelque intérêt au concept d'élite économique depuis que C.W.Mills, a analysé, aux Etats-Unis, le phénomène des *top exécutives* de 1950 en démontrant que les familles appartenant au milieu des affaires orientent leurs fils vers les mêmes domaines [4]. Ce même

---

(1) Robert Springborg, *Mubarak's Egypt. Fragmentation of a political order*, Boudler, Mesterview 1989.
(2) Ali Benhaddou, *Maroc, Les élites du Royaume, essai sur l'organisation du pouvoir au Maroc*, Paris, l'Harmattan, 1997, pp. 17-34.
(3) Cf. le concept d'élites, in *Encyclopaedia Universalis*, vol n° 6, pp. 109-112.
(4) Charles W. Mills, *The power elite*, Oxford University Press, New York, 1956, pp. 269-286.

phénomène a été aussi enregistré, dans la même période, en Grande-Bretagne.

Il est cependant à remarquer que, jusqu'à présent, peu de travaux surtout en langue française ont été produits sur le concept d'élite économique, sur l'analyse de sa structure, sur sa gestation et sur sa paternité. C'est pour cette raison que le travail de C.W.Mills sur « The Power Elite » a fait figure d'œuvre de pionnier, parce qu'il a permis de mieux saisir les multiples dimensions du concept et de voir dans quels cadres sociaux s'effectue l'évolution de l'élite. Il en résulte que nous ne disposons pas d'éléments théoriques et méthodologiques pour une meilleure étude sociologique.

Pour sa part, le juriste italien Gaetano Mosca a mis l'accent, dans ses multiples études, sur cette volonté de domination, de propagation des idées et d'exhibition de preuves de qualité estimée, ce qui nécessite donc une division des tâches, des qualités particulières, des connaissances techniques et une organisation hiérarchique et fonctionnelle. [1] Cette même conception a été ultérieurement reprise par les sociologues pour définir l'élite économique, comme étant celle des tenants de l'excellence dans chaque spécialité. Dans un essai, Saïd Tangeaoui définit l'élite économique comme étant l'ensemble des hommes d'affaires et des industriels qui se caractérisent par « *l'autonomie financière dont ils disposent ou à laquelle ils aspirent [par] leur niveau de vie élevé par rapport aux autres secteurs de la population, ainsi que [par] leur nombre limité [qui] en font un groupe à part.* »[2] Ainsi l'élite se définit-elle comme une distinction intellectuelle, sociale, politique et surtout économique et comme un statut à part.

L'insistance sur la qualité du groupe à part est également relevée par Giovanni Busino qui, synthétisant plusieurs textes sociologiques, définit l'élite par son emplacement au sommet de la hiérarchie sociale, et, surtout par son pouvoir d'accès à différentes formes de privilèges, de prestiges et d'avantages officiels [3].

Toujours au sujet du Maroc, Abdelaziz Belal définit l'élite comme étant un ensemble de familles qui ont concentré richesses, pouvoir et prestige, éléments essentiels qui leur permettent une distinction sociale selon l'expérience de Pierre Bourdieu.

Il évoque, comme exemple d'illustration dans ce même cadre, le cas de 300 familles dominant une large partie des activités de l'agriculture, du grand commerce, de l'industrie et des banques. Et il constate que c'est de

---

(1) Gaetano Mosca, *The ruling class*, New-York, Mc Graw Hill, 1939, pp. 336-337; Cf. aussi Ezra Souleiman, *Les élites en France*, Paris, éditions le Seuil, 1979, 282 pages ; Cf. Joseph Shumpeter, *Impérialisme et classes sociales*, Paris, édition de Minuit, 1972.

(2) Saïd Tangeaoui, *Les entrepreneurs marocains. Pouvoir, société et modernité*, Paris, Karthala, 1993, p. 29.

(3) Abdelaziz Belal, *Développement et facteurs non économiques*, Rabat, Smer, 1980, p. 46.

ce monopole économique qu'émergent des hommes riches, socialement puissants et par conséquent avides de pouvoir. L'élite, selon lui, est synonyme de concentration des richesses, mais aussi de pouvoir explicite ou implicite.

Du reste, cette même idée a été reprise, quelques années plus tard, par Ali Benhaddou dans un essai où il a analysé le phénomène des mariages arrangés entre familles dirigeantes, par le monopole des richesses, et par le prestige obtenu de la domination des structures politiques [1].

Une élite économique se définit aussi par ses rapports au pouvoir politique. Dans ce même sens, Gregor Meiring envisage la dynamique de l'élite dans son rapport avec la sphère politique [2]. Voilà ce qui nous permet de vérifier essentiellement le poids politique de cette élite et de sa contribution à la modernisation du pays.

Il serait opportun, par la même occasion, de voir si celle-ci a été porteuse de nouvelles valeurs de progrès et de production, ou au contraire de stagnation et de conservatisme. C'est pourquoi, dans le cadre de sa théorie sur la circulation des élites, Wilfredo Pareto exige, qu'elles se renouvellent à tous les niveaux, en intégrant une série d'éléments nouveaux pour pouvoir subsister. Il propose aussi « d'éliminer » les éléments dégénérés et de favoriser une reproduction intelligente.

Il ressort des précédentes définitions que l'élite économique se reconnaît à ses mérites, à ses positions socio-économiques, à son statut et à ses privilèges, mais aussi à ses capacités d'imagination, de création et d'invention.

Partant de tous ces éléments définitoires et théoriques, nous allons essayer de comprendre la genèse, la trajectoire et l'importance réelle de l'élite économique libyenne. Mais pour pouvoir le faire, il faudrait commencer par présenter la formation sociale libyenne pour mieux saisir certains niveaux de la dynamique de cette société.

2. Caractéristiques fondamentales de l'économie libyenne au début du XXe siècle

Avec le déclin du Corsairisme et de la rente provenant du commerce transsaharien, la société s'est retranchée sur ses maigres ressources provenant de l'activité agro-pastorale dans une économie d'auto-suffisance. Hormis les moments des semences ou des moissons, les groupes tribaux se livrent tout le reste du temps au pacage. Comme la distance temporelle est considérable entre les semences et les moissons, les tribus se plaisent dans

---

(1) Ali Benhaddou, *Maroc, Les Elites du Royaume*, Paris, l'Harmattan, 1997, pp. 17-34.
(2) Gregor B. M.Meiring, *Les entrepreneurs tunisiens*, Mémoire dactylographié présenté pour le Diplôme d'Etudes Approfondies en Sciences Politiques, Paris, 1994, pp. 2-4 ; cf. aussi la Revue *Les Cahiers de l'Orient* (numéro spécial sur les entrepreneurs dans le Monde arabe) n° 55, troisième trimestre 1999.

la transhumance continue ; cette quête perpétuelle de l'espace[1] est souvent accompagnée de razzias ou d'alliances tribales ou simplement de mariages. Entre les deux moments, la tente est vagabonde. En effet, l'économie libyenne dans la phase pré-Pétrole était primitive et tribale [2]. La terre arable était très limitée, parce que l'ensemble du pays était à 95% désertique, exceptée la région côtière, du Djebel Lakhdar et Djebel Nefoussa, où il y a une pluviométrie variant entre 280 et 600 millimètres, permettant ainsi la pratique de certaines cultures. Tous ces éléments défavorisèrent l'agriculture libyenne et encouragèrent l'activité pastorale étant donné l'immensité du territoire.

Cependant, cette société extrêmement déshéritée devint riche. C'est ainsi que le pays, qui était assisté par la communauté internationale, devint à son tour bienfaiteur et participa en 1967 au Fonds de Solidarité Arabe créé en faveur de l'Egypte et de la Jordanie[3] finançant même, à partir de 1968, les déficits de la balance économique britannique par des achats massifs d'armements et par d'énormes importations.

Avec la découverte du Pétrole, le gouvernement a vu, bien sûr, ses revenus croître d'une façon considérable. C'est ce qui lui a permis de financer tous ses projets de développement, et surtout de mettre sur pied le Premier Plan Quinquennal dans l'histoire du pays : 1963-1968. Ce plan s'était fixé comme but d'engager le pays sur la voie de la modernisation et de s'attaquer de front à la pauvreté héritée depuis l'occupation italienne.

---

(1) Cette expression est prise à Jacques Berque dans son article intitulé : « Cent vingt-cinq ans de sociologie maghrébine», in, *Annales, Economie, Sociétés, Civilisations* n°3, 1956, Librairie Armand Colin, 1956, p. 297.

(2) Pour d'amples détails, cf. *Annuario Generale della Libya, 1937-1938, Consigli ed uffici coloniali dell economia corporativa della Libya*, U.C.D.P.I, editrice, Tripoli D'Africa, 1942.

(3) Robert Mabro, « La Libye, un Etat rentier ? », in Revue *Projet*, n°39, novembre 1969,
p.1091.

Tableau17 : Rentre Pétrolière (Millions de dinars)

L'ANNÉE	RENTE EN DINARS LIBYENS
1955-56	51.000
1956-57	62.000
1957-58	77.000
1958-59	91.000
1959-60	97.000
1960-61	115.000
1961-62	2.000.000
1963-64	7.200.000
1964-65	23.800.000
1965-66	54.500.000
1966-67	116.000.000
1967-68	138.800.000
1968-69	191.014.088
1969-70	**316.273.965**

Source: Ministry of Petroleum, Libyan Arab Republic, *Libyan oil*, 1972, p. 37.

Cependant, la rente pétrolière, n'a pas beaucoup servi l'industrie et l'agriculture. Le secteur industriel est demeuré mineur. La Libye n'a hérité de l'occupation italienne que quelques unités industrielles à production limitée qui fournissent des produits de première nécessité pour la population : textiles, conserves, articles de cuir, cigarettes, boissons gazeuses[1]. De par l'étroitesse du marché, les chances qu'avait le secteur industriel de se développer sont restées limitées[2]. En outre, les Italiens et surtout les fascistes avaient empêché les Libyens d'accéder aux centres de formation professionnelle et leur avaient même interdit de lancer des projets industriels. Seul Chafik Khzem (d'origine arménienne) avait réussi, en 1913, à lancer en Cyrénaïque la première usine textile, dans l'histoire de la Libye, spécialisée dans la production des vêtements féminins.

---

(1) Robert Mabro, ibid, p. 1095.
(2) Carlo della Vallo, « L'industria in Libia tra 1911 e il 1940 », in, *Rivista Libia*, anno III, nos 3-4, Juglio-Settembre 1955, p. 61-65.

L'agriculture libyenne ne fournissait même pas le nécessaire au pays. En 1952, elle réussissait à peine à maintenir en vie 1.200.000 d'habitants à un niveau de consommation, qui était l'un des plus bas du monde[1].

En effet, jusqu'en 1911, année de l'occupation italienne de la Libye, le pays tirait une maigre rente du commerce de transit reliant la Méditerranée aux pays africains limitrophes. Il reliait, d'ailleurs, également la Libye à l'Europe méditerranéenne. Pourtant, le commerce était limité aux grandes villes. Les Libyens se contentaient, en effet, de la commercialisation des habits, des tissus, des armes, des couvertures, du café et des produits traditionnels.

L'artisanat était dans la même situation. Il fonctionnait comme un moyen de survie et non d'accumulation des richesses. Pourtant, il était très varié. Il était composé de forgerons, de producteurs d'armes et de tisserands. La Libye produisait, jusqu'en 1920, pour la consommation de l'ensemble de la population locale de l'époque, des quantités suffisantes d'habillements en coton, en laine et en soie.

D'après certains témoignages historiques, il y avait, en 1911, dans la Tripolitaine, à peu près 1700 métiers à tisser pour les habits en coton, 350 autres pour les habits en laine et 150 pour les productions en soie. Le nombre de métiers à tisser à Musorata était de 250 pour les habillements en laine et les habits traditionnels. A Benghazi, il y avait 450 métiers à tisser pour vêtements en coton, en laine et en soie[2].

Outre la confection, la Libye a connu une certaine floraison d'ateliers de traitement du cuir, de ferronneries, de serrureries, de bijoux et de fabrication de poterie, qui étaient soit écoulés sur le marché local, soit destinés à la Tunisie et à l'Égypte. Il faudrait remarquer que la Libye n'avait pas de tradition artisanale ancestrale[3], comme c'est le cas en Tunisie, en Egypte ou en Syrie.

Vers la fin du XIXe siècle, les trois provinces de la Libye (la Tripolitaine, la Cyrénaïque et le Fezzan) étaient des zones isolées, pauvres et très en retard économiquement et socialement. Cette situation de grand retard n'était pas uniquement due à l'absence de ressources économiques, humaines et personnelles, mais surtout au déclin de l'Empire ottoman qui connaissait déjà de forts moments d'implosion et de démembrement[4]. En effet, hormis quelques rares exceptions, les 33 *Wâlis* turcs qui se succédèrent dans la Tripolitaine pillèrent le pays et se contentèrent de collecter les impôts et d'entasser de colossales richesses personnelles. Le pillage était la règle générale qui caractérisait «la gestion politique»

---

(1) Robert Mabro, ibid, p. 1091.
(2) A. Cachia, *Libya under the second ottoman occupation 1835-1911*, Tripoli, 1945, p. 118.
(3) *Ibidem*, pp. 130-137.
(4) Nickolay Brouchine, *Tarikh Libya min nihayat al tas'î achar Hatta 1969*, traduction d'Imed Hamdi, Merkez Dirasat Jihad Allibiyin, Tripoli, 1988, pp. 387- 399.

ottomane, et ce, dans le but de financer les nombreuses guerres d'auto défense ou d'expansion.

Pour ces multiples raisons, les forces productives étaient dans une situation de sous-développement et de retard. La majorité de la population se consacrait aux activités agro-pastorales, à la transhumance et à l'agriculture oasienne. L'agriculture était peu développée, compte tenu des conditions climatiques défavorables, de la détérioration du système d'irrigation et de la ponction élevée des impôts pratiquée par les Ottomans[1].

D'autre part, les rapports économiques entre les trois provinces et plus particulièrement entre la Tripolitaine et la Cyrénaïque étaient dominés par le système du troc qui se pratiquait entre les populations pastorales et les paysans des oasis et des villes côtières. Il faudrait mentionner, surtout, que les Ottomans prélevaient une haute ponction sur toute activité économique, défavorisant ainsi la possibilité d'accumulation primitive du capital ou l'émergence d'une classe économique. La situation économique devint encore plus difficile avec la concurrence « sauvage » causée par les produits manufacturés d'origine européenne et surtout italienne qui inondèrent le pays et ébranlèrent vigoureusement les structures, déjà fragiles de la production artisanale[2].

C'est ainsi que l'économie libyenne apparaissait, dans la première moitié du XXe siècle, comme une économie traditionnelle, sous-développée et surexploitée. La population libyenne était, jusqu'à la découverte du Pétrole, formée à majorité de pasteurs, avec peu de cultivateurs et de rares artisans[3]. Mais comment évolua la situation économique dans le pays à partir de décembre 1951, date de l'Indépendance ?

Est-ce que les conditions dans le pays étaient favorables à l'émergence d'une élite économique ? Si cette élite a existé, quelles furent ses caractéristiques ?

3. Circonstances historiques et dépendance du capital international

En entrant, à partir de 1959, dans le club des pays pétroliers, la Libye introduisit une nouvelle donnée dans son économie et renforça par conséquent les contradictions de la société. Car le Pétrole accentua sa dépendance déjà forte à l'égard du capital international. Il faudrait signaler que le pays vivait, depuis 1953, des versements de l'Angleterre, et de l'Amérique et dépendait, par conséquent, de l'aide internationale pour pouvoir survivre. Pour limiter cette dépendance vis-à-vis des puissances occidentales, le régime monarchique promulgua, le 19 juin 1955, la loi du Pétrole et signa les premières concessions d'exploitation de l'Or noir.

---

(1) Ali Abdellatif Ahmida, *The making of modern Libya, state formation, colonization and resistance, 1830-1932*, State University of New York Press, 1994, pp. 11-19.
(2) Nickolay Brouchine, *ibidem,* pp. 387-399.
(3) Robert Mabro, «La Libye, un Etat rentier ?», in, Revue *Projet, 39,* 1969, p. 1095.

Pour éviter le monopole des grandes sociétés, il permit aussi aux petites compagnies de faire des prospections. Dans le but d'en faire profiter toutes les régions, le régime a offert des concessions très fragmentées obligeant ainsi les contractants à répartir leurs efforts sur l'ensemble de son territoire[1]. Le but final était de favoriser un développement général et d'unifier toute la Libye afin de permettre aux trois provinces de profiter de la rente pétrolière. Cette politique permit au gouvernement d'accroître surtout ses revenus d'une façon considérable : 23 millions de livres libyennes pour l'année fiscale : 1963-1964 et près de 350 millions pour l'année 1968-1969[2].

Cependant, l'entreprise industrielle était très limitée et la main-d'œuvre qualifiée introuvable pour des raisons que nous avons précédemment expliquées. Du reste, le secteur industriel non-pétrolier n'intéressait en 1969 que 2% de la population active. Il n'y avait que 622 établissements avec 8410 travailleurs productifs. Ces chiffres montrent, à l'évidence, l'importance relative du secteur.

En revanche, le tertiaire a connu une impulsion considérable liée à l'évolution des travaux de construction, de transport et de services. En effet, l'amélioration du standing de vie a favorisé l'urbanisation, la floraison de petits et grands commerces ainsi que les activités bancaires[3]. Il faudrait cependant remarquer, à ce propos, qu'après la défaite des fascistes italiens en 1942, « le capital juif », déjà formé et bien implanté, craignant des réactions de la part des populations locales a dû faire appel à des associés autochtones pour se protéger. Cette association économique a permit à certaines personnalités locales, telles que Mohammed Ben Sassi, Hédi Hammouda, Hédi El-Ayeb, Ibrahim Bourguiba et Abdellah Abed El-Sénoussi, d'accéder aux richesses et de former, par la suite, leurs propres sociétés qui allaient participer aux efforts de prospection du Pétrole. Avec le changement radical de la situation économique du pays, les Libyens ont préféré rompre avec « le capital juif »[4], lancer leurs propres projets et investir dans l'immobilier et dans le commerce, surtout que l'Or noir offrait de multiples chances d'enrichissement liées au trafic de tous genres.

De fait, le Pétrole a provoqué la croissance et même l'hypertrophie du tertiaire qui prépara le nid de la nouvelle élite économique. L'émergence du Pétrole eut des conséquences nocives : L'agriculture et même l'industrie

---

(1) Ibidem, p. 1093.
(2) Nickolay Brouchine, *ibidem*, p. 387.
(3) Mohammed Farag Malhouf, *A study of newly developed communities in Libya*, University of California, 1979, pp. 42-53.
(4) Informations recueillies d'un entretien avec Mohammed Salah Ghammoudi, ex-Secrétaire général du Syndicat du Pétrole, et spécialiste de l'expérience auto gestionnaire en Libye sur laquelle il a préparé tout un DEA. L'entretien a été organisé, à Tunis, le 15-05-1999 et a porté, entre autre, sur la formation du capital national en Libye.

stagnèrent jusqu'en 1969 comme le prouvent tous les indices économiques[1].

L'activité des compagnies pétrolières et des parties contractantes exigeait des services auxiliaires et des oeuvres complémentaires [2], qui facilitèrent l'émergence d'un capital national. En effet, les compagnies étrangères, surtout italiennes et britanniques, favorisèrent l'intégration du capital national qui fut incorporé dans des oeuvres complémentaires pour le compte des travaux de prospection du Pétrole. Ainsi apparaissent-elles comme un véritable Etat dans l'Etat, « *ces sociétés étaient maîtresses du jeu dans le pays ; c'est parce qu'elles fixaient les modalités et les redevances d'impôts.* »[3]

La nouvelle situation économique favorisa l'apparition d'une catégorie d'entrepreneurs qu'on appelait « Mouqâwili al Anfar » (les entrepreneurs de main-d'œuvre) et qui a contribué au transport, à l'installation des pipelines et aux autres équipements nécessaires à l'infrastructure pétrolière durant les années cinquante et soixante. Pour les besoins des travaux de transport du matériel d'exploitation et d'équipement jusqu'aux sites éloignés du désert, de la construction de logements et de la mise en place de pipelines, cette catégorie s'est spécialisée dans la recherche d'une main-d'œuvre, quoi que non qualifiée, sur l'ensemble du territoire libyen et surtout, dans les zones pauvres et arides, ou simplement dévastées par le fait de la guerre italo-libyenne.

Cette main-d'œuvre était attirée par les privilèges et par les rémunérations fixes et préférait ainsi quitter sa terre d'origine et s'installer dans les villes[4] ou trouver un travail plus rémunéré dans les sociétés pétrolières. C'est ainsi que la découverte de l'Or noir a favorisé un phénomène extraordinaire d'exode rural et a suscité beaucoup d'espoirs de mobilité sociale.

---

(1) Depuis l'affaiblissement de la guérilla libyenne, dirigée par Omar El-Mokhtar contre les fascistes, les sociétés italiennes : ENI et AGIP commencèrent leurs prospections et trouvèrent, dès 1932, les premiers indices de l'existence de l'Or noir.

(2) Robert Mabro, *ibidem*, p. 1095.

(3) Hervé Gueneron, *La Libye*, collection Que sais-je ? Paris, Edition P.U.F, 1976, p. 66.

(4) Quelques semaines après le renversement du Roi Idriss, une décision fut prise d'urgence pour interdire les intermédiaires qui fournissent aux entrepreneurs leurs besoins en main-d'œuvre. De fait, les ouvriers, formés essentiellement d'Egyptiens, ne touchaient que 2% de leurs salaires et le reste revenait directement au Cafil (le garant libyen) qui confisquait souvent leurs passeports et les contraignait à travailler sans garanties. Cette situation a souvent provoqué des drames humains, surtout qu'il n'y avait pas de lois qui prohibaient de telles pratiques délictueuses. C'est pour cette raison que le *Conseil de Commandement de la Révolution* a promulgué la loi du 26 septembre 1969 sur l'interdiction de la « commercialisation » de la main-d'œuvre, qui fut suivie par la loi n° 28 de 1970 sur l'organisation des rapports entre patrons et ouvriers et enfin la loi n° 107 de 1975 sur l'unification totale de tous les Syndicats ouvriers libyens.

Pour plus d'efficacité, d'organisation et de renforcement de la dépendance, le capital étranger (américain, anglais et même italien), représenté par les compagnies pétrolières, a crée des sociétés de services à capital fixe et capables d'honorer les multiples engagement : ravitaillement des camps, fourniture d'équipements, transport, hébergement, soins et distraction des colonies d'ouvriers étrangers et libyens etc. C'est la frange des petits entrepreneurs qui allait tirer profit de tous ces avantages et favoriser la naissance d'une catégorie de concessionnaires qui se transforma progressivement en une élite économique assez hétérogène, compte tenu des richesses colossales provenant des offres de ravitaillement proposées surtout par les sociétés américaines, anglaises et même italiennes.

En effet, cette frange de Libyens, formée essentiellement par des hommes du pouvoir et leurs alliés économiques, accumula de grandes richesses et multiplia le champ de ses activités commerciales par le biais de multiples contrats avec les compagnies pétrolières étrangères et, principalement américaines qui voulaient par tous les moyens construire une élite qui lui fût totalement inféodée.

Cette stratégie de contrôle du capital local recruta sa clientèle, surtout, parmi la classe politique libyenne supérieure favorisant, bien évidemment, des pratiques de corruption directe et indirecte. En somme, tout se passe comme si le pouvoir monarchique, pour compenser sa faible intervention dans le champ économique, avait permis à ses suppôts d'avoir des chances illimitées d'enrichissement et de multiplier leurs possibilités d'investissement.

Cette collusion avec le capital international, semblait être à l'époque, une stratégie qui visait à compenser la fragilité, voire l'inexistence d'une élite économique nationale. Mais il faudrait remarquer aussi que le régime encourageait une telle situation pour élargir ses assises sociales et clientéliser la répartition de la richesse.

Pour pouvoir comprendre les rapports entre le capital libyen et le capital étranger, nous avons tenu à interviewer Mohammed Ben Sassi, un homme d'affaires autodidacte et illettré connu pour son intelligence et son habileté. Il accepta de nous livrer sa propre lecture de la genèse de l'élite libyenne[1] *bien que les circonstances, d'après lui, ne s'y prêtaient pas :*

« Avant que je ne devienne homme d'affaires, j'étais dans les années cinquante épicier de quartier à Tripoli. Mais j'étais plein de volonté et d'opiniâtreté. En 1968, j'employais dans mes usines (quatre), sociétés (quatre) et hôtels (deux), trois mille employés bien payés par rapport à la situation actuelle, quand je vois les fonctionnaires attendre plus de quatre mois pour avoir leurs paies. La Société Libyenne de Transport « El-Nisr » employait, à elle seule, mille quatre cents personnes avec trois cent cinquante véhicules.

---

(1) Pour d'amples informations, cf. *Annuario generale della Libia, 1937-1938,* Consigli ed uffici dell economia corporativa della Libia, U.C.I.P.I editrice-Tripoli, sans date.

Notre société « El-Nisr » couvrait tout le pays. On payait, en 1968, à peu près cinquante six mille dinars libyens d'impôts à la Municipalité de Tripoli qui nous louait les routes. Maintenant, il n'a y pas de société de transport surtout que la société « EL-Nisr » fut nationalisée trois mois après le changement politique du 1ᵉʳ Septembre.

Toutes les sociétés et usines qui furent nationalisées ont vite échoué. Il faudrait dire que notre peuple était travailleur, discipliné et très appliqué. Maintenant, c'est la paresse généralisée. Je me rappelle que tous mes employés étaient tous des libyens. »

Notre interlocuteur ajouta avec beaucoup d'insistance : « *Nous n'avions aucunement des rapports avec le capital étranger. Les Anglais n'avaient presque rien investi en Libye. Ils avaient hérité des bases italiennes et les avaient améliorées. Même les investissements américains furent limités et n'étaient pas en mesure de produire un capital local* ».

Pour plus de détails, notre interlocuteur ajouta : « *Notre peuple honnête et laborieux était notre véritable capital. Malgré tout, c'était une vérité. La confiance était la monnaie courante. Les actionnaires n'exigeaient même pas des garanties. Notre société était solidaire et cohésive. Les banques étaient très coopérantes. Elles nous facilitaient toutes sortes de crédits. Le pouvoir ne nous a jamais imposé de contraintes. Bien au contraire, la Monarchie avait libéré notre volonté de création et nous a encouragé d'une façon illimitée.*

De fait, nous avions un environnement qui nous permettait d'avoir confiance en nous-mêmes. Il faut dire que notre capital était notre confiance dans notre intelligence. Ainsi, ce qui est vrai pour moi est aussi vrai pour le reste de l'élite qui comptait plus de 150 personnes. Mais me voilà, maintenant acculé à la retraite forcée depuis le mois de septembre 1978. Je me sens, en fait, paralysé. »[1]

Pour pouvoir mieux creuser cette problématique de dépendance à l'égard du capital international, nous avons jugé très opportun d'interviewer Hédi El-Mchirgui (d'origine andalo-tunisienne) qui fut une figure libyenne de grande envergure. Il était surtout opposant au Roi, mais il joua des rôles patriotiques importants en Libye. Il fut le premier président libyen de *l'Association des Agriculteurs* en 1947. Il fonda le *Parti Nationaliste* qu'il ne quitta qu'avec la formation du *Congrès National*. Il était l'un des fondateurs du *Syndicat des Ouvriers Libyens* en 1950, et celui des commerçants du gros en 1954.

A l'échelle maghrébine, El-Mchirgui appuyait, sans limites, les mouvements de libération nationale en Tunisie et en Algérie. Il contribuait d'une manière efficace à l'appui matériel et moral des révolutionnaires algériens. Il était aussi l'ami personnel de Bourguiba et de Ben Bella.

---

(1) Entretien à Tripoli le 05-08-1999.

Mais El-Mchirgui était aussi un habile commerçant, un grand homme d'affaires et l'un des rares industriels libyens qui ont su réussir [1]. Il était également propriétaire de plusieurs sociétés de commerce, de plusieurs usines, d'une cimenterie, et de six hôtels.

Dès le premier contact, il accepta, avec enthousiasme de répondre à nos questions, parce qu'il voulait que les générations futures sachent ses diverses contributions « *Avec le déclenchement de la deuxième Guerre Mondiale, nous avons dû vendre la société commerciale de la famille El-Mchirgui fondée en 1927. J'ai préféré investir le montant dans l'achat de terres agricoles. Nous passions par des moments d'incertitude et de guerre. Cet achat a consommé toute notre richesse.*

En effet, jusqu'en 1945, je n'avais rien acheté. Ce n'est qu'après l'arrêt définitif de la Seconde Guerre Mondiale que j'ai repris mes activités. J'ai eu une occasion exceptionnelle. J'ai pu remporter une offre de nettoyage de la ville de Tripoli devant un redoutable italien qui proposait dix huit millions de lires. Moi je ne proposais que la moitié de la somme. Il faudrait dire aussi que j'étais l'ami des Anglais et je que savais tirer profit des rivalités entre Italiens et Anglais. En fait, les Anglais pour pouvoir contrôler le pays voulaient créer une élite qui leur fût fidèle.

La seconde occasion qui m'a été offerte est celle des Américains. En commençant les travaux de la construction de l'aérodrome de Wheelus Field, les Américains eurent besoin de loger cent cinq techniciens. J'ai pu avoir l'information par le biais d'un ami italien travaillant à la Municipalité de Tripoli. En vue de me préparer, j'ai loué un petit hôtel que j'ai acheté par la suite.

Ce contrat me rapporta beaucoup d'argent, parce que je leur garantissais le gîte et le couvert. J'ai même pu embaucher des Italiens et des Suisses. Ce qui était un fait rare. D'ailleurs, en 1969, j'avais trois cents quatre vingts employés dans mes usines, mes hôtels et ma ferme. En 1968, ma fortune en liquidités s'élevait à plus d'un milliard cent cinquante dinars libyens.

L'essentiel était que j'avais de bons rapports avec les Anglais. J'avais aussi des rapports avec des partenaires de nationalités différentes : Français, Italiens et Grecs. Au demeurant, les Anglais m'avaient encouragé parce que j'étais dynamique et intelligent. Ils avaient trouvé en moi un interlocuteur crédible. »

« *En revanche, je n'ai pas été encouragé par le Roi, parce qu'il me considérait comme un opposant. Pourtant, il n'a pu gouverner à Tripoli que lorsque je lui ai obtenu une ferme concession écrite de la part des Qaramanli qui ont gouverné la Libye au XIXe siècle. Mais tout compte fait, je ne pouvais que rejoindre l'opposition. Car le Roi était pro-italien, touchait même des salaires de la part de ces derniers, ainsi que d'autres Sénoussis,*

---

(1) *La ditta, figli di B. Misherghi durante un trentennio*, Poligrafico Maggi-Tripoli, 1943.

tels que Charef El-Ghariani. C'est peut-être ici l'un des paradoxes de mon itinéraire en tant qu'homme d'affaires et politicien. »[1]

Ces deux entretiens reflètent en fait deux conceptions diamétralement opposées des rapports avec le capital étranger. Le premier nie, en effet, toute collusion avec les compagnies étrangères, valorisant l'effort des Libyens, à construire leur propre économie, à s'investir économiquement et à doter leur pays d'un tissu industriel nécessaire à son développement.

En revanche, le second entretien confirme notre hypothèse de départ. Le capital étranger a joué un rôle fondamental dans la formation de la bourgeoisie libyenne et dans son épanouissement économique et social.

4. La première génération d'entrepreneurs : itinéraire et dépendance

C'est en ce sens que l'élite économique semble être une création commune des firmes pétrolières et d'un Etat économiquement désengagé. Cette construction montre l'absence d'autres alternatives et prouve, une fois de plus, l'importance du capital étranger dans l'histoire économique de la Libye.

En effet, pour créer les conditions propices à la construction de cette élite, les compagnies pétrolières injectèrent entre 1955 et 1965, la somme globale de 50 millions de livres libyennes dont la quasi-totalité passa entre les mains des concessionnaires et des intermédiaires. Ces derniers n'étaient autres que les hommes de l'appareil politique favorisés par la logique du fonctionnement patrimonialiste.

Ces sociétés de services étaient détenues par des hommes très influents dans le système politique qui, par le biais de leur collaboration étroite avec les compagnies pétrolières américaines, purent à l'époque, amasser des richesses colossales. Nous pouvons citer en l'occurrence les sociétés de service détenues par Mustapha ben H'lim[2] (ex-premier ministre), par Fouad Kâabazi (ex-ministre du Pétrole), par Hédi El-Ayeb, Mohammed Dkhil (ancien syndicaliste converti aux affaires et à l'entrepreneunariat et qui a été, à un certain moment chef du patronat libyen) et par Mohammed Ingha (entrepreneur). Ces personnalités constituaient les exemples types de cette dépendance à l'égard du capital international et surtout américain.

---

(1) Hédi El-Mchirgui nous a accordé à Tripoli deux entretiens le 03 et le 04-08-1999.
(2) Mustapha Ben H'lim l'ancien premier ministre, en exil actuellement, permit aux membres de sa famille, proche ou lointaine, d'avoir un nombre considérable de licences d'importations, d'exportations, de représentations et de services divers. Il suffit de regarder les listes du *Commercial Directory* pour trouver les noms des membres de sa famille qui ont bénéficié d'autorisations commerciales pour divers services. A ce titre, on peut donner l'exemple de l'ancien premier ministre Med Othmane Es-Sid qui démantela les chemins de fer en Libye pour ouvrir la voie à sa société privée de transport commun.

Il faudrait préciser que toute une frange de petits et moyens entrepreneurs a pu amasser de grandes richesses grâce aux services rendus aux compagnies pétrolières. Il suffit, à cet égard, d'avancer les noms par exemple de Mohammed Ben Sassi, Ahmed Allam, Hédi El-Ayeb, Youssef et Mustapha Badi, Frej Tarbah, Ben Katou, Ali et Mohammed Ingha et Hosny Boukhlel. Le prince Abdallah Abed EL-Sénoussi s'était constitué également une fortune considérable. Hédi Hammouda s'était doté pour sa part d'une grande compagnie de camions qui reliait la région de Sebha à l'Afrique sub-saharienne et surtout à Kanou au Nigeria. Youssef Khrébiche fournissait aux sociétés pétrolières les médicaments nécessaires [1], en provenance d'Italie et de Grande-Bretagne. Se sont ainsi formées plusieurs sociétés de service libyco-américaines détenues par des hommes influents. Des sociétés comme Esso et Shell durent vendre 50% de leurs actions à de grands commerçants, à des hauts fonctionnaires et à des entrepreneurs tels que Muftah Arighrib (ex-président du Parlement) et Mohammed Ben Sassi (entrepreneur de construction et d'électricité). Certains responsables prêtaient uniquement leurs noms à des sociétés étrangères, en contrepartie de bénéfices variant entre 2 et 10 %, pour qu'elles puissent participer aux offres locales et internationales émanant du gouvernement libyen pour des actions d'importation. Ces sociétés étrangères «déguisées» participaient souvent aux offres, bénéficiaient des mêmes avantages que les sociétés nationales et remportaient une grande part des bénéfices. La participation libyenne était donc nominale, compte tenu de la faiblesse du capital des autochtones par rapport aux capitaux étrangers et des limites de leur savoir-faire technique.

En effet, les offres étaient d'autant plus nombreuses que les divers gouvernements de la Libye s'efforçaient de fournir les services nécessaires au pays. Le premier plan quinquennal (1963-1968) prévoyait une enveloppe de 169 millions de livres libyennes pour l'infrastructure et l'équipement. Ce montant fut presque doublé à partir de 1968 : 331 millions de livres[2]. Les importations venaient souvent de Grande-Bretagne, des Etats-Unis et surtout d'Italie.

Nous avons là une situation particulière à la Libye. Si l'élite politique libyenne a été formée en rupture presque totale avec l'influence de la colonisation, en raison de l'atrocité du fascisme italien[3], l'élite économique (industriels, entrepreneurs, importateurs, concessionnaires et autres commerçants) préférait, de par la distance, le coût des prix et la connaissance de la langue, s'en remettre à la technologie et au savoir-faire

---

(1) Nickolay Brouchine, *Tarikh libya (Histoire de la Libye du XIXᵉ siècle jusqu'en 1969)*, Merkez Dirasat Jihad allibiyin, Tripoli 1988, p. 389.
(2) *Libya as Market for Manufactures Products from Developing Countries*, in, International trade Center UNCTAD GATT, Geneva, 1969, p. 12.
(3) Le fascisme italien est identifié, aussi bien en Libye qu'en Italie, à la honte et au crime. C'est un héritage que nul ne veut ou ne peut réclamer.

italiens. C'est ce qui pourrait d'expliquer l'importance des importations en provenance d'Italie.

Ces sociétés tiraient profit des produits finis et de l'alimentation. Compte tenu de l'importance matérielle de cette catégorie, les compagnies étrangères l'encouragèrent à prendre part à la vie politique. De grands commerçants, comme Mohammed Dkhil, Mohammed Mustapha El-Chibani[1], Ali Faouzi Es-Sarraj, Tahar El-Okhbi, Mohammed Ben Othman Es-Sid et d'autres, réussirent à entrer au Parlement. Ils étaient étiquetés par l'opinion publique comme défenseurs des intérêts occidentaux. Au demeurant, les élections parlementaires de 1964 prouvèrent l'immixion des compagnies américaines dans la vie politique du pays.

Si l'élite économique l'avait accepté, c'est parce que le souvenir de la pauvreté effrayante était encore présent au niveau de l'imaginaire collectif. Les compagnies pétrolières encouragèrent de nombreuses personnalités à entrer au Parlement et financèrent, directement ou indirectement, leurs campagnes électorales, surtout qu'il y avait aux Etats-Unis toute une structure de financement de la lutte contre le communisme à travers le monde.

4. La catégorie des entrepreneurs et des représentants commerciaux

Le montant total réservé à la construction par le premier plan quinquennal est évalué à 120 millions de dinars libyens. Les offres de construction de logements et d'établissement d'infrastructures étaient nombreuses, ce qui donnait aux entrepreneurs autochtones et à leurs associés étrangers des chances illimitées d'enrichissement. Il suffit de mentionner, à cet égard, le projet d'Idriss pour l'habitat de 1966 qui visait à créer des villages - pilotes et des quartiers de logements dans toutes les campagnes et les villes libyennes, afin de fournir à la population tous les moyens de commodité et de protection sanitaire et sociale et de la sécurité.

D'après les documents officiels, ce projet de villages est défini comme étant « *la jonction entre les diverses parties du rif et les principales villes, donc ils devront contribuer à améliorer les moyens de communication, d'irrigation, d'électrification, du commerce et de l'industrie et à augmenter les revenus.* » ([2]) L'exécution de ce grand projet échut, dans des conditions « suspectes », à des sociétés italiennes donc à l'ancien pays colonisateur[3].

Mais les sociétés entrepreneuriales libyennes et surtout étrangères s'opposèrent vigoureusement et purent, par le biais de connivences politiques, annuler le choix des entreprises italiennes. Le motif officiel est

---

(1) Mohammed Mustapha El-Chibani, comme il l'affirme lui-même, s'engagea tout jeune comme mercenaire au sein de l'armée italienne en Erythrée, ce qui lui permit de faire des économies, de les faire prospérer et de les réinvestir en suite dans le petit commerce.

([2]) Nickolay Brouchine, *ibidem*, p. 390.

([3]) *Ibidem*, p. 390.

que la Libye ne doit pas être reconstruite par ses anciens colonisateurs. Mais c'était en réalité un prétexte pour écarter les sociétés italiennes. Les concurrents libyens, américains et britanniques remportèrent, en définitive, l'offre gouvernementale. En effet, la concurrence entre les sociétés italiennes et les sociétés américaines et anglaises sur les offres du gouvernement était rudes, mais elle a facilité l'émergence d'une frange d'entrepreneurs locaux qui ont bénéficié de facilités, tant extérieures qu'intérieures, pour pouvoir s'imposer. Correspondent à ce cas de figure Mohammed Ben Sassi (Janzour), Mustapha Ben Hlim, Ali Nayed (Benghazi), Tahar El-Okbi (Janzour), Abdallah Abed El-Sénoussi, Slaheddine Tatanaki (Benghazi et Tripoli).

Rappelons que les contextes historique et politique s'y prêtaient. L'aide américaine réservée à la Libye était surtout destinée à financer des constructions militaires à caractère stratégique et à payer les salaires des experts militaires. C'est dans ce cadre que fut construite la route reliant la côte de Tripoli à la région désertique de Fezzan et qui a transformé complètement l'infrastructure autour de l'aérodrome de Wheelus-Field contrôlant la Méditerranée et les Balkans. D'autres travaux ont été entrepris pour élargir le port de Tripoli, alors que le développement de l'agriculture n'a bénéficié que d'une faible part. Tous ces grands travaux à caractère militaire ont profité à des entrepreneurs locaux, comme Ben Hlim, Ben Sassi, Fekkini et El-Nayed (spécialiste des constructions militaires).

Ajoutons que cette première frange d'entrepreneurs va sécréter progressivement une nouvelle génération d'hommes d'affaires, de concessionnaires, d'importateurs, d'exportateurs et de représentants commerciaux. C'est celle des entrepreneurs qui va investir dans tous les secteurs de l'économie et surtout dans le commerce.

Tableau18 : Nombre d'entrepreneurs en Libye 1960 – 1969 :

ANNÉE Caté- gorie	1960 - 1961	%	1968 - 1969	%
Nationaux	28	28.5%	581	79%
Étrangers	70 (toutes spécialités confondues)	71.5%	153	21.%
Total	**98**	**100%**	**734**	**100%**

Source : Tableau construit à partir des informations de : *l'Annuario della Tripolitania 1960- 1963- 1969,* edito a cura della Camera di commercio, industria e agricoltura della Tripolitania, Poligrafico Maggi, Tripoli, 1969.

Remarquons que le nombre des entrepreneurs nationaux a augmenté de 220% en deux ans, compte tenu de l'importance des projets de développement et des montants consacrés à la modernisation matérielle et économique du pays.

4. Les concessionnaires et leur rôle économique et commercial

Il faudrait mentionner que les lois libyennes de 1968 sur les investissements favorisèrent énormément les investisseurs étrangers qui avaient, de ce fait, des exonérations considérables pour l'entrée de leurs équipements de travail ou la sortie de leurs bénéfices. C'est ce qui leur a permis de mener une dure concurrence aux investisseurs et aux commerçants autochtones. En effet, le commerce du gros et du détail était entre les mains des sociétés étrangères : 90% des dépôts de commerce appartenaient à des étrangers, dont 65% d'Italiens [1].

Pour pouvoir contourner les lois libyennes, les sociétés étrangères s'achetaient, s'il le fallait, au prix fort des prête-noms qu'elles trouvaient dans de la classe politique libyenne. Aussi la presse libyenne s'élevait-elle régulièrement contre les hommes de paille des sociétés étrangères qui, pour contourner un certain « protectionnisme » de l'Etat, eurent recours à des prête-noms[2] qui leur permettaient d'agir librement tout en ayant la protection suffisante, surtout, lorsqu'il s'agit d'affaires de corruption ou d'opérations délictueuses.

En 1958, le Parlement libyen adopta une loi sur les agences commerciales[3] qui ont été astreintes à se contenter de 49% de l'ensemble du capital de l'agence pour limiter la domination commerciale étrangère. Les agences étrangères et surtout italiennes inventèrent la formule du « partenaire libyen endormi », c'est-à-dire la personne qui acceptait de prêter son nom en contrepartie d'un taux annuel du bénéfice, fixé d'un commun accord.

Il est à noter dans ce sens qu'en 1967, il y avait 229 hommes d'affaires qui représentaient commercialement 1185 sociétés étrangères, et qu'il n'y avait parmi eux que 41 Libyens qui étaient les représentants locaux de 82 Agences étrangères. En effet, la classe commerçante libyenne ne contrôlait en 1968 que le tiers de l'ensemble des importations. Tous ces éléments prouvent d'une façon claire, s'il en était besoin, la capacité des sociétés étrangères à contourner les lois.

Il suffit de citer à ce propos le fait que sur 422 agences inscrites au ministère des finances, la participation des Libyens à leurs capitaux ne dépassait guère les 10%. Mais sous la pression de la « bourgeoise nationale» et du *Syndicat des Patrons* présidé par Mohammed Dkhil, le gouvernement adopta, en mars 1967, la nouvelle loi sur les agences commerciales, qui contraignit les sociétés intermédiaires à avoir un capital

---

(1) *Al Raquib* n°2 du 02-03-1966 et *Al Houriyya* du 01-09-1966.
(2) *Al Raquib* du 02-03-1966.
(3) La loi n°15 du 14-09-1959, in, *Annuario della Tripolitania 1960-1961*, edito a cura della Camera di Commercio, Industria e Agricoltura,Tripoli, 1961.

uniquement libyen [1]. Du reste, cette loi n'a pas été scrupuleusement respectée comme le prouvent de nombreuses circonstances politiques.

Tableau 19 : Représentations commerciales

REPRESENTANTS COMMERCIAUX				
ANNÉES	**1960 - 1961**	**%**	**1968 - 1969**	**%**
Nationaux	9	5%	41	18%
Étrangers	146	95%	188	82%
Total	**155**	**100%**	**229**	**100%**

Source : Tableau construit à partir des informations du *Commercial Directory*, United Kingdom of Libya, 1963 et 1969.

Malgré l'importance des lois promulguées pour l'encouragement des représentations nationales, la présence étrangère est restée forte et déterminante, comme le montrent les chiffres et les statistiques ci-dessus.

7. Tahar El-Okbi, prototype d'une élite économique Polyvalente

Tahar El-Okbi est né à Sormane du gouvernorat de Zaouia au mois de septembre 1922. Il fut membre du Conseil Législatif de la Tripolitaine de 1952 à 1954 avant d'être son président de 1954 à 1963, année de la dissolution du système des provinces. El-Okbi se livra, d'une part, à des activités agricoles au bénéfice, d'autre part, des Italiens et pratiqua en même temps le système du prête-nom avec une société américaine, en contrepartie de 7400 dollars annuellement. Il représenta, pendant de longues années, les assurances égyptiennes à Tripoli, bien que le montant proposé fût modeste. C'est dans ce même ordre d'idées qu'il fonda en 1963, avec ses deux frères, une société polyvalente d'assurances, de médicaments, d'importation et surtout d'entrepreneuriat. En 1964, il fut élu membre du Parlement. Mais les élections de 1964 furent annulées sous la pression de l'opposition et de l'opinion publique. Au cours des élections de 1965, il fut remplacé par Miftah Arighib (d'ailleurs originaire du même village) pour une raison de querelles tribales.

La société d'El-Okbi avait des rapports très étroits avec l'Ambassade Américaine en Libye. C'est elle qui lui fournissait, au terme d'un contrat, la main-d'œuvre et se chargeait du gardiennage. Cette société amassa des sommes colossales du ravitaillement de l'aérodrome de Wheelus Field (la plus grande base militaire en dehors du de l'OTAN) et de la représentation de la compagnie pétrolière américaine *Occidental*. Elle prêta, en outre, son nom à ses activités commerciales.

Les relations d'El-Okbi avec *Occidental* se renforcèrent davantage quand il devint, en 1965, ministre des affaires sociales dans le gouvernement de Hussine Mazegh (1965-1967) parce qu'il facilitait les travaux de cette société.

Après 1969, il ne fut ni jugé par le *Tribunal du Peuple,* chargé du procès du personnel politique sous la Monarchie, ni même accusé de

---

(1) *Al Ra'id*, n° 231 dans sa livraison du 07-03-1967; Cf. aussi *Al Ra'id*, n°1 du 28-07-1967, 12ème année, p. 3.

corruption. C'est ce qui fut considéré à l'époque comme exceptionnel. A partir de 1975, les Libyens découvrirent qu'il était le père de la troisième femme de Kadhafi.

Tahar El-Okbi est le prototype d'une élite économique polyvalente qui s'investissait dans tous les domaines économiques. Elle n'était pas, de fait, construite selon les normes modernes de la spécialisation, de la répartition des tâches et de la division du travail, mais était en cours de formation, ce qui ne l'habilitait pas à imposer son autonomie. Sa dépendance à l'égard du capital international en général et des firmes pétrolières en particulier a été également une cause majeure de fragilité. En effet, cette dépendance entraîna, inéluctablement, des effets corrupteurs de l'élite et surtout une grande immixion dans le paysage politique libyen. La promotion du personnel politique n'était uniquement pas dictée par des considérations de participation ou de représentativité tribale ou autre, mais surtout elle se faisait au nom de l'allégeance anglo-américaine et de la fidélité aux intérêts occidentaux. L'élite économique a préparé le terrain à l'hégémonie économique et politique américaine dans le pays.

Il faudrait remarquer que la Libye a connu, entre 1955 et 1969, une forte pénétration américaine par le biais des structures de coopération technique et économique, et surtout par l'intermédiaire des firmes pétrolières. Profitant de la faiblesse politique et économique du régime, les Américains implantèrent onze sociétés (pour l'essentiel de prospection pétrolière) et dominèrent une grande partie de l'importation détaxée. Ils purent même mener une dure concurrence aux intérêts anglais, malgré l'interférence de leurs intérêts stratégiques et leur complémentarité à court et à long terme.

Toutefois, Américains et Anglais jouèrent un rôle déterminant dans la construction de l'élite libyenne et en l'occurrence de l'élite économique. Cependant, les industriels libyens ne trouvèrent pas suffisamment d'encouragement pour s'imposer. Le capital étranger recherchait le gain immédiat, lors même que les investissements industriels exigeaient beaucoup de capitaux, un long souffle et surtout beaucoup de patience.

8. Les pères de l'industrie libyenne

Au début des années cinquante, l'économie libyenne était traditionnelle et retardée. L'industrie était pratiquement inexistante. Les quelques rares industriels qui osèrent, au milieu des années cinquante, prendre le gros risque d'investir dans ce domaine et créer des entreprises rencontrèrent de gros problèmes et se débattirent pendant des années pour l'élaboration d'un nouveau secteur difficile à mettre en marche[1]. Contrairement à la Tunisie, à l'Egypte et même au Maroc, l'investissement familial en industrie était inexistant. L'artisanat ne se transforma pas, au fil des années, en une structure manufacturière et industrielle. Vu l'étroitesse

---

(1) Christiane Souriau, « Chronique sociale et culturelle en Libye », in, *Annuaire de l'Afrique du Nord*, III 1968, p. 318.

du marché et la pauvreté des populations, les familles riches et les commerçants aisés évitèrent d'investir dans le secteur industriel. L'absence d'unités industrielles est donc due, à l'absence de traditions familiales ou étatiques d'investissement. Les débuts réels de l'industrie en Libye remontent aux années 1960, comme le remarque l'homme d'affaires libyen et le propriétaire du journal «Al Yawm» Abdelrahmane Chater: « *L'industrie est toute récente. Il s'agit de quelques aventuriers qui ont voulu relever le défi. Ils ont investi là où il n'y a ni héritage, ni traditions familiales. La seule possibilité a été offerte par la collaboration avec les Italiens qui dominaient il'industrie manufacturière. C'est parce qu'ils voulaient gagner la confiance de la population qu'ils ont permis à une toute petite frange de Libyens qui leur sont acquis, d'accéder à la technologie.* »[1]

En réalité, les Italiens ne jouèrent guère un rôle notable dans la formation de l'élite industrielle. Et pour cause, le fascisme avait annulé toute possibilité de contacts fructueux. C'est ainsi que la tâche de créer de toutes pièces l'industrie libyenne revint aux Libyens eux-mêmes. Les industriels autodidactes ont lancé leurs projets sans l'appui de leurs familles et sans capitaux importants. C'était une véritable aventure à l'époque. Ces premiers investisseurs offraient, en fait, l'image de l'industriel solitaire[2], souvent en rupture avec son univers immédiat. Le paysage économique des années cinquante était même hostile à ces initiatives industrielles. Mais à partir de 1960, la situation changea complètement pour deux raisons :

1. l'importance de la rente pétrolière, qui a fourni des capitaux suffisants pour faire les premiers pas dans l'investissement;
2. la mise en place d'une infrastructure institutionnelle de financement, d'encouragement et d'encadrement de l'investissement industriel.

Avec tous ces encouragements, le statut de l'industriel solitaire est dépassé. L'Etat mit en place tout un dispositif institutionnel pour encourager l'investissement industriel et pour construire une élite industrielle, bien que ce concept ne s'applique pas convenablement à cette époque[3].

Quels ont été ces dispositifs institutionnels ? Et quel fut leur impact sur la promotion de l'investissement étatique dans le secteur industriel, et la

---

(1) Entretien à Tripoli le 22-4-1999.
(2) Expression utilisée par Pierre-Noël Deneuil dans son ouvrage, *Les entrepreneurs du développement. L'éthno-industrialisation en Tunisie : la dynamique de Sfax*, Paris, L'Harmattan 1992, p. 32.
(3) Cf. surtout l'importante interview d'Ibrahim El-Bakbak, vice-ministre de l'Industrie et président du Conseil de l'Import et de l'Export au sujet des modalités de protection de l'industrie nationale contre la concurrence étrangère, *Al-Raïd*, n°54 du 20-5-1969, p. 3. Mais les décisions politiques ne se traduisaient pas souvent dans la réalité. Dans ce même cadre, le Directeur Général de la Banque Industrielle déclarait au Journal *Al Raïd* n°510 du 15-4-1969 que la banque avait uniquement accordé en 1968, 136 crédits d'une valeur totale de 674 mille livres libyennes, alors que le montant de crédits atteignit, en 1969, 900 millions de livres libyennes.

formation d'une élite locale d'investisseurs, c'est-à-dire d'un capital industriel privé ?

Pour pouvoir répondre à ces deux questions, il faudrait revenir à l'histoire politique et institutionnelle de la Libye contemporaine et délimiter chronologiquement les diverses mesures prises pour l'encouragement de l'implantation industrielle.

9. Dispositif juridique et institutionnel pour la promotion de l'industrie

Dans le but d'encourager l'industrie nationale, le régime monarchique promulgua la loi de 1956 qui fournissait le dispositif juridique nécessaire à l'œuvre de promotion. Mais cette tendance promotionnelle, qui était le reflet d'une volonté politique, s'est heurtée à l'absence de capitaux nécessaires pour la mise en place de l'infrastructure industrielle, l'importation du matériel technologique adéquat et l'encouragement de la première génération «d'industriels aventuriers».[1] Les revenus pétroliers couvraient à peine les besoins immédiats de la société libyenne et le capital local n'était pas en mesure de promouvoir l'industrie nationale. En effet, le capital était encore embryonnaire.

La seconde étape juridique fut la promulgation de la loi de 1958 sur l'encouragement de l'investissement extérieur qui offrait aux capitaux étrangers toute une gamme d'éxonérations financières véritablement exceptionnelles[2].

Cette loi fut complétée par celle de l'année 1958 sur la libyanisation des sociétés et des agences étrangères en limitant leurs capitaux à 49% et en favorisant la prééminence du capital national. Mais les sociétés étrangères inventèrent la formule de rechange, du partenaire local endormi qui se contentait d'un petit pourcentage des bénéfices, ou souvent d'une récompense annuelle de quelques centaines de dinars libyens. Cette manipulation intelligente des lois confirme, une fois de plus, l'avidité des sociétés étrangères, mais aussi leur capacité à dominer l'économie libyenne[3].

Mais l'étape décisive fut la création en 1960 du *Conseil de la Promotion de l'Economie Libyenne*, d'une *Agence Centrale de la Planification des Projets Economiques*, et surtout du ministère de l'Industrie en 1961. Le régime monarchique franchit une étape supplémentaire, en couronnant tous ces efforts de promotion industrielle par la création, en

---

(1) La loi n°51 pour l'année 1956 sur la promotion de l'industrie nationale, in *Annuario della Tripolitania 1960-1961*, pp. 98-99-100.

(2) La loi sur l'investissement des capitaux étrangers du 30 janvier 1958, amendée le 31 juillet 1968. Pour plus d'informations sur ces divers sujets, voir le *Commercial Directory: 1968-1969*, pp. 133-175.

(3) Après à la promulgation de cette loi, le Journal *Al Ra'id*, porte-parole de la gauche libyenne, écrivait dans sa livraison du 10-05-1959 : « C'est un grand pas sur la voie de l'élimination des monopoles occidentaux par le biais de l'encouragement des milieux économiques nationaux ».

1965, du *Comptoir Industriel*, une sorte de banque officielle de planification et surtout de financement des projets industriels à laquelle incomba le rôle de promotion du secteur industriel privé. l'Etat préférait, de par ses choix mêmes, ne pas trop s'engager dans le secteur industriel. C'est pourquoi, la présence étatique y était insignifiante. Il ne possédait jusqu'en 1968 qu'une imprimerie, deux usines de textile, deux usines d'alimentation, une usine de plâtre, une maroquinerie, une confiserie et une cimenterie à El Khoms à laquelle participa le capital privé à hauteur de 12%[1].

Ajoutons également que le Premier Plan Quinquennal (1963-1968), qui prévoyait une enveloppe totale de 16,9 millions de dinars d'encouragement au secteur, consacra le budget suivant à l'industrie libyenne naissante :

Tableau 20 : Budget de l'industrie

N°	Rubriques	Dépenses
1	Développement de l'industrie	600,000
2	Formation professionnelle	350,000
3	Centres de recherches	450,000
4	Crédits industriels	5.000,000
5	Activités de recherches sur les ressources	100,000
6	Développement de la pêche	400,000
	Total	**6.900,000**

Source : Plan de développement 1963-1968, p. 28.

C'est cette perspective que l'on peut appeler la spécificité libyenne. De fait, la Libye est l'un des rares pays arabes et africains à avoir d'emblée évité l'étatisation de l'économie et à avoir privilégié la prééminence du capital privé. Cette stratégie était peut être dictée par les puissances occidentales et par le manque de cadres et d'expériences : les Américains, les Anglais et les Italiens voulaient offrir à leurs concitoyens le maximum de possibilités pour le monopole des activités économiques.

10. L'élite industrielle libyenne : promotion précaire et faiblesse de l'initiative

En vue de promouvoir le capital industriel privé, le *Comptoir Industriel* (Banque étatique) initia la politique des crédits à long terme et octroya en 1967 (selon les dernières statistiques) 71 crédits, d'un montant total de 1483 milions de dinars libyens, pour le financement de l'achat des matières premières industrielles, des technologies, des équipements appropriés et surtout pour l'établissement des constructions industrielles[2]. Mais malgré les investissements, les privilèges, et les exonérations douanières, l'initiative privée est restée limitée.En 1964, il y avait à peu près 8243 unités industrielles qui embauchaient 46.000 personnes. D'une part, elles étaient dominées à 85% par des unités artisanales et de petits ateliers dont le nombre d'ouvriers permanents ou temporaires ne dépassait pas 25

---

(1) Nickolay Brouchine, *Tarikh Libya*, p. 390.
(2) Le journal *Al Yawm* dans sa livraison du 04-01-1969.

personnes[1]. Ce tissu industriel était hérité, en majorité, de l'époque italienne, le reste de l'époque ottomane. D'autre part, ce tissu industriel était essentiellement composé des industries alimentaires, du textile, des produits chimiques et du tabac. En 1968, il y avait 38 usines alimentaires employant au total de 1500 ouvriers[2].

Toutefois, le rôle joué par la première génération d'industriels libyens fut d'autant moins négligeable qu'ils durent faire face à des problèmes insurmontables. Vers 1965, Mohammed Mustapha El-Chibani, le plus grand commerçant de Libye, lança une usine de conserves, alors que Mohammed Ben Sassi modernisa et agrandit la conserverie alimentaire de Libye. D'autres hommes d'affaires, comme les frères Salem et Miftah Gueddah, Ili Fellah et Mohammed Zeytoun, ont investi dans l'industrie alimentaire, dans les conserves alimentaires, dans le tabac, et dans les services tels que les hôtels et les restaurants.

Des industriels comme Omar Ibrahim Kanoun, Mohammed Ben Sassi, Hédi Mojrabe, Jamil El-Mabrouk, Souleymène Mabrouk, Belgacem Alleghi, Omrane Hèghighe et Chédli Robbana (Tunisien) s'efforcèrent de satisfaire aux besoins alimentaires de première nécessité, et de créer une industrie alimentaire. D'autres encore, comme Mohammed Ben Barka, Hédi Habrouche et Fateh Habrouche investirent dans le textile ; alors que, Ali El-Gorgi, Mansour Ben Barka et Mustapha H'niche se lancèrent dans l'aventure de la métallurgie et dans l'industrie de l'aluminium et du ciment[3].

(1) *Statistical Abstract of Libya*, Tripoli, 1968, p. 93.
(2) *Ibidem*, p. 106.
(3) Nickolay Brouchine, *Tarikh Libya*, p. 392.

Tableau 21 : Répartition des industriels libyens et étrangers 1968-1969

PROPRIETAIRES SPECIALITES	NATIONAUX	%	ETRANGERS	%	TOTAL
Alimentaire	16	89	2	11%	18
Conserveries	09	100%	-	-	09
Sardineries	-	-	06	100%	06
Confiserie	9	90%	1 (Tunisien)	10%	10
Huileries	24	83%	5	17%	29
Laiteries	1	50%	1	50%	2
Boissons gazeuses	2	67%	1	33%	3
Boissons alcoolisés	-	-	5	100%	5
Textiles	17	94%	1	6%	18
Matériaux de construction	29	88%	4	12%	33
Savonneries	4	100%	-	-	4
Cellulose	3	100%	-	-	3
Industrie du cuir	2	67%	1	33%	3
Métaux	10	69%	3 Italiens	-	13
Industrie du bois	5	100%	-	-	5
Matériels de prospection pétrolière	-	-	4	100%	4
Industrie du plastique	4	80%	1	20%	5
Autres	8	89%	1	11%	9
Total	**142**	**79%**	**37**	**21%**	**179**

Source : Informations puisées dans *Commercial Directory,* United Kingdom of Libya, 1968 - 1969.

Par ailleurs, des familles prestigieuses, sur le plan social et politique et même matériel comme les Montasser, Mizrane (d'origine tunisienne), Souihli, Khribèche ou Mojrabe, poussées par l'avidité du pouvoir et la soif de l'enrichissement immédiat, ont beaucoup facilité la tâche aux sociétés italiennes par le système du prête-nom ou des contributions imaginaires. C'est ainsi que les Italiens purent, par l'intermédiaire de ces familles ou de personnes influentes au sein du pouvoir, dominer l'ensemble des industries manufacturières, surtout qu'il y avait en Libye jusqu'en 1971, plus de 20.000 fermiers italiens. A vrai dire, les Italiens dominaient, jusqu'en 1970, à peu près 81% des unités industrielles dans le pays et fournissaient 37% des ouvriers et des cadres techniques nécessaires[1].

En revanche, les hommes d'affaires libyens chasseurs de rente préféraient investir dans le commerce à rentabilité immédiate ou dans les spéculations immobilières, les services et surtout dans l'entrepreneuriat ;

---

[1] *The New Middle East,* n°1, 1972; cf. également, Jean Despois, *La colonisation italienne en Libye, Problème et méthode,* Larose, Paris 1935, p. 53 et passim. Cf, Istituto agricolo coloniale, *La Colonizzazione agricola della Tripolitania,* Bardi, Roma, 1946, pp. 17-18.

c'est un phénomène qui perdure jusqu'à nos jours. En effet, cet esprit mercantiliste est révélateur de la fragilité de «l'élite industrielle», de l'absence d'initiative économique et de la pregnance de la logique du moindre effort. C'est pour cela qu'il faudrait peut-être entreprendre une approche anthropologique du comportement économique de l'homme d'affaires libyen. Il préférait (les témoignages le disent) enterrer ses capitaux dans des greniers souterrains à blé au lieu de les faire prospérer, comme ce fut l'habitude sous la domination ottomane et l'occupation italienne. Il a gardé donc, les réflexes «phobiques» des vieux commerçants libyens. Mais pour bloquer ses capitaux, il préférait investir, dans l'immobilier ou thésauriser sa fortune dans les bijoux de son épouse. Lorsque celle-ci était invitée à une fête, elle portait sur elle des Kilos d'or ou d'argent, selon les régions de la Libye[1]. Il préférait aussi construire de grandes villas plutôt que d'investir dans le secteur industriel. Certes, l'initiative exigeait un changement radical de l'habitus, c'est-à-dire la transformation de l'«homo-oeconomicus» en un acteur politique et économique réel. L'aventure industrielle était encore mal assumée. Rares étaient ceux qui voulaient s'y lancer. L'homme d'affaires libyen ne présentait pas les caractéristiques du modèle wéberien reposant sur la conciliation entre le puritanisme et l'initiative économique. C'est encore moins le modèle de l'entrepreneur japonais qui sait concilier entre sa spiritualité et son efficacité économique et concurrentielle.

La richesse était considérée comme une fin en soi[2], comme une source d'auto-promotion et non pas comme un vecteur de modernité et de développement collectif. Une telle carence est due, certes, à l'absence de cette culture entrepreneuriale qui dote l'élite d'une dynamique créatrice tant pour elle-même que pour l'ensemble de la société. Max Weber parlait d'une mission religieuse et économique et d'une complémentarité entre les structures religieuses et les structures socio-économiques : « *aux Etats-Unis, les lieux de son paroxysme, la poursuite de la richesse, dépouillée de son sens éthico-religieux, a tendance aujourd'hui à s'associer aux passions purement agnostiques, ce qui lui confère le plus souvent le caractère d'un sport* »[3]. Cette situation de blocage n'est pas uniquement culturelle. Elle est aussi environnementale. De fait, la dépendance face au capital étranger n'est qu'une preuve, entre autres, de l'inexistence de ce que Pierre Bourdieu appelle le capital social[4], capable de dégager une disponibilité non pas

---

(1) Les Libyens font jusqu'à présent référence, dans leur parler quotidien, aux lotissements kchiche, Ben Sassi et Kadhafi.
(2) Max Weber, *L'éthique protestante et l'esprit du capitalisme*, Paris, Plon 1964, pp. 232-233-244-245-246.
(3) Max Weber, ibid, pp. 245-246.
(4) Pierre Bourdieu, « Le capital social : notes provisoires », in, *Revue Actes de la Recherche en Sciences Sociales*, du 31 janvier 1980, pp. 2-3.

pour l'invention, mais pour l'innovation[1]. Car une élite se définit avant tout par sa capacité de création, de conquête et de concurrence.

11. L'élite économique libyenne : dépendance, fragilité et blocage de la reproduction : éléments théoriques pour une réflexion

Nous sommes partis du cas de l'élite industrielle pour réfléchir sur les causes de ses blocages. Cette réflexion est aussi valable pour l'ensemble des composantes de l'élite libyenne. Partant de cette remarque méthodologique, nous allons, d'une part, essayer de trouver les caractéristiques communes à toutes les sous-élites formant l'élite générale ; et, d'autre part, poursuivre un objectif plus vaste qui consiste à construire une approche de l'élite libyenne. Il est clair que cette élite n'a pas sécrété, au cours de deux décennies d'existence active, ce que Joseph Shumpter appelle des capitaines d'industrie[2], c'est-à-dire des personnes éprises d'aventure, de l'esprit d'innovation, de l'ordre et de l'économie[3].

L'entrepreneur, au sens général du terme, est une personne capable de circuler en dehors des sentiers balisés : « *Car l'habitude dispense de penser* »[4]. Il est capable aussi et surtout d'innovation et de conquête, autrement dit, il devient un « homo oeconomicus », submergé par le calcul hédoniste de maximisation de la satisfaction des besoins[5]. Il semble bien que cette classe se soit comportée en « homines oeconomici ». Partant d'une origine sociale et familiale souvent modeste, mises à part quelques exceptions, l'élite économique s'est comportée sans esprit d'innovation. Sa stratégie visait à minimiser les risques. En effet, cette règle sociologique s'applique surtout à ceux qui ont osé investir dans le secteur industriel. Il va de soi donc que le comportement économique est guidé par le profit précuniaire immédiat et par l'identification des besoins du marché et du consommateur. C'est pourquoi l'élite économique libyenne n'a investi que dans des secteurs de productions légères destinées à la consommation rapide.

D'origines modestes et souvent autodidactes c'est-à-dire sans capital intellectuel valable, les industriels ont acquis leurs expériences à partir

---

(1) D'ailleurs, la plus grande usine sidérurgique de Libye, fondée par un particulier, au mois de mai 1969, avec un capital de 250.000 livres libyennes, n'employait en pleine production que 40 ouvriers. Cf. à ce propos *Al Ra'id*, n°528 du 5-6-1969, p. 3.

(2) Joseph Shumpeter, *Théorie de l'évolution économique : Recherches sur le profit, le crédit, l'intérêt, et le cycle de la conjoncture*, Paris, Dalloz 1935, p. 331.

(3) Werner Sombart, *L'apogée du capitalisme*, Tome I, Paris, Payot, 1932, pp. 33-34.

(4) Eric Gobe, *Les entrepreneurs arabes au miroir des sciences sociales*, in, A.A.N, tome XXXV, 1996, CNRS Editions, p. 331; cf. aussi Eric Gobe, *Les hommes d'affaires égyptiens et le pouvoir d'Etat : libéralisation économique et perspectives de démocratisation*. Thèse de doctorat en sciences politiques, Aix-en-Provence, Institut d'Etudes Politiques, 1996.

(5) *Ibidem*, p. 94.

d'une formation sur le tas ou d'un savoir-faire appris à travers une expérience professionnelle[1]. Ils n'ont ni héritage familial, ni capital social, c'est-à-dire qu'ils ne disposent pas « *d'un réseau durable de relations plus ou moins institutionnalisées d'interconnaissances ; ou, en d'autres termes, l'appartenance à un groupe, comme ensemble d'agents qui ne sont pas seulement dotés de propriétés communes [...] mais sont aussi unis par des liaisons permanentes et utiles* »[2]. C'est pourquoi le savoir-faire de référence était exclusivement étranger et surtout, d'origine italienne et américaine.

Car les hommes d'affaires libyens étaient soit des concessionnaires, soit des producteurs locaux sous licence de produits étrangers. Cet élément pourrait s'expliquer, entre autre, par le fait qu'une bonne partie de la valeur ajoutée émigre, par la force des choses, vers le concessionnaire étranger[3]. L'absence de projet de développement à orientations claires, de planification étatique rigoureuse et surtout de contrôle serré a laissé libre cours à l'élite économique pour l'investissement dans les opérations d'importation et d'exportation, dans les représentations commerciales, dans la sous-traitance, dans des spéculations de toutes formes, dans les contrats d'importation pour le secteur public, dans le trafic des produits subventionnés par le gouvernement[4] et dans le « blanchiment » local du capital étranger qui a pris plusieurs formes pratiques.

Ces activités secondaires ou plutôt « parasitaires » corroborent notre thèse selon laquelle il ne s'agit pas d'une élite bien assise et consolidée. La faiblesse de son ancrage social et la fragilité de ses potentialités économiques défavorisent toute possibilité de comparaison avec la bourgeoisie européenne. Du fait que celle-ci a été productrice des valeurs de progrès, de rationalité et surtout de développement politique et économique en diffusant en même temps les richesses économiques et les valeurs démocratiques.

En revanche, les élites économiques arabes se sont contentées, dans la plupart des cas, d'activités secondaires et parasitaires. C'est ce qui pourrait s'expliquer par les rapports entre l'élite économique et le pouvoir politique qui sont des rapports de néo-patrimonialisme. Du reste, le pouvoir politique cherchait, par tous les moyens, à clientéliser l'ensemble de la

---

(1) Saïd Tangeaoui, *Les entrepreneurs marocains : Pouvoir, société et modernité*, Paris, 1993, éditions Karthala, p. 35.
(2) Pierre Bourdieu, « Le capital social : notes provisoire », in, *Actes de la Recherche Sociologique*, 31, janvier 1980, p. 2.
(3) Ali Abdal-Aziz Al-Sulaymen, *Ruwwad al Sina'a*, le Caire, Alam al-kutub, 1991, cité par Eric Gobe, *ibid*. p. 331.
(4) Mahmoud Abdel-fadil, *Mafhùm al-ràsimàliya tufayliyya fi dhill al-infitah al-iqtisadi*, éditions al Talià, mai 1982, p.192.

société et à demeurer au-dessus de tous les acteurs politiques et sociaux[1]; les acteurs sont récompensés ou sanctionnés, selon le principe de la loyauté politique, ce qui reconfirme la validité de l'analyse weberienne.

Totalement soumise à la volonté de l'Etat et aux aléas politiques, et faute de ressources matérielles, l'élite économique ne pouvait s'aventurer dans de grands projets industriels, mais elle s'est contentée, de tirer le maximum de profits immédiats sans penser à l'avenir économique du pays.

Face à la peur, à l'incertitude et au comportement imprévisible des structures politiques et administratives, l'élite économique s'est pliée devant les contraintes multiples et s'est subordonnée à l'Etat. C'est ainsi qu'elle s'est fait des richesses considérables en respectant cette logique néo-patrimonialiste ou plutôt en la reproduisant.

C'était donc une élite de clientélisme plus qu'une élite d'innovation entrepreneuriale faute, nous semble t-il, de convictions, de traditions et surtout d'un environnement culturel propice. En effet, tous les éléments avancés jusqu'à présent, prouvent qu'il ne s'agit pas de véritables entrepreneurs c'est-à-dire d'une véritable élite entrepreneuriale, mais de chasseurs de rentes immédiates.

Il est donc clair qu'une telle élite, de caractère fragile et hétérogène, ne peut être porteuse de modernité, ni actrice efficace de modernisation. Elle ne pouvait même pas former une classe sociale, parce qu'elle dépendait plus des aléas et des incertitudes de la politique que de sa propre stratégie de reproduction, si tant est qu'elle en avait eu une.

Par ailleurs, l'élite économique libyenne évoluait selon une série de trajectoires divergentes, distanciées, voire opposées. Faute de cohésion et d'homogénéité, elle ne pouvait pas s'ériger en partenaire politique de taille. Même la création du *Syndicat des Patrons Libyens* en mars 1967 ne lui a pas permis d'imposer une certaine autonomie par rapport au politique. Son rôle a été défini par le président de son comité exécutif, Mohammed Dkhil[2], comme étant l'appui de l'économie nationale et des choix économiques. Car « *ces entrepreneurs sont [...] jusqu'alors, plus habitués à faire le siège des administrations ou du pouvoir central qu'à se comporter comme des groupes de pression...* »[3]

En effet, le *Syndicat des Patrons Libyens* n'a pas pu fonctionner comme un groupe de pression. Bien au contraire, le Roi incita les membres de l'élite économique à intégrer les diverses compositions du Parlement et à

---

(1) Abdellah Sâaf, « Vers la décrépitude de l'Etat néo-patrimonial, limites du néo-patrimonialisme comme concept et phénomène observable », in, *Annuaire de l'Afrique du Nord*, n° XXVIII, 1989, pp. 73-106.

(2) Mohammed Dkhil fut syndicaliste notoire avant de se ranger du côté du pouvoir et de s'engager dans le commerce. Il fonda, à partir des années 60, la Société du Développement National et puis devint, au mois de mars 1967, le secrétaire exécutif du Syndicat du Patronat Libyen.

(3) Préface de Remy Leveau à Said Tangeaoui, *Les entrepreneurs marocains. Pouvoir, Société et modernité*, Paris, Karthala 1993, p. 9.

participer aux divers gouvernements, surtout ceux formés ente 1963 et 1969.

Le Roi est allé jusqu'à faciliter, encourager et même programmer des mariages d'intérêts entre les membres de l'élite et les familles de personnalités politiques influentes. Il imposa aussi des mariages entre ses hommes de confiance et les familles de chefs de tribus puissantes, comme ce fut le cas entre la tribu de Hussein Mazegh (les Bra'assa) et la famille El-Shelhi. Cette stratégie visait, certes, la clientélisation de l'élite, l'élargissement des assises sociales du régime, le contrôle de la société et le maintien des équilibres traditionnels nécessaires au pouvoir[1]. Mais cette stratégie traditionnelle renforça la corruption de l'élite et créa tout un corps de courtiers, d'intermédiaires, de spéculateurs et de rentiers qui manipulaient leurs liaisons familiales pour des intérêts économiques et spéculatifs immédiats. Les entrepreneurs acceptaient, de bon ou de mauvais gré, le jeu dans le but d'établir des alliances qui pouvaient leur être utiles et de se protéger contre les exigences prédatrices de l'administration[2]. Mais cette alliance d'intérêts entre le « cheikh » et le patron ne fut guère une véritable garantie pour le régime. Certes, les événements qui se sont succédé après le 1er septembre 1969 ont donné la preuve irréfutable de la fragile fidélité de la Cyrénaïque avant tout et de l'ensemble de l'élite politique et économique. Le Roi n'avait pas réussi à constituer une élite qui lui fût totalement fidèle, parce qu'elle l'était plutôt à ses intérêts. Mais cette alliance forcée prouve qu'elle était, et demeure encore, captive du décideur politique qui fait souvent prévaloir son intérêt personnel immédiat sur tout autre intérêt. Quel fut, donc, le destin de cette élite après 1969 ?

12. Le discours politique et l'ancienne élite économique : politique de démantellement et d'exclusion

Après quelques mois du changement politique de 1969, les Jeunes Militaires durent arrêter certains commerçants et industriels tel le prince noir Abdellah Abed El-Sénoussi impliqué directement dans des affaires de corruption. Ses agences de représentation et de commercialisation de voitures furent nationalisées. Toute une frange de concessionnaires perdit ses privilèges, ses intérêts et ses richesses et se trouva dans une situation de pauvreté.

D'ailleurs, tous les membres de la famille royale, du *Diwân* (Cabinet Royal) et des divers gouvernements furent interdits de toute activité commerciale. Toutefois, la majorité de l'élite économique a continué à travailler librement jusqu'en 1978. Cette année vit se produire un événement spécial dans l'histoire politique et économique de la Libye. La Libye est passée d'une économie capitaliste prééminente à un capitalisme

---

(1) Ali Benhaddou, *Maroc, Les élites du Royaume, Essai sur l'organisation du pouvoir au Maroc*, Paris, l'Harmattan 1997, pp. 17-35.
(2) Said Tangeaoui, *ibidem*, p. 24.

d'Etat greffé par force. A partir de 1980, le commerce privé fut identifié « au vol ». Toute l'ancienne élite économique, formée sous la Monarchie, a été publiquement vilipendée, honnie et durement exclue. Elle a même été, selon une loi non écrite, interdite de toute forme d'activité économique. Cette « loi » visait aussi bien les pères que les fils. Cette interdiction est encore valable[1]. En effet, quand Kadhafi parlait de cette élite, c'est en termes d'exclusion et de rejet qu'il le fait. Car elle est accusée de dépendance à l'égard du capital étranger. D'apres lui, elle est très impliquée dans la corruption qui s'est produite sous la Monarchie et elle est complice encore de l'Occident et responsable du pillage des richesses du pays.

---

(1) Devant les Comités Populaires au niveau des municipalités, Kadhafi déclarait que le commerce privé est synonyme d'exploitation et de vol. Cf. *Sidjil al qawmi*, volume n°18, 1986-1987, pp. 529-559 ; cf. aussi le discours de Kadhafi devant Al-Mountijoun (les producteurs), *Sidjil al qawmi*, n° 11 1979-1980, pp. 259-313.

CHAPITRE 5 : L'ELITE ECONOMIQUE ET LE POUVOIR POLITIQUE : ETATISATION, SOCIALISME ET CONTRÔLE POLITIQUE DES RICHESSES

On peut se demander si, entre la Révolution et le capital privé, il existe un rapport et s'il peut y avoir un terrain d'entente entre eux. Il est certain qu'une « Révolution socialiste » prêchant l'égalitarisme et la justice extrêmes ne saurait encourager le capital privé ni l'éclosion d'une élite économique autonome. En effet, l'étatisation à outrance et le socialisme ne semblent pas former une culture propice à l'épanouissement du capital privé. Il en va de même pour le comportement économique, pour l'esprit d'entreprise et surtout pour l'investissement privé et autonome. Partant de toutes ces remarques préliminaires, nous allons essayer d'analyser les rapports de la nouvelle équipe de jeunes révolutionnaires avec l'élite économique libyenne et surtout avec celle formée sous la Monarchie sénoussienne.

Quelle était donc la stratégie adoptée par les Militaires à l'égard de l'ancienne élite ? Etait-ce une stratégie d'exclusion et de guerre, ou plutôt d'encouragement et d'intégration au système politico-économique ?

La réponse à toutes ces interrogations nécessite une lecture de l'histoire immédiate de la Libye après 1969. Il faudrait préciser, de prime abord que les Militaires engagèrent la société, dès les premiers mois du renversement du Roi Idriss, sur la voie de la guerre aux anciennes élites, par le biais d'une recomposition permanente, souvent précipitée et violente, du paysage politique et économique. De fait, celle-ci a entraîné, par une logique concomitante, un contrôle serré de toutes les composantes de l'ancienne élite. Cette stratégie s'est traduite surtout par le forcing sur les choix économiques, la nationalisation de toutes les activités et les structures économiques, surtout après la parution du tome II du *Livre Vert* consacré à la solution du problème économique et à la mise en application des principes de l'économie jamahiryenne. Ceci étant, il ne faut surtout pas oublier l'amorce, en 1988, après les déboires de l'économie jamahirienne, d'une ouverture économique qui s'est traduite par une libéralisation mitigée et par la création du système des *coopératives*.

Les Jeunes Militaires procédèrent, après 1978, à une « politique d'érosion » de tout le paysage économique et de l'ancienne élite pour pouvoir imposer leurs propres choix inspirés essentiellement par le nassérisme et ultérieurement par la philosophie jamahirienne. En 1975, *le Conseil de Commandement de la Révolution* décidait, de modifier la composition de l'alliance des forces laborieuses du peuple, au sein de l'U.S.A., suite à son Congrès national qui refusa de considérer la classe capitaliste libyenne comme partie intégrante de cette alliance. Cette classe devrait être bannie de la société libyenne pour la menace qu'elle représente[1]. C'est ce qui fut interprété comme un prélude à la nationalisation de la propriété privée et comme une déclaration de guerre à la bourgeoisie libyenne naissante. C'est à partir de cette année là, semble-t-il, que Kadhafi entama sa lutte contre l'accumulation du capital, contre la tendance à l'embourgeoisement et contre les conflits entre employeurs et employés.

I. L'ANCIENNE ELITE : FATALITE DU DESTIN ET POLITIQUE DE DEMANTELEMENT DE LA BOURGEOISIE

Les Jeunes Militaires s'attaquèrent, dès les premiers mois du changement politique, aux représentants des agences internationales. C'est pour cette raison que l'élite des concessionnaires fut bloquée. Les « Ruvwad Al-Iqtisâd » (pionniers de l'économie) furent convoqués par le nouveau pouvoir et contraints à remettre leurs richesses. Certains d'entre eux furent sommés de signer des chèques concernant leurs richesses déposées dans des banques européennes. Dans ce cadre, Hniche, El-Sénoussi, Grouche, Boughrine, Anane, Chibani, Ben Katou, Mchirgui, Bourguiba, Hdhiri et bien d'autres perdirent une grande partie de leurs richesses. En revanche, les Jeunes Militaires permirent, par besoin ou par calcul, à une nouvelle couche de commerçants, de courtiers et de représentants d'agences internationales de s'enrichir en dehors des cercles traditionnels de l'enrichissement. Les exigences phénoménales imposées par le rythme élevé du développement d'importations favorisèrent « les activités parasitaires » sécrétées par l'amélioration du niveau général de vie. Cette couche de nouveaux capitalistes fut privilégiée. Elle eut droit à un enrichissement sans limites, en raison de l'importance des budgets consacrés aux multiples projets de construction, d'équipements et d'infrastructure.

En effet, le contexte s'y prêtait parce que les militaires, malgré leur socialisme affiché, ne déclarèrent leur ferme hostilité au capital privé qu'à partir de 1978. Leurs choix économiques étaient plutôt tolérants vis-à-vis d'une « bourgeoisie nationale », selon le discours officiel libyen. Mais quoiqu'on mette au passif de cette élite, elle restera toujours pionnière de l'économie libyenne.

Pour mieux appréhender ce changement, nous avons interviewé à Tripoli M.M (qui préféra être cité par ses initiales uniquement). Pour avoir exercé, pendant plusieurs années, les fonctions de directeur d'une importante succursale de la Banque « Al Omma », on peut le considérer comme un témoin privilégié. Il accepta de nous livrer son commentaire sur la période de la pré-application du *Livre Vert* : « *Après le départ, en 1970, des Italiens, qui étaient au nombre de 20.000 et qui détenaient une grande partie des activités économiques et surtout agricoles, industrielles et manufacturières, nous avons reçu des ordres clairs. Le directeur de la Banque centrale de Libye nous incita, dans les réunions, à faciliter les critères de l'octroi des crédits. Il se montrait empressé de financer l'effort*

---

(1) Décisions et recommandations du Congrès National de l'U.S.A. pour l'année 1975.

des commerçants, des hommes d'affaires et des entrepreneurs » [1]. Pour argumenter davantage, il ajouta : « *Pour se justifier, le directeur de la Banque centrale nous expliqua qu'il y avait une volonté politique claire de créer une nouvelle classe sociale. Je crois qu'il y avait la volonté de remplacer les Italiens partis et la bourgeoisie nationale exclue. En effet, toutes les données politiques le prouvent.* »

Notons dans ce sens que le nouveau pouvoir, aidé par une prodigieuse logistique financière, devient à partir de 1978 et après une série de nationalisations des secteurs stratégiques, le principal acteur économique tout en laissant quelque marge de liberté à la bourgeoisie nationale non-exploitante, selon la classification de l'*Union Socialiste Arabe* (USA), qui servait de réceptacle à la mobilisation de la société et édifiait la légitimité révolutionnaire.

En effet, en 1970, la Libye entamait sa dixième année de prospérité pétrolière. Les Jeunes Militaires aidés par cette manne, transformaient le pays, autrefois déshérité, en un pays riche et prospère[2], et nationalisaient certains secteurs qui étaient considérés comme stratégiques. Pour mieux comprendre cette période marquée par ce type de nationalisations, nous avons jugé opportun d'interviewer Hédi El-Mchirgui, l'un des industriels libyens les plus brillants entre 1950 et 1969, qui accepta de répondre :[3]

« *Moi, j'étais le premier industriel dont les usines furent nationalisées. Quelques mois après le Coup d'État du 1er septembre, un jour, un hélicoptère militaire atterrit dans la cour de ma cimenterie (société à actions) sise à El-Khoms. J'ai reçu la visite du commandant El-Mehichi ministre de l'Économie et de l'Industrie, accompagné de Aziz Sidki ministre égyptien de l'Industrie (puis 1er ministre), de Med Ayed EL-Azzabi, vice-ministre de l'Industrie et du gouverneur d'El-Khoms. Ils voulaient voir la cimenterie de l'Intérieur, son fonctionnement, ses performances et ses capacités de production (330 tonnes en 24 heures)* ». « *J'ai évité de leur montrer que les techniciens étaient en majorité étrangers et j'ai chargé un petit technicien libyen de leur donner les explications nécessaires. Après leur visite, je les ai invités à déjeuner à l'hôtel d'El-Khoms. Pendant le repas, ils m'informèrent que l'usine allait être nationalisée pour l'augmentation de sa capacité productive et ils me promirent que je serais indemnisé. J'ai reçu l'information avec beaucoup de patience et de sang froid. Quelques semaines après, notre usine de papier, que nous avions agrandie et rénovée, fut à son tour nationalisée pour le même motif. Au mois de septembre 1978, toutes mes propriétés furent prises d'assaut par mes propres employés. Quand je vois l'état actuel de ces usines, je me rends compte de l'ampleur des dégâts causés par la politique de nationalisation. Il y a eu trop d'improvisation. Pourtant, nous n'avions pas de bourgeoisie*

---

(1) Entretien organisé à Tripoli, le 20-01-1998.
(2) Le même entretien.
(3) Entretien à Tripoli le 03-08-1999.

exploitante. *Même mes immeubles ont été confisqués, par force, par la garde rapprochée du « Guide ».*

Je suis au lit depuis 1978, sans statut, sans retraite, sans sécurité sociale, moi qui versais la sécurité sociale pour 380 employés. Il est vrai que je suis dépouillé de tout, pourtant je suis fier de moi-même. Quoiqu'on fasse pour effacer mon œuvre, je resterai toujours pionnier dans plusieurs domaines. L'histoire réécrira ma contribution à l'essor de mon pays».

Tableau 22 : Les recettes du Pétrole en milliards de dollars

Année	1982	1983	1984	1985	1986	1987	1988	1989	1990	1991	1992	1993	1994
Recettes	11.360	10.30	9.570	10.240	10.340	11	17	15.2	11.25	10.200	9.974	8.109	9.070

Sources : *Pétrole et Gaz arabes*, n° 440, Juillet 1997 et *Estimations Economic Intelligence Unit*, 1994.

Abstraction faite des résultats obtenus, l'ensemble des montants consacrés au développement de l'agriculture atteint, entre 1969 et 1989, 4647.3 millions de dinars, ce qui représente 16,2% de l'ensemble des divers budgets de développement. En vingt ans, le secteur de l'agriculture bénéficia d'un investissement total de 4133 millions de dinars, l'habitat de 3103.5 millions, et le secteur des transports et des communications de 3750.6 millions de dinars libyens[1].

En application des deux décisions prises par *le Conseil de Commandement de la Révolution* le 13 Novembre 1969 et le 22 décembre 1970, les cinq banques furent libyanisées. Elles octroyèrent au capital privé un ensemble de crédits, entre 1969 et 1988, équivalant à 2.100 millions de dinars[2].

Tableau n° 23 : Evolution des investissements publics et privés entre 1970-1988 en millions de dinars

ANNEE	SECTEUR	PUBLIC	SECTEUR	PRIVÉ	ENSEMBLE
LA PÉRIODE	VALEUR	%	VALEUR	%	DES DEUX SECTEURS
1970-1972	669.1	69.1%	298.0	30.9%	967.1
1973-1975	2114.4	79.1%	555.9	20.9%	2670.3
1976-1980	7381.2	87.2%	1075.3	12.80%	8456.5
1981-1985	10313.1	91.7%	922.4	8.3%	11235.5
1986-1988	3610.2	90.2%	289.3	9.8%	3999.5
TOTAL	**24088.0**	**88.1%**	**3240.9**	**11.9%**	**27328.4**

Source : Documents statistiques du Ministère du Plan 1989

---

(1) *Les Bulletins économiques de la Banque centrale de Libye* de 1981, 1982,1983, 1987 et 1988, p.34.
(2) *Ibidem*, p. 34.

Tous ces grands investissements ont permis l'émergence d'une nouvelle bourgeoisie d'affaires constituée de grands commerçants importateurs et d'entrepreneurs spécialisés dans les divers services.

II. LA DEUXIEME PHASE DE DEMANTELEMENT DU PAYSAGE ECONOMIQUE : REVOLUTION DES PRODUCTEURS, PRISE D'ASSAUT DES ENTREPRISES ECONOMIQUES ET ELIMINATION DES HOMMES D'AFFAIRES

1. Le dispositif juridique

En prélude à la proclamation de la nationalisation totale de toutes les activités économiques, le nouveau régime a pris certaines décisions qui préparèrent le terrain à la proclamation de la « Révolution des producteurs» en septembre 1978, ouvrant ainsi la voie à l'élimination réelle de la bourgeoisie affairiste formée entre 1969 et 1978. La première loi promulguée a été accompagnée d'un grand tapage médiatique. C'était la loi du 14 mars 1973, qui contraignit les patrons à élargir au maximum la représentativité des ouvriers au sein des conseils d'administration et à les faire participer aux bénéfices.

La deuxième loi est celle de 1975 ; elle est relative à l'unification des syndicats libyens. Elle débarrassa les ouvriers d'une multitude de structures syndicales inutiles, héritées de l'ère sénoussienne et qui étaient souvent concurrentes et non concourantes[1]. Il faudrait signaler aussi les célèbres lois sur les limitations de l'importation et de l'exportation (3 septembre 1975).

Mais avec la parution du *Livre Vert* (tome II), il était devenu urgent de trouver une solution définitive à l'exploitation des ouvriers. Dans ses rencontres avec les ouvriers de l'usine de tabac le 2 août 1978 et les ouvriers de Benghazi, le 26 du même mois, Kadhafi dénonça, avec force, les lois partielles, voire hypocrites, sur l'élargissement de la participation des ouvriers aux conseils d'administration[2]. Il incita les ouvriers à abolir toute forme d'exploitation, parce que « *l'abolition de l'exploitation des ouvriers est un choix historique pour la Révolution du 1ᵉʳ septembre, parce que toute révolution progressiste doit être contre l'exploitation.* »[3]

2. La proclamation de la « révolution des producteurs» (al mountijoun) et l'élimination du capital privé

Cette « Révolution » fut présentée par le discours officiel libyen comme une « *libération des salariés de l'exploitation des patrons, de leur*

---

(1) Yolande Martin, « Les débuts du syndicalisme en Libye », in, *Annuaire de l'Afrique du Nord*, n°VI, 1967, pp. 279-293.
(2) Discours de Kadhafi à propos de la révolution des producteurs, *Sidjill al qawmi*, volume 10, 1978, pp. 14-16.
(3) *Sidjill al qawmi*, discours de Kadhafi, lors du 9ᵉ anniversaire de la Révolution, pp. 89-116.

direction dictatoriale et de l'hégémonie des bureaucraties sur les ouvriers et sur les entreprises de production. »[1] C'est dans ce sens que Kadhafi incita les masses des ouvriers à marcher sur les lieux de production, aussi bien privés que publics, et « à s'en rendre maîtres »[2]. Dans ce même ordre d'idées, Kadhafi déclara : « cette journée doit être considérée comme la journée mondiale du travail. C'est la première victoire enregistrée par les salariés dans toute l'histoire de l'humanité. »[3]

A la suite de ce discours, les « masses » et surtout les ouvriers guidés par les syndicats et les Comités Révolutionnaires prirent d'assaut (Ez-Zahf) toutes sortes d'entreprises : pâtisseries, commerces divers, agences commerciales, sociétés de transport, usines, cimenteries, etc...

A la fin de l'année 1978, fut organisé le Congrès Général des Producteurs pour le passage final au socialisme et à l'autogestion. «Désormais la production se partage entre le capital et les producteurs, ceux qui apportent le capital auront leur part en fonction de ce capital et les producteurs auront leur part en fonction de leur productivité»[4] , déclarait Kadhafi publiquement.

Mais est-ce vraiment la forme idéale de justice sociale ?

Il faudrait dire que Kadhafi considérait le commerce libre comme une forme d'exploitation et appela, le 1er septembre 1978, à sa disparition. En effet, d'après Kadhafi, le monde a besoin d'une révolution contre tous les aspects de l'exploitation[5]. C'est ainsi que les entreprises publiques et privées furent soumises à la nouvelle théorie économique jamahirienne, en application du principe énoncé par Livre Vert : « associés et non salariés ».

C'est dans ce sens aussi que le régime s'arrogea totalement le commerce extérieur. A partir de 1981, même le petit commerce disparut et fut remplacé en 1984 par des supermarchés géants : vastes unités publiques de distribution. Quarante cinq mille petits commerçants furent considérés comme improductifs[6].

Dans la suite immédiate, les nouvelles équipes procédèrent au bilan général des entreprises. Certains anciens propriétaires furent indemnisés et purent même faire sortir subrepticement leur argent à l'étranger. D'autres, plus nombreux, furent contraints au silence. Dans ce même ordre de

---

(1) Discours de Kadhafi, lors du 9e anniversaire de la Révolution, pp. 89-116.
(2) Hervé Bleuchot, « Chronique Libye », p. 372.
(3) Discours de Kadhafi, ibid. pp. 89-116.
(4) Discours de Kadhafi, le 6 décembre 1978. Sidjill al qawmi, volume n° 10, 1978-1979.
(5) Hervé Bleuchot, « Chronique Libye », A.A.N, 1979 p. 530.
(6) Abdelrahmane Chater nous informa aussi qu'entre 1978 et 1984, la Libye s'est fait construire une dizaine de marchés populaires répartis sur l'ensemble du territoire, avec un coût total de 400 millions de dinars libyens. Des milliers de petits commerçants libyens furent transformés en fonctionnaires touchant mensuellement 200 dinars. Ces informations nous furent communiquées lors d'un long entretien à Tripoli le 24-04-1999.

réforme, Kadhafi réitéra sa profonde conviction que les fonctionnaires sont inutiles, parce que non-producteurs. Ils sont considérés par le discours politique comme une « bourgeoisie affairiste » : cinquante mille plantons et concierges dont l'âge est inférieur à 40 ans, dix-huit mille gardiens assis sur des chaises pour surveiller les édifices et les garages publics et 45.000 commerçants. Ils sont non- producteurs, d'après ses dires, parce qu'ils ne travaillent pas. A cela s'ajoutent [1] douze mille chauffeurs du secteur public « *qui seront transférés à des postes de production, et les responsables conduiront seuls leurs voitures* », selon une déclaration de Kadhafi à la presse[2].

3. Violence, dérive autoritaire et élimination du capital privé

La création, dès le 2 novembre 1977, des *Comités Révolutionnaires* inaugura une nouvelle ère de procès, de violences, d'assassinats, tant intérieurs qu'extérieurs, et surtout de contrôle serré du capital privé soupçonné d'autonomie. De fait, les *Comités Révolutionnaires* ont agi sur le terrain comme de véritables milices, et non comme une organisation militante, en vue d'accélérer la mise en œuvre de la destruction de « l'Etat traditionnel ». C'est ainsi qu'on assista, à partir de 1980, à une série interminable de procès retransmis par la télévision contre les « *opposants, les traîtres, les réactionnaires* »[3], et notamment contre les hommes d'affaires, les commerçants et les détenteurs du capital autonome.

Au début de l'année 1980, les *Comités Révolutionnaires* sommèrent les hommes d'affaires, exilés en Europe et aux Etats-Unis, de réintégrer le pays. L'ordre était donné sous peine de mort, en cas de désobéissance. Sur les incitations personnelles de Kadhafi, les *Comités Révolutionnaires* déclarèrent la chasse impitoyable aux hommes d'affaires, comme l'ultime solution contre les «réactionnaires». En effet, le Journal Ez-Zahf Al-Akhdar, qui était leur porte-parole officiel, écrivait dans sa livraison du 11-2-1980 : «*L'élimination physique est la dernière étape dans la dialectique du combat révolutionnaire... dépouillant la capacité des forces opposées des armes économiques, politiques*» (page 4). Au mois de mars, les Comités passèrent à l'acte et engagèrent une vaste compagne d'élimination physique d'hommes d'affaires à Londres, Rome, Milan, Paris, Madrid et Athènes[4].

---

(1) Ces informations confirmées par Mohammed Salah Ghammoudi dans un entretien accordé, à Tunis, le 15-05-1999.
(2) Cf. la décision du Congrès Général du Peuple en 1977 sur le transfert de cette catégorie à des postes productifs dans le but de renforcer la productivité. Pour de plus d'amples informations, nous renvoyons au discours de Kadhafi reproduit par al-Usbû al-Siyassi (l'Hebdomadaire Politique), n° 279 du 22 octobre 1977, pp.2-3.
(3) A.A.N, n° XIX 1981, « Chronique Libye », pp. 548-549.
(4) Nous pouvons citer en l'occurrence le cas de Mohammed Salem Rtimi tué à Rome le 21-03-1980, d' Abdellah El-Khazni tué à Rome le 10-05-1980 et de Mohammed Swaüti à Rome le 12-03-1981.

Même certains petits commerçants de quartier furent éliminés comme Mekki Abou Zeyd qui travaillait comme épicier à Londres.

Les attaques nocturnes armées contre les commerçants, les entrepreneurs de l'intérieur et la chasse aux hommes d'affaires de la diaspora ont été faites sous le prétexte de fournir aux « tribunaux révolutionnaires » les coupables de détournement de fonds et les impliqués dans la corruption. C'est ainsi que les Libyens purent voir les procès, transmis en direct à la télévision, d'hommes d'affaires accusés de corruption et surtout de complots contre la Révolution. Tout au long de l'année 1980, les Libyens assistèrent aux retentissants procès d'hommes d'affaires tels que Fethi Ezzet, Mohammed El-Nakibi, Hédi Mojrabe et d'autres encore. Fethi Ezzet était chargé du ravitaillement des camps militaires ce qui lui avait permis d'amasser, en peu d'années, une richesse colossale.

En réalité, il s'agissait d'une chasse aux opposants et à ceux qui n'étaient pas enthousiastes pour le projet jamahirien. La chasse a visé surtout les commerçants nantis qui avaient réussi, par le biais de connivences administratives ou pour d'autres moyens, à faire sortir du pays leurs richesses et leurs capitaux, ou à reconstituer, en s'appuyant sur certaines solidarités, leurs activités commerciales. Les capitaux libyens de la diaspora étaient évalués par les autorités politiques à quelques milliards de dollars. Dès 1969, toute une frange d'hommes d'affaires, craignant des moments difficiles, avait pu transférer ses capitaux en Europe. Cette chasse impitoyable eut lieu en vue d'interrompre la formation d'un nouveau centre politique et économique et la naissance d'une nouvelle élite, dans la diaspora, capable de se transformer en un groupe de pression et d'alimenter l'opposition. Elle entraîna la mort de nombreux pionniers de l'économie libyenne dans la solitude, l'oubli et l'indifférence.

A la suite des nationalisations de 1978 et des attaques nocturnes armées de 1980, le capital privé s'émietta totalement. Pour pouvoir détourner les principes de l'économie jamahirienne, le capital privé, rescapé des saisies, prit le chemin de fuite vers l'Europe ou se convertit dans les spéculations immobilières et foncières, loin du contrôle des CR et des services de sécurité.

C'est ainsi que se forma en Libye, entre 1978 et 1988, un capital anonyme et très émietté, mais très lié aux structures et aux rouages du pouvoir. Il attendait l'occasion propice pour émerger. C'est ainsi que la Libye a connu, entre 1970 et 1988, un extraordinaire mouvement d'investissement dans le secteur immobilier, sous couverture d'hommes influents au sein de l'appareil politique et sécuritaire.

Pour mieux appréhender cette période de nationalisations et d'attaques armées (1978-1981) contre les hommes d'affaires nantis, nous avons interviewé (M.H.) qui fut un témoin privilégié et averti de cette expérience.[1] Notre interviewé à été formé à l'école des instituteurs de

---

(1) Entretien organisé avec lui à Tripoli le 14-5-1998.

Sebha. Il exerça dans plusieurs villes de Libye. En 1969, il vint à Tripoli, la capitale. La même année, le Roi fut destitué par les Jeunes Militaires. Le jeune instituteur s'enthousiasma pour la « Révolution » et prit part, surtout à partir de 1971, aux activités de *l'Union Socialiste Arabe*. Avec la dissolution de cette structure à vocation partisane, il rejoignit les *Comités révolutionnaires* pour se consacrer définitivement à l'activité politique. Il put observer de près, en tant « qu'acteur révolutionnaire », la mise en application de la prise d'assaut des entreprises économiques et même les attaques nocturnes armées contre les commerçants, les hommes d'affaires et les entrepreneurs non-révolutionnaires. C'est un témoin exceptionnel sur son époque.

Finalement déçu, comme tant d'autres, de l'expérience jamahirienne, il préféra, sans rompre avec ses anciens camarades, se consacrer, en douce, à la spéculation foncière (terres agricoles et terres de construction).

En réponse à notre question sur l'identité des acteurs de la prise d'assaut, il nous livra la version suivante : « *Il y avait en premier lieu les anciens membres de l'U.S.A., à la recherche d'une nouvelle promotion politique après la dissolution de cette structure, aussi petits fonctionnaires, des instituteurs, des mécaniciens et d'autres qui venaient grossir les rangs des équipes. Il y avait aussi les membres des syndicats des ouvriers, des Comités Populaires et des Comités Révolutionnaires, des membres de la police en civil et en dernier lieu les ouvriers qui furent souvent contraints à participer à la prise d'assaut et à la confrontation avec les patrons. Les prises d'assaut ont été supervisées par le commandant Mohammed Majdoub El-Kadhafi par le biais de ses inconditionnels, au sein des Comités Révolutionnaires. Les équipes de la prise d'assaut changeaient d'une région à une autre, mais il y avait des éléments permanents... »*

Il précisa davantage en réponse à la question sur ce qui s'était réellement passé: « *Certes, les équipes mises en place étaient animées par des intérêts personnels, des interférences tribales, des revanches proches ou lointaines et surtout par des rivalités familiales dans les régions. C'est ce qui pourrait expliquer l'excès de la violence utilisée contre les détenteurs du capital privé. Lors de l'établissement des bilans, de grandes quantités de marchandises, des stocks entiers de produits (marbres, faïences, produits de luxe, équipements électroménagers, vêtements) furent confisqués et cachés. J'avoue que les bilans ne furent jamais exacts.*

« *Par ailleurs, les commerçants, les industriels et les hommes d'affaires avaient eu vent de l'application du principe économique du Livre Vert « associés et non salariés » à partir du mois de mars 1978, et se sont préparés convenablement aux nationalisations. De grandes quantités de marchandises furent cachées, momentanément dans des greniers*

(Matamir), avant qu'on leur trouvât des lieux sûrs et protégés [1]. *Des richesses colossales s'envolèrent à l'étranger pour se fixer à Rome ou à Londres.*

Cette campagne de prise d'assaut a ouvert la voie à l'enrichissement et a permis aux nantis d'avoir une nouvelle chance de se reconstituer. Du reste, le commerçant libyen a toujours eu du temps des Ottomans et des Italiens, l'habitude de cacher son argent et ses marchandises, dans des greniers. Certes, cette expérience a entraîné beaucoup de manipulations. Mais il fallait à tout prix appliquer les décisions du Guide de la Révolution et sa philosophie économique. En fait, il n'y avait pas d'autres choix...»

Concernant les résultats de cette expérience, notre interlocuteur ajouta la précision suivante : *« abstraction faite de l'échec total ou partiel, elle a entraîné une déchirure profonde au sein de la société. Elle a surtout permis à des personnes qui n'avaient jamais peiné, d'avoir des richesses considérables arrachées aux autres. Les nouveaux riches se sont enrichis, parce que les conditions s'y prêtaient. »*

« Il fallait voir avec quelle violence les Comités Révolutionnaires avaient appliqué le principe de la prise d'assaut « Ez-Zhaf » des entreprises et avaient organisé les attaques nocturnes. Avec quel acharnement, ils avaient organisé le procès des responsables, des commerçants et des intellectuels. Cette violence traduit, à mon sens, l'avidité du pouvoir et la soif de la richesse. »

La conclusion des propos de notre interlocuteur fut que : *« La prise d'assaut des entreprises avait permis un phénomène extraordinaire de reclassement social. Ceux qui étaient déjà riches furent écartés, voire écrasés, pour céder la place à des jeunes avides d'enrichissement. C'est ce que nous allions connaître à partir de 1988, année de l'ouverture politique et économique. Toutes ces richesses colossales qui ont été étalées ont été accumulées au cours de cette décennie. »*

Souvenons-nous que dans l'histoire moderne et contemporaine de la Libye, richesses et violences étaient toujours liées. L'accès à la richesse se faisait souvent par l'utilisation de la violence sous toutes ses formes : guerres, massacres ou éliminations physiques.

L'imaginaire de la pauvreté et de la violence est encore puissant en Libye et les souvenirs des dernières famines sont toujours présents. En l'absence d'une égalité au niveau de la répartition des richesses et d'accès rationnel aux biens sociaux, les parties concernées usent de la violence pour régler leurs problèmes. On a pu le vérifier à deux moments : lors de la domination ottomane 1551-1711 et 1835-1911 et au temps des Qaramanli (1711-1835) où on avait noté une violence inouïe (guerres tribales,

---

(1) Notons que le régime était au courant de la situation, mais n'a jamais réagi pour empêcher les abus. Est-ce une complicité ou une récompense matérielle pour tous ceux qui l'ont appuyé ?

assassinats, spoliations systématiques, destructions de villages entiers et surtout de fortes taxations de toutes les activités économiques).

Certes, ce couple de la richesse et de la violence s'est avéré être opérationnel et pratique pour la compréhension de l'histoire sociale et économique de la Libye. Mais il serait peut être difficile de parler d'une circulation de richesses, comme une pratique rationnelle, plutôt que d'une guerre de groupes sociaux opposés, surtout s'il s'agissait des conflits d'intérêts qui tournent autour du contrôle des richesses apparentes ou cachées.

L'une des caractéristiques fondamentales de la domination ottomane fut le monopole des richesses économiques, mais plus encore celui du capital symbolique et spirituel. C'est ce qui pourrait induire une conception monopolistique de la richesse[1]. Dans ce même ordre d'idées, les conflits enregistrés par l'histoire moderne de la Libye ne tenaient pas tant au mépris quasi-total des populations locales pour les Ottomans, qu'au problème de la répartition de la rente.

Par ailleurs, la dose excessive de violence qui s'est abattue sur la bourgeoisie libyenne, au cours de la « décennie de braises » n'est pas uniquement le produit d'une continuité de l'histoire, c'est-à-dire d'un culturalisme statique ou d'une essence fixe, mais elle est plutôt le reflet de deux stratégies qui, quoique divergentes en apparence, sont néanmoins en profondeur concomitantes, voire complémentaires.

La première stratégie est celle des jeunes révolutionnaires, ou ce qu'on pourrait appeler les « entrepreneurs de la Révolution » qui, en usant d'une violence extrême pour appliquer le principe de la prise d'assaut, cherchaient à imposer leur droit à hériter de la bourgeoisie ses prérogatives et ses privilèges. C'est donc une rupture qui traduit plus la continuité et le souci de l'héritage. Mais c'est un héritage qui passe par la négation de la personne héritée. De fait, les jeunes révolutionnaires ont hérité la production matérielle ou tout au moins une partie des biens de cette bourgeoisie.

La seconde stratégie est celle du pouvoir lui-même qui, en manipulant les jeunes révolutionnaires, réalise ses propres desseins à plusieurs niveaux. Il serait superflu de rappeler ici que l'existence d'une élite économique bien structurée et bien assise exige surtout l'existence d'un environnement juridique, culturel et économique qui repose sur la division sociale du travail industriel et économique, sur une rentabilité de gestion et sur l'observation de normes de pertinence, d'efficacité et de rationalité au niveau de la production. Il tombe sous le sens que cette élite a aussi besoin d'une organisation rationnelle de l'entreprise et de technocrates de premier rang. Or toutes ces caractéristiques sont en contradiction avec la conception jamahirienne de l'économie, de l'entreprise et de la société globale.

---

(1) Ali Abdellatif Ahmida, *The making of a modern Libya*, State University of New York Press, 1994, pp. 19-40.

Cette seconde stratégie est aussi, comme la première, une négation de la formation d'un centre institutionnalisé apte à produire un groupe de pression capable de négocier, et d'exiger, certaines concessions du pouvoir. Or le pouvoir s'est habitué à forcer les concessions et non à les faire.

De ce qui précède, nous pouvons, donc, déduire que la formation du capital en Libye n'est pas liée aux normes de la rationalité et de la division sociale du travail, mais à une logique de néo-patrimonialisme[1] et de rétribution directe de la loyauté politique[2].

La formation du capital n'obéit pas aux conditions historiques de la production, mais aux conditions de reproduction du système politique et social. En effet, dans une économie rentière, la répartition des richesses est intimement liée aux décisions du Prince, à son tempérament et surtout au troc de la loyauté politique en contrepartie d'intérêts économiques.

En effet, le capital de confiance est déterminant pour toute répartition des richesses. Poussées par des sentiments d'insécurité et d'incertitude, les personnes « exhibent » leur loyauté pour pouvoir bénéficier de nombreuses gratifications.

3. L'autogestion ouvrière en Libye : bilan et déceptions

L'expérience de l'autogestion ouvrière en Libye n'a pas été suffisamment étudiée. Le principe de l'autogestion visait à impliquer directement les ouvriers dans la gestion de leurs usines. Il visait aussi une répartition équitable des bénéfices entre le détenteur du capital et le producteur. Mais l'expérience buta contre divers obstacles. Il y avait, en premier lieu, l'inexistence de cadres syndicaux formés et enthousiastes pour la réalisation de l'expérience de l'autogestion. Les cadres en exercice étaient limités, compte tenu de leur faible niveau scolaire et surtout à cause de la faiblesse de leur formation syndicale.[3] Par ailleurs, le *Syndicat des Mountijoun,* selon l'appelation officielle, était dominé par la tribu des Megarha, par l'intermédiaire de la famille Jalloud[4].

Notons, dans ce même sens, que le *syndicat des mountijouns* (producteurs), qui était la courroie de transmission entre le pouvoir et les ouvriers, n'a montré ni efficacité ni enthousiasme dans l'application du principe de l'autogestion. Pourtant il avait l'obligation d'appliquer, à la lettre, les directives venant d'en haut. Au contraire, le Syndicat a permis l'enrichissement remarquable de ses cadres hors tout contrôle politique et administratif de son fonctionnement.

En effet, après 1988, les nouveaux riches sont en partie des « militants » impliqués dans la prise d'assaut des entreprises économiques,

---

(1) A.A.N, n° XVIII, chronique Libye, 1981, p. 530.

(2) John Davis, *Le système libyen, les tribus et la révolution*, Paris, P.U.F, 1987, pp. 21-22.

(3) D'ailleurs, Abdellah Idriss, le secrétaire général du Syndicat des Ouvriers de Libye, mécanicien de formation, n'a même pas achevé ses études primaires. Il passe pour être un inconditionnel au régime.

(4) Il suffit de mentionner ici les noms des deux cousins H'mayed et Salem Jelloud.

en application du principe « associés et non salariés ». Or il est aujourd'hui certain que ces prises d'assaut furent accompagnées de violence et de détournements de fonds. Le *Syndicat des Mountijoun* n'a pas honoré ses engagements politiques en matière de mobilisation ouvrière, et surtout de répartition équitable des richesses. « *Les syndicalistes se sont substitués aux anciens patrons et ils ont même été plus durs qu'eux. Il s'agit donc d'une nouvelle dictature déguisée en autogestion. C'est dans ce sens qu'il faudrait surtout mettre l'accent sur l'apathie des technocrates rassemblés autour de Jelloud qui n'ont montré aucun enthousiasme pour l'application du principe de l'autogestion, bien au contraire, ils ont même montré une certaine hostilité à l'égard des ouvriers « Mountijoun ».*

« *Toutefois, les technocrates s'interrogeaient sur les raisons de la non application du principe de l'autogestion dans le secteur pétrolier et l'industrie lourde. Il est certes nécessaire de dire que cette expérience a été minée de l'intérieur. Les raisons de l'échec de l'autogestion sont inéluctablement endogènes* »[1].

5. El-âti, le prototype référentiel de la réussite dans la décennie 1978-1988

El-Âti, est originaire de Sebha au Sud. Il était instituteur pendant de longues années avant d'avoir la chance de sa vie. En 1980 furent créées, dans l'ensemble de la Libye, une dizaine de supermarchés pour remplacer le petit et le grand commerce[2]. Kadhafi considérait que les instituteurs, de par leur probité et leur honnêteté, étaient les mieux habilités à diriger ces structures commerciales. El-Âti, par un concours de circonstances favorables et de par son intelligence personnelle, fut nommé directeur d'un supermarché. En l'absence de structures de contrôle rigoureux et de personnel qualifié et compétent, les entrées et les sorties de produits commercialisés n'étaient pas contrôlées. Cette expérience des supermarchés qui fut, donc, un échec cuisant, monta un marché parallèle jusque là, inexistant. Aussitôt arrivés dans les dépôts, les marchandises étaient écoulées « au noir ». Les produits partaient vers des destinations inconnues. C'est parce qu'il fallait à l'époque appliquer l'ordre du « Guide de la Révolution » sans se soucier des conséquences que cela a été possible. Ce mouvement de va-et-vient entraîna la concentration de richesses colossales aux mains d'un groupe minoritaire.

Au bout de quelques années, El-Âti devint un symbole, une référence, un mythe, le prototype d'une réussite exceptionnelle dans un moment difficile où tous les moyens de production ont été nationalisés. El-Ati devint pour ainsi dire, l'objet d'un imaginaire collectif évoquant son intelligence, son habileté et son savoir-faire dans le « blanchiment » de l'argent public.

---

(1) Informations recueillies, à Tunis, auprès du politologue libyen spécialiste de l'autogestion, Mohammed Salah Ghammoudi le 14-05-1999.
(2) Une première partie d'une série de 165 de « supermarket ».

III. LA TROISIEME PHASE DE DEMANTELEMENT DU PAYSAGE ECONOMIQUE

1. Contrôle politique de la richesse et de la corruption

L'élite économique profita de la libéralisation officiellement autorisée depuis 1988 et amassa des fortunes colossales évaluées, par les sources du *Front National de Sauvegarde de la Libye* à Londres, à quelques milliards de dinars. Cet enrichissement subit est lié aux affaires relatives à l'importation et à l'exportation, aux projets étatiques et aux multiples travaux de construction dans tout le pays.

Pourtant le régime a toujours affirmé sa volonté d'interdire la formation d'une bourgeoisie d'affaires et de lutter contre la corruption sous toutes ses formes, par la promulgation d'une série de lois prohibant l'enrichissement illicite et les pratiques délictueuses. [1] La situation de crise qui sévit actuellement n'est pas uniquement due aux dépenses excessives, telles que celles occasionnées par la construction du titanesque projet de la Grande Rivière Artificielle, dont le coût total s'est élevé à plus de 30 milliards de dollars [2], mais aussi à une certaine corruption qui bénéficie de la connivence de l'appareil politique et administratif et de la complicité des divers appareils sécuritaires.

La corruption observée pendant les années quatre-vingt-dix, s'est ajoutée à la lourdeur bureaucratique héritée de l'époque ottomane et à l'indiscipline de fonctionnaires peu zélés, sécrétant, par conséquent, un climat tendu au sein de la société.

2. La libéralisation économique et la tentation de l'enrichissement

La libéralisation de l'économie a pris de considérables proportions. Elle offrait aux hommes au pouvoir, aux franges influentes de la tribu des Kadhadfa, aux officiers de l'armée et des services spéciaux et aux réseaux d'intérêts, des opportunités illimitées d'enrichissement. Si l'argent hors tout contrôle irrigue la mauvaise gestion et facilite les détournements de fonds publics, c'est parce qu'il facilite aussi et, surtout, l'échange social imperceptible et occulte.

Dès 1988, et après les déboires de « l'économie jamhirienne », des richesses colossales surgirent, provenant des contrats d'importation, des mouvements de spéculation de devises et surtout du détournement de fonds non détecté à cause de la mauvaise gestion. En l'absence de tout

---

(1) Nous signalons à titre indicatif la loi n° 3 de l'année 1970, sur l'interdiction du gain illicite, in Al-*Jarida Er-Rassmiya*, n°3 du 22 janvier 1970, cf. également la loi n° 3 de l'année 1985 relative aux règles de l'épuration administrative in Al *Jarida Er-Rassmiya*, n° 19, 23ème année, 1985 ; la loi n° 3 de l'année 1986 sur « la propriété suspecte » et la loi n°10 de l'année 1993 sur l'épuration.

(2) Ce chiffre nous a été précisé par des sources à la Banque centrale de Libye.

contrôle, l'enrichissement se fait à partir des structures du pouvoir et au détriment du « budget gouvernemental ».

A la faveur de l'opacité financière et de la complicité de certaines autorités administratives, des spéculateurs ont pu se constituer de grosses fortunes provenant de l'argent blanchi, réalisant ainsi un reclassement social et contribuant à approfondir une différenciation de classes peu connue jusque-là en Libye. Cet enrichissement illicite est interprété par l'opinion publique comme la marque d'un satisfecit décerné à tous ceux qui ont servi le pouvoir et à ceux qui continuent de le faire. Il s'agit de cette ancienne pratique politique qui consiste à échanger la loyauté contre des privilèges économiques.

L'enrichissement facile et le recours à la corruption ont fait circuler beaucoup de rumeurs et de spéculations sur l'origine des richesses amassées. Dans le but de discréditer le régime, les islamistes ont fait de la corruption leur cheval de bataille exploitant ainsi la situation actuelle qui est celle d'un mécontentement généralisé. Les injustices sociales ne sont plus tolérées et la population ose, aujourd'hui, critiquer ouvertement et ironiser sur la situation.

Devant les difficultés de la situation intérieure et la montée spectaculaire de l'islamisme armé, le régime a procédé à la création des *Comités d'Épuration* (Lijan Al-Tathir) dont la fonction primordiale est d'imposer un contrôle politique sur la circulation des richesses. Il a également adopté, au mois de juillet 1997, une loi prévoyant la peine capitale pour les trafiquants de devises, d'alcool, de drogue et ceux qui sont impliqués dans la fraude fiscale et commerciale. C'est sur ce terreau éminemment fertile, qu'a fleuri l'islamisme armé.

3. Origines des richesses : L'émergence du capital émietté et anonyme

Les bombardements américains de Tripoli et de Benghazi, en avril 1986, ont entraîné l'effritement progressif de la légitimé du régime. La faiblesse de la riposte militaire libyenne prouva la fragilité du système, ternit son image de marque et affaiblit sa position devant l'opinion publique arabe. Du reste, il y avait plus de manifestants à Tunis ou à Rabat qu'à Tripoli même. C'est la crise profonde du régime complétement essoufflé, après tant d'affrontements et de crises. Les populations paraissaient exsangues après une décennie de conflits économiques, de crise sociales et de vastes pénuries qui avaient touché tous les secteurs de la vie. A tout cela, il faudrait ajouter que l'environnement maghrébin et même arabe commençait, à partir de 1988, à connaître une certaine ouverture politique et une transition, quoique très lente, vers la démocratisation.

En revanche, la Libye continuait de vivre sous les effets néfastes de son isolement et de sa guerre ruineuse au Tchad dont le coût total s'est élevé, selon des estimations crédibles de la Banque centrale, à quelque dix milliards de dollars, en sus des pertes humaines évaluées à cinq mille morts et invalides. En 1987, selon nos propres observations validées par d'autres témoignages, la situation économique et sociale était catastrophique :

pénurie, violence, rapts, vols, faiblesse des salaires, retard des payements et inflation galopante. A toutes ses pressions, s'ajoutent, certes, les pressions internes exercées par les groupes influents au sein du pouvoir formé par les Kadhadfa, les hommes influents des appareils sécuritaires, les militaires et les membres des Comités Révolutionnaires qui ont pu se constituer d'énormes richesses. C'est dans ce sens que Kadhafi a entrepris une ouverture politique de caractère exceptionnel. En effet, le 2 mars 1988, au volant d'un bulldozer, il détruisit les murs d'une prison à Tripoli et libéra 400 prisonniers politiques libyens deux jours plus tard.

Il décida ensuite, de libérer des prisonniers étrangers.[1] Ces pas successifs montrent une claire volonté d'initier des mesures d'ouverture pour redynamiser une situation bloquée. Pour se relégitimer aux yeux de la population et élargir son assise sociale, le régime a dû entamer aussi des réformes économiques.

Dans un long discours diffusé le 26 mars 1987 Kadhafi profondément ébranlé par la tragédie du Tchad, incita à l'assouplissement de l'application de la théorie jamahirienne et autorisa la réouverture des petits commerces et petits magasins dans le cadre des *tacharukiyyat* par la création des unités privées et la formation d'un secteur touristique longtemps honni et exclu.

Kadhafi prôna aussi une forme indirecte de privatisation des petites et moyennes entreprises industrielles au profit des ouvriers. Pour expliquer ce phénomène, il faudrait signaler qu'après la défaite de son armée au Tchad, la récupération de ses soldats prisonniers par l'opposition libyenne installée aux Etat-Unis et la montée du mécontentement, Kadhafi fut obligé de faire des concessions de taille et, en premier lieu surtout, d'annoncer la reconnaissance du commerce privé, interdit depuis 1978. Cette dernière concession eut sur la population les effets d'une anesthésie.

A partir de 1991, le nouveau statut des *tacharukiyât* est devenu opérationnel. Il s'accompagna d'un début timide de la privatisation de l'enseignement supérieur, des hôpitaux, des banques et du transport en commun.

La décennie 1987-1997 s'est caractérisée par un désengagement économique et par une certaine désétatisation. En l'absence d'un contrôle efficace, de grandes quantités de produits importés en tous genres, mais surtout cachés après la première nationalisation en 1978, inondèrent le marché intérieur et permirent à l'ancienne couche de commerçants de se reconstruire. C'est ainsi que de grandes richesses réémergèrent. Le capital privé, après une absence de plusieurs années, commença à se manifester quoique timidement.

Quelles étaient donc les origines de ces richesses ?

Les origines sont multiples. Après l'exclusion forcée de l'ancienne bourgeoisie et la chasse sanglante aux hommes d'affaires libyens en

---

(1) François Burgat et André Laronde, *La Libye*, Paris, P.U.F, 1996, p. 88.

Europe, une nouvelle couche sociale avide de richesses et de pouvoir s'est imposée profitant du vide et de l'absence de contrôle. Les richesses qui se sont accumulées entre 1969 et 1988 provinrent des divers contrats d'importations, d'équipements et d'exportations du Pétrole et du gaz signés par «l'Etat» lequel offrait des commissions élevées aux hauts fonctionnaires et aux personnes influentes.

Les richesses colossales procédèrent aussi des fabuleux contrats d'armements pour les troupes et pour la police, singulièrement pendant la guerre du Tchad qui dura plus de dix ans (1979-1989) et épuisa tant d'énergies, d'efforts et d'hommes. En effet, elle fut une aubaine exceptionnelle pour l'enrichissement de certaines franges influentes de l'armée et des hauts fonctionnaires des «ministères» concernés. La méfiance à l'égard du régime, la situation d'instabilité politique et institutionnelle et le sentiment d'insécurité personnelle, voire physique, encouragèrent des rapports délictueux à l'argent public.

Nombreux sont ces jeunes révolutionnaires qui se sont transformés progressivement en businessmen, en petits entrepreneurs et en managers. Leurs richesses proviennent de trois voies divergentes, en apparence, mais qui sont en réalité complémentaires :
1. des fonds publics détournés et non détectés par les structures du «contrôle populaire» [1].
 2. du blanchiment de l'argent de hauts responsables de l'administration, de l'armée et de la police.
3. des mariages d'alliances et d'intérêts entre les jeunes révolutionnaires et les familles de hauts responsables, d'hommes d'affaires et des nantis de l'ancien régime en quête d'une nouvelle stratégie de reproduction sociale et économique[2]. Se sachant contrôlées, ces familles ont dû recourir à la stratégie du blanchiment de leurs richesses au moyen du mariage. Ces familles de dignitaires ont dû, certes, accepter cette stratégie par contrainte, à cause du contrôle serré auquel elles étaient soumises.

C'est ainsi qu'entre 1985 et 1992, la Libye a connu une vague de mariages entre les jeunes révolutionnaires, souvent d'origines sahariennes, bédouines ou rurales avec des jeunes femmes issues de familles de l'ancien régime. Mais, quoique ce phénomène parût paradoxal, il a cependant donné à ces jeunes des chances de mobilité sociale, surtout, à ceux d'entre eux qui n'avaient pas pu s'enrichir par le biais de l'argent public.

Ceci étant, il faudrait dire que l'argent public reste la principale source de l'enrichissement. Pour mieux appréhender ce phénomène exceptionnel,

---

(1) Ce que nous avions pu observer, en 1993, quand le régime autorisa les cliniques et les lycées privés, c'est qu'ils ont été équipés par le matériel étatique pris à tous les niveaux et dans toutes les administrations sans aucun contrôle : tables, pupitres, tableaux, matériels didactiques et même les ordinateurs de « l'Etat ». Pour cette raison, cette privatisation est synonyme de racket des biens publics.
(2) Pierre Bourdieu et Jean-Claude Passeron, *La reproduction, éléments pour une théorie du système d'enseignement*, Paris, éditions de Minuit, 1970, p.57.

nous avons interviewé (N. E.) docteur en économie, et le plus ancien des conseillers de la Banque centrale de Libye. En réponse à notre première question sur l'importance du phénomène, notre interlocuteur l'évalua à 30 milliards de dollars. Mais il considérait l'ensemble des commissions tirées des divers contrats et appels d'offres de « l'Etat libyen » comme en-deçà de la réalité. Il ajouta que la Libye, plus que d'autres pays du Tiers Monde, connut un phénomène extraordinaire d'enrichissement à partir de l'argent public.

D'après lui, ce phénomène fut très remarquable en Libye, bien qu'il n'eût été pas suffisamment analysé [1] « *Je pense de prime abord, que ce chiffre est crédible. Prenons l'exemple du Tchad qui avait bénéficié d'un financement fabuleux, et permit à une frange de militaires et de fonctionnaires de se faire des gains considérables sur le budget de la guerre. Elle a permis à des franges d'hommes influents, de responsables de l'armée et de la police de s'enrichir...* » Mais il semble difficile d'analyser le phénomène de l'enrichissement séparément de celui du blanchiment de l'argent qui a caractérisé surtout les deux dernières décennies.

4. Le réinvestissement de l'argent public blanchi

Si le contrôle politique et économique des richesses, qui s'est exercé au cours de la décennie 1978-1997, a sécrété un capital souvent invisible, émietté et sans identité, il était devenu, en revanche, possible de parler, pour la période 1969-1978, d'une bourgeoisie libyenne et de préciser les principales références qui la composent.

Or aujourd'hui, il n'est plus possible de le faire, parce que le capital formé au cours de la dernière décennie, s'émietta d'une façon considérable. Il a cessé d'être concentré. Il intéressait souvent ceux qui avaient réussi à se constituer une fortune personnelle en mettant à profit la gestion d'une entreprise publique ou la signature d'un contrat d'import ou d'export ou encore d'équipement ou encore de la réussite d'un investissement à l'étranger, ou bien d'un prêt non remboursé, ce qui était souvent le cas. Le capital était aussi formé de ceux qui fructifiaient l'argent des hommes de l'appareil et surtout des agents politiques.

Il est donc normal que ce capital émietté et anonyme ait eu recours au procédé du blanchiment, par le biais d'un réinvestissement dans des secteurs peu contrôlés, de façon à permettre à la personne initiale et détentrice du capital d'investir ses avoirs directement, ou à travers des intermédiaires, sans courir de risques d'être repérée. Le blanchiment permet une fructification rapide et sûre de l'argent « douteux » grâce au réinvestissement dans des domaines peu risqués qui garantissent la rapidité du gain.

C'est ainsi que l'argent blanchi s'orienta vers les spéculations immobilières, la vente des terrains de construction, la construction des cliniques et lycées privés, l'achat de l'or, les investissements extérieurs dans

_____

(1) Entretiens approfondis à Tripoli et à Tunis en juillet et en février 1999.

le commerce, le tourisme et même vers les dons en faveur des associations, quoiqu'elles fussent peu nombreuses en Libye.

En effet, le phénomène de blanchiment prouve le caractère néo-patrimonialiste du système jamahirien et l'existence d'une importante marge d'enrichissement, laissée aux différentes composantes du paysage politique. Mais cet enrichissement est conditionné par l'allégeance totale, souvent par la soumission et surtout par l'implication dans les actes de violence de toutes sortes, rançons de la fortune facile.

IV. La QUATRIEME phase DE demantelement DU PAYSAGE ECONOMIQUE

1. Comités anti-corruption et contrôle politique de la circulation des richesses

Il est clair que dans la Libye actuelle le tribalisme et la corruption font souvent bon ménage. En l'absence de pratiques démocratiques et de liberté d'expression, la société réactive les structures traditionnelles et redonne vie aux sentiments d'appartenance tribale. Or l'élément tribal est semble t-il le terrain favorable à toutes les pratiques de corruption, de népotisme et d'affairisme.

Pourquoi dans ces conditions constituer des Comités d'épuration (CE) ?

La formation des CE pour la lutte anti-corruption constitue une réponse aux slogans mobilisateurs et aux requêtes formulées aussi bien par les opposants démocrates et royalistes que par les Islamistes. Sous le double effet de l'échec de l'expérience révolutionnaire, de l'affaiblissement de la logistique financière et devant la montée en puissance de la résistance islamiste armée, surtout à l'Est, le régime a concédé aux militaires la lutte anti-corruption, comme s'il voulait les impliquer dans une tâche purement politique. De fait, quelques dizaines de *Comités d'Epuration*, composés essentiellement de militaires, ont été formés et officiellement chargés de cette opération dans les grandes villes.

Ils avaient pour consignes de vérifier le montant des richesses et surtout l'apurement des impôts dus au « trésor public ». En procédant ainsi, Kadhafi confirme sa volonté d'intervenir dans le paysage politico-économique pour le remodeler et empêcher ainsi l'enrichissement qui se fait en dehors de l'appartenance tribale ou de la loyauté politique. Il veut, en fait, et par le biais de ses militaires, contrôler politiquement les richesses et empêcher leur circulation vers les opposants virtuels ou réels. En d'autres termes, il empêche un enrichissement désordonné et non contrôlé capable d'alimenter l'opposition extérieure ou intérieure et surtout l'opposition islamiste.

Il s'agit donc d'une tactique politique qui vise à limiter le processus, déjà enclenché, de l'accumulation des richesses en dehors des cercles de confiance et à paralyser toute formation possible d'une nouvelle élite considérée comme une émule du pouvoir. En effet, les appareils sécuritaires ont présenté un rapport à Kadhafi sur le financement de l'opposition de la diaspora. Ils avaient des doutes sérieux sur l'origine du financement : il ne proviendrait pas uniquement, selon leurs estimations, des Etats-Unis ou de la bourgeoisie de la diaspora (Ben Helim, Baccouche ou El-Sénoussi), mais surtout des nouveaux riches de l'intérieur, réfractaires au régime. C'est dans ce sens que la libre circulation des richesses a été considérée comme un danger potentiel. On comprend ainsi que le contrôle soit devenu une nécessité de premier ordre pour assurer la sécurité du pouvoir.

D'après des sources crédibles à la Banque centrale de Libye, le nombre de commerçants, d'hommes d'affaires et d'entrepreneurs soupçonnés de corruption est de l'ordre de 4.000 personnes. Celles-ci ont dû subir des contrôles très stricts et 500 d'entre elles ont été incarcérées à la prison civile de Tajourah et contraintes à payer de grosses sommes d'argent en contrepartie de leur libération. Elles ont été en majorité spoliées de leurs richesses et de leurs propriétés.

Signalons à cet effet que le travail des *Comités d'Épuration*, tel que nous l'avons constaté, a été très sélectif, parce qu'ils ont agi selon des listes établies à l'avance ciblant ainsi leurs destinataires. D'après des informations et des constatations faites sur le terrain, le travail des CE a causé la ruine de la majorité des personnes contrôlées en provoquant la fermeture de leurs magasins et la saisie totale de leurs biens.

Pour comprendre ce phénomène de contrôle politique des richesses, il faudrait revenir à l'histoire récente. Le pouvoir est toujours intervenu pour remodeler le paysage économique et contrôler la circulation des richesses. Au mois de septembre 1978, il avait adopté une série de décisions «socialisantes» dont la nationalisation du commerce extérieur et intérieur. Ce choix a été suivi d'une politique de collectivisation de l'économie dans le cadre de l'application de la théorie économique du *Livre Vert*.

A ce titre, la formation des CE ne fut que le couronnement d'une politique de contrôle qui remonte à l'année 1973, date du déclenchement de la *Révolution Culturelle*, et qui vise à empêcher tout enrichissement en dehors du cercle politico-tribal, c'est-à-dire des franges de confiance autorisées à s'enrichir.

2. Pouvoir et capital : une logique totalitaire

Si la *Révolution Culturelle est* venue en 1973 contrôler l'élite intellectuelle, politique, partisane, syndicale et religieuse, la formation des CE s'inscrit, en revanche, dans la pure logique du contrôle de l'élite économique et surtout de la circulation des richesses. C'est une preuve de plus que les deux étapes sont très complémentaires. La Libye a connu quatre périodes de contrôle du capital privé de 1969 à nos jours :

• de 1969 à 1970 : la période de la liquidation d'une partie des concessionnaires et des représentants formés sous la Monarchie libyenne et construction d'une nouvelle bourgeoisie.

• de 1978 à 1988 : élimination économique et même physique de cette catégorie de concessionnaires, d'intermédiaires, de courtiers, d'entrepreneurs et d'hommes d'affaires, après application du contenu économique du *Livre Vert* et initiation de l'économie jamahirienne.

• de 1988 à 1997 : politique d'ouverture économique qui toléra le capital privé et autorisa même les échanges économiques avec la Tunisie et l'Égypte ; formation en dix ans d'une catégorie de courtiers, d'intermédiaires et d'importateurs.

• depuis 1997 : politique de contrôle rigoureux de la circulation des richesses et d'emprisonnement d'une grande partie de ceux qui s'étaient enrichis au cours de cette décennie sans bénéficier de l'appui tribal ou politique nécessaire.

Il ressort, donc, de tous ces éléments que le pouvoir politique intervient pour éliminer, avec diverses méthodes, les détenteurs de capitaux et pour contrôler la circulation des richesses. Ces interventions forcées traduisent le refus de l'existence d'un capital autonome par rapport au politique ; capital non construit selon les normes de l'appartenance tribale ou politique. En revanche, l'émergence d'un capital anonyme et émietté, formé à partir de l'argent public pour garantir la reproduction du régime et pour faciliter aux tribus alliées, aux groupes de pression, aux hommes influents et surtout aux responsables des structures névralgiques, a été facilitée et même encouragée. Mais chaque fois qu'un groupe s'enrichit, il est vite éliminé pour être remplacé par un autre. Car à partir de 1997, l'enrichissement ne pouvait plus se faire en dehors des cercles de confiance.

A ce titre, on est donc en droit de conclure qu'au cours des deux dernières décennies, de nombreux changements sont intervenus dans la situation des divers groupes de l'élite libyenne. L'élite traditionnelle (chefs de tribus, dignitaires, notables et aristocrates) et aussi de nouvelles catégories de militaires, de révolutionnaires et de hauts responsables ont pris la relève sur fond de violence et de rupture. L'élite libyenne, toutes tendances confondues, avait été empêchée de s'étoffer, parce que le processus révolutionnaire avait été marqué par l'érosion des équilibres socio-politiques traditionnels et par une destruction constante des élites, surtout quand elles avaient eu des vélléités de contestation.

Mais est-ce que le concept d'élite, selon la définition scientifique, pourrait s'appliquer à cette nouvelle catégorie de chefs politiques, de jeunes révolutionnaires, d'importateurs, de hauts fonctionnaires enrichis de la rente gouvernementale ?

Au début du mois d'août 1999, le régime a repris ses attaques contre les capitalistes libyens les accusant de corruption, d'exploitation et d'irresponsabilité. Ces procès étaient étalés sur les colonnes du journal Ez-Zahf Al-Akhdar, porte-parole des CR.[1] En apparence, cette vague médiatisée offre l'allure d'une simple opération de contrôle de l'économie et de moralisation du marché. Mais en fait, cette opération est beaucoup plus complexe.

Sentant sa légitimité usée compte tenu d'un long exercice du pouvoir, le régime a tenu à changer son discours, à renouveler les bases de sa

---

(1) Ez-Ezzahf Al-Akhdar, n° 2718 du 22 juillet 1999, p.1.

légitimité et à remobiliser les masses surtout pendant l'embargo aérien. En effet, trente ans d'exercice du pouvoir, de réussites certes, mais aussi d'échecs et de déceptions ont fini par phagocyter la légitimité des deux premières décennies de la « Révolution ». C'est ainsi que s'imposa le devoir de reconstruire la légitimité et de redynamiser les masses désenchantées. L'exigence de la relégitimation s'impose d'autant plus que le projet de modernisation révolutionnaire est actuellement en crise.

Quels seraient les fondements de cette relégitimation ? Qui sont les acteurs succeptibles de la réaliser ? Recourrait-on, une fois de plus, à l'élite révolutionnaire ou aux commandements tribaux ?

TROISIEME PARTIE
MODERNISATION EN CRISE, RETOUR DE L'ACTEUR TRIBAL, REPLIS IDENTITAIRES ET NEO-PATRIMONIALISME

« La modernité n'est pas positivement reçue, le plus souvent parce qu'elle n'est jamais clairement conçue ».

Georges Balandier,
Le Détour, Pouvoir et Modernité.

Il semble que la fascination exercée, au cours des dernières décennies, par la « Révolution libyenne » sur certains milieux intellectuels et universitaires et l'apparente puissance montrée par son leadership ont souvent inhibé toute approche socio-anthropologique des failles de l'expérience politique. Pourtant, celles-ci semblent être nombreuses, les tensions tribales qui ont secoué le pays reflétant, semble t-il, la crise du processus politique et du modèle imposé de modernisation [1].

Aussi proposons-nous d'essayer de dégager les grands traits de la modernisation en Libye et d'en comprendre les répercussions politiques, sociales et culturelles. Après trois décennies de construction politique et économique, l'établissement d'un bilan s'avère être nécessaire à plus d'un niveau. Ce qui importe dans la situation actuelle, c'est l'appréhension anthropologique des niveaux de cassure au sein de la société libyenne. Cette approche est largement justifiée par le fait que les cassures, que nous signalons dans notre ouvrage, se situent à la limite de l'individuel et du collectif, du sociologique et de l'anthropologique, du symbolique et du culturel. Elle nous permettra, donc, de mieux comprendre l'influence des ruptures sur les comportements individuels et collectifs [2].

Si le problème de la rupture en Libye est central dans cette recherche, c'est parce qu'il constitue une clé théorique capitale pour la compréhension de la société libyenne actuelle. Mais comment la modernisation pourrait-elle aboutir à l'exclusion et à la rupture alors qu'elle se veut une dynamique transformatrice des structures sociales, politiques et culturelles, des modes de vie, des sociabilités, [3] des comportements politiques et économiques et des styles de gestion, pour se conformer à des normes référentielles bien précises ?

Il a été prouvé que certaines expériences de modernisation politique et sociale, compte tenu de leur caractère exclusif, ne jouaient qu'au profit d'une minorité et n'entraînaient pas un véritable changement, quelquefois longtemps attendu. Cependant, la modernisation est une synergie collective de développement et un long processus de transformation partagé tant au niveau des efforts que des résultats. Or le grand défi dans tout processus modernisateur, est la question de savoir comment moderniser sans exclure et sans détruire [4]. En un mot, progresser sans renier.

---

(1) Nous faisons allusion aux conflits tribaux de 1975 et de 1993. Il s'agit, dans le premier exemple, de l'échec du Coup d'Etat organisé par le commandant Omar El-Mehichi et appuyé par les tribus de Musorata. Le second exemple est celui du Coup d'Etat avorté des officiers issus de la tribu des Ouerfalla qui furent, en effet, tous arrêtés et éliminés après le procès.

(2) Alain Gras, *Sociologie des ruptures*, Paris, éditions. P.U.F.; 1979, pp. 159-188.

(3) Jacques Berque et Jean Couleau, « Vers la modernisation du Fellah marocain », in, *Bullettin économique et social du Maroc, vol VII, Rabat 1945.*

(4) Bertrand Schwartz, *Moderniser sans exclure*, Paris, collection essais, édition la Découverte, 1994, p. 234.

En effet, toute modernisation, selon la définition de Guy Hunter, spécialiste de l'Afrique Orientale « *ne peut donc signifier qu'une évolution empruntant la seule voie que peut suivre une nation, compte tenu de sa situation propre, en faisant appel au mieux des possibilités, à la somme commune des connaissances scientifiques qui se trouvent simultanément à la disposition de tous les pays du monde* »[1] . Mais le concept de modernisation est souvent entaché de connotations idéologiques parce qu'il repose sur une nette opposition entre la société archaïque et traditionnelle d'une part et la société moderne d'autre part. C'est ainsi que la modernisation apparaît comme une transformation obligatoire des structures et des rapports sociaux.

Toutefois, il faudrait surtout noter que la modernisation est un phénomène d'évolution, qui ne peut en effet concerner ni une partie de la société ni un ensemble d'îlots ; elle est avant tout une transformation durable des structures économiques, sociales, politiques et culturelles de la société, et surtout une dynamique collective de progrès qui mobilise l'ensemble des potentialités et des énergies au sein de la société.

1. Modernisation dans le contexte européen

Elle a été le produit d'un long processus de déstructuration de la société féodale, de transformation radicale des modes de production et la conséquence directe de l'industrialisation et de l'émergence des nouvelles forces sociales éprises de changement politique et économique. En Europe, quoique bâtie sur une rupture avec la société féodale et rurale, qui découlait logiquement de la dynamique de l'industrialisation, elle a été cependant un long processus accumulatif et une profonde refonte des valeurs, des structures sociales et économiques, du mode de formation du capital, du monde du travail et des relations humaines et sociales au sein des sociétés.

L'Europe a su réussir une nette conciliation entre la modernisation économique et la modernisation culturelle, et ce, en introduisant une totale refonte des valeurs de la société par la généralisation de l'enseignement, de de l'industrialisation, l'urbanisation, de la spécialisation professionnelle, et de la bureaucratisation de la production. C'est pourquoi la modernisation fut aussi une transformation de la société, sans négation des diverses expériences et contributions évolutives et accumulatives permettant ainsi la circulation et surtout la mise en place d'une chaîne perenne des élites produisant ainsi une rationalité économique et un développement politique. En revanche, en Libye, elle a fonctionné en termes de rupture et de

---

(1) Guy Hunter, *La modernisation des sociétés rurales, étude comparée : l'Afrique et l'Asie*, Paris, collection tendances actuelles, 1971, p. 393.

destruction et sans reconstructions [1] ou changements institutionnels crédibles. C'est ce que nous allons essayer de montrer.

Comparée à d'autres processus modernisateurs de pays géographiquement proches et qui partagent une histoire presque commune, comme la Tunisie[2], ou l'Egypte,[3] elle a pris un tournant exceptionnel à plus d'un niveau. Il est vrai qu'appuyée par le boom pétrolier, elle a réalisé une importante infrastructure relativement variée et lancé d'ambitieux programmes de lutte contre la pauvreté et l'analphabétisme. Il y eut surtout l'intensification de la scolarisation et des soins médicaux. Il suffit de rappeler, à ce propos, qu'il n'y avait le jour de l'Indépendance (24 décembre 1951) qu'un seul universitaire et qu'en 1957, il n'y avait qu'une seule étudiante contre 189 étudiants. Aujourd'hui, en revanche, [4] le pays compte plus de 100.000 étudiantes diplomées contre 233 à cette époque lointaine.

Nous pouvons nous référer aussi aux 25.000 médecins[5], et aux 20.000 ingénieurs et techniciens, non sans faire remarquer que le processus modernisateur, engagé depuis 1969 et même bien avant, a créé une situation de disproportionnalité entre le développement économique et matériel et le développement social. Car la rapidité de l'évolution économique n'a pas systématiquement entraîné une modernité sociale et culturelle, si bien qu'il ne semble pas que cette modernisation ait pu ébranler, en une courte période, les soubassements de la société archaïque et tribale. Mais est-ce qu'une tribu peut coexister avec un processus modernisateur ? Est-il possible de réussir une modernisation dans une société dont les structures sont encore tribales ? Est-ce que la tribu peut être une force de développement politique et un vecteur de modernisation ?

---

(1) Charles A. Micaud, Leon Carl Brown and Clement Henry Moore, *Tunisia the politics of modernization*, Frederic A. Praeger, Publisher, New York, London 1964, pp. 131-168.
(2) Charles A. Micaud, *ibid*. p. 116.
(3) Cf. surtout *Modernisation et nouvelles formes de mobilisation sociale, Egypte - Brésil*, Tome I et II, CEDEJ, Le Caire 1991. Cf. *Statistical Bulletin of the University of Libya*, n° 1, Benghazi, 1972, p. 1.
(4) Cf. Mona Fikry, « La femme et les conflits de valeurs en Libye », in *R.O.M.M.* n° 18, 2e semestre 1974, p. 93.
(5) Informations données par Kadhafi le 25 mai 1998, dans son discours pour l'inauguration du Conseil Général de Planification présidé par l'ex-secrétaire général de l'Union Générale des Étudiants de Libye (U.G.E.L.) entre 1976-1980.

CHAPITRE 1 : MODERNISATION ET DISPOSITIF DE CONTRoLE DE LA MEMOIRE COLLECTIVE

1. Une modernisation sur un fond de rupture

La modernisation politique et culturelle entamée en Libye après 1969 a montré, durant les trois dernières décennies, une nette volonté de récupérer la quintessence du mouvement national libyen, et surtout du mouvement *d'Al-Jihad*. Elle s'est aussi traduite par la destruction totale de la Sénoussiya, de son système politique, de l'imaginaire collectif et d'un sens primaire de la pluralité des élites qui existait au sein du Parlement. Elle a surtout donné à voir une franche détermination à éliminer toutes les forces héritées de l'époque monarchique, à émietter les structures politiques, sociales et culturelles qui étaient déjà embryonnaires dans la société. Elle voulait surtout exclure toutes les accumulations précédentes, même si elles étaient positives.

C'est que, la Sénoussiya était déjà fragilisée, voire affaiblie, par un alignement politique provocateur et exagéré sur les Anglais et les Américains, par une profonde déstructuration due à la rente pétrolière qui avait transformé la loyauté spirituelle en clientélisme [1].

Le Pétrole quoiqu'il eût unifié le pays a même « *sapé les bases traditionnelles de la Sénoussiya* »[2]. Cette confrérie qui était déjà en panne d'élites, parce que l'Université Islamique d'El-Beyda n'assurait plus son rôle de formation religieuse des cadres.

Sa légitimité s'effrita parce qu'elle n'était pas fondée sur une référence religieuse et sa Constitution n'était pas islamique, mais au contraire très imprégnée par les références britanniques. La conciliation entre le pouvoir religieux et le pouvoir temporel s'avérant être difficile.

Enfin, le Roi n'avait aucune attache ethnique avec la population libyenne parce qu'il il était originaire de Mostaghanem en Algérie. Cet élément le contraignait à chercher l'appui des puissantes tribus et surtout celui de la grande famille des *Haddouth* de la tribu des *Bra'assa* en Cyrénaïque qui l'aidèrent énormément à intégrer la société et à s'établir définitivement dans le pays. Il les récompensa en nommant Husseine Mazegh comme Premier ministre, Mahmoud Bougouitine comme Chef de la police et Abdehedi Abou Wichah comme Chef de l'Etat-Major des armées. Ces trois personnes furent de véritables autorités politiques.

Malgré la fragilité de la Sénoussiya, les Jeunes Militaires avaient programmé d'effacer son héritage par la destruction de ses archives, par l'autodafé de la Bibliothèque sénoussienne (8000 manuscrits et 100.000 ouvrages) et par la rétention de l'information. Cette manie sécuritaire du

---

(1) Hervé Bleucot, « Kadhafi, Numeiri et l'islam », in *Annaires de l'Afrique du Nord* n° XXVI, 1987, pp. 481-483.
(2) Ibid, p. 481.

régime voulait surtout éviter que la Sénoussiya ne se transformât en un concurrent idéologique et partant il lui importait de mettre sous surveillance vigilente l'histoire de la sénoussiya. Pour ce faire, ils entreprirent, dès les premières semaines, un contrôle mémoriel proliférant et multiforme et, à partir de 1969, une réinvention du passé, une reconstruction de la mémoire, de l'archéologie des symboles nationaux, de l'imaginaire et du symbolisme collectifs et surtout une réécriture de l'histoire. Cette œuvre pourrait être considérée comme une sorte de recharge mémorielle selective qui s'est traduite par la destruction du symbolisme en place et son remplacement par un autre.

2. Destruction des symboles et contrôle de la mémoire

Pour ce faire, les Jeunes Militaires ont procédé à un vaste mouvement de destruction des repères mémoriels, soit au nom des principes révolutionnaires, soit au nom de ceux de la *Révolution Culturelle.* C'est ainsi que plusieurs d'entre eux ayant trait à l'histoire commune et où se cristallise et s'incarne la mémoire nationale furent détruits à partir de 1969, et surtout au cours de la décennie de braises. Pour plus de détails, nous en passerons en revue quelques uns :

- 1969 : destruction de certaines archives et surtout de celles formées sous la Monarchie. Plusieurs archives gouvernementales furent incendiées ou détruites. Conduisant notre enquête, nous avons pu vérifier que certaines administrations, telle que la Direction Centrale de la Presse, étaient complètement sans archives et sans mémoire.

-1970 : interdiction de *l'Université Islamique d'EL-Beyda* et destruction de ses archives. L'élimination de cette structure de formation religieuse n'a pas donné lieu à une institution homologue crédible. Il est vrai que le pouvoir créa, à partir de 1987, une université islamique à Zlten, mais elle resta sans rayonnement significatif.

- 1972 : destruction de l'Arc des frères Fellini, l'un des plus beaux symboles de la ville de Tripoli sous prétexte qu'il incarne la séparation entre la Tripolitaine et la Cyrénaïque.

- 1973 : expurgation des bibliothèques publiques et universitaires et même des librairies de livres de propagande, et autodafés sur le campus, en présence des étudiants et des professeurs.

Photo n° 3: Théâtre municipal sur la place centrale de la ville de Benghazi

- 1980 : démolition de la mosquée de Sidi H'mouda dans le cadre de la lutte anti-islamiste et de l'élargissement de la *Place Verte*. Pourtant, elle a une importante valeur historique et une symbolique spéciale.

L'extension a entraîné aussi la destruction de la statue de l'Empereur romain d'origine libyenne, Septime Sévère (en lat. Luciens Septimius Servus Aurelins Antoninus) né à Leptis Magna en 131 et mort en Bretagne en 211. Il fut connu surtout pour sa sévérité.

- 1984 : incendie du théâtre municipal et de la salle de cinéma de la ville de Benghazi (voir photo). Les deux structures ne furent jamais remises en état jusqu'à aujourd'hui, pour cause d'incompatibilité avec l'idéologie de la Révolution *Culturelle* et de l'esprit révolutionnaire. Car l'édifice a été inauguré par Mussolini en personne lors de sa visite à Benghazi au début des années 30.

- 1986 : destruction de monuments historiques italiens (l'Arc de triomphe dénommé l'Arc de Mussolini) à l'entrée du village saharien de Ras Lanouf situé sur la route de Benghazi.

- 1986 : autodafé du cadastre de Tripoli et de Benghazi en application du principe du *Livre Vert* : «*la terre n'appartient à personne*». Pourtant ces deux institutions ont été créées en 1864 par les Ottomans afin de faciliter l'enregistrement des terres et l'organisation des propriétés collectives et tribales.

- 1989 : autodafé des livres « anti révolutionnaires » dans les universités de Tripoli et de Benghazi et à la Bibliothèque nationale.

- 1989 : Destruction de la Bibliothèque sénousienne de Djaraboub, en application des principes de la *Révolution Culturelle*. La bibliothèque contenait, selon nos sources[1], quelque dizaine de milliers de livres et 8.000 manuscrits.

- 1996 : démolition de l'édifice du Conseil des ministres sous la Monarchie, véritable joyau architectural et ancien siège de la *Cassa di Risparmio* (Caisse d'épargne), qui abrita aussi le Parlement de la Tripolitaine, l'Opéra et le Club d'El-Ettihad.

- 1997 : démolition du local du Sénat libyen à Tripoli dans le cadre de la destruction des monuments au passé «réactionnaire».

La destruction de tous ces repères matériels historiques, si importants pour la société libyenne, visait à purifier la mentalité collective de ses balisages romains, arabes, ottomans, qaramanli et surtout, sénoussiens, et aussi à marginaliser la Ville, lieu de « consommation et de débauche » au profit de la bedya (Syrtes), source de pureté selon le discours officiel[2].

Cette destruction signifiait, avant tout, une forme de réécriture de l'histoire et une recharge selective de la mémoire. Pour mieux comprendre ce phénomène, nous allons essayer d'en analyser les différents niveaux. Car il nous semble qu'il y a là un rapport étroit entre la modernisation et la mémoire collective.

3. Volonté de récupération du mouvement d'Al-Jihad et transe commemorative

Entre 1969 et 2000, la Libye connut un formidable effort de réinvention et de recomposition de son histoire, et des pans entiers en ont été exclus. L'historiographie «révolutionnaire» radia totalement de tous les manuels scolaires la contribution de la Confrérie Sénoussienne qui domina, l'histoire contemporaine de la Libye pendant plus d'un siècle. En outre, le pouvoir se chargea de démolir toutes les institutions de la Sénoussiya, comme s'il en voulait effacer toutes les traces. C'était à la fois une exclusion intellectuelle et matérielle de la Sénoussiya et une volonté délibérée de réécrire l'histoire, de recharger les mémoires et d'imposer une nouvelle stratégie identitaire. L'histoire libyenne anticolonialiste fut réduite quasi-exclusivement à la Guerre Sainte ou au *Jihad* conduit par le *Cheikh des Moujahidines*, Omar El-Mokhtar, [3] originaire de la tribu des M'naffa.

---

(1) Pour pouvoir reconstruire cette histoire, nous avons interviewé Mohammed Zeydene, l'un de ses anciens fonctionnaires.

(2) Moâmmer Kadhafi, *Vive l'Etat des salopards*, Lausanne, éditions Favre, 1996.

(3) Omar El-Mokhtar naquit au Djebel Lakhdar (à 40 kilomètres de Benghazi) et s'initia, depuis son jeune âge à l'apprentissage du Coran. Au début de ce siècle, il fut nommé par Ahmed Es-Chérif, chef de la Confrérie Sénoussienne, comme *Mou'addeb* (enseignant du Coran) à El-Beyda, capitale spirituelle de la Sénoussiya. A partir de 1922, c'est lui qui se chargea de guider le mouvement d'Al-Jihad de Cyrénaïque (tout l'Est libyen) contre les Fascistes italiens. Il continua cette guerre impitoyable jusqu'en 1931, année de son arrestation ('Asr) et de sa pendaison au village Es-Slough de la ville de Benghazi.

Après un procès formel, il fut pendu, selon la tradition fasciste. Mais le paradoxe est que l'œuvre jihâdienne d'Omar El-Mokhtar fut très différemment approchée et

C'est dans ce cadre aussi que le nouveau régime engagea le pays dans des « transes commémoratives » rappelant les multiples combats menés contre l'armée italienne. On pourrait, certes, objecter qu'il s'agissait d'une donnée réelle permettant à toutes les régions du pays et à toutes les tribus de commémorer leurs combats contre le colonialisme. Mais le nombre exagéré des commémorations incite à penser que des considérations essentiellement politiques ont prévalu : il s'agit de s'approprier l'histoire du mouvement national et de la lutte armée (*Al-Jihâd*) et de la réécrire en excluant les Sénoussis. En effet, ces deux mobiles pourraient nous expliquer l'importance de cet effort largement consacré à cette activité commémorative, l'écriture de l'histoire politique et tribale de la Libye étant une œuvre assez complexe. Suivant cette optique partagée par Ali Bouissiri l'historien spécialiste d'Al-Jihâd et professeur d'histoire au campus d'El-Fateh[1] : « *l'histoire tribale est très complexe, parce qu'elle a subi des manipulations. Quelquefois des fusillades signalées entre Italiens et Libyens furent transformées en de véritables combats.* »

Cette même difficulté historique nous a été aussi confirmée par Wahbi El-Bouri (homme de lettres, ex-directeur du protocole royal, ex-ministre du Pétrole et des Affaires étrangères, ancien représentant de la Libye auprès des Nations-unies et actuellement conseiller juridique du Programme de la Grande Rivière Artificielle) : «*Ecrire l'histoire en Libye est une oeuvre, sûrement très complexe. Je me rappelle que dans les années 60, un Comité élevé s'est réuni pour s'acquitter de cette tâche. Mais il n'a pas pu y réussir, en l'absence de critères fiables pour se prononcer sur le degré de patriotisme ou de collaboration avec le colonisateur italien. Plusieurs chefs de tribus collaborèrent avec l'Italie. Mais ils la combattirent aussi par les armes quand il a fallu le faire. La collaboration momentanée et circonstancielle n'empêcha pas ces chefs de combattre le colonisateur au moment opportun. C'est à ce propos que je voudrais raconter une histoire véridique que j'ai personnellement vécue. En 1952, le gouvernement italien de l'époque nous demanda d'établir la liste des personnes qui ont collaboré avec l'Italie pour leur offrir des dédommagements matériels. C'est ce qui fut fait par les gouverneurs (Moutassarifoun) des diverses régions de la Libye. Quelques années plus tard, le gouvernement libyen, profitant de la rente*

---

considérée, soit comme un élan personnel de foi, une résistance aux mécréants et une revanche contre la «trahison», soit comme l'effet d'une résistance sénoussienne à l'occupation italienne. Au demeurant, cette dernière approche semble être plus plausible, si l'on tient compte du fait qu'Omar El-Mokhtar avait combattu les fascistes guidés par Graziani, au nom des Sénoussis. Ce qui lui avait assuré la solidarité indéfectible des tribus de Barga (Abidet, Bra'assa, Hassa, Derssa et Àrfa) et leur appui logistique capital pour la confirmation du combat.
Cf. pour de plus amples informations, Santarellei-Rochat-Rainero-Goglia, *Omar Al-Mukhtar et la riconquista fascista della Libia*, Marzorati editore, Roma 1948, pp. 48-49.
(1) Entretien organisé à Tripoli le 07-11-1999.

pétrolière, proposa d'allouer une sorte des mensualités aux Moujahidoun, ce qui exigea l'établissement de nouvelles listes représentatives de toutes les régions.

Je me rappelle que le gouverneur d'Ajdabia nous adressa à cet effet la même liste qu'auparavant. Cet exemple prouve bel et bien la difficulté insurmontable d'établir quelquefois des frontières intangibles entre le sacrifice patriotique et la collaboration avec l'occupation [...] le colonialisme italien est en fait très complexe »[1].

Il ressort de tous ces témoignages que la production d'une mémoire unique et unifiée est une œuvre quasi-impossible. Car l'instauration d'un seul régime de mémoire est irréalisable quand on présente une histoire discontinue, fissurée, fragmentée et sélectionnée. Pierre Nora, qui a su entraîner cent trente de ses collègues dans l'immense chantier des «*lieux de mémoire*», a lucidement démontré l'impossibilité d'imposer un seul régime à la mémoire[2], car elle est d'un caractère éclaté, fragmenté et diffus. La mémoire du passé ne peut pas être le reflêt fidèle de celui-ci.

Du reste, le personnage d'Omar El-Mokhtar lui-même fut mythifié ; le patriotisme national ayant été projeté sur lui. Il fut considéré comme le symbole de la pureté, de la générosité, du courage et du grand sacrifice, soit l'incarnation pure et simple du mouvement d'Al-*Jihad* contre l'occupation fasciste. La contribution de nombreux autres combattants fut négligée. C'est ainsi que ce vieil homme tout drapé de blanc devint l'unique symbole de l'histoire, la référence incontestable et la quintessence de la conscience libyenne ; bref, l'unique figure emblématique de la résistance nationale. Tout le reste était marginalisé, voir exclu.

Mais ce régime forcé de la mémoire traduit un modèle de modernisation autoritaire et une stratégie identitaire qui reposent sur la diade de la récupération et de l'exclusion.

La recharge de la mémoire orienta la saisie du cours de l'histoire, d'une part, vers une focalisation sur la figure du chevalier invincible et du guerrier imbattable et vers la mythification du héros national. D'autre part, elle la guida vers une manipulation des passions et des sentiments collectifs. Cette manifestation exclusive avait reconstruit l'identité collective de la société et en avait produit une lecture unique et unifiée, quoique fissurée par de nombreux clivages : villes contre campagnes, urbains contre bédouins et patriotisme contre trahison. Mais cette recharge uniformisa surtout les archétypes référentiels et civilisationnels de la société, si bien que la *bedya* devint ainsi l'unique symbole de la pureté. C'est ce que nous allons essayer de démontrer dans le reste des chapitres.

4. Stratégie identitaire et bédouinisation de la mémoire

Il est vrai qu'un solide lien consubstantiel se noue entre mémoire et politique et aussi que la mémoire est un incessant processus de

---

(1) Entretien organisé à Benghazi le 10-11-1999.
(2) Pierre Nora, *Les lieux de mémoire*, Paris, Gallimard, 3 tomes, 1992.

reconstruction. Néanmoins, le rapport à la mémoire a pris, en Libye, le caractère d'une extrême politisation. C'est ainsi qu'il a été vécu comme un arrachement de la société à son histoire, à son architecture de symboles nationaux, à ses repères historiques et à ses sociabilités traditionnelles ; bref, comme un ébranlement des tréfonds de la société.Cette « dictature du souvenir » trié et selectionné n'est pas aussi spontanée qu'il y paraît, mais elle vise à reconstruire le passé. Car se souvenir est avant tout reconstruire. Certes, la mémoire, comme l'affirme Gérard Edelman, n'est pas la copie conforme des événements vécus, mais elle est leur incessante reconstruction. Toutefois celle-ci a pris le caractère d'une manipulation intentionnelle et d'une interprétation commandée par des besoins du groupe au pouvoir. Or ceux-ci ne sont pas strictement politiques, mais présentent une dominante culturelle et identitaire.

En effet, les groupes sociaux et politiques contrôlent leur identité par le sens et la signification qu'ils donnent à leur passé,[1] qui est ainsi soumis à des desseins immédiats. Dans de telles conditions, la mémoire devient paralysante au lieu d'assumer sa fonction libératrice.

L'uniformisation des cadres référentiels de la société et de la mémoire a surtout permis d'ériger la campagne ou la *bedya* (avec ses caractéristiques culturelles, ses normes, ses valeurs, ses comportements [2] et ses modes vestimentaires) comme l'unique archétype civilisationnel qui doive être adopté. C'est ainsi que le modèle bédouin fut appliqué à l'ensemble de la société, et que cet archétype imposé par la force délimita partout la construction identitaire de la société[3]. Toutes les autres références sociales, culturelles et civilisationnelles furent éliminées au profit de cette seule identité, parce que leur composition reposait sur un ensemble de symboles référentiels tels que la tente, le chameau, le costume traditionnel (Al-Jard) et tous les outils utilisés par la société tribale dans les activités artisanales, économiques, agricoles et même ménagères.

Signalons dans ce même sens que la vie urbaine a été bannie avec toutes ses manifestations, ses modes comportementaux, ses diverses expressions, ses rites, ses valeurs et même ses tenues vestimentaires[4]. La bédouinisation de la mémoire et notamment de l'identité sociétale, prouve d'une façon indéniable l'importance de l'enjeu identitaire pour le régime, a telle enseigne d'ailleurs que l'identité collective fut accaparée, monopolisée, voire instrumentalisée, aux fins de la mobilisation « révolutionnaire ».

C'est à ce titre que les symboles de la *bedya* dominèrent les rituels officiels, les médias, les fêtes religieuses ou sociales et les divers paliers de la vie quotidienne. Ainsi ces nouveaux symboles devinrent des contraintes

---

(1) Maurice Halbwacks, *Les cadres sociaux de la mémoire*, Paris, PUF, 1925.
(2) Cf.Moâmmer Kadhafi, *Escapades en enfer et autres nouvelles*, éditions Favre, Lausanne 1996.
(3) Interview de Kadhafi au journal *al Anwar* du 9-8-1973.
(4) Le même entretien.

et des obligations. Les activités culturelles, intellectuelles, sociales et surtout politiques ne pouvaient plus s'exercer que dans un cadre strictement bédouin, symbolisé par la tente et fonctionnant comme une véritable obsession du désert et de son héritage culturel et sympolique.

En revanche, les divers symboles de la vie urbaine furent en majorité écartés, méprisés ou simplement exclus[1], si bien que la bédouinisation poussée bénéficia d'une exceptionnelle concentration politique et idéologique et d'une médiatisation excessive qui en faisaient une sorte d'alternative politique, sociale et culturelle[2] imposée à l'ensemble de la société. Ainsi, un festival culturel ou encore musical ou encore un gala ne pouvait être organisé que sous une tente, l'artiste « révolutionnaire » est celui qui porte les habits de la *Bedya* (Syrtes). Mais cette bédouinisation est, en premier lieu, un référent culturel forcé : en tant qu'elle a permis de répandre les normes, les valeurs et les coutumes bédouines dans l'ensemble de la société. La bédouinité a été, donc, utilisée à la fois comme référent et instrument politiques.

Selon cette hypothèse le leadership a écarté la ville en tant que lieu de socialisation politique et espace d'autonomie et d'opposition, en interdisant toutes les lois en vigueur, les tribunes politiques, les partis et les syndicats, les lieux de rencontres (cafés, buvettes). En clair, il a empêché la formation de groupes qui peuvent « négocier » ou imposer des concessions politiques. La bédouinisation a, certes, servi comme instrument efficace de blocage du développement politique de la Libye. Mais elle a même été manipulée par le pouvoir pour exclure l'élite familiale [3] et politique à cause de ses origines urbaines ou de ses connivences avec l'occupation italienne. Du reste, Kadhafi est intervenu avec violence, à plusieurs reprises, pour stigmatiser les notabilités familiales impliquées dans la corruption, selon ses dires, et pour appeler à les exclure.[4] Car la bédouinisation n'est pas

---

(1) Dans un discours politique officiel de 1985, la cravate fut assimilée à la Croix chrétienne. Ce discours fut interprété comme une proscription de la cravate, et depuis cette date les officiels libyens se sont interdits de la porter.

(2) A partir de 1975, la priorité a été accordée, dans les activités culturelles, aux festivals de la poésie épique et populaire, de la cavalerie, des chants et des danses folkloriques, organisés sous les tentes. C'est ainsi que la tente est devenue l'unique symbole de la Libye actuelle. Elle domina durant deux décennies l'image télévisée. Elle fut même transformée en un référent spirituel que les ancêtres musulmans vénéraient d'autant plus que Kadhafi ne recevait plus ses hôtes, et surtout les présidents, que sous une tente tissée de poils de chameaux et dressée en pleines steppes ou dans une cour de caserne. C'était une façon d'affirmer son authenticité bédouine et saharienne et de l'imposer en quelques sortes à ses invités. Le festival de la poésie populaire était transmis à la télévision d'une façon répétitive pendant de longues semaines.

(3) D'après nos recensements, il y aurait 4.000 familles qui ont dominé la vie politique libyenne depuis l'ère Qaramanli (1835) jusqu'en 1969.

(4) Cf. le discours de Kadhafi au lycée Jamila El-Izmerli le 6-5-1980 dans lequel il a critiqué l'ancienne élite formée sous la Monarchie (document en vidéo cassette).

uniquement un processus d'uniformisation culturelle et mentale ; mais elle est aussi une arme redoutable dont le but est de tout soumettre à sa logique et surtout de créer partout un paysage politiquement identique. C'est ainsi que les opposants furent considérés comme des ingrats, des « malades » ou des « chiens errants », selon la terminologie officielle[1]. Mais la bédouinisation, érigée en système de valeurs culturelles et politiques, peut-elle coexister avec un discours révolutionnaire et radicaliste ? N'est-ce pas là la jonction de deux logiques contradictoires, voire inconcilialables et antinomiques.

Sans porter de jugement défavorable ou normatif, il semble que la bédouinisation ne constitue pas une condition avantageuse de la modernisation. D'après nos investigations empiriques, elle nous a semblé être tragiquement anachronique en comparaison avec l'évolution des sociétés contemporaines et des structures sociales, culturelles et symboliques modernes.

Elle peut même être considérée comme antimodernisante parce qu'elle ne favorise pas le processus du progrès, de l'évolution et de la démocratisation par le bas. Bien au contraire, parce qu'elle était forcée, elle fut un long processus d'exclusion sociale et politique, de rejet de l'élite urbaine, de différenciation des statuts et de scission sociétale qui sécrétait donc une anti-modernisation lourde de conséquences.

Car la bédouinisation, de par son caractère forcé, est la négation des balises nécessaires à l'évolution de la société. Elle est même une anti-évolution, une forme de débâcle et de blocage de la société. C'est dans les eaux troubles que proliféreront la corruption noire et l'islamisme armé qui commencent à se propager à Benghazi, à Derna, à Tobrouk et à Ras El-Hilal. Elle a facilité, en l'absence de repères fixes et de contrôles, une dérive autoritaire dans la société, mais elle a surtout secrété une déchirure référentielle et une crise insurmontable des valeurs que vit actuellement la Libye.

C'est parce que ce processus de transposition des valeurs modernes s'est déployé sans un effort de réflexion, de connaissance profonde des besoins réels de la société et de la planification, que la bédouinisation s'est trouvée bloquée, non pas seulement parce qu'elle était antimodernisante, mais aussi parce qu'elle ne permettait pas surtout une véritable refondation et n'engageait pas de vraie alternative. En effet, telle que nous l'avons vue s'imposer, elle fut un fait anachronique parce qu'elle ne permettait pas une libre ouverture sur les acquis du monde contemporain. Elle était une pure et simple dissociation de l'accès d'un peuple à la civilisation contemporaine.On ne pouvait pas, en fait programmer des transferts et des innovations technologiques pour le secteur pétrolier ou bancaire tout en imposant le retour aux modes de vie et aux moyens de production des ancêtres.

---

(1) Discours de Kadhafi en 1984, après l'attaque armée, organisée par le F.N.S.L, contre la Caserne de Bab Azizia.

La bédouinisation et la modernisation semblent constituer deux mondes disjoints, deux sociétés déconnectées et deux modèles de vie qui se font face et où la confrontation ressortit au fait que la modernisation, étant un processus de transformation totale de la société, exige des conditions d'objectivation et de rationalisation du style de gestion politique, des normes de production, des rapports sociaux et des modes d'adaptation des techniques utilisées par la société. La bédouinisation a une logique radicalement opposée et paraît être, en comparaison, anachronique et désuète. Le résultat en est aujourd'hui patent à savoir que la modernisation et la bédouinisation sont incompatibles. De là vient la crise de la légitimité révolutionnaire et de la modernisation greffée. Le résultat fut tragique parce que cela déclencha la résurgence du tribalisme et l'extension de la corruption et de l'islamisme armé, soit autant de manifestations qui furent vite instrumentalisées et manipulées à des fins politiques multiples.

Il est aujourd'hui remarquable que ce syndrome ne favorise pas, pour le dire dans la problématique de Max Weber, la formation d'un pouvoir de domination légale détenant le monopole légitime de la violence. Bien au contraire, la bédouinisation de la société et de la vie politique sert d'instrument, comme cela a été prouvé, à un pouvoir autoritaire. Car la bédouinisation est aussi synonyme de contrôle politique comme il apparaît ci-après.

La bédouinisation, telle qu'elle avait été pratiquée, a entraîné des effets néfastes : l'élimination de l'infrastructure institutionnelle, l'instabilité de l'élite, la bédouinisation de la gestion politique et économique, la personnalisation des rapports avec la société et enfin la tribalisation des rapports existant entre le pouvoir et la société. Dans cette partie de notre travail, nous allons essayer d'analyser un phénomène essentiel, celui de la bédouinisation forcée de la société et de la tribalisation du paysage politique.

5. Le nomadisme institutionnel et l'érosion de l'identité politico-urbaine : le phénomène d'exclusion des villes

L'histoire moderne et contemporaine de la Libye s'est toujours caractérisée par l'absence d'un centre politique stable, unifié et unificateur de tout le pays. C'est pour cette raison que les trois provinces furent, géographiquement[1], distanciées et, politiquement, séparées l'une de l'autre. Outre cela, il n'y avait surtout pas de force centripète capable de construire le centre[2], d'unifier le pays et de construire l'identité collective. L'histoire politique de la Libye, comparée à celle de ses deux voisines, fait figure d'exception : absence d'un centre unificateur et d'une classe-Etat capable de régenter le bellicisme des composantes du paysage tribal, d'où

---

(1) Entre Tripoli et Fezzan, il y a plus de 1000 kilomètres. Et c'est aussi la même distance qui sépare Tripoli de Benghazi.
(2) Xavier de Planhol, *Les Nations du Prophète*, Paris, édition Fayard, 1993, pp. 473-475.

la légitimité du rôle historique joué par le Roi Idriss en vue de l'unification du pays, lui qui voulait se contenter, pour avoir la paix, de l'Émirat de la Cyrénaïque et livrer le reste du pays à lui-même.

Hédi El-Mchirgui (fin connaisseur des hautes sphères politiques sous la Monarchie) nous a expliqué ce phénomène historique. « *Le Roi ne voulait, en fait, pas gouverner toute la Libye. Il voulait, se contenter de son Émirat, ce fief qui lui témoignait confiance et loyauté indéfectibles. Pendant son exil en Égypte (1923 - 1943), il forma une armée sénoussienne qui combattit aux côtés des Anglais jusqu'à la victoire des Alliés. A son retour, l'armée s'arrêta au poste d'El-Aghila (à 350 kilomètres de Tripoli). Je lui ai demandé de continuer jusqu'aux frontières tunisiennes, mais il a refusé de le faire, sous prétexte de ne pas vouloir concurrencer les Qaramanli dans leur zone d'influence. C'est pour cette raison que je suis allé voir Ali Bey Qaramanli et que je lui ai demandé de rencontrer le prince Idriss. Ali Bey a même accepté de faire une concession politique en faveur d'Idriss, dans un document écrit qui existe encore. C'était, pour lui, un geste tout à fait normal compte tenu de son intérêt national.*

Mais Idriss El-Sénoussi préféra par la suite s'allier aux Italiens et alla même jusqu'à nommer le chef de l'organisation fasciste, Mahmoud El-Montasser, comme premier ministre. Tout compte fait, la Cyrénaïque fut pour nous une véritable « colonisation». Les ministres étaient tous d'origine cyrénaïcaine, et ceux de la Tripolitaine n'avaient pas de pouvoir réel. C'étaient leurs directeurs de cabinet qui géraient réellement la situation. L'occupation italienne ou anglaise était évidente. En revanche, « l'occupation Cyrénaïcaine» était déguisée mais nocive, si l'on tient compte de l'inégalité au niveau de la répartition des besoins sociaux et des richesses...» [1].

Dans ce même ordre d'idées, on pourrait signaler que le Roi a été accueilli, à Tripoli, avec des bombes qui lui ont laissé de mauvais souvenirs.[2] Après l'Indépendance, en 1951, le Roi a fondé sa propre capitale spirituelle et politique à El-Beyda. Elle allait lui permettre de marginaliser Tripoli, la capitale traditionnelle. Le Parlement lui-même fut transféré à El-Beyda pendant une certaine période.

La question de l'unité du pays s'imposait. Ce n'est qu'en 1963 que le Roi Idriss a décidé d'abolir les trois gouvernements provinciaux et d'unifier le pays. Mais malgré les efforts d'unification politique, administrative et institutionnelle, l'enthousiasme ne fut pas grand pour ce statut imposé. Pourquoi donc a-t-il été promulgué ? Et pourquoi a-t-il été accepté aussi bien par l'élite que par la population ?

Les Libyens sont venus à l'unité, sans grande conviction, les conditions y étant peu favorables, mais surtout par souci utilitaire et dans le

---

(1) Informations puisées dans un entretien organisé à Tripoli le 06-08-1999.
(2) André Martel, *La Libye 1835-1990*, Paris, éditions P.U.F., 1990, p. 166.

but de profiter de la rente pétrolière[1]. Au demeurant, les conjurés du 1er Septembre se sont scindés, dès les premiers jours, en deux groupes situés dans deux villes : Tripoli et Benghazi. Le premier était composé de Jelloud, El-Hmidi, El-Karoui, El-Houni, Hamza et M'gharief, alors que le second était composé de Kadhafi, El-Kharroubi et de Hawwadi. Dans son célèbre livre, Fethi Dhib a minutieusement décrit les premiers mois d'une révolution ayant deux capitales politiques et deux maisons de radio à la fois.[2] Le pouvoir n'était pas encore politiquement et institutionnellement concentré.

Or si une révolution est avant tout une soudure politique et sociale forcée de la société et une sorte d'unification totale du pays, l'exemple présenté par Dhib laisse présager de l'existence de failles au sein de celle du 1er Septembre et de divergences parmi les conjurés. Cet éparpillement confirme l'hypothèse des difficultés rencontrées par les militaires à construire une seule identité géographique, institutionnelle et politique. Il s'avère clairement qu'elle n'a même pas réussi à effacer, jusqu'à maintenant, les barrières géographiques et surtout culturelles entre les deux villes, qui restèrent distinctes sur le plan aussi bien anthropologique que culturel.

Qui plus est, Tripoli et Benghazi furent, comme nous avons pu l'observer, progressivement marginalisées, délaissées et livrées à elles-mêmes sans aucun entretien pendant plus d'une décennie comme s'il s'agit d'une véritable sanction collective. A partir de 1985, elles furent subitement remplacées par Syrtes. Quand nous l'eûmes visitée, au milieu des années 80, Syrtes était encore une bourgade au milieu de vastes steppes parcourues par des chameaux. Le 1er janvier 1988, Kadhafi annonça que Gioffra serait la nouvelle capitale politique de la Libye.

En effet, il avait toujours préféré la vie bédouine, la tente vagabonde, la steppe et le troupeau de chameaux à toutes les commodités de la ville, parce qu'il voulait être un authentique bédouin qui méprisait par principe les habitants des villes et considérait la *Bedya* comme son univers de prédilection, rêvant toujours que tous les citadins quitteraient leurs villes pour venir s'installer dans l'univers des bédouins. Ce mépris des villes atteint son paroxysme dans son livre « *Escapade en enfer et autres nouvelles* » [3] où la ville est décrite comme un lieu de paresse (*ittikalia*) et de consommation, soit une sorte de gigantesque main tendue pour réclamer et recevoir. Cette idée est clairement exprimée dans cet essai intellectuel : « *Qu'est ce que je convoite, moi, le bédouin perdu dans une ville moderne et folle ? Les habitants me déchirent à belles dents, chaque*

---

(1) Au plus fort de la contestation islamiste armée en 1990, 1996, 1997 et 1998, la revendication de répartition du pays en deux parties (orientale et occidentale) s'est imposée avec insistance. Cf. *Al-Wassat* n° 246 du 14-20 octobre 1996.

(2) In *Abdelnasser wa thawrat libia*, le Caire, Dar Mostakbal Arabi, 1986, pp. 50-52.

(3) Mouâmar Kadhafi, *Escapade en enfer et autres nouvelles*, Lausanne, éd. Favre, 1996, 171 pages.

fois qu'ils me trouvent : «construis-nous une autre maison. Installe-nous une ligne de meilleure qualité. Trace- nous une route dans la mer. Plante-nous un jardin [...]. Un pauvre Bédouin perdu, ne portant même pas un certificat de naissance... Son bâton sur l'épaule, ne s'arrêtant pas au feu rouge »[1]. Il est donc bien normal qu'il aboutisse à la conclusion suivante : « C'est pourquoi j'ai été harcelé et que je continue à l'être à toute heure».[2]

Pour concrétiser cette exclusion des centres urbains traditionnels, les consignes furent données pour transférer la capitale (Ministères, Administrations, Parlement) vers la bourgade de Syrtes, alors que le quartier général du Chef d'Etat-Major le fut à Houn, une petite localité de Gioffra à près de 350 kilomètres de Syrtes et qui abritait jadis une *zaouia* sénoussie. Il est clair que cet émiettement des structures étatiques relève d'une philosophie, d'une conception de la vie et d'un rapport anthropologique à la ville. C'était même une position existentielle qu'il faut essayer de comprendre sur le plan psychologique.

C'est ainsi qu'au début des années 90, Syrtes sortit des steppes comme une sorte de ville -champignon hérissée d'édifices gouvernementaux tout de marbre décorée et entourée de nouvelles routes la reliant à la ville de Tripoli (à 550 kilomètres) et à Benghazi (à 500 kilomètres).

Mais malgré son éloignement et la réticence compréhensible des fonctionnaires à s'y rendre, elle fut néanmoins consacrée, à partir de 1985, comme capitale politique du pays. Bien que cette consécration connût une petite rupture entre 1987 et 1988, elle, aujourd'hui, semble être définitive.

A vrai dire, aucune des grandes villes ne constituait un centre urbain et civilisationnel[3], étant soit sans traditions de vie sédentaire, soit périphérique. Le choix de Tripoli ne correspondait pas à une recherche de l'équilibre géographique, mais cadrait mieux avec une économie maritime basée sur le corsairisme. Elle ne permettait pas de diriger tout le pays. La ville d'El-Beyda était elle-aussi très périphérique, et compte tenu des rancœurs des Jeunes Militaires à l'égard du royaume bédouin sénoussi, la capitale fut transférée à Syrtes, puis à Gioffra au cœur du désert. Signalons que l'ambition de Kadhafi était de diluer la ville dans l'immense espace saharien, sans que jamais le pouvoir acéphale fût réalisé.

---

(1) *Ibid*, p. 24.
(2) *Ibid*, p. 24.
(3) Xavier de Planhol, *Les Nations du Prophète*, Paris, éditions Fayard, 1993, p. 473.

Carte géographique n° 1 : Multiples transferts de la Capitale politique de la Libye entre 1951 et 1989

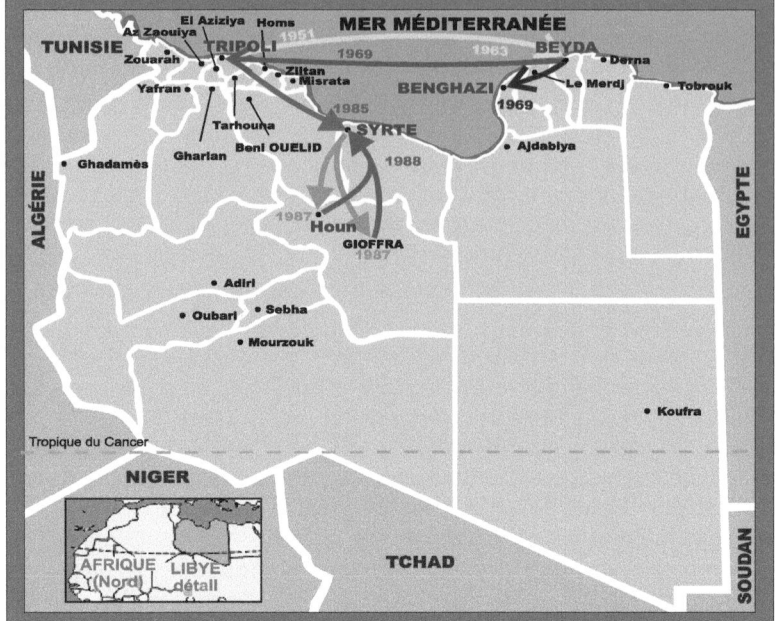

A analyser en profondeur l'histoire politique et sociale de la Libye, on aboutit à la conclusion que le pays n'a pas connu l'apport fructueux de villes stables, comme à Tunis, à Kairouan, à Bagdad, à Fès ou au Caire. Il fût donc démuni de villes-centres capables d'unifier ses forces et d'engendrer une véritable dynamique intellectuelle, sociale, culturelle et politique.

En effet, la ville, lieu de socialisation politique et culturelle, est presque absente de l'histoire de la Libye. Il y a eu, en revanche, de petits centres urbains, tels que Tripoli, Benghazi, Morzouk, Zouila, Ghdamès, Djaraboub et El-Beyda, dont les habitants essayèrent de développer les conditions d'une vie urbaine, politique et culturelle. Car ni les Ottomans, ni les Qaramanli, n'ont eu à cœur de construire un centre, de développer les villes, de créer les conditions d'une vie décente et de doter le pays d'une identité urbaine stable. Au contraire, ils se sont intéressé au renforcement des armées, au strict contrôle des routes commerciales et à la forte ponction imposée aux caravanes transsahariennes et aux paysans sédentaires, lesquels n'avaient pas la possibilité de fuir vers le Sahara ou vers les montagnes.

La répression farouche des Ottomans et des Qaramanli, sur le plan politique et surtout intellectuel, avait fini par détruire l'élite locale et par décourager l'émergence d'une université religieuse, comme El-Zeytouna à Tunis ou El-Azhar au Caire.

Ces détails montrent les étroits rapports existant entre le pouvoir et la ville. Certes, ce facteur pourrait expliquer le fait que les différents pouvoirs qui se sont succédé, tout au long du XIXe siècle et pendant la première moitié du XXᵉ siècle, n'avaient pas cherché à créer un véritable centre. Aussi la ville fut-elle marginalisée depuis plus d'un siècle. Cette exclusion fut certainement, le résultat d'une stratégie politique délibérée qui empêchait qu'elle devînt productrice de vies émancipées, d'élites autonomes et de systèmes de valeurs autres que ceux produits ou encouragés par le pouvoir. Il y a donc toujours eu cette volonté de resserrer le contrôle de la ville, symbole du pouvoir de l'Etat et de la concentration des richesses.

Quand le Roi Idriss sentit que Tripoli lui échappait peu à peu et que son élite ne s'enthousiasmait pas, outre mesure, pour lui, il préféra chercher une protection auprès de l'alliance tribale Sa àdi -sa famille spirituelle- et fonda sa capitale politique à El-Beyda au cœur même de la Cyrénaïque, tout près de ses protecteurs anglais installés à la base militaire d'El-Adem à Tobrouk.

De même, quand Kadhafi fut sûr que Tripoli ou même Benghazi ne lui offraient pas leur entière adhésion, il préféra, à l'instar du Roi, écarter l'ancienne mémoire urbaine et chercher une ville, même sans aucune profondeur historique, sans densité et sans attache avec le reste du pays, mais qui lui inspirât confiance et lui fît sentir sa force et sa suprématie. Ce ne fut qu'à partir de 1998 que Kadhafi décida de faire de la ville d'El-Beyda une capitale religieuse où auraient lieu les grandes prières du vendredi. Il était même question d'organiser une prière, en la présence des Présidents africains, si ce n'était l'attaque armée qu'il avait essuyée dans la nuit du 31 mai 1998, alors qu'il se préparait à rentrer, par voie terrestre, en territoire égyptien.

La mémoire urbaine fut profondément secouée par ces ruptures destinées à empêcher la jonction des élites, des traditions, des coutumes, des normes et des morales susceptibles de favoriser d'autonomie ou la contestation. En peu de mots, la ville fut déchargée de toute sa signification, privée de son âme, déshumanisée, voire complètement exclue comme ce fut le cas de Benghazi.

Car une ville ne se réduit pas à la topographie. Elle est d'abord une communauté, c'est-à-dire une âme collective « *avant d'être un espace localisé, circonscrit et bâti* » [1]. C'est pourquoi le pouvoir veut en faire sa chasse gardée en y interdisant toute concurrence. C'est à ce titre que toute ville qui cherche sa propre autonomie ou qui conteste est condamnée à la marginalisation ou au dépérissement. Au vu des résultats de notre enquête, nous pouvons témoigner que Tripoli fut complètement délaissée pendant toute une décennie. Or une ville délaissée, comme Tripoli ou Benghazi, se transforme progressivement en un lieu d'exclusion, de désespoir et en un terrain privilégié pour les recrutements de la contestation islamiste elle-même déçue par les promesses jamahiryennes.

---

(1) F. Choay, *La règle et le modèle. Sur la théorie de l'architecture et de l'urbanisme*, Paris, éditions le Seuil, 1980, p.220.

En effet, la politique des secousses, l'instabilité institutionnelle et le nomadisme des villes et donc du pouvoir sont les ingrédients d'un profond malaise que la société a du mal à supporter. Cette crise de société a encouragé la résurgence de la contestation islamiste qui est venue, au moment opportun, remeubler la mémoire, instrumentaliser les fissures, combler le vide, délégitimer peu ou prou, le régime et s'installer dans la cité pour mieux se repositionner. Elle cherchait à transformer la ville en un champ de « guerre sainte » en inventant un imaginaire antirévolutionnaire pour pouvoir mobiliser les jeunes.

Aussi le pouvoir politique et la contestation islamiste se sont-ils retrouvés face à face en ville. Tous deux essayèrent, sans grands résultats, de s'exclure mutuellement. Car les Islamistes exclus pensaient que les villes bannies pouvaient être un espace privilégié pour le « prosélytisme » et un champ idéal pour la lutte contre le régime. C'est pourquoi ils ont préféré agir à partir de la ville de Benghazi, une cité amadouée au départ (madinat al-Bayane Awwal), puis délaissée et humiliée, comme une belle femme répudiée sans raisons valables, et qui aurait pu être, dès 1969, la capitale politique de la Libye.

Malgré toutes les divergences à caractère politique ou même idéologique, les deux régimes, monarchique et jamahirien, préféraient avoir affaire à une ville soumise, résignée et sans âme, comme le cas de Benghazi très touchée par la pauvreté et surtout l'exclusion.

6. Démantèlement de l'armée et logique de ruptures : la guerre du Tchad

Au cours des trois dernières décennies, les séismes sociaux ont été nombreux en Libye, entraînant ainsi une dislocation des structures traditionnelles, une déstructuration de la société et un démantèlement des institutions en place, et notamment de l'institution militaire, instrumentalisée puis délaissée.

Mais pourquoi Kadhafi tenait-il tant à démanteler cette institution et à scier, pour ainsi dire, la branche sur laquelle il était assis ? Ne pouvait-il pas plutôt instrumentaliser cette « Grande Muette » [1] ? Dans les pays du Tiers-Monde, l'armée n'a pas de signification en elle-même, puisqu'elle n'a pas de sens immanent. C'est au pouvoir de lui en donner un, de l'utiliser comme il le veut, en lui demandant d'être toujours prête à ses ordres.

La question qui se pose est de savoir si cette séparation radicale était nécessaire. Même Nasser, père spirituel de Kadhafi, fit de son armée un levier efficace de modernisation[2] politique, sociale et matérielle et un appui indéniable pour son régime. Il l'intégra de plein fouet dans la lutte contre le sous-développement, contre la pauvreté et l'exclusion, en en faisant un

---

[1] Jean Lacroix, « L'armée et la politique », in *Esprit* n° 5, Mai 1950, p.749.
[2] Jean Meyer, « Technocrates en uniformes », *in Revue Critique* nos 363 - 364, Août-Septembre 1977, p. 709.

élément essentiel de la réalisation de la réforme agraire et du développement économique national et local.

Au Portugal, au Pérou et surtout en Égypte, les militaires surent jouer un rôle incontestable dans la modernisation de leur pays. C'est que, comme l'histoire nous l'apprend, l'armée est le corps le mieux organisé, le plus discipliné et le plus professionnalisé. L'histoire nous montre aussi, preuves à l'appui, que les militaires peuvent jouer un rôle bénéfique dans la modernisation, comme Ce fut le cas du temps de Pierre le Grand, Abdul Hamid, Mohammed Ali [1] et même Ahmed Bey en Tunisie. En effet, la création ou l'achèvement d'un Etat, la pratique de l'ordre, de l'organisation, de la discipline[2] font de l'armée une véritable énarchie. Au contraire, les militaires peuvent aussi être l'instrument d'un pouvoir monolithique, de l'absolutisation de l'Etat, comme « *ce fut le cas dans de nombreux pays africains et ailleurs, en Chili et surtout en Turquie* ».[3]

L'armée en Libye avait de fortes chances, entre 1965-1969, de produire une élite modernisatrice. Elle avait porté Kadhafi à la magistrature suprême, en signe de protestation contre le vieillissement du Roi et la mauvaise gestion, contre la corruption de l'élite traditionnelle et la faiblesse politique de l'Etat. Mais lui avait une autre stratégie. Il procéda à une vaste épuration des officiers politisés et surtout des bâathistes, obligés de quitter l'armée ou incarcérés jusqu'à aujourd'hui. Quelque 160 hauts officiers constituant l'élite de l'armée libyenne furent chargés de fonctions civiles, tandis que 16 autres officiers partaient à la retraite[4]. Pour cette stratégie, la loi n° 27 de l'année 1971 est venue offrir quelques avantages aux militaires qui voulaient réintégrer la vie civile[5].

Après cette vaste épuration, le régime propulsa les Officiers Libres et les jeunes officiers et sous-officiers connus pour leur patriotisme aux postes de commandement et entama, à partir de 1972, une période de modernisation de l'armée, surtout après la Guerre d'Octobre 1973. L'armée connut l'importation massive de matériels de guerre et la mise en place de logistique, d'infrastructure et de système de communication. Les dépenses de la modernisation matérielle représentaient à peu près 10% du PNB, tandis que le matériel n'était utilisé qu'à 50% de ses possibilités.

Mais malgré tous les budgets substantiels, tous les privilèges considérables des hauts officiers et le luxe tapageur d'un petit nombre de fidèles, l'armée n'inspirait pas confiance. La plupart des tentatives de Coup d'Etat venaient de ses rangs. La première en date remonte au mois de décembre 1969 à l'époque où Adam Hawaz et Moussa Ahmed étaient

---

(1) Ibid, p. 711.
(2) Ibid, p. 712.
(3) Ibid, p. 715.
(4) (Al-Jarida Er-Rasmiyya) *Le Journal Officiel Libyen* n° 4 du 24 janvier 1970, 8ᵉ année, p. 4.
(5) La loi n° 27 de l'année 1971 relative à l'organisation de l'armée.

respectivement ministres de l'Intérieur et de la Défense. Vient ensuite la seconde tentative due, en juillet 1970, à des officiers de la famille royale. En 1975, Omar El-Mehichi et Béchir Hawwadi tentèrent leurs chances, mais furent apparemment dénoncés par les Services spéciaux soviétiques qui cherchaient à l'époque à amadouer Kadhafi. Mais la plus célèbre tentative est celle des officiers de Ouerfella qui fut vite découverte et réprimée dans le sang en 1994.

Pour pallier à ce danger, Kadhafi programma le démantèlement de l'institution militaire et décréta, en 1977, le service militaire obligatoire tout en renforçant le recrutement des milices populaires. Ce vaste projet visait à transformer tout le peuple en une milice populaire armée. Le programme en avait été annoncé en 1973 et mis en application quelques années plus tard.

Quand Kadhafi eut décidé d'aboutir à la formule du peuple en armes, il ordonna, en mars 1979, la création de milices formées de *Comités Révolutionnaires* et de *Gardes Jamahiriennes*, pour dessaisir l'armée de sa propre fonction de protectrice de la « Révolution »[1]. Le remodelage du paysage politique plaça l'armée en face de contre-pouvoirs. Mais il ne s'arrêta pas à ce stade, dénonçant la décadence de l'armée professionnelle et son implication, par ailleurs vérifiée, dans toutes sortes de corruption. Dans un célèbre article qui a été publié dans le Journal Ez-*Zahf Al-Akhdar* dans sa livraison du 21 mars 1983, il appelait à détruire l'armée libyenne qui se livrait, selon ses dires, à toutes les formes de consommation, au trafic de drogue, à l'alcool et aux films pornographiques. Pour étayer son réquisitoire contre l'armée, il présenta les actes d'accusation suivants : « *la destruction d'une institution qui est un repaire de fascistes et de dépravés s'adonnant à la contrebande du hashish, de l'alcool, des films pornographiques, sans négliger les trafics d'influence, et tout cela au lieu de défendre la patrie*»[2].

Kadhafi continua cette philippique en proposant une solution radicale à la décadence de l'armée : « *Aucune solution logique n'est plus possible sauf celle qui consiste à détruire cette institution maudite ! de l'intérieur par les Comités Révolutionnaires ; de l'extérieur par les masses populaires et armées* ».[3] Dans ce réquisitoire implacable, Kadhafi a jugé comme très urgent de préparer la relève de l'armée professionnelle par les milices des *Comités Révolutionnaires*.

Mais cette guerre contre l'armée intervient alors que les combats font rage dans la bande d'Aouzou, à Ouedi Doum et au Tibesti entre la Libye, d'une part, la France et le Tchad, d'autre part. Son ardent discours comminatoire est certainement venu responsabiliser l'armée, après ses

(1) Rémy Leveau, « Le système politique libyen », in *La Libye nouvelle, rupture et continuité*, CNRS, CRESM, 1975, pp.96-97.
(2) Hamid Barrada, « Kaddafi s'en va-t-en guerre contre son armée », in *Jeune Afrique* n° 1170 du 8-6-1983, p.33.
(3) *Ibid*, p, 33.

cinglantes défaites par les milices de Hussein Habri qui étaient de l'ordre de quelques centaines de soldats sous-armés.

En effet, la guerre du Tchad fut très lourde de conséquences pour l'armée libyenne et surtout après la défaite de Ouedi Doum. L'armée a perdu pendant une décennie (1979-1988) plus de 2000 soldats ; 1000 prisonniers furent transférés aux Etats-Unis pour alimenter l'opposition libyenne. En revanche, plusieurs centaines de soldats invalides furent purement et simplement éliminés physiquement dans le but de dissimuler les preuves accablantes de la défaite. Les répercussions psychologiques et sociales en avaient été plus tragiques encore. La Guerre du Tchad a donné lieu à une forte amertume, à un désenchantement collectif et à l'apparition d'une réelle pauvreté. Ses conséquences, malgré l'optimisme de la version officielle, sont lourdes voire tragiques.

Force est de constater que jusqu'à présent la guerre du Tchad n'a été l'objet d'aucune étude anthropologique ou sociologique. Il n'empêche qu'elle a produit un nouvel « imaginaire agressif » auquel la Libye n'était pas habitué, et ce, pour plusieurs raisons. La « Révolution » n'inspirait presque plus confiance aux populations et ne répondait pas à leurs expectations.

L'invincibilité révolutionnaire se mua soudain en défaite honteuse : le mythe fait place à la cruelle réalité. La population fut inondée, pendant plus de deux décennies, de grands slogans révolutionnaires et de promesses de victoire sur les ennemis de la Nation arabe : l'impérialisme, le sionisme et les réactionnaires arabes. Mais les répercussions furent encore plus dramatiques avec le recul de l'Etat-Providence et l'apparition du syndrome de la pauvreté, lors même que le coût total de cette guerre a été évalué à plus de 10 milliards de dollars.[1] Au demeurant, nous avons eu le sentiment au cours de notre enquête qu'elle avait à la fois conduit à l'effritement de la légitimité du leadership[2] et posé le problème de la crédibilité du discours politique en Libye. La désillusion, ayant été pénible et lourde de conséquence, et la cassure fut profonde, contraignante et humiliante à plus d'un titre.

Quelques années plus tard, Kadhafi reprit son farouche réquisitoire contre l'armée et publia un article dans le journal Ez-*Zahf Al-Akhdar*[3]. Les militaires, d'après Kadhafi, au lieu de protéger le littoral, historiquement dominé par l'étranger, se contentaient de construire de belles demeures au bord de la mer, comme ils abusaient de leur pouvoir, de leurs grades, de

---

(1) Ces informations nous ont été communiquées en 1997 par des personnes crédibles et informées au sein de la direction de la Banque centrale de Libye.
(2) En marge de la préparation de cet ouvrage, nous avons mené une enquête sur les répercussions de la guerre du Tchad sur les soldats, sur les membres des CR et même sur les familles, ce qui nous a permis de mieux saisir le sens de cette « tragédie».
(3) Ez-*Zahf Al-Akhdar,* n° 2728 du mois d'août 1999, p. 3.

leurs médailles et de leur impunité et se permettaient de transgresser les lois et de bâtir dans les zones interdites Kadhafi ordonna aux « Forces Révolutionnaires » (CR et police), de détruire les demeures des militaires qui avaient osé envahir tout le littoral, alors que « *la terre n'appartient à personne* » (*Livre Vert*, tome II).

Certes, c'était là une façon d'intimider l'armée, de la discréditer, de lui imposer des lignes rouges à ne pas dépasser et surtout d'exhiber la puissance du politique. Mais c'était surtout montrer que «*la puissance politique n'apparaît pas uniquement lors des circonstances exceptionnelles. Elle se veut inscrite dans la durée, immortalisée dans une matière impérissable, exprimée dans des créations manifestant sa (personnalité) et son éclat*».[1] Kadhafi tenait à affirmer, ostensiblement, sa force contre toute concurrence possible, parce que, pour un héros-carrefour, selon l'expression de Georges Balandier, il n'est pas question qu'une autre force puisse le menacer ou même le concurrencer. « *C'est vers le héros que doivent converger toutes les tendances, et sur lui que se portent toutes les loyautés et les charges passionnelles et émotionnelles* »[2].

Nous inclinons à penser qu'il ne s'agit pas d'une épuration classique, mais d'un véritable démantèlement de l'armée. Devant les militaires qui peuvent le concurrencer ou lui nuire, Kadhafi exhibait les instruments réels de son pouvoir que sont les miliciens des *Comités Révolutionnaires* et les *Congrès populaires*. En effet, ce héros-carrefour, malgré sa phraséologie ultra révolutionnaire, a su asseoir son régime sur des appuis tribaux et sur des services secrets vigilants à toute velléité de contestation ou de concurrence, ainsi que sur le démantèlement qui était aussi une technique du pouvoir. Mais cette logique de l'émiettement entraîna un vide difficile à combler et favorisa inéluctablement la résurgence du facteur tribal ; tant et si bien qu'en l'absence d'un Etat fort, d'institutions fiables, de lois claires et d'un projet mobilisateur, les populations ont fini par ressusciter leurs références traditionnelles et par recréer leurs replis identitaires et en premier lieu leurs tribus.

Lorsque les liens sociaux se rompent, les groupes et les communautés se replient sur leurs structures traditionnelles les plus proches et sur leurs solidarités particulières. Quitte à les inventer s'il n'existaient pas. Car les fractures sociales sont par nature productrices d'angoisse collective, comme ce fut le cas en Libye durant les trois dernières décennies. Il semble qu'on ne peut donc pas construire un Etat légitime en l'absence d'une classe politique mobilisatrice, au sens gramscien du terme, et d'institutions fiables, capables de garantir la bonne gouvernance.

Mais comment la population réagit-elle devant les déchirures, les cassures et les ruptures ?

---

(1) Georges Balandier, *Le pouvoir sur scène*, Paris, éditions Balland, 1992, p. 22.
(2) *Ibidem*, p. 22.

7. Nomadisme politique et recomposition identitaire en libye

Le 20 juillet 2000, une partie de football a opposé deux équipes du pays : *Al Ahly* de Benghazi et *Al Akhdar* de la ville d'*El-Beyda*. Ces deux clubs étaient rivaux, parce que la seconde équipe était soutenue par des membres de la famille de Kadhafi.

Le match qui devait se dérouler au stade de la ville sportive de Benghazi a été transféré pour des raisons « inconnues » vers la petite localité d'El-Merj à 120 kilomètres de la ville. *Al Ahly* de Benghazi perdit le match, bien évidemment, parce que l'arbitre était lui aussi partial, et l'incident fut lourd de conséquences. Déçus et frustrés, quelques dizaines de jeunes supporters, des fantassins désœuvrés, déambulèrent dans les rues de la ville complètement abandonnée, en scandant des slogans contre le pouvoir et contre Kadhafi en personne et Benghazi fut vite déclarée ville rebelle.

Successivement amadouée depuis 1969 puis complètement négligée et délaissée, elle qui fut pourtant la première ville à accueillir la « Révolution», qui a été baptisée *madinat al Bayâne awwil*, parce que Kadhafi a eu recours à la radio de la ville pour prononcer sa déclaration relative à la destitution du Roi[1] et la proclamation de la révolution.

A L'aube du 21 juillet, les bulldozers rasèrent à même le sol le tombeau d'*Omar El-Moktar*, cheikh *al moujahidin* et symbole de l'unité nationale du pays. Par mesure de sécurité, quelques centaines de jeunes furent arrêtés. Dans le but d'apaiser la situation et de clore l'incident, les autorités de la ville (Commandements populaires et sociaux, CR, CP et surtout les hauts officiers de l'armée) proposèrent à Kadhafi une sorte d'excuse collective. Mais le 1er septembre 2000, journée de la commémoration de la Révolution, Kadhafi envoya des bulldozers détruire le siège social du *Club Al-Ahly* sis à El-Fouihet[2] dont le fonctionnement fut considéré comme celui d'un vrai parti politique. Cette sanction fut considérée par le « Guide » comme la solution du moindre mal, grâce à l'intervention des proches collaborateurs du chef et de certains hauts officiers de l'armée. Kadhafi obtint aussi, par la même occasion, la ferme promesse que les jeunes perturbateurs seraient durement châtiés.

Quelques semaines plus tard éclatèrent les événements d'Ez-Zaouia (au Nord Ouest de la Libye) où plusieurs dizaines d'immigrés de l'Afrique subsaharienne avaient été férocement lynchés. De jeunes libyens firent preuve à l'aoccasion d'une violence inouïe[3]. Compte tenu de l'opacité qui sévit en Libye depuis 1969, les chiffres précis des lynchages sont encore

---

(1) Cf. à ce propos, Fethi Dhib, *Abdelnasser wa thawrat libia,* Dar Al Moustaqbal Arabi, le Caire, 1986, p.57.

(2) Pour mieux comprendre la logique des événements, nous avons réalisé notre propre enquête pour collecter les informations nécessaires à l'étude.

(3) Même sous la Monarchie, il y avait une connivence politique explicite entre Benghazi et Ez-Zaouia. Les exemples sont, à ce propos, multiples.

inconnus[1] ; mais les témoignages des rescapés évoquent une centaine de morts. Cette version semble être plausible, si l'on sait que les autorités officielles avaient réagi au début avec une certaine désinvolture, interprétée comme une sorte de compromission ou de complicité. Toutefois, il ressort de ces incidents que seuls les Subsahariens ont été touchés, et que c'est là la preuve que ces massacres n'étaient ni fortuits ni manipulés, mais correspondaient à l'expression d'un réel malaise. Les Subsahariens avaient été des boucs émissaires désignés. En effet, ils ont servi d'exutoire au mécontentement général dû à la situation politico-économique et surtout à la destruction de la mémoire collective.

De fait, ces deux incidents sont riches en enseignements, parce qu'ils sont intimement liés aux changements politiques et identitaires qu'a connus la Libye entre 1997 et 2000. En effet, le Club d'*Al-Ahly* créé en 1942 était la continuité historique de l'*Association* d'*Omar Moktar* qui chercha, jusqu'à sa dissolution en 1944, à continuer son œuvre libératrice. Notons dans ce sens que le club lui-même était une partie intégrante de la mémoire urbaine collective et constituait un référent identitaire communautaire aussi bien pour l'ensemble de la Libye que pour la ville de Benghazi.

Son histoire était si intimement liée à celle de toute la ville et elle était bien ancrée dans la mémoire collective, que l'amputation de sa profondeur historique constituait, en soi, une agression politique et une frustration collective. De plus, le football était l'un des rares loisirs officiellement permis en Libye parce qu'encouragé par les fils de Kadhafi, et au de-là de son caractère distractif, il donnait à l'incident certaines significations politiques liées, semble-t-il au problème de la succession.

La destruction du local *d'Al Ahly* et de la tombe d'*Omar El-Moktar*, construite en plein centre-ville, constituait bien une véritable amputation des références, des symboles et des repères identitaires collectifs. Car une ville dépouillée de ses symboles et amputée de son identité est une ville sans dignité ou, pis encore, une ville morte. Mais l'exclusion de cette ville n'était pas fortuite, puisqu' elle coïncidait avec l'éternelle recomposition identitaire que connaissait la Libye depuis 1969 dans le sens, cette fois-ci, d'une orientation panafricaniste.

Or contrairement à certaines approches selon lesquelles la Libye tente de se repositionner sur l'échiquier international et de se faire une nouvelle crédibilité, en multipliant ses médiations dans les conflits interafricains, cette conversion au panafricanisme nous semble plus profonde. Il semble qu'il s'agisse bien d'un virage historique dont la finalité serait la recomposition de l'identité et dépasserait le cadre d'un simple *aggiornamento* idéologique[2]. Ce n'était pas non plus une simple tentative

---

(1) La presse internationale a accordé beaucoup d'intérêt aux événements d'Ez-Zaouia. Mais à notre connaissance, aucune étude serieuse n'a été faite à ce propos.
(2) Cf. à ce propos, *Jeune Afrique* n° 2008, du 6 au 12 juillet 1999, p.38

de renouer le dialogue avec les Etats-Unis[1] ni celle d'une simple présence en Afrique. La Libye y était présente depuis avant 1969, la Senoussiya s'y étant bien implantée depuis la seconde moitié du XIX^è siècle. Elle avait aussi installé plusieurs dizaines de *Zaouias* pour propager la religion islamique et la langue du *Coran* (au Tchad, au Soudan et même au Mali).

Mais bien que ces rapports religieux eussent été interrompus, la Libye a cependant continué à entretenir des relations souvent tendues et belliqueuses avec son environnement africain, comme ce fut le cas lors de l'intervention en Ouganda (novembre 1978) et dans la Guerre du Tchad (1978-1989). Kadhafi, qui était intervenu en Afrique au nom de la solidarité et de l'unité[2], le fait aujourd'hui pour sauver le continent de la marginalité et pour la lutte contre tous les fléaux, en particulier le sida, pour la solution du problème de l'endettement africain. Signalons que le sida semble toucher, selon les dernières statistiques de l'OMS, plus de vingt millions d'Africains.

Il n'a jamais, du reste, lésiné sur les moyens en créant, en février 1998, l'Organisation de *SinSad* dont l'objectif était la réalisation de l'intégration africaine. Depuis septembre 1999, il a travaillé dans un cadre plus élargi et ambitieux, celui de la constitution des Etats-Unis d'Afrique[3] appuyé par toute une logistique institutionnelle et financière susceptible de concrétiser ses idées, voire ses rêves.

Le panafricanisme va-t-il supplanter le panarabisme intransigeant des années 70 et 80, ou s'agit-il simplement d'un nouveau virage idéologique ?

Lorsque Kadhafi eut organisé la destitution du vieux Roi, il était un intraitable nassérien et un panarabiste intransigeant. Entre 1969 et 1984, il ne s'est jamais lassé de proposer des projets d'union avec les pays arabes, et il était toujours passionné pour les unions entre Etats. Toutefois, toutes celles qu'il avait imaginées, aussi bien au Maghreb qu'au Machrek, finirent par échouer et tous ses projets unionistes n'eurent jamais droit à la réalisation. Au bout de son périple idyllique et mouvementé, il s'est senti dépité et frustré par ses aventures infructueuses et s'est tourné vers le continent africain.

Ulcéré et déprimé, il a opté pour une révision idéologique de tout l'édifice identitaire. Il a même proposé une nouvelle recomposition identitaire convenant mieux à sa propre évolution idéologique. Ce faisant, il s'est présenté, à partir de 1977, comme un révolutionnaire d'envergure

---

(1) Abstraction faite de toutes les lectures possibles, nous demeurons convaincu que le dynamitage de la tombe constitue, en lui-même, un message adressé aux Etats-Unis et assurant que la Libye est désormais une force de paix et de stabilité et qu'elle est en mesure de renoncer à son passé et de rompre définitivement avec les idéaux panarabistes.

(2) Hervé Bleuchot, « La politique africaine de Kadhafi (1969-1978) », in, *Le Maghreb et l'Afrique subsaharienne*, éditions du CNRS, Paris 1980, p.55 –85.

(3) Cf. *Jeune Afrique* n° 2076, du 02-11-2000 p. 42.

internationale, comme un utopiste éclairé, mais opposé[1] à tous les régimes et comme le détenteur des dernières solutions des problèmes de l'Humanité.

Le *Livre Vert* ne fut uniquement pas le fruit d'une longue méditation silencieuse dans les steppes de Syrtes, mais il était plutôt une réaction aux projets d'union avortés et aux «trahisons des leaders arabes». Désormais «le Guide» ne s'adressait plus au Monde arabe, mais à toute l'Humanité. Cette orientation idéologique universelle était latente chez lui, depuis 1971. La *Troisième Théorie Universelle* considère l'Islam comme une solution de rechange aux faillites du capitalisme et du communisme.

Toutefois, Kadhafi a su, entre 1976 et 1999, manier les deux registres panarabiste et internationaliste et il faudrait certainement reconnaître que la fabuleuse manne pétrolière[2] dont le régime disposait lui a permis d'agir en toute liberté et de nouer et de dénouer ses relations avec les mouvements de libération et les factions tant au niveau du Monde arabe qu'en Afrique, voire en Europe. C'est ainsi que le régime a financé des oppositions de tous genres, avec une rare débauche de moyens en s'efforçant de doter la Libye d'une identité internationaliste et révolutionnaire qui se traduisait même dans l'orientation de l'enseignement scolaire et universitaire ainsi que dans la formation de jeunes révolutionnaires.

Mais avec l'implosion de l'Union soviétique avec laquelle la Libye entretenait des relations multiformes et privilégiées, l'embargo aérien respecté par ses voisins les plus proches et l'application d'un arsenal punitif onusien, Kadhafi a préparé, non sans une forte médiatisation, un nouveau virage idéologique et une nouvelle révision identitaire. En un mot, il se définissait désormais comme étant un pur africain. Il somma d'ailleurs toutes les «structures étatiques» de suivre sa nouvelle orientation idéologique, de s'y adapter à toute vitesse et de la financer, et pis encore, il demanda même aux universitaires de la défendre et de la légitimer en organisant, en toute hâte, des manifestations scientifiques de soutien de la nouvelle option africaine.

Destinée à imposer un important changement géopolitique et à remplacer le panarabisme par le panafricanisme, la nouvelle stratégie n'était uniquement pas une manœuvre pour amadouer les Américains et les Européens.C'était d'avantage une tentative de se refaire une crédibilité internationale et de rompre avec le passé séditieux du paria que fut Kadhafi. Cette nouvelle stratégie cherchait, à tous les niveaux, à imposer une troisième recomposition identitaire, en troquant le panarabisme contre le panafricanisme. En tournant le dos aux idéologies islamiste, nassérienne

---

(1) Hamid Barrada, *Kadhafi, Je suis un opposant à l'échelon international*, éditions Pierre - Marcel Favre, Paris 1984.
(2) La rente pétrolière dont a bénéficié la Libye, entre 1959 et 2000, s'élève à plus de 800 milliards de dollars et provenait des marchés officiel et parallèle à la fois.

et unioniste, il engageait son pays dans une autre entreprise identitaire, comme il l'a récemment encore affirmé dans un discours politique : « *Ma seule préoccupation aujourd'hui est la construction de l'Afrique, la garantie de son devenir et la réalisation de son progrès jusqu'à ce qu'elle prenne sa véritable place* »[1]. Kadhafi ajouta aussi : « *l'Afrique est aujourd'hui dans une position privilégiée par rapport aux autres continents. Or auparavant, elle était humiliée et soumise à l'esclavagisme, et elle était une véritable mine pour l'Europe : maintenant, elle peut se faire respecter et faire respecter sa volonté et sa dignité* »[2].

C'est ici que réside le paradoxe de la Libye, à savoir qu' à chaque retournement idéologique et à chaque recomposition identitaire, les structures de l'encadrement politique, des relations extérieures et de l'investissement international doivent obligatoirement emprunter la même voie et s'accommoder de cette « déambulation identitaire ». C'est ainsi que le système mis en place se fait et se défait, se construit et se déconstruit au gré du nomadisme politique et identitaire. En effet, les structures en place s'y adaptent obligatoirement. C'est ainsi qu'après la récente réorientation géopolitique claironnée par Tripoli, Kadhafi, en personne, a invité toutes les structures d'investissement, de financement, de santé et d'enseignement à accorder la priorité absolue au continent africain. « *Car l'Afrique est l'avenir*» affirmait-il dans ses derniers discours. Selon lui, les Africains sont beaucoup plus crédibles que les Arabes.

8. Crise d'idéologie ou crise d'identité ?

Mais les événements, qui s'étaient récemment passées dans plusieurs quartiers populaires de la périphérie de Tripoli et surtout à Ez-Zaouia, sont venus bloquer la nouvelle recomposition identitaire. Ces sanglantes émeutes qui ont fait plusieurs centaines de victimes (morts et blessés) traduisent un profond malaise et un mécontentement croissant de la population. Il s'agissait d'une véritable émeute qui a inquiété le régime, parce qu'elle a pu mobiliser une grande partie de la population d'Ez-Zaouia et surtout les membres de la puissante tribu d'*Ouled Saghr*, bien présente au niveau de la police et de l'armée.

Assurément ces événements ont déstabilisé le régime, parce qu'ils ont été interprétés comme une profonde mise en cause des choix politico-identitaires de Kadhafi. Ils ne traduisent uniquement pas un malaise général dû à la déliquescence de l'Etat, à la pauvreté, à l'anarchie de l'administration, à l'inflation rampante et au trafic de la drogue, mais plutôt une franche opposition au panafricanisme officiel et aux investissements évalués à quelques milliards de dollars en Afrique. La richesse gaspillée eût du, pensait-t-on, profiter avant tout aux Libyens.

---

(1) Le journal Al'Arab du 08-09-1999.
(2) Discours de Kadhafi prononcé le 13-06-1999 et reproduit intégralement par, le journal Al'Arab du 15-06-1999.

Notons donc que les événements de Benghazi et d'Ez-Zaouia constituaient une réponse à cette identité greffée par force, sans aucune préparation mentale ni politique de la population et sans la moindre consultation à son sujet. Car il faudrait signaler que la population avait de plus en plus de mal à supporter ce nomadisme politique et identitaire. De là cette violence qui est, semble-t-il, une réaction de rejet de la nouvelle identité factice.

De fait, il serait difficile de marginaliser une identité bien enracinée sans la remplacer par une autre plus convaincante. C'est pourquoi la tragédie d'Ez-Zaouia avec ses tueries est la preuve que l'identité africaine y est encore mal assumée, et qu'il existe un grand décalage entre le discours officiel de Kadhafi et l'Etat d'esprit de la population, entre la programmation politique et la réaction populaire et disproportionnée. Car, au-delà de la rhétorique officielle sur l'union africaine, la population n'est pas encore préparée culturellement à accueillir l'émigration d'un million et demi de Subsahariens, bien qu'ils soient dans leur écrasante majorité musulmans. Nonobstant une phraséologie panafricaniste, la population n'a même pas été consultée, comme à l'accoutumée, et le « parlement libyen » n'a même pas été saisi de la décision.

Aucune infrastructure n'a été prévue pour le logement de ces Africains arrivés en Libye à la recherche d'un travail. Même la législation du travail n'a même pas été revue pour faciliter l'accueil des nouveaux venus. Se sentant envahis par les immigrés, les Libyens ont préféré agir avec une violence inouïe, briser le silence glacial, et contester, directement ou indirectement, les choix du « Guide ».

Certes, la tragédie d'Ez-Zaouia semble avoir été le résultat de l'accumulation de tant d'anarchies, d'humiliations et d'erreurs jamais corrigées, mais aussi la concomitance de celle du nomadisme politique et de l'improvisation qui avaient touché tous les paliers de la vie politique et économique. Après neuf unions vite proclamées et vite enterrées,[1] les Libyens ne sont plus enthousiastes, semble-ti-il, pour d'autres noces de caractère chimérique ou sporadique.

En déterrant la tombe d'Omar El-Mokhtar père de l'unité nationale, Kadhafi a, certes, désacralisé un pan de l'histoire de la Libye et provoqué une deuxième mort de son père, mais il a surtout engendré une profonde crise identitaire, et s'est, peu ou prou, délégitimé.

Car les jeunes Libyens, nés sous la «Révolution», ne se reconnaissent plus dans un archétype civilisationnel précis, dans cette période de l'errance identitaire. En rompant avec son maître spirituel Nasser, à partir de 1976, et en détruisant la tombe du Père, rassembleur des Libyens, sous l'occupation fasciste, Kadhafi a profondément touché aux sources traditionnelles de sa propre légitimité.

---

(1) Revue *Arabies* n° 166, octobre 2000, p.21.

Ces ruptures en série ne pouvaient que bousculer les populations, interpeller leurs repères référentiels et provoquer en eux-mêmes une certaine perplexité identitaire. Qui sont-elles au juste ? Et quelles sont leurs références identitaires ?

En effet, les multiples secousses, le nomadisme politique et institutionnel et les hésitations identitaires, pour ainsi dire, sont les ingrédients d'un profond malaise que la société n'arrive plus à supporter. Cette crise de la société a provoqué la résurgence de la contestation venue, combler le vide dont souffrait la mémoire collective et s'attaquer activement à la légitimité du régime.

L'instabilité institutionnelle et identitaire, l'absence de références, l'inexistence de balises, l'anarchie administrative et l'indigence morale, matérielle et citoyenne avaient fait de la tribu un vrai refuge sur le plan local. Le retour en force de la tribu est digne d'être sociologiquement et anthropologiquement analysé, et ce pour mieux comprendre pourquoi la société s'est repliée sur ses références tribales. Avec l'émiettement des structures administratives et l'effritement de la légitimité, les populations se replièrent sur leurs propres valeurs tribales[1]. Il s'agit, donc, d'un impérieux besoin d'intégration et d'identification, et c'est ainsi que la tribu se substitua localement au pouvoir. Car cette instabilité identitaire fait de l'individu un être déchiré, à la recherche de lui-même et incapable de s'identifier à une référence étatique précise.

Notons que l'individu se replie sur sa tribu, parce qu'elle lui garantit, outre une structure d'appartenance, un encadrement culturel et des subsides matériels, en cas de mariage, de crise ou de chômage pur et simple. Ainsi, la tribu fut-elle érigée en véritable rempart contre les vicissitudes économiques, sociales et politiques. Et pour mieux comprendre la tragédie d'Ez-Zaouia, il faudrait revenir sur les événements de Benghazi.

Mais ce nomadisme de l'identité n'est-il pas le symptôme indéniable d'une modernisation en crise ? N'est-il pas aussi la preuve que la société libyenne est en perpétuelle quête d'elle-même, de son itinéraire, de son identité et de son devenir. Une identité partagée par l'ensemble de la société devient ainsi une identité prescrite, voire contraignante, parce que «l'*individu n'en fixe pas, ou pas totalement les traits* »[2]. En effet, elle est le fruit d'un héritage commun, d'une socialisation collective et d'une morale sociale. Elle peut, certes, s'affaiblir et même s'épuiser, mais elle ne peut jamais disparaître. Bien au contraire, la conscience en devient plus intense et vive surtout pendant les moments de crise, de guerre, de défi, d'invasion

---

(1) Jean Bisson, « La Libye entre clientélisme et régionalisme tribal », *Bulletin Association géographie française*, n° 1, 1997, p.70 ; Cf. aussi, John Davis, *Le système libyen, la tribu et la révolution*, Paris, P.U.F, 1990 ; cf. également Amel Mahmoud Obeidi, *Political culture in Libya : A case strudy of political attitudes of University students*, P H D Thesis, University of Durham, V.K, 1996, p.115 – 140.
(2) Jacqueline Costa-Lascou, «L'identité et le sujet», in, *Pluralité des cultures et dynamique identitaire*, L'Harmattan, Paris, 2000, p.11.

culturelle et de migration qui risquent de menacer les références culturelles et identitaires de la socièté.

L'identité est donc un équilibre individuel et collectif qui permet à la personne de mieux maîtriser les accidents de la réalité extérieure. C'est dans ce sens que le sociologue Carmel Camilleri définit l'identité comme « *l'équilibre de l'individu est atteint quand, entre autres les conditions, les représentations et les valeurs auxquelles il s'identifie, par lesquelles il fixe la signification à son être, sont celles même qui lui permettent de s'accorder avec son environnement.* »

Ainsi, en détruisant la tombe d'Omar El-Mokhtar, le pouvoir n'a t- il pas provoqué une profonde crise d'identité ? N'a t-il pas légitimé le retour de l'identité tribale ? N'a t-il pas donné la preuve qu'il s'agit d'un pouvoir nomade ?

CHAPITRE 2 : DE LA REVOLUTION A LA TRIBU : CONJONCTURES ENDOGENES DE LA RESURGENCE TRIBALE

Est-il pertinent d'interpréter la crise actuelle de la société libyenne en général et de la modernisation, en particulier, en termes de résurgence du tribalisme ? Est-il opportun de définir celle-ci comme une antimodernisation, ou comme un repli identitaire, qui est phénomène naturel en l'absence de structures étatiques dont l'autorité engloberait tout le pays, et d'un projet instigateur et mobilisateur des masses ? Peut-on considérer la Libye comme le prototype d'une société sans Etat ou d'un Etat tribal ou de la tribu-Etat ? En privilégiant l'hypothèse de la centralité de la tribu dans la dynamique de la société, notre étude ne risquerait-elle pas de glisser vers l'irréductible spécificité, c'est-à-dire vers un culturalisme figé, comme il a été souvent décrit par des approches orientalistes ou essentialistes qui défendent l'idée d'une âme «immuable» dans une démarche critiquée de divers côtés par Lucette Valensi[1] et Abdallah Laroui[2].

Mais ce débat théorique ne pourrait-il pas nous conduire à la reprise des schèmes khaldouniens d'analyse ?

Contrairement à plusieurs analyses, le débat relatif au thème du tribalisme en Libye n'a jamais cessé de montrer sa vitalité dans les phases sénoussienne et post-sénoussienne. Il y a toujours été au cœur du pouvoir, dans les campagnes, en ville et dans les diverses administrations officielles ou non, s'imposant, se régénérant et se recréant. Or on l'a cru mort, surtout parce que la rente pétrolière et la modernisation économique et sociale engagée par le Roi avaient provoqué de profondes mutations entraînant ainsi une désintégration de la société et un affaiblissement des *açabiyât* aux caractères tribaux et traditionnels et des notabilités rurales et urbaines[3]. Il faut signaler, en outre, l'effort fourni par l'ex-premier ministre, Abdelhamid El-Baccouche, de recruter le personnel politique et administratif en dehors des cercles familiaux et tribaux traditionnels et pour s'ouvrir sur le milieu universitaire et technocratique.[4]

Notre hypothèse de départ est que la tribu est naturellement dotée d'une capacité d'adaptation qui lui permet de s'acclimater aux vicissitudes politiques et sociales, de savoir sortir des crises, de nouer les relations et les alliances de se recréer et de se reproduire. Mise à part cette tendance bénéfique, plusieurs facteurs relatifs à la politique intérieure ont favorisé la

---

(1) In « Histoire et anthropologie des pays d'Islam : fission et fusion », in, *l'anthropologie en France : situation actuelle et avenir*, Paris, éd. CNRS, 1977.
(2) Abdallah Laroui, « L'Etat dans le monde arabe contemporain, éléments d'une problématique », Louvain-La Neuve, Cahiers du CERMAC n° 3, 33 pages.
(3) Lisa Anderson, «The State in the Middle East and North Africa», in, *Comparative Politics* n° 20, 1977, pp. 1-18.
(4) Salah Hassen Es-Souri, « Awda 'a qabaliya fi charq libia » in, *Majallat dirasat tarikhia*, n°13, 1984.

résurgence du tribalisme, comme nous allons essayer de le voir dans le reste de cette analyse.

1. Nomadisme ou tribalisme ? Repères méthodologiques

En cette fin de siècle, la Libye n'offre pratiquement plus l'image de tribus nomadisant dans les différentes steppes du pays, parceque, avec la sédentarisation des bédouins et la proportion élevée de l'urbanisation (75 %), le nomadisme classique, tel qu'il se pratiquait chez les Kadhadfa[1] ou les Megharha[2], les Abidet et les Ouerfella, avait presque disparu, à partir des années cinquante, puis le nomadisme tout court s'était progressivement éteint. Les terroirs de pacage et de transhumance devinrent de plus en plus exigus et rares et les tribus de Megarha, de Ouerfella, les Ouled Bouçif, les Mgherba et les Mjebra s'étaient sédentarisées et leur fierté nomade n'étant plus revendiquée[3]. Les nomades d'hier s'inscrivaient dans la logique de la rente pétrolière, quittaient leur terroir d'origine, cherchaient un travail rémunéré et fixe et s'adonnaient au commerce dans une société qui venait de découvrir, grâce au Pétrole, le charme de la consommation. En effet, en étudiant de plus près la société libyenne, nous remarquons que le pur nomadisme qui se pratiquait dans le pays, durant la première moitié du xxe siècle, cessa d'exister et que les nomades glissèrent vers le semi nomadisme et devinrent par la suite de vrais sédentaires. C'est ainsi que la tente mobile se fixa et que les nomades d'hier se consacrèrent aux activités agricoles. Partout ailleurs, en Libye, le nomadisme s'affaiblissait considérablement et les nomades s'inséraient dans la vie urbaine et y prenaient part[4]. Beaucoup d'entre eux allaient quitter définitivement leur terroir d'origine pour venir s'installer dans les grandes villes et se consacrer à des fonctions administratives, si bien que la plupart des chauffeurs de taxi et de voitures louage sont d'origine bédouine. Du reste, ils le déclarent eux-même tout en affichant leur fierté tribale. Beaucoup d'autres vont s'engager dans les secteurs sécuritaires ou militaires, dans les diverses structures de service.

Mais même si la société nomade allait connaître un changement social radical, l'esprit tribal resta extrêmement influent et vivace, pour plusieurs raisons.

Le tribalisme en Libye était tout d'abord un esprit, une structure identitaire, une âme collective, une appartenance contraignante, un sens de l'histoire et de l'appartenance et une éthique commune. Tous ces éléments constituent ce qu'on appelle la *Açabiyâ*, c'est-à-dire un modèle

---

(1) André Cauneille, « *Le nomadisme des Guedadfas, tribu de Tripolitaine* », in, *Bulletin des Liaisons Sahariennes*, n°32, décembre 1958, pp. 338-353.
(2) André Cauneille, « *Le nomadisme des Megharha (Fezzân)* », in, *Travaux de l'Institut de Recherches Sahariennes d'université d'Alger* Tome XII, 2ème semestre 1954, pp. 41-66, cf. aussi; Yves Gazzo, « Le *secteur agricole libyen et les tentatives de développement accéléré* », in, A.A.N. n° XIV, 1975, pp. 245-260.
(3) André Cauneille, *ibidem*, pp. 65-66.
(4) André Cauneille, *ibidem*, p. 65.

d'organisation sociale, une appartenance accentuée à une même *áshîra* (la *Gens*) ou *qabilâ* (tribu) et à une même origine généalogique (*nassab*) réelle ou inventée[1]. Celle-ci est un fort sentiment d'appartenir à un commun ancêtre selon la règle de la filiation unilinéaire, telle que définie par Ibn Khaldoun. Car, la tribu : « *s'organise sur un mode segmentaire légitimé par la généalogie et peut regrouper des populations dont la taille démographique est très variable* » [2]. Ce poids démographique, plus ou moins important, permet à la tribu de jouer un rôle politique et même de s'opposer au système politique central en refusant «*d'accepter des ordres centraux* »[3]. Cette concurrence avec le pouvoir central a été bien observée et étudiée par les anthropologues et les politologues, mais surtout par les sociologues, qui l'ont qualifiée de tribalisme pour l'intelligence du phénomène de transposition de la solidarité lignagère dans le domaine de la concurrence politique pour le pouvoir[4].

En nous basant sur les références de l'approche segmentaire anglo-saxonne, nous pouvons définir la tribu en Libye comme une réalité sociale, concrète et identifiée, qu'on peut trouver aussi bien en milieu rural qu'urbain. C'est une structure démographique et sociale liée par la consanguinité ou par le mythe du père commun, tel que précisé par Ibn Khaldoun.

Par ailleurs, l'évolution politique et sociale de la Libye, durant les trois dernières décennies, montre la persistance du rôle de la tribu à tous les niveaux, comme une force démographique unie par une descendance - réelle ou fictive - d'un ancêtre commun, et à la fois habituée à jouer un rôle politique.

La tribu en Libye a toujours été, soit du côté du pouvoir (la tribu makhzénienne), soit contre lui (en dissidence), soit encore et à la fois contre et avec lui. Même du temps des Ottomans, la stabilité des trois provinces dépendait des rapports entre le pouvoir et les tribus, et il faudrait évoquer aussi en Libye la faiblesse des villes, qui a empêché l'émergence d'une dynamique urbaine centripète, selon l'analyse d'Ernest Gellner, capable de réunir les différentes régions du pays et de les souder[5].

Organisée sur un mode segmentaire, parce qu'elle est composée d'un ensemble de segments légitimés par une filiation généalogique unilinéaire, elle est régie « *par le principe de l'opposition complémentaire qui régirait*

---

(1) Riccardo Bocco, « `Asabiyât tribales et Etats au Moyen-Orient : confrontations et connivences* », in, Revue *du Monde Arabe Maghreb-Machrek*, n°147, janvier - mars 1995, p. 3.
(2) Riccardo Bocco, *ibidem*, p. 5.
(3) Ernest Gellner, « Système tribal et changement social en Afrique du Nord », in, *Annales Sociologiques Marocaines*, 1969, p. 9.
(4) Riccardo Bocco, ibid, p. 5.
(5) Ernest Gellner, ibid, p. 10.

alliances et conflits »[1]. Cette même logique a été déjà appliquée par l'anthropologue anglais Evans-Pritchard analysant l'univers des tribus bédouines de la Cyrénaïque,[2] où le tribalisme est, en effet, une dynamique sociétale et une conscience collective diffuse dans l'ensemble de la société, pour emprunter ici une expression durkheimienne.

Mais comment pourrait-on comprendre la permanence de ce phénomène ? Et quels sont les éléments historiques, sociologiques et surtout anthropologiques qui pourraient expliquer cette continuité malgré toutes les ruptures connues par la Libye ?

2. Le Tribalisme en libye : histoire et mobiles de résurgence

Ce qui, à notre avis, devrait être signalé, c'est le rôle joué par les Ottomans pour garantir la continuité de la structure tribale, eux qui avaient adopté, durant les quatre siècles de leur domination en Libye, la logique de « *gouverner au moindre coût, en laissant intactes les solidarités régionales ou locales* »[3].

La Sublime Porte, bien qu'elle fût un pouvoir centralisé, n'a cependant pas cherché à créer dans cette régence un centre unificateur ni à modeler la nature des structures tribales, ni à intégrer les populations locales, parce que sa priorité absolue était la ponction des impôts, les ressources suffisantes pour la guerre sainte.

A cause de leurs échecs continuels, les Ottomans furent contraints de laisser s'y ancrer la dynastie des Qaramanli appuyés sur les Couloughlis et d'induire une certaine autonomie[4]. Mais cette manœuvre politique ne réussit pas pour les raisons précédemment évoquées.

Ils reprirent donc en 1835 le pouvoir, mais ils n'essayèrent jamais « *de renforcer l'ébauche d'Etat élaboré par les Qaramanli* »[5], parce qu'ils se contentèrent de contrôler le littoral, alors que l'intérieur du pays était livré aux tribus. En opérant des prélèvements fiscaux et même des exonérations et des autorisations en faveur des tribus les plus puissantes, ils croyaient s'acheter leurs faveurs et gagner les allégeances de leurs chefs. Mais en chassant les Qaramanli du pouvoir en Tripolitaine, les Ottomans avaient, au contraire, provoqué plus des réactions de rejet que d'adhésion. Car les Qaramanli (fils de Turcs mariés à des femmes libyennes) étaient porteurs d'un projet de construction étatique et surtout identitaire, dont le rejet, du reste, donna lieu à des conflits et à des rébellions interminables. En effet, les *açabiyât tribales* s'étaient exprimées à plusieurs reprises

---

(1) Pierre Bonte, « Tribus », Revue *l'Homme*, n° 102, avril - juin 1987, cf. aussi Maurice Godelier, « Le concept de tribu. Crise de concept ou crise des fondements empiriques de l'anthropologie », in, *Horizons, trajets marxistes en Anthropologie*, Paris, édition Maspéro 1977, pp. 93-131.

(2) Evans Pritchard, *The Sanussi of Cirenaïca*, Oxford 1949, pp. 91-92.

(3) Riccardo Bocco, *ibidem*, p. 5.

(4) Jean Bisson, « *La Libye entre clientélisme et régionalisme tribal* », in, *Bulletin Association Géographie française*, n° 1, 1997, p. 73.

(5) Ibidem, p. 73.

contestant surtout l'administration mise en place et considérée comme injuste, coercitive et corrompue.

A partir de 1911, avec le départ des Ottomans au profit des Italiens et avec la disparition de l'armée turque, du Calife ottoman[1] et du drapeau de l'Islam, les Libyens ont été livrés à eux-mêmes. En l'absence du Sultan, du pouvoir local et surtout de villes bien assises, ils ont été acculés à réveiller leurs *açabiyât tribales*, comme leur seul moyen de défense et de protection, mais malgré les grands efforts de déstabilisation et de destruction de la société tribale du temps des Fascistes, ces puissants ressorts se sont maintenus du fait de leur farouche résistance. En outre, les Italiens ne se sont jamais souciés de transformer les tribus, à l'instar des Français en Tunisie ou en Algérie, en un prolétariat rural ou industriel, si bien que la tribu resta comme l'ultime refuge pour ces populations meurtries, affamées et réprimées par une violence inouïe,[2] en tant qu'elle leur offrait le sentiment illusoire de sécurité et le sens primaire de son identité collective.

En effet, le renforcement des structures tribales en Libye, dans les phases coloniale et surtout post-coloniale, pourrait s'expliquer par le faible ancrage de l'Etat et «*le degré d'institutionnalisation* [de l'Etat] *dans la société qu'il coiffe*»[3]. Il est aussi le produit de la faiblesse des villes, de la dynamique urbaine et des élites capables de souder le pays[4]. Notons que, dans la société traditionnelle, un pouvoir faible «*rendant nécessaires des tribus fortes ; des tribus fortes assuraient un gouvernement faible* »[5].

Il semble, en effet, que la construction nationale en Libye n'ait pas pu dominer les *açabiyât tribales* ni transférer les allégeances envers les tribus à des allégeances nationales et surtout étatiques. En revanche, les tribus avaient gardé une certaine autonomie par rapport au pouvoir central, le Roi montrant aux tribus libyennes et surtout à celles de la Cyrénaïque toute sa reconnaissance, parce qu'elles avaient aidé la Sénoussiya, dépourvue de toute attache ethnique au pays, à s'intégrer dans la société et à gouverner le pays. Les tribus cyrénaïcaines avaient en effet fourni à la Monarchie une large partie de son personnel politico-administratif comme le prouve le fait que l'alliance *Sa'adi* se portait, à cet effet, garante de la continuité de la Monarchie en dominant le corps de *Cyrenaïca Defense force*.

Aussi serait-il intéressant d'examiner le rôle joué par les *açabiyat tribales* dans le blocage du processus de construction étatique en Libye. Face à ses résistances tribales locales qui auraient pu être vitales, l'Etat

---

(1) André Martel, *La Libye, 1835 - 1990. Essai de géopolitique historique*, Paris, P.U.F, 1990, p. 89.
(2) Lisa Anderson, *The state and social transformation in Tunisia and Libia, 1830-1980*, New Jersey Princeton University, 1986, p. 150.
(3) *Ibidem*, p. 150.
(4) Ernest Gellner, ibid. p. 10.
(5) Ernest Gellner, « *Système tribal et changement social en Afrique du Nord* », in, *Annales Marocaines de Sociologie*, 1969, p.11.

libyen (1963-1969) n'a même pas su, faute de temps et de moyens, construire une identité collective, et il suffit de citer, pour étayer cette étude, le cuisant échec de l'ex-premier ministre El-Baccouche qui, à l'instar de Bourguiba, voulait réussir la construction de la *Personnalité Libyenne*. C'est ainsi que l'Etat libyen a failli à son premier rôle de constructeur de l'identité nationale. Pour cette raison et même pour d'autres, le processus naturel de décomposition / recomposition des *açabiyât* tribales n'a pas pu réussir, mais a même été bloqué. Du reste, la manipulation ou la répression de ces *açabiyât* par le colonisateur italien n'a pas effacé le rôle social, anthropologique et surtout symbolique de la tribu, qui était avant tout une référence et un symbole social.

Il est vrai que certaines *açabiyât* ont pu construire des Etats, selon la logique d'Ibn Khaldoun, comme ce fut le cas au Yémen, en Arabie Saoudite et en Irak. Mais en Libye, le poids de la tribu a bloqué l'extension de la construction étatique et a concurrencé la légitimité religieuse et politique de la Monarchie. Il est vrai aussi que la tribu a connu après la découverte du Pétrole un certain affaiblissement pendant les dernières années de la Monarchie, mais dès l'arrivée des militaires au pouvoir, elle a réapparut encore une fois.

Pis encore, elle s'installa au cœur du pouvoir et on fit même appel à ses compétences en matière d'encadrement et de mobilisation. Pour mieux comprendre cette problématique, nous avons interviewé Wahbi El-Bouri (l'un des constructeurs de la Libye monarchique, puisqu'il y fut ministre des Affaires étrangères et ministre du Pétrole, après avoir participé de près à la création du Ministère des Affaires étrangères). Il accepta de répondre à nos questions : [1] *« Pour comprendre ce phénomène, il faudrait revenir à l'histoire politique de la Libye moderne. La Sénoussiya n'avait pas usé de violence et de force pour la gouverner, mais s'était contentée de son pouvoir spirituel malgré l'appui international dont elle bénéficiait. Le Roi était préoccupé par l'élaboration de la Constitution et par la création de l'Etat moderne avec un budget réellement dérisoire. Il était normal, me semble- t-il, qu'il fît appel à l'élite cyrénaïcaine déjà formée à l'exercice du pouvoir. Il faudrait mentionner que la Cyrénaïcaine avait déjà fait, depuis 1949, l'expérience de l'autonomie interne, dotée qu'elle était d'un Etat, malgré l'importance des tribus. Certes, le Roi ne pouvait pas les empêcher de présenter leurs candidats aux élections, l'ordre tribal étant la base même des élections en Libye. L'allégeance tribale primait sur la compétence et le patriotisme dans les sociétés traditionnelles, et cela a toujours fonctionné de cette manière. »*

« Je me rappelle que les élections de 1954 furent organisées, sur une base tribale attisant les conflits entre Ouerfella, Couloughlis (Musorata) et Bra'assa. Toutefois, El-Baccouche avait vraiment essayé de renouveler les bases du système monarchique, le Roi préférant cependant à ces

---

(1) L'entretien a été organisé a Benghazi, sa ville natale, le 10-11-1999.

technocrates d'El-Baccouche ses tribus les plus fidèles : Bra'assa, Awaghir, et 'Abidet.

Ce mécanisme de gouvernance politique était compréhensible, le Roi étant éthniquement étranger au pays. Appuyée sur les tribus fidèles, la Sénoussiya n'a pas cherché à s'ancrer socialement, ce qui ne lui a pas permis de résister aux pressions des grandes familles et aux secousses politiques ultérieures...». Pour plus de détails, notre interlocuteur ajouta : « *Oui, nous avons été unifiés par le Pétrole, grâce auquel nous avons pu construire notre pays, avoir un vrai budget et ne plus dépendre essentiellement de l'aide extérieure. Il suffit de mentionner que l'elite universitaire était en majorité de la région d'El-Beyda et de Fezzan. L'enseignemnt a tenté d'unifier le pays, quoique ce fût un peu tardivement.*

En 1954 seulement, la prémière mission d'étudiants était partie en Egypte, et nous avons crée l'université de Benghazi en 1956. »

3. Système politique, modernisation et tribus : stratégie de reproduction du pouvoir

Kadhafi, qui aime à se présenter comme un authentique bédouin, ou un illustre fils de la *Bedya*, est d'une tribu nomadisante du fond des steppes de la région de Syrtes. La tribu des Kadhadfa qui, tout au long de l'histoire moderne et contemporaine, était une petite tribu et qui, face aux dangers, demandait la protection et l'alliance des Ouled Souleymane et surtout des Ouerfella, durant les années de secheresse et de famine (1916-1919), se rendait à Beni Walid, fief des Ouerfella, à la recherche de sa substance[1]. Au demeurant, Kadhafi claironne à haute voix sa fierté d'appartenir à sa tribu et d'être un fils du désert. Le 1er septembre 1969, un communiqué officiel diffusé sur les ondes annonçait une ère nouvelle, avec le retour aux sources bédouines, réconciliant l'homme arabe avec ses origines. Il faisait aussi appel à l'appui des tribus pour la jeune révolution. Les populations accueillirent le changement politique avec beaucoup d'enthousiasme et au cours des deux premières semaines qui suivirent le changement politique, les tribus du Roi renoncèrent au soutien qu'elles lui avaient toujours apporté et changèrent subitement d'allégeance politique. Le premier communiqué politique de 1969 fut interprété comme la valorisation de la tribu et l'esprit tribal allait renaître et se renforcer d'autant plus que c'était un fils d'une petite tribu qui tenait et impulsait l'évolution du système politique en place.

Rappelons, dans ce sens, que les Jeunes Militaires exprimèrent, dès les premiers mois, leur volonté de créer un Etat moderne et de débarrasser la société du népotisme, des concussions et surtout du sous-développement. Mais cette velléité modernisante contenue dans les discours de Jelloud, de Hawwadi[2], d'El-Mehichi et même d'El-Hmidi s'est

---

(1) Amrou Saïd Baghni, *Abhath fi Tarikh Libia al Hadith wa al Mou'assar*, Merkez Dirasat jihad Allibiyyin, Tripoli 1996, p. 66.
(2) Cf. *Al-Wahda al Arabiyya*, n° 16 du 12 juillet 1972, p. 14.

progressivement évanouie, quand elle a achoppé à la *Révolution Culturelle* en 1973, la nouvelle ère étant radicalement opposée à la précédente

Malgré son apparence révolutionnaire, cette nouvelle équipe s'est fixée comme objectif initial de détruire le centre politique naissant et l'Etat fraîchement construit, et cette déconstruction allait avoir des conséquences fatales pour l'évolution politique et institutionnelle de la Libye actuelle.

Kadhafi a toujours affirmé sa claire appartenance à la périphérie (Bled Siba), chaque fois que l'occasion s'offrait à lui, et son profond amour pour le désert : « *Nous sommes les fils du désert. C'est pour cette raison que nous craignons la mer, bien qu'il soit dans nos traditions de dresser nos tentes à vingt kilomètres de la mer. Mais je ne l'ai jamais vue pendant mon enfance [...] Notre tribu a toujours refusé la propriété immobilière et la résidence fixe pour toujour*s »[1]. Pour plus de détails, il ajoutait « *J'ai pris avec moi* (à Londres) *une photo de notre campement bédouin [...] et je portais al Jard* (l'habit traditionnel libyen) *et je me suis ainsi promené à Piccadelli. J'avais envie de défier les Anglais et d'affirmer mon appartenance...*»[2].

Dans ce même contexte, Kadhafi définit ses rapports à la culture européenne : « *Je ne me suis pas familiarisé avec la vie culturelle londonienne. Nous préférions,* le groupe que nous étions de militaires libyens stagiaires à Londres, *passer nos vacances à la campagne [...]. Nous étions retirés du monde extérieur et devant le moindre affrontement, nous nous recroquevillions sur nous-mêmes, surtout lorsqu'il s'agit de comportements qui s'opposaient à nos valeurs [...] je n'ai jamais visité d'autre pays européen, que l'Italie, où sur le chemin du retour, j'ai passé deux jours* »[3]. Toutes ces citations, prises dans le discours officiel libyen et traduites de l'arabe, prouvent irréfutablement son appartenance certaine à la bédouinité à laquelle il voue attachement et loyauté indéfectibles.

Bien qu'il s'agît alors d'un univers culturel bédouin sclérosé, Kadhafi allait pourtant considérer la bédouinité comme l'unique référence culturelle qu'il pût adopter, la transformant en une donnée contraignante pour l'ensemble de la société et imposant ainsi une sorte de bédouinisation généralisée à tous les domaines de la vie. C'est ainsi que Kadhafi a été amené à considérer que le retour à la vie tribale comme l'unique solution aux problèmes des sociétés contemporaines.

D'après lui, la tribu est le pilier de l'histoire de toutes les sociétés[4], en ce qu'elle donne à la société sa référence civilisationnelle, son identité collective et la fierté de son appartenance : «*La filiation généalogique tribale (*Naçab*) est capitale au sein de la tribu et de la société. C'est l'identité de tout être. Moi, je me définis comme étant membre de la tribu*

---

(1) Interview au journal *Al Anwar*, du 2 août 1973.
(2) Interview accordée au journal libanais *Al Anwar* dans sa livraison du 2 août 1973, p.4.
(3) La même interview, p. 4.
(4) cf. *Sidjill al Qawmi*, n° 6, 1974-1975, pp. 237-238.

des Kadhadfa. Je me rappelle, tout jeune, que les gens des campements bédouins parlaient de Kaddafeddem comme étant leur marabout. C'était un héros, un marabout et un mystique avec sa baraka et sa force guerrière. Il était droit et pieux, mais il était aussi un grand cavalier. Il descendait lui aussi du Prophète »[1].

Kadhafi définit aussi la tribu comme étant une grande famille : « *La qabila ou la 'achira est exactement comme une famille, c'est un lien social [...]. Cette ambiance familiale garantit au monde de très précieux avantages sociaux dont il a vraiment besoin [...] Ces avantages sont aujourd'hui presque perdus, malgré tous les efforts fournis pour les remplacer [...]. Toute compensation est artificielle* ».[2]

Mais la tribu est définie par Kadhafi comme un efficace instrument de changement politique : « *Le Mouvement des Officiers Unionistes Libres est un mouvement historique, parce qu'il a su mobiliser les officiers appartenant à toutes ces tribus [...]. Ils se sont réunis autour du projet de l'Unité arabe* ». Ces discours confirment le rôle capital joué par la tribu, qui est d'abord un lien social, une famille très élargie ; bref, une sorte de bouclier humain qui protège la révolution contre les comploteurs et les usurpateurs : « *Lui, [El-Mehichi] il pensait réunir les gens de sa tribu pour pouvoir gouverner le peuple libyen [...] C'est ce qui prouve qu'il ignore son peuple. [...] Il n'a pas eu d'égards pour ce peuple, pour ces grandes tribus et pour ces masses conscientes* »[3].

Ainsi, dans les moments de crise, de tensions et même de défections, le régime faisait appel aux compétences exceptionnelles de la tribu pour la mobilisation des masses ou pour la sauvegarde de la « Révolution ». Or c'était là le rôle dévolu à l'armée. Séduite, mais surtout instrumentalisée ou manipulée, la tribu devint, à partir de 1973, un important acteur du paysage politique libyen en pourvoyant les structures spéciales du régime d'un personnel dont la loyauté était insoupçonnable. Ce sont les *açabiyât tribales* qui fournissent - quand on les leur demande- les cadres adéquats exigés pour les Services de sécurité extérieure et intérieure pour l'armée et surtout pour la direction des *Comités Révolutionnaires*. Mais les tribus se concurrençaient pour la domination du paysage politique, tant et si bien que les conflits au sein du *Conseil du Commandement de la Révolution*, les divergences idéologiques pour de multiples raisons et les dissidences entre certains de ses membres, tels que Mokhtar El-Karoui, Mohammed Njem et Awedh Hamza, attisaient les tensions déjà fortes entre elles. En l'absence de partis politiques, de syndicats et de structures de mobilisation et de politique d'encadrement de la jeunesse, la tribu s'imposa comme protectrice du pouvoir, et comme juge de la nécessité de recomposer le paysage tribal en Libye et de construire une nouvelle alliance entre tribus.

---

(1) *Sidjill al Qawmi*, volume n° 5 de l'année 1973-1974, p. 32.
(2) cf. Discours de Kadhafi, *Sidjill al Qawmi*, volume n° 6, 1974-1975, pp. 237-238.
(3) Discours de Kadhafi prononcé le 25-10-1975.

Quelles sont donc les caractéristiques de cette nouvelle *açabiya*, et quelles en sont les composantes tribales ?

I. LA PREMIERE RECOMPOSITION DES AÇABIYÂT TRIBALES : LE PAYSAGE TRIBAL COMME APPUI DU POUVOIR EN PLACE

La résurgence de la tribu, alors qu'elle avait failli disparaître à cause de la modernisation relativement réussie sous la Monarchie, était la conséquence de plusieurs facteurs. L'interdiction de toutes les lois mises en application lors de la Révolution *Culturelle*, l'émiettement des institutions et des structures étatiques et la dislocation de la société civile (syndicats, partis clandestins et associations) et surtout de l'élite étaient les facteurs décisifs de l'émergence du tribalisme. Il faudrait signaler, dans ce même sens, que l'exclusion des membres d'origine urbaine connus pour leur modération (El-Houni, El-Mehichi et El-Karoui) facilita le retour de la tribu. Car, il ne faut pas l'oublier, la prise du pouvoir par les Jeunes Militaires en Libye inaugura une ère de décomposition-recomposition du paysage tribal, parce que le pouvoir avait senti que les *açabiyât tribales* de l'Est étaient encore dominantes, et qu'elles pouvaient constituer une véritable concurrence. Car l'Est libyen était encore réputé fidèle à la Monarchie.

1. Stratégie de recomposition de l'espace tribal et l'exclusion de la tribu d'el-Hassa

Malgré un discours révolutionnaire et progressiste, la Libye a connu un phénomène de tribalisation de la vie politique, parce qu'il ne s'y était pas produit une dissolution de la tribu, mais au contraire un renforcement de son poids social et surtout politique. Profitant de l'appui officiel, elle avait trouvé assez d'espace pour s'étendre à tous les domaines. Étant un parfait bédouin, Kadhafi savait que les Kadhadfa, une tribu minoritaire, marginale et placée en bas des *çoffs* tribaux[1], ne pouvait gouverner toute seule et la société ne saurait lui obéir. Pis encore, elle ne pouvait resister aux fortes tribus telles que les Ouerfella, les Ábidet et les Ouled Slimane.

Il leur fallait des alliances tribales avec de puissantes *açabiyât*, pour reconstruire l'histoire, ressusciter les anciennes alliances et pour maintenir le pouvoir. Inaugurant cette dynamique, Kadhafi a commencé par écarter du pouvoir la tribu Hassa qui était même nombreuse. Son représentant, le lieutenant-colonel Moussa Ahmed, le héros du Premier Septembre qui a pu paralyser les *forces Mobiles* dans leur caserne, a été, dès les premiers mois, impliqué dans un Coup d'Etat -vrai ou faux - et condamné à la détention à perpétuité[2]. Mais cette exclusion précoce n'était pas fortuite, mais répondait aux attentes des populations qui étaient hostiles à cette tribu taxée d'une certaine complicité avec l'armée italienne. Kadhafi voulait, au

---

(1) Amrou Baghni, *Abhath fi tarikh Libia*, Merkez Dirasat Jihad allibiyin, 1996, p. 66.
(2) Fethi Dhib, *Abdelnasser wa thawrat libia*, le Caire, Dar Al Mostkbal Arabi, 1986, p. 79.

départ se servir de cette tribu comme d'un contre-poids à la tribu du Roi, celles des Bra'assa redoutés des militaires.

En effet, le rôle héroïque joué par Moussa Ahmed et son frère (d'obédience nassérienne) n'effaça pourtant pas un imaginaire trop chargé de connotations négatives et dépréciatives, voire hostiles qui furent utilisés à des fins politiques. Le régime se libéra définitivement de tout engagement à l'égard de cette tribu et a évité, par calcul, de dresser la population contre lui. Elle fut, donc, soigneusement tenue dans une marginalité politique et sociale et géographiquement et institutionnellement éloignée du pouvoir. Les mains libres, Khadafi a donc pu remodeler, en tant que fin connaisseur de l'histoire des alliances tribales et recomposer le paysage des *açabiyât* selon les circonstances et les intérêts. Il prit certainement en considération les alliances historiques entre les tribus (hilf).

Pour ce faire, Kadhafi répudia sa première femme (une jeune institutrice, formée à Sebha, issue d'une famille tripolitaine d'origine turque, mais sans aucun poids tribal) et s'allia à la famille Firkeche, le plus faible segment de la tribu des *Bra'assa* (la tribu du Roi). Imitant le comportement du Prophète, ce nouveau mariage lui ouvrit grandes les portes de la recomposition du paysage tribal et de l'établissement de nouvelles alliances et lui permit de construire une nouvelle alliance entre les Kadhadfa et les tribus de l'Est (Cyrénaïque) Bra'assa, 'Awaghir et 'Abidet, jadis fidèles au Roi.

De cette manière, il put dominer et contrôler tout l'Est libyen, surtout que la puissante tribu des Megharha, à Sebha, tribu makhzénienne de l'alliance des Ouled Slimane représentée par le commandant Jelloud, s'était empressée de rejoindre l'alliance. Ce mécanisme de mariage-alliance prouve que la société est restée profondément tribale et fidèle aux rituels des ancêtres ; le mariage est avant tout une alliance qui s'inscrit dans la durée.

Mais pour mieux étendre son pouvoir, Kadhafi établit, par le biais d'El-Mehichi son compagnon d'armes, et peut-être celui qui fut, avant la chute de la Monarchie, le plus proche de lui, une forte alliance avec les tribus de Musorata. C'est ainsi que s'établirent deux puissantes alliances (hilf), à savoir une à l'Est et l'autre à l'Ouest, avec les tribus musoratiennes. La première s'appelait le *çoff fawki* (d'en haut), alors que la seconde était appelée le *çoff louti* (d'en bas). Ces deux alliances répondaient, en premier lieu, à des considérations géographiques, historiques, politiques et sécuritaires, parce que le pouvoir en Libye étant toujours exercé en rapport direct avec le paysage tribal, car il s'agissait de rapports de complémentarité ou d'intérêt.

2. La Tribu, instrument de contrôle de la société et de la contestation : l'exemple des tribus de Musorata

Cette dynamique d'alliance visait tout d'abord à ressusciter une tradition ancestrale, celle des tribus « makhzéniennes » qui dépendaient directement du régime politique et qui étaient prêtes à le défendre, comme ce fut le cas pendant l'époque ottomane.

Les tribus « makhzéniennes » étaient l'instrument du pouvoir pour le contrôle serré et rigoureux de la société où les cheikhs de tribus étaient impliqués, au nom du pouvoir, dans la lutte contre les diverses oppositions sur leurs propres territoires. Kadhafi voulait responsabiliser les tribus et les conduire à faire régner la loi à la place du pouvoir central qui n'aurait plus à se mêler des conflits tribaux souvent complexes et difficiles à gérer dans une société où la tribu est encore dominante culturellement et symboliquement.

Cette alliance entre les Kadhadfa et les tribus de Musorata fut organisée et réalisée par Omar El-Mehichi et par son frère Tahar El-Mehichi (un nationaliste arabe notoire et ex-vice ministre des Affaires Sociales). Le choix de Musorata était chargé d'importantes significations historiques et politiques en tant que ville qui avait joué un rôle historique et économique de premier plan et a été le fief des couloughlis (produit d'un métissage civilisationnel et culturel). C'était surtout une ville économique connue pour son autonomie historique (le gouvernement de Musorata proclamé en 1915 dura jusqu'à 1918) et ses traditions commerciales ancestrales, qui avaient contribué à la construction d'autres villes, en l'occurrence Benghazi. Comparée à Syrtes, qui n'était qu'un village jadis profondément bédouinisé, Musorata se distinguait par une large ouverture sur la mer, par son célèbre port, par une respectable élite économique et intellectuelle, par de longues traditions commerciales et surtout par une vie urbaine bien enracinée. Bref, c'était une ville balnéaire et méditerranéenne qui se caractérisait aussi par ses longues traditions soufies, atouts fondamentaux pour la célébrité.

Toutes ces caractéristiques civilisationnelles et culturelles ont habilité les tribus de Musorata à jouer un rôle politique d'envergure, tant et si bien qu'elles furent même, politiquement et institutionnellement, préférées aux autres tribus, membres de la deuxième alliance. La naissante 'açabiya établie entre les Kadhadfa et les tribus de Musorata pourvoya les diverses institutions du pouvoir en cadres (structures diplomatiques, bancaires, financières, administratives et surtout universitaires). En peu d'années, une force politique et administrative musoratienne s'était formée au sein du pouvoir bénéficiant d'une connivence de haut niveau, alors que les Kadhadfa dans leur majorité, poussés par un fort sentiment de solidarité tribale avec le « Guide de la Révolution », s'étaient orientés vers l'appareil de contrainte du pouvoir (armée, appareils sécuritaires, administration douanière et structures de mobilisation idéologique), mais aussi, tout comme les Musoratiens, vers le lucre et le « business » de haute volée. Au bout de quelques années, les relations au sein de la naissante 'açabiyâ semblèrent s'harmoniser progressivement et prendre le devant de la scène politique par rapport à la seconde alliance.

De fait, une sorte de division endogène de la tâche politique et du contrôle serré de la société civile s'installa, quoique faiblement appliquée.

En effet, les segments tribaux semblaient réussir une parfaite complémentarité avec la société globale et avec les tribus qui essayaient de s'y opposer. Cette 'açabiyâ, était au demeurant prête à porter les armes en cas de menace intérieure ou extérieure, alors que ces tribus s'étaient alliées, parce qu'il y avait un partage, en plus des postes politiques et administratifs, de la rente pétrolière, les tribus musoratiennes demeurant intéressées par le pactole pétrolier.

3. Effritement de l'alliance naissante : l'imbroglio d'El-Mehichi

Pendant l'été 1975, l'alliance naissante s'effrita subitement, les rapports entre ses deux instigateurs tournant vite à l'affrontement. El-Mehichi fut accusé de fomenter un Coup d'Etat pour prendre le pouvoir, mais on ne sait pas s'il y a eu vraiment un ou une tentative de subversion. Cette alliance s'était avérée en fait être une alliance de façade qui voilait d'insurmontables dissensions internes dues à la géographie, à l'histoire et à la différence anthropologique de cultures, de coutumes et de mentalités.

Les tribus musoratiennes étaient, de longue date, sédentaires et de par leur origine urbaine, rompues aux activités économiques et commerciales, tandis que, malgré leur sédentarisation limitée, les Kadhadfa s'étaient plus adonnées à l'activité agro-pastorale et surtout au nomadisme entre Syrtes et Fezzan. L'adaptation des modes de vie des deux sociétés tribales et de leurs intérêts s'avéra cependant être difficile, voire irréaliste. La gestion même des divergences culturelles était complexe, de telle sorte que l'affrontement de la mentalité bédouine et de la mentalité lucrative s'avéra être inévitable. La raison en était qu'il y avait eu de part et d'autre des histoires différentes, des parcours opposés, des imaginaires croisés et des structures mentales divergentes qui rendaient la coexistence douloureuse, voire impossible. Il s'agit donc deux sociétés entièrement antithétiques en raison de l'opposition entre la sédentarité et la bédouinité.

En outre, les deux instigateurs de ce jumelage contre nature ne se supportaient plus[1], bien qu'ils eussent été camarades de classes sur les bancs du lycée secondaire de Musorata, et qu'ils eussent rejoint ensemble les rangs de l'armée avec la ferme volonté de renverser la Monarchie. Malgré leurs différentes origines sociales et géographiques, ils avaient en commun un tempérament intransigeant, dur et peu affable, voire hautain, mais avaient, en plus, deux options idéologiques radicalement opposées. Kadhafi était nettement panarabiste et lié à Nasser, mais El-Mehichi, qui n'est pas d'origine arabe, mais plutôt couloughli, préférait un nationalisme socialiste émanant des réalités du pays et ouvert sur le modèle soviétique. Mais si l'opposition de leurs caractères ne pouvait pas, à elle seule, expliquer leurs divergences de taille et la tentation du « putsch », ce conflit voilait des conceptions antinomiques à propos des choix à adopter dans les relations interarabes, l'activisme idéologique, la gestion de la manne

---

(1) Malgré toutes les affirmations du discours politique libyen sur la préparation du Coup d'Etat, il s'agissait, apparement, de réunions politiques clandestines organisées par El-Mehichi en présence de civils et de militaires pour l'évaluation du rendement politique et la critique de l'arbitraire, de l'improvisation et du gaspillage des moyens. Mais ces réunions furent vite dénoncées.

pétrolière, les rapports avec l'Egypte, les achats massifs d'armement et la nomination de certains ministres[1]. D'après El-Mehichi, la « Révolution » faisait fausse route à cause de l'improvisation au niveau de la conception des projets, de la gestion économique invraisemblable et des projets chimériques de développement[2], et d'ailleurs El-Mehichi osa même dans ses discours publics critiquer ouvertement la mauvaise gestion[3] et organisa chez lui des rencontres de débat sur la situation politique et économique dans le pays dépassant les bornes et ralliant à sa cause une partie des membres du CCR des officiers mécontents et même de hauts cadres de l'administration. Pour avoir franchi ce seuil, il était devenu ainsi un flagrant danger qu'il fallait arrêter par tous les moyens. C'était, en effet un grand risque que de laisser se développer ce genre de relations avec les officiers de l'armée considérée, en ce temps-là, comme le pilier du régime, si bien qu'El-Mehichi a été ainsi contraint à la défection le 10 août 1975. A la suite des investigations, il s'est avéré qu'El-Mehichi projetait, selon des sources, « d'exterminer » la tribu des Khadadfa à Syrtes et à Tripoli.

Mais les conséquences de la défection ont été désastreuses, si bien que l'alliance au premier degré entre Kadhadfa et Musorata s'étant éffritée et les officiers originaires de Musorata arrêtés pour avoir conspiré contre « l'Etat » et pour avoir appelé à des réunions non autorisées. L'élite musoratienne des différents secteurs et articulations du pouvoir fut mise à l'écart ou contrainte au départ et soumise à des jours pénibles, parce qu'elle fut surveillée et contrôlée de près. Les rares officiers de Musorata connurent de longues années de stagnation professionnelle, éloignés qu'ils furent de la décision et interdits de contacts directs avec les troupes[4]. Kadhafi considérait, en particulier que la trahison d'une seule personne était celle de toute la tribu, parce que les chefs et les personnes estimables auraient pu l'empêcher. Dans le cadre de cette compagne d'épuration, le commandant Ahmed Boulifa (Musorata), chargé de recruter les militaires révolutionnaires fidèles à Kadhafi au sein de l'armée, fut éliminé pour ne pas avoir découvert le complot. Il a fallu de longues années pour que Kadhafi rétablît enfin les ponts avec Musorata. Durement éprouvé par la « trahison » des officiers de la puissante tribu, il a accepté de nommer des ministres originaires de Musorata, et par exemple, il a nommé, en effet, Mohammed Miftah Ki'iba,

---

(1) En réponse à la défection d'El-Mehichi, le CCR promulgua une série de décrets prévoyant la peine de mort pour celui qui essayerait de renverser le régime.

(2) Pour plus de détails, voir *Jeune Afrique*, n° 770 du 10-10-1975, pp. 26-27.

(3) Ces informations nous ont été communiquées par le sociologue libyen Mustapha Ettir, qui avait participé au projet d'El-Mehichi sur la Ville des Sciences de Tripoli et au sujet de rapatriement des cerveaux arabes installés aux États-Unis.

(4) Dans un moment de colère, Kadhafi ordonna d'arrêter son propre beau frère, le commandant Souleymène Chouàyb, qui était son bras droit au sein de l'armée, et ce dernier a été incarcéré pendant des années, pour ne pas avoir dénoncé les conspirateurs. Il fut quand même enfin libéré. Il se consacra au business de haute volée.

un de ses anciens ministres, en qualité de représentant permanent dans la région. Mais il semble que cette alliance a été difficile à recréer et à recomposer.

En revanche, l'alliance complémentaire a perduré, les Kadhadfa ayant renforcé leurs relations avec les Megharha et même avec les Bra'assa et les 'Awaghir. Ils voulaient compenser la défection de Musorata qui avait été vivement ressentie par le leadership politique, alors que Kadhafi a pu se consoler en relisant l'hagiographie de Nasser « trahi » par son meilleur ami le Maréchal Ameur. Profitant de l'absence de Musorata, les Megharha ont essayé de prendre la relève avec Jelloud, le numéro deux de la Libye, qui allait réellement dynamiser l'alliance complémentaire entre les Megharha et les Kadhadfa, tandis que la Libye allait connaître, à partir de 1975, une nouvelle recomposition du paysage tribal et politique.

Il serait opportun, avant d'analyser la nouvelle recomposition qui a suivi la défection d'EL-Mehichi, de présenter les principales composantes de l'alliance complémentaire ou secondaire, appelée du nom d'alliance tribale des Ouled Souleymène et composée des Megharha, Rojbane, 'Awaghir, 'Abidet, Awled Bouçif, Zentane et Mechachia et guidée par la prestigieuse famille de Seyf-En-Nasr. Notons que cette alliance occupait les terres qui s'étendaient de Syrtes jusqu'à Fezzan et une grande partie de la Cyrénaïque, que ces tribus nomadisaient, pratiquaient les activités agricoles ou servaient de guides, de commerçants ou de locataires de chameaux sur les routes du commerce transsaharien et de courtiers[1]. Malgré quelques rares conflits intertribaux, à cause surtout du pacage dans les moments de sécheresse, comme ce fut le cas entre les Megharha et les Ouled Slimène entre 1832-1842, et les Zentane contre les Ouled Bouçif entre 1910-1911[2], cette alliance tribale qui appartenait au même *çoff* était unie par une appartenance quasi-mythique à un même ancêtre (hilf al Jadd awhad), qui engageait implicitement toutes les composantes tribales dans un pacte de défense commune. Les Ouerfella et les Ouled Slimane se présentaient comme les protecteurs historiques des Kadhadfa contre les invasions exterieures et surtout pendant les moments de sécheresse et de famine. Le

---

(1) cf. Dennis Cordell, « The Awlad Sulayman of Libya and Tchad : Power and adaptation in the sahara and sahel », *Canadian Journal of African studies*, Vol. 19, n° 2, 1985, pp. 325-328 ; André Cauneille, « *Le semi-nomadisme dans l'ouest libyen : fezzan, Tripolitaine* », *Unesco*, Recherches des zones arides 19, in *Nomades et Nomadisme au Sahara*, Paris, UNESCO, 1963, p. 101.
Pour de plus amples informations, voir Emorys Peters, *Cultural and social diversity*, in A.J. Allan, ed. *Libya since independence: Economic and Political development*, New York: St. Martin's Press, 1982, pp. 103-107.
Cf. aussi, Albergoni Gianni, et Vignet Zunz, « *L'évolution du nomadisme pastoral en Cyrénaïque* », in A.A.N.1975, éditions du CNRS, 1976, pp. 221-244.
(2) Lauraine Charles Ferraud, *Annales Tripolitaines*, Tunis, éditions Tournier 1927, p. 251.

mythe de l'appartenance à un ancêtre commun était indispensable[1] pour empêcher l'éclatement des conflits en permettant de maîtriser l'esprit belliqueux et d'apaiser les conflits entre tribus pendant les années de sécheresse et de manque de pâturage et d'eau. Le pacte implicite «*permet d'introduire une discipline respectée entre les segments tribaux et d'éviter les conflits qui, habituellement, déchiraient la société tribale et qui avaient pour cause l'insuffisance des ressources* ».[2] Mais il permettait aussi d'entreprendre des aventures politiques et de concurrencer les autres tribus.

En effet, quand Abdeljélil Seyf-En-Nasr se fut opposé au pouvoir Qaramanli, pour la lourdeur des impôts, il fit appel à la solidarité des autres tribus du *çoff fawqi* : les Ouled Slimane, les Ouerfella, les Kadhadfa et les habitants de Oueddene, Houne à Gioffra[3]. Ces aventures étaient possibles, parce que la famille Seyf-En-Nasr commandait le *çoff fawqi* qui était autonome par rapport à tous les pouvoirs centraux ottomans ou locaux, alors que, le çoff de la mer qui comportait El-Menchia, Khoms, Zliten, Musorata, Tadjoura, Ouled Salmen, 'Abadila, Fourjane et les habitants de Soukna, Zella, (les ennemis d'Ouled Slimane) était soumis au pouvoir central et contraint de payer les impôts[4].

Après la « trahison de ses compagnons de route », Kadhafi pensa à redynamiser le *çoff fawqi*, à recomposer le paysage tribal, à trier les alliés et à former son propre « bouclier humain » pour pallier aux menaces tant intérieures qu'extérieures, alors que Musorata quittait l'alliance pour être remplacée par les Ouerfella et les Megharha. Une nouvelle page de l'histoire de la Libye actuelle s'ouvrait, et le pouvoir l'inaugura par l'arrestation de Mohammed Seyf-En-Nasr, le chef de cette grande famille, qui mourra en prison au milieu des années quatre-vingts, donnant ainsi le signal que c'était au Kadhadfa de guider désormais l'alliance. Cette arrestation avait aussi le sens d'une revanche personnelle de l'humiliation.

II. LA DEUXIEME RECOMPOSITION DE L'ALLIANCE TRIBALE ET LA MONTEE EN PUISSANCE DE LA TRIBU OUERFELLA

Profondément ébranlé par « la trahison » du meilleur compagnon de route, Kadhafi changea de stratégie politique et accorda une priorité absolue à la sécurisation du système politique. Une nouvelle politique allait s'orienter dans deux directions, du reste complémentaires :

---

(1) Emorys Peters, *Cultural and social diversity in Libya*, p. 106.
(2) Béchir Youchaà, *Ghdamès : Watha'iq tijariya wa tarikhiya wa ijtimiya* (documents commerciaux, historiques et sociaux), Tripoli, Merkez Dirasat Jihad Allibiyin, 1982, p. 109.
(3) Enrico Di Agostini, *Le populazioni della Tripolitania : Notizie etniche e storiche*, Ufficio politico militare 1917.
(4) E. Subtil, « *Histoire de Abdel-Gélil, Sultan du Fezzan assassiné* », Revue *de l'Orient*, n° 5, 1884.

a. Verrouillage du système politique et radicalisation des relations avec l'opposition tant intérieure qu'extérieure, et même avec les pays voisins.
b. Constitution d'un front tribal (une sorte de cordon tribalo-sécuritaire) et la formation de structures politiques (à caractère tribal pour assurer la protection du régime). C'est dans ce cadre que fut formé, le 7 novembre 1977, le corps des CR bâti en fait, tel que nous avons pu le vérifier, selon des considérations essentiellement tribales[1].

C'est ainsi que s'imposa dans la logique même du régime la nécessité de recomposer le paysage tribal et de s'organiser pour de nouveaux affrontements, la nouvelle alliance s'étant principalement établie entre les Kadhadfa et les Ouerfella, et d'une façon complémentaire entre les Kadhadfa, les Megharha et les Ouled Slimane en plus évidemment des tribus alliées, les 'Abidet, les 'Awaghir et les Bra'assa. Ces tribus d'Ouled Slimane (Kadhadfa, Megharha, Ouled Slimane) réinventèrent, sous l'impulsion de Khadafi personnellement, l'histoire de l'ancêtre commun, ce qui constituait, en soi, un pacte de défense, c'est-à-dire un *hilf* sacré.

1. Pourquoi cette montée en puissance de la tribu des Ouerfella

Ouerfella est une tribu saharienne vivant au sud du Djebel Tarhouna, très soudée, solidaire, relativement nombreuse et puissante et s'étendant sur une grande partie de la Tripolitaine jusqu'à Benghazi même. Consciente de son poids démographique, elle organisait, avant le « séisme de 1993 »[2] une rencontre annuelle informelle des membres de sa diaspora[3] pour s'enquérir de leur situation. Lors d'une de nos enquêtes organisées au cours de l'année 1993-1994, nous avons pu vérifier que la tribu elle-même gérait, d'une façon rationnelle, ses ressources humaines en cadres (médecins, ingénieurs, banquiers, hommes d'affaires, responsables de sécurité et hommes influents du pouvoir). Cette tribu agissait en véritable 'Açabiya, selon la définition d'Ibn Khaldoun, une 'açabiya qui se caractérisait par un fort sentiment d'appartenance et par une solidarité agissante entre les membres de la tribu (abstraction faite de leur positionnement géographique).Cette solidarité agissante expliquait l'habileté et l'intelligence

---

(1) Il suffit de considérer l'origine géographique et tribale de la direction de CR et de ses membres influents pour se rendre compte que cette structure est à caractère tribal. Étant très proche du pouvoir et surtout de Kadhafi personnellement, elle doit être construite sur des bases essentiellement tribales.

(2) Une expression populaire libyenne utilisée pour désigner « le Coup d'État avorté » organisé par les officiers de la tribu Ouerfella en 1993 contre le pouvoir, et provoquant ainsi une grande cassure au sein de l'alliance tribale.

(3) Après le Coup d'État manqué de 1993, le pouvoir chercha à écarter les éléments influents de la tribu des Ouerfella et entreprit une enquête minutieuse qui révéla, par exemple, que les ambassadeurs d'origine ouerfelléenne se contentaient de recruter des fonctionnaires dans leur tribu. Les ambassades et les consulats étaient, en effet, composés de fonctionnaires d'origine ouerfelléenne.

des Ouerfella surtout dans le secteur du commerce, alors qu'ils s'adonnaient auparavant aux activités agropastorales. Ses membres traduisaient, là où ils étaient, leur solidarité et s'aidaient mutuellement conformément à l'obligation morale de la tribu et à la contrainte d'*al 'açabiya*.

Au cours de notre enquête, quand nous eûmes demandé à de jeunes universitaires de Ouerfella (formés en Europe) de se définir sur le plan identitaire, ils nous répondirent avoir accordé une priorité absolue à leur appartenance, à leur tribu puis à la Libye, et en dernier lieu à la Nation arabe. Cet ordre de priorités traduisait donc un attachement viscéral à la tribu et une totale conviction de son rôle social[1].

Mais pour pouvoir comprendre la force de la solidarité des membres de cette tribu, il nous a semblé opportun de revenir sur son histoire contemporaine [2]: installée depuis longtemps sur les deux berges de la rivière de Béni Walid riche en eau, elle a courageusement pris part aux combats d'*Al-Jihad*, contre les fascistes italiens[3], son poids démographique lui permettant une telle œuvre. Et de fait, elle était divisée en 53 sous-tribus qui regroupaient, selon les statistiques de 1977, à peu près 35.000 habitants[4], elle couvrait, un territoire qui s'étendait jusqu'à Gioffra et au Fezzan au Sud, et jusqu'à Syrtes, Musorata et Zliten à l'Est, jusqu'à Tarhouna au Nord, enfin jusqu'à Ghariane à l'Ouest. Elle exerçait, en plus de ses activités agraires, d'autres nombreuses et de nature commerciale, compte tenu de ce que les caravanes vers Fezzan et l'Afrique Noire passaient par la route de Béni Walid.

Mais comme, paradoxalement, la tribu des Ouerfella avait un lourd héritage d'animosité et de haine contre celles de Musorata, nous signalerons que Abdelnébi Belkhir et Ramadhane Souihli, respectivement chefs de Ouerfella et de Musorata, se haïssaient à cause d'une concurrence politique entre eux et que la jalousie est apparue, en fait, après la proclamation de la *République Tripolitaine* en 1918, et la conclusion de l'accord de paix avec le colonisateur italien en 1919. Ils se concurrençaient impitoyablement, parce qu'ils avaient ambitionné activement la présidence de la République naissante qui ne contrôlait du reste qu'un tout petit territoire et qui n'arrivait même pas à apaiser les tensions permanentes

---

(1) (A.N) un de nos interviewés, porteur d'un P.H.D en Herméneutique, obtenu aux États-Unis, se définissait, avant tout, par son appartenance à Ouerfella.

(2) Il n'y a pratiquement pas de travaux en arabe ou en italien sur la tribu Ouerfella. C'est ce qui pourrait expliquer que Younès Belkhir (fils du grand chef de Ouerfella, Abdelnébi Belkhir), conscient de cette situation, mit à la disposition de Mohammed El-Marzouki (homme de lettres et historien tunisien autodidacte) les documents nécessaires pour un ouvrage sur l'histoire de cette tribu. Mais tout compte fait, le livre nous semble avoir été écrit «contre les tribus de Musorata».

(3) Mohammed Marzouki, *Abdelnébi Belkhir*, Tunis, Dar Arabiya lilkitab, 1978, p. 40 ; cf. également, Mohammed Khélifa Tillissi, *Mou àjem Ma'arik al-jihad fi Libia (1911 – 1913)*, Tunis – Tripoli, Dar 'Arabiya lilkitab, 1983, p. 324.

(4) Mohammed Marzouki, *ibid*. p. 48.

entre leurs structures tribales concurrentes. D'après certaines versions[1], Ramadhane Souihli voulait être à la tête de la structure naissante pour pouvoir dominer les autres chefs tribaux : Belkhir, El-Barouni et El-Mrayedh.

Manipulé et financé par les Italiens, Souihli prépara une attaque militaire[2] bien encadrée et armée. Mais à cause de fautes tactiques, de l'absence de motivation (l'attaque fut organisée, en effet, le jour même de l'Aïd) et surtout du manque d'eau en plein mois d'août, Ramadhane Souihli connut un grand échec et fut tué par les soldats de Belkhir en territoire ouerfelléen. Cet incident fut à l'origine d'une haine permanente et jamais tarie entre les deux tribus qui eut des séquelles historiques, politiques et symboliques lourdes de conséquences. C'est pourquoi les Ouerfelléens cherchèrent à prendre leur revanche sur les tribus de Musorata, dont le premier pas fut celui de la réécriture de l'histoire politique de la tribu, en vue de « l'innocenter » de toute collaboration avec le colonisateur italien.

Pour se renforcer, le pouvoir réactiva cette « histoire de haine », l'instrumentalisa à des fins précises et fit appel à Ouerfella pour une nouvelle alliance qui était dressée, comme tous les indices l'indiquent, contre Musorata. En effet, il voulait surtout prendre la revanche et pour ce faire, Kadhafi se déplaça à la fin d'octobre 1975 (deux mois et demi après le Coup d'Etat avorté) pour concrétiser l'alliance tribale. Les chefs Ouerfella, les dignitaires, les sages et les hauts cadres l'accueillirent avec enthousiasme au milieu des plaines de Béni Walid, avec tout le rituel traditionnel et ancestral de l'alliance tribale classique préparé pour l'occasion. En effet, la tribu organisa une manifestation de soutien politique (contre les ingrats et les réactionnaires) qui regroupa plusieurs centaines de personnes. Les manifestants, tous en uniforme traditionnel libyen, arboraient des grands portraits du grand chef Abdelnébi Belkhir, ce qui était, en fait, un phénomène très rare dans l'histoire de la Libye actuelle et une exception qui n'était permise qu'aux tribus Ouerfella, les effigies de Belkhir constituant, en elles-mêmes un message bien ciselé adressé aux tribus de Musorata, un rappel historique et une revanche implicite. En effet, le pouvoir savait construire ses messages et savait choisir le moment opportun pour les diffuser et, ce, pour prouver son intelligence polititique.

---

(1) Du reste, c'est la version la plus répandue et qui nous semble être la plus plausible, compte tenu des circonstances géopolitiques de la Libye dans les années 20. Cette version peut être, dans une certaine mesure, influencée par l'animosité historique entre les Ouerfella et les tribus de Musorata, mais elle est au fond vraisemblable. Pour de plus amples informations, cf. Mohammed Marzouki, *Abdelnébi Belkhir*, Dar 'Arabiya lilkitab, Tunis-Tripoli, 1978, pp. 320-324.

(2) C'est ainsi qu'on fit appel aux compétences de Mohammed Marzouki pour qu'il réécrivît l'histoire des rapports conflictuels entre des deux tribus.

Photo n°4 : Montrant la présence des portraits d' Abdelnébi Belkhir à Béni Walid

Cette journée fut, en effet, mémorable et des moutons furent égorgés selon le rituel tribal en signe d'hospitalité et d'alliance, surtout que les Ouerfella avaient été historiquement les protecteurs des Kadhadfa[1]. Kadhafi, entouré de quelques militaires et compagnons de route[2], parcourut à cheval les larges plaines de Béni Walid laissées en jachère, comme s'il voulait prouver qu'il était encore un bon cavalier. Son habileté dans l'équitation fut longuement applaudie par les hommes et même par les femmes à l'intérieur des tentes, dressées provisoirement, à l'occasion de la visite. Tout ce rituel méticuleusement observé prouvait, indéniablement, au monde qu'un événement d'exception allait se produire, ce qui fut fait. Les cheikhs les plus prestigieux, élus pour l'occasion par l'ensemble des tribus, offrirent à Kadhafi un grand cimeterre en or dans un coffret, qui était un don fort précieux à cause de l'importance symbolique de l'épée dans

---

(1) Pour pouvoir analyser anthropologiquement les relations entre les deux tribus, il faudrait remonter à un vieux « mythe populaire » au XIXe siècle selon lequel les terres actuellement habitées et exploitées par les Kadhadfa leur avaient été données par un ancêtre des Ouerfella. C'est ce qui imposa à la tribu des Kadhadfa une dette de reconnaissance ressentie quelquefois comme un fardeau, voire une humiliation.

(2) Il était accompagné, en effet, de Mustapha EL-Kharroubi (son confident et alter ego) et de Abou Baker Younes Jabeur, comme s'ils voulaient montrer leur indéfectible solidarité à ceux qui ont « trahi » ou ont préféré «la défection ».

l'imaginaire arabo-musulman comme signe de confiance, de force, de sacrifice et de virilité.

Photo n° 5 : Montrant les cheikhs de Ouerfella à Béni walid offrant le cimeterre à Kadhafi

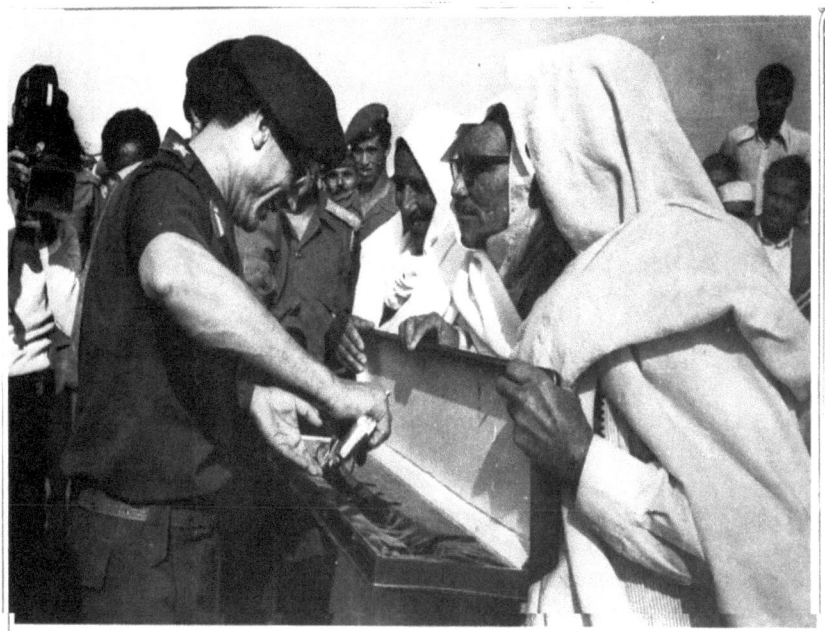

(Source : JANA)

Retenons dans ce sens qu'au niveau de la symbolisation collective, l'épée est synonyme de virilité, de forte confiance en soi-même, mais surtout de certitude et de force invincible[1]. Dans l'imaginaire arabo-musulman, l'épée est synonyme d'honneur (ârdh), il est donc obligatoire de la protéger pour se protéger. A ce titre, il faudrait, surtout, préciser que l'histoire arabo-musulmane a connu une identification totale du guerrier à son arme qui est à la fois son identité, sa raison d'être, sa propre défense, son honneur intouchable et sa virilité [2].

L'offre de l'épée est en elle-même une cooptation politique (*bey'a*) du leader surtout que l'alliance était en cours de consolidation. Kadhafi insistait à ce que la *Bey'a* fût la pierre angulaire de toutes ses alliances tribales. D'après lui, l'alliance ne peut se construire qu'après un serment religieux

---

(1) L'éloge de l'épée est fréquent dans la littérature arabe pré et islamique. La plupart des poètes arabes l'ont fait. Il suffit de citer, à ce propos, le célèbre poème d'El-Moutanabbi sur la cimeterre qu'il considérait comme plus crédible que tous les livres d'histoire. En effet, cette arme est toujours capable de trancher ce que les autres ne peuvent pas trancher.
(2) Cf. à ce propos, Nadia Tazi, « Le désert éternel, visages de la virilité au Maghreb », revue *intersignes,* n° 11-12 printemps, 1998, pp. 27-31.

explicite ou implicite, puisqu'elle est un engagement direct de fidélité, d'obéissance et de sacrifice. Or cette coéxistence entre un discours révolutionnaire et la pratique de la *Bey'a* n'a pas fait l'objet d'études sérieuses.

2. Réhabilitation des Ouerfella et recomposition du paysage tribal

Profitant de la nouvelle alliance tribale, la tribu encouragea implicitement ses membres à s'infiltrer dans l'administration, dans l'armée, dans les structures diplomatiques et surtout dans la sécurité et dans les *Comités Révolutionnaires*. Pendant dix-huit ans (1975-1993), elle sécréta des groupes de pression dans toutes les structures, concurrença les Kadhadfa au sein même des appareils sécuritaires et des structures de l'investissement intérieur et extérieur en montrant un excès de zèle exceptionnel. Des hommes forts au sein du régime osèrent revendiquer leur identité ouerfelléenne, de sorte que la naissante alliance tribale entre, Kadhadfa et Ouerfella, se mua progressivement en véritable hégémonie sur le paysage tribal et politique et que les deux tribus furent privilégiées par rapport aux 'Abidet, aux 'Awaghir et aux Bra 'assa, et même par rapport aux Megharha, membres influents de l'alliance[1]. C'est ce qui prouvait l'existence d'une hiérarchie au sein même de l'alliance naissante.

Pourtant, la tribu des Megharha représentée par l'homme fort, à l'époque, Abdelssalam Jelloud (originaire de Sebha, capitale du Sud), a été de longue date makhzénienne, et même chargée de prélever les impôts pour le compte des Qaramanli, du fait que Sebha était le passage obligé du commerce transsaharien vers Fezzan et toute l'Afrique noire. C'est ainsi que la nouvelle alliance devint une réelle autorité autonome du pouvoir et dotée de prérogatives exceptionnelles au niveau du recrutement pour les diverses structures administratives et sécuritaires, et pour l'obtention de crédits souvent non remboursés. A cela s'ajoutaient des chances illimitées d'enrichissement matériel et de notabilité sociale et politique dans un pays qui avait connu un phénomène extraordinaire de destruction des notabilités et des élites traditionnelles[2] surtout durant les dernières décennies.

En effet, cette alliance allait se renforcer profitant *ipso facto* d'une situation caractérisée par la déliquescence de « l'Etat », le délabrement des structures gouvernementales en place, et par la reconnaissance croissante du rôle social et même politique de la tribu. Ce renforcement permit aux membres des Ouerfella une mainmise sur les structures diplomatiques et économiques (l'investissement extérieur), et surtout sur les appareils sécuritaires (services secrets, police anti-émeutes et sécurité personnelle du Guide de la Révolution).

---

(1) Informations prises dans un entretien avec le chercheur libyen Ali Abdellatif Ahmida à Tunis le 26-06-1997.
(2) Salah Hassen Salem, *The genesis of leadership in Libia*, P.H.D, University of Washington, 1972. pp. 197-204.

En revanche, les Kadhadfa se sont tournés vers l'armée (recrutement, encadrement, contrôle, entraînement et surtout achat d'armement), aux CR, à la sécurité du Leader et surtout à la gestion de la rente pétrolière, tant à l'extérieur qu'à l'intérieur. Pour ce faire et pour pouvoir en contrôler les centres névralgiques, ils avaient donné trois générations de militaires avec en première ligne Kadhafi, Hassen Ichkel (éliminé), d'Omar Ichkel, de Barrani Ichkel, de Khélifa Hnich (en disgrâce) et de Messoud Abdelhafidh (responsable de Sebha). Venait ensuite la génération de Saïd Aouidet, d'Ahmed et Sayyed Kaddafeddem, d'Ali EL-Kilani, de Salem Aouidet et d'autres.

En revanche, la troisième génération est celle de Bahri El-Kadhafi, de Seyf-El-Islam et Moatez bil Islam (fils de Kadhafi), de Hannibal qui se préparent activement pour jouer un rôle politique dans la phase post-Kadhafi.

Tableau 24 : La Liste des membres influents des Kadhadfa

Nom	Famille	Responsabilité
Ahmed Ibrahim Mansour	Famille G'hous-Kadhadfa	Ex-ministre de l'Éducation et de l'Enseignement et de la Culture, Conseiller de Kadhafi et actuellement responsable des comités au « Parlement ».
Ahmed Kadhafeddem	Kadhadfa	Ex-Gouverneur de Tobrouk, Ex-Responsable des Relations avec l'Egypte et conseiller politique de Khadafi.
Ali Kilani	Kadhadfa	Responsable de la Radio et de l'Information et Conseiller du « Guide ».
Bouchaâraya Hadded	Famille Ferkeche de Bra'assa de Derna	Responsable des Services de Sécurité et Conseiller de Kadhafi.
Colonel Bahri Kadhafi	Kadhadfa	L'Armée.
Colonel Barrani Ichkel	Ichkel	Encadrement de l'Armée.
Khélifa Hniche	Kadhadfa	Ex-Gouverneur de Syrtes, responsable de la Sécurité du Guide.
Messoud Abdelhafidh Kadhafi	Achirat El-Khatra-famille Âthamna-Kadhadfa	Responsable de sécurité et ex-Gouverneur de Sebha– Chargé du Soudan, nommé empereur de Sebha.
Mohammed Majdoub Kadhafi	Kadhadfa	Responsable des CR.
Omar Ichkel	Ichkel-Kadhadfa	Encadrement du CGP (Parlement).
Saïd Aouidet	Kadhadfa	Responsable de l'Armée et de la Garde Présidentielle.
Sayyed Kadhafeddem	Kadhadfa	Ex-Responsable de sécurité et chargé des relations avec l'Égypte.

Source: Etude dactylographiée réalisée par Abdelmajid El-Sghaïer, Centre d'Études et de Recherches stratégiques, U.S.A, 1989.

3. Les événements de 1993 : Coup d'Etat ou division endogène de la tâche politique ?

Fière de son alliance tribale, satisfaite de sa force politique, de son poids économique et social et très confiante en elle-même, la tribu des Ouerfella allait organiser, semble t-il, une sorte de répartition implicite des tâches politiques. Sentant que la tribu s'était trop impliquée avec Kadhafi, les «sages» de Ouerfella commencèrent à penser au changement. Pour ce faire, la tribu s'est scindée en deux camps : les chefs et les cheikhs ont gardé leurs engagements au sein de l'alliance et ont maintenu leur apparente fidélité à son égard. En revanche, les jeunes officiers de Ouerfella préparaient silencieusement un Coup d'Etat pour la fin d'année 1993 qui aboutit à un échec total, leur plan d'action ayant été déjoué le jour même de son exécution et le régime ayant réagi avec une violence inouïe.

C'est ainsi que huit Libyens, dont six militaires de hauts grades, furent exécutés, le 4 janvier 1997, pour « espionnage au profit des Services Secrets Américains », le procès de ces huit inculpés s'étant prolongé depuis 1994 si les condamnations à mort prononcées en première instance contre les accusés arrêtés remontaient jusqu'au mois d'octobre 1993, le communiqué de la Haute Cour a précisé que les condamnés appartenaient à une organisation interdite qui entretenait des relations avec des agents de l'étranger. Après que le verdict eut été rendu public par la Télévision libyenne, les militaires furent fusillés et les civils exécutés par pendaison. L'organisation visée n'était autre que le *Front National de Sauvegarde de la Libye* (F.N.S.L.) qui avait organisé, au moins de mai 1984, une attaque armée contre la caserne de Bab Al-Azizia.

Les officiers de haut rang étaient : le colonel Muftah Mohammed Garoum, le colonel d'Etat-Major Moustafa Aboul Al-Quasem Massoud, le lieutenant-colonel, chef d'escadrille Saâd Saleh Faraj et les commandants Khalifa Salem Mohammed, Ramadane Mohammed Ali et Moussa Houbayl, ainsi que deux civils: Musbah Saâd Musbah et Souleymène Gayth Miftah. D'autre part, huit autres Libyens, six officiers et deux civils, ont été acquittés pour manque de preuves, tandis que trois autres militaires de haut rang avaient pu prendre la fuite dès 1994. Il s'agissait du commandant Mohammed Béchir Hammali, du commandant Abdessalem Ali El-Wâar et du lieutenant-colonel Salem Dabnoune El-Wâar[1]. Après l'annonce du verdict, le F.N.S.L. a publié un communiqué qualifiant les huit insurgés de « héros qui ont organisé le soulèvement militaire de Beni Walid en 1993 ».

---

(1) Al-Hayat, 13 Avril 1994, p. 4.

Les militaires exécutés appartenaient à la tribu des Ouerfella, l'une des plus puissantes tribus de la Libye, ce qui conduisit certainement Kadhafi à exprimer ses « vifs » regrets que les CP eussent refusé de commuer les peines de mort en condamnation à perpétuité : « *J'avais soumis une proposition d'abrogation de la loi de peine de mort, conformément à l'esprit de la grande Charte des Droits de l'Homme, mais les CP, véritables détenteurs du pouvoir de décision défenseurs de la souveraineté, ont exprimé un refus catégorique dans le but d'immuniser la société jamahiriyenne et le pouvoir des risques de tous bords*» a-t-il tenu à préciser dans un discours télévisé diffusé au lendemain des exécutions.

Dans la foulée, Khadafi a opéré de notables changements à la direction de l'appareil sécuritaire en remplaçant ainsi Abdellah Sénoussi (son beau-frère) par Moussa Koussa, son homme de confiance[1]. Mais cette cassure fut lourde de conséquences tant pour le pouvoir que pour la tribu Ouerfella.

En réponse à la tentative de Coup d'Etat, Kadhafi appliqua les châtiments tribaux historiquement connus pour leur sévérité et que nous avons pu constater empiriquement, au cours de notre enquête, les Ouerfella ayant été éjectés de l'alliance tribale, ses cadres, ses hauts fonctionnaires et ses représentants dans les diverses articulations du pouvoir ayant été révoqués ou remplacés par d'autres, les hauts fonctionnaires souvent par leurs seconds. Mais le régime préféra adopter une attitude de durcissement en démolissant les maisons des officiers impliqués dans le complot, en présence des familles concernées qui furent interdites d'école, d'eau, d'électricité, de soins de santé, de mariage et de commerce. Pis encore, elles furent encerclées et exclues de tout contact, et leurs proches parents perdirent leurs postes de travail[2]. A la suite de tout cela, Kadhafi engagea de sérieux pourparlers avec les Cheikhs de Ouerfella pour leur « arracher » leur accord à propos de l'exécution des officiers au sein même de leur village et en présence des populations, voulant somme toute faire impliquer la tribu dans l'effusion du sang de ses fils. Mais cela lui fut refusé. Déçu, il changea le « fusil d'épaule », exigeant, en revanche, un accord pour « ihdar al-dam », c'est-à-dire le consentement tribal pour l'effusion du sang des officiers d'origine ouerfelléenne.

Sa demande fut acceptée et les officiers furent donc exécutés en dehors de Béni Walid capitale de Ouerfella. Par vengeance, des jeunes gens non avisés manifestèrent et brûlèrent le siège du CR et une voiture de police. Le régime, soumis aux pressions occidentales et à l'embargo aérien,

---

(1) L'un des officiers impliqués dans cette affaire, Mohammed Béchir Salah Hammali, expliqua à la presse les raisons de la tentative du Coup d'Etat : « Nous n'avons ni Etat, ni lois, ni Constitution; notre richesse est gaspillée par le régime. L'armée dont le rôle est de protéger l'Etat est devenue la protectrice du régime [….] dominé par des officiers de la tribu de Kadhadfa ». Cf. *AL Hayat* n° 11379 dans sa livraison du 13-04-1994, p. 4.
(2) Informations réunies, après une enquête sur terrain.

à cause de l'affaire de Lockerbie, différa la réplique. En juillet 1999, les 4 militaires condamnés à la détention à perpétuité sortirent de prison et furent exécutés à Béni Walid en présence de leurs familles et de leurs proches parents. Leurs maisons furent rasées à même le sol et leurs familles furent déportées vers la région de Zenten[1], ce qui accrut leur solitude psychologique, mais surtout tribale et sociale. Certaines de leurs propriétés, comme nous l'avons pu constater, furent aussi démolies, telle la demeure du commandant AL-'Ihouri à Ben Achour.

Cette seconde tension montre que la rupture est définitive entre les deux tribus, mais quelques questions fondamentales méritent d'être posées :

Est-ce qu'une alliance durable eût pu se construire sur un imaginaire dépréciatif, voire hostile, si l'on sait que les Ouerfella continuent encore à désigner les Kadhadfa comme étant leurs anciens pasteurs ?

Pourquoi ce recours à une violence si excessive ? Cette crise eût pu faire l'objet d'un traitement juridique normal. Pourtant, elle l'a été avec une violence excessive et totalitaire[2], ce qui prouve encore que la logique dominante était d'essence tribale.

Le recours à la solution juridique exigeait une rationalité politique, un « esprit des lois », selon l'expression de Montesquieu et une reconnaissance, peu ou prou, de l'Etat de droit. La loi a, en effet, « une âme » à la fois individuelle et collective et une logique spéciale qui conditionnent les esprits et les comportements, alors que le recours aux coutumes tribales dispense de la soumission à la rationalité juridique, aux lois et à toute « l'âme du droit ». Enfin, la tribalisation des lois offre au leadership une importante marge de manœuvre politique et sociale et la force de différer les revendications modernistes provenant des acteurs civils et de maintenir son emprise totalitaire sur chaque secteur du pays.

4. Pouvoir, société et stratégie de diffusion de la violence

Kadhafi a pu, sans rencontrer de résistance, convaincre en 1994 le *Congrès Général du Peuple*, de voter une loi dite loi de la sanction collective qui châtie toute la tribu[3], quand un de ses membres s'inscrit dans une logique de contestation ou d'opposition. Aux termes de cette loi, ce sont les chefs des tribus qui sont ainsi responsabilisés des agissements de leurs membres, par le biais d'un mécanisme juridique que l'autorité s'applique sur l'ensemble du territoire géographique, s'intériorise, se reproduit et devient obligeante, contraignante et même coercitive. Ainsi elle se transforma, sur le plan de l'anthropologie politique, en un phénomène diffus, autrement dit

---

(1) Un des officiers concernés prit la fuite avant le rituel des exécutions et fut remplacé par son frère.

(2) Michel Mafessoli, *La violence totalitaire*, Paris, éditions Sociétés Méridiens Klincksieck, 1994, pp. 39-48. cf. aussi, Pierre Ansart, *Idéologie, conflits et pouvoir*, Paris, éditions P.U.F., 1977.

(3) Cf. les Résolutions et les Recommandations du C.G.P. de l'année 1996.

comme étant la reproduction anthropologique du pouvoir, quoiqu'elle fût musclée et forcée.

Elle prenait ainsi le même circuit social que celui pris par le phénomène social chez Durkheim[1], et il apparaît dans le cas actuel que le pouvoir est inséparable de la violence[2] qui est destinée à empêcher les concurrences au sein de l'alliance tribale, car la détention de celle-ci garantit au pouvoir la suprématie matérielle propre à empêcher la concurrence et à contraindre les tribus à honorer leurs engagements au sein de l'alliance ou à les en exclure. En effet, la tribu des Ouerfella ne fut exclue que parce que le pouvoir était doté de la force coercitive nécessaire pour le faire. Nous pouvons affirmer, par la même occasion que l'inclusion et l'exclusion des tribus sont tributaires d'une pratique de la violence dosée et équilibrée, selon les circonstances politiques et les exigences de la reproduction du pouvoir[3]. Ce phénomène pourrait s'expliquer par le fait que la compétition n'est pas tolérée au sein d'une alliance, qu'elle est répréhensible et même meurtrière, comme ce fut le cas pour Hassen Ichkel, le propre cousin de Kadhafi. Et de fait, le mythe de l'ancêtre commun n'a été inventé que pour bâtir des alliances, des ponts et empêcher les conflits entre tribus voisines ou lointaines pour en prouver l'efficacité, il suffit de dire que la tribu des Kadhadfa a contraint les tribus de Hotmane, de Noueyel et même des Megharha à signer un document reconnaissant leur commune ascendance, quoique mythique *(Silat al-Rahim)*, et renforçant leurs liens ancestraux. Par ailleurs, Kadhafi a organisé, à Al-Ghardhabiya, en 1978, une rencontre pour renforcer leurs alliances. Signalons que la bataille d'Al Ghardhabiya qui avait eu lieu dans le désert de Syrtes le 28 et 29 avril 1915, tient une place particulière dans la conscience des Libyens et s'inscrit d'une façon profonde dans leur conscience et leur âme, comme la seule occasion ou tous ceux qui combattirent contre l'Italie ou à ses côtes, se soient vraiment réunis pour défendre leur pays. Elle avait, en effet, permis de ressuciter leur mémoire tribale collective, de réinventer leurs alliances ancestrales et de leur recréer le mythe de l'ancêtre commun. La victoire d'Al Ghardhabiya encouragea Ramadhane Souihli à proclamer, pendant l'été de 1915 le gouverment de Musorata qui avait fonctionné réellement jusqu'en 1918, date de la proclamation de la *République Tripolitaine* qui dura de 1918 à 1922. En raison de sa valeur symbolique centrale, le pouvoir avait tenu, à partir du milieu des années 70, à célébrer cette date et à l'instrumentaliser à des fins politiques symboliques bien précises. Cette manipulation mémorielle lui avait permis de rapprocher, de grè ou de force, les tribus entre-elles pour lancer un message de solidarité aux adversaires et aux concurrents.

---

(1) Émile Durkheim, *Les Règles de la méthode sociologique*, Paris, éditions Flammarion 1988, p. 27.
(2) Michel Mafesoli, *ibid*, pp. 39-48.
(3) *Ibidem*, pp. 39-48.

C'est cette violence qui a apparemment empêché la Libye de nous offrir le modèle sociologique d'une société contre le pouvoir dont les mécanismes ont été bien explicités par Pierre Clastres[1], puisqu'elle est au fond soumise, d'elle-même au pouvoir. Elle a bien su exploiter les antagonismes sociétaux, elle qui s'exerçait uniquement par le pouvoir comme c'est la violence de la société dirigée contre la société elle-même.

C'est que le régime instrumentalisa le retour de Tunisie, d'Egypte, de Syrie et du Tchad des exilés libyens qui étaient au nombre de 150.000 âmes sauf que, malgré leur niveau d'instruction et l'importance des postes qu'ils avaient réussi à obtenir, ils n'ont pas pu réintégrer leur propre société. Eux qui avaient « fui » le pays sous l'occupation italienne, ils ont rencontré au retour une société méprisante et un imaginaire hostile, et pour cause, ils furent accueillis, comme nous avons pu le vérifier, avec mépris et dédain, parce qu'ils avaient quitté le pays dans des moments difficiles[2]. Avoir quitté son pays sous la domination des fascistes était, en effet, considéré par les Libyens comme un véritable scandale et une pure trahison.

Étant sans protection et sans attaches familiales et en l'occurrence tribales claires et soucieux de se protéger et protéger leurs intérêts, ils se sont entièrement remis à la discrétion d'un pouvoir, qu'ils avaient inconditionnellement appuyé au sein de l'armée, de la police, des services spéciaux, des appareils idéologiques et des structures de l'investissement extérieur. Et, de fait, cette psychologie de l'exclusion et ce sentiment de rejet furent instrumentalisés dans des opérations suspectes qui furent menées par des personnes originaires du Tchad, du Nigeria et même de l'Égypte. Tout s'est donc passé comme si le pouvoir eût voulu convaincre le peuple que la violence émanait de la société elle-même et sans aucune manipulation politique.

Cet exemple anthropologique prouve la capacité du régime de remodeler constamment ses tactiques, de changer d'acteurs, quand les circonstances l'exigent, et de donner ainsi la mesure d'une souplesse politique qui permette de rebâtir les alliances tribales. C'est comme cela que Kadhafi redynamisa, à point nommé, l'alliance secondaire ou complémentaire (Bra'assa, Àbidet, et 'Awaghir), et essaya de l'élargir à de petites tribus telles que, les Hotmane, les Noiyel, les Rojbane, les Ouerchfène qui y furent incluses par intérêt ou par force.

Malgré la faiblesse de leur poids démographique, nous dirons que les petites tribus peuvent être, au moment opportun, instrumentalisées contre les grandes et que c'est là un phénomène qui pourrait être celui de la reproduction de la violence. Pour mieux concrétiser cette rupture, Khadafi fit appel à Mohammed Beyt El-Mel pour le charger du trésor lui dont le nom

---

(1) Pierre Clastres, *La société contre l'Etat, recherches d'anthropologie*, Tunis, CERES éditions, 1995, 194 pages.
(2) En effet, leur fuite fut considérée par la population autochtone comme une trahison, alors que toute la Libye souffrait d'une sauvage répression de la part des Italiens.

de famille désigne la fonction même, chargée qu'elle fut du temps des Qaramanli, de collecter les impots à Béni Walid, capitale des Ouerfella.

5. La disparition de Hassen Ichkel : anthropologie d'une mort

La mort subite du colonel Hassen Ichkel, dans la nuit du 23 au 24 novembre 1985, est significative à plus d'un titre. Pour en saisir la valeur sémantique et anthropologique, nous jugeons opportun de reconstituer la trajectoire individuelle et politique de cet homme, qui est, certes, indissociable de l'histoire tribale de la Libye actuelle. Cet homme de l'ombre, mort dans l'ombre, fut pourtant un pilier du système politique, son ascension ayant commencé quelques semaines après le changement politique de 1969 et ayant fini au milieu des années 80. Il avait connu sans doute une montée fulgurante, mais aussi une fin atroce et sauvage pour avoir été gracieusement récompensé, mais aussi durement châtié[1].

En effet, Fethi Dhib conseilla à Kadhafi de veiller à sa propre sécurité, de monter une garde rapprochée dont la supervision revînt à un ami personnel ou à un proche-parent[2], qui fut fait à la lettre. Et c'est ainsi que naquit l'idée de faire appel aux compétences d'Ishkel, celui-là qui avait choisi, aux débuts des années 60[3], de rejoindre la police, la redoutable force d'élite héritière de la *Cyrenaica Defence Force* formée de jeunes gens appartenant aux puissantes tribus, aux notabilités traditionnelles et aux régions les plus influentes politiquement. Il rapprocha de lui aussi deux cousins : Khélifa Hniche et Messoud Abdelhafidh.

Et de fait, Hassen Ichkel qui était sergent chef de la police, appartenait à la même tribu que Kadhafi, celle de Kaddafeddem, mais était d'une famille relativement privilégiée par rapport à celle de Moâmmer[4]. C'était la faction des Ouled Òmar, des *chorfas*, c'est-à-dire que leur père était de la descendance du Prophète et jouissant d'une certaine aisance matérielle, d'une notabilité sociale et politique et d'un capital symbolique et social les privilégiant par rapport à la famille de Kadhafi.

Hassen Ichkel ne rejoignit le Coup d'Etat que le 1er septembre 1969 ; son père Ibrahim Ishkel, un notable des Kadhadfa, s'était même présenté aux premières élections de 1954 qui furent falsifiées. Le Roi ne voulait pas que ses adversaires de l'*Association Omar El-Moktar* intègrent le Parlement. Redoutant la vengeance du Roi, Ibrahim Ichkel se réfugia à Fezzan, auprès de l'homme fort du Sud qui était Seyf En-Nasr[5]. Or ce dernier était habité d'une grande ambition, celle de concurrencer le Roi. Il se croyait assez fort pour pouvoir le faire et avait l'appui implicite des Français. Il voulait même

---

(1) Informations recueillies d'un ancien Ministre de l'education en Libye.
(2) Fethi Dhib, *Abdelnasser wa thawrat libia*, Le Caire, Dar Al Mostakbal Arabi, 1986, p.57.
(3) Entretien du chercheur libyen de nationalité américaine, Ali Abdellatif Ahmida, à Tunis 24-06-1997.
(4) Informations recueillies dans un entretien du sociologue libyen, Mustapha Ettir, le 23-06-1997 à Tunis.
(5) Cf. l'entretien précédent.

créer sa propre armée et fit appel aux jeunes des Kadhadfa pour rejoindre la police et l'armée.

C'est pour cette raison qu'il a proposé, selon certaines versions que les jeunes des Kadhadfa comme Hassen Ichkel (des Ouled Òmar), Messoud Abdelhafidh (de la tribu El-Khatra) et probablement Kadhafi de la famille Ghous lui-même, rejoignissent l'Académie de police, parce qu'il voulait monter sa propre garde rapprochée.

Après le changement politique de 1969, Ichkel intégra l'organisation des Officiers libres et devint le pilier du régime car « *il concentrait tant de pouvoirs, contrôlait tant de secteurs sensibles, actionnait et articulait tant de leviers vitaux* »[1]. En effet, l'ascension fulgurante d'Ichkel traduisait certes un besoin de sécurité, mais redoutant l'imprévu, Kadhafi s'est replié sur sa propre famille et a donné sa confiance à ses cousins. Pour la concrétiser, Kadhafi lui remit le dossier le plus lourd de la politique étrangère libyenne, à savoir celui du Pétrole, d'où de grandes possibilités d'enrichissement provenant de la manne vitale du pouvoir. Pour renforcer sa mainmise sur le pouvoir, Ichkel coiffait, du temps de sa force, en même temps l'ensemble des appareils de sécurité, prenait en charge le dossier du Pétrole et le contrôle militaire de la Région de Syrtes, en plus de la supervision de la *Garde Républicaine* et du délicat dossier du Tchad. En revanche, son cousin 'Omar supervisait les Comités Révolutionnaires, cette structure qui ne manquait pas d'importance avant qu'elle ne fut marginalisée, et a pris aussi part aux activités du « parlement ».

Mais comment pourrait-on lire anthropologiquement cette mort ?

Les Libyanologues et les Kadhafologues se contentent souvent, en réponse à cette question, de se fier à l'impitoyable guerre des clans autour de Kadhafi et à l'éternelle histoire de jalousie entre les segments de la tribu des Kadhadfa, surtout parce qu'Ichkel et Moâmmer Kadhafi étaient d'origines sociales opposées. L'on parle aussi de certaines critiques formulées par Ichkal au sujet de l'enlisement libyen au Tchad, des comportements des CR au sein de l'armée et du transfert prévu de l'Etat-Major dans la cuvette inhospitalière de Gioffra et plus précisément à Houn. Mais toutes ces explications sont uniquement à caractère politique, quant à la mort, elle est sujette à une multitude d'explications, puisque l'anthropologie se veut la science par excellence de l'homme[2]. C'est qu'il faudrait, certes, la situer dans le système socio-culturel, et surtout dans les structures mentales tribales.

A cet effet, il faudrait signaler certains éléments qui pourraient orienter notre analyse du sujet, Hassen Ichkel qui était de mère

---

(1) *Jeune Afrique* n° 1035 du 08-01-1986, p. 12.
(2) Louis-Vincent Thomas, *Anthropologie de la mort*, Paris, éditions Payot, 1980, pp. 15-16 ; Cf. également, *La mort africaine*, Paris, éditions Payot, 1982, 272 pages et Bernard Deforges, *Le festival des cadavres*, Paris, éditions les Belles Lettres, 1997, 141 pages.

ouerfelléènne, mais surtout de père Kadhaféen, et qui avait donc une double identité tribale répartie sur deux espaces distanciés mais complémentaires : l'espace des Kadhadfa et celui des Ouerfella. Certes, le mérite d'Ishkel était d'appartenir à la puissante tribu des Ouerfella, qui lui procurait sens et puissance et un surcroît d'habileté et d'intelligence[1]. Il était favorisé par rapport au reste des Kadhadfa, tout comme son collègue Abdelssalem Ez-Zadma (des Ouled Slimane) qui était très bien protégé politiquement, parce qu'il était le trait d'union de l'alliance tribale entre Kadhadfa et Ouerfella, en somme une sorte de jointure, une courroie de transmission et un porte-message. Mais il avait le principal atout d'être le cousin le plus proche de Kadhafi qui l'a chargé, pour cela, du dossier le plus sensible celui de la rente pétrolière : « *Le prince d'une société hydrocarbure n'a donc pas besoin de recruter les hommes intelligents (...) Le prince a besoin de négciateurs qualifiés afin de discuter de ses revenus avec les acheteurs* »[2].

Ichkel fut donc l'habile négociateur du Prince, son porte-parole, son homme lige, mais aussi son alter ego et son arme la plus redoutable face aux opposants. En effet, il n'était pas tendre lorsqu'il s'agissait d'exécutions politiques ; il savait plutôt exécuter et faire exécuter.

Mais dans une société tribale, la mort est un message de mort. Elle vise, en effet, à éliminer toute concurrence ou toute rivalité ou du moins à la prévenir. Le Prince d'une société hydrocarbure récompense généreusement les membres de sa famille, de sa coterie et ses suppôts[3]. Mais il leur interdit toute compétition pour le pouvoir, parce que la garde devant servir le Prince avec une indéfectible loyauté absolue[4], en contrepartie de privilèges, d'intérêts et d'une notabilité matérielle et sociale, sans qu'elle soit en mesure de se substituer à lui. A cette condition, le seuil entre la loyauté et la concurrence est infranchissable. C'en est même un interdit religieux et pour cause, le Prince est doté à la fois d'une autorité spirituelle et temporelle. Cette fusion ou plus précisément cette interpénétration du sacré et du séculier annule les contestations[5], délégitime la sédition et procure aux agents du Prince le statut d'assujettis et d'inféodés. Cette fusion n'a pas pour autant empêché les contestations souvent nombreuses dans l'histoire arabo-musulmane, mais elle a délégitimé les contestataires. Car, la soudure des deux statuts du Prince ne permet pas à la contestation de se développer. Loin des visions fixistes et

---

(1) Mohammed Marzouki, *Abdelnebi Belkhir*, Maison Arabe d'édition, Tunis-Tripoli 1978, p. 44.
(2) John Davis, *le système libyen, les Tribus et la Révolution*, Paris, P.U.F, 1990, pp. 32-33-34.
(3) Max Weber, *Economy and Society, An Outline of interpretative sociology*, traduction G. Roth and C.Wittich, Berkeley, 1978, pp. 231-232-322-324.
(4) Halil Inaleik: « Comments on "Sultanism": Max Weber's Typification of the Ottoman Polity », in, *Princeton Papers*, Number 1, 1992, p. 50.
(5) *Ibid*, p. 50.

essentialistes, et partant d'exemples empiriques puisés dans notre démarche analytique, nous pouvons en déduire que la mort n'est pas uniquement physique et biologique[1]. C'est une mort polysémique, donc à la fois allusive et symbolique. Ishkel aurait pu connaître une mort naturelle et se perdre dans un tourbillon de sable, comme c'est fréquent en Libye. Sa mort a clarifié les statuts, réintroduit de l'ordre dans « la gestion » partimonialiste et personnifiée et renversé la situation, comme à l'accoutumée, en faveur du Prince. Dans un système néopatrimonialiste, la loyauté est indéfectible, parce que généreusement rétribuée. Car le pouvoir est exercé d'une façon personnelle, non rationnelle et non contratctuelle. C'est ainsi que cette mort a lancé un clair message aux Ouerfella et aux Kadhadfa et redémontré que les compétitions se faisaient en dehors de l'alliance tribale. En effet, les règles ancestrales exigeaient que les fidèles fussent récompensés et que les traîtres fussent durement châtiés. Cette règle tribale garde encore son acuité, tant que le fonctionnement du système demeure fondamentalement patrimonialiste. En châtiant son compagnon, Kadhafi n'a fait qu'appliquer les lois tribales. Car les tribus, dans leur fonctionnement, ne sont pas autorisées à ériger un pouvoir politique concurrentiel. Pour plus d'éclairage, il faudrait ajouter aussi que les lois du Prince interdisent que la tribu ne devienne la base de l'émergence d'un pouvoir local ou la source d'une sédition. La tribu n'est jamais autonome; elle est en fait assujettie à une communauté au sens le plus large et dépend aussi d'un système politique, et est, en définitive, prisonnière d'un centre. Partant de là, Ichkel s'est perdu quand il a essayé de transgresser toutes ces lois et de partir pour la concurrence. Ichkel a oublié une règle fondamentale selon laquelle le serviteur du Prince est à tout moment exposé à la mort. Mais en fait, Ichkel savait qu'il devait mourir pour une raison ou pour une autre tout en s'étant persuadé de son immortalité politiquement.

Cette histoire prouve, en effet, que la tentation de la concurrence au sein du système politique et tribal est synonyme de mort. C'est ce qui fut fait.

---

(1) Louis-Vincent Thomas, *Anthropologie de la mort*, Paris, éditions Payot, 1980, pp.1718.

CHAPITRE 3 : DE L'ETAT A LA TRIBU : TRIBALISATION DU POLITIQUE, POLITISATION DE LA TRIBU ET PATRIMONIALISME

1. La libye : le temps de la tribu

Le temps de la tribu[1] : Pourquoi la Tribu a-t-elle pu résister en Libye ? Ou bien aurait-elle pu se dissoudre et intégrer la société globale ? Ou se serait-elle transformée avec les exigences du marché capitaliste ? Ou bien serait-ce le fait de l'absence des partis politiques et des syndicats mobilisateurs qui aurait laissé, par conséquent, un grand espace qui a été exploité par la Tribu ? Est-ce que la Libye présente le modèle théorique de l'Etat-Tribu ? Ou bien celui de la Tribu-Etat ?

Pour pouvoir répondre à toutes ces questions, il serait opportun de dire que, la tribu tient une place centrale dans la société segmentaire et[2] qu'elle est même le pilier du dynamisme social et politique. Car tout membre de la société devrait se définir, tout d'abord, par son identité locale (sa tribu d'origine), puis par son appartenance à son pays[3]. La résistance tribale étant aussi explicable par l'existence d'une solidarité mécanique.

2. De la société civile à la société tribale

Malgré l'existence d'une Monarchie constitutionnelle, la sclérose du système politique et le contrôle serré aussi bien des activités partisanes et syndicales que de l'élite elle-même, une société civile avec toutes ses failles et limites a cependant bien existé en Libye. Elle était dotée de potentialités et même de ressources réelles pour évoluer politiquement et imposer sa participation, l'historique du Syndicat du Pétrole étant, de ce point de vue, édifiant. Mais l'accumulation de ressources internes, des élites et des expériences historiques s'émietta et fut dilapidée au cours des 30 dernières années. C'est dans ce cadre, faut-il le préciser, que le train de l'évolution a revêtu, au cours des trois dernières décennies, un caractère essentiellement érosif.

---

(1) Expression empruntée à Michel Mafessoli, *Le temps des tribus*, Paris, éditions Méridiens Klincksieck, 1988.
(2) Abdellah Hammoudi, « Segmentarité, stratification sociale, pouvoir politique et sainteté. Réflexions sur les thèses de Gellner », in *Hespéris Tamuda*, Vol. XV, fax. Unique, 1974, pp. 147-180. Cf. également, Inger Rezig, « L'organisation segmentaire lignagère : mirage anthropologique ou réalité vécue», Revue *Libya*, Tomes XXX-XXX, Alger 1958; Maurice Godelier, « Le Concept de la tribu, crise d'un concept ou crise des fondements empiriques de l'anthropologie? », Revue *Diogène*, n° 81, janvier 1973, pp. 3-28. Ernest Gellner, « *Système tribal et changement social en Afrique du Nord* », in, *Annales Marocaines de Sociologie*, 1969, pp. 3-19.
(3) L'image des forces mobiles – en majorité bédouine – attaquant, en 1952, les locaux des partis et piétinant avec leurs chevaux leurs documents et leurs matériels, restera toujours ancrée dans la mémoire de la Libye contemporaine.

Appuyé à de très complexes mécanismes explicites et implicites, le projet «révolutionnaire» a abouti à une sorte d'autoblocage, tant il est vrai que la modernité est un problème délicat aussi bien sur le plan philosophique et théorique que pratique[1], d'abord pour toutes les sociétés, mais elle l'est encore plus pour les sociétés dites dépendantes ou tiers-mondistes. Partant de cette remarque générale, nous pouvons en comprendre les blocages du projet de la modernisation en Libye. C'est que le régime a programmé ses réalisations économiques, sociales, sanitaires, infrastructurelles et matérielles sans sonder les expectations, ni en prévoir les possibles retombées sur les populations qui furent dans certains secteurs névralgiques de l'économie libyenne, tragiques.

En effet, la modernisation a conduit, sans aboutir à un bilan, à une rupture quasi complète entre le projet et les populations. Compte tenu des retombées de la « Révolution » sur la société libyenne, nous pouvons remarquer que son projet a entraîné, une bédouinisation agressive et coercitive et une tribalisation excessive[2] du paysage politique.

Il ressort de notre enquête empirique, en effet, que la modernisation, en Libye, a été ressentie et vécue par la société profonde comme une agression culturelle, symbolique et même politique, assimilée qu'elle était par l'imaginaire collectif à une sorte de viol, bloquée par ses propres failles et fissures, et restée inachevée.

Elle fut même, au fil des années, phagocytée par le retour de la tribu en tant qu'acteur social et politique, parce que la tribu ne s'inscrivait pas dans une logique de rationalité et de progrès. La logique tribale est tout autre, parce qu'elle est bâtie sur des normes et des paramètres complètement différents, tant et si bien que la césure s'élargit entre le décideur et les populations d'une part et entre le projet révolutionnaire et la société d'autre part.

Certaines familles que nous avions interrogées dans notre enquête nous ont affirmé avoir empêché leurs filles d'aller aux lycées, par refus de la militarisation de l'institution scolaire. Elles se sont opposées à ce que leurs filles portent l'uniforme et s'initient au port des armes, parce que les symboles vestimentaires étant donc l'objet de vraies suspicions. Nombreux furent aussi les jeunes qui avaient préféré s'inscrire volontairement dans la dynamique du marché parallèle (le marché *dit* noir) plutôt que de s'entraîner aux armes dans les établissements scolaires et de se retrouver, en fin du compte, en Ouganda, au Tchad, au Liban ou ailleurs. Cette

---

(1) Anthony Giddens, *Les conséquences de la modernité*, l'Harmatan, traduit de l'anglais par Olivier Meyer, 1994, cf. aussi Danilo Martuccelli, *Sociologie de la modernité*, folio essais, éditions Gallimard, 1999.

(2) Dans leur parler quotidien, les Libyens désignent la bédouinisation excessive sous le nom de « Kehila », une espèce de chevaux de couleur noirâtre et élevés dans l'Est libyen. Cette ironisation intelligente reflète, sans doute, une résistance passive à la bédouinisation excessive et brutale.

marginalité leur permettait de vivre en dehors de toutes les structures mises en place et d'éviter toute forme de pression venant du pouvoir.

Signalons que ce rejet de la modernisation militariste et forcée traduisait une situation de blocage, mais surtout une résistance passive à une société caractérisée par la militarisation, le clientélisme et le patrimonialisme, les personnes ne pouvant s'exprimer que par le biais de leurs tribus et ne pouvant agir que lorsqu'elles ont leur appui et même leur protection. Ainsi la tribu devient un vrai refuge et surtout un repli identitaire.

3. Eclatement de la société et émergence de la tribu-repli identitaire

Le retour en force de la tribu est un phénomène digne d'être anthropologiquement décrypté pourqu'en soient saisies les significations et les retombées. Est-ce parce que la Libye est un pays « *saharo-steppique sur les 9/10 de son territoire* ? »[1], ou bien est-ce parce que le modèle de la société rentière s'est réfracté sur ses références tribales ? Est-il possible d'utiliser la formule sociologique de la tribu comme substitut local de l'Etat ?

Quoique les données nous fassent singulièrement défaut, nous allons essayer de répondre à ces questions. Avec l'émiettement des structures étatiques, l'absence quasi-totale de l'Etat, surtout au cours de la décennie de braises (1978-1988), la déliquescence des structures administratives, juridiques, économiques et politiques et l'effritement de la légitimité religieuse dû à un long exercice du pouvoir sans alternance, les populations « angoissées » pour leur avenir se sont, en effet, rabattues sur leurs propres attaches sociales et tribales. Il faudrait ajouter aussi que le régime lança, à partir de 1975, ses attaques contre ses opposants réels ou virtuels pour mieux réussir son œuvre, supprimant l'U.S.A et dont les « *sections locales se transformèrent en congrès populaires, un dans chaque district* »[2]. Il interdit aussi tout le substrat matériel et institutionnel de l'Etat, excluant les élites, marginalisant les technocrates et les intermédiaires entre lui et les masses et disloquant les différents corps de l'armée ou les remplaçant par des milices loyales, formées de la tribu des Kadhadfa ou des tribus alliées. A une plus grande échelle, toutes les articulations de la société ont été supprimées, les structures traditionnelles émiettées et perdant, au fil des années, toute leur efficacité des liens sociaux et si bien que l'équilibre traditionnel devenait, de ce fait, dysfonctionnel et désuet.

En face de cet *Empire du vide*, les populations entamèrent la recomposition de leur stratégie identitaire[3] en faisant souvent appel à la

---

(1) Jean Bisson, « *La Libye entre clientélisme et régionalisme tribal* », in, *Bulletin de l'Association de Géographie Française*, n° 1, 1997, p. 70.
(2) John Davis, *Le système libyen, la tribu et la révolution*, Paris, P.U.F., 1990.
(3) Joseph Kastersztein, « Les stratégies identitaires des acteurs sociaux », in, *stratégies identitaires*, éditions PUF, Paris 1990, pp. 27-41.

structure anthropologique, sociale, culturelle et mentale la plus proche qu'était la tribu[1], mues par le besoin d'appartenir à une communauté définie par des coutumes et par une échelle de valeurs mobilisatrices, et surtout par celui de besoin de sécurisation, de la protection et de la stabilité. En effet, cet ensemble d'actions coordonnées et de manœuvres adoptées par les populations visait leur intégration[2] et leur adaptation aux nouvelles circonstances. Car la stratégie identitaire est impérieuse puisqu'elle vise la réalisation de l'intégration des personnes.

En dotant les individus d'une appartenance, d'une identité et d'une sécurité psychosociale, la tribu se substitue localement à l'Etat assurant, en fonction de ses moyens, les mêmes rôles que ceux assurés par l'Etat. De la sorte, le Cheikh de la tribu s'investit des mêmes qualités et rôles que le Prince, et en marge de la société globale, des mini-sociétés se créent et qui garantissent à l'individu la protection nécessaire. L'individu se replie sur sa propre tribu qui lui offre, outre une structure d'appartenance, un encadrement psychologique et des appoints matériels en cas de crise, de faillite, de chômage ou de besoin pur et simple.

Donc d'un côté, la tribu est érigée en rempart contre les vicissitudes de la vie, surtout si l'on connaît les conditions économiques et politiques qui dominent actuellement, et de l'autre est un contre-pouvoir qui se charge de limiter les exactions du pouvoir et de trouver des solutions aux problèmes quotidiens ; bref de gérer les espaces délaissés par l'Etat qui agit selon un ordre de priorités censé n'être pas avant tout politique et sécuritaire. Tout se passe comme s'il y avait eu une division des tâches politiques entre le pouvoir et la tribu et que le premier se désengageait de certaines responsabilités sociales, juridiques et même sociales locales et qu'il les déléguait à la seconde. En vertu de ce tacite accord, celle-ci empêche ses membres de s'inscrire dans une logique d'opposition et de sabotage, autrement dit, la tribu pourrait être soumise à la sanction collective.

Connaissant en profondeur le paysage tribal, les « lois » et les coutumes des tribus, leurs rituels d'alliances, de paix et de guerre[3] et leurs structures mentales, Kadhafi a aussi tenu à responsabiliser leurs chefs, parce qu'il cherchait à créer un front tribal uni pour endiguer l'avancée des Islamistes. Profitant de toutes ces conditions réunies, la tribu élargit son pouvoir et son champ d'action, et c'est ainsi qu'au cours de l'été 1996,

---

(1) A Benghazi, les épiceries, les drogueries, les boutiques et les magasins portaient, dans les années 60, 70 et 80, des noms de fleurs, d'animaux, de pays et de villes. Mais à partir de 1988, tous ces noms ont été remplacés par ceux des tribus et des familles (Ouerfella, Tarhouna, Musorata) ou (El-Mengouche, El-Mehichi, Langhi Kadhafi etc.).

(2) *Ibidem*, pp. 27-28.

(3) Kadhafi avait un ex-conseiller sécuritaire Khelifa Hinche qui était un fin connaisseur de toutes les tribus en Libye, de leurs ramifications, de leurs alliances historiques, et surtout de leurs querelles. C'est lui qui était chargé de nouer pour lui les alliances tribales.

quand nous réalisions notre enquête à Béni Walid, capitale de Ouerfella, nous avons remarqué que la tribu pouvait même se substituer aux instances juridiques et nous avons été, en effet, témoin d'un grave accident provoqué par un chauffeur des Ouerfella qui avait entraîné la mort d'un écolier des 'Abidet traversant imprudemment la rue. A notre surprise, l'affaire n'a pas été saisie par les autorités compétentes (police, tribunal et autres), mais bien au contraire, elle a fait l'objet d'intercessions, de tractations et d'un accord entre les notables des deux tribus. C'est ainsi que selon un rituel reconnu, les chefs de la tribu du chauffeur durent se rendre en petit groupe (5 à 6 dignitaires) à la mosquée pour assister à la prière du 'Asr et suppléer la tribu du défunt. Si leur démarche n'avait pas été du premier coup acceptée, ils auraient dû y revenir plusieurs fois jusqu'à l'obtention du consentement de la tribu concernée. A ce moment là seulement que les pourparlers auraient été entamés pour les modalités de l'indemnisation.

Notons, enfin, que lorsque les deux tribus aboutissent à un accord, les autorités compétentes déclarent l'affaire close et que le tribunal ne peut que l'entériner. Cet exemple édifiant démontre les potentialités réelles des tribus de gérer les conflits au sein de leur espace et de produire des modèles d'organisation et des trêves honorables. A ce titre, la *diya* ou le « prix du sang » n'est qu'une stratégie, à la fois simple et complexe qui désamorce les conflits et réaffirme l'autorité morale de la tribu. Certes, elle n'obéit pas à une logique de comptabilité précise ni à une réparation tarifée, mais elle est en premier lieu une transaction. Or tout compte fait, une transaction n'est pas uniquement une compensation matérielle et n'induit pas seulement le fait de compenser la perte humaine. Elle est avant tout un compromis d'honneur qui évite aux deux protagonistes le rabaissement et l'humiliation. Sa valeur symbolique prime sur toute autre valeur.

Partant de ce fait, il nous paraît possible d'affirmer que la tribu est en mesure d'intercéder non pas uniquement dans les affaires tragiques, mais aussi dans les conflits entre personnes, dans les problèmes de dettes contractées auprès de particuliers ou de banques et non-remboursées, dans les meurtres, dans les querelles d'ordre foncier et même dans les conflits intertribaux. Les chefs de tribus disposent de leur propre légitimité et d'une large crédibilité pour pouvoir intervenir quand il le faut et résoudre les problèmes qui surviennent. C'est pourquoi nous pourrions parler d'une véritable crédibilité de la tribu traduite par un capital symbolique et par une large influence sociale. Au nom de cette crédibilité, elle exerce son pouvoir sans en avoir un réel, sans pour autant se hisser au rang de partenaire politique du pouvoir et sans en altérer le caractère fondamentalement totalitaire. Car la tribu n'agit que dans les espaces tolérés et n'exerce que des pouvoirs délégués, c'est-à-dire permis par un pouvoir central et personnalisé. De fait, elle ne fonctionne que dans les marges délibérément évacuées par le pouvoir lui-même. Elle est ainsi un simple relais politique, et en quelque sorte un rouage de fonctionnement.

Notons dans ce sens que la tribu, quelqu'ambigu que puisse être ce concept[1], n'est pas une structure politique, mais tout d'abord sociale et culturelle. En effet, ses membres n'accèdent aux postes supérieurs qu'en fonction de leur indéfectible loyauté au chef suprême et de son appui[2]. Cependant, il s'avère que son dévouement et sa représentativité sont deux conditions indissociables l'une de l'autre, si bien que ses membres ne sont invités à diriger les diverses articulations du pouvoir que s'ils sont avant tout représentatifs au sein de leurs tribus (Abou Baker Jabeur, Hassen Ichkel, Ibrahim Bishari, Abdelssalem Zadma, Saïd Khicha et Abdellah Sénoussi etc.), et partant dotés de capacités mobilisatrices. Au moment opportun, ils peuvent donc se charger de mobiliser leurs tribus, apporter au pouvoir l'appui indispensable, organiser les manifestations nécessaires, exécuter ou faire exécuter les ordres. Telles sont ici les caractéristiques exigées d'un révolutionnaire pourqu'il puisse garantir son ascension dans la hiérarchie politico–administrative[3]. Du reste, les membres des diverses équipes du S.P.G (gouvernement) sont formées essentiellement selon des considérations tribales. Malgré la grande tension qui marque les relations entre Kadhafi et Ouerfella, le Secrétaire (ministre) Maâtoug Mohammed Maâtoug garde encore son portefeuille « ministériel ». C'est que le pouvoir avait besoin d'un intermédiaire ou plus précisément d'un porteur de messages. Le pouvoir avait gardé aussi la communication avec les tribus de Musorata, il maintint 'Omar El-Montasser, pendant plusieurs années, au poste de « ministre des Affaires étrangères », lui qui n'avait jamais quitté le domaine du Pétrole pendant plus de deux décennies. C'est ce qui montre d'une façon irréfutable que malgré les conflits, si profonds fussent-ils, le pouvoir avait besoin de garder le contact, d'abord avec les tribus de Béni Walid et de Musorata. Car le régime ne peut pas se suffire à lui-même, mais a besoin d'instruments humains. Le tribalisme en Libye est une composante fondamentale de la société, ce qui infirme l'idée selon laquelle que la tribu y est marginale, elle est même l'instrument par lequel le pouvoir gouverne, maîtrise la société et contrôle le comportement des individus[4] ; bref, la tribu n'est pas uniquement une terre ou un espace qui réunit des êtres humains aux intérêts divergents, mais elle est avant tout une âme collective et un sentiment d'appartenance identitaire.

---

(1) Pierre Bonte, Introduction « tribus en Afrique du Nord et au Moyen-Orient », Revue *l'Homme*, n°102, Publications F.H.E.S.S. pp. 7-11.
(2) Jean Bisson, « La Libye entre clientélisme et régionalisme tribal», *Bulletin de l'Association de Géographie Fran*çaise, n°1, 1997, p. 72.
(3) Alain Touraine, « Les classes sociales dans une société dépendante, la société latino-américaine », Revue *Tiers-Monde*, Tome XVI, n° 62, avril-juin 1975, pp. 235-256; cf. également Dominique Memmi, «L'Ascension sociale vue de l'intérieur : les postures de la conquête», in *Cahiers Internationaux de Sociologie*, Vol. 100, 1996, pp. 33-58.
(4) Ernest Gellner, « Système tribal et changement social en Afrique du Nord », *in Annales Marocaines de sociologie* 1969, pp. 7-8.

Mais malgré cette disparité des définitions, la tribu est une mini société organisée selon des rapports de consanguinité et de descendance d'un même ancêtre commun[1]. En ce sens, la tribu est un assemblage de clans, de segments qui sont, malgré leur concurrence, complémentaires. Elle est aussi un large groupement agnatique lié surtout par l'appartenance à un même ancêtre, réel ou inventé.

Il est d'ailleurs significatif de constater que cet assemblage est soudé par des relations de sang[2], mais surtout par l'appartenance corps et âme à une même entité. La tribu est de fait une « âme collective » qui unit ses membres, abstraction faite de leurs lieux d'existence, de leurs situations sociales et de leur richesse ou de leur pauvreté ; c'est cette fibre mentale et spirituelle qui en lie les individus. C'est ce ligament de l'appartenance qui pourrait nous expliquer pourquoi, malgré l'irruption « brutale » du Pétrole, l'adoption des « choix révolutionnaires » et l'intense formation idéologique des jeunes, la société a continué à se référer à la tribu et à se définir par rapport à cette appartenance et pourquoi la *Révolution Culturelle n'a* pas pu altérer l'identité tribale et les appartenances anterieures à la « Révolution ».

Dans une enquête empirique réalisée dans le cadre d'une thèse, Amel Mahmoud Abidi a su brillamment analyser les composantes identitaires fondamentales chez les étudiants de l'Université de Benghazi[3]. Sur un échantillon de 500 étudiants, une proportion considérable accorde la priorité à l'appartenance qui n'est pas verrouillée, mais cependant, elle accepte la coexistence avec d'autres références tribales, l'Arabité et l'Islamité. Notons que la tribu, l'Islam et l'Arabité ne sont jamais conçus et présentés comme des référents antinomiques. Un fait certain est que le régime a su pénétrer l'imaginaire des jeunes et surtout influencer leur culture politique et leur perception de leur identité, ce qui n'a été atteint que grâce à de longues années de formation politique et de campements idéologiques (*Mou 'askarat*) pour les écoliers, les adolescents, les lycéens et les étudiants. Les budgets réservés aux *Mou 'askarat* c'est-à-dire les campements provisoires de stages et de formation politique et idéologique étaient astronomiques, mais les résultats n'en furent pas, semble-t-il, à la mesure des attentes politiques pour des raisons certainement multiples.

4. Pouvoir et tribus : sociologie de la bey'a

Mais la tribu gouverne-t-elle réellement ou plutôt aide-t-elle le pouvoir à gouverner ? Ou enfin est-elle un instrument entre les mains de celui qui gouverne ?

La réponse est certes difficile, la tribu ne laissant pas facilement saisir ses rapports avec l'univers politique en Libye, parce que si complexes, et si

---

(1) Maurice Godelier, « Le Concept de tribu », in, Revue *Diogène,* n° 81, janvier 1973, p. 7.
(2) Ibid, pp. 7-9.
(3) Amel Mahmoud Obeidi, *Political culture in Libya : A case Study of political attitudes of university students*, PHD Thesis, University of Durham, 1996, pp. 115-144.

profonds que leur appréhension scientifique s'avère difficile et malaisée. Mais il faut dire que le pouvoir s'exerce dans une logique de commandement à obéissance[1].

A ce titre, le pouvoir est si coercitif qu'il est normal qu'il ne permette pas la concurrence d'où qu'elle vienne, et encore moins lorsqu'il s'agit de la Libye. Les mécanismes de fonctionnement du paysage tribal ne permettent pas que l'acteur tribal se transforme en un acteur politique[2], parce que le paysage tribal est géré par des lois implicites qui réglementent les rapports entre le pouvoir et les tribus. Fidèle à ses «lois», le pouvoir a empêché la tribu de gouverner ou à tout le moins de devenir un partenaire politique. Cette approche est partagée par le politologue libyen Zahi El-Mghirbi (formé aux Etats-Unis) qui nous confirme[3] que : « *La tribu ne gouverne pas, mais elle est instrumentalisée selon les conjonctures politiques et sociales internes. La tribu sert d'instrument pour le système politique. C'est dans ce sens qu'elle est manipulée d'une façon constante, aux moments du tas 'id[4] (élections), des tensions politiques avec les tribus, des conflits intertribaux etc. C'est ainsi que se forment une 'Açabiya permanente et une autre circonstancielle et momentanée. Lorsqu'un responsable libyen est désigné pour diriger une institution ou une banque, il a directement recours aux membres de sa tribu qui constituent une 'açabiya permanente. Mais ce recours ne tient jamais compte de la compétence et du niveau personnels.*

Mais il peut solliciter aussi l'appui d'autres tribus selon les alliances au sein du pays, ce qui constitue une 'Açabiya provisoire. Certains secteurs névralgiques sont exclusivement identifiés à des tribus bien déterminées (Kadhadfa, Ouerfella, Megherha et 'Awaghir), alors que d'autres connaissent des commandements tribaux diversifiés selon les circonstances. »

Entrant dans les détails, notre interlocuteur ajoutait : « *Il n'y a là rien d'étrange pour un pays comme la Libye. En effet, ce pays n'a jamais constitué, pour des raisons historiques, une patrie unifiée. Il était divisé en trois provinces qui n'étaient pas soudées, parce qu'elles ne se connaissaient pas. C'est pourquoi la notion de patrie en fut absente. Certains efforts furent déployés pour la construction d'une personnalité libyenne, surtout avec Abdelhamid El-Baccouche, qui voulant contrecarrer l'offre idéologique nassérienne, mais en vain. Seule la tribu, en tant qu'organisation sociale, est restée efficace et mobilisatrice. Imaginez donc un pays qui n'aime pas intégrer ses tribus dans une formation sociale, économique et politique globale.* »

---

(1) J. W. Lapierre cité par Pierre Clastres, *La société contre l'Etat*, Tunis, éditions du CERES, 1974, p. 61.

(2) Alain touraine, *Le retour de l'acteur*, éditions le Seuil, 1978.

(3) Entretien organisé à Benghazi le 27-12-1998 et à Tunis le 27-03-2001.

(4) La différence entre élections et tas'id est importante, le *Livre Vert* ne reconnaît ni démocratie ni élections. Il s'oppose donc à la représentation qu'il considère comme une forme d'imposture.

Cette approche est aussi adoptée par le politologue libyen Fethi Ba 'aja dans un entretien[1] où il affirme que : « *Les tribus ne gouvernent pas, mais elles sont sollicitées pour des tâches précises. C'est ainsi qu'elles appuyent le régime en contrepartie d'intérêts et de privilèges à caractères clientélistiques.* »

« *En effet, pour défendre leurs intérêts et leurs privilèges, les tribus sont même prêtes à porter les armes. D'ailleurs, Kadhafi avait compté à l'Est sur les mêmes tribus du Roi (Bra'assa, Awaghir, 'Abidet) qui étaient les piliers des forces mobiles sous la Monarchie. Mais à l'Ouest, le régime a fait appel aux compétences des Bla'aza et Hmidet. Le régime a toujours fonctionné à l'aide de 'açabiyat tribales.* »

En partant de ces deux entretiens, nous pourrions affirmer que les rapports entre le pouvoir et les tribus sont directs, et qu'ils se traduisent souvent par des alliances tribales. Car le tribalisme, vécu sous sa forme quotidienne moderne, est synonyme de clientélisme, et la loyauté se traduit par des privilèges matériels immédiats. C'est ainsi que la rente pétrolière est divisée entre les grandes tribus alliées, mais aussi entre les tribus minoritaires et marginales qui acceptent de rejoindre la *'açabiya dominante*. Car ces dernières peuvent constituer des ressources humaines de réserve en cas d'affrontement avec les autres tribus et surtout avec les plus fortes. Devant les menaces, les petites tribus n'hésitent pas à défendre l'alliance à laquelle elles adhèrent, et surtout à défendre leurs intérêts garantis par le régime en place. C'est ce qui pourrait expliquer le recours permanent à la violence contre les opposants du régime, l'excès de loyauté et l'extrémisme dans le culte de la personnalité. Le renforcement entraîne un effet d'inhibition ou de castration chez les membres des autres tribus qui font preuve de velléités contestataires. Un fait est certain, c'est que la violence ne pourrait s'expliquer essentiellement que par l'importance de la rente pétrolière dans un pays qui n'a pratiquement plus, surtout depuis 1984 de budget précis.

Pour défendre leurs intérêts immédiats, les tribus renforcent les 'açabiya au pouvoir, la tribu en Libye, hormis les deux exemples de Ouerfella et de Musorata, appuyant le pouvoir en place et acceptant de jouer ses jeux. Lors des élections de 1995 et de 1998 que nous avons pu suivre à Benghazi, les campagnes de *tas'id* (élections) se faisaient selon des critères tribaux, puisque même les slogans mobilisateurs obéissent à des références tribales et que ceux qui ont été « élus » sont choisis par le pouvoir lui-même. Car quand une tribu est en conflit avec le pouvoir, ses « candidats » sont vite mis au ban. C'est pourquoi les CP sont souvent formés selon des considérations tribales, et que tout se passe comme si le pouvoir cherchait, par le biais de ce mécanisme, à mettre dans son moule

---

(1) Entretien organisé à Benghazi le 11-11-1999.

toutes les tribus[1]. La participation ne peut se faire qu'à l'intérieur des structures du pouvoir, si bien que les tribus n'arrivent plus à le contester.

C'est aussi du reste le cas au Yémen et à Djibouti, mais faisons remarquer que dans ces deux pays, la tribu peut s'élever au rang de contre-pouvoir, bloquer les décisions du pouvoir central et lui «arracher» des concessions, en matière de service (eau potable, électricité, routes goudronnées, santé). Elles peuvent, par défi, porter également préjudice aux intérêts économiques du pays, se livrer au rapt des touristes (comme au Yémen), ternir, pour ainsi dire, de la sorte l'image du pays auprès des agences touristiques et bloquer les décisions gouvernementales.

Pour organiser le paysage tribal, Kadhafi exigea, à partir de 1975, l'instauration de garanties pour toute nouvelle alliance entre les Kadhadfa et les autres tribus. Mais cette cooptation fut interprétée à l'époque comme un front dressé contre les tribus de Musorata.

Mais en quoi consistent en fait ces garanties ?

Elles consistent tout d'abord en un serment d'allégeance qui est un test d'une valeur morale, en un engagement à la fois religieux et politique de fidélité et de soutien (mounasara). La bey'a est surtout un gage de bonne foi et de sincérité et un pacte de défense commune dans les conditions de guerre et de paix. En effet, en signant le serment de la bey'a, la tribu s'engage à défendre le régime, à l'appuyer et à faire considérer ses ennemis comme étant les siens propres, et qui devient son propre prolongement et la simple continuité de sa politique de mobilisation et d'encadrement.

En revanche, la tribu au Yémen, malgré ses alliances implicites ou explicites avec le pouvoir, sait garder des marges d'autonomie, imposer par la violence armée des espaces libérés et créer un contre-pouvoir[2], qui est la condition de toute société civile. Nous pourrions même parler d'une division de tâches, et il suffit de citer, à ce propos, l'exemple de deux tribus bien connues au Yémen (les Bakil et les Hached). Alors que la première (pilier de l'Imâmat) choisit le statut de l'opposition et refuse d'appuyer le pouvoir, la seconde (tribu du cheikh Abdellah Hussein Lahmar) est totalement engagée dans l'appui du pouvoir, surtout politiquement et militairement. Il faudrait noter que la seconde a joué un rôle capital dans la guerre de sécession de 1994, initiée par le Sud «socialiste» et que cet antagonisme de statut fait même partie de la division interne de la tâche politique.

Mais précisons qu'au Yémen, la tribu joue aussi un rôle conservateur, puisqu'elle est en mesure de bloquer toute réforme religieuse et sociale et

---

(1) John Davis, *Le système libyen, tribus et révolution*, Paris, P.U.F, 1990, p. 22.
(2) Mohammed El-Dadhiri, *Al dawr siyassi lil kabila fil yaman*, (le rôle politique de la tribu au Yémen), Maktabt Madbouli, le Caire 1996, pp. 93-148; cf. aussi, Stookey Robert, W. « Social Structure and Politics in the Yemen Arab Republic », Part1, *The Middle East Journal*, vol. Summer 1974, n° 3.

d'empêcher l'application de tout programme modernisateur de la société qui soit aux antipodes de ses intérêts économiques et politiques. Ce trait fondamental est, en fait, une structure socialement et politiquement si indépassable que cette donnée de base contraint le régime à en tenir compte, et surtout à avoir recours à la « clientélisation » pour se mettre à l'abri de ses capacités contestataires. En revanche, la tribu en Libye ne prétend jamais à ce statut de contestataire, parce que le fonctionnement interne du système politique ne tolère pas l'existence d'espaces autonomes ou de « société civile » même composée de tribus. Pour cette raison, Kadhafi exigea à Syrtes en 1978, après la *bey'a* de 1975 que les tribus contiguës fissent revivre le mythe de l'ancêtre commun (*Khout el Jedd*), et les incita aussi à en créer un, au cas où elles n'en auraient pas, et ce dans le but de redynamiser les alliances tribales, d'intégrer toutes les tribus dans le moule du pouvoir et d'empêcher par la force les velléités sécessionnistes. C'est ainsi que la notion de *hilf* fut réinventée et imposée et que les Khadhafa ont établi une alliance avec leurs voisins Ouled Slimene, l'une des tribus les plus fortes du Sud.

Après l'affaire de Ouerfella, de 1993 à 1999, Kadhafi parcourut tout le pays, village par village, et rendit visite à la majorité des tribus et grandes familles. Selon un rituel spécial transmis en direct à la télévision, les tribus lui remirent le texte de la *bey'a* souvent écrit par le sang pour prouver leur indéfectible loyauté. Après la lecture de la *bey'a* et la récitation de poèmes élogieux, comme à l'accoutumée, Kadhafi clôturait la rencontre par un discours anti-américain. C'est ainsi que cette longue tournée fut interprétée comme étant, une mobilisation anti-Ouerfella ; cette tribu qui avait fait défection et avait « trahi » l'alliance des ancêtres selon les dires du discours officiel.

5. Modernisation, tribalisme et clientélisme

Au fil des années, la *bey'a* a secrété son propre clientélisme, surtout dans une société fondamentalement rentière et marquée par l'irruption brutale du Pétrole exploité depuis 1959. Car, les tribus qui ont coopté le pouvoir exigent des récompenses facilitant ainsi leur propre clientélisation. Cette dérive clientéliste reflète l'évolution politique de la Libye, surtout après 1975, et la constitution de l'alliance tribale avec Ouerfella qui fut un événement marquant pour la société libyenne. Cette nouvelle alliance imposa de fait le retour du tribalisme et relança le clientélisme qu'on avait cru enterré surtout après la Révolution du 1er septembre 1969. Signalons que la première déclaration annonça au peuple libyen une société d'égalité, de justice et de droit. Mais que cette promesse n'a pas empêché la société de glisser progressivement vers le clientélisme. Mais fut-ce un clientélisme traditionnel ou nouveau ?

a. Les traits constitutifs du clientélisme tribal

Le clientélisme est défini par l'anthropologie politique comme étant un rapport de dépendance personnelle, de clientèle et de patronage[1]. Ce phénomène socio-politique repose, tout d'abord, sur un échange réciproque de faveurs entre patrons et clients qui contrôlent, dans la réalité, des ressources inégales.

L'importance de ce phénomène en Libye, et même dans plusieurs autres pays, exige une méthode d'approche qui pourrait être offerte, à la fois, par la sociologie et par l'anthropologie. Il a été repéré dans divers pays du monde ce qui lui avait donné son caractère universel. Et il est digne d'attention que même les sociétés politiques et démocratiques modernes en sont pénétrées, mais à des degrés divers et selon des modalités variées. C'est pourquoi nous l'analyserons comme une véritable « *stratégie mise en application par les acteurs* »[2], et comme tout d'abord un rapport de dépendance, de réciprocité et de relations personnelles[3].

Notons donc que le clientélisme moderne, par opposition au traditionnel, repose sur le contrôle de tous les secteurs de la société et s'étend même aux domaines de la vie économique et sociale où il existe une division poussée des tâches[4], et qu'il se caractérise par la rencontre de deux situations qui sont en apparence contradictoires, mais au fond complémentaires, voire inséparables : «*comme un rapport instrumental où la recherche du pouvoir chez le patron rencontre les espoirs de sécurité du client. Sa sphère d'influence dépasse en outre très largement celle du clientélisme traditionnel* »[5].

En effet, en encourageant le clientélisme à tous les niveaux de la société, le pouvoir essaie de préserver son emprise sur la richesse et de contrôler, en premier lieu, l'accès aux ressources tant extérieures qu'intérieures et à des bénéfices personnels. Signalons que les coteries y traitent la richesse, qui est normalement collective, comme une propriété privée qui doit être « *défendue par tous les moyens contre les intrus* »[6]. Pour reprendre la terminologie wébérienne, le clientélisme se transforme en patrimonialisme, c'est-à-dire en patronage politique, et on qualifiera ainsi le clientélisme de relation entre patrons et dépendants en rapport direct avec la répartition des richesses et le marché des allégeances.

En réalité, le clientélisme trouve ses racines dans la dépendance sociale et politique des individus et des groupes à l'égard du pouvoir et plus

---

(1) Jean-François Médard, « Le rapport de clientèle, du phénomène social à l'analyse politique », in, Revue *française de science politique*, n°1, 1976, pp. 103-104.
(2) René Lemarchand, « Political exchange, clientelism and development in tropical Africa », in *Culture et développement*, 1973, p. 484.
(3) John D. Powell, « Peasant society and clientelistic politics », in, *American political science review*, LXIV, 2, juin 1970, p. 59.
(4) Bruno Jobert, « Clientélisme, patronage et participation populaire », in, Revue *Tiers-Monde*, Tome XXIV, n° 95 juillet-septembre 1983, p. 550.
(5) Ibid, p. 550.
(6) Bruno Jobert, ibid, p.525.

précisément du Prince, et reflète ainsi l'extrême précarité des conditions des dépendants et la fragilité de leur statut. De fait, la vie politique devient une véritable arène où les dépendants se mettent en compétition, entre eux, pour obtenir les faveurs du Prince matérialisées en routes, écoles, hôpitaux, emplois[1], électricité etc...

Il est à noter dans le même sens que « *chaque individu, chaque communauté locale ou ethnique devient un adversaire pour l'obtention de ressources publiques* »[2]. C'est donc là un lieu de compétition entre tous les groupes désireux de prouver leur loyauté et leur soumission à la volonté du Prince[3], le client étant un simple débiteur et le patron un vrai créancier et la relation de dépendance se greffant donc sur une situation d'inégalité[4]. En effet, l'inégalité des ressources conduit, certes, à la dépendance et à l'exploitation, c'est-à-dire à des rapports de nature clientélistique.

Notons que dans la société moderne, les rapports sociaux ou politiques ne sont pas bâtis, à l'inverse de la société paysanne ou saharienne sur des rapports clientélistiques ou paternalistiques[5], mais sur des normes rationnelles, comme l'ont bien analysé Max Weber et Crozier à propos du phénomène bureaucratique, qui malgré certaines failles, fonctionne d'une façon logique, comparé aux bureaucraties des pays en voie de développement.

b. Clientélisme et gestion politique

La société libyenne est essentiellement clientéliste, si l'on tient compte de sa dépendance réelle à l'égard du pouvoir, du caractère personnalisé de la « gestion » politique et de la répartition patrimonialiste de la rente pétrolière. Pour que ce concept révèle toute sa richesse théorique et analytique, nous devons signaler que la bédouinisation de la société, imposée d'en haut et par la force, a facilité la tâche du pouvoir qu'elle a exclu l'acteur civil (partis, syndicats, associations et intellectuels) et marginalisé les structures de l'Etat moderne et qu'elle a surtout induit une stratégie[6] de tribalisation du paysage politique et de clientélisation des tribus, et qu'enfin le clientélisme est une relation dyadique, particulariste et diffuse. C'est pourquoi les répercussions de la bédouinisation furent à la fois politiques, économiques et surtout sociales, si bien que toute la vie politique a été dominée par une bédouinisation à caractère clientélistique et patrimonialistique. En ce sens, la relation est complémentaire entre la bédouinisation et le clientélisme : deux phénomènes qui sont aux antipodes

---

(1) Ibid, p. 540.
(2) Ibid, p. 542.
(3) Peter Blau, *Exchange and power in social life,* John Wiley and sons, 1964, pp. 21-22.
(4) Jean-François Médrad, ibid, pp. 103-104.
(5) Christiane Coulon, « Pouvoir et société en Afrique noire », Revue *française de science politique*, XXII, n° 5, octobre 1972.
(6) René Lemarchand, « Political exchange, clientelism and development in Tropical Africa », in *Culture et développement,* 1973, p. 484.

de l'Etat moderne, de la rationalité politique et de la société civile ; bref, de toute l'architecture démocratique moderne.

En effet, il s'agit de société où l'acteur est absent, lui qui a des projets et qui est capable d'en imaginer d'autres, et qui est au centre des décisions et des solutions.

Ce qu'il faut, ce sont surtout des acteurs capables d'innovation sociale et politique. Toutefois, il se trouve que la capacité d'innovation est largement réduite par les choix politiques, par le clientélisme et par la corruption. La Libye est au demeurant un pays qui dispose de ressources considérables lui permettant de progresser, et qu'il suffit de canaliser[1].

Notre hypothèse de travail serait qu'il y a une tactique politique consciente qui fait de la bédouinisation clientélistique ou plutôt clientélisante, un outil efficace empêchant l'émergence d'une société autonome non clientélisée, c'est-à-dire un ensemble de forces capables de se constituer en opposition, l'articulation entre ces deux niveaux constituant un très efficace moyen d'action politique[2]. Nous pourrions dire que la bédouinisation de la Libye nous présente la preuve irréfutable de la précarité de la société globale en général et de la société civile en particulier.

Mais comment pourrait-on expliquer cette articulation de la bédouinisation et du clientélisme ?

Il nous semble que la fréquence des traits clientélistiques en Libye traduirait plutôt la faiblesse de la modernisation de l'appareil d'Etat[3] et que le clientélisme ne saurait survivre dans la société démocratique moderne, mais serait dans ce cas-là «*un reliquat d'une époque passée et son importance devrait être de plus en plus limitée au fur et à mesure de la croissance de l'Etat moderne*»[4]. Il est donc clair qu'il ne peut survivre que dans une formation sociale et économique pré-moderne, c'est-à-dire dominée par des comportements qui s'apparentent aux formes de patrimonialisation de la politique et de la richesse donc que tout un environnement qui s'y prête. En revanche, dans les formations capitalistiques et bureaucratiques développées, les expressions clientélistes sont quasi-insignifiantes, parce que la corruption y est totalement maîtrisée[5]. Mais on y trouve aussi cette volonté politique institutionnalisée de contrôler les bureaucraties et d'orienter les technocraties foisonnantes,

---

(1) Michel Crozier, *La crise de l'intelligence*, Paris, interéditions, 1995 ; A.Touraine, F.Dubet, D.Lapeyronnie, F.Khosrokhver, M.Wieviorka, *Le grand refus*, Paris Fayard, 1996.

(2) Bruno Jobert, *ibid*, p. 540.

(3) *Ibid*, p. 546.

(4) *Ibid*, p. 547.

(5) Alain Etcheygon, *Le corrupteur et le corrompu*, Paris, collection Agora, éditions Julliard, 1995 ; cf. Yves Ménu, *La corruption de la République*, Fayard, 1994, cf. Donatella della Porta, *Démocratie et corruption en Europe*, Paris, La Découverte, 1995.

dans les sociétés périphériques dépendantes, le clientélisme étant l'un des outils les plus efficaces du contrôle et de la régulation des rapports socio-politiques.

6. Allégeance, butin pouvoir : zones d'interférences entre le politique et le social

Notre propos ici est d'esquisser ici, à grands traits, le phénomène de la dérive clientélistique en Libye et ses rapports avec l'étonnante permanence du tribalisme qui a permis ainsi au clientélisme de se projeter à tous les niveaux de la vie sociale, économique et politique. Jusqu'à présent, son analyse s'est attachée à l'aspect économique, comme s'il était réductible à une seule explication en omettant, toutefois, le fait qu'il s'y agit tout d'abord d'un long processus d'évolution politique. A ce titre, disons que la crise à travers laquelle s'exprime le clientélisme n'est pas exclusivement économique, mais de caractère global[1] et qu'elle affecte, autrement, dit les fondements historiques, psychologiques et surtout culturels de la société.

Car le clientélisme tribal est une structure mentale, une socialisation, une forme de vie et une structure relationnelle et comportementale, dans lesquelles l'autorité de l'Etat (classique ou moderne) ne se fonde uniquement pas sur la violence physique, mais sur une légitimité intrinsèque et sur un large consensus. Les couches supérieures qui occupent l'appareil d'Etat ne sauraient, du reste, consentir à partager richesses et pouvoir au nom de la simple philanthropie.

Signalons dans ce sens que la répartition des richesses permet «d'acheter» une légitimité et d'imposer la stabilité politique comme l'unique priorité sociétale, et qu'avec la rente pétrolière, les détenteurs du pouvoir sont moins attentifs et sensibles aux contraintes politiques et économiques internes que leurs homologues européens aux mêmes stades d'industrialisation et de développement administratif[2].

Si la capacité distributive a permis au pouvoir de compenser son déficit de légitimité, de concentrer son autorité et de contrôler la dynamique de la société, il serait, donc, opportun de signaler que la rente pétrolière lui a permis, en Libye, d'étendre son autorité, d'empêcher l'apparition de nouveaux groupes d'acteurs réfractaires à la politique officielle[3] et de différer par la violence la requête démocratique. Le clientélisme était entretenu, parce qu'il permettait d'élargir la loyauté à l'égard du régime, de

---

(1) Lahouari Addi, « Néo-patrimonialisme et économie en Algérie », in Annuaire de l'Afrique du Nord, Tome XXVIII, 1989 éditions du CNRS, p. 41. cf. aussi, Mohammed Harbi, « Sur les processus de relégitimation du pouvoir en Algérie», in A.A.N., n° XXVIII, 1989, pp. 131-140.

(2) Lisa Anderson, «Remaking the Middle Fast: The prospects for democracy and stability», in, *Ethics and International Affairs,* 1992, vol. 6, p. 167.

(3) Alain Richard et John Waturbury, *A political Economy of the Middle East, State, Class, and economic developpment,* Boulder, Westview Press 1990, p. 236.

récompenser ses clients et de renouveler les bases du pouvoir en se renouvelant lui-même.

Car le pouvoir a exclu, depuis les premières années du changement politique de 1969, les formes traditionnelles de patronage et de loyauté tribaux, mais quelques années plus tard, la loyauté a dû être inventée de toute pièce.

Quand l'appareil d'Etat est contourné[1], voire exclu, et que les notions de citoyenneté et de participation sont quasi-absentes, les habitants se rabattent sur leurs tribus, c'est-à-dire sur leurs structures-refuges. Le régime ne trouve devant lui que les tribus qui restent, malgré la modernisation, comme la vraie charpente de l'organisation sociale, puisque c'est la tribu qui distribue à ses membres les allocations obtenues de lui. C'est ainsi que se développa et se renforça le clientélisme « *car le rôle dévolu à la tribu est de faciliter l'accès aux ressources, et de les distribuer exclusivement à ses membres* »[2]. Le cadre tribal demeure le meilleur espace où se distribue l'argent public en échange de la loyauté et il est bien convenable que le tribalisme glisse progressivement vers le clientélisme avec sa dérive inévitable vers la corruption.

Le clientélisme encouragea chez les populations l'apathie collective, sinon la démission, le refus de l'effort, la recherche du profit immédiat et du gain facile, sans oublier les pratiques délictueuses et la prospérité du secteur informel dominé par les hommes des tribus et du pouvoir. Car l'allocation des ressources était considérée par les tribus comme un droit acquis ou une *ghanîma* (butin) qu'il faut arracher de gré ou de force.

Mais nous pourrions utiliser le concept de néo-patrimonialisme pour décrire les rapports étroits existant entre la loyauté politique et la répartition des richesses, parce qu'il nous semble être le plus approprié pour décrire le mode de distribution des richesses et ses interférences avec les allégeances politiques.

4. Néo-patrimonialisme en Libye ou la nouvelle stratégie de reproduction du pouvoir

Le néo-patrimonialisme est tout d'abord un mode de fonctionnement et surtout de légitimation du style de l'exercice du pouvoir, la gestion néo-patrimonialiste étant centrée sur l'autorité personnelle du détendeur d'un charisme[3] dont l'entourage est de caractère essentiellement parental. De fait, tout le pouvoir est si centré sur le Prince et concentré dans ses mains que : « *la direction administrative serait entièrement contrôlée par lui.*

---

(1) Riccardo Bocco, « L'Etat contourné» *en* Libye : tribalisme, clientélisme et révolution dans une économie pétrolière », *Chronique bibliographique*, volume 26, n° 2, 1988, p. 67-76.
(2) Jean Bisson, « La Libye entre clientélisme et régionalisme tribal », *Bulletin de l'Association de Géographie Française*, n° 1, 1997, p. 76.
(3) Alexandra Dorna, *Le Leader charismatique*, collection Provocations, Paris, éditions de Desclée de Brouwer, 1998, p. 15.

L'Etat serait son bien »[1]. En Libye, le pouvoir présente d'une façon claire plusieurs caractéristiques patrimonialistes.

Dans ce sens, il repose sur une domination traditionnelle et sur des liens personnels, contractuels et non rationnels : « *Le gouvernement est vu comme l'extension de la personne du leader, les réseaux de relations personnelles sont plus importants que les institutions et les organisations formelles...*»[2]. Ce néo-patrimonialisme est facilité par le caractère rentier de la société, par la fragilité de la structure étatique, par l'inexistence d'un contre-pouvoir capable de résister à la démission des élites contraintes souvent à la diaspora.

En effet, une société rentière ou allocataire est celle qui dépend, pour une grande part, d'une source externe de revenus, sous forme de rente, plutôt que de recettes fiscales ou économiques internes[3]. Lorsqu'une société tire de l'extérieur plus de 40% de ses ressources, elle peut être qualifiée de rentière. En ce sens, et dans le cas de la Libye, le patrimonialisme qui « *veut dire simplement l'édification du pouvoir patrimonial dans le cadre administratif, technique et militaire de l'Etat moderne* »[4] s'est servi de la rente pétrolière pour se renforcer socialement et politiquement et alimenter le clientelisme, se développant sur le mode du patronage politique et fondé sur la base de « *l'échange de protection et de services sensibles pour les partenaires dans un esprit de fidélité et de loyauté personnelles* »[5].

Le néo-patrimonialisme libyen, à l'encontre des types égyptien, marocain, tunisien ou même algérien, parce qu'il s'appuie sur une fabuleuse rente pétrolière, s'est dispensé d'avoir pour assise un Etat. En effet, le pouvoir qui n'avait aucune dépendance à l'égard des impôts payés par les citoyens a préféré démanteler l'Etat existant et affaiblir son « âme » pour créer des rapports directs avec les populations dont les couches qui l'exercent considèrent la rente comme une propriété personnelle à répartir uniquement entre ceux dont la loyauté est garantie. En revanche, elle doit être interdite aux « suspects » et aux contestataires, ces « chiens errants » selon la célèbre expression utilisée par le discours officiel libyen.

---

(1) Abdella Saâf, « Vers la décrépitude de l'Etat néo-patrimonialiste comme concept et phénomène observable », in, A.A.N, tome XXVIII, 1989, éditions du CNRS, p. 73.

(2) Jean Leca, « Réformes institutionnelles et légitimation du pouvoir au Maghreb», in *Développements politiques au Maghreb. Aménagements institutionnels et processus électoraux*, Paris, CNRS, 1979, p. 12.
Cf. également Jean Leca et Yves Schemeil, « Clientélisme et patrimonialisme dans le monde arabe», in, *International Political Science Review*, n°4, 1984, pp. 445-495.

(3) Giocomo Luciani, « Allocation, production states: a théoriocal framework », in, *The rentier state*, Londres, Croom Helm, 1978, p. 27.

(4) John Waturbury, « La légitimation du pouvoir au Maghreb : tradition, protestation et répression », in, *Developpements politiques au Maghreb*, éditions CRESM/CNRS, 1987 p. 412.

(5) Abdella Saâf, *Ibid*, p. 75.

Cette conception traduit semble t-il, le sens de *ghanima* (butin) utilisé par Ibn Khaldoun qui qualifie de proie la richesse accumulée par le pouvoir. Mais il faudrait signaler que ce clientélisme a sécrété, au fil des années, une pratique de la corruption encouragée par l'importance de la manne pétrolière et entretenue par l'absence de contrôle et de structures fiables de suivi, ce qui d'ailleurs a été reconnu par les contrats astronomiques et par le pouvoir lui-même. Dans un long entrertien[1] que nous avons traduit vers le français, le Secrétaire du *Comité Populaire Général* chargé du contrôle populaire (le ministre chargé du contrôle) se dressait avec énergie contre la corruption, exigeait la création d'un appareil plus efficace de contrôle populaire et prenait aussi la défense des *Comités d'Épuration* (CE) qui, d'après lui avaient joué un rôle très important dans la poursuite des malfaiteurs et des « voleurs » de l'argent public afin de démanteler les réseaux de trafic et d'intérêts.

Il déclarait en particulier : « *la corruption chez nous est due à des considérations économiques et sociales. A titre d'exemple, nous avons une mauvaise interprétation du concept de tribu, et qui induit des répercussions souvent néfastes. En effet, quand les criminels sont impliqués dans des affaires de vols ou de meurtres, ils sont vite récupérés par leurs tribus, protégés et soustraits à la Justice. De plus, le choix des responsables se fait souvent selon des considérations tribales ou régionales, ce qui conduit à des résultats décevants [...] Nous sommes passés d'une société pastorale à une société moderne : villes, usines, hôpitaux, tunnels construits avec des milliards, ce qui était de nature à attiser les appétits des gens malintentionnés pour voler de l'argent. Car les projets publics sont traités comme une sorte de ghanîma (butin)* ».

En effet, quand on parle de corruption active ou passive ou de trafic d'influence[2], il ne s'agit pas d'actions fortuites et liées aux marchés publics, aux exportations d'hydrocarbures et aux importations massives d'équipements de toutes sortes à cause du monopole total exercé sur le commerce. La corruption, active ou passive, les détournements de fonds, les commissions illicites et l'implication dans les affaires lucratives délictueuses sont les symptômes de dysfonctionnements du système en place et aussi les preuves irréfutables de l'épuisement des valeurs morales et civiles[3] et d'une profonde crise de la gestion politique et sociale. En effet, « *Se croire tout permis est en fait l'aboutissement d'un processus d'abandon des valeurs fondamentales qui fondent la démocratie. Le pouvoir n'est plus considéré comme un moyen d'action au service de la cité, mais*

---

(1) Interview en langue arabe avec *le journal La* (Non) n° 72, Mai 1998, pp. 12-13.
(2) Alain Etchegoyen, *La vraie morale se moque de la morale*, Paris, le Seuil, 1999, pp. 203-204-205.
(3) Du même, *Le corrupteur et le corrompu*, Paris, éditions Julliard 1995, p. 57 ; cf. également Yves Mény, *La corruption de la République*, collection l'espace du politique, Paris, éditions Fayard, 1992, 352 pages, cf. enfin Revue *Confluences Méditerranée*, n° 15, été 1995, (numéro spécial sur la corruption en politique).

comme un moyen au service de ses propres intérêts [...] L'éthique est alors oubliée, voire méprisée, comme si son respect n'avait été nécessaire que dans la phase de la conquête du pouvoir »[1].

La corruption en Libye ou ailleurs (et même en Europe) ne signifie uniquement pas l'absence de sens, du sacré (religieux ou civil), mais surtout du fait que les grands idéaux qui mobilisaient jadis les populations sont devenus obsolètes, encombrants et inutiles ; bref, que les valeurs de progrès et de modernité ne sont pas intériorisées par la société. Au cours de notre enquête, nous avons constaté que la corruption avait sécrété, au fil des jours, de puissants réseaux qui dominaient les secteurs stratégiques et qui étaient encouragés par l'opacité de la gestion de la vie publique et économique.

La libéralisation économique, entamée en 1988, a permis de substituer le monopole lucratif du pouvoir à l'autorité des parrains qui se partageaient le marché et les secteurs potentiels de corruption que sont la santé, l'équipement, la sécurité, la défense, l'industrie etc. Car la corruption peut être définie « *comme un échange clandestin entre deux « marchés », le « marché politique et le marché administratif » et le marché économique et social. Cet échange est occulté, car il vise des normes publiques, juridiques et éthiques et sacrifie l'intérêt général à des intérêts privés (personnels, corporatistes, partisans, etc...»*[2]. La corruption comme phénomène clandestin, peut être aussi définie comme étant une forme de dysfonctionnement, comme un échange social occulte, imperceptible et impalpable.

Elle est sécrétée, en Libye, par le clientélisme qui est tout d'abord une transaction permettant à des acteurs privés d'accéder, par le biais de leurs connaissances, aux ressources publiques[3]. Elle s'exprime, donc, à l'interface du politique et du tribal, surtout s'il n'y a pas de règles contraignantes qui gèrent le paysage politique. Il serait donc opportun de remarquer qu'elle repose sur des mécanismes d'échange de dons et de contre dons, sur des formes résiduelles de patrimonialisme et sur des structures de népotisme et de clientélisme et qu'elle est destructrice de tout Etat.

Capable de mettre en péril les principes de la modernité, de citoyenneté, d'égalité et de justice, elle efface la transparence exigée de toute gestion économique et sociale et elle dénature la «modernisation révolutionnaire». En effet, la montée de la corruption n'a pas été uniquement annonciatrice de l'échec de la modernisation, mais surtout de profonds changements structurels à venir et porteurs d'une nouvelle société.

---

(1) Yves Meny, « Corruption, politique et démoratie », in Revue Confluences-Méditerranée 1995, pp. 12-13.
(2) Yves Meny, *ibid*, p. 12.
(3) *Ibidem*, p. 12.

8. Modernisation sans Etat ni institutions : sources du blocage

En étudiant de près le projet révolutionnaire de modernisation, nous nous sommes trouvés confrontés à deux questions fondamentales :

1) Peut-on réussir une modernisation dans une société profondément tribale et avec une « élite » socialisée par un système totalitaire et patrimonialiste qui y cultive le mythe des solutions finales des problèmes de l'humanité ?

2) Et peut-on réussir à changer l'organisation sociale en l'absence d'un Etat représentatif, d'institutions fiables et surtout d'élites crédibles et capables de mettre en œuvre ce projet de modernisation ?

Notons préalablement que la modernisation a été, pour ainsi dire, en Libye une greffe et qu'elle a été ressentie par les populations comme une pratique imposée, et *a fortiori* comme un projet chimérique dépourvu de tous les moyens politiques, institutionnels et même humains de la réussite.

C'est ce qui pourrait expliquer du reste l'apathie des masses qui allait croissant depuis 1978, contentes de recevoir leur dû en matière de santé, d'éducation et de droit, alors que la raison d'être et la légitimité de la modernisation dépassaient de loin ces services immédiats. C'était plutôt une dynamique de refonte totale de la société, de transformation de ses structures sociales, de ses modes de vie et d'organisation et surtout de ses moyens de production ; bref, une recomposition des structures mentales, de l'imaginaire collectif, des valeurs dominantes et surtout des représentations communes.

Or force est de constater que la modernisation entreprise en Libye, du moins dans sa phase la plus importante (1969-1975), a été essentiellement matérielle (routes, aérodromes, aéroports, écoles, lycées, facultés et hôpitaux).

Le blocage était donc dû à des phénomènes très complexes tels que la phagocytose des élites formées sous la Monarchie, le démantèlement de l'Etat constitué entre 1963 et 1969 et de ses institutions et la revalorisation des *'açabiyat* tribales en vue d'une nouvelle recomposition de la société globale. Mais est-ce qu'une modernisation pourrait se réaliser sans un Etat fort ?

Ainsi la dynamique de modernisation se transforma-t-elle en une entreprise d'émiettement de la société, faute, dès le départ, d'un programme-éclaireur bien cadré. En 1969, les Jeunes Militaires étaient habités uniquement par la conviction d'œuvrer dans l'intérêt de la Nation arabe et par conséquent dans celui de la Libye. Agissant dans ce sens, ils réunissaient, malgré leurs divergences, toutes leurs potentialités pour la réussite de l'œuvre projetée et attendue par la société.

Cependant, ils n'avaient pas de plate-forme pratique arrêtée d'un commun accord, ni de claire conception de la gestion politique future, ni de charte idéologique qui pût guider leur œuvre, tiraillés qu'ils étaient entre le modèle nassérien (Kadhafi et EL-Kharroubi) et le modèle socialiste d'obédience soviétique ou yougoslave (Docteur EL-Maghrebi, Jelloud et El-

Mehichi). Mais ils avaient surtout pour eux l'avantage de la rente pétrolière qui «*constitue pour les Etats qui en bénéficient une source de rentrées fiscales de nature particulière* »[1].

Elle leur semblait, en effet, capable de réaliser des miracles ! Une situation si exceptionnelle ne pouvait qu'influer sur le système politique, sur son mode de légitimation, sur son substrat institutionnel et sur ses rapports avec l'environnement international. Les militaires n'étaient pas tenus par l'obligation de la bonne gouvernance et surtout de la réussite.

Car la rente pétrolière permettait, selon eux, de contourner la nécessité de l'Etat et d'établir des rapports directs avec les populations qui ne dépassaient pas, il est vrai, 3.500.000 d'habitants en 1969. Cette volonté de bâtir des ponts directs avec les tribus, là où elles se trouvaient, fut exprimée en 1973 dans le discours de Zouara et réellement concrétisée depuis cette date. En amorçant la dynamique de démantèlement de l'appareil d'Etat, la Révolution *Culturelle* libéra les militaires des entraves institutionnelles, politiques et idéologiques et créa une tradition discursive et populiste. Mais ils trouvaient devant eux une société tribalement organisée et devaient composer avec les allégeances tribales, locales et régionales. Les tribus, profitant du vide institutionnel généralisé, imposèrent leur propre espace informel. Arraché ou concédé, il permit aux anciennes tribus pour dominer les nouvellement créées qui étaient même indispensables au régime.

Or la modernisation -sous toutes ses formes et couleurs- avait besoin d'institutions, d'élites socialisées dans ce type de culture et ayant en plus une foi profonde dans la réussite de leur œuvre. Force est de remarquer que la socialisation politique qui avait dominé de 1975 à 1998 fut anti-Etat. La jeunesse que nous avons rencontrée, observée et interviewée, considérait, pour cela, la démocratie tout entière comme un mensonge (*tadjil*). Seule la démocratie « jamahirienne » pouvait, selon eux, être considérée comme la solution finale aux problèmes inhérents à cette question dans le monde.

Lorsque nous enquêtions, au milieu des années 80, nous étions réellement surpris d'écouter la jeunesse universitaire répéter les mêmes discours officiels et évoquer les mêmes motifs. Mais en essayant de reconstruire la trajectoire, le contenu et les institutions de la socialisation politique, nous avons pu comprendre l'origine de cette idéologisation martelée de la jeunesse et surtout l'inexistence d'autres offres idéologiques; bref, cette situation de monopole idéologique total et d'absence de concurrence ou de différence politique[2].

Mais l'Etat a t-il complètement disparu de la Libye ?

----

(1) Remy Leveau, « Etats, société et rente pétrolière », in *Droit, institutions et systèmes politiques. Mélanges in Hommage à Maurice Duverger*, Paris, P.U.F., 1987.
(2) Yves Benot, *Indépendances africaines, Idéologies et réalités*, tome I, Maspéro, 1966.

Cette problématique, à la fois théorique et pratique, est d'une valeur méthodologique indéniable et mérite d'être débattue pour plus d'une raison. En effet, la Libye d'aujourd'hui souffre d'un problème épineux, celui de l'absence d'un Etat, d'institutions fiables et de services nécessaires. Pourtant, dans un contexte qui se caractérise par la déliquescence des structures en place et le délabrement de la qualité des services, il est devenu une impérieuse exigence, un besoin vital et une requête populaire de première nécessité. Car l'Etat est avant tout le symbole de la modernité politique et de l'incarnation de la volonté du citoyen comme l'a toujours démontré l'histoire de l'Europe.

Nous avons pu vérifier que les populations exigeaient un Etat, même dans le système monarchique, et souffraient ouvertement de son absence avec toutes ces néfastes retombées sur leur vie quotidienne. Pour mieux saisir cette problématique, nous avons organisé un entretien Zahi El-Mghirbi[1] (politologue libyen qui a travaillé sur la problématique du développement politique et de la vie associative en Libye).[2] D'après lui : « Il est vrai que l'Etat a été considérablement affaibli, voire fragilisé et ses structures ont perdu de leur efficacité, sans pour autant être dissoutes ».

« Malgré la divergence des approches, l'Etat existe en Libye. Mais c'est un Etat très affaibli pour des fins politiques bien déterminées. En effet, plusieurs institutions ont été détruites, mais, en revanche, d'autres ont été sauvegardées.

Notons dans ce sens que le pouvoir a su pénétrer tout le tissu social, le remodeler à sa guise et du coup dominer toute la société. »

C'est pourquoi il usa d'une violence inouïe et fit de la tribu son outil préféré contre les opposants, de toutes les couleurs, et c'est ainsi qu'elle devint son véritable bouclier humain. Jouissant de nombreuses largesses du pouvoir, la tribu devint une force sociale, et pénétra toutes les structures en place et surtout les structures sécuritaires. Appuyé aux tribus et manipulant la violence d'une façon permanente, le pouvoir a pu se renforcer, ce qui nous autorise à parler d'un pouvoir absolutiste. Mais ce n'est pas l'absolutisme dans sa version traditionnelle, c'est plutôt un pouvoir néo-absolutiste qui vise la domination totale de la société. Cette première caractéristique structurelle est corroborée par une seconde plus importante, parce qu'elle touche en profondeur à la nature du pouvoir, à ses mécanismes inhérents et à son fonctionnement interne.

Signalons que le paysage politique libyen se caractérise par une identification totale, voire une fusion de la personnalité du «Guide de la Révolution» et du pouvoir. En effet, dans les régimes à caractère totalitaire, l'identification est totale entre le charisme et les structures du pouvoir.

---

(1) Entretien organisé à Benghazi le 03-08-1998.
(2) Nous citons en l'occurrence, *Al Moujtam'a madani wa tahawwil democrati fi libia* (la société civile et la transition démocratique en Libye), le Caire, Merkez Ibn Khaldoun, 1995, 197 pages.

Notons qu'en Libye, c'est le Guide charismatique qui fait et défait les structures, construit et détruit les institutions en place comme si elles étaient une extension de sa propriété privée[1], l'appareil d'Etat étant traité comme une configuration prisonnière de lui.

A cet effet, les structures sont renforcées ou exclues, rapprochées ou marginalisées selon son intuition, son tempérament et surtout ses calculs souvent ignorés par son entourage le plus proche (la famille, la coterie et même l'équipe la plus rapprochée).

Même les personnes choisies pour aider le « Guide de la Révolution » exercent un pouvoir délégué et non pas réel comme adjoints (politiciens, technocrates, militaires ou autres) agissant dans des espaces soigneusement délimités par lui et se dilatant ou se rétrécissant, selon ses volontés et ses circonstances, si bien qu'il nous a semblé être plus pratique d'utiliser une nouvelle catégorie théorique, celle du «Guide–Etat».

Ce phénomène socio-politique se caractérise par sa monopolisation quasi totale de toutes les fonctions de l'Etat et offre donc un modèle de pouvoir à part, compte tenu de plusieurs aspects de son fonctionnement. La Libye a, en effet, connu un émiettement des institutions et des structures en place et la création d'autres qui nous semblent être non identifiables. Il suffit de citer, à ce propos, « le peuple en armes », « la police populaire », « la justice populaire », « les tribunaux révolutionnaires » et d'autres ; autant de structures non identifiées assurant les diverses fonctions étatiques sans qu'elles soient pour autant étatiques, les dissemblances étant considérables à tous les niveaux.

Mais il nous semble que les structures qui sont en place sont informelles et qu'elles ne sont pas influentes sur la « gestion politique ». L'Etat moderne est inexistant dans le cours de la vie quotidienne et son substrat aussi, celui-ci dépouvu de toute substance et remplacé par des avatars difficiles à identifier. Une pareille situation est caractérisée par la confusion qui impose au chercheur avisé des soucis d'ordre méthodologique, et exige une certaine vigilance théorique et conceptuelle pourqu'il en saisisse mieux les nuances.

La nouvelle configuration politique de la Libye est difficile à lire avec la grille habituelle de lecture utilisée pour l'Etat moderne, une analyse en profondeur de son fonctionnement montre qu'elle est à plus d'un titre exceptionnelle et qu'elle ne peut pas être appréhendée avec aisance, à cause d'énormes différences d'avec l'Etat moderne[2].

Ainsi le « Guide» se substitue à l'Etat, parce qu'il nomme les collaborateurs, les rapproche ou les éloigne de lui, prend les décisions de paix ou de guerre, contrôle ou fait contrôler la répartition et la circulation

---

(1) Max Weber, *Ethique protestante et esprit du capitalisme*, Paris, éditions Plon, 1964, p. 264.
(2) Bertrand Badie, *Les deux Etats, Pouvoir et société en Occident et en terre d'Islam*, Paris, collection l'espace du politique, éditions fayard, 1986, pp. 12-13.

des richesses, récompense ou châtie, enrichit ou dépouille, fait ou défait les «gouvernements», établit les relations ou les rompt selon des normes strictement personnelles. Le Guide-Etat dépasse l'Etat, ne reconnaît pas sa logique, ses structures, ses contraintes, ses obligations, ses lois ni même ses normes. Il est donc entièrement libre, parce qu'il détient le monopole de la violence et de la richesse. Nombreux sont les exemples où le «Guide» démontra qu'il était lui-même l'Etat, et cette bizarrerie sociale et politique nous a toujours interpellé au cours de notre enquête. Demandons-nous donc si l'anthropologie politique pourrait faciliter l'appréhension de ce phénomène.

Pour pouvoir débrouiller ce concept du Guide-carrefour[1], nous avons étudié le fonctionnement quotidien du paysage politique libyen, qui nous avait semblé être très personnalisé. Les libyanologues s'accordent à dire qu'il n'exige pas de recourir aux institutions, ni à la reconnaissance de la société civile, ni à la soumission aux lois en vigueur, le charisme étant en mesure d'inventer ses propres lois, d'improviser les situations et les législations et de résoudre les problèmes qui peuvent lui advenir en cours de route.

Il agit soit par souci de sauvegarder le pouvoir, soit par intuition, soit par expérience et il a une capacité certaine pour faire imaginer, rêver et construire le monde à sa manière. Le charisme est certes destructeur au sens polysémique du terme, mais aussi constructeur de symboles, de rêves, de mythes et d'utopies qu'il s'est déterminé à mettre en pratique. Ainsi Kadhafi a-t-il tenu à le faire pour sa Théorie (la *Troisième Théorie Universelle* et pour son *Livre Vert*), malgré leurs résultats souvent décevants, et en novembre 1999, alors que le peuple attendait impatiemment l'amorce d'une ouverture politique, il prononça un discours politique où il réaffirmait que le *Livre Vert* (en trois tomes) présentait les solutions finales aux problèmes politiques, économiques et sociaux de l'humanité. Il y assurait par la même occasion que la Libye ne changerait jamais de système politique, mais qu'elle devrait en donner l'exemple au monde impatient, selon ses dires, de « justice et d'égalité ». Dans la première moitié du mois de janvier 2000, Kadhafi révoqua, pour incompétence, la majorité des « ministres » jugés non habilités à appliquer les rêves du *Livre Vert*.

Mais toutes ses caractéristiques réunies ne nous autorisent pas à adopter le concept de despotisme oriental comme la catégorie théorique d'analyse la plus adéquate pour la compréhension de la Libye actuelle. En effet, le despotisme oriental est l'émanation du mode de production d'un système politique et de rapports caractéristiques entre le pouvoir et la société et se fonde essentiellement sur la civilisation hydraulique qui permet de réaliser de grands travaux et une agriculture extensive.

---

(1) Georges Balandier, *Le pouvoir sur scènes*, Paris, éditions Balland, 1992, p. 12.

Ceux-ci demandent, en effet, des hommes ou plutôt des armées pour leur réalisation, d'où une grande différenciation sociale entre les exécutants (communautés paysannes) et la classe dirigeante qui s'identifie à l'appareil d'Etat au sommet duquel se trouve le despote. Le surplus provenant du travail agricole est réinvesti dans des monuments grandioses exigés et programmés par le monarque. D'après Karl Wittfogel, c'est la classe dirigeante de la société asiatique qui forme l'appareil d'Etat[1]. Ce théoricien répartit du reste la société asiatique en deux classes radicalement opposées :

a. la classe dirigeante qui commande la société.
b. les communautés de paysans qui travaillent solidairement la terre et s'adonnent à la corvée.

Toutefois, il faudrait remarquer qu'«*entre les paysans et l'appareil d'Etat, aucune force ne s'est développée qui soit susceptible de faire contrepoids* »[2]. C'est pourquoi il faudrait différencier le despotisme oriental de la société esclavagiste et en particulier de la société féodale et de la monarchie absolue, le premier consistant dans une société stable, forte et surtout conquérante, parce que soucieuse de son extension. Signalons par la même occasion que le recours à la terreur dans le despotisme hydraulique est indispensable pour le maintien de l'unité sociale et pour son extension sur le plan extérieur.

Si la Libye est fondamentalement saharienne et steppique, elle est donc sans ressources hydrauliques et ne peut être considérée comme une société hydraulique même avec l'achèvement programmé pour les trois années à venir de la *Grande Rivière Artificielle*. C'est une société bifurquée entre une bédouinité à l'Est et une sédentarité à l'Ouest.

C'est aussi une société essentiellement rentière, et malgré maints efforts et de grands investissements, la part de l'agriculture dans le développement y est restée mince, le pays étant grand importateur de produits agricoles. Sa structure de classes est sans commune mesure avec celle de la société du despotisme oriental. Les deux sociétés étant incomparables pour leurs modes d'organisation, de production, de gestion politique et religieuse, de domination et surtout de manipulation de la violence. Bref, la Libye est plutôt le modèle du totalitarisme appuyé sur une rente pétrolière et mis en application par une alliance tribalo-militaro-sécuritaire.

Sa modernisation a surtout été bloquée par une conception totalitaire et patrimonialiste du pouvoir qui ne facilitait pas l'évolution de la société, le

---

(1) Karl Wittfogel, *Le despotisme Oriental* (avant-Propos de Pierre Videl Naquet), Paris, les éditions Minuit, 1959, p.10.
(2) *Ibidem*, p. 12.

projet révolutionnaire prenant, à partir de 1977, un tournant spécial qui pourrait être qualifié de totalitarisme politique[1].

3. Violence totalitaire

Notons tout d'abord que le totalitarisme part du principe sacro-saint de l'unité sociale totale du peuple et du pouvoir selon l'idée du «*bloc compact des gouvernants et des gouvernés* [2]. *C'est donc un projet politique qui repose sur le « rejet de la différenciation entre l'Etat et la société civile ainsi que l'intrusion non régulée de la vie privée.* »[3] Le projet totalitaire tend à éliminer les conflits et les divisions au sein de la société qui n'existe que parce qu'elle est unie, c'est-à-dire débarrassée des oppositions irréductibles entre ses membres, le tout consistant dans cette nette volonté « *d'abolir l'opposition de la société à elle-même au travers de la division de classe* »[4].

C'est aussi la totale identification entre le pouvoir et la société, lors même que les distances ou les marges d'autonomie ne sont plus tolérées. Pour mieux la shématiser, Hannah Arendh expliquait que : « *pour combattre le totalitarisme, il suffit de comprendre ceci : il représente la négation la plus absolue de la liberté. Or cette négation lui est commune avec toutes les formes de tyrannie et ce paramètre n'est donc pas décisif pour élucider la nature du phénomène* »[5]. Elle ajoute : «*Les régimes totalitaires nient, de manière radicale, la liberté humaine* »[6].

Ainsi le pouvoir se déclare-t-il consubstantiel à la société, empêche-t-il toute forme d'organisation autonome et interdit-il l'émergence de société civile selon les termes de M. Gauchet : «*tout est fait pour empêcher des droits classiques de réunion, d'expression et d'association [....] plus l'Etat se déclare l'Etat du peuple, plus il s'approprie la société, et plus il la pénètre - plus en fait, il la détruit par terreur et plus il se montre extérieur* »[7]. Mais il faudrait noter que le totalitarisme est exercé par un complexe de militaires-bureaucrates chargés de réaliser l'unité nationale et sociale et de souder la société au pouvoir ou le parti au pouvoir.

Toute la société est préoccupée par le maintien de son unité qui ne lui permet pas de se dresser contre l'Etat, non point comme s'est décrit par

---

(1) Hannah Arendt a brillamment analysé le phénomène du totalitarisme politique dans son *ouvrage La nature du totalitarisme* (Traduit de l'anglais et préfacé par Michelle - Irène de Launay) Paris, éditions Payot, 1990, 180 pages.

(2) Marcel Gauchet, «L'expérience totalitaire et la pensée de la politique», in, Revue *Esprit*, n°17, Juillet-Août 1976, p. 8.

(3) Jacques Coenen-Huter, « Formes de sociabilité et cadre sociétal, Réflexions sur le totalitarisme », in, *Cahiers Internationaux de Sociologie*, Vol. L XXXIV, 1988, p. 86.

(4) Michel Gauchet, *ibidem*, p. 12.

(5) *Ibidem*, pp. 67-68.

(6) Hannah Arendt, *ibidem*, p. 77.

(7) Marcel Gauchet, ibid, p. 13.

Pierre Clastres[1]. Ainsi le « *modèle totalitaire apparaît comme l'antithèse idéale-typique de l'Etat de droit* »[2]. C'est surtout l'antithèse des différences sociales et du pluralisme politique, parce que le totalitarisme constitue en lui-même une remise en cause de la modernité. Dans cette perspective, la modernité fragmente la totalité, parce qu'elle propose une sociabilité politique toute différente. C'est presque la même opposition exprimée par Max Weber entre la légitimité traditionnelle et la légitimité légale ou rationnelle, qui représentent deux logiques sociales opposées.

Le totalitarisme n'est pas, par définition, l'organisation rationnelle de la concurrence pacifique pour le pouvoir, mais il prouve l'existence d'un degré de rationalité pour la solution institutionnelle des conflits au sein de la société dont les relations avec le pouvoir sont délimitées et où l'autorité s'exerce d'une façon rationnelle et modérée. En revanche, en appliquant ce concept au cas de la Libye, nous pouvons aboutir à des déductions assez importantes, compte tenu de ce que la sphère du pouvoir n'est pas circonscrite et de ce que son exercice n'est soumis à aucune restriction politique ou autre.

La violence est pratiquée à tous les niveaux de la société et peut même être considérée comme la règle générale pour la solution de tout problème. De fait, elle est omniprésente, parce qu'elle procure au pouvoir une force dissuasive à utiliser contre les réfractaires, les opposants et les « ennemis ». Pour ce faire, le régime a mis en place un dispositif de violence très complexe qui est composée d'une stratification de structures et de segments : les services de sécurité, les différentes instances des services spéciaux, les CP, les CR et enfin le front des tribus alliées au pouvoir (C.P.S.).

Toutes les formes de violence sont tolérées, pourvu qu'elles réalisent l'unité des forces tribales autour du régime et qu'elles empêchent toute concurrence infime ou sérieuse. L'absence de toute limite légale à l'action du pouvoir laisse libre cours à la pratique de la violence, et, du coup, elle devient praticable à tout moment. Notons qu'elle s'est abattue en premier lieu sur l'élite libyenne, puis sur les organisations sociales, les associations civiles et même sur les *Zaouias*. Qui plus est, la violence totalitaire ne connaît pas de limites, et, pour cause, elle est capable d'envahir toutes les strates de la vie, y compris celle de la vie privée. A ce tournant, il ne faut point omettre son côté pratique et dire qu'elle comble les bifurcations sociales et identitaires et qu'elle compense l'absence de cohésion au sein du pays et permet, surtout, au pouvoir de s'affirmer et se maintenir en s'appuyant sur une maîtrise très élaborée de son système complexe de signes, de codes et de degrés. La violence permet, en effet, de résoudre

---

(1) In *la société contre l'Etat*, Paris, éditions Minuit, 1974 ; cf. J.W. Lapierre et O. Mongin, « Société sauvage, société contre l'Etat» (à propos de Pierre Clastres), in, Revue *Esprit*, mai 1967.
(2) Jacques Coenen-Huther, ibid, p. 86.

aussi les conflits au sein de l'espace tribal, en y exerçant un vrai arbitrage décisif. Le totalitarisme est une réorganisation très complexe de la société et de ses divers leviers, articulations et espaces.

A vrai dire, le pouvoir ne reconnaît pas la multiplicité des loyautés au sein de la société, mais dans la logique totalitaire, la loyauté doit être unifiée et totale, et être vouée à la seule personne du « Guide ».

A ce titre, tout conflit de loyautés est interdit, voire réprimé par la violence, la culture politique assurant aux jeunes Libyens une socialisation toute particulière, et leur apprenant que la loyauté vouée au « Guide » et au système jamahirien passe avant celle due à leurs parents, à leurs tribus et même à la patrie.

Etant le contrepoint du pluralisme politique[1], le modèle totalitaire repose sur l'unité de l'identité, de l'appartenance et de la loyauté, mais dépourvu de la légitimité intrinsèque, il ne peut que recourir à la violence qui est productrice à son tour de déchirements, de cassures et de ruptures. Et nous avons montré jusqu'à présent que l'histoire libyenne était faite de violence, et de rupture, mais il est vrai qu'elle est porteuse de dynamismes, productrice de changements et génératrice de ruptures. Quelles en furent, au juste, les vraies conséquences en Libye, et on se demandera donc si cette unité imposée, par la contrainte et la force, ne cache t-elle pas l'image d'une société au fond fissurée, bifurquée et peu soudée ? A cet effet, le totalitarisme n'est-il pas la conséquence logique des ruptures ?

CHAPITRE 4 : LA LIBYE CONTEMPORAINE : ANTHROPOLOGIE D'UNE RUPTURE

I. SENS ET IMPLICATIONS DE LA NOTION DE RUPTURE

Tous ceux qui s'étaient intéressé à l'analyse de l'histoire politique et sociale de la société libyenne ont été confrontés à l'absence d'un centre politique permanent et surtout à l'importance du phénomène des ruptures qui interpellent l'anthropologue comme le sociologue.

Comment expliquer ce phénomène ? Le constat en lui même ne produit-il pas une vision essentialiste et culturaliste ? Mettre l'accent sur le phénomène des ruptures ne risque-t-il pas de nous enfermer dans le cadre des analyses euro-centristes qui affirment que toute société doit évoluer vers l'Etat-nation sinon elle serait qualifiée d'attardée et d'archaïque. Mais il nous semble méthodologiquement nécessaire de quitter les sentiers battus. Aussi allons-nous essayer dans cette partie d'éviter la réitération des approches orientalistes dominantes en Occident, où a été mis l'accent sur l'absence d'un Etat et d'un système politique unificateur ; toutes ont appréhendé la Libye comme étant une société bloquée du fait de l'absence

---

(1) Raymond Aron, *Démocratie et totalitarisme*, Paris, éditions Gallimard, 1965, p. 23.

d'une classe bourgeoise capable de la transformer, de modes de production, de rapports sociaux et de « gestion politique ».

C'est à cette logique d'analyse que se trouvent confrontés à la fois le sociologue et l'anthropologue et c'est ce qui rend difficile, voire complexe, toute analyse autonome et guidée par le souci de l'innovation scientifique. En effet, analyser l'histoire sociale de la société libyenne ne veut dire pas la reproduction machinale des approches mises jusqu'à présent en application. Partant de là, le phénomène de rupture nous interpelle au plus haut niveau. Quelle méthode adopter ? Et comment s'y prendre ?

La société libyenne gagnerait plus à être analysée sous cet angle en particulier, la notion de rupture pouvant être utile, à la fois théoriquement et empiriquement, si l'on veut déceler les symptômes anthropologiques et sociologiques du changement social et politique.

Notons, donc, que cette problématique s'inscrit dans un cadre théorique plus large qui vise l'appréhension du phénomène des ruptures, souvent accompagné d'une violence inouïe, et prenant l'aspect de véritables cassures sociétales[1], à l'inverse des pays voisins comme la Tunisie ou l'Égypte. Mais il nous semble plus opportun de commencer par définir le concept en soi-même, pour mieux appréhender la situation sans recourir au sens commun.

La rupture est à la fois un changement de référents, d'acteurs, de structures, de symboles et de pratiques. Car la rupture est plurielle de caractère, dans le temps et dans l'espace, dans la structure, dans les rapports sociaux et dans la gestion du quotidien. Elle est aussi la résultante de l'usure du système en place, des profondes transformations, des tensions internes et surtout des chocs extérieurs. Jean Bachler a démontré que l'effondrement d'un système politique pouvait survenir, « *lorsqu'une politique ne respecte pas les règles qu'implique sa propre logique* »[2]. Ajoutons à cette définition que la rupture est un profond déséquilibre structurel qui ne permet plus au système de continuer, d'évoluer entre deux crises, mais qui induit une série de conflits qui se déroulant dans des temporalités différentes dont l'impact est souvent destructuré. La rupture est donc la résultante de crises historiques et d'événements advenus.

Pour cette raison, la rupture est vécue par les divers groupes sociaux puisqu'elle se situe dans les multiples secteurs, comme une profonde crise et comme une cassure brutale, pour avoir détruit les structures existantes sans en avoir créé d'autres. Signalons que toute rupture impose normalement ses propres structures, sans qu'il s'agisse dans le cas actuel de mutation, mais plutôt d'un effondrement des secteurs, des structures,

---

(1) Cf. surtout Nicholay Brouchine, *Tarikh Libia Fi al àsr hadith* (l'histoire moderne de la Libye), Merkez Dirasat Jihad Allibiyin, Tripoli, 1991, pp. 239-265.
(2) Jean Bachler, *Les phénomènes révolutionnaires*, Paris, P.U.F. , 1972.

des rapports et de liens sociaux, des normes et des valeurs[1], provoquant ainsi de grands boulversements qui ne sont pas producteurs certainement de changements.

1. Société et ruptures sous la domination ottomane

Avant d'étudier et d'analyser le phénomène des ruptures intervenues sous la domination ottomane directe ou indirecte, il est une réalité qu'il faut sans cesse avoir présente à l'esprit, à savoir que la rupture est le produit des antagonismes de la Libye elle-même. Ce pays est ouvert sur la Méditerranée, c'est-à-dire sur l'Europe, et à la montagne qui est repliée sur elle-même, alors que le Sahara qui couvre la majeure partie du pays est lié à l'Afrique sub-saharienne par les routes et les traditions du commerce transsaharien.

Le pays est donc désuni et son identité est fragmentée, émiettée, voire fragilisée par sa propre géographie. Dans ces conditions, comment peut-on l'unifier, le doter d'une identité claire et admise de tous et faire disparaître les barrières et les clôtures qui en entravent l'unité ? Et comment renforcer l'appartenance unitaire dans un pays dont la caractéristique fondamentale est celle de la désunion ?

Notons dans ce sens que « *le pouvoir en Libye est fort dilué de longue date du fait des distances qui séparent les provinces et de la modification de la localisation capitale au gré des vicissitudes* »[2].

Le pays avait eu tant de difficultés à affirmer son identité géographique, et sa crise identitaire n'est pas si récente, puisqu'elle existait depuis l'Antiquité grecque et romaine[3] et qu'il faudrait faire remarquer que la Libye a toujours eu ce problème de l'affirmation de son identité. Même après 1969, le pays est passé par des moments de flottement identitaire ; il fut tantôt nassérien, tantôt africain.

2. Culture turco-ottomane et culture locale : antagonisme et rapport de domination

La domination ottomane, qui libéra le pays de l'occupation espagnole et dura quatre siècles, a surtout permis de protéger la Libye des convoitises européennes, de préserver son identité façonnée à la suite des conquêtes arabes qui islamisèrent les populations en majorité berbères. Il est vrai que la domination ottomane facilita l'émergence de l'entité libyenne naissante, malgré un environnement méditerranéen hostile, mais qu'elle fut parsemée de cassures, de déchirements et d'antagonismes, les Ottomans y ayant gouverné selon la logique du moindre coût. Ils défavorisèrent volontairement la formation d'élites locales, parce qu'ils préféraient traiter

---

(1) Georges Ribeile, *Tensions et mutations sociales*, Paris, éditions P.U.F., 1975 ; Cf. également Louis Althusser et Etienne Balibar, *Lire le Capital*, Paris, Maspéro, 1973, p. 136.

(2) Jean Bisson, « La Libye entre clientélisme et régionalisme tribal », in, *Bullettin de l'Association de Géographie Française*, n° 1, 1997, pp. 72-73.

(3) Jean Bisson, ibid, p. 72.

directement avec les chefs des tribus, et ont essayé d'en clientéliser la société, en empêchant la formation d'élites intermédiaires et en maintenant « *les solidarités locales et régionales intactes* »[1]. La clientélisation ne fut cependant pas leur unique tactique, puisqu'ils avaient maté, dans le sang et le feu, la rébellion tribale et la révolte des régions et s'étaient opposés à l'emergence d'un Etat représentatif des Libyens.

La Libye connut un antagonisme structurel fort traumatisant pour l'ensemble de la société, du fait que la culture turque importée et imposée par les Ottomans se transforma au fil des années en une véritable invasion de la culture locale, qui fut durement concurrencée et progressivement condamnée à la disparition. En effet, quand une culture n'est pas entretenue et constamment enrichie par les contributions humaines et surtout locales, elle périclite. Et de fait, les Ottomans n'encouragèrent pas la culture locale[2], mais en revanche, ils s'attelèrent à domestiquer l'Islam, la religion commune de tous les Libyens. Il suffit de citer, à ce propos, l'exemple de *l'Association Secrète* (1882-1883) qui regroupa une partie de l'élite libyenne dans la perspective de tirer les populations de leur léthargie, de les rendre conscientes des menaces extérieures[3] et surtout de leur apprendre à lire et à écrire. Effrayées par l'importance des efforts fournis par cette Association, les autorités ottomanes réagirent très vite, l'interdirent et mirent une partie de son personnel en prison, mais parallèlement, les Ottomans vidèrent l'Islam officiel de toute substance contestataire par la marginalisation des *Ulémas* et par le renforcement du pouvoir de contrôle des prêches de la prière du Vendredi. Toute la culture *charaïque* fut ainsi complètement contrôlée par elles, et devint, par conséquent, une source précieuse de légitimation du pouvoir ottoman et de la Sublime Porte. La culture turco-ottomane ne se souciait que du renforcement du pouvoir en place et de sa légitimation comme protecteur de l'Islam, si bien que l'Islam devint complètement officiel, dompté et instrumentalisé[4], c'est-à-dire au service du pouvoir central ottoman. La culture dominante menaça tant la culture locale avec toutes ses caractéristiques historiques, religieuses, anthropologiques, symboliques et même mythiques, qu'elle provoqua très sérieusement son agonie, affectant du même coup toutes les composantes, identitaires civilisationnelles et culturelles de la société libyenne, en l'occurrence l'Islam lui-même.

Les Ottomans voulaient un islam instrumentalisé, affaibli, domestiqué et dépourvu de toute « âme contestataire » ; bref, un « Islam de vitrine », superficiel et n'exigeant pas un effort intellectuel et exégétique soutenu,

---

(1) Lucette Valensi, citée par Riccardo Bocco, «Asabiyat tribales», in, *Revue Maghreb - Machrek*, n° 147, Mars 1995, pp. 67-76.
(2) Raâfat Ghouneymi Cheikh, *Tatawir al ta 'alim fi Libia fi al Ousssour haditha*, Dar al Tanmiya lil nachr wa tawzi'i, 1er édition 1972, pp. 63-72.
(3) Rafat Ghouneymi Cheikh, *ibid*, pp. 63-72.
(4) *Ibid*, pp. 63-72.

mais les Ottomans n'avaient pas assez de moyens pour le faire. Pour cette raison, ils n'avaient besoin que du mufti qui se contentait de légitimer le représentant du Sultan-Calife dans la Régence et d'en appeler à son appui contre les chrétiens et les opposants. Ils avaient empêché ainsi toute innovation religieuse, intellectuelle, sociale et autre[1], leurs principaux soucis étant le renforcement de l'autorité et la collecte sauvage des impôts. Les conséquences en furent dramatiques, puisque les rares *ulémas* éclairés furent persécutés et que l'*Ijtihad* fut complètement restreint, voire interdit. Car il était jugé superflu par le pouvoir central, capable qu'il était de secréter la contestation.

Les Ottomans encouragèrent, en revanche, beaucoup l'Islam maraboutique, les transes collectives, le culte des saints, le soufisme «primitif» et même le charlatanisme, et ils découragèrent l'exégèse, l'effort intellectuel et l'enseignement des sciences exactes.

Ils réprimèrent avec force toute libre pensée, optèrent pour l'incarcération des intellectuels pour le moindre motif et ne firent aucun effort pour lutter contre l'analphabétisme commun à toutes les populations. Dans cet ordre d'idées, l'historien voyageur tunisien Mohammed El-Hachaïchi disait de la Libye : «*Sachez que la majorité écrasante de la population ne sait ni lire ni écrire sauf dans les grandes villes [...]. Les sciences modernes lui était totalement méconnues. Elle ne pouvait même pas les flairer*»[2].

Parce que le niveau de l'enseignement a beaucoup baissé, l'élite religieuse fut complètement marginalisée, socialement exclue et dépourvue de son prestige et de sa notabilité sociale[3] devenant même indifférentiable d'avec la plèbe.

3. Destruction de l'élite locale et renforcement intéressé du maraboutisme

Après plusieurs siècles de domination ottomane, il s'est avéré, d'une façon indéniable que la coexistence était impossible entre la culture nationale libyenne et la culture turque, ces rapports tournant vite à la domination et à l'exclusion et toutes les références culturelles ayant été éliminées, voire détruites. Car les Ottomans ne voulaient pas de concurrence politique ou culturelle au sein de la régence, vu qu'ils cherchaient à imposer totalement leur tutelle sur la Tripolitaine. De caractère rentier et marqué du sceau du commerce transsaharien ou de la

---

(1) Ahmed Ben Sélim, *Al Maquala fi Libia* (Le traité en Libye), Benghazi, éditions de l'Université de Gharyounes, 1992, pp. 57-67.

(2) In *Al-Rihla* citée par Ahmed Ben Sélim, *Le traîté en Libye*, Benghazi, L'Université de Gharyounès, 1992, pp. 60-65.

(3) Ra'aft Ghouneymi El-Cheihk, *Tatawwir tà alim fi libia fil Oussour al haditha*, Dar Tanmiyya lil nachr wa tawvzi'i, 1972, pp. 88-109, cf. également Mohammed Messoud Jabrane, « Relations libyennes avec l'Afrique » in, *la communication culturelle et sociale avec les pays africains des deux rives du Sahara*, Faculté de l'Appel à l'Islam, Tripoli 1999, p.211.

course, la domination ottomane ne s'intéressait pas à la formation d'une élite locale, et pour cause, les fils des notables libyens et des chefs de tribus allant faire leurs études dans des écoles ottomanes spécialisées et ne revenant du reste jamais dans leur pays pour plus d'une raison. Ils étaient, en fait, totalement coupés de leur culture d'origine puisque seule celle-ci leur garantissant du travail.

En revanche, les Ottomans avaient beaucoup fait pour encourager la formation d'une classe de Couloughlis (nés du métissage de turcs et de femmes libyennes) qui furent rapprochés du pouvoir central, eurent d'énormes avantages matériels et furent privilégiés surtout au niveau de l'affectation à des postes administratifs. En peu d'années, ils eurent un statut proche de celui des Ottomans en Libye, tous ces avantages leur ayant permis d'accéder à un statut très éminent et d'entrer dans la course armée pour l'usurpation du pouvoir, comme ce fut le cas avec Ahmed Pacha Bey[1], mais ils ne réussirent pas à doter le pays d'une identité nationale et culturelle, ni à construire un appareil d'Etat, ni à sauvegarder le pays des convoitises européennes, de l'endettement extérieur et de la dépendance totale à l'égard du système capitaliste mondial. Par conséquent, on pourra dire que les Qaramanli ont échoué tout comme les Ottomans, dans la même entreprise et dans celle de doter le pays d'institutions modernes de bon aloi.

Qui pis est, l'ère des Qaramanli[2] fut dominée par des conflits interfamiliaux et par la compétition «sauvage» pour le pouvoir et pour l'accaparement de la rente, celle-ci ayant secrété aussi des guerres interminables avec le mini-Etat d'Ouled Mohammed installé à Morzouk et provoquant l'effondrement total de l'un des centres les plus importants du commerce transsaharien[3]. Notons qu'avec le délabrement du commerce et le changement des routes commerciales du Sahara vers la mer, la Libye connut de tragiques moments historiques, les villes ayant été privées de leurs ressources matérielles et condamnées à la pauvreté ou au dépeuplementet et les rares centres de formation religieuse fermés. C'est pourquoi les lettrés, les érudits et les *ulémas* durent quitter leurs villes à la recherche d'un emploi de *Faquih* ou de *Mouèddeb* (enseignant du Texte coranique) dans les tribus et les campements des bédouins, dans les villages perdus au désert et surtout chez les familles aisées et luttèrent âprement pour trouver de quoi survivre. A partir du 18e siècle, la Libye connut de forts moments de désordre, de conflits politiques, de guerres intertribales qui rendirent la stabilité politique et sociale irréalisable. Le pays traversait de longues périodes d'instabilité et de perturbations qui ont profondément affécté les populations.

---

(1) L.Charles Féraud, *Annales tripolitaines*, Librairie Tournier, Librairie Vuibert, Tunisie, Paris 1927, p. 110.
(2) Charles Feraud, *ibid*, p. 110.
(3) Ali Abdellatif Ahmida, *The making of modern Libya, state formation, colonisation, and resistance 1830-1932*, State University of New York Press, 1994, p. 20.

Les chefs de tribus étant en perpétuelle compétition et concurrence et les routes commerciales souvent sans protection[1] et du coup exposées au brigandage et au pillage.

Après avoir détruit l'élite locale et exclu les *ulémas* capables de promouvoir un Islam éclairé, les Ottomans encouragèrent à fond le maraboutisme et le soufisme individuel ou collectif, celui-ci consistant à réciter des versets du *Coran* et des litanies du *Dikhr*[2]. Soufi lui-même, Mohammed Béchir Al Ansari qualifiait cette doctrine de « quiétude de l'âme» et de fuite vers Dieu dans un temps de rupture, de bouleversements, d'angoisse, d'instabilité, et de profonde crise[3], si bien que la *Zaouia* devenait une institution fondamentale de la vie sociale, économique et surtout religieuse et que les populations faisaient de leurs marabouts des sortes d'intercesseurs entre la vie d'ici-bas et celle de l'au-delà. Le maraboutisme devint même en soi une forme de notabilité sociale et une précieuse source de rente économique.

En plus de leur appartenance tribale, les populations vantaient surtout celle qui les liait aux marabouts (Ouled Sidi Salem, Ouled Sidi Abdessalem Lasmar ou Ouled Sidi Abou Ajila) pour avoir le prestige social et la respectabilité nécessaire.

La *Zaouia* ou marabout occupait au sein de la société une place égale à celles de la Mosquée et du *Kouttab* (école élémentaire d'enseignement coranique) et était considérée comme une source de *baraka* ou de bénédiction divine[4], mais la Libye connut une évolution singulière où la petite élite qui monopolisait le savoir religieux s'effrita progressivement et fut remplacée par les Tribus-Zaouias, chacune proposant son propre marabout qui procurait aux populations le sentiment de la sécurité et attiraient sur elles les avantages de la *baraka (la bénédiction)*.

En effet, les tribus maraboutiques avaient un statut à part[5], vu qu'elles garantissaient à leurs membres leur protection, mais surtout aux fuyards et aux recherchés et elles se sont transformées, au fil des années, en véritables structures-refuges, les populations ayant besoin de sécurisation pendant les moments de troubles et de crises.

Les tribus maraboutiques établirent des relations exceptionnelles avec le pouvoir Qaramanli et avec celui d'Ouled Mohammed[6], et ces rapports privilégiés prirent le caractère d'une transaction consistant à garantir aux

(1) Mohammed Messoud Jabrane, ibid, p. 211.
(2) Mohammed Farag Dghim, « Communication culturelle et sociale entre pays africains», in, *Communication culturelle et sociale entre pays africains*, Tripoli, éditions de la Faculté de l'Appel à l'Islam, 1999, pp. 606-621.
(3) Mohammed Bechir Ben Mohammed, *Textes littéraires* (textes réunis par Mohammed Tahar Jarrari), Tripoli, Merkez Dirasat Jihad Allibiyin, 1993.
(4) Ràafat Ghouneymi Cheikh, *Tatawwir al taàlim fi al oussour al haditha*, pp. 94-106.
(5) Habib Oude'a Hassnaoui, *Dawlat Ouled Mohammed bi Fezzan*, Tripoli, Merkez Dirasat Jihad Allibiyin, 1994.
(6) *Ibid*, p. 16.

divers régimes la légitimité et la bénédiction nécessaire en échange d'avantages matériels. Dans leur statut de véritables havres des régimes en place, elles étaient exonérées d'impôts, l'apparition de ces célèbres soufis facilitant la tâche du pouvoir politique qui avait besoin de leur protection spirituelle et surtout de maitriser les populations. Car l'Islam maraboutique était un Islam de cœur et non d'esprit.

Le soufisme a pu ainsi offrir à la société déchirée par les conflits une stabilité psychologique et une quiétude spirituelle, encouragé qu'il fut par les Ottomans qui mirent à sa disposition tous les moyens logistiques et matériels nécessaires. Cette « quiétude de l'âme » était, dit-on, fascinante et des familles tunisiennes en voyage pour l'Orient, envoutées par cette expérience soufie, durent interrompre leurs voyages et s'installer en Libye, par exemple les Siala, les Mizrane, les Bannani, les Ghmari, les Kerkani, les Touati, les Rifi, les Filali etc [1]. Dans cet même ordre d'idées, signalons que cet environnement intellectuel et spirituel favorisa l'ouverture de *Zaouias* un peu partout en Libye (à Ghariane, à Mezda, à Abou Zeyyene, à Tripoli et à Benghazi.)

Tout au long du XIXe siècle et même au cours de la première moitié du XXe siècle, la Libye se distingua par une importante expérience maraboutique et soufie qui, appuyée sur un large tissu de Zaouias, fut montrée à la fois efficace et mobilisatrice. Les marabouts et les soufis, parce que très proches des populations par leurs discours et leurs modes de vie, se sont vite transformés en véritables symboles sociétaux. Car ils servaient les régimes en place en leur offrant la légitimité qui leur manquait et en répandant autour d'eux un esprit de fatalisme, de soumission et de paix. Ils avaient servi aussi les tribus marginales ou fortes en quête d'une *baraka*, (bénédiction), d'un statut privilégié ou d'une autorité spirituelle et sociale pour pouvoir négocier avec le pouvoir.

Ces religieux et marabouts qui avaient monopolisé la lecture du *Coran* sans pour autant être en mesure de l'expliquer, ont servi aux Ottomans comme outil pour provoquer une rupture définitive avec l'élite libyenne jugée comme concurrente de leur pouvoir et comme dangereuse pour la stabilité de la société.

Il yaurait là la raison pour laquelle la Libye fut, jusqu'en 1960, un pays de longue tradition maraboutique et soufie. Car en encourageant le maraboutisme libyen, les Ottomans avaient reproduit leur riche expérience d'origine asiatique d'une part et achevé la destruction voulue de l'élite locale d'autre part.

Comme les familles religieuses et traditionnelles ont perdu beaucoup de leur influence et comme elles n'ont pas participé à la formation de l'élite, seules les tribus étaient en mesure de former des élites capables de servir,

---

(1) Med Tahar Jarrari, « Ahmed El Naib Al- Ansary, Al Mouassassa al-ilmiya », article dactylographié, présenté au séminaire d'Ahmed El-Naib Al-Ansary organisé par Merkez Dirasat Jihad Allibiyin, Tripoli le 08-10/11/1999.

à la fois, leurs intérêts et ceux du pouvoir ottoman. Munie de cette force, du reste exceptionnelle, la tribu allait se placer au cœur de la société et organiser toutes sortes de transactions avec le pouvoir central du temps des Ottomans ou des nationaux, fournissant, à partir de 1940, une grande partie de l'élite politique libyenne qui allait servir le pays jusqu'en 1969.

En ce sens, la domination Ottomane et l'ère Qaramanli furent des moments de forte rupture dans tous les domaines, et en l'occurrence au niveau de la formation de l'élite et de la construction d'un centre étatique.

4. La domination ottomane et la construction d'un Etat : difficultés et limites

Depuis la deuxième moitié du XIXe siècle, L'Etat est au cœur même des diverses stratégies de recherches, et ce comme un construit social et historique qui doit être interrogé pour « *retracer l'ensemble complexe des processus qui contribuèrent à la formation de cette forme de domination, à sa consolidation territoriale et à son affirmation politique* »[1].

Mais les approches en furent nombreuses : il y a eu ceux qui appelaient à un retour aux origines médiévales de l'Etat moderne[2], et ceux qui adoptaient une approche sociologique ou anthropologique pour comprendre les origines sociales, culturelles et politiques de l'Etat moderne[3], mais les partisans de l'approche de la modernisation essayaient de dégager le concept d'Etat de son champ épistémologique exclusivement occidental pour l'appliquer à des sociétés différentes, telles que les sociétés moyen-orientales. Notons en particulier que l'approche se place dans le cadre le plus large qui est celui de l'école orientaliste[4]. En tout état de cause, le concept d'Etat ne peut pas être l'unique apanage de la seule culture occidentale.

Au demeurant, cette théorie fut sévèrement critiquée et considérée comme insuffisante pour la compréhension des sociétés du Moyen-Orient[5], les outils méthodologiques et l'appareillage conceptuel utilisés étant empruntés aux sociétés européennes, comme elle a été brillamment résumée par Otto Hintze qui écrivait en 1931 que : « *l'apparition de l'Etat*

---

(1) Yves Déloye, *Sociologie historique du politique*, Collection Repères, Paris, éditions la Découverte, 1996, p. 30.
(2) Joseph R. Strayer, *Les origines médiévales de l'Etat moderne*, Paris, éditions Payot, 1979.
(3) Bertrand Badie et Pierre Birnbaum, *Sociologie de l'Etat*, Paris, éditions Grasset et Fusquelle, 1982, pp. 15-48.
(4) Cf. à ce propos : Danial Lerner, *The passing of traditional society : Modernizing the Middle East*, New York Free Press 1958, pp. 76-101, cf. également, Masfred Halpern, *The politics of social change in the Middle East and North Africa*, Princeton University Press, 1963, pp. 51-78.
(5) Leionard Binder, *The study of the Middle East*, New York Virley Press, 1976.

moderne n'est au fond rien d'autre que le processus d'étatisation d'une organisation sociale féodale »[1].

En effet, dans sa configuration moderne, l'Etat est le passage d'une domination patrimoniale et médiévale largement éclatée à ce pouvoir fort et centralisé brillamment résumé par Norbert Elias dans son livre « La *dynamique de l'Occident* ».

D'après cet auteur, la genèse de l'Etat moderne peut être comprise comme la compétition de plusieurs prétendants pour l'hégémonie dans un espace bien déterminé[2], ou encore comme l'accumulation des moyens de domination par le biais du monopole fiscal qui permet au souverain de rétribuer ses sujets et par celui du monopole de la violence légitime qui confère au Roi l'exclusivité de l'emploi de la force militaire.

Dans ce même sens, Max Weber définit l'Etat comme suit : « *L'Etat moderne est un groupement de domination de caractère institutionnel qui a cherché à monopoliser, dans les limites d'un territoire, la violence physique légitime comme moyen de domination* »[3].

En vertu de tous ces éléments, la dynamique de l'Occident aboutit à une «*centralisation gouvernementale et administrative singulièrement forte*»[4]. Appuyé sur la force militaire, la centralisation bureaucratique et le monopole de la violence légitime, « *l'Etat renforce son emprise sur la société, unifie progressivement le territoire* »[5].

C'est ainsi que l'Etat s'affirma peu à peu et élimina progressivement les autres formes d'organisation politique telles que les Cités-Etats, malgré l'importance des résistances à la modernisation de la société traditionnelle politique, qu'il arrive finalement à maîtriser qu'elles soient sociales, religieuses ou économiques.

Il est vrai que l'Etat doit être approché comme une « *innovation particulière, située dans l'espace et dans le temps* »[6], les trajectoires des constructions étatiques étant diversifiées, et les mécanismes de gouvernance et les modes de légitimité, de mobilisation, de recrutement et d'échange variant d'un Etat à l'autre et d'une société à l'autre. Mais l'affaire est tout d'abord un problème d'histoire étatique.

Les Ottomans n'ont pas essayé de créer un Etat fort qui s'inscrivît dans les corps et les âmes des populations et qui arrivât à engloutir dans ses structures les pouvoirs secondaires, les parcelles d'autorités et

---

(1) Otto Hintze, *Féodalité, capitalisme et Etat moderne*, Paris, éditions de la MSH, 1991, p. 308.
(2) Norbert Elias, *La dynamique de l'Occident*, Paris, Calman- Lévy, 1975, pp. 35-45.
(3) Max Weber, *Le savant et le politique*, Paris, Plon, 1959, pp. 119-120.
(4) Yves Déloye, *Sociologie historique du politique*, p. 39.
(5) *Ibid*, p. 45.
(6) Bertrand Badie et Paul Brinbaum, *Sociologie de l'Etat*, Paris, éditions Pluriel, 1982, p. 219.

d'influences divergentes[1] et les divers corps sociaux (tribus, clans, groupes, familles et individus). Car l'Etat moderne a « *imposé à chacun une logique de comportement et d'obéissance nouvelle* » [2].

En revanche, ils avaient mis en place une série d'institutions para-étatiques à caractère rentier chargées essentiellement de la ponction des impôts, du prélèvement fiscal et du contrôle du commerce et de l'agriculture sur les côtes.

5. Etat et société en Libye et en Tunisie : éléments de comparaison

Pour pouvoir comprendre la faible étatisation de la société, il faudrait revenir à l'histoire politique et institutionnelle de la Libye.

Pour réussir la construction de l'Etat, il faut compter sur une forte armée et sur une élite bureaucratique bien enracinée, qui faisaient défaut en Libye. En revanche, en Tunisie, la présence de ces deux éléments a permis la sédentarisation des tribus, la bureaucratisation de la société et son intégration dans la logique du marché[3], qui n'eurent pas lieu en Libye. Certes, les Ottomans essayèrent de renforcer leur armée dans la régence, de réprimer les tribus rebelles dans l'Ouest, de répandre l'enseignement et d'encourager la sédentarisation des tribus[4], mais ces efforts n'aboutirent pas à de grands résultats. La bureaucratisation visait tout d'abord la rente en provenance des routes commerciales, qui était essentiellement orientée vers la ponction fiscale.

Si la tribu est restée, dans les deux pays, une force centrifuge très tentée par l'autonomie et même par la rébellion, malgré des similitudes dans les deux sociétés et les deux économies essentiellement rentières, il y avait aussi plusieurs différences de taille. En Tunisie, l'Etat était bien enraciné, les beys ayant eu une longue expérience en matière de gestion des conflits et de prélèvement des impôts, mais le pouvoir ottoman de la régence ne contrôlait même pas les tribus de l'intérieur qui étaient autonomes *de facto*.

Aussi avec le tarissement du commerce transsaharien, les Ottomans furent-ils contraints d'opérer une intégration forcée de l'économie de type capitaliste, qui s'accompagna surtout d'un lent effondrement de l'Empire ottoman et d'un démembrement des diverses parties qui le constituaient. Car il n'avait plus assez de ressources pour résister aux convoitises occidentales et aux tendances indépendantistees au sein des régences, dont la Libye connue pour ses tribus centrifuges.

---

(1) Alexis de Tocqueville, *De l'Ancien Régime à la Révolution*, Paris, Gallimard, Collection «folio», 1985, p. 66.
(2) Paul Birnbaum, *La logique de l'Etat*, Paris, éditions Fayard, 1992.
(3) Lisa Anderson, *The state and social Transformation in Tunisia and Libya 1830-1930*, Princeton University Press 1986, p. 78.
(4) *Ibid*, pp. 79-80-81.

En revanche, en Tunisie, les Husseinites malgré leur faillite financière de 1869, ils avaient su préserver l'Etat et renforcer leur bureaucratie[1], en sachant dominer le pays, contrôler les çoffs tribaux et les instrumentaliser, la bureaucratie étant considérée ici comme l'émanation de la formation sociale et économique.

Les Ottomans remplacèrent la bureaucratie en Libye avec une violence inouïe qui s'abattit sur l'ensemble des tribus, sauf celles qui avaient accepté *volens nolens* de collaborer avec leur administration et d'intégrer ses structures comme collectrices d'impôts, qu'ils s'agisse des officiers, des magistrats ou des instituteurs étant cependant limitées et provisoires.

Mais ces tribus n'avaient jamais obtenu le statut de partenaires politiques, dépendantes qu'elles étaient dans la région des Ottomans qui privilégiaient le corps des notables, pour avoir farouchement combattu les tendances tribales indépendantistes représentées par Ghouma El-Mahoudi et Abdeljélil Seyf En Nasr. En revanche, la province de Fezzan se caractérisa par une collision de tribus et de paysans très autonomes par rapport du pouvoir central, et la Cyrénaïque avait connu un grand mouvement social et religieux qui sut défendre avec acharnement la société tribale de l'Est devant l'occupation fasciste. Car la Sénoussiya, tout compte fait, est la manifestation de la force de la société tribale dans la Cyrénaique et dans le désert soudée par une idéologie revivifiante et réformiste.

La rencontre du réformisme religieux et des intérêts économiques des tribus communiqua à la Sénoussiya une capacité mobilisatrice exceptionnelle, Omar El-Mokhtar, son chef militaire dans l'Est libyen ayant su organiser la guérilla et perdurer dans son œuvre antifasciste héroïque jusqu'en 1931.

6. Ruptures, colonialisme, violence et déstructuration de la société libyenne

L'occupation italienne de la Libye, commencée le 5 octobre 1911 et terminée en 1943, lorsque les Forces Alliées eurent occupé le pays fut atypique. Comparée à l'occupation de la Tunisie et du Maroc, elle prit un caractère exceptionnel et dramatique : répression, révoltes et violences[2]. Les Fascistes ont dû attendre les années 30 pour imposer le calme, dans le sang et pour dominer les tribus, cette dérive autoritaire et violente ayant été imposée par eux à partir de 1922. C'est pourquoi la colonisation fut douloureuse et destructrice pour tout le pays et surtout pour la Cyrénaïque, meurtrie, dévastée et dépeuplée et dont la moitié de la population, soit environ cent mille personnes, fut complètement exterminée dans les camps

---

(1) Lisa Anderson, ibid, p. 142, cf. également M. Hédi Chérif, « Les mouvements paysans dans la Tunisie du XIXe siècle » in, R.O.M.M., N° 30, 1980, p. 28.

(2) Angelo Del Boca, *Gli italiani in Libia, Dal fascismo a Gheddafi*, Mondadori, Milano 1994, pp. 179-189, cf. également Jean-Louis Miège, *L'impérialisme colonial italien*, Paris, Soc. d'éditions d'Enseignement Supérieur, 1968.

de concentration[1] contrôlés par l'armée italienne. La partie orientale de la Libye fut complètement dépeuplée et les tribus nomades qui vivaient du pastoralisme furent durement éprouvées. Mais pourquoi donc l'occupation de la Libye ?

La colonisation militaire et démographique pourrait s'expliquer par plusieurs raisons inhérentes à la politique intérieure de l'Italie au début du siècle. En effet, le gouvernement italien espérait ainsi résoudre le problème du chômage et surtout de l'émigration italienne vers l'Europe et les Etats-Unis, en fournissant aux Italiens des débouchés se basant sur des estimations selon lesquelles le territoire libyen pourrait accueillir des millions d'habitants.[2] L'ambition de son président Giovanni Giolitti était, à l'époque, de réaliser une colonisation de peuplement tournée vers une mainmise sur l'agriculture libyenne, qui associerait « *capitaux et savoir-faire italiens à la main-d'œuvre locale* »[3]. Mais cette association s'avéra difficile à réaliser sans un dépeuplement des régions agricoles, une destruction de l'équilibre traditionnel et une dénaturation de l'économie agro-pastorale.

Avec la prise du pouvoir par les Fascistes italiens, on assista à des changements qui affectèrent en profondeur la société libyenne, de nombreuses lois ayant été nouvellement promulguées pour officialiser la confiscation des terres et les terres non-exploitées ou appartenant aux « rebelles » (*Moujahidoun*) confisquées et considérées par la suite comme simplement domaniales. Signalons qu'en 1933 : « *Les crédits concédés par l'Etat permirent, en effet aux Italiens, [...] sur les 100 hectares des concessions agricoles privées, on pouvait ainsi compter 1530 familles de colons métropolitains, soit environ 7500 personnes au total* »[4].

Signalons que la crise économique de la deuxième moitié des années 20, et la politique démographique du fascisme avaient induit en Italie une pression insupportable de chômage, si bien que la colonisation de la Libye fut considérée à l'époque comme la solution fondamentale au problème du chômage. Pour cette raison, et certainement pour d'autres, le fascisme italien permit aux agriculteurs italiens de prendre les vastes terres du Djebel Akhdar (Montagne verte), d'où ceux-ci chassèrent les populations qui s'adonnaient depuis des siècles au nomadisme et au pastoralisme. Les pertes en vies humaines furent souvent lourdes, parce qu'il fallait, en 1937, trouver des terres agricoles à 12288 Italiens, dont 80% d'entre eux

(1) Giorgio Rochat, *La repressione della resistenza in Cirenaica (1927-1931)*, Marzorati, Milano, 1981, pp. 53-189.
(2) E. Corradini, *L'ora di Tripoli*, Milano 1911, p. 14, cité par Federico Cresti « Projet social et aménagement du territoire dans la colonisation démographique de la Libye (1839-1940)», in Revue *Correspondances* n° 58, octobre – novembre – décembre 1999, p. 11.
(3) Federico Cresti, *ibid*, pp. 11-12.
(4) *Ibid*, p. 13.

travaillaient directement la terre[1]. Les habitants furent profondément touchés, brimés, frappés par la répression et contraints de travailler comme main-d'œuvre dans les chantiers de constructions et d'aménagement coloniaux[2]. Mais les Fascistes Italiens (1922-1939) ne firent jamais d'efforts pour fixer les populations qui s'adonnaient à la transhumance et les diriger vers une économie agricole de marché, parce qu'ils refusaient d'intégrer la société coloniale.

Au bilan de cette colonisation, les meilleures terres agricoles furent confisquées par les Italiens[3] (soit 133000 hectares en 1940) et la société complètement disloquée et détruite socialement et démographiquement.

Mais quelles furent, donc, les conséquences de cette colonisation sur l'avenir de la société libyenne ? Et quels sont les points de convergences et de divergences avec des sociétés similaires et géographiquement voisines ? Ce sont ces deux volets qui intéressent toute recherche sociologique et anthropologique. Comparée à la Tunisie, au Maroc et même aux colonies françaises d'Afrique noire, la société libyenne connut une colonisation tragique si l'on y tient compte des fractures sociologiques et de leurs désastreux impacts, la moitié de la population ayant péri à cause des guerres, des famines, des épidémies et des conditions atroces dans les camps de concentration.

Comme les pertes en vies humaines furent très importantes, une partie de la population dut s'exiler en Tunisie, en Égypte, en Syrie, au Tchad, au Liban, en Turquie et au Soudan et les autres furent arrachées de force à leurs terres, cependant que l'élite n'échappa pas à la répression, mais qu'elle fut contrainte à l'exil et à la mort lente. Entre 1922 et 1943, la Libye était presque sans élite, comme elle a été décrite par de nombreuses chroniques, et il a fallu attendre 1943, date de l'occupation militaire anglaise, pour la voir réapparaître et reprendre très lentement ses activités intellectuelles, politiques, syndicales et journalistiques, après que toute l'infrastructure (écoles, instituts, *zaouias*, tribunaux, *Kouttabs*, et ateliers techniques) eut été complètement éliminée et tout l'héritage institutionnel et infrastructurel de la Sénoussiya rasé. Cette entreprise destructrice n'épargna que les mosquées ; bref, signalons que tout ce qui avait été crée au cours du XIXe siècle, et quoique limité, avait été détruit en dix-sept ans (de 1922 à 1939) et que l'expérience de la *République Tripolitaine* avait été bloquée. Car les Fascistes italiens avaient pratiqué la politique de la terre brûlée provoquant ainsi l'effondrement de l'économie agro-pastorale, le déplacement forcé des populations et la mort du cheptel (toutes espèces

---

(1) *Gli annali dell Africa Italiana*, I, n° 2/1938, pp. 642-661, cité par Fréderic Cresti, ibid, p. 14.
(2) Selon G. Rochat, cité précedemment, 25% de la population chassée s'engagea à travailler dans les chantiers coloniaux, p. 186.
(3) Istituto Agricolo Coloniale, *La colonizzazione agricola della Tripolitania*, Bardi, Roma, 1946, pp. 17-18.

confondues)[1]. Tout comme en Algérie, le colonialisme conduisit la société libyenne à la faillite et surtout à une rupture profonde d'avec elle-même, d'avec son histoire et d'avec son identité puisque sous l'occupation fasciste, la Libye ne pouvait plus se reconnaître, étant une société complètement épuisée, détruite et dénaturée qu'elle était. En raison de ces avatars de leur histoire coloniale, différente de celles de la Tunisie ou de l'Algérie, les Libyens ne furent pas encourageés à emprunter les institutions de l'Etat moderne.

En effet, la colonisation française sauvegarda en Tunisie l'Etat beylical et gouverna le pays en plus de son administration par le truchement de la bureaucratie husseinite (caïdats, cheikhs, magistrats), y forma une armée, en renforça le pouvoir et y rapprocha les diverses notabilités régionales du pouvoir local[2]. Sur le plan économique, la colonisation française encouragea l'émergence de la propriété privée par la création des cadastres et l'enregistrement des terres[3], et imposa aussi la reglementation des salaires du travail agricole. Toutes ces mesures économiques favorisèrent l'émergence d'une économie commerciale, la sédentarisation des tribus et la création d'une classe ouvrière agricole. Le protectorat n'a pas aboli l'Etat beylical, quoiqu'il fût affaibli, en faveur de la Résidence Générale qui se chargeait à la fois de la politique extérieure et intérieure et même de la politique économique et l' existence de l'Etat beylical, quoique fantoches, a empêché les tribus de prendre de la force et de concurrencer le pouvoir central, comme ce fut le cas en Libye sous la première et la deuxième dominations ottomanes, mais si les tribus ne s'opposèrent pas en Tunisie à la transformation de l'économie, qui était très liée au système capitaliste, et si cette politique a surtout considérablement affaibli celles du sud[4] au profit d'un renforcement indirect de l'Etat beylical et d'une restructuration en profondeur de la société tunisienne, sa situation particulière sécréta naturellement une nouvelle élite, essentiellement formée de dignitaires urbains, de propriétaires absentéistes et de bureaucrates qui étaient les agents de l'administration beylicale ou du protectorat.

Elle facilita la disparition de l'économie précapitaliste avec toutes ses caractéristiques[5] et l'émergence d'une économie capitaliste périphérique dépendante et qui reposait tout d'abord sur l'échange dans le marché économique mondial et dans l'exportation des matières premières et de la production agricole vers l'Europe qui en avait besoin pour son développement industriel. Toutes ces transformations structurelles

---

(1) Lisa Anderson, *The state and social transformation in Tunisia and Libya, 1830-1930*, Princeton University Press, 1986, p. 215.

(2) *Ibid*, p. 70.

(3) *Ibid*, p. 142.

(4) Ali Abdellatif Ahmida, *The making of modern Libya*, pp. 67-68.

(5) Mustapha Kraïem, *La Tunisie précoloniale*, tome I et II, Tunis STD, 1973, passim, cf. également *Nationalisme et syndicalisme en Tunisie*, 1918-1929, Tunis, Union Générale Tunisienne du Travail 1976.

induisirent une société hiérarchisée et divisée en deux catégories : la classe prolétarienne urbaine et rurale et l'élite salafiste ou libérale qui ont alimenté le militantisme politique ou syndical à travers les expériences du *Néo-destour* et de *l'Union Générale des Travailleurs Tunisiens*.

En effet, si l'élite politique et syndicale et la classe ouvrière militèrent de concert pour le projet de l'Indépendance nationale, par contre, en Libye, la destruction de l'élite commença déjà avec les Ottomans qui avaient exclu les dignitaires et les notables tripolitains, vu qu'il n'était pas nécessaire d'avoir des diplômes ou de savoir lire et écrire pour briguer des postes dans leur bureaucratie. Les Ottomans avaient aussi empêché la Confrérie Sénoussienne ou la configuration d'Ouled Mohammed de se transformer en Etats, hostiles qu'ils étaient à toute concurrence si minime fût-elle. Ainsi, en détruisant le corps des dignitaires et en achevant l'entreprise déjà entamée par les Ottomans, les Fascistes se sont trouvés face à face avec les tribus unies par leur contiguïté géographique, par leur consanguinité, et par leur appartenance religieuse et mobilisées pour leur cause de libération nationale.

Il est vrai que tous ces éléments peuvent expliquer la crise de la société libyenne entre 1911 et 1943, mais qu'ils sont insuffisants, si on ne définit pas les caractéristiques fondamentales de l'Italie fasciste.

N'étant pas le fait d'un pays capitaliste, la colonialisation italienne arriva tardivement ce qui se traduisait par l'absence d'emplois, le problème de l'émigration et l'incapacité à résorber le flux démographique[1]. Signalons qu'au début du XXᵉ siècle, l'Italie avait des problèmes de développement économique et social et connaissait un important retard technologique par rapport à ses voisins.

En revanche, la France était un pays capitaliste développé qui avait su intégrer ses colonies dans le marché économique mondial par les investissements, l'exploitation des matières premières et la main-d'œuvre à bas prix. Ayant crée dans toutes ses colonies une dynamique de « capitalisation » des rapports de production et des sociétés, malgré son caractère colonialiste, la politique française n'a pas empêché la formation d'une élite politique et économique, comme ce fut le cas en Tunisie, en Algérie, au Maroc et dans certains pays francophones d'Afrique noire.

Mais en Libye, l'absence d'élites intermédiaires a conféré un rôle exceptionnel à la tribu qui, tout en combattant le colonialisme fasciste, avait sauvegardé l'identité de la société. Durant la lutte coloniale qui s'est déroulée de 1911 à 1931, elle a été un véritable repli identitaire pour la société libyenne. Car la société n'eut pas d'autres moyens de lutte et de résistance que dans ce cadre qui avait pu, pendant vingt ans de résistance, retarder la progression des colonisateurs italiens et limiter tant soit peu l'impact de leur entreprise coloniale dévastatrice sur les populations. C'est

---

(1) Romain Rainero, « La colonisation démographique fasciste en Libye : un essai d'analyse », in, *Revue Mondes et Cultures*, Tome XLII, n° 3, 1982, pp. 485-498.

ainsi que l'histoire de la Libye, entre 1911 et 1932, n'a pas été uniquement façonnée par les Italiens, mais aussi par les tribus « rebelles », selon l'expression officielle italienne, ensemble qu'elle était d'affrontements, d'épidémies, de famines et de résistance à l'occupant fasciste. Par ces résistances et ces affrontements, la société a essayé de se doter de structures qui pussent jouer le rôle d'un Etat et protéger la religion islamique de la disparition. Les tribus qui avaient résisté à l'Occupation ou qui avaient accepté de collaborer avec elle, ont essayé socialement, économiquement et même militairement de reconstruire l'identité du pays détruite par les Italiens dans leurs projets d'expansion coloniale.

Car ces derniers pour résoudre le problème du *Mezzogiorno*, devaient se tourner vers la Libye pour y trouver une solution, les féodaux et les grands propriétaires terriens du Sud italien s'opposent catégoriquement à la réforme agraire et à l'application du droit de vote. L'Italie, qui était un pays fondamentalement agricole, voulait procurer des emplois à ses paysans, d'où une lutte acharnée de classes entre les féodaux et les paysans démunis[1] si bien que la crise qui était au départ italienne fut transférée ensuite sur le sol libyen.

Aussi une approche socio-anthropologique gagnerait à être focalisée davantage sur la dynamique de la société elle-même, et sur l'appareil et ses diverses composantes, si l'on veut comprendre comment la société s'est retranchée sur ses maigres ressources pour survivre. Cette dynamique sociale a été surtout peu analysée et tous les efforts ont été branchés sur le concept d'Etat-nation et sur la dynamique qu'il peut engendrer. Cet ordre de priorités risquant de ne pas être pratique en la matière.

Or il s'est avéré que nombreuses étaient les études qui s'étaient intéressée essentiellement à l'applicabilité de ce concept, bien qu'il s'agît d'une société dont l'histoire et la composition étaient fondamentalement différentes de celles des sociétés européennes.

Malgré de nombreuses dissemblances d'ordre surtout culturel, civilisationnel et religieux entre les Ottomans et les Italiens, les conséquences de leurs présences en Libye furent désastreuses. Quoiqu'ils fussent religieusement proches des autochtones, les Ottomans avaient empêché, tout comme les Italiens, la formation d'un Etat moderne, ou même d'un centre étatique, c'est-à-dire d'une structure qui réunit les moyens de domination, à savoir la force de l'armée, le droit de juger, celui de légiférer, celui de lever les impôts et celui de battre la monnaie sur l'ensemble du territoire[2]. Les Ottomans avaient démoli les rares structures existantes sans pour autant créer une bureaucratie centralisée qui renforçât

---

(1) Cf. à ce propos, Antonio Gramsci, *The modern prince and other writings*, New York, international publisher, 1983.

(2) Charles Tilly, *Contraintes et capital dans la formation de l'Europe 990-1990*, Paris, éditions Aubier, 1992, p. 57.

son emprise sur l'ensemble de la société et unifiât tout le territoire. Ainsi cette bureaucratie naissante se chargeait de contrôler toutes les activités.

Il ressort de tous ces éléments que les Ottomans n'ont pas cherché à imposer une dynamique de construction étatique et de centralisation politique si bien que la Libye n'a pas hérité ni d'un Etat ni d'un centre politique.

Ni les Ottomans ni les Italiens ne voulaient d'une opposition à leur pouvoir greffé sur la société libyenne, ni un Etat fortement centralisé et représentatif étant en mesure de secréter des élites opposantes. Ni le pouvoir des premiers ni celui des seconds n'ont pu s'inscrire dans les corps et dans les esprits des populations.

7. Ruptures et circulation de la violence

L'histoire de la société libyenne moderne et contemporaine a été mouvementée et violente, mais chaque moment historique se distingue par son mode de violence qui variait aussi bien au niveau des acteurs que des mécanismes, mais la violence malgré toutes ses variations, y ayant été une constante absolue. En effet, les Ottomans l'avaient toujours pratiquée, mais contre une partie de la société, et surtout contre les tribus qui refusaient de se plier à leur autorité, de leur prêter allégeance, de s'acquitter de leurs impôts et de renoncer à leur tendance indépendantiste, tous ces comportements ayant été réprimés avec une violence inouïe. Bref, l'utilisation de la violence était en elle-même une technique de gouvernance, même si enfin de compte, elle fut sélective, partielle et limitée.

En revanche, la violence des Fascistes italiens fut générale et totale du fait qu'elle avait eu lieu sur l'ensemble de la société et qu'elle prit le caractère d'une revanche générale sur la société libyenne, selon des modes et des mécanismes très complexes.

Les deux systèmes politiques dans les deux pays sont issus du renversement de deux monarchies : beylicale en Tunisie et sénoussienne en Libye. La première était épuisée, totalement soumise à l'occupation coloniale et écrasée par les dettes. La seconde avait transformé l'indépendance en une dépendance totale vis-à-vis de l'Occident. La souveraineté de la « *monarchie était formelle sinon nominale* »[1], la monarchie présentant à plusieurs égards beaucoup de fissures.

Le pouvoir réel revenait à des affairistes intrigants dont les frères Chelhi étaient la meilleure référence[2]. Des richesses à la Crésus s'édifiaient démesurément dans l'entourage du Roi Idriss I provenant des grands marchés et de gigantesques contrats d'armements.[3] L'appui de la

---

(1) Maria Graeff-Wassink, *La femme en armes*, pp. 27-28.
(2) *Chronique libyenne*, 1969 : « l'année tournant », in A.A.N., VIII, 1969, pp. 17-25.
(3) En effet, en 1968, la Libye contribuait même au redressement de la balance commerciale britannique par des achats massifs d'armement. Le pays qui était assisté par la communauté internationale jusqu'aux débuts des années 60, s'était

Monarchie était uniquement clientélistique, puisqu'il reposait sur un efficace prcessus de distribution de la rente pétrolière entre chefs de tribus, autorités religieuses et officiers de l'armée et de la police. Tout cela pourrait expliquer pourquoi les acteurs du renversement ont pu agir, sans aucune opposition, et même en obtenant ainsi l'adhésion enthousiaste des masses. Ceci étant, les acteurs de cette politique, c'est-à-dire les deux équipes, ont essayé par tous les moyens de s'approprier le mouvement national et d'effacer toute autre contribution ou participation effective en niant l'histoire ancienne des deux monarchies considérées comme de simples passages forcés ou de simples intermèdes entre le colonialisme et l'ère de l'indépendance. Ces deux équipes ont voulu être les seules héritières du mouvement national. Les deux régimes politiques ont toujours tenté de dégager l'arène de toute autre force concurrentielle et de monopoliser toute représentation de leur société.

Tous les aménagements constitutionnels et politiques qu'avaient connus la Tunisie et la Libye de 1956 à 1987 à commencer par l'interdiction du parti communiste tunisien en 1963 et la proclamation de la *Révolution culturelle* en Libye en 1973 ont assuré que tout converge vers l'appareil d'Etat. Le leadership étant l'unique porte-parole de toute la société avec ses multiples composantes et catégories politiques et sociales. La stabilité de la société, la négation de toute forme de contestation, la mobilisation instrumentalisée et conjoncturelle de toutes les composantes de la société constituaient une priorité absolue pour l'appareil d'Etat avec des modèles très performants de répression et de contrôle politique. Il s'agit, en fait, d'une interdiction de toute médiation politique.

C'est une volonté délibérée à tout hériter, à supplanter les autres partis et à transférer les loyautés politiques régionales ou tribales sur le leadership[1]. Dès leur accession au pouvoir, les deux leadership ont fait de leur pays un laboratoire d'expérimentation politique, tant sur le plan social que politique ; ils ont amorcé des réformes religieuses en matière de lecture des textes sacrés, du statut personnel, de la famille, de l'enseignement, du redressement moral et mental, ce qui leur avait valu de multiples heurts avec l'establishment religieux et les notables traditionnels[2].

1. Identité d'élites et projets d'Etats de l'ère coloniale

Il semble nécessaire de connaître l'identité des élites de l'ère pré coloniale pour décoder leurs messages, leurs conceptions de l'Etat et de la société ; bref, leurs projets d'avenir. Le projet mobilisateur des élites politiques et partisanes en Libye, peut être ramené tout entier à la

---

transformé en une société rentière avec un des P.N.B. les plus élevés du Monde arabe. Cf. Robert Mabro, « La Libye, un État rentier ? », in, Revue *projet*, n° 39, Novembre 1969, p. 1091.

(1) Michel Camau, *Pouvoir et institutions au Maghreb*, Cérès-Productions, Tunis 1978, pp. 30-31.

(2) François Burgat, *La Libye des contraintes*, pp. 110-111.

réalisation d'une structure fédérative qui englobe la Tripolitaine, la Cyrénaïque et le Fezzan. Elles étaient en quête d'une communication entre les 3 provinces sépéraées anthropologiquement et politiquement et d'un centre unificateur. Les élites politiques, religieuses, tribales et familiales aspiraient à un leadership fort et représentatif[1]. Ce que la Sénoussiya ne pouvait le leur fournir.

A l'aube de l'indépendance, l'illusoire dynastie échoit en 1951 à Med Idriss alors que le pays était fragmenté, fracturé sans aucune unité politique ou institutionnelle, sans gouvernement, ni structures administratives et surtout sans Etat national représentatif.

Le Roi Idriss I n'avait ni l'ascendant historique de Bourguiba, ni la hardiesse laïque d'Atatürk. La Sénoussiya était une confrérie religieuse et maraboutique qui inspirait la dévotion et l'orthodoxie religieuse.[2] Mais elle n'avait ni les ressources politiques mobilisatrices, ni les énergies spirituelles suffisantes pour constituer un centre. C'est là un phénomène qui trouve ses racines dans l'histoire lointaine. Même les forces tribales qui avaient combattu en Cyrénaïque, au Djebel Lakhdar ou à Benghazi, sous la direction de quelques membres de la famille sénoussi, l'ont fait pour des raisons familiales, religieuses et territoriales ou par dévotion à l'égard du chef de la Confrérie religieuse et non pour des considérations nationalistes[3]. Le projet de construction d'une Nation était encore lointain.

Tel était le cas du chef de la guérilla anti-italienne : Omar El-Mokhtar. La résistance tribale n'avait pas une idée claire de l'Etat futur. Elle cherchait uniquement à chasser le colonisateur.

Cette bédouinité historique s'opposait à tout Etat et à tout contrôle politique[4]. De ce point de vue, la déclaration de l'Etat fédéral libyen a été une greffe non réussie : la périphérie demeurait autonome de l'Etat naissant, les différends entre familles étaient encore forts et les antagonismes entre tribus, villes et campagnes se sentaient aisément. Tous ces facteurs empêchaient la cohésion de la société et partant, la concrétisation de l'unité nationale[5]. A tout cela s'ajoutait l'effet destructeur du Pétrole. Mais ceci n'est nullement une dénonciation, mais plutôt la reconnaissance des vérités historiques. Car le fait étatique et l'aspiration à un Etat légal-rationnel remontaient dans le monde à une histoire vieille de près de trois siècles.

9. L'Etat tunisien ou l'histoire d'une accumulation

Bourguiba n'a pas inventé l'Etat, mais il l'a trouvé déjà constitué, aussi bien au niveau de l'imaginaire et de la culture que des institutions. Le

---

(1) Maria Graeff Wassink, *Femmes en armes*, pp. 27-28.
(2) John Davis, *Le système libyen, les tribus et la révolution*, Paris, éditions P.U.F. 1990, pp. 40-45.
(3) *Ibid*, pp. 40-45.
(4) *Ibid*, p. 45.
(5) *Ibid*, pp. 58,59,73,74.

bourguibisme n'est pas un antécédent, mais une continuité et un couronnement ; bref, une consécration. En effet, « *les jeunes tunisiens appelaient déjà pour un Etat fort et efficace parce que fondé sur le droit* ».[1] La finalité de l'œuvre des premières générations de réformistes était de façonner une personnalité tunisienne nouvelle, véritable base sur laquelle pourrait s'appuyer l'Etat-nation.

Si l'Etat fut perçu comme l'agent de transformation de la société, mais tout compte fait, l'esprit réformateur n'était pas un ensemble de conceptions théoriques abstraites, puisqu'il avait un répondant historique représenté par la bourgeoisie traditionnelle et nationale et par les élites politiques, religieuses et syndicales. La Tunisie actuelle est l'héritière d'une culture bien ancienne de l'Etat, enracinée par les Réformateurs et ancrée par Ahmed Bey (1837-1855), et d'un centre, qui malgré les résistances périphériques, les dissidences et les insurrections d'ici et là, demeure représentatif et en fin compte légitime. La Tunisie est héritière enfin et surtout d'une tradition de constitutionnalité amorcée par le Destour de « Ahd El Amen », et s'honore d'un certain respect de la constitutionnalité.

En revanche, de tous les pays du Maghreb, la Libye n'a pas pu constituer un centre, parce que l'Etat y accusait un déficit de représentativité de l'ensemble de la société, en dépit d'une importante histoire religieuse et spirituelle. Même si « les institutions montées en cours de route » se sont désagrégées sous les coups du laxisme du style de la gestion politique, il est permis de se demander quelles ont été les dynamiques étatiques post-coloniales, et si elles ont gardé leur caractère diversifié.

10. Modèles d'Etat et dynamiques politiques post-coloniales

La Sénoussiya a laissé passer la chance de fonder un centre, parce qu'elle était une Confrérie déchue par ses propres fidèles, trop abstraite et retranchée par rapport au monde contemporain, et pouvant se maintenir et durer sans ancrage social et politique réel. Ses 18 années de vie apparaissent aux spécialistes, comme un souvenir lointain, une rencontre politique éphémère et un passage sporadique, si bien qu'elle n'avait pas en fait les ressources de la continuation, et n'arrivait pas à maîtriser sa base tribale, surtout dans la région de la Cyrénaïque qui avait annoncé, au lendemain du changement politique de 1969, sa loyauté à l'égard de la nouvelle équipe. A cela s'ajoutait la situation des élites libyennes trop fragmentées et divisées, et même celles qui avaient tenté d'intégrer le système avec le gouvernement d'El Baccouche et de le « relégitimer » n'ont pas pu s'acquitter de cette fonction[2], le passage de l'économie de la tribu à

---

(1) Michel Camau, *Pouvoir et institutions au Maghreb*, Cérès Production, Tunis 1978, pp. 30-31.
(2) Salaheddine Es-Souri, « *Élite et pouvoir en Libye* », Tunis, CERES, 1992, pp. 314-315. cf. le *Journal Officiel*, n° 1,2ᵉ série, 15 mars, 1977, pp. 66-67. Omar

celle du marché et la découverte du Pétrole ayant été fatals aussi bien pour la Confrérie que pour la Monarchie.

11. La Sénoussiya et le Bourguibisme : logique d'une divergence

Entre les deux mouvements politiques, il y avait une différence de taille. En Tunisie, le Néo-destour, véritable élite homogène et progressiste, s'étant avéré unificateur de toutes les composantes de la société tunisienne[1], en tant que leadership de type moderne qui a réussi la réunion des différentes couches de la société contre le colonialisme français.

Cette élite qui avait cherché par tous les moyens à diffuser son propre système de valeurs directement inspiré de la Révolution Française et des idéaux de la Troisième République[2] a conféré au nationalisme tunisien sa représentativité et lui a octroyé une légitimité totaliste, c'est-à-dire l'habilitation à parler au nom de tout le monde[3], politiques, économistes, hommes de la culture, syndicalistes et même hommes de religion. Le bourguibisme a donc hérité de ce caractère centraliste et totaliste et a assuré la convergence vers le futur Etat des aspirations des diverses composantes d'une société hétérogène.

La primauté de la politique sur toutes les autres instances effaçait toute médiation entre les sphères privées et publiques[4], mais malgré la personnalisation de l'Etat et le culte de la personnalité, le pouvoir constituait un centre et le nouvel Etat dominait tout l'ensemble social et politique au nom de la légitimité du leadership par le biais d'un contrôle rigoureux des élites et par la neutralisation des allégeances périphériques[5]. Cette étatisation tous azimuts a presque annulé l'autonomie des institutions et empêché toute participation positive[6].

Tout compte fait, quoique moderniste, cette étatisation, a eu beaucoup d'effets négatifs : fusion de l'Etat et du Parti, personnalisation du style de gestion politique et clientélisme politique et social.

Fathally, «Political development and bureaucracy in Libya », Lexington book, d.c.t heath and company Toronto, p. 55.
(1) Michel Camau, ibid, p. 10-11.
(2) Kraïem Mustapha, « L'élite tunisienne entre les deux guerres », in, *Élite et pouvoir dans le Monde arabe*, Cérès 1992, p. 28.
(3) Michel Camau, « L'Etat tunisien : De la tutelle au désengagement », Revue *Maghreb- Machrek*, n° 103, 1984, pp. 11-12.
(4) Michel Camau, « La succession et l'héritage », in *Tunisie au présent*, éditions CERES, 1987, pp. 3-8.
(5) *Ibid*, pp. 3-8.
(6) *Ibid*, pp. 11-48.

En revanche, la Sénoussiya qui avait constitué un Etat, n'a surtout pas renforcé la culture d'Etat, ni réussi à l'auréoler ni de respectabilité, ni d'un caractère inévitable[1].

Dans une société profondément tribale, «*une société sans Etat, l'important, est l'idée de parenté et de descendance tribale*». Une personne n'est tenue à respecter que ceux qui partagent avec elle son appartenance[2]. Ce qui pourrait s'expliquer essentiellement par l'anthropologie politique de la Libye, à savoir que l'Etat monarchique (1951-1969) s'est identifié à l'oppression coloniale, à la présence militaire étrangère et au pillage par l'Occident des richesses pétrolières libyennes. Tel était donc le sens de la *Révolution Culturelle* qui a débouché sur le *Livre Vert*, l'instauration du régime Jamahiryen, c'est-à-dire sur le refus de toute institutionnalisation du pouvoir susceptible de se transformer en groupe de pression et sur une intercession en quelque sorte politico-idéologique[3].

Cette dislocation de l'Etat s'explique par l'histoire, la Libye n'ayant connu un Etat légitime et représentatif que durant les six années qui avaient suivi l'abolition du pouvoir fédéral en 1963. Quant au pouvoir « Jamahiriyen », qui fut une véritable rupture révolutionnaire, il a engendré une vaste compagne de dissolution, l'effort du régime s'étant concentré à l'évidence sur la destruction de toutes institutions classiques et ayant débouché sur un anti-étatisme pur et simple avec la dissolution de l'armée, de la police et des corps constitués, la suppression des ambassades, l'adoption d'une diplomatie subversive et l'interdiction de toute médiation économique en application du célèbre principe « *associés et non salariés* ».

Le projet consistant à « révolutionner» la société et le style de sa gestion politique a brutalement propulsé sur l'avant-scène le corps des *Comités Révolutionnaires,* connus par leurs excès de zèle, dans l'application des principes du *Livre Vert*, cette « milice » omnipotente ayant tenté de supplanter l'armée, la police, la magistrature et toutes les structures reconnues de l'Etat moderne.

Après la déroute de l'armée libyenne au Tchad, le régime s'est rendu compte de l'effritement de sa légitimité, en conçut le besoin de reconstruire ses assises sociales, mais malgré son style de « jacobinisme révolutionnaire » et ses prétendus idéaux d'avant-garde, il s'appuyait sur l'alliance des acteurs politiques et des intérêts en rapport direct avec la logique distributive des royalties de la rente pétrolière.

Mais cette alliance fondée sur un complexe militaro-bureaucratico-sécuritaire ne constituait pas un Etat, selon la définition de la sociologie

---

(1) John Davis, *Le système libyen, les tribus et la révolution*, Paris, éditions P.U.F, 1990.
(2) *Ibid*, pp. 58,59,73 et 74.
(3) François Burgat, « La Libye des contraintes », in, *Les années de transition*, éditions Masson, 1990, p. 111-113.

politique, mais faisait fonction d'Etat. Plus le régime ressentant le déficit de sa légitimité, plus il faisait appel aux compétences des Services spéciaux, aux *Comités Révolutionnaires* et à l'armée, Kadhafi ayant réussi, pendant un quart de siècle, un émiettement de l'Etat en jouant alternativement sur les trois instances précédemment citées.

La dynamique de la politique libyenne actuelle nous place devant une problématique, en nous faisant mesurer que grâce à la culture d'une société qui a vécu sans Etat, le régime politique n'a pas jugé opportun d'instaurer une dynamique étatique.

Si c'est là la tradition d'une société sans Etat, et si l'Etat est trop affaibli en tant que fait institutionnel, il est par contre présent par ses trois fonctions classiques qui pourraient être résumées ainsi :

- La fonction sécuritaire ;
- La fonction reproductrice ;
- La fonction distributive .

Il est également remarquable que les caractéristiques de l'Etat traditionnel y demeurent, à savoir : la subordination de l'équipe au Prince, la cooptation, l'allégeance politique, le clientélisme économico-politique, mais sans que cela produise une dynamique étatique. Mais tout compte fait, l'affaiblissement de l'Etat a favorisé l'émergence d'une bédouinité négative, c'est-à-dire patrimonialiste et clientélistique, la hiérarchie tribale étant respectée à tous les niveaux (la répartition des postes et les nominations à des postes diplomatiques), et les chefs de tribus dont les usines et les sociétés avaient été nationalisées ayant eu l'occasion d'être remboursés.

Néanmoins, il faudrait remarquer que pendant plus de trente ans (de 1969 à 2000), la Libye a progressivement glissé d'une société sans Etat vers une société dressée contre le pouvoir et l'on se demandera si les islamistes resteront une force capable de dominer l'avenir tant qu'il y aura absence d'encadrement de la jeunesse.

Devant la montée des Islamistes, Kadhafi avait brandi la menace berbère, la trahison et la complicité avec les Américains, mais aucune initiative n'a été prise pour réhabiliter la société civile et opérer un véritable désengagement des structures révolutionnaires en place en faveur de la vie civile et associative. Pour la même raison, le régime a opéré quelques ouvertures, certaines associations (de lutte contre la drogue parmi les jeunes, d'émancipation de la femme ou d'épanouissement de la culture) ayant été tolérées, mais sans que cela produisît une dynamique effective.

Devant la gauche, Bourguiba a de sa part encouragé les Islamistes, et devant ces derniers, il a brandi le danger du chi'isme et de l'Iran, mais dans les deux cas, il a été prouvé que la société civile progressait ou régressait en fonction ou au gré des gouvernants et des conjonctures politico-idéologiques intérieures.

II. HISTOIRE DES RUPTURES ET CULTURE D'ETAT EN LIBYE : LES PARADOXES D'UNE DIFFICILE CONSTRUCTION ETATIQUE

Jusqu'à présent, dans le Monde arabe, l'Etat-Nation n'a pas su intégrer la culture commune, étant une forme d'organisation politique et sociale moderne et ne semble pas être « *parfaitement légitime* »[1]. Il est encore concurrencé par d'autres structures à caractère traditionnel et local tels que les tribus, les familles, les lignages et les clans à base régionale ou locale. Très peu de pays arabes sont dotés d'un héritage étatique au sens moderne du terme, seuls des pays comme l'Egypte, le Maroc, l'Irak ou la Tunisie pouvant prétendre à ce statut, quoique leurs expériences étatiques aient été façonnées, soit à la suite du démembrement de l'Empire Ottoman, soit après la fin de l'Empire colonial, comme ce fut le cas en Algérie. A ce titre, plusieurs Etats du Monde arabe sont la création directe ou indirecte des pouvoirs coloniaux qui voulaient à l'époque mettre en place des structures alternatives au Califat ottoman.

Ayant pris des départs historiques à caractère exceptionnel, l'Etat national n'a pas réussi à convaincre les populations, à les mobiliser (sauf dans peu de circonstances) et à se légitimer politiquement et socialement.

Construit d'une façon hative, cet Etat paraissait être toujours étranger au pays administré, mais pour les pays pétroliers, et en l'occurrence la Libye, la situation est encore plus complexe[2]. Car les Ottomans et surtout les Italiens imprégnèrent d'une façon directe les populations autochtones et la culture politique dominante, suscité beaucoup d'animosité à leur égard et alimenté une grande méfiance de tout pouvoir central. En ce sens, les Ottomans, quoique musulmans et donc censés protéger l'Islam là où il se trouvait, ont fini par s'autodélégitimer, compte tenu de leur excessif recours à la violence.

Ce constat historico-politique pourrait s'expliquer par le fait que les Ottomans avaient détruit les fondements de la culture populaire commune[3], dénigré la société locale et agi en véritables exploiteurs de la rente provenant de l'agriculture et surtout du commerce transsaharien. Une société qui avait fait l'objet d'une farouche répression et d'une exploitation sauvage, a adopté une attitude de repli sur elle–même, s'est méfié de ses gouvernants et s'est fié à ses mécanismes de défense, si bien que le pouvoir central a arboré le masque de l'oppresseur pour être vite rejeté, boycotté, voire combattu.

---

(1) Rémy Leveau, « Etats, société et rente pétrolière au Moyen-Orient » in, *Droit, institutions et systèmes poltiques* (mélange à Maurice Durverger), Paris, P.U.F., 1987, p. 661.

(2) Lisa Anderson, *The state and social transformation in Tunisia and Libya 1830-1980*, New Jersey, Princeton University Press, 1987, pp. 57-114.

(3) Ràafat Ghouneymi El-Cheikh, *Tatawwir al tàlim fi libia fil 'oussour al-haditha*, Dar al tanmiyya lil nachr, première édition, 1972, pp. 63-72.

Les efforts fournis par les Ottomans pour récupérer les populations qui les fuyaient en se réfugiant dans les montagnes et les déserts n'ont en rien servi à changer leur situation, puisque, ils sont restés étrangers au pays qu'ils gouvernaient pour avoir adopté un mode de gestion répressive et totalitaire avec les massacres, les pillages et autres exploitations etc. C'est peut-être là que réside l'un des paradoxes de la Libye ottomane où les sauveurs du pays se sont transformés progressivement en vrais pilleurs.

A cet effet, les Ottomans avaient empêché les autochtones de constituer leurs propres structures plus au moins autonomes, c'est-à-dire leurs corps de défense, de s'exprimer à travers celles qu'ils avaient imposées, exception faite de ceux qui ont accepté de se « vendre ». Car ils ne leur avaient pas laissé de réels choix. La société muette et brimée se retrancha, donc, sur ses structures tribales pour se défendre, se protéger et sauver son identité enfouie dans leur tréfonds. Ainsi les Ottomans avaient-ils détruit les « élites » qui meublaient le paysage intellectuel et politique et les « bureaucraties » en place. Mais ils n'avaient pas réussi leur propre greffe bureaucratique, en renforçant leur hiatus d'avec la société. C'était, en somme, un pouvoir en panne de communication avec les populations, puisqu'il était à la recherche de subsides pour financer ses guerres de religion et autres.

1. La colonisation fasciste et la destruction de la société

Les Italiens ont continué leur guerre destructrice, parce que par leur colonisation de type fasciste, violente et répressive, ils espéraient dominer tout le pays. Cet effet destructeur est capital sur les plans historique et scientifique si nous voulons comprendre cette période et les malheurs qu'elle a causés à la société libyenne. En procédant ainsi, les Fascistes italiens avaient provoqué l'effacement de la société, du reste séquestrée dans des camps de concentration créés et supervisés par l'armée, ou acculée à fuir dans les lointains déserts. En effet, l'identité meurtrie ne pouvait que s'accommoder de l'Islam salafi et d'*Al-Jihâd* et en faire une idéologie de combat contre les « oppresseurs chrétiens ». C'est ainsi que naquit un héros d'une trempe exceptionnelle, Omar El-Moktar qui, avec des moyens rudimentaires, s'opposa à leur féroce machine de guerre symbolisant en même temps la Libye brisée mais résistante, meurtrie mais attachée à son identité nationale, humiliée mais fière d'elle-même.

Toutefois, les destructions économiques, politiques, culturelles, tribales et familiales avaient unifié l'ensemble de la société contre les Fascistes et surtout contre l'opération militaire du général Rodolfo Graziani connu pour sa férocité. De cette guerre impitoyable, elle garda un amer souvenir dans son âme rebelle contre l'Occident. Quand les Jeunes Militaires eurent pris le pouvoir le 1er septembre 1969, ils exploitèrent à fond cette « psychologie » pour mettre en place une politique anti-occidentale qui s'est confirmée à plusieurs niveaux. Cette variable pourrait nous expliquer leur incontournable popularité durant les premières années de ce changement traduisant l'âme libyenne profonde qui avait longtemps souffert de la domination sous toutes ses formes.

2. La phase postcoloniale et la reconstruction identitaire

La décolonisation de la Libye fut couronnée par l'instauration d'un système fédéral en 1954, par sa suppression en 1963 et par la proclamation du Royaume Uni de Libye la même année.

Mais l'Etat fraîchement constitué rencontra des difficultés à s'imposer, parce qu'il avait surtout besoin de renforcer sa légitimité religieuse déjà usée par une autre politique capable de mobiliser la population, en panne d'élites civiles et modernes qui fussent au diapason des acquis de leur temps. Face à cet imbroglio, il eut normalement recours au corps déjà constitué de dignitaires, de notabilités familiales et économiques et de chefs des tribus, qui, quoiqu'il fût mobilisateur, s'est avéré être peu adapté avec l'évolution de la société, avec l'extension de l'enseignement et la progression de l'urbanisation et avec l'émergence de l'Or noir.

Les conséquences de cette situation ne se firent pas attendre, puisque la Libye a connu concrètement une déchirure d'élites et subi les revers de cette situation. Pour être plus concret, il faudrait faire remarquer que la Libye a connu *grosso modo* deux élites radicalement opposées, la première formée des chefs tribaux, des notables et des nouveaux riches et plutôt tournée vers le passé et soucieuse de maintenir le *statu quo,* et la seconde composée de technocrates et de jeunes politiciens et regardant vers l'avenir et vers la modernisation de la société en imitation du modèle occidental. Cette déchirure créa une sorte de blocage, voire d'inertie, qui attisa les appétits des Jeunes Militaires et leur ouvrit grandes les portes de la conquête du pouvoir.

Mais entre 1951 et 1965, la stabilité de la Monarchie reposait sur la fragile fidélité à la Sénoussiya des tribus de la Cyrénaïque, la construction étatique étant restée faible pour plusieurs raisons et le pouvoir religieux vieillissant et d'origine confrérique n'ayant pas pu réussir sa politique modernisatrice, ni trouver des relais au sein de la classe moyenne pour élargir ses bases sociales. La Monarchie était délégitimée surtout en acceptant l'inféodation aux puissances occidentales, en permettant, pour une raison ou une autre, la présence militaire américano-anglaise sur son territoire et en se désolidarisant de l'Egypte aux prises avec Israël à cause du problème palestinien.

Vieillissement, fragilité, délégitimation et blocage sont autant de variables qui peuvent expliquer le renversement de la Monarchie[1], la rente pétrolière n'ayant pas renforcé paradoxalement le pouvoir monarchique, mais l'ayant fragilisé à cause de la montée des tensions politiques et sociales. De plus, elle n'avait pas pu s'adapter aux changements tant intérieurs qu'extérieurs ni répondre favorablement aux attentes de la classe moyenne qui s'est trop vite enrichie et qui commençait à avoir des

---

(1) Rémy Leveau, « Le système politique libyen », in *La Libye nouvelle, rupture et continuité,* Paris, CNRS, 1975, p. 83-101.

revendications politiques, sociales et surtout identitaires dans une région en pleine effervescence politique.

Aussi, le Roi vieillissant, voire moribond, ne pouvait-il ni les contenir, ni les affronter, ni tout simplement proposer aux jeunes une nouvelle offre idéologique et contrecarrer le Nassérisme, le vieillissement en particulier s'étant directement répercuté sur le régime qui se sentait de plus en plus dans une impasse, isolé qu'il était de son environnement géographique proche et lointain et privé d'un ancrage social suffisant pour pouvoir durer. Pour cette raison, la construction étatique s'avéra être aussi fragile que le roi était malade et ne pouvait pas continuer, parce que contestée et délégitimée, et que l'imaginaire collectif libyen était alors hostile à toute forme de pouvoir central.

Parce que les Libyens avaient déjà fait l'expérience de deux dominations amères, douloureuses et destructrices, tout pouvoir était pour eux synonyme de violence, de répression et de délégitimation de sorte que la disparition du pouvoir monarchique, le 1er septembre 1969 était attendue depuis des années. L'échec du Roi Idriss est à comparer à celui du Chah d'Iran qui n'a pas pu maîtriser les répercussions de sa politique modernisatrice et laïcisante, surtout en matière de réforme agraire, qui a obligé le pouvoir à chasser une masse de paysans pauvres, qui ont été contraints de peupler les faubourgs des villes, en y trouvant l'encadrement et la mobilisation auprès des *fouqaha* et des théologiens chiites. Déçues, frustrées et révoltées, ces masses de laissés pour compte ne pouvaient que participer, avec acharnement à la destruction de l'édifice étatique bâti par le Chah et épouser inconditionnellement l'offre idéologique de la Révolution islamique.

En Iran, la société profonde avait trouvé les religieux chiites pour mobiliser, encadrer et canaliser le mécontement généralisé, si bien que le clergé s'y était transformé en véritable gestionnaire des masses populaires, alors qu'en revanche, en Libye, ces acteurs mobilisateurs furent totalement absents, le poids démographique ne le permettant pas à l'époque et les partis n'étant pas aussi mobilisateurs pour une raison de verrouillage politique et de faiblesse structurelle. Tous ces éléments ont certainement encouragé le 1er Septembre l'aventure des Jeunes Militaires en 1969.

Que l'on adopte les traditions durkeimienne, webérienne ou marxiste, les travaux sociologiques sur l'Etat-Nation mettent surtout l'accent sur le rôle de l'Etat dans la construction de la communauté nationale[1] et on peut même parler d'un Etat producteur d'identité, compte tenu de son rôle politique mais surtout social et culturel. On ne doit cependant pas oublier

---

(1) Bertrand Badie et Pierre Birmbaum, *Sociologie de l'Etat*, Paris, éditions Grasset, 1979 ; cf. également, Bertrand Badie, *Les deux Etats, Pouvoir et société en Occident et en terre d'Islam*, Paris, éditions Fayard 1986.

que dans les sociétés contemporaines, l'Etat est par définition « *le lieu autour duquel s'organisent les identités* »[1].

Or l'Etat monarchique n'était pas constructeur d'identité collective, parce qu'il n'avait pas les ressources suffisantes, et surtout qu'il était très concurrencé. Car pour pouvoir construire une identité, il faudrait disposer d'une force contraignante sur l'ensemble du territoire et de la capacité de souder les divergences culturelles, sociales et même civilisationnelles et de faire prévaloir un seul modèle identitaire, mais toutes ces ressources faisaient défaut à la Libye du temps de la Monarchie.

3. Les Jeunes Militaires et le démantèlement de l'Etat

Les Jeunes Militaires se présentèrent, dès la première heure, comme étant viscéralement opposés au pouvoir royal, et comme en fait la négation totale de l'ère monarchique. En revanche, ils avaient en face d'eux un archétype attrayant, celui du Nassérisme, illustré, défendu par *la Voix des Arabes* et intelligemment présenté par les manuels scolaires importés d'Egypte.

Cependant, ils n'avaient connu le Nassérisme qu'idéalement, les dissemblances étant totales entre les deux sociétés et les degrés d'évolution, de complexité, de contraste et de divergences politiques, sociales, économiques et démographiques étant aussi insurmontables. Ils eurent droit à une crédibilité incontournable et à une popularité inégalée, arrivant même à mobiliser à fond la conscience populaire anti-Occident et la fibre collective anti-Etat, même s'ils ont gardé, par nécessité de travail, quelques rares assises de l'Etat moderne tels que (le Conseil des ministres, le Conseil Supérieur de la Planification, la Cour des Comptes, le Tribunal administratif et la Haute Cour). Cette situation hybride de l'Etat présent-absent dura jusqu'en 1973, année de la proclamation de la *Révolution Populaire et Culturelle* et date historique inaugurant les deux processus complémentaires que furent l'éloignement subreptice d'avec le modèle nassérien et l'inauguration d'un processus de démantèlement de l'Etat déjà formé entre 1963 et 1969. Ce modèle était en effet considéré comme suranné, anachronique et dépassé et comme devant être remplacé par le « modèle *jamahiryen* » inventé par Khadafi et précédemment analysé.

Ce processus de démantèlement a été couronné par la proclamation, le 2 mars 1977, du *pouvoir des masses* qui vit l'apparition d'une nouvelle structure de « gouvernance politique » basée sur les *Comités* et les *Congrès populaires*[2], exprimant la nécessité que tous les Libyens fussent membres réels des CP pour aboutir à la formule du pouvoir du peuple (*soltate al-*

---

(1) Coulon C, *État et identité*, cité par Yves Déloye, *Sociologie historique du politique*, p. 59.

(2) John Davis, *Le système libyen, tribus et révolution*, Paris, P.U.F., 1990, cf. également, John Davis, « Théorie et gouvernement non représentatif », in, *Revue Maghreb - Machrek*, n° 93 -Juillet 1981, pp. 39-54.

chaâb). Il démontre aussi que les militaires refusent de s'accommoder des institutions de l'Etat moderne.

A notre connaissance, très peu de recherches ont été consacrées à l'analyse détaillée de ce processus politique de démantèlement des structures étatiques dans la phase révolutionnaire[1], et tout se passe comme si l'Etat constituait pour les Jeunes Militaires une sorte de contrainte matérielle et politique qui entravait leurs politiques.

Aussi sommes-nous à plus d'un titre appelés à y réfléchir dans trois directions : 1) Quels en sont donc les fondements historiques et sociologiques ? 2) Est-ce donc le pouvoir d'un seul homme ou d'une famille ou d'un groupe restreint ? 3) Ce démantèlement a-t-il engendré un pouvoir éclaté, fragmenté et diffus ou au contraire centralisé ?

Puisque tant de problématiques méritent beaucoup d'attention au niveau de l'analyse et de la déduction, nous allons essayer de démontrer dans cette partie les niveaux de rupture ou de continuité dans le processus de la formation étatique en Libye et de mettre en valeur le caractère exceptionnel du pouvoir politique, et surtout quels sont les éléments historiques et politiques qui font de cette expérience un cas atypique ?

Si l'Etat est officiellement aboli en Libye, il reste à analyser en profondeur comment le pouvoir s'organise de l'intérieur et comment sont gérés les intérêts individuels ou collectifs.

Remarquons dans ce cadre que la conception kadhafienne de l'organisation politique est en substance que toutes les formes de représentation (Tamthil) ne peuvent prétendre représenter le peuple, constat qui conduit Kadhafi à rejeter les différents types d'Etat, et à considérer la représentation comme une forme d'injustice et d'imposture, et qui est le résultat d'une pensée humaine qui a « *assimilé les différentes expériences des peuples* ». Mais si Kadhafi refuse l'Etat[2] moderne, que propose t-il dans le *Livre Vert* ?

D'après lui, le gouvernement juste est celui qui est directement exercé par le peuple dans le cadre des *Comités Populaires,* parce qu'il porte en soi la vraie souveraineté personnelle et collective.

Pour étayer cette argumentation politique, le *Livre Vert* condamne avec véhémence les partis politiques qu'il définit de la manière suivante : « *c'est-à-dire [...] gouverner ceux qui sont en dehors du parti, car le parti se fonde essentiellement sur une théorie autoritaire et arbitraire, à savoir le despotisme de ses membres sur les autres éléments du peuple ...* »[3].

Cette condamnation se répète aussi pour le socialisme qui, au nom de la justice, mène à la domination de la société par une de ses parties, c'est-à-dire par une classe sociale, par un parti, par une tribu ou par une secte. L'archétype serait, en revanche, de remettre le pouvoir aux membres du

---

(1) John Davis, ibid, p. 40.
(2) *Le Livre Vert,* tome I, p. 40.
(3) *Ibidem*, p. 40.

peuple et de réaliser ce qu'on pourrait appeler la mobilisatin de masse. Mais qu'est ce en fait qu'une mobilisation de masses ?

4. La politique de mobilisation des masses

Il est notoire de signaler que dans les systèmes politiques modernes, les masses populaires font l'objet de tentatives de mobilisation et d'embrigadement d'une façon quasi-permanente, les pouvoirs cherchant par tous les moyens à les convaincre et à les acquérir à leurs causes, pour pouvoir se légitimer. En Libye, après l'interdiction de tous les partis politiques, la «masse» est devenue un enjeu primordial pour le pouvoir en place. Le discours populiste et direct remplace en effet, la consultation ou la participation politique institutionnnalisée et sert de faire valoir de la mise en application des nouvelles idées « révolutionnaires » véhiculées par *Le Livre Vert*. C'est ainsi que la nouvelle politique s'oriente vers la création de structures dans lesquelles s'exprimeraient toutes les tendances et se cristalliseraient toutes les idées officielles. Dans son article 3, la proclamation du pouvoir du peuple affirme que le pouvoir direct est le fondement même du régime politique de la Jamahirya et que le peuple étant l'unique détenteur du pouvoir qu'il exerce par le biais des *Congrès Populaires, des Comités Populaires, des Syndicats, des Unions et des Organisations professionnelles et du Congrès général du peuple*[1].

En effet à partir de 1977 et en application des principes précédents, l'administration politique du pays est remplacée par une autre conforme au contenu du *Livre Vert*, puisque tous les membres majeurs de la société sont vivement invités à participer activement à la gestion de la vie publique par la présence régulière dans les réunions de CP, mais dans la réalité, la situation se caractérise par une nette démission et une apathie certaines.

5-Fonctions et rôles des Congrès Populaires

Comment définir un C.P ?

C'est le lieu où s'exprime l'ensemble des citoyens. Pour réaliser ce principe, le pays est divisé en districts qui sont à leur tour subdivisés en sections et en zones. Pour ce faire, tous les résidents de la zone sont tenus de participer aux débats et à l'élaboration des décisions et bénéficient aussi de la possibilité de choisir les membres des Comités Directeurs. En plus des questions proposées par le *Secrétariat Général du Peuple*, chaque *Congrès Populaire Essentiel*, chaque (C.P.E) choisit son ordre du jour. Signalons d'autre part que la municipalité (District) englobe l'ensemble des C.P.E qui est le Congrès Populaire Non-Essentiel. Les membres choisis se rencontrent une fois par an, en session ordinaire, dans le *Congrès Général du Peuple*. Théoriquement, les citoyens doivent se présenter pour s'inscrire sur les listes de leurs quartiers respectifs et participer aux débats. Mais la réalité constatée prouve que les Libyens ne furent pas assez mobilisés pour défendre leurs droits, et ce, pour plusieurs raisons : tout d'abord parce qu'une importante frange de la population n'avait pas conscience de

---

(1) Al-Jarida Er-Rasmiya (*Le journal officiel*) n° 1, 2ᵉ série, 15 mars 1977, pp. 66-67.

l'importance de l'événement pour saisir l'opportunité dont elle ne comprenait pas en fait l'utilité. Cette démarche supposait, en effet, un minimum d'instruction dont une grande partie de la population libyenne était dépourvue à cause de l'analphabétisme qui s'élevait à plus de 65%, selon les sources officielles.

L'adoption du système non représentatif découle de la profonde conviction de Kadhafi, plus que de ses autres pairs, de la nécessité de détruire l'ordre monarchique « injuste » miné de par sa totale dépendance à l'egard des puissances étrangères. Ainsi, les Jeunes Militaires utilisèrent-ils toute la violence physique contre les responsables de l'ancien régime et « *tout l'arsenal de la violence symbolique pour discréditer leurs adversaires* »[1].

Mais l'adoption du modèle nassérien, trop attrayant pour la classe moyenne libyenne, ne dura pas longtemps, Kadhafi au fond de lui-même, n'aspirant pas à une construction étatique moderne, mais s'opposait, de façon catégorique, à l'héritage bureaucratique monarchique et même moderne. C'est ainsi que les Militaires se sont servis de la référence nassérienne pour délégitimer aussi bien le système monarchique que ses élites, mais sans pour autant le considérer comme l'unique référence. Ils entreprirent subrepticement, à partir de 1974 de faire imposer une distance pour mieux fonder leur « nouvelle légitimité »[2]. Pour ce faire, ils s'attaquèrent à toutes les formes de bureaucraties et surtout à la société de consommation, instaurèrent des relations directes avec la base populaire dans le but d'intensifier la mobilisation populaire et déclarèrent la guerre à tous les intermédiaires.

Le recours aux bureaucrates formés sous la Monarchie fut bref et conditionné, les militaires voulant d'une élite bureaucratico-technocratique qui ne s'impliquât pas dans la concurrence pour le contrôle du pouvoir. Ils se sont opposés, et en particulier Kadhafi, à l'Etat National qui pourrait constituer une entrave pour les rapports directs entre le pouvoir et les masses. Notons que Kadhafi a toujours montré une certaine défiance à l'égard des intermédiaires et il considère l'Etat National même comme une sorte d'intermédiaire, récusant complètement tous les cadres nationaux « *Seule la Nation arabe dans son ensemble est digne d'un tel effort* »[3]. C'est dans ce sens que Kadhafi a combattu aussi les partis politiques (toutes tendances confondues) et les élites partisanes, estimant tous les partis dans le Monde arabe comme ayant échoué, et ce, « *comme étant compromis avec l'étranger* »[4], et que les forces armées étaient en mesure d'apporter

---

(1) Remy Leveau, « Etats, société et rente pétrolière au Moyen-Orient », in, *Droit, institutions et systèmes politiques, (Mélanges à Maurice Duverger)*, Paris, P.U.F., 1987, p. 674.
(2) *Ibid*, p. 674.
(3) *Ibid*, p. 674.
(4) *Ibid*, p. 674.

le changement longtemps attendu. C'est ce qui prouve que les intermédiaires bureaucratiques et partisans ne sont plus crédibles dans la Libye actuelle. Car une légitimité révolutionnaire n'exige pas de construction étatique, mais au contraire, une intense mobilisation populaire, ce qui fut fait en Libye pendant plus de deux décennies.

A ce titre, les militaires, tout en organisant le démantèlement progressif de la structure étatique, ont essayé d'élargir au maximum leurs bases sociales et de diversifier leur clientèle auprès de la classe moyenne urbaine et la nouvelle génération de technocrates et de bureaucrates, sans que cette élite devînt en elle-même intermédiaire. Néanmoins, une importante question s'impose ici. Est-ce que le système de rapports directs a permis aux militaires d'éviter l'isolement et le rôle jugé « nocif » joué par les intermédiaires ?

Abstraction faite des multiples réponses possibles, ce phénomène politique traduit l'évolution politique, sociale et institutionnelle de la Libye actuelle.

Pourquoi, donc, ce rejet de la structure étatique ? Est-ce que les militaires ne veulent-ils pas construire un Etat-Nation ? Et pourquoi cette suspicion à l'égard des structures intermédiaires ?

IV. RUPTURE, RÉVOLUTION DU PETROLE ET SOCIETE

Le Pétrole fut en lui-même la plus grande rupture en Libye si l'on tient à l'analyser en tant que phénomène social et politique. La Libye était le parent pauvre, ou à tout le moins marginal parmi les pays du Maghreb,[1] compte tenu de la médiocrité de ses ressources, de la férocité de la colonisation italienne, de l'absence d'industrie et de la dégradation du niveau de vie. Jusqu'à la fin de la Deuxième Guerre Mondiale, la situation économique et sociale était désespérée. Ce n'est qu'à la fin des années cinquante (1959), date de l'exploitation de ses grandes ressources pétrolières qui ont complètement transformé la société libyenne, que la situation commença à changer. C'est ainsi que la Libye s'est trouvée incluse dans une nouvelle catégorie : celle des pays favorisés par la manne pétrolière.

Avec le Pétrole, la Libye est passée de la situation d'un pays très démuni à celle d'un pays doté d'énormes ressources pétrolières. Compte tenu de sa géographie économique et humaine, de l'abondance de ses ressources pétrolières et de la faiblesse de sa démographie, la Libye peut être comparée aux micro- Etats pétroliers du Golfe Arabe. La spécificité de la Libye repose sur « *la conjonction sur un territoire [...] de 1760.000 km²,*

---

(1) Pierre Marthelot, « La Révolution du Pétrole dans un pays insuffisamment développé : La Libye » in *Cahiers d'Octobre*, n° 69, Janvier-Mars 1965, p. 6.
John Clarke, « Oil in Libya: Some implications » in, *Review of Economy and Geography*, n° 39, 1963, pp. 40-59.

[...] d'une importante rente pétrolière et d'une faible démographie »[1]. De 1959 à 2004, sous l'effet des ressources pétrolières, la Libye s'est progressivement transformée en une société rentière qui « *reçoit ses revenus sans la médiation du travail »*[2].

Mais pourquoi les militaires ne voulaient-ils pas d'un Etat moderne ?

Qu'est ce qui pourrait expliquer cette « phobie » de la construction étatique ?

Pour mieux saisir cette problématique, nous avons interviewé [3] le politologue libyen Zahi El-M'ghirbi : « *L'un des problèmes majeurs de la Libye est de n'avoir pas construit un Etat moderne. La seule expérience que nous connaissions est celle de l'Etat monarchique (1963-1969). Mais cet Etat ne connut pas de longs jours. Car les changements politiques à caractère radicaliste survenus, à partir de 1973, démolirent les structures de l'Etat naissant. Je crois que nous sommes passés, entre 1973 et 1977, d'un Etat fraîchement constitué à un Etat sans âme et sans substance. L'une des hypothèses explicatives est que notre société fondamentalement tribale s'est habituée à vivre, depuis des siècles, en marge de toutes les structures étatiques. La tribu avait sa propre autosuffisance matérielle, sociale et institutionnelle. Notre deuxième hypothèse est que le passage d'une société tribale à une société étatique ne s'est pas produit en Libye. La tribu est restée prédominante dans notre société aussi bien sur le plan anthropologique que politique. La tribu est présente au niveau des structures et des institutions et même au niveau de la répartition du Pétrole.*

Malgré son idéologie révolutionnaire et populiste et ses choix modernisateurs, le régime a tenu à instrumentaliser cette donnée anthropologique pour en faire un outil de contrôle politique. En effet, nous sommes dans une situation où la tribu a toujours appris à vivre en marge des structures du pouvoir en place. Mais cette donnée n'a pas été inventée par le pouvoir, il l'a trouvée devant lui. Du reste, il n'a fait que l'institutionnaliser et l'instrumentaliser. La tribu libyenne ne gouverne pas mais aide à gouverner. C'est peut-être l'une des spécificités de la société libyenne...».

Cette caractéristique fondamentale prouve la spécificité libyenne qui a permis au pouvoir de s'enraciner et de se renforcer par un passage par les étapes suivantes :

   a. hégémonie politique et élimination de « la société civile » au nom de la légitimité révolutionnaire.

---

(1) François Burgat, « Les aléas de la transition démocratique en Libye », in *Annuaire de l'Afrique du Nord* n° XXIII, 1989, pp. 309-318.
(2) Robert Mabro, « La Libye un Etat rentier ? », in, Revue *Projet*, n° 39, novembre 1969, p. 1109.
(3) Informations puisées dans un entretien de Zahi El-Mghirbi à Benghazi le 27-12-1997.

b. contrôle systématique de toutes les ressources humaines et matérielles.
c. fusion totale des structures bureaucratiques et structures sécuritaires.
d. fusion des structures politiques et des structures tribales et surtout clientélisation de la société et patrimonialisation de la « gestion politique ».
e. contrôle serré de la société par la diffusion de la violence et de la corruption.

A partir du moment que les militaires ont eu la mainmise sur la rente pétrolière, où l'économie ne dépendait plus des taxes ou des dons de l'extérieur (prêts, aides financières et techniques, subventions et financements indirects) et où ils détenaient le monopole de la violence légitime, ils pouvaient perdurer pendant plusieurs décennies. Car lorsque les membres d'une société payent leurs impôts, ils imposent, directement ou indirectement, une sorte de transaction, en exigeant des droits en contrepartie des taxes. Mais quand cette transaction n'est pas honorée par le pouvoir, la société et surtout les tribus, peuvent avoir recours, comme c'est souvent le cas au Yémen, au kindnapping des touristes, des étrangers (surtout des coopérants) et des diplomates (Français et Polonais) pour imposer le respect de la transaction et attirer l'attention du pouvoir sur le manque de services (routes, écoles, dispensaires, moyens de transport etc.), comme ce fut le cas au cours des deux dernières années. La tribu au Yémen s'est hissée au rang de véritable partenaire politique, soit en imposant des concessions, soit en alimentant les partis politiques (l'exemple de la tribu de Hachid).

En revanche, cette transaction en Libye n'a pas été nécessaire, le Pétrole ayant dispensé le pouvoir de s'y engager. Signalons à ce titre que la rente pétrolière a doté le pouvoir d'importantes ressources lui permettant de se dérober ainsi de cette transaction et d'adopter une violence excessive à l'encontre des contestataires de tous bords, « les chiens errants ».

Elle a surtout permis un émiettement extraordinaire du pouvoir par une exceptionnelle répartition des CP et des CR sur l'ensemble du territoire libyen. Car ces structures ne sont pas uniquement politiques, mais aussi et surtout sécuritaires. Elles font normalement fonction de sièges d'alerte rapide, mais elles peuvent s'impliquer – si les circonstances l'exigent – dans la violence et la répression directes comme ce fut le cas à plusieurs reprises et surtout pendant les moments de luttes acharnées contre les islamistes à l'Est. En effet, elles assument deux rôles, du reste très complémentaires, de mobilisation mais aussi de répression.

1. Violence, allégeance politique et patrimonialisme en Libye

La rente pétrolière, la violence très répandue et la patrimonialisation de la société constituent des mécanismes efficaces de « gouvernance », ce qui pourrait compenser le déficit étatique ou la faiblesse de l'Etat. Car la patrimonialisation, qui est l'un des types primaires de la domination traditionnelle, est une « *forme orientée principalement dans le sens de la tradition, mais exercée en vertu d'un droit personnel absolu »*[1]. C'est ainsi que la domination politique devient synonyme de droit approprié « *de la même façon que n'importe quel objet susceptible de possession* »[2].

Le pouvoir devient ainsi partageable, hypothéquable, vénal[3], et surtout transmissible par la succession, et pratiqué de la sorte, il devient une propriété exclusivement privée. Car il est exercé, selon Weber, d'une façon irrationnelle.

Dans le cas de la Libye, la conjonction d'une importante rente pétrolière et de la patrimonialisation de la société a permis de désinstitutionnaliser le pouvoir et de faire en sorte que l'élément personnel domine l'élément institutionnel[4].

Aussi longtemps que les institutions font défaut, la concentration du pouvoir et de la totalité du capital politique dans les mains du Prince est possible. Plus les populations s'approchent de lui, plus elles profitent de la rente, mais dans le cas contraire, elles en sont exclues.C'est à la population de choisir d'être au centre ou à la périphérie pour la simple raison que « *le pouvoir ne se différencie pas de la personne physique qui se l'approprie*»[5].

Cette situation s'explique par le fait que le pouvoir est géré d'une manière pyramidale : en haut il y a le Prince et en bas il y a une multitude d'allégeances, de fidelités, d'engagements vassaliques, d'unités émiettées ou de groupements hétérogènes soumis au Prince. Un pouvoir fragmenté dégage une liberté d'action pour le Prince, bien qu'il se caractérise par une faible continuité dans le temps et dans l'espace et parce que « *l'édifice politique connaît une grande fluidité* pas ».

Cette fluidité est, en effet, la preuve tangible de l'instabilité institutionnelle du régime, et tout se passe comme s'il s'agissait d'institutions en perpétuelle transhumance voulue par le pouvoir lui-même qui considère l'institutionnalisation comme une forme de répression à laquelle il préfère l'action directe et qui n'obéit ni aux contraintes institutionnelles ni aux obligations de contrôle politique.

C'est pourquoi, malgré les choix révolutionnaires, le mode de domination est resté essentiellement patrimonialiste et largement personnifié et centralisé, quoique très fragmenté en bas de la pyramide. Or cette caractéristique politique contraste avec l'évolution des sociétés qui sont passées d'un pouvoir éclaté et fragmenté à l'époque médiévale à un pouvoir institutionnalisé et fort. En effet, « *la dynamique de l'Occident* », selon l'expression de Norbert Elias, s'est caractérisée par la sortie d'une souveraineté largement éparpillée et partagée entre plusieurs seigneuries

---

(1) Yves Déloye, *Sociologie historique du politique*, p. 33.
(2) Max Weber, *Economie et société*, Tome I, Paris, éditions Plon, 1971, p. 238.
(3) Marc Bloch, *La société féodale*, Paris, Albin Michel, 1994, p. 584.
(4) Otto Hintze, *Féodalité, capitalisme et Etat moderne*, Paris, éditions de la M.S.H. 1991, p. 91.
(5) Yves Déloye, *Ibidem*, p. 34.

féodales[1] pour aboutir à une autre souveraineté centralisée et représentative de l'ensemble de la société. A ce titre, les sociétés européennes connurent des transformations radicales (changements des modes de production, des acteurs, des structures sociales et de l'organisation sociètale toute entière) qui furent, en fait, le fruit d'un long processus de lutte concurrentielle et féroce et d'interactions entre de nombreux acteurs et circonstances.

Du reste, Norbert Elias considérait que la genèse de l'Etat moderne devait être interprétée comme entre plusieurs prétendants sur un territoire donné, mais son avantage dans cette compétition, c'était d'avoir induit une centralisation politique, une bureaucratisation du pouvoir et une organisation du territoire en vue de son contrôle, de sa protection et de sa défense. Ainsi, cette concurrence fut-elle très bénéfique pour l'histoire des sociétés européennes, en ce qu'elle avait permis, entre autres, l'émergence d'une société civile comme véritable contrepoids à l'Etat.

« Mais cette histoire n'est pas transposable en d'autres sociétés, parce que ni le concept d'Etat-nation ni la dynamique de sa construction ne sont nécessairement universalisables. En effet, « d'une façon plus générale, l'Etat renvoie à une histoire politique, sociale et culturelle qui n'a rien d'universel. La construction d'un Etat suppose une différenciation minimale avec la société civile, la constitution d'un marché et de solidarités associatives qu'on ne trouve pas dans toutes les trajectoires de développement [...] De même, le modèle étatique renvoie-t-il à un processus d'individualisation des rapports sociaux qu'on a vu s'amorcer en Europe occidentale, bien avant la révolution marchande et qui s'est révélée être le fondement constitutif de la relation de la citoyenneté, créant les conditions d'une allégeance directe et prioritaire du sujet à l'Etat. Cette aventure n'est pas reproduite ailleurs, alors que se maintiennent, en Afrique, en Asie et même en Amérique latine, des relations sociales de nature communautaire entretenant des allégeances multiples et entravant le processus de construction d'un monopole par l'Etat de la violence physique légitime »[2].

Or ce modèle hobbésien de contrat passé entre l'Etat et l'individu n'est pas reproductible dans des sociétés profondément tribales telles que celles de la Libye, de la Mauritanie, du Yémen, de la Jordanie, et même dans les sociétés d'Afrique noire où les ethnies tribales sont capables de concurrencer le pouvoir en place et de le détruire quand il le faut. Les résistances tribales et les barrières culturelles érigées par les religions (l'Islam et le judaïsme) et par les cultures d'Afrique et d'Asie prouvent les limites de l'universalité périlleuse du modèle étatique[3].

---

(1) Norbert Elias cité par Yves Déloye, p. 35.
(2) Bertrand Badie et Marie-Claude Smouts, Le Retournement du monde, Paris, éditions Presse de la Fondation Nationale des Sciences Politiques, 1994, p. 14.
(3) Bertrand Badie et marie-Claude Smouts, ibid, p. 15.

C'est pourquoi les modèles susmentionnés doivent être étudiés à part, la présence dans les sociétés désertiques et essentiellement rentières et surtout sans traditions étatiques (Oman, Mauritanie, Arabie Saoudite, Koweit et Libye), d'un Etat fort n'étant jamais indispensable, mais étant compensée par les solidarités traditionnelles, la domination patrimonialiste et les allégeances tribales, familiales, classiques et régionales.

Notons que si ces modèles sont faciles à maîtriser, à contrôler et surtout à instrumentaliser, les militaires n'en ont pas moins préféré, après trois années d'hésitation et de tâtonnement, reproduire celui de la domination traditionnelle et patrimonialiste. Notre hypothèse de travail est que celui-ci cadre mieux avec les conditions d'une société fondamentalement tribale et rentière, la logique du moindre effort pouvant être expliquée par les conditions culturelles et sociales du pays, mais surtout par la rente du Pétrole. Elle exclut, en effet, l'imagination politique, décourage l'âme de l'invention mais encourage, en revanche, le facile recours aux structures traditionnelles, voire archaïques, pour leur instrumentalisation ou leur utilisation, chaque fois que les circonstances l'exigent.

Ce recours induit la conjonction de deux logiques, du reste très complémentaires : la réhabilitation et l'instrumentalisation, car le Pétrole, cet efficace levier de développement et surtout de modernisation, pouvant cependant inhiber celle-ci. C'est le cas de la société libyenne où le Pétrole a facilité la désinstitutionnalisation du pouvoir et induit un style à part de « gestion » dont nous avons précédemment analysé les caractéristiques essentielles.

Le Pétrole a déteint aussi sur la gestion de la vie quotidienne des Libyens en encourageant la consommation, et le peuple a perdu, au cours des quatre dernières décennies, le génie qu'il avait de défier la pauvreté et la faim et le sens qu'il possédait de domestiquer la nature pour satisfaire ses besoins, la rente pétrolière ayant compensé cette grande qualité. Pis encore, le Pétrole a sapé les piliers traditionnels de la société libyenne, et il a aussi eu des effets néfastes sur les plans sociologique et anthropologique.

2. Le Pétrole générateur de déséquilibres et de crises sociales

De toute évidence, le Pétrole a beaucoup influé sur la Libye et a même surdéterminé la logique de fonctionnement de son système politique, et quelles que fussent les modes de son exploitation, il a certainement pu conditionner les comportements individuels et collectifs, les conceptions du temps, du travail et du sacré. C'est pourquoi la question principale qui s'est posée depuis 1960 était de savoir comment pourrait être investi, de manière satisfaisante, le surplus financier provenant de la rente pétrolière. La réponse n'a pas été facile, si l'on considère les multiples « politiques » souvent contradictoires en matière d'exploitation de la rente pétrolière. Car lorsque nous parlons de Pétrole dans le Monde arabe d'une manière générale, et en Libye plus particulièrement, nous pouvons constater un phénomène de détermination par le politique[1] et nous avons aussi en vue les hésitations et les tâtonnements qui ont caractérisé plusieurs décennies de « gestion pétrolière ». Nous désignons aussi l'hypothèse selon laquelle la rente pétrolière n'a pas été traitée d'une façon rationnelle au sens usuel du terme, les considérations politiques ayant primé sur toutes les autres considérations et surtout stratégiques.

En effet, les grandes opérations d'infrastructures, d'industrialisation et de gros investissements, étaient souvent décidées en fonction de considérations politiques plutôt que stratégiques ou de rentabilité économique. C'est ce qui induit les échecs rencontrés au cours du processus de développement, la rente pétrolière ayant été gérée en fonction des rapports avec les puissances étrangères, des conflits régionaux armés, des ambitions politiques, des rêves expansionnistes (la bande d'Aouzou au Tchad) et des politiques exagérées d'armement. De tels facteurs avaient rongé une grande partie de la rente pétrolière et limité l'utilisation rationnelle des revenus en vue d'une utilité sociale. En revanche, la rente pétrolière a permis un renforcement du pouvoir, sa concentration par le biais d'une utilisation méthodique de la violence et le durcissement des rapports politiques avec les pays voisins, avec l'Occident et surtout avec les oppositions (extérieure et intérieure). Notre hypothèse, du reste très vérifiable, est que le Pétrole a financé et entretenu la violence exercée en Libye entre 1969 et 1990, et qu'il a surtout servi ce qu'on pourrait appeler la bédouinité rentière négative, c'est-à-dire une organisation sociale qui repose sur une alliance entre le pouvoir et les tribus et dont le but était la répartition des revenus pétroliers et la reproduction des normes et des valeurs de la société bédouine. Il est vrai que le Pétrole a beaucoup contribué à l'amélioration des conditions de vie des masses pour les soins médicaux et pour l'éducation, mais il a permis de réhabiliter la tribu et de répandre dans l'ensemble de la société des doses excessives de violence mises en application par des dispositifs sécuritaires variés et souvent concurrentiels.

Ainsi, le Pétrole ne fut-il pas l'objet d'une véritable planification qui « *est l'expression logique de la vision développementaliste* »[2], de même qu'il n'a pas induit une logique de développement économique autocentré. Bref, il n'a pas pu créer une véritable dynamique économique et sociale, mais il facilita l'implication du pays dans des conflits armés et des guerres interrégionales prouvant la primauté de la politique, sans faciliter l'intégration de l'économie libyenne dans les échanges mondiaux ni encourager la productivité ou aiguiser la concurrence. De tels éléments

---

(1) Expression empruntée à Michel Chatelus, « Le Monde arabe vingt ans après le Pétrole », in, Revue *Maghreb-Machrek*, n° 101, juillet-septembre 1983, p. 5.
(2) *Ibid*, p. 9.

d'appréciation prouvent que le Pétrole fut une occasion ratée, gachée de progrès et de développement en alimentant la violence qui s'est abattue sur la société libyenne durant les trois dernières décennies.

Partant de toutes les constatations précédentes, nous dirons qu'il est normal que le Pétrole ait entraîné des déséquilibres et des ruptures et qu'il ait complètement bouleversé l'architecture de la société traditionnelle et surtout les structures agricoles, l'agriculture ayant été abandonnée et le paysan ayant déserté la terre au profit de postes lucratifs et stables dans les villes, d'où en Libye une grave crise ayant entraîné une situation de dépendance alimentaire péniblement ressenti par les populations. La rente pétrolière a créé des situations irréversibles telles que l'effondrement de l'agriculture et de l'organisation sociale qui la sous-tendait, puisque la société était préoccupée par la circulation et la distribution des revenus pétroliers qui n'étaient en fait pas liées à une activité productive. La rente « *dépend d'un environnement donné et de décision que le bénéficiaire ne peut contrôler que très partiellement* »[1].

A ce titre, l'effondrement de l'agriculture est dû au fait que la rente pétrolière suppose un comportement antiproductif, parce que sécrètant des stratégies de recherche rapide du lucre et d'une hâte effrénée à s'assurer une bonne place dans le circuit de la répartition des allocations et des revenus, et pour cause les « *activités productives n'ont qu'un intérêt secondaire [...] le sponsoring, l'importation, le courtage, la spéculation foncière et immobilière, ou une place confortable dans la fonction publique. Cette hypothèse générale exigerait évidemment des nuances et des précisions. On peut cependant considérer qu'elle permet d'expliquer bien des échecs économiques* »[2].

Une telle situation pourrait s'expliquer par le fait que le groupe au pouvoir a toujours cru que sa légitimité dépendait de la distribution de la rente et qu'ainsi seulement il pourrait s'y maintenir, alors que cette fonction de redistributeur d'allocations était la preuve irréfutable des déformations de l'économie de rentes. Pour étayer cette analyse, il suffit de préciser que la population agricole active en Libye était passée entre 1960 et 1980 de 53% à 19% et avait atteint 10% au milieu des années 90, obligeant le pays à recourir à des importations excessives de produits alimentaires. Certes cette situation était due à l'effondrement des structures agricoles et aux effets néfastes du Pétrole, mais aussi à une politique agraire inadaptée qui n'avait pas pu mobiliser les paysans ni rentabiliser le rendement agricole. Car malgré d'énormes dépenses pour le drainage, la lutte contre la salinité et l'irrigation, les résultats n'ont pas été généralement positifs.

Mais de telles mesures ne furent pas très efficaces. Signalons que cette crise n'était pas due au manque d'investissement et de moyens, mais plutôt à celle de toute la société, parce qu'elle était avant tout culturelle et

---

(1) Michel Chatelus, ibid, p.21.
(2) *Ibid*, p. 22.

symbolique et provenait de la dévalorisation du travail agricole, de la dépréciation du paysan et de l'attraction des villes aux dépens des campagnes, tous ces facteurs ayant facilité la rupture avec le monde rural. Ainsi a-t-il semblé que la tâche fondamentale en Libye était dans la réhabilitation du paysan, dans son insertion dans de solides circuits de production, dans la limitation de l'exode rural et dans la revalorisation du travail agricole, ce qui n'est pas une mince tâche. Car elle exigeait l'émergence d'une nouvelle culture et d'un nouveau mode de socialisation qui pussent valoriser l'agriculture et le paysannat libyens, une réhabilitation indispensable si l'on considère que l'exode rural était devenu un problème crucial et urgent à cause de la rente pétrolière et surtout de la déstructuration de la campagne.

Certes, l'abandon de la campagne n'est pas l'unique conséquence négative de l'émergence du Pétrole, mais parmi les autres conséquences, on peut citer l'accentuation de la consommation ostentatoire et le mépris du travail productif, et surtout du travail agricole. La rente avait créé une prédilection pour le lucre rapide et direct qui a provoqué une sorte de démoralisation de l'élite bureaucratique et technocratique travaillant dans le secteur public où elle était très mal rémunérée, (le salaire d'un haut cadre étant en 1999 de 100 dollars). Tous ces facteurs imposaient la nécessité de revoir radicalement la politique du développement économique et social, de réconcilier le Libyen avec le travail et de reconstruire une société réconciliée avec la production, qui s'inscrivait dans la logique de la rente attractive et de la consommation effrénée.

A l'évidence, il y avait là l'exigence d'un changement radical des structures mentales, de la culture dominante et des normes en vigueur, surtout celles qui étaient en rapport avec le travail et la production. Il paraît en tout cas évident, au vu de l'expérience des trente dernières années, que la Libye avait besoin d'une réelle modernisation politique et sociale et d'une intégration rationnelle de l'élite dans le processus de développement. Car développer une société ne relève pas uniquement du domaine de la politique, mais avant tout d'une refonte culturelle et d'une réconciliation du pays avec son passé fait de sacrifices et de labeur, la modernisation rationnelle étant réussie est celle qui eût préparé le pays à la phase post-Pétrole qui commençait à pointer à l'horizon. Beaucoup de choses restaient à faire surtout dans le domaine de la socialisation collective, de l'imagination politique et sociale et surtout de la reconstruction à tous les niveaux.

Il est vrai que beaucoup d'occasions ont été gâchées, mais que les chances de la Libye ne sont pas épuisées, les ressources humaines et énergétiques y demeurant encore inépuisées et pouvant être très efficaces dans l'avenir du pays.

C'est une nouvelle société qu'il faudrait construire, meublée surtout par ses ressources humaines, par ce que Pierre Bourdieu appelle le Capital Social, parce que la priorité la plus urgente pour la Libye actuelle est de savoir comment elle pourrait constituer une société d'acteurs et non de clients, c'est-à-dire une société productrice d'intelligences, d'innovations et de projets tirés de son imagination féconde et intarissable. Mais que faire donc quand la rente pétrolière est la mère des paresses ?

CONCLUSION

« Presse-toi mon chameau, et frappe du pied.
Nous allons dans les jardins, grappiller les palmiers »

André Cauneille
Le nomadisme des Megharha

I. HISTOIRE D'UNE MODERNISATION BLOQUEE

En organisant la conquête de la Libye en 1551, les Ottomans avaient beaucoup misé sur le facteur religieux pour mieux se rapprocher des populations locales, mais le recours à l'islam ne légitima pas leur action et ne mobilisa pas les autochtones. Car la grande majorité des populations revendiquait une réelle autonomie par rapport à eux qui étaient, tout compte fait, considérés comme allogènes. Quoique notre approche risque d'apparaître comme trop critique, il nous est possible de souligner que ces « intrus » ne purent ni gérer la société tribale, ni la moderniser pour mieux la dominer. Installés en Libye dans le but de libérer le pays de l'occupation espagnole, ils s'étaient transformés, au fil des années, en véritables dominateurs. Isolés tels qu'ils étaient des populations, ils n'avaient d'autre choix que de maîtriser la rente du commerce transsaharien pour maintenir et entretenir leur gigantesque machine de guerre qui résistait vainement au lent démembrement de leur Empire perpétré par les forces séparatistes locales aussi bien qu'aux puissances étrangères. Même en favorisant les Couloughlis (les Turcs mariés à des Libyennes), les Ottomans n'avaient pas trouvé la solution adéquate de leur acceptation par les Libyens. Car les Couloughlis n'avaient pas, en effet, réussi à se rendre des tribus, des guerres intertribales, à arrêter les convoitises européennes et à doter le pays d'une identité convaincante, rassurante et mobilisatrice pour l'ensemble des populations[1].

En engageant le pays dans d'interminables guerres, les Couloughlis ont provoqué la destruction de l'économie traditionnelle, ont perdu le contrôle des routes commerciales et ils avaient ainsi suscité la rébellion des tribus.

---

(1) Robert Mantran, *Histoire de l'Empire Ottoman*, Paris, éditions Fayard, 1989.

Pour pallier au déficit du budget, ils s'étaient trop endettés auprès des puissances occidentales facilitant, ainsi, l'infiltration du capital mondial et la lente mainmise européenne sur l'économie libyenne[1]. Les conséquences en furent désastreuses, le pays ayant été, pour ainsi dire, mis à genoux, et vers la première moitié du XIXe siècle, l'illusoire dynastie des qaramanli étant menacée de tous les côtés et surtout par le colonialisme qui a déjà saisi l'Algérie en 1831.

C'est ainsi que le retour des Ottomans dans la régence devient imminent pour des considérations politiques, économiques, voire stratégiques, mais il ne résolut pas le problème. Car le pays traînait encore sa crise identitaire, et n'arrivait pas à se soumettre totalement à la Sublime Porte ni à imposer sa propre autonomie, dépourvu qu'il était de l'infrastructure institutionnelle nécessaire pour exercer sa souveraineté. La preuve en était que le pays n'arrivait même pas à souder ses trois provinces, leurs différences se situant au niveau de la géographie, de l'économie et surtout de la culture, et les imaginaires très distanciés et conflictuels[2]. Chaque province de la Libye revendiquait hautement sa propre identité culturelle, politique et civilisationnelle, compte tenu de l'absence d'un pouvoir politique centralisé représentant l'ensemble des régions qui disposèrent, tout le long des XVIIIe et XIXe siècle et de la première moitié du XXe, d'une grande autonomie par rapport au pouvoir de la Tripolitaine. La formation sociale et économique à caractère rentier, fondée sur les revenus de la piraterie et du commerce transsaharien, ne pouvait faciliter la construction d'un Etat homogène et représentatif de l'ensemble du territoire, la société profonde se réfugiant dans les structures tribales qui étaient de véritables entités politiques, économiques, sociales et culturelles caractérisées par leur indépendance, totale ou partielle, du pouvoir et leur forte solidarité mécanique. Celles-ci étaient toujours promptes à prendre les armes, parce qu'elles défendaient jalousement leur propre autonomie par rapport au pouvoir ottoman ou qaramanli. Malgré les privilèges, les tentatives d'inféodation et leur instrumentalisation politique, les Ottomans n'ont pas pu émousser cette tendance autonomiste et maîtriser l'acteur tribal[3], une tribu, en rébellion étant capable de bloquer l'expansion du pouvoir et de faire échouer tout projet de modernisation.

L'existence de cette caractéristique fondamentale prouve, une fois de plus, la force exceptionnelle de la tribu, sa vitalité et sa capacité à s'engager dans une dynamique de guerre ou de paix qui fut brillamment analysée par Evans E. Pritchard, étudiant l'exemple des tribus cyrénaïcaines qui avaient appuyé la Sénoussiya. Une société segmentaire permet aux structures

---

(1) Ali Abdellatif Ahmida, *The making of Modern Libya, state formation, colonization and resistance*, 1830-1932, State University of New York Press, 1994, p. 59.
(2) Xavier de Planhol, *Les Nations du Prophète*, p. 460.
(3) Abdallah A.Ibrahim, *Government and society in Tripolitania and Cyrenaica, Libya 1835-1911*, the ottoman impact, G.S.P.L.A.J ,Tripoli 1989, p.68.

tribales de pouvoir concurrencer le pouvoir central, d'avoir leur propre organisation ce qui lui permet de préserver sa singularité sociale, d'imposer leur autonomie et une marge de riposte en cas d'agression extérieure, les tribus ayant la capacité de s'organiser en dehors des cadres officiels et de créer des pouvoirs locaux parallèles. Il faudrait noter, dans ce sens que ni les Ottomans ni les Qaramanli n'avaient pu dompter les tribus qui restèrent complètement autonomes, mais aussi fortes et capables de déstabiliser le pouvoir ottoman en Tripolitaine. Malgré les tentatives de noyautage des chefs de tribus et de l'inféodation des cheikhs et des notables provinciaux, la tribu a ainsi conservé sa force contestataire, sa capacité de sédition et d'affaiblissement du pouvoir central. Même quand ils intègrent les hautes fonctions au sein de l'administration ou acceptent d'appuyer la politique du gouvernement, les chefs de tribus peuvent revenir sur leurs choix, changer d'alliances au sein de leur *Majlis qabali* ou *Mi'ad* et rejoindre, si c'est nécessaire, tout élan d'opposition.

Cette dialectique des va-et-vient, des alliances et des ruptures renforce notre hypothèse émise au début de ce travail selon laquelle les tribus libyennes étaient dans leur majorité en situation de conflits avec les Ottomans, et qu'elles avaient toujours constitué une force sociale « centrifugeuse », parce qu'elles étaient soucieuses, de leurs intérêts et de ceux de la communauté. Toutefois, vouloir démontrer l'exceptionnalité libyenne en se basant sur leur tendance centrifuge et séditieuse, nous semble être insuffisant pour expliquer un phénomène social et politique aussi complexe, car il faudrait mettre aussi en relief la stratégie de l'acteur politique et surtout celle des Ottomans. Ces derniers ne voulant pas créer un centre politique en Libye, ni renforcer les structures existantes du pouvoir, mais la Sublime Porte pragmatique et réaliste, voulant par calcul, d'un pouvoir faible qui ne puisse pas avoir une tendance indépendantiste. C'est pourquoi les *Walis* dans la Tripolitaine portent la titulature turque et lui envoient des tributs symboliques et des impôts réguliers. Il ressort de tous ces éléments que les Ottomans avaient défavorisé l'émergence d'un centre politique, ou tout au moins d'un Etat moderne capable de rivaliser avec eux ou d'entretenir des velléités séparatistes, libres et débarrassées de toute contrainte politique, puisque la Tribu en Libye avait la capacité de sécréter des formations organisationnelles locales spécifiques. Il semble, à ce propos que les Ottomans préféraient traiter directement avec les tribus qui étaient les vraies détentrices du pouvoir dans le pays.

En revanche, les Qaramanli avaient la nette volonté de construire un centre politique et de doter le pays d'un Etat moderne, mais ce projet de construction étatique et identitaire fut entravé par l'absence de ressources politiques, financières et guerrières et surtout par une géopolitique internationale hostile à toute œuvre de renforcement de la dynastie Qaramanli. C'est pourquoi les puissances européennes avaient beaucoup facilité l'endettement de cette dynastie et son enlisement dans la crise et n'oublions pas que, durant tout le XVIIIe siècle, le capital européen, en situation de prospérité, cherchait à conquérir de nouveaux marchés surtout en Afrique, en finançant l'expansion colonialiste. D'ailleurs, cet élément pourrait expliquer la décision ottomane de reprendre le contrôle direct de la régence tripolitaine. Mais c'est ainsi qu'échoua l'effort Qaramanli pour la construction d'un Etat moderne et d'une identité commune à tous les Libyens.

La tribu était la vraie maîtresse du pouvoir en raison de l'hégémonie exercée par ses structures dans les périphéries et dans les compagnes, et dans les moments de rébellion et de conflits, osant même attaquer le quartier général du pouvoir. Cet état de fait prouve que toute formation étatique était concurrencée par la tribu, la dyade Pouvoir-Tribu étant une judicieuse entrée, sur le plan scientifique, pour la compréhension de l'évolution de la société libyenne moderne. Car la faiblesse du pouvoir central, qui était peu représentatif de l'ensemble du territoire, avait renforcé le poids de la tribu aux niveaux social, économique et surtout politique, et a même stimulé ses communautés à compter sur leurs propres moyens. La communauté tribale d'Ouled Mohammed au Fezzan (1550-1812), quoique d'origine ethnique étrangère (d'origine marocaine), avait pu cependant bâtir une configuration politique très distante du pouvoir des Ottomans, parce qu'elle avait la mainmise sur le contrôle de la rente provenant du commerce transsaharien et sur les routes reliant le Fezzan au Niger au Nigeria et au Soudan Oriental.

Le contrôle des passages du commerce et surtout de la rente leur fournissait des moyens suffisants d'imposer leur autonomie, de protéger la configuration naissante et de résister aux attaques ottomanes et surtout des qaramanli jusqu'en 1812. Mais malgré la destruction de la grande tribu d'Ouled Mohammed, ni les Ottomans ni les Qaramanli n'avaient pu dominer tout le territoire se contentant de contrôler les côtes et de taxer leurs populations. Ce déficit de représentativité, géographique et politique avait été lourd de conséquences pour la société libyenne qui fut même privée, pendant la première moitié du XXe siècle d'un Etat fort, centralisé et dominant le pays en entier qui leur permît d'en contrôler tout le territoire, car ce ne fut qu'à partir de 1963 que la Libye eut un Etat monarchique représentatif de l'ensemble du territoire. La Confrérie Sénoussienne ayant été chargée de construire le nouvel Etat et d'en fixer les orientations politiques et économiques. Mais cet Etat fut dirigé par une petite élite de formation religieuse, alors que, dans la période de l'après Guerre, le Monde arabe fut essentiellement régi par la suprématie politique d'élites laïques promouvant une idéologie de type séculièr, le nationalisme[1]. Elles avaient souvent pour points d'appui des références européennes de caractère laïque et séculier, créant la crise actuelle de la plupart des régimes. Car elles s'évertuent à construire des configurations étatiques coupées des traditions, donc, en rupture avec l'imaginaire collectif, tout en essayant de quêter leur

---

(1) P.J. Vatikiotis, *I'Islam et l'Etat*, Paris, éditions Gallimard, 1992, p. 11.

légitimité dans le passé islamique[1], sans prendre en considération la nécessaire distance historique.

En revanche, l'Etat en Libye avait pris un caractère qui n'était ni séculier ni religieux au sens strictement théologique du terme, le Roi essayant de concilier les deux tendances idéologiques, et, ce, en construisant une Monarchie constitutionnelle très influencée par le modèle britannique. Mais le paradoxe sociologique était que le Roi avait fait appel aux compétences de l'élite tribale et notabilitaire et n'avait pu s'ouvrir aux élites technocratiques qu'à partir de 1968, donc relativement en retard par rapport à l'évolution de la situation. Car la Monarchie trop épuisée pour pouvoir continuer et trop liée qu'elle était aux intérêts occidentaux, elle s'est vite délégitimée et disqualifiée aux regards des jeunes qui s'étaient identifiés à d'autres modèles idéologiques plus attirants. Il y avait, en premier lieu, le Nassérisme qui avait su mobiliser une grande partie de la jeunesse libyenne dont une petite fraction préféra rejoindre l'Académie militaire pour se procurer les moyens nécessaires au changement politique, et en deuxième lieu l'idéologie islamiste, mais signalons que pour des raisons sociales, culturelles et politiques, l'élite tribale et notabilitaire n'était ni efficace ni mobilisatrice que même le projet d'Abdelhamid El-Baccouche, l'ex-premier ministre de s'ouvrir à l'élite universitaire, bureaucratique et technicienne tourna à l'échec et que la Monarchie ne pouvait pas se reproduire porteuse, dès sa première naissance, des germes des crises de son blocage. Car la légitimité religieuse était, à elle seule, insuffisante pour que le Roi gouverne le pays et pour cause la gouvernance politique exige des choix idéologiques et économiques bien définis, l'intégration de l'élite aux diverses structures étatiques et surtout l'institutionnalisation du pouvoir. A cause de cette déficience de légitimité, le système monarchique était en crise, et n'avait pas assez de forces pour se reproduire, élargir ses bases sociales et politiques et pour se renouveler positivement auprès des masses populaires. Aussi la Monarchie fut-elle structurellement délégitimée à l'inverse de l'action des Jeunes Militaires alors que l'armée devenait, à partir de 1969, la vraie force qui allait dominer la destinée et surtout les richesses du pays.

Son arrivée au pouvoir prouve qu'elle était le groupe social et politique le mieux organisé et structuré pour assurer la relève, incarnant qu'elle était la périphérie pauvre et exclue qui voulait prendre enfin sa revanche sur le pouvoir, les richesses et les villes. Car elle était le reflet de la situation sociale et économique en Libye et l'expression du poids politique de sa classe moyenne qui cherchait, par tous les moyens, à s'exprimer, et dont la revanche se traduisit concrètement par deux effets destructeurs en

---

(1) Interview avec Yves Lacoste, in, *Revue Hérodote,* n°35, 4ᵉ trimestre, 1984, p. 47

particulier, le démantèlement total de l'ancien régime et le gaspillage des élites[1].

Dans le but d'effacer tout le passé, l'armée organisa, en Libye, un changement politique et social radical qui prit, tout compte fait, l'allure, pour ainsi dire, d'une érosion dont les effets furent souvent néfastes à la fois pour la société et pour l'élite.

Cette transformation totale affecta les niveaux politiques, économiques, sociaux et, surtout, religieux, et s'est traduite par l'élimination de l'élite politique, intellectuelle et économique formée sous la Monarchie. Mais aussi par une nationalisation de tous les espaces et de tous les moyens de production qui eut pour conséquences l'abolition de la bourgeoisie affairiste et l'émergence de la catégorie des *Mountijouns*, en application du principe du *Livre Vert*, « associés et non salariés ». Cette transformation avait touché aussi, pour utiliser un concept bourdieusien, le champ religieux qui fut, à son tour, soumis à plusieurs réformes, car le régime voulait faire preuve d'une hardiesse dans sa « politique religieuse ». Mais ce « réformisme religieux » ne prit jamais un caractère séculier ou laïc, la « politique religieuse », dans les cinq premières années qui avaient suivi le changement politique de 1969 étant essentiellement salafiste, parce que puisée dans le *Coran* et les bonnes traditions du Prophète (*hadîth*). Du respect sourcilleux de la *Chari'a* qui constitue l'âme de la société, selon le discours officiel, cette politique passa à une forme de sécularité concrétisée par la mise en doute de la véracité des *Hadîth* (bonnes paroles de Mahomet), ce qui a soulevé de houleux débats théologiques et exégétiques, et pour cause, la question religieuse étant toujours extrêmement délicate et sensible dans le Monde arabe. Ces transformations tournèrent vite à la rupture, à la cassure et à la recomposition générale des forces politiques et des acteurs sociaux, économiques et intellectuels, et l'ancienne élite fut complètement vidée de toute substance et contrainte à la marginalité, à l'exil et au silence. Mais avant de créer sa nouvelle élite idéologique, le pouvoir essaya de bâtir de nouvelles structures de masses telles que *l'Union Socialiste Arabe* (U.S.A.) qui représentait l'ensemble des *Comités Populaires* répartis sur tout le pays et *l'Union Générale des Étudiants Libyens*[2], de telle sorte que le nouveau paysage politique fut dominé par le primat de l'idéologie sur toute autre considération et par la versatilité de l'homme politique.

Les sept premières années qui avaient suivi le changement politique (1969–1976) se sont caractérisées par une instabilité politique, idéologique

---

(1) Cf. à ce propos le discours « historique » de Zouara, *Sidjill al qawmi*, volume n° 4 de l'année 1972-1973, pp. 610-649.

(2) Omar El Fathaly and Monte Palmer, « The transformation of the elite structure in Revolutionary Libya ». Paper presented at the conference, *Economic and social development of Libya*, School of Oriental and African studies, London, July 1981.
Cf. Yves Benet, *Les indépendances africaines, idéologies et réalités*, tome I, Paris, éditions Maspéro, p. 40 passim.

et surtout institutionnelle, puisque jusqu'en 1977, la Libye nouvelle cherchait encore sa voie idéologique, après avoir, durant les trois premières années, pleinement imité le modèle égyptien, promu le Nassérisme en « idéologie d'Etat » et surtout, en vérité absolue et copié son *Union socialiste arabe* sur son homonyme égyptienne.

Mais toutes ces décisions d'interdiction de l'activité partisane, de création de l'U.S.A. et de destruction des élites, prises en imitation du Nassérisme ne prirent jamais en considération les divergences de taille entre les deux sociétés. L'Egypte étant une société de longue tradition partisane qui avait pu former, au cours du dernier siècle, une élite politique efficace et mobilisatrice, alors que l'histoire des élites[1] n'était en Libye ni dense ni complexe, et n'avait connu de réelle existence que dans les années 40 sous l'occupation anglaise.

Il y avait là une totale méconnaissance des caractéristiques fondamentales de la société égyptienne au cours des années 40 et 50. Cette remarque confirmant, certes, notre hypothèse de départ est que les Jeunes Militaires ne connaissaient pas suffisamment l'histoire sociale et la culture politique spécifiques à la société égyptienne. De là vint, de leur part, ce mimétisme politique souvent inadéquat [2], puisqu'ils n'avaient pas d'autres politiques de rechange à proposer à leur peuple.

C'est à partir de la *Révolution Culturelle* proclamée le 15 avril 1973, que les rapports entre le pouvoir et l'élite allaient prendre une tournure spéciale, et que l'ancienne allait être exclue au profit des jeunes révolutionnaires au sein des *Comités Révolutionnaires*. C'était donc « l'inauguration » d'une nouvelle étape dominée par les conflits, les tensions et les prises d'assaut, et au fil des années, les CR devinrent le fer de lance du pouvoir contre ses opposants et, surtout, contre les hommes d'affaires et les islamistes qui furent soumis à une violence inouïe. De cette constatation, nous pouvons déduire qu'il n'était pas programmé que les CR produisent une élite bâtie, selon les normes modernes, le groupe formé entre 1977 et 2000 n'ayant pas fonctionné en tant qu'élite homogène, bien structurée et motivée pour la mobilisation.

C'est ainsi que nous avons pu conclure que les jeunes révolutionnaires n'avaient pas rempli leurs propres fonctions et rôles, mais qu'ils avaient strictement servi d'organe de contrôle politique, de répression et de lutte contre l'opposition et leur excessive manipulation les avait condamnés comme corps, et avait dénaturé leur mission, les vidant de toute substance révolutionnaire et empêchant l'émergence d'une véritable élite. Car la formation d'une élite exige un environnement politique, idéologique et intellectuel propice, une architecture démocratique, une socialisation politique et culturelle bien adéquate et des espaces d'action où

---

(1) Hédi Mchirgui, *Dhikrayet*, Tripoli, Merkez Dirasat Jihad allibiyin, 432 pages.
(2) Anouar Abdelmalek, *Égypte société militaire*, Paris, éditions du Seuil, 1962, p. 15 et passim.

les acteurs peuvent[1] agir plus ou moins librement. Mais peut-elle s'impliquer, pour n'importe quel motif, dans les actes de violence ? Ou doit-elle se consacrer uniquement à un simple travail de mobilisatoin ?

Tant de questions qui se posent aux chercheurs qui s'intéressent à la Libye et plus particulièrement à son modèle de formation des élites, qui nous semble être complexe, controversé, puisqu'il n'obéit pas aux règles modernes en la matière.

En effet, pendant les trois premières années, le régime fut sous la coupe du Nassérisme, mais à partir de 1973, les influences maoïstes devinrent claires, soit au niveau du contenu de la *Révolution Culturelle*, ou des méthodes adoptées pour l'encadrement des jeunes révolutionnaires. Signalons à cet effet, les nombreux parallélismes entre les *Comités Révolutionnaires* et les Gardes rouges de la *révolution culturelle* chinoise. Partant de là, nous pouvons affirmer que les deux corps ont été conçus et socialisés à des fins essentiellement politiques : quadrillage du pays, contrôle politico-sécuritaire et lutte contre les opposants de tous bords.

Notre hypothèse de travail est que la socialisation politique des jeunes révolutionnaires les destinait uniquement à la violence, conçue et mise en application qu'elle avait été selon le modèle nassérien et surtout maoïste.

Il suffit de remarquer, à titre d'exemple que les CR furent impliqués en Libye, pour des calculs politiques, dans des actes de violence (attaques nocturnes, assassinats, arrestations, autodafés des livres, de matériel de musique et destruction des bibliothèques et des cadastres). Pourtant, les CR avaient devant eux un paysage politique dégagé de toute concurrence intellectuelle ou idéologique sérieuse, vidé d'élites concurrentes et totalement maîtrisé par le pouvoir en place. Les conséquences en furent cependant désastreuses ; cette politique ayant induit une désertification intellectuelle et idéologique. La violence était injustifiée aussi bien sur le plan social que politique. Elle ne correspondait pas avec la maturité de la société.

Or ce désert d'élites efficaces aurait, en effet, dans la pratique, permis aux militants des CR de renforcer leur propre présence, de clarifier et de consolider leur « offre » idéologique, de convaincre la jeunesse, de gagner sa confiance et de mobiliser progressivement les autres potentialités. Cependant, un membre des CR est par définition, une personne qui s'implique de gré ou de force dans la violence et dans la destruction de la société injuste selon le discours officiel libyen [2].

---

(1) Omar Fathaly and Monte Palmer, « The transformation of the elite structure in Revolutionary Libya ». Paper presented at the conference Economic and social development of Libya, School of Oriental and African Studies, Malet Street, July 1981.

(2) Discours de kadhafi au premier meeting des CR le 8-03-1979 à Benghazi, cf. aussi, Ahmed Ibrahim, *Al tandhim ath thawri Al lijan thawriyya 'adat thawra cha'abiya*, Mounch'a 'Amma lil nachr, Tripoli 1982, pp. 25-26.

Cette définition constitue, en elle-même, un véritable blocage pour le mouvement des CR, et pour cause, la notion d'implication ouvrit grandes les portes de l'exagération, des exactions, de la violence de tout bord et de l'auto-discrédit. En revanche, l'élite politique sous la Monarchie ne s'était jamais impliquée dans la violence et malgré quelques rares procès politiques de militants, le Roi a toujours préféré user de méthodes douces. Or un révolutionnaire peut s'impliquer même dans une action dirigée contre sa propre famille en se livrant à des rapports, à des dénonciations et à des ruptures totales avec elle. Toutefois l'implication dans la violence traduit deux réalités socio-anthropologiques dignes d'être prises en considération pour une meilleure appréhension du modèle de socialisation politique, c'est un corps créé pour être uniquement un outil de violence et de contrôle rigoureux du paysage politique, et que s'il accepte une telle image et un tel message, c'est parce qu'il est soumis à la logique du clientélisme, c'est-à-dire à l'échange de la loyauté politique contre des intérêts matériels et des garanties pour l'avenir. Toutefois, la clientélisation d'un groupe ne peut que le fragiliser, limiter sa liberté d'action et par conséquent dénaturer son capital de crédibilité.

Signalons, aussi, qu'une telle socialisation ne permet pas de former une élite ni de produire une culture politique révolutionnaire. C'est ce qui pourrait expliquer l'implication dans l'enrichissement délictueux et les opérations de corruption. Tout compte fait, ce corps semble être défavorisé par l'idéologie officielle elle-même.

D'ailleurs, on ne peut entreprendre une sociologie de la corruption sans essayer de comprendre le fonctionnement interne du pouvoir et de ses structures de mobilisation, et tout se passe comme si le pouvoir eût cherché d'avance à éviter que ce corps ne se transforme en un partenaire politique susceptible de négocier, d'exiger des réformes ou d'imposer des concessions. Or un révolutionnaire doit exécuter ou faire exécuter les ordres. C'est pourquoi les élites ont du mal à s'imposer, à trouver l'espace nécessaire à l'action libre et à se transformer en véritables acteurs, et à ce titre le cas libyen est généralisable à plus d'un niveau.

Il est à remarquer aussi que le pouvoir, après plus de trente ans d'exercice politique, n'a pas pu secréter ses propres élites, mais il a surtout empêché que de nouvelles élites ne se forment dans la périphérie, parce qu'elles sont capables de concurrencer le centre. A cause de ce blocage double, celles-ci se sont trouvées ainsi exclues, parce que la modernisation ne fut pas elle aussi une réussite, tant il est vrai que même si le pouvoir a essayé d'engager le pays sur la voie de la modernisation matérielle (autoroutes, hôpitaux, écoles, lycées, universités, centres de recherches, et autres infrastructures), l'entreprise fut-elle aussi bloquée et pour cause l'effondrement des prix du Pétrole, l'adoption d'une politique d'austérité et surtout l'inexistence à partir de 1984 d'un budget officiel.

On peut dire aussi que la modernisation matérielle a même connu une certaine régression faute de financements et de moyens, le régime ayant changé, à partir de 1985, de stratégie, se sentant menacé tant de l'extérieur (les forces impérialistes) que l'intérieur (les oppositions de toutes les couleurs) et accordant la priorité absolue à sa propre sécurité. D'où ce recours aux compétences exceptionnelles des *Comités Révolutionnaires* et surtout à celles de la tribu, ce bouclier humain capable, dans les moments de tension extrême, d'assurer la défense du pouvoir. Mais le retour de l'agent tribal engagea le pays sur la voie de la démodernisation, tant il est vrai que le pouvoir ne s'est pas trop engagé dans la modernisation politique et même sociale. Et pour cause la modernisation exige des concessions politiques, des normes transparentes, la soumission à des règles claires de gouvernance, l'acceptation de la société civile et la reconnaissance d'une vie démocratique, le recours à la rationalité et l'adoption de normes bien claires de gestion. Quand au recours à la tribu, il dispense de moderniser les structures sociales, mais il fournit surtout la preuve d'échec de la modernisation, parce qu'elle fut subite, forcée et hative prenant un caractère fatal et ne rencontrant pas l'enthousiasme attendu, comme nous avons pu le vérifier, puisque la modernisation prit le caractère d'une agression.

Bref, la modernisation ne peut réussir que lorsqu'il y a une forte institutionnalisation du pouvoir, une stabilité politique et l'existence des forces civiles et sociales capables de mener le projet[1]. Or la tribu, par sa logique même est antimodernisation, comme il a été prouvé, non pas seulement en Libye, mais dans plusieurs autres pays. Elle est, à terme, imperméable à la modernisation parce qu'elle favorise l'émergence de pratiques clientélistes et patrimonialistes, ses rapports au pouvoir y étant bâtis dans la plupart des cas, selon l'adhésion et la loyauté sauf dans les cas de conflits avec les autorités centrales. En accordant sa loyauté, la tribu négocie ses intérêts matériels immédiats. En acceptant cette transaction, la tribu ne se soucie pas du progrès de la société, de sa modernisation ou surtout de sa démocratisation.

Mais est-ce donc le retour de la tribu ? Ou le retour à la tribu?

II. STRATEGIE DE LA RUPTURE ET RETOUR DE LA TRIBU

Pour mieux expliquer ce phénomène, il faudrait faire remarquer que la tribu en Libye est au pouvoir, depuis 1969, les Jeunes Militaires représentant, avant tout, leurs tribus et leurs régions, et que ce facteur pourrait rendre compte des conflits au sein du *Conseil du Commandement de la Révolution*, les rapports entre ses membres étant influencés, en plus de leurs divergences personnelles, de leur appartenance à leurs tribus et

---

(1) Zahi El-M'ghirbi, *La société civile et la transition démocratique en Libye*, le Caire, Merkez Ibn Khaldoun, 1995.

par les conflits intertribaux. Mais ces conflits au sein du CCR étaient avivés par d'autres plus innombrables avec les voisins (le Tchad, l'Égypte et la Tunisie) en plus de tensions et des colères sociales, le retour à la tribu pouvant être, interprétée comme une quête de la sécurité face aux risques.

Or la « Révolution » qui se voulait l'antipode de la Monarchie avait fini par appliquer la même politique adoptée par le Roi, en s'alliant aux tribus, mais cette fois-ci en les impliquant, directement ou indirectement, dans la violence. En revanche, du temps du Roi, l'alliance entre le pouvoir et les tribus était indispensable pour la gouvernance politique, l'élite au pouvoir étant recrutée, essentiellement en leur sein, surtout entre 1952 et 1967. L'ouverture sur les techniciens et leur intégration aux rouages de l'Etat ne devint effective qu'à partir de 1967, c'est-à-dire trois années avant l'effondrement de la Monarchie. C'est pourquoi ces technocrates ne purent même pas faire retouver sa vigueur au système politique, le renforcer et lui injecter du sang nouveau pour qu'il puisse affronter les crises à venir. Le système monarchique ne pouvant plus continuer d'exister, parce qu'il était en panne d'élites, de projets et, surtout, de légitimité suffisante.

Mais le retour de la tribu pourrait être aussi expliqué par des conditions spécifiques à la Libye, pliant sous le poids de son immensité géographique, le pouvoir ne pouvant pas s'y exercer pleinement, quoiqu'il eût pu mobiliser d'énergies et de ressources humaines. En effet, la Libye est un très vaste pays dont le contrôle politique nécessite des efforts exceptionnels d'où le pouvoir encouragea la création des *Comités Populaires* et surtout des *Commandements Populaires et Sociaux (C.P.S.)*. L'ultime fin de ces structures étant de le défendre, de mobiliser les masses et de contrôler l'espace territorial et les voix discordantes, et les tribus étant chargées d'en compléter le fonctionnement, de se substituer à lui quand les conditions l'exigeraient, surtout de contrôler les opposants quand il le faudrait et d'empêcher que leurs membres, ne s'impliquent dans des contestations de tous genres. C'est pourquoi le pouvoir imposa la *bey'a* aux tribus alliées comme un pacte écrit et comme un engagement explicite pour appuyer le régime et le défendre en cas de crises, de conflits[1] et surtout d'attaques. Il est à remarquer, dans ce même sens que la *bey'a* en Libye, malgré son importance politique et surtout symbolique, n'a été analysée ni sociologiquement ni anthropologiquement. Or la sociologie de la *bey'a* pourrait, certes, faciliter, l'appréhension de l'évolution politique récente de la Libye et surtout du nouveau statut de la tribu dans la société. En imposant, par contrainte, la *bey'a*, le pouvoir cherchait à construire un front tribal, une sorte de bouchier humain et de dispositif de sécurité et de protection dans un pays hanté par l'obsession des Coups d'Etat. C'est en vertu de ce pacte d'alliances que les tribus se chargeraient de faire régner l'ordre et de participer à la gestion de leurs régions et ce, en adhérant directement aux Comités Populaires et aux *Commandements Populaires et*

---

(1) Pierre Ansart, *Idéologies, conflits et pouvoir*, Paris, éditions P.U.F., 1977, p. 209.

Sociaux, comme l'avait bien analysé l'anthropologue anglais John Davis dans son livre sur les tribus en Libye[1]. Ainsi, en poussant la tribu à meubler cet *Empire du vide*, le pouvoir n'at-il pourtant pas fait la concession d'élever la tribu au rang d'acteur politique aux sens de Touraine, car il en fit, un agent d'exécution, de mobilisation et de défense. En répartissant le paysage politique ainsi et en délimitant les tâches de la sorte, il a délégué une partie de la charge, du contrôle politique de l'espace libyen à la tribu en échange d'un accès illimité à la rente. Le retour de la tribu a facilité sa clientélisation et par conséquent la patrimonialisation de l'ensemble de la société, mais cette délégation n'a en aucune manière concurrencé, le pouvoir total, en s'exerçant dans les limites permises et les espaces libérés délibérément par lui. Car cette technique permet au pouvoir de se reproduire sur l'ensemble du territoire, d'instrumentaliser sa clientèle et de l'impliquer dans des conflits locaux ou régionaux : luttes intestines ou affrontements avec les oppositions. Si la tribu accepte d'être instrumentalisée, c'est parce qu'elle est gracieusement récompensée, la patrimonialisation de la société et en l'occurrence de celle-ci recréant le phénomène de la tribu makhzénienne connu déjà sous la Monarchie qui se met volontairement ou par pur intérêt au service du pouvoir central. Or en Libye, ce phénomène nous semble être peu analysé, car les informations historiques précises faisant singulièrement défaut, et nécessitant le recours en profondeur à de nombreuses investigations sociologiques et anthropologiques.

Cependant, comme toute connaissance est partielle, les difficultés demeurent relativement liées à l'approche théorique et à la conceptualisation, en un mot, à toute l'analyse.

En traitant de la Libye, il serait difficile de prétendre présenter une approche globale compte tenu de beaucoup de lacunes, de zones d'ombre, d'interrogations sans réponses ou d'absence d'informations crédibles, tous ces manques d'importance qui font que la recherche est ici angoissante. Elle est surtout complexe. Et du reste nous avons ressenti cette complexité surtout lorsque nous avons travaillé sur les rapports entre le pouvoir et les tribus.

Toutefois, prétendre soumettre leurs rapports à une analyse scientifique, rigoureuse est un travail difficile, voire touffu, parce qu'ils ont gardé quelques rares niveaux de continuité, mais furent généralement soumis à des transformations qu'on pourrait qualifier de radicales, tant au niveau de la forme que du fond.

Même si on tente de réhabiliter le champ Khaldounien et d'actualiser son appareil conceptuel et analytique, il n'en demeure pas moins insuffisant pour pouvoir appréhender la situation actuelle et comprendre l'évolution contemporaine. Néanmoins, il faudrait signaler qu'en cette fin de siècle, la

---

(1) John Davis, *Le système politique libyen, tribus et révolution*, p. 22.

tribu en Libye, a profondément changé et qu'elle ne correspond pas aux caractéristiques démographiques, sociales, et culturelles définies par Ibn Khaldoun. Même la bédouinité actuelle en Libye ne correspond pas exactement à la typologie Khaldounienne exposée dans la *Mouqaddima*, la société libyenne s'y étant en grande partie sédentarisée et l'urbanisme y ayant atteint le taux de 75%.

Dans sa configuration traditionnelle, le nomadisme est pratiquement inexistant même si la tribu, en tant qu'âme collective, expression de la solidarité obligatoire, imaginaire commun et structure sociale et culturelle persiste encore. Car ses membres, abstraction faite de leurs lieux d'existence, sont tenus par une obligation morale et effective de solidarité concrétisée par un esprit de *açabiya,* c'est-à-dire de secours mutuel.

Les membres sont solidaires entre eux mais aussi attachés à leurs tribus d'une solidarité non fictive, puisqu'elle signifie un complet engagement qui peut se traduire par le port des armes contre leurs ennemis. Notons aussi qu'elles sont tenues d'être solidaires du pouvoir en place, à moins qu'il n'y ait des divergences d'intérêts pécuniers ou politiques.

Pour concrétiser cette idée, le pouvoir redynamisa la structure de la « tribu makhzénienne » alliée du pouvoir comme fut le cas du temps des Ottomans où les M'hamid et les Megharha déclaraient la guerre aux tribus rebelles ou les soumettaient à l'impôt. Le pouvoir, soucieux d'instrumentaliser l'élément tribal, savait tirer profit des leçons de l'histoire, l'expérience ottomane ayant été, à cet effet, plus que significative. Mais quels furent donc les mobiles de la réhabilitation de la tribu libyenne, de 1975 à 2000 ?

L'effondrement de l'alliance entre les Kadhadfa et les tribus de Musorata en août 1975 mit à nu la fragilité des alliances bâties entre 1969 et 1975. IL dévoila aussi et, surtout au pouvoir l'impérieuse nécessite d'en construire une nouvelle avec une forte tribu. Et le choix se fixa sur celle de Ouerfella connue pour son animosité contre Musorata, par son importance démographique et par sa disponibilité aux alliances à caractère « makhzénien ».

Ainsi, la tribu devint le principal appui du pouvoir fut-elle plus mobilisatrice que n'importe quelle autre structure, le pourvoyant en cas de besoins, en ressources humaines pour ses structures politiques, financières, idéologiques et surtout sécuritaires et militaires. Ce fut donc l'ère de la tribu-pépinière.

A partir de cette époque, les rapports entre le pouvoir et la tribu prirent la forme d'une transaction, du reste liée à la rente pétrolière, et en l'absence de répartition équitable des richesses du Pétrole et d'un budget bien arrêté, les tribus acceptent la traditionnelle formule qui consiste à échanger la loyauté (*al walà*) en contrepartie d'intérêts matériels, de privilèges et de nominations dans les structures politiques et diplomatiques. Une tribu ne gouverne pas directement, mais elle appuie ceux qui gouvernent.

Cet échange d'intérêts et de services nous révèle une première caractéristique fondamentale, c'est le clientélisme ou plus particulièrement le patrimonialisme personnifié, le Prince- hydrocarbure définissant de son propre gré les modes de la répartition des richesses.

La deuxième caractéristique est la circonstantialité. En effet, l'accès des tribus au pactole pétrolier devant durer autant que durera leur fidélité à l'alliance entérinée, puisque, en cas d'infidélité, elles en sont vite éjectées, comme du droit à la rente et à ses richesses.

Mais cette solidarité est mécanique comme l'avait définie Durkheim, les diverses composantes de l'alliance tribale étant en même temps liés par les exigences des circonstances politiques et économiques, mais indépendantes du fait de la soumission et des concessions, parce que demandées de telle sorte que la continuité devient fragile. Mais à la rigueur, cet élément peut être, à notre sens, compréhensible compte tenu des caractéristiques fondamentales du paysage politique, l'appartenance à un même ancêtre, selon l'expression d'Ibn Khaldoun ne garantissant pas sa durée, mais c'est l'appartenance à un même lignage qui la renforce.

Mais la *açabiyâ* tribale autour du pouvoir diffère de celle décrite par Ibn Khaldoun. C'est une nouvelle forme de àçabiyâ. Car non seulement le phénomène a connu beaucoup de métamorphoses, mais il est très lié au pouvoir. En effet, la *açabiyâ* est la clé de la vie politique actuelle.

En d'autres termes, le pouvoir n'a pu perdurer pendant plus de trente ans que parce qu'il avait bénéficié de l'appui complice de la part des diverses alliances tribales. C'est pourquoi, la tribu, comme l'avait bien démontré Ibn Khaldoun était et le demeure encore, le nœud de la vie politique et sociale. En s'y appuyant, le pouvoir peut gouverner. En s'y référant, la société se définit, s'identifie et se glorifie.

La tribu est, assurément l'identité de l'être humain, sa référence obligée, son repli identitaire et son cadre d'appartenance. Cette observation est, à notre sens, très importante, parce qu'elle nous permet, au demeurant, de comprendre la dynamique actuelle de la société libyenne.

Les tribus, clientes du pouvoir jouent un rôle social et politique de première importance, en encadrant ses membres, en leur fournissant une identité, en les sécurisant, les aidant à jouir des divers services dont ils ont besoin. En l'absence de structures politiques et administratives médianes entre le pouvoir et la société,[1] elles sont des intermédiaires politiques et sociaux efficaces.

En empêchant que leurs membres ne s'impliquent dans la violence anti-pouvoir ou de s'engager avec les diverses oppositions, la tribu, avec cette capacité persuasive peut se transformer en une force dissuasive. Car cette « république de cousins », comme l'a si bien dit Germaine Tillion[2] est

---

(1) Cf. surtout notre chapitre sur les Commandements Populaires et Sociaux.
(2) Germaine Tillion, *Le Harem et les cousins*, Paris, éditions le Seuil, 1966, p. 11.

dotée de tous les moyens de conviction et de pression à la fois pour bien encadrer et contrôler ses membres. Dans une `açabiyâ, les individus sont noyés dans le « nous » collectif, selon l'expression de Georges Gurvitch, l'individu étant constamment mobilisé, soit dans le cadre de la solidarité collective soit dans le cadre de l'appui du pouvoir.

En agissant ainsi, les membres de la tribu font preuve de solidarité mécanique qui les unit et qui empêche qu'ils soient attaqués, en les protègeant contre les menaces extérieures. Pour mieux étayer cette thèse, il suffit de prendre un exemple tiré du paysage politique libyen actuel.

Malgré ses positions critiques, contre le pouvoir actuel, le commandant Jelloud (contraint à la défection forcée), n'a été l'objet d'aucune poursuite, protégé qu'il est par une puissante tribu : les *Megherha* connue pour être makhzénienne, redoutable et guerrière, et de surcroît armée, la `açabiyâ armée constituant une véritable menace pour tout pouvoir en place, de quelques moyens de dissuasion violente qu'il puisse disposer.

Mais comment pourrait se comprendre et s'analyser la permanence de la tribu ? Ne serait-il pas grand temps d'entreprendre une vraie détribalisation de la société libyenne ?

Car les *açabiyât* devraient être de nos jours pulvérisées et entièrement dissoutes dans le tissu social global, en dépassant le biologique par le social et le social par le politique. Pour mieux comprendre cette situation, il serait nécessaire de montrer l'importance du *hilf* en Libye qui est plus qu'un contrat ou une alliance. C'est, surtout, un engagement moral et effectif pour la défense, contracté par le pouvoir et plusieurs tribus, et constituant, en lui-même, une garantie contre les menaces intérieures et extérieures.

Pour concrétiser cette idée, le pouvoir réinventa et remobilisa l'idée du *hilf al Jadd* pour raffermir les liens biologiques et sociaux entre les tribus. Bien entendu, le *hilf* au sens historique et tribal n'existe plus car même l'appartenance à un ancêtre commun s'est avérée, selon les études anthropologiques, de caractère mythique[1].

Or l'ancêtre commun (*Khout al Jadd*) a été inventé dans le but de faciliter la communication entre les tribus, de leur permettre d'éviter la guerre, de construire le *hilf* et d'engager des formes de solidarités. Touchant à plusieurs niveaux de la vie, ce mythe est, en effet, mobilisateur des tribus et de leur mémoire collective. C'est dans ce sens que Kadhafi réinventa l'âme d'*Al Ghourdabiya* et ressuscita toute la signification historique accompagnante, car elle fut la seule bataille contre les Italiens ayant pu allier toutes les tribus.

---

(1) Pour mieux comprendre l'importance anthropologique de l'imaginaire chez les peuples, nous proposons de voir la distinction établie par Jean Duvignand entre fête naturelle et fête artificielle, in *Fêtes et civilisations*, Paris, éditions Sacarabée et compagnie, 1973, pp. 161-210.

Pour voir plus clair dans ce processus, il serait nécessaire de signaler que le *hilf* inventé est souvent lié à des circonstances précises et à des intérêts immédiats d'ordres social, économique et surtout politique et que contracté. Il est souvent circonstanciel, voire ponctuel ne durant qu'autant que dureront ses motifs et ses mobiles. Du reste, le *hilf* est résilié automatiquement quand l'alliance n'est pas honorée ou quand une partie quelconque cherche à se désister. Car le *hilf* est un instrument indispensable et efficace pour le pouvoir, puisqu'il lui offre la protection nécessaire (*himâya*), et nous pouvons souligner qu'il est nécessaire pour que le pouvoir qui a besoin de parler le même langage que les tribus puisse gouverner le pays.

En effet, le *hilf* qui est une alliance entre plusieurs tribus permet au pouvoir de contrôler le territoire et de gérer la géographie, de dominer le pays et de s'opposer aux tribus rebelles et même aux diverses oppositions, en tant que *hilf-àçabiyya* nécessaire pour dompter les tribus non-inféodées ou contestataires. Car la *açabiya* est diffuse et sert à l'élargissement du cercle des tribus fidèles. Notons dans ce même sens que les tribus s'allient pour défendre leurs intérêts et ceux du pouvoir conformément à leur essence même.

Pour mieux organiser les rapports avec les tribus, Kadhafi a imposé, à partir de 1975, la *bey'a* par laquelle les tribus affirment leur loyauté indéfectible, et leur allégeance au « Guide de la Révolution », la *bey'a* étant synonyme de serment de fidélité, de soumission au chef politique et enfin de reconduction symbolique, mais aussi réelle du pouvoir. Elle signifie aussi et surtout une délégation totale du pouvoir à une autorité forte à même de garantir la sécurité du pays et capable de le défendre face à tous les risques. Mais à l'inverse du Maroc et de l'Arabie Saoudite, la *bey'a* est en Libye unilatérale, n'étant pas un contrat, Kadhafi pouvant, en tout moment, rompre l'alliance avec les tribus et les soumettre par la contrainte.

Ainsi, on peut la considérer comme un rapport léonin largement déséquilibré en faveur du pouvoir, les alliances tribales étant souvent circonstancielles, puisqu'aucune n'est jamais définitive.

III. SOCIOLOGIE D'UNE MODERNISATION INACHEVEE

Les trois provinces de la Libye sont fraîchement soudées, puisque, jusqu'en 1963, elles étaient encore distanciées, voire séparées, leur soudure s'étant imposée après l'apparition de l'Or noir qu'il a fallu répartir équitablement entre elles.

Mais elle fut surtout l'œuvre de la Sénoussiya qui répandit, à partir de son premier quartier général installé en 1834 à Djebel Akhdar, parmi les nomades sa foi vigoureuse et austère[1], en renforçant en même temps son autorité sur l'ensemble de l'espace de l'Est libyen. Pour ce faire, la Confrérie

---

(1) Xavier de Planhol, *Les Nations du Prophète*, Paris, éditions Fayard, 1993, p. 460.

parsema le territoire d'un dense réseau de *zâouias* ou marabouts, détentrice qu'elle était d'un pouvoir spirituel « *qui transcendait l'organisation sociale des tribus bédouines* »[1]. Elle put transformer la Cyrénaïque en centre de gravité[2]. En effet, « *la Cyrénaïque put humaniser ce monde qui était, jadis turbulent* (et) *belliqueux* »[3].

Mais la Cyrénaïque resta un pays de bédouins, fermé sur lui-même et peu communicant avec son environnement, contrairement à la Tripolitaine qui était divisée, diversifiée et sans cohésion sur le plan humain et était plus tournée vers la mer que vers le reste du pays. Quant à Fezzan, il était tombé, à partir de 1929, dans un profond déclin et en raison de ses structures sociales, il n'avait pas les moyens pour résister aux attaques extérieures et surtout à celles organisées par les nomades en quête de maigres pâturages. Ainsi le pays fut-il livré aux razzias des nomades sans pouvoir protéger ses palmeraies et ses jardins, les trois provinces ne devant s'unir qu'en 1963. Mais cette unité fraîchement obtenue n'a pas permis à l'Etat de pouvoir s'y ancrer et se légitimer pour réussir le projet de modernisation.

Par ailleurs, les forces sociales et politiques n'étaient pas assez mûres pour parachever l'œuvre d'unification et de modernisation de la Libye.

Mais la réunion de ces éléments disparates en une construction politique unique fut vite annulée par le projet politique issu du 1er septembre 1969, entraînant ainsi la désagrégation rapide de la Sénoussiya et facilitant, du même coup, le démantèlement de toutes les structures formées sous la Monarchie. Remarquons que cette société fragmentée et cette structure composite ne pouvaient qu'encourager le retour de la tribu, parce que l'idéologie « révolutionnaire » n'ayant pas réussi son oeuvre d'unification du pays qui était resté très tenté par l'allégeance tribale. La preuve est que le régime libyen reste impopulaire en Cyrénaïque et qu'il a rencontré et rencontre des difficultés de légitimité politique.

Le pouvoir considérait que la tribu lui est indispensable, parce qu'elle est capable de garantir sa propre sécurité en lui fournissant des hommes de confiance qui veillent, d'une façon efficace, sur ses principales articulations, et qui étaient solidaires parce qu'ils étaient imbus de l'éthique tribale : la solidarité, la générosité, la fidélité, et surtout, la loyauté.

Le démantèlement subit des structures étatiques héritées de la Monarchie et l'inexistence de nouvelles structures de participation politique et d'expression de la citoyenneté ont accéléré le retour des tribus, voyant les populations s'y rabattre comme sur des structures – refuges. Compte tenu de leur importance sociale et économique, le pouvoir ne pouvait que compter sur elles qui lui servaient de modèles de mobilisation,

---

(1) *ibid*, p.460.
(2) E- Evans-Pritchard, *The Sanusi of Cirenaica*, pp. 91-92.
(3) Xavier de Planhol, *ibid*, p.460.

d'encadrement et qui lui garantissait l'appui dont il a besoin en cas de crises ou d'affrontements. Car le pouvoir, en Libye, repose sur une domination traditionnelle, celle des liens personnels, parce qu'il est considéré, pour ainsi dire, comme une extension de la personne du leader. D'où la possibilité théorique d'utiliser le concept de patrimonialisme.

En ce sens que dans le cas de la Libye, le patrimonialisme qui «*veut dire simplement l'édification du pouvoir patrimonial dans le cadre de l'administration, technique et militaire de l'Etat moderne* »[1] s'est servi de le rente pétrolière pour se renforcer socialement et politiquement et alimenter le clientélisme.

Quant au néo-patrimonialisme, il s'est développé sous le mode du patronage politique qui était fondé sur la base de « *l'échange de protection et de services sensibles pour les partenaires dans un esprit de fidélité et de loyauté personnelles* »[2].

En étudiant de près le projet révolutionnaire de modernisation, nous nous trouvons confrontés à deux questions fondamentales : Peut-on réussir une modernisation dans une société profondément tribale et avec une « élite » socialisée par un système totalitaire et patrimonialiste ? Et peut-on réussir à changer l'organisation sociale en l'absence d'institutions fiables et surtout d'élites réelles capables de mettre en œuvre le projet en question ?

Notons que la modernisation fut une greffe et fut ressenti ainsi par les populations, et *a fortiori* comme un projet chimérique dépourvu, *de facto* de tous les moyens politiques, institutionnels et même humains de la réussite. C'est un projet qui n'a pas les moyens de sa politique, en raison de beaucoup de failles et de manques qui y subsistent. Or la modernisation matérielle n'a pas été accompagnée d'une modernisation culturelle, c'est-à-dire d'une refonte des valeurs, des symboles et des perceptions du temps et du travail et d'un processus de démocratisation.

D'ailleurs, c'est ce qui pourrait nous expliquer l'apathie des populations qui allait *crescendo* depuis 1978, puisqu' elles se sont contentées de recevoir leur dû en matière de santé, d'éducation et de droit, alors que la raison d'être de la modernisation dépasse de loin les services immédiats, car elle est plutôt une dynamique de refonte totale de la société, de transformation de ses structures sociales, de ses modes de vie, et d'organisation et, surtout, de ses moyens de production. Or force est de constater que la modernisation entreprise en Libye, du moins dans la tranche le plus importante (de 1969 à 1975) a été essentiellement matérielle (routes, aérodromes, aéroports, écoles, lycées, facultés et hôpitaux).

---

(1) John Waturbury, « La légitimation du pouvoir au Maghreb », in *Développements, politiques au Maghreb*, éditions du CRESM 1989, p.412.
(2) Abdellah Saâf, « Vers la décrépitude de l'Etat néo-patrimonialiste comme concept et phénomène observable », in A .A.N. tome XXVIII, 1989, p. 73.

Quant au blocage, il y est dû à des phénomènes très complexes tels que la phagocytose des élites formées sous la monarchie, le démantèlement de l'Etat et la revalorisation des *'açabiyât* tribales en vue d'une nouvelle recomposition de la société globale. Ainsi se transforma la dynamique de la modernisation en une politique d'émiettement de la société. Car elle était depuis longtemps attendu par la société, mais elle manquait dés le départ d'un programme-éclaireur bien ciselé.

En 1969, les Jeunes Militaires, étaient uniquement habités par la conviction d'œuvrer pour l'intérêt de la Nation arabe et par conséquent celui de la Libye. Ils agirent dans ce sens et réunirent, malgré leurs divergences, toutes leurs potentialités pour la réussite de l'œuvre.

Cependant, ils n'y avaient pas de plate-forme pratique arrêtée d'un commun accord, ni de conception claire de la gestion politique future, ni de charte idéologique qui puisse guider leur tâche, mais ils étaient, en fait, tiraillés entre le modèle nassérien (tels Kadhafi et El-Kharroubi) et le modèle socialiste d'obédience soviétique ou yougoslave (tels Docteur El-Maghrebi, Jelloud et El-Mehichi). Mais ils avaient surtout la rente pétrolière qui « *constitue pour les Etats qui en bénéficient une ressource de rentrées fiscales de nature particulière* »[1], et qui leur semblait être capable de réaliser des miracles. Car une situation si exceptionnelle ne pouvait donc qu'influer sur le système politique, son mode de légitimation, son substrat institutionnel et ses rapports avec l'environnement international.

La rente pétrolière permettait de dépasser l'obligation de l'Etat moderne et d'établir des rapports directs avec les populations. Cette volonté de bâtir des ponts directs avec les tribus, là où elles se trouvent, ayant été exprimée dans le discours de Zouara 1973 et ayant été réellement concrétisée depuis cette date. En amorçant l'opération de démantèlement de l'appareil d'Etat, *la Révolution Culturelle* libéra les militaires des entraves institutionnelles, politiques et idéologiques et créa une tradition discursive et populiste, lors même qu'ils trouvaient devant eux une société tribalement organisée et devaient faire avec les allégeances tribales, locales et régionales. Les tribus, profitant du vide institutionnel généralisé, imposèrent leur propre espace informel, qui arraché ou concédé, leur servit de tremplin pour la domination d'autres tribus moins fortes, et pour la manifestation de leur nécessité au régime.

Or la modernisation sous toutes ses formes a certes besoin d'institutions et d'élites socialisées dans une culture adéquate et ayant, en plus, une profonde foi dans un possible succès de leur œuvre, force est cependant de faire remarquer que la socialisation politique, qui avait dominé le pays entre 1975 et 1998, fut une socialisation anti-Etat. En effet, elle le considérait comme une imposture occidentale qui ne pouvait pas être adoptée par les pays du Tiers-Monde et en l'occurrence par les pays arabes. Cette jeunesse que nous avons rencontrée, en grand nombre au cours de

---

(1) Robert Mabro, « Libye, Etat rentier ? », p. 1109.

notre enquête considérait conformément, à la socialisation reçue, la démocratie dans toutes ses formes comme un mensonge (*tadjil*). Seule la « démocratie jamahirienne » apportait la solution finale aux problèmes inhérents à cette question dans le monde[1].

Signalons dans ce sens que l'histoire de la Libye a été celle d'une rupture qui a pris diverses formes, aux niveaux de l'histoire, de la société et de la production de l'élite. Quant à la modernisation, elle est à la fois un processus d'accumulation qui transforme le réel, enrichit le passé sans nier les origines historiques, qui condense les accumulations du passé et qui renforce pour une meilleure osmose des orientations et des objectifs du présent ; bref, elle est la volonté d'évoluer sans se renier. Mais par delà du conflit des interprétations selon l'expression de Paul Ricœur[2], la modernisation est une transformation positive des mentalités et des structures, la société libyenne ayant toujours un caractère essentiellement rentier étant très imprégnée par la culture tribalo-bédouine, deux caractéristiques qui empêchent l'ouverture de la société aux nouvelles idées et aux acquis de la modernité et qui permettent surtout l'intériorisation du concept d'Etat. Selon les traditions libyennes, l'allégeance ne se prêtait qu'aux chefs de tribus, le pouvoir central réparti sur l'ensemble du territoire étant inexistant. A cause de cette situation, la société libyenne s'est retranchée sur elle-même et sur ses propres structures tribales pour se défendre, se protéger des vicissitudes et sauver son identité brimée. Cette déstructuration de la société, et en l'occurrence de l'identité, ayant été renforcée par l'occupation italienne surtout pendant la période fasciste.

Les conséquences ne s'étaient pas fait attendre par la Libye qui connut une profonde déchirure d'élites synonyme de crise de société due à la rupture dans le processus de son évolution, et dans les trajectoires de formation des groupes sociaux.

Cette histoire faîte de ruptures pourrait rendre compte des choix des Jeunes Militaires concernant, surtout, le processus de démantèlement de l'Etat où ils n'ont rencontré ni concurrence et ni résistance. Car il semble avoir été la conséquence logique d'une longue marche faite de ruptures qui avait marqué les choix des militaires. La modernisation ne pouvant toutefois se faire ni sans Etat ni sans institutions. Mais la rupture imposée par les militaires, semble avoir été à l'origine de l'élargissement d'une rupture déjà existante. Car les militaires avaient, amplement les moyens de forcer cette rupture. En effet, le Pétrole procurait aux militaires les ressources suffisantes pour se dépasser de l'Etat dans sa configuration démocratique moderne. Le Prince hydrocarbure est doté de moyens fabuleux pour gouverner seul et sans intermédiaires, puisqu'il a, à sa disposition, tout ce qu'il fallait pour contourner l'obligation étatique.

---

(1) Le *Livre Vert*, Tome I, (solution de la démocratie), p.16.
(2) Paul Ricœur, *Le Conflit des interprétations*, Paris, éditions le Seuil, 1969, 505 pages.

Avec ce Prince–hydrocarbure dominant la rente du Pétrole, la Libye passait de la situation d'un pays très démuni à celle d'un pays doté d'énormes richesseses, et compte tenu de sa géographie économique et humaine, de l'abondance de ses ressources et la faiblesse de sa démographie, la Libye peut être comparée aux micro-Etats pétroliers de la péninsule du Golfe arabe.

Signalons que l'effet destructeur du Pétrole s'est manifesté à plusieurs niveaux :

1) celui de l'hégémonie politique et de l'élimination de la « société civile » et de ses acteurs.

2) celui du contrôle systématique de toutes les ressources matérielles.

3) enfin celui de la fusion entre des structures politiques et tribales, de la clientélisation de la société et de la patrimonialisation des richesses.

En effet, la tribu et le Pétrole ont joué un rôle capital dans le renforcement du processus des ruptures, de l'échec de la modernisation et du gaspillage des élites. A partir du moment où les militaires ont eu la mainmise sur la rente et que l'économie du pays ne dépendait pas de taxes ou des dons, ils n'étaient plus contraints d'accepter la transaction entre gouvernants et gouvernés, pouvant même ne plus compter sur l'appui des classes sociales vu qu'ils avaient conclu des alliances avec les tribus. La rente pétrolière a curieusement permis au pouvoir de démoderniser la société, de démanteler ses institutions, d'instaurer une autorité atypique et surtout d'entretenir la violence. C'est pour cette raison que la Libye a connu deux décennies de jours difficiles qui se sont abattus, en l'occurrence, sur les élites religieuse, politique, sociale et économique. De tels éléments prouvent que le Pétrole fut une occasion ratée de progrès et de développement, mais générateur de crises, de déséquilibres et de ruptures qui ont bouleversé la société traditionnelle et surtout les structures agricoles. La rente pétrolière a crée des situations irréversibles telles que la déstructuration de la société et l'effondrement de l'agriculture. Car l'émergence du Pétrole a entraîné, en premier lieu, la dévalorisation du travail agricole, la dépréciation du statut social du paysan et l'émergence des villes provoquant ainsi l'appauvrissement des compagnes. La rente a crée une prédilection tout azimut pour le lucre rapide au détriment de la création, de l'effort et de la vraie production. Mais si les militaires ont précipité le processus de démantèlement de la société traditionnelle, ils ont, en revanche, redynamisé les structures culturelles, mentales et sociales, les coutumes et les traditions de la bédouinité.

Le paradoxe des militaires est d'avoir voulu entretenir un discours révolutionnaire tout en vivifiant les appartenances tribales, donc adopter une politique de démantèlement étatique et de rebédouinisation qui leur sont très utiles pour se libérer de l'exigence démocratique, de la rationalisation du paysage politique et surtout la mise en valeur de la nécessité d'une société civile.

La rebédouinisation de la société aux niveaux culturel, symbolique et même social a bloqué une modernisation matérielle et sociale déjà initiée bien avant 1969, et il suffit de rappeler, à ce propos, les fabuleux budgets réservés à la modernisation portant sur l'infrastructure, l'enseignement, la santé, l'industrie, et l'encadrement des jeunes etc. Mais cette modernisation a été vite bloquée, car Kadhafi a fait appel aux compétences de la tribu.

C'est ainsi que la société libyenne semblait être prisonnière d'une bédouinisation excessive et forcée dont on voit les conséquences à tous les niveaux, l'analyse des blocages de la modernisation exigeant surtout d'entreprendre une sociologie de l'armée, mais avant tout une sociologie des militaires eux-mêmes, c'est-à-dire la sociologie du corps lui-même. Il s'agit de connaître leurs origines géographiques, sociales, et familiales et d'identifier leurs parcours et leurs formations personnelles, ce travail s'inscrivant dans un cadre plus large, à savoir pourquoi le pouvoir civil a disparu du Monde arabe d'une manière générale et plus particulièrement en Libye ?

IV. POUR UNE SOCIOLOGIE DES MILITAIRES

Est-ce que l'avènement des militaires au pouvoir constitue en soi la réponse à un besoin social ?

Pourquoi ces militaires cherchent-ils à accaparer l'appareil d'Etat ?

Les militaires sont à vrai dire le corps le plus soudé socialement, le mieux organisé et surtout le plus sensible aux tensions de la société[1] et de la Nation, parce que les plus attentifs aux dangers extérieurs et sont encore indispensables à l'Etat et aux projets de modernisation. Est-ce parce que l'Etat comme nous le dit Weber est le monopole de la violence légitime ? Peut-on dire, enfin, que l'armée ne peut être que l'instrument de l'Etat ?

Mais les militaires constituent l'instrument du renforcement de l'Etat et de son absolutisation, force serait-il de constater que les militaires en Libye ont usé de leur violence pour démanteler l'Etat et pour rompre avec la culture de l'élite traditionnelle et avec la ville[2], en cherchant à construire un pouvoir monolithique, à détruire l'Etat déjà en crise. Leur action se légitimait par le fait qu'il n'y avait pas de classes ou de groupes sociaux capables de prendre le pouvoir[3]. Ils voulaient en fait simplement gouverner avec des civils ou des techniciens réduits au statut d'auxiliaires ou d'agents d'exécution, et ils cherchaient à contrôler l'Etat, la société civile, l'économie, la culture et même la vie privée. Mais pour mieux saisir ces orientations, nous aurions peut être besoin de créer une sociologie des militaires ?

---

(1) Anouar Abdel-Malek, *L'Armée dans la Nation*, Alger, éditions SNED, 1975, p. 11.
(2) Jean Meyer, « Technocrates en uniforme, l'Etat symbiotique », in, *Revue Critique*, nos 363-364, Août-Septembre 1977, p. 712.
(3) Jean Meyer, *Ibid*, p. 715.

Il faudrait commencer par signaler que l'avènement des militaires reflétait la faiblesse politique de l'Etat en place, et la crise des partis existants, presque partout, l'intervention des militaires, l'instauration du pouvoir monolithique, traduisant la faiblesse de l'Etat, l'usure des élites, l'absence de projet mobilisateur comme ce fut le cas en Egypte avant Nasser et en Libye avant Kadhafi. Dans les deux cas, l'Etat monarchique s'étant amplement affaibli. La nécessité d'un exécutif fort se faisait sentir surtout par l'élite et dans les deux cas, les militaires étaient imbus d'une haine sans limites de l'inefficacité[1], de la mauvaise gestion, de la corruption et de l'immobilisme politique qui caractérisaient la Monarchie à l'époque.

Lorsque les militaires se sentent exaspérés par la faiblesse de l'Etat, « *ils montent en ligne* »[2], et pour ce faire, ils réagissent en le détruisant et traduisent ainsi cette tragique conscience de cet état de fait et de l'absence de patriotisme. C'est ainsi qu'ils installent leur propre « Etat » qui est souvent à caractère bureaucratique centralisé.

Les militaires accaparent ainsi « *l'essentiel des moyens de décision et d'action, non seulement sur les plans strictement politique et militaire, mais également technologique et scientifique, macro-économique, culturel et idéologique* »[3]. Pour justifier cette concentration, les militaires se présentent comme étant porteurs d'un projet national qui commence souvent par une rupture puisqu'il ne consiste pas uniquement dans la volonté de vivre ensemble, mais surtout dans celle d'évoluer ensemble. Car c'est ce projet national qui définit son identité, en délimitant les grandes orientations et priorités et en sélectionnant les acteurs qui seront chargés de leur réalisation.

Mais l'expérience montre que les militaires ont souvent conduit ce projet à l'échec, d'où la légitimité de traiter le facteur militaire en tant que problème sociologique. Et pour commencer, il faudrait définir ce qu'est le concept qui désigne une institution politique, sociale et professionnelle qui reflètant l'évolution historique spécifique de la société ou de la Nation. Partant de cette définition simple, nous aurons à essayer de comprendre les caractéristiques des Jeunes Militaires en Libye. C'est ce corps d'officiers qui va déterminer les grandes orientations du pays et mettre la main sur son avenir.

A cet effet, pourquoi ces militaires ont adopté une politique érosive basée sur la négation du passé, et le démantèlement des structures formées sous la Monarchie ? Et d'abord pourquoi ont-ils adopté une politique érosive basée essentiellement sur la négation du passé et le démantelement de la Monarchie ?

---

(1) Jean Meyer, ibid, p. 715.
(2) *Ibid*, p. 715.
(3) Anouar Abdel-Malek, *l'Armée dans la Nation*, p. 9.

C'est qu'il nous semble ainsi possible de trouver la réponse en partant des caractéristiques de la formation sociale et économique de la Libye.

Pour cerner de plus près la sociologie des militaires, il serait nécessaire de creuser les fondements d'une société tribalo-bédouine, d'une culture spécifique, ce cadre social et culturel s'opposant à la hiérarchie sociale et économique, à la centralisation du pouvoir et de ses institutions. Car la culture tribale rejette l'Etat, les institutions, les villes et le faste, les bédouins préférant vivre au rythme du désert.

Mais cette culture a été ébranlée par la subite émergence du Pétrole qui a déstructuré l'économie pastorale, détruit les modes de production et ébranlé les valeurs tribalo-nomades communes à l'ensemble de la société. Conscients de cette déstructuration, les militaires avaient essayé de sauvegarder ces valeurs, de sauver « la société tribale menacée », de moraliser la vie économique en empêchant l'initiative privée et l'émergence d'une nouvelle bourgeoisie. Car la société tribale était considérée comme sacrée. Même les valeurs tribalo-bédouines étaient considérées comme sacrées et éternelles, les Libyens ayant combattu, durant des siècles, pour endiguer les menaces extérieures (ottomanes, françaises, italiennes et même américaines). Quant à la Sénoussiya, elle avait farouchement combattu l'infiltration française en Afrique (au Tchad et au Soudan oriental) pour préserver les routes du commerce transsaharien et en éloigner toute concurrence possible.

Mais tout compte fait, la Sénoussiya était restée saharienne et ne voulant pas s'ouvrir sur le monde extérieur. Soucieuse telle qu'elle était de préserver son identité au point de rompre même avec les courants de pensée et de réformisme religieux.

Les Jeunes Militaires se sont intéressé cependant, il est vrai, au ressourcement identitaire de leur mouvement en considérant le nationalisme arabe somme le seul cadre référentiel auquel ils eussent pu adhérer et croyant le réaliser pleinement du côté du Monde arabe.

D'après les militaires, l'entité libyenne doit être complètement dissoute. L'identité locale a été bannie, voire interdite, mais malgré certains sacrifices, elle n'a pu ni réaliser son intégration dans son environnement ni réaliser l'unité du Monde arabe. Après plus de trente ans d'hésitation, de construction identitaire inachevée, Kadhafi a dû relancer sa recherche d'une solution à cette crise identitaire qui l'interpellait. C'est ainsi qu'il découvre la profondeur africaine de la Libye et se met à la recherche d'une nouvelle identité. Selon le discours officiel, la Libye est avant tout africaine. Elle doit reconnaître sa profondeur africaine, reconstruire de nouvelles relations avec l'Afrique subsaharienne, approfondir et mobiliser l'appartenance commune à l'Islam.

Une identité qui se construit et se déconstruit, se fait et se défait selon les circonstances, ne devient-elle pas une pure illusion ? Mais comment pourrait-on donc analyser cette nouvelle situation ?

Compte tenu de leurs origines sociales et géographiques, de leurs cultures tribalo-bédouines et de leurs influences familiales et sociales, les militaires s'étaient opposés à l'idée d'une identité cantonnée et close, le Monde arabe leur ayant apparu au départ capable de leur procurer le ressourcement dont ils avaient besoin, puis s'étant rendus compte donc de leur illusion politique.

Ces différentes origines pourraient expliquer aussi l'instabilité des choix et des orientations, des stratégies et des acteurs. Le paradoxe de la Libye est d'avoir remis les dossiers les plus sensibles, soit à des idéologues, soit à des experts de sécurité. Ainsi lorsque le pouvoir a programmé la création du corps des *Commandements Populaires et Sociaux,* une sorte de front tribal, il a eu recours, comme nous l'a confirmé un spécialiste libyen, à des responsables de sécurité pour sélectionner- ce qui est paradoxal - les membres et empêcher la présence des personnes indésirées. Les *Comités Révolutionnaires* et les *Clubs tribaux* furent encadrés de la même manière, le régime considérant la sécurité comme sa priorité absolue. C'est pourquoi il a renforcé ses alliances tribales, car la tribu cadrant le mieux avec sa stratégie sécuritaire, mais sur cette base, nous pouvons affirmer que l'alliance entre les chefs de tribus et des appareils sécuritaires ne peut que défavoriser la modernisation engagée à partir de 1969.

Mais ce nomadisme d'identité et des institutions n'est-il pas aussi la preuve indéniable d'une modernisation en crise ? N'est-il pas aussi la preuve que la société est en perpétuelle quête d'elle-même, de son itinéraire, de son identité et de son devenir ? Le blocage ne vient-il pas en fait de la volonté des dirigeants de continuer à vivre au rythme du désert dans un monde en pleine effervescence ?

Ces problématiques soulevées ici et qui peuvent nous servir de clés théoriques pour une meilleure compréhension des origines de l'échec de la majorité des modernisations conduites par les militaires, quoiqu'elles n'aient pas encore été étudiées, sont dignes, nous semble t-il, de toute analyse approfondie. L'importance de cette étude est qu'elle permettrait de saisir non seulement les causes de cet échec patent, mais surtout celles du gaspillage des élites durant les quatre dernières décennies.

Sans généraliser les jugements, il nous serait possible d'affirmer que la modernisation des sociétés a échoué dans le Monde arabe et que les origines de l'échec, incitent à en chercher les raisons. Grâce à la *sociologie des militaires,* on peut en délimiter l'identité des acteurs, de leur projet, les caractéristiques des sociétés visées, les structures mentales, les freins culturels, et les retombées de l'échec sur la société. Tant d'axes d'intérêts qui peuvent assurément être analysés dans le cadre de la problématique de modernisation. Et ce en partant du fait que ce n'est pas la modernisation qui est en crise, mais plutôt la société. Car cette crise n'est ni sectorielle, ni partielle, mais elle est générale. C'est à la fois la crise des structures et des acteurs, ceux-çi n'ayant pas trouvé la voie adéquate qui y conduit et s'étant trouvés en face de l'échec.

Dans ce même cadre, si les structures traditionnelles ont été dénaturées, voire détruites, sans pour autant être remplacées, faudrait-il donc créer le vide pour gouverner ?

En conclusion, la problématique de la modernisation pourrait, certes, nous aider à comprendre pourquoi un pays comme la Libye, qui a eu, durant les quatre dernières décennies tous les moyens de la réussite, mais il n'a pas pu y arriver, et l'on serait peut-être amené à se demander si l'echec ne serait pas la faute de la fatalité ?

BIBLIOGRAPHIE LIBYE

1- LES OEUVRES SPECIALISEES (LES LIVRES) :

- Ahmida (Ali Abdellatif), *The making of modern Libya, State formation colonisation and resistance* 1830-1983, State University of New-York 1994.
- Albergoni (Gianni), *L'évolution du nomadisme postoral en Cyrénaïque*, C.N.R.S, A.A.N, 1975.
- Ahmida (Ali Abdellatif), *Forgetten Voices*, Routledge, Taylor Françis Group 2005.
- Allan (A.J.) (ed), *Libya since independence, economic and political development*, New York St, Martin's Press, 1982.
- Allan (J.A), *Libya, The experience of oil,* Londres Croom Helm, 1981.
- Anderson (Lisa), *State pessants and tribes, and rural politics in Tunisia and Libya*, (unipublishied P.H.S Dissertation, Columbia University, 1981).
- Anderson (Lisa), *The state and social transformation in Tunisia and Libya*, Princeton University Press 1986.
- Anderson (Perry), *Lineages of the Absolutist State*, London, gt Books 1974.
- Baileye (F.C.), *Stratagems and spoils. A Social Anthropology of politics*, 1973.
- Balandier (Georges), *Le pouvoir sur scènes*, éditions Balland, Paris 1992.
- Benchikh (Majid), *Sous-développement et spécificité culturelle dans la justification de l'Etat autoritaire*, Paris, 1976.
- Bessis (Juliette), *La Libye contemporaine*, Paris, l'Harmattan 1986.
- Bianca (Murella), *Quadafi : voice from the desert*, London, Longman editOr 1975.
- Bleuchot (Hervé), *Chroniques et documents libyens (1968-1980), rupture et continuité*, CNRS, Paris, 1975.
- Bleuchot (Hervé), *Chroniques et documents libyens 1968-1988*, chroniques de l'Annuaire de l'Afrique du Nord, Paris, Editions du Centre National de la recherche scientifique, Paris 1983.
- Bleuchot (Hervé), *La Libye : la formation des élites politiques maghrébines*, Paris, Pichon Durand Anzion, 1974.
- Blundy (D.) et Lycette (André), *Qaddafi and the libyan revolution*, Londres weidenfeld and Nicolson, 1987.
- Boutefnouchet (Mustapha), *Le système social et changement en Algérie*, éditions O.P.U., Alger, 1968.
- Burgat (François), *Changement politique au Maghreb*, Paris, éditions Khartala 1989.
- Burgat (François), *L'islamisme au Maghreb : La voix du Sud*, Paris, Kharhtala 1988.
- Burgat (François), *La Libye des contraintes, in Maghreb : Les années de transition*, Paris, édition Masson 1990.
- Cahia, (Antony), *Libya under the second othmand occupation, (1835-1911)*, Tripoli government press, 1945.

- Charles (Souria), Les *Africains*, VI Jeune Afrique 1977.
- Cooly.S.J.K, *Libyan andostorm: The complete account of qaddafi's revolution*, Londres, siguick and jackson, 1983.
- David (Apter), some concentual Approaches to the study of modernization, george likda, States in Revolution, 1978.
- Despois (Jean), *La colonisation italienne en Libye, problèmes et méthodes*, éditions Larose éditeurs, paris 1935.
- Destame (de Benis), *La Libye et l'Algérie : stratégies de développement comparées*, Paris, A.F.N - C.N.R.S.S. 1971.
- Di Agostini (Enrico), *Le populazione della Cirenaica, Benghazi*, Governo della Cirenaica, 1922-1923.
- Di Agostini (Enrico), *Le populazioni della Tripolitania*, Notizie, *ethniche e storiche*, Tripoli, ufficio Politico Militare, 1917.
- Dileone (Enrico), *La colonizazione dell'Africa del Nord*, Padova, cedam-Casa editrice dott. Antonio Milano, 1957.
- Djaziri (Moncef), *Etat et société en Libye*, Paris, L'Harmattan, 1996.
- Djaziri (Moncef), L'évolution *de l'Etat libyen 1950-1990*, Genève-Afrique, XXIX2, 1991.
- Duveyrie (R.Henri), *La Confrérie musulmane de Sidi Mohamed Ben Ali Es-Senoussi et son domaine géographique en l'année 1300*, Paris, Publication de la Société de Géographie 1886.
- Enrys (L. Peters), *Libres ou dépendants : les relations patrons-clients chez les bédouins de Cyrénaïque dans les sociétés rurales de la Méditerranée*, Paris, Edisud, 1986.
- Ernest (Gellner) and Charles (Micaud), *Arabes and berbers: From tribe to Nation*, Lescington, Mass, D, c Heath 1972.
- Ettori (Rossi), *Storica di Tripoli e della Tripolitania dello conquesta Araba al 1911*,Trans.into Arabic by khalifa Altillsi, Dar-Al Thakafa 1974.
- Evans (Pritchard), *The Sanussi of Cyrenaica*, Oxford Clarendon Press, 1949.
- Farley (Karmle), *Planning for developpment in Libya*, New York, Praeger Pulishers, 1971.
- Féraud (Charles), *Annales Tripolitaines*, publiées avec une introduction et notes par Augutu Bernard, Paris, Libraire Vuibert, 1927.
- Gaspare (Messona), *Originalité de l'architecture musulmane libyenne*, Maison Arabe du Livre, Tunis-Tripoli 1985.
- Gautier (Emile Felix), *Les siècles obscurs du Maghreb*, Paris, éditions, Payot, 1972.
- Geertz, (Clifford ed), *Old societies and new states, the question for modernity in Asia and Afica*, New York, Free press 1963.
- Gellner (Ernest), *Muslim Society*, Cambridge University Press, 1982.
-Gellner (Ernest), *Patterns of rural rebellion in morocco.tribus as minorities*, in, E Gellmet et C.Micaul in, Arabs ans berbers, Londres, Duc 1973.
- Gianfranco (Poggi), *The development of the modern state. A sociological introduction*, Standard university press 1978.
- Giglio (Gorgio), *La confernità-senussite dalle origini a oggi*, Milano 1932.

- Graziani (Rodolfo), *Cirenaïca pacificata, Benghazi dar Al-Andalus*, 1971.
- Henri (Habib), *Libya: Past and present*, second edition, Malta, Aedal Publishing house limited, 1979.
- Henri (Habib), *Policies and government of revolutionary Libya*, Canada 1975.
- Hinnebusch (Raymond), *Libya personalistic leadership of a revolution: political élites*, 1972.
- Khadduri (Majid), *Modern Libya, a studing in political development*, Baltimore 1968.
- Lethielleu (Jean), *Le Fezzan, ses jardins, ses palmiers, notre d'ethnographie et d'histoire*, Imprimerie Bascone, Publication de l'Institut des Belles Lettres arabes, Tunis, 1948.
- Leveau (Remy), *La Libye nouvelle*, éditions CRESM, CNRS, Paris 1975.
- Martel (André), *Enjeux sahariens*, CRESM/C.N.R.S. Paris 1984.
- Palmer (M) and El-fathaly (Omar), *the transformation of Mans political institutions* in revolutionary Libya in a joffe and K. Mclachan (eds) *socio and economic development of Libya*, England, Middel East and north African studies press,Lict 1982.
- Roumani (Jacques), *The Emergence of modern libya, political traditions and colonialisme*, Princeton universtity, 1978.
- Rouquie (Alain), *L'Etat militaire en Amérique latine*, éditions du Seuil,Paris, 1966.
- Ruth (first), *Libya : the elusive revolution*, édition Penguin, London, 1971.
- Schluter (Hanis), *Bibliography of Libya 1957-1969*.
- Shembesh (Ali), *The problem of libyan political stability during 1960*, State University of Virginia, 1972.
- Simon (Rache), Libya *Between ottomanism and nationalism*, Berlin Klous schwarz Verlag, 1987.
- Waturbury (John), *The Egypt of Nasser and Sadat, the political Economy of twe Regims*, The Dinaton University presses 1984.
- William (Falkand), *Richard chambers eds, the Beginning of modernization in the Middle East*, the twentieth century (Chicago), University of Chicago press, 1968.
- Wricht (John), *Libya*, New-York Frederick, A.Praeger editor 1969.
- Zartman (William), *Political elites in Arab North African*, ed. Longman New Work and London 1982.

2- ARTICLES :
- Abdi (Noureddine), « Classes moyennes et économies dominantes en Algérie et en Libye », Revue Tiers-Monde, Janvier 1985.
- Bedoucha (G), « Hiérarchie, médiation et tribalisme en Arabie du Sud », l'Homme n°118 Avril-Juin 1991.
- Bessis (Juliette), « L'évolution des relations entre la Libye indépendante et la France », The Maghrib Review, Vol 12,1-2,1987.
- Bisson (J), « La Libye entre clientélisme et régionalisme tribal », Bull. Ass. Géog. Française n° 1, 1997.

- (Philippe Genet), Jean, « La genèse de l'Etat moderne », Revue Actes n°118 juillet 1997.
- Bleuchot (Hervé) et Monastiri (Taoufik), « La logique unitaire libyenne et les mobiles du colonel Kadhafi », revue Hérodote n°36/1985.
- Bleuchot (Hervé), « Kadhafi : Eléments pour un portrait », Revue Etudes 1982.
- Bleuchot (Hervé), « Kadhafi, Numeiri et l'islam », A.A.N. Tome XXVI, 1987.
- Bleuchot (Hervé), « La liberté religieuse l'alternative fondamentale et les options libyennes », A.A.N, Tome XXX, C.N.R.S. Editions 1991.
- Bleuchot (Hervé), « Le droit musulman en Libye, à l'âge du livre Vert », Revue Maghreb-Machrek, n°7, Oct., Nov.Déc.1975.
- Bleuchot (Hervé), « Les fondements de l'idéologie du Colonel Mouammar Kadhafi », Revue Maghreb- Machrek n°62, mars-avril 1974
- Bleuchot (Hervé), « Notice sur les Awqâf libyens de 1969 à 1978 », in, le *Maghreb musulman en 1979*, Paris, CRESM 1982.
- Bonneffous (Marc), « La Libye, pays de l'extèrme », chap.V dans le Maghreb : repères et appels, éditions du C.H.E. A.A.A.1998.
- Brugard (M), « Aperçu sur le commerce caravanier de Tripolitaine », (bulletin de liaison saharienne), n°31, sept 1958.
- Burgat (François) et Monastiri (Taoufik), « La montée des oppositions en Libye », Maghreb-Machrek, Monde Arabe juin 1987 (111).
- Burgat (François), « Les islamistes et la transition démocratique », Egypte, Monde Arabe, CEDEJ, n°1990.
- Burgat (François), « Les mouvements islamistes en Afrique du Nord », Bulletin d'E.C.E. reg. 23, 1 semestre 1988.
- Cauneille (André), « Le nomadisme Zintan, Tripolitaine et Fezzan » Travaux de l'institut de recherches sahariennes , 16, 1957.
- Cauneille (André), « Le nomadisme des Kadhadfa », in Travaux de l'Institut de Recherches Sahariennes, 1957.
- Cauneille (André), « Le nomadisme des Megherha » in Travaux de l'Institut de Recherches Sahariennes, tome XII, 2ème semestre 1954.
- Cauneille (André), « Le semi nomadisme dans l'ouest Libyen (Fezzan-Tripolitiane) », in Nomades et nomadisme du désert, l'UNESCO, 1957.
- Christiane (Souriau), « Femmes et politiques en Libye », Revue française d'études politiques méditerranéennes, n°27, 3ème trimestre 1977.
- Christiane (Souriau), « La société féminine en Libye », Revue de l'Occident   Musulman et de la Méditerranée, n°6, 1969.
- Deeb (Maay-Jane), « Libya economy developmement 1961-1986 », social And political implications in the Maghrib Review, volume 121-2.
- Djaziri (Moncef), « La dynamique des institutions et la structure du pouvoir   en Libye (1978-1987) », A.A.N, Tome XXVI, Edition du C.N.R.S, 1987.
- Djaziri (Moncef), « Libye : Kadhafi, l'islam et les islamistes », confluences Méditerranée n°12, 1994.

- Djaziri (Moncef), « Libye, Kadhafi, l'Islam », in Confluences, Méditerranée, n° 12, Paris 1994.
- Ernest (Gellner), « Système tribal et changement social en Afrique du Nord », in, Annales Marocaines de Sociologie 1969.
- Gazzo (Yves), « Le secteur agricole libyen et les tentatives de développement accéléré », A.A.N. C.N.R.S., Paris 1975.
- Gharbi (Samir) et Soudan (François), « Libye : Kadhafi face à ses opposants », in, Jeune Afrique n°1486, 28 Juin 1989.
- Godelier (Maurice), « Le concept de tribu, crise d'un concept ou crise des fondements de l'anthropologie », Revue Diogène n°81 janvier 1973.
- Goenen (Jacques), « Hitler, formes de sociabilité et cadre sociétal, réflexions sur le totalitarisme », Cahiers Internationaux de Sociologie, vol, LXXXIV, 1988.
- Grimaud (N.), « L'Afrique, la Libye et la guerre d'octobre », in, Revue défense nationale n°30, août septembre 1974.
- Hanspeter (Matts), « L'emprise du politique sur le culturel en Libye révolutionnaire », A.A.N, de l'année1985.
- Kraïm (Mustapha), « La question de l'annexion italienne de la Libye », Revue d'Histoire Maghrébine, n°6, juillet 1976.
- Kraim (Mustpha), « Les rapports anglo-senoussi pendant la grande Guerre », Revue d'histoire maghrébine, n°7-8 / janvier, 1986.
- Lafi (Nora), « Les relations de Malta et de Tripoli De Barbarie aux XIX siècle », R.E.M.M.M. n°71-1994/1.
- Laimoyene (Aimé), « Le pouvoir : langage de l'action politique », Cahiers Internationaux de Sociologie, vol. Lxxv, 1983.
- Mabro (Robert), « Libye un Etat rentier ? », Revue projet 39, nov. 1969.
- Mahjoub (Faouzi), « La Libye entre le Maghreb et l'Egypte », Paris 1970, jeune Afrique -nov. 1969.
- Mammeri (H.), « Avènement du pouvoir populaire en Libye », Revue Maghreb-Machrek, 1976-1977, n°74.
- Marchand (H.), « Une colonie Turque : la Tripolitaine », in, Bulletin du Comité de l'Afrique Française, Renseignements coloniaux, 1908.
- Martel (André) , « Rousmis étatiques et sociétés bédouines, l'équilibre des çoff et la non émergence des élites tribales dans le monde arabe », A.A.N. 1976.
- Martel (André), « Aux origines de l'Etat libyen, la Porte et la Senoussiya du Sahara », in enjeux sahariens, Paris CNRS 1984.
- Martel (André), « Histoire contemporaine de la Libye », Annuaire de l'Afrique du Nord, n° V, 1966.
- Martel (André), « Un cas de colonisation retardée », R.T.S.S, nos 72-75, 1983.
- Miège (Jean Louis), « La Libye et le commerce transsaharien au XIX siècle », Revue de l'occident musulman et de la Méditerranée 19.I (1975).
- Monastiri (Taoufik), « Libye », Encyclopédie Universalis, 1988.
- Okyir (Osman), « Un témoignage français sur Union et Progrès et la défense de la Tripolitaine » (1911-1912).

- Riccardo (Bocco), « Espaces étatiques et espaces tribaux dans le sud jordanien, législation et redéfinitions des liens sociaux », Maghreb-Machrek n°123-1989.
- Riccardo (Bocco), « L'Etat contourné en Libye : Tribalisme, clientélisme et révolution dans une économie pétrolière », Chronique bibliographique, vol 26, n°2, 1988.
- Riccardo (Bocco), « L'Etat contourné : tribalisme, clientélisme et révolution dans une économie pétrolière », in Revue Genève Afrique n° XXVI n°2/1988.
- Rondot (Pierre), « La logique du colonel Kadhafi », Revue Croissance des Jeunes Nations, n°258, 1984.
- Rondot (Pierre), « Un entretien avec le cheikh Abdelhamid Deibani », l'Afrique et l'Asie n°87/88 3ème et 4ème trimestre 1969.
- Salavatore (Bono), « Islam et politique coloniale en Libye », in, the Maghrib Review, vol n°13, 1-2-1988.
- Salvatore (Bono), « La vie intellectuelle européenne en Libye », Revue d'Histoire Maghrébine n°59/60 octobre 1990.
- Slousch (N), « La Tripolitaine sous la domination des Karamanli », Revue Monde Musulman, (11 nov. 1908).
- Slousch (N), « Les Turcs et les ingérences en Tripolitaine «, Revue du Monde Musulman, nos 1,3 Janvier 1907.
- Soudan (François) et Joseph (Gaulden) : « Kadhafi, la CIA et les marchands de mort »,   éd. Jeune Afrique livres, 1984.
- Talha (Larbi), « L'économie libyenne depuis les découvertes du Pétrole », A.A.N, 1969.
- Wissa-Wassef (C), « L'union totale entre l'Egypte et la Libye : Est-elle viable ? », Maghreb-Machrek, n°3, 1972.
- Yolande (Martin), « Les débuts du syndicalismes en Libye », A.A.N. n° VI - 1967.
-Es-Souri (Salheddine), « La colonisation italienne et changements de la structure de la tribu », ORAN, CREDEA, 1984.
-Gallico (Loris), « Mouvement ouvrier et syndicat dans la Libye d'aujourd'hui », in A.A.N. 1982.

1- EN ANGLAIS:
3- THESES:
- Adham (Abdal-Salem), Wathaiq tarikh Libya al-Hadith: al wathaiq al Uthmaniyah 1881-1911, complied by Ahmed S.al-dajjani, Benghazi, the Universtity of Benghazi, 1974.
- Barbar (Aghil), The libyan resistance to the italien invasion 1911-1920 (Unpublished PH.D. dissertation) The University of Wesconsin, Madis 1980.
- Blake (Gera PD Henry), Musorata. A Market town in Tripolitani, Durham, England university of Durham, department of Geography 1968.

- Cordell. (Dennis D), The awlad sulayman of libya and chad.A study of rainding and power in chad basin, in, the nineteenth century, Master thesis, university of Wisconsin, 1972.
- Danasuri (Jamel E), Studies in the gegraphhy of the Arab world in Africa, Cairo Anglo-Egyptian Book Shop, 1968.
- Davis (John), Social relation of the preduction of history in Tonikin, M. Mac Donald ET B.Chapman (presenté par), monographs, London Academic Press 1989.
- El-Fathaly (Omar), Political devloppment and buraucraty in Libya, Lexington London book 1977.
- El-Fathally (Omar), Palmier M « the transformation of the elite sturcture in Revolutionnay Libya »,in, E. Joffe and I Washigton D.C. the american university, 1973.
- El-Fathally (Omar), The prospects of public politic participations in Libyan local government (unpublisched P.H.D.) dissertation, Florida state university 1975.
- El-Hammali (Abdellah), Modernization trends in Libya (Unpublishede PHD Dissertation) University of Pittsburgh, 1979.
- El-Moghrebi (M.Z), The socialization of school children in libya (unpublished PHD Dissertation), University of Missouri, Colombia 1978.
- Qaramanli, Encyclopedy of Islam, vol. IV, 1978.

1- OEUVRES EN ITALIEN :
- Boca (Angelo), Gli italiani in libia Tripoli, bel cielo d'amore, 1860-1929 Rome, Laterza Figli, 1986.
- Bourbon, Del monte Santa Maria L'islamismo et la confraternità dei senussi, Città di castello.Tipographia dell'unione arbigrafiche 1912.

1 ARTICLES EN ITALIEN :
- Chiauzzi (Gioia), « L'universita libica et le sue publicazioni », Oriente Moderno n°56, mai-juin 1975.
- Cresti (Frederico), « Oasi di italianità, la libia della colonizzazione, agriare tra fascimo, guerra e independenza, (1835-1956) », SEI, Torino, 1996.
- Kumar (K), « Le rivoluzioni del ventesimo secolo in prospettiva storica » , in L.Pellicani Sociologo delle rivolzioni, Naples Guida EditOr 1976.
- Luigi (Serra), « Gli uomini piu venerati dai berberi ibadi di Zwara » (Tripolitaine), Studi Maghrebini, vol IV 1971.
- Oman (Giovanni), « L'ordinamento costituzionale del regno di libia », Atti della Setimana Maghrebina, Università di cagliari, dottore guiffre editore 1970.
- Salvatore (Bono), « Documentazione della Libia dell archivio del ministero esteri a Bruxelles (1850-1990) », Africa, n°3, sept. 1983.

3- LES ARTICLES EN ANGLAIS :
- Ahmida (Ali A.) « Colonialism and the formation of the Arab States », the Arab Journal of International Studies, 1, 2 summer 1988.

- Allan(A.S.), « Libya since independance : Economic and political developpement », in journal of African Studies, New-York St Martin Press, 1982.
- Anderson (Lisa), « Religion and politcis in Libya », Journal of Arab Affairs, n°I, 1981.
- Anon, « Egypte-Libya, forder clasties », Africa Research Bulletin, (1-31 juiillet, 1927.
- Cordell (Dennis), « Estern Libya, Waday and the Sanusiya, A Tarik and trade route », in, journal of African History, n°18, 1972.
- Cordell (Dennis), « The Awlad sulayman of Libya and Tchad: Lonner and adptation in, the Sahara and Sahel », Canadien Journal of African Studies, n° 2 1985.
- David (Seddom), « Economic Anthropology or political economy: Approaches to the Analyses of pre-capitalist formation », in the Magrib Review 1982.
- Knuts (Vikor), « Al-sanusi and quadhafi continuity of thought », The Maghrib Review, vol 12-12, 1987.
- Moghrebi (Mohamed Zahi), « Modenization and the Crisis of legitimacy in pre-revolution libye », Rev. Dirasat economics and business, vol XVII n° 2, 1981.
- Pelt (André), « Libyan independence and the United Nations », New Haven, Conn Yale Universsity press, for the Carnegia and document for international peace, 1970.
- Rouman (J.), « Libya and the military Révolution », in W. Zartman, Manstate and society, in, The comtemporany Maghrib, Londres, Pall Mall Press, 1973.

Index thématique

A

B

C

D

T

Tadjill 357.395
Tissu industriel 223.234.236
Tertiaire 223.230
Transaction 231.355.400
Transe commémorative 276
Transhumance 217.317.401

Totalitarisme 268.358.362

Violence exceesive 25.163.256
Violence inouïe 256.306.364

Tribus bédouines 282.336
Politisation de la tribu 336
Tass'id 210.256.343
Tribu-repli 338.351.425
Tribalisme 304.305.338
Totalité explicative 341.357
Tribalisation de la politique
   282.336.337.340

V-Z

Zaouia sénoussiya 36.285

Index des Auteurs

A

Xavier de Planhol 10.11.20.22.23.283   Wilfredo Pareto 92.147.216

Index des tribus

Index des pays et des régions

Liste des Tableaux

Liste des Photos

TABLE DES MATIERES

442

L'HARMATTAN, ITALIA
Via Degli Artisti 15 ; 10124 Torino

L'HARMATTAN HONGRIE
Könyvesbolt ; Kossuth L. u. 14-16
1053 Budapest

L'HARMATTAN BURKINA FASO
Rue 15.167 Route du Pô Patte d'oie
12 BP 226
Ouagadougou 12
(00226) 76 59 79 86

ESPACE L'HARMATTAN KINSHASA
Faculté des Sciences Sociales,
Politiques et Administratives
BP243, KIN XI ; Université de Kinshasa

L'HARMATTAN GUINÉE
Almamya Rue KA 028
En face du restaurant le cèdre
OKB agency BP 3470 Conakry
(00224) 60 20 85 08
harmattanguinee@yahoo.fr

L'HARMATTAN CÔTE D'IVOIRE
M. Etien N'dah Ahmon
Résidence Karl / cité des arts
Abidjan-Cocody 03 BP 1588 Abidjan 03
(00225) 05 77 87 31

L'HARMATTAN MAURITANIE
Espace El Kettab du livre francophone
N° 472 avenue Palais des Congrès
BP 316 Nouakchott
(00222) 63 25 980

L'HARMATTAN CAMEROUN
Immeuble Olympia face à la Camair
BP 11486 Yaoundé
(237) 458.67.00/976.61.66
harmattancam@yahoo.fr

602638 - Mars 2015
Achevé d'imprimer par